GESCHICHTE UND GESCHEHEN

Daniela Bender
Ludwig Bernlochner
Rolf Brütting
Helge Schröder
Susanne Thimann-Verhey
Martin Thunich
Franz-Josef Wallmeier

Ernst Klett Verlag
Stuttgart · Leipzig

1. Auflage 1 9 8 7 6 5 | 2014 2013 2012 2011 2010

Alle Drucke dieser Auflage sind unverändert und können im Unterricht nebeneinander verwendet werden. Die letzte Zahl bezeichnet das Jahr des Druckes.

Internetadresse: www.klett.de

Autoren: Daniela Bender: S. 10–49; Ludwig Bernlochner: S. 50–113; Dr. Rolf Brütting: S. 170–179; 188–195, 216–223, 228–235; Dr. Helge Schröder: S. 114–199; Dr. Susanne Thimann-Verhey; S. 236–267; Martin Thunich: S. 170, 180–87. 196–215, 224–227; Franz-Josef Wallmeier: S. 268–313

Redaktion: Dr. Gabriele Möhring
Herstellung: Kerstin Heisch

Layoutkonzeption und Umschlaggestaltung: Krause Büro, Leipzig
Auftaktdoppelseiten: Schröder Design, Leipzig, Designerin Karen Engelmann
Zeichnungen/Illustrationen: Lutz-Erich Müller, Leipzig; Sandy Schygulla, Leipzig
Kartografien: Kartografisches Büro Borleis & Weis, Leipzig;
Ingenieurbüro für Kartografie, Joachim Zwick, Gießen

Reproduktion: Meyle + Müller, Medien-Management, Pforzheim
Druck: Firmengruppe APPL, aprinta druck, Wemding

Printed in Germany

ISBN 978-3-12-411380-1

9 783124 113801

Liebe Schülerin, lieber Schüler,

ein weiterer Band von „Geschichte und Geschehen“ liegt vor dir und möchte dich dieses Schuljahr im Geschichtsunterricht begleiten. Dabei wird dir auch diesmal wieder viel Interessantes und Wissenswertes begegnen.

Du wirst erfahren, wie die erste deutsche Republik entstand und warum diese Demokratie unterging. Du wirst dich aber auch mit dem dunkelsten Kapitel der deutschen Geschichte beschäftigen müssen – dem Nationalsozialismus: Wie wurde diese Diktatur möglich? Wie lebten die Menschen unter dem Hakenkreuz und warum machten so viele mit? Mit der Frage nach Schuld und Verantwortung des Einzelnen wirst du dich angesichts des Holocausts an den europäischen Juden, angesichts von 50 Millionen Kriegsopfern und zahlloser politischer Verbrechen auseinander setzen.

Die Geschichte nach 1945 führt dich in eine zweigeteilte Welt, in der sich die Demokratie des Westens und der kommunistische Ostblock im Kalten Krieg gegenüberstanden. Du kannst der Frage nachgehen, wie es zu dieser Entwicklung kam und welche Konflikte daraus entstanden – Konflikte, die die Welt bis an den Rand des nuklearen Infernos brachten. Daneben lernst du aber auch Kräfte der Vernunft und deren Bemühungen kennen, die versuchten, die Bedrohung durch immer schrecklichere Waffen abzubauen und die Welt sicherer und friedlicher zu machen.

Vor diesem Hintergrund spielt sich auch die deutsche Nachkriegsgeschichte ab. Der Riss durch Europa ging ja bekanntlich direkt durch Deutschland und teilte dieses Land über vierzig Jahre lang in zwei Staaten. Wodurch unterschieden sie sich? Wie blieben sie trotz Teilung aber miteinander verflochten und aufeinander bezogen? Wie lebten Jugendliche im Westen, wie im Osten? Wodurch kam es zum Aufbegehren der Menschen in der DDR und wie vollzog sich der Einigungsprozess? Auf all diese Fragen will dir dein Geschichtsbuch helfen, Antworten zu finden.

Du kannst dir erarbeiten, auf welch langer Geschichte und auf welchen Grundlagen das moderne Europa beruht und wie dieses langsam zur Einheit findet. Schließlich wirst du dich damit befassen, welche Entwicklungen zur heutigen weltwirtschaftlichen und weltpolitischen Lage geführt haben und wie sich die Globalisierung auf die Menschen auswirkt.

Natürlich wirst du auch in diesem Band wieder mit Methoden vertraut gemacht, die dir das Lernen erleichtern, und du erhältst Anregungen zum Üben und selbstständigen Weiterarbeiten.

Als Ergänzung und abgestimmt auf die Kapitel in diesem Buch gibt es wie auch zu den vorangegangenen Bänden eine CD-ROM mit Videos, Rundgängen, Originaldokumenten und vielem anderen mehr.

Viel Spaß beim Entdecken eines interessanten Zeitabschnitts wünschen dir

Die Autorinnen und Autoren

Inhaltsverzeichnis

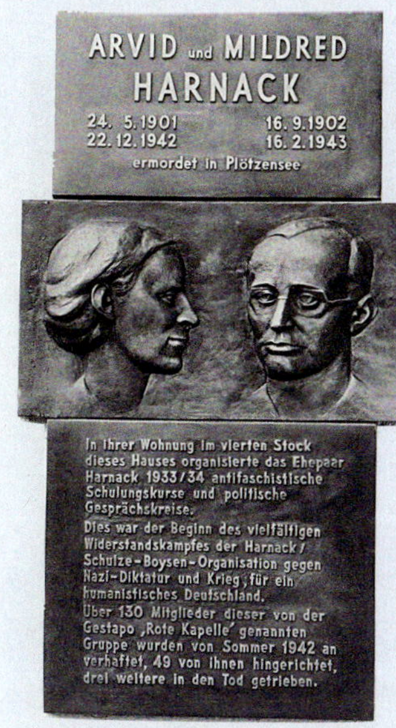

ARVID und MILDRED
HARNACK
24. 5.1901 16. 9.1902
22. 12. 1942 16. 2. 1943
ermordet in Plötzensee
In ihrer Wohnung im vierten Stock dieses Hauses organisierte das Ehepaar Harnack 1933/34 antifaschistische Schulungskurse und politische Gesprächskreise.
Dies war der Beginn des vielfältigen Widerstandskampfes der Harnack/Schulze-Boysen-Organisation gegen Nazi-Diktatur und Krieg, für ein humanistisches Deutschland.
Über 130 Mitglieder dieser von der Gestapo ‚Rote Kapelle' genannten Gruppe wurden von Sommer 1942 an verhaftet, 49 von ihnen hingerichtet, drei weitere in den Tod getrieben.

Der Ost-West-Konflikt 144

Von der Teilung zur Wiedervereinigung: Deutschland nach 1949 170

3000 Jahre Europa 236

Viele Welten – eine Welt 268

Liebe Schülerin, lieber Schüler,

„Geschichte und Geschehen“ stellt zahlreiche unterschiedliche Materialien bereit, die dir interessante Einblicke in die Geschichte gewähren und dir zugleich ermöglichen, dir ein eigenes Bild von Geschichte zu machen sowie selbstständig Urteile zu bilden. Die Autorinnen und Autoren haben das Material auf vielfältige Weise für dich aufbereitet und zusammengestellt.

Verschiedenartige Seiten und Elemente verweisen auf unterschiedliche Zugänge und Methoden, mit denen du dir die Geschichte erschließen und deine Kenntnisse anwenden kannst. Damit du dich jederzeit gut zurechtfindest und der Überblick nie verloren geht, erfolgt hier eine kurze Einführung in das Buch und eine Erläuterung der verschiedenen Elemente.

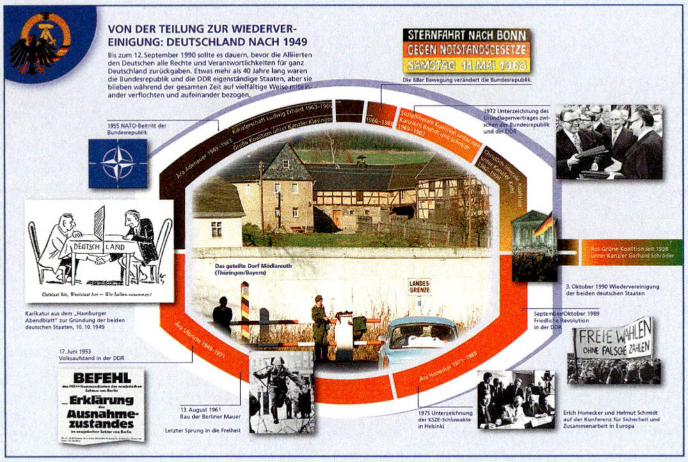

Dieses Buch umfasst sieben Themeneinheiten. Jede beginnt mit zwei besonders gestalteten Seiten, den Auftaktdoppelseiten (ADS). Bilder, Karten, Texte oder Grafiken geben dir Hinweise auf den Inhalt der nachfolgenden Kapitel. Sicher wecken diese Materialien dein Interesse an historischen Ereignissen, vielleicht werfen sie auch Fragen auf oder versetzen dich in Erstaunen. Auf jeden Fall sollen sie dich anregen, gemeinsam mit deiner Lehrerin oder deinem Lehrer darüber nachzudenken, womit ihr euch im Unterricht ganz besonders befassen möchtet.

Jede Themeneinheit ist in Kapitel eingeteilt. Einige Kapitel beginnen mit einer Zeittafel. Hier findest du die wichtigsten Daten zum Kapitel auf einen Blick. Geschichte hat ja etwas mit Zeit zu tun. Deshalb braucht man auch die Daten, um zu wissen, was vorher und was nachher war und wie geschichtliche Ereignisse miteinander zusammenhängen. Verfassertexte informieren zusammenhängend über geschichtliche Sachverhalte und werden am Rand durch Marginalien gegliedert. Diese Texte wurden von verschiedenen Autorinnen und Autoren – meist Lehrerinnen und Lehrer – verfasst, deswegen kann auch der Stil unterschiedlich sein. Daran kannst du auch erkennen, wie verschieden Geschichte dargestellt werden kann.

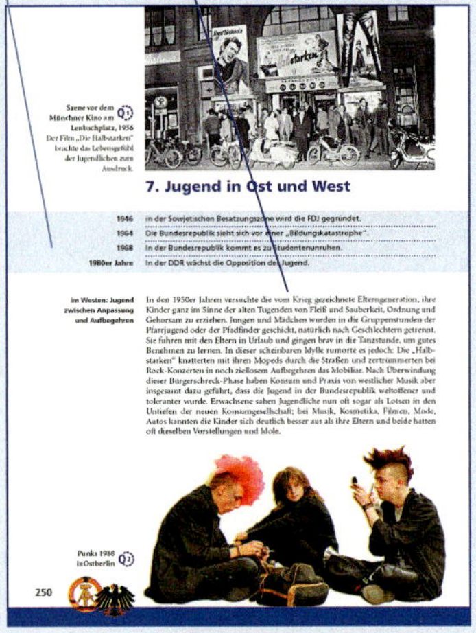

Die Autorinnen und Autoren haben für dich unterschiedliche Materialien zusammengestellt. Mit einem Q sind Quellen (z.B. Texte und Abbildungen) gekennzeichnet, die uns unmittelbar aus der Vergangenheit überliefert sind bzw. bei denen Menschen aus längst vergangenen Zeiten selbst zu Wort kommen. Ein D steht für Darstellungen (z.B. Texte, Karten, Schaubilder), die von heute lebenden Historikern oder von den Autorinnen und Autoren dieses Buches stammen. Zur besseren Orientierung sind die Quellen und Darstellungen in jedem Kapitel durchnummeriert.

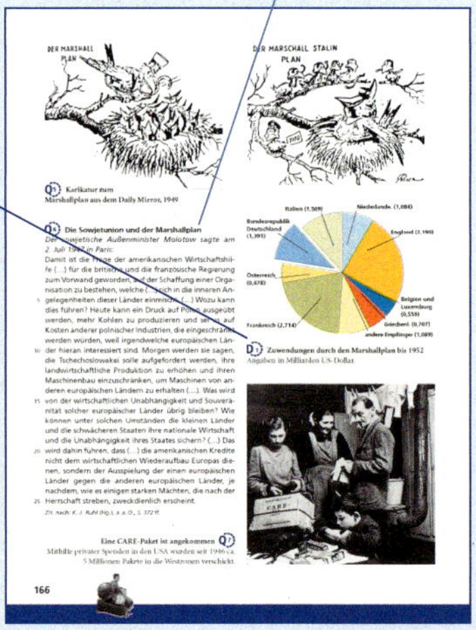

Wenn eine Seite die Überschrift „Gewusst wie“ trägt und oben durch einen breiten farbigen Balken gekennzeichnet ist, weißt du sofort, dass hier eine Methode vorgestellt wird. Auf diesen Seiten wird gezeigt, wie du an ein bestimmtes Material (Texte, Schaubilder, Karten, Karikaturen usw.) herangehst, um ihm Informationen zu entlocken. Natürlich kannst du diese Methode gleich anwenden und selbst probieren.

Ebenfalls einen breiten Farbbalken am oberen Seitenrand haben die Werkstattseiten. Dort kannst du, von den Autoren angeleitet, interessante Themen zur Vergangenheit selbst erkunden und erklären. Es bietet sich häufig an, dass ihr die Aufgaben in kleinen Gruppen bearbeitet und löst.

Jede Themeneinheit endet mit einer Seite, die mit „Lernen lernen“ überschrieben ist. Hier bekommst du Tipps, wie du erfolgreich historisches Wissen anwenden und dir einprägen kannst.

Kontro vers

Kleine Symbole sollen dir helfen, dich in dem Buch leichter zurechtzufinden:

Über historische Sachverhalte gibt es stets voneinander abweichende Auffassungen. Dies kommt besonders in Texten zum Ausdruck, die mit „Kontrovers“ gekennzeichnet sind.

Besondere historische Grundbegriffe sind in einem Kasten erklärt. Du findest sie auch, indem du am Ende des Buches im Verzeichnis der Personen, Sachen und Begriffe nachschlägst. Dort sind sie durch fette Buchstaben besonders hervorgehoben.

Das Buch bietet dir Literaturtipps sowie Ideen und Anleitungen für kleine Projekte an.

Zusätzlich gibt es Empfehlungen für die Nutzung des Internets. Auf der Website http://www.klett.de/online haben wir weitere Angebote für dich aufbereitet. Gib dazu im Feld „Online-Link“ die Nummer 411050-0000 ein.

Zu welchen Themen es Module auf der Software gibt, erkennst du an der kleinen CD-ROM bei den „Fragen und Anregungen“.

DIE WEIMARER REPUBLIK

Frauenwahlrecht, demokratische Verfassung, Arbeitslosenversicherung – vieles, was wir heute als Grundlage einer modernen Gesellschaft kennen, hat seinen Ursprung in der Weimarer Republik.
Die Ausgangsbedingungen der ersten deutschen Republik waren recht schwierig: Der verlorene Krieg, der revolutionäre Umbruch der politischen Ordnung und die Beschlüsse der Siegermächte über Deutschland belasteten den jungen Staat. Auch hatte die Republik von Anfang an politische Gegner, die sie mit Gewalt bekämpften. Mitte der 1920er Jahre allerdings stabilisierten sich die Verhältnisse. Technische Modernisierung brachte einen wirtschaftlichen Aufschwung. Sozialer Fortschritt veränderte die Gesellschaft und ermöglichte ein vielfältiges kulturelles Leben. Trotzdem endete die Republik schließlich in einer totalitären Diktatur.

Die Weimarer Verfassung, 1919

Zeitschrift aus den 1920er Jahren

Revolutionäre Soldaten am Brandenburger Tor, November 1918

Wahlplakat von 1929

Der Kaiser hat abgedankt!

Schlagzeile des „Berliner Tageblatt“ vom 9. November 1918

Philipp Scheidemann ruft am 9. November 1918 die Republik aus.

Inflationsgeld, 1923

„Deutschlands Verstümmelung“
In der Weimarer Republik weit verbreitete Karte zu den Folgen des Versailler Vertrages.

Werbeplakat, 1923

1. Auf der Suche nach neuen Wegen

Q1 Kinder durchsuchen Großmarktabfälle, 1918

Q2 Menschen fahren zum Wintersport, 1918/1919

Wirtschaftliche Einschnitte

Am 11. November 1918 unterzeichneten Vertreter der deutschen Regierung den Waffenstillstand – der Weltkrieg war zu Ende. Wer zu diesem Zeitpunkt deutsche Städte und Landschaften betrachtete, der hätte auf den ersten Blick vielleicht nicht erkannt, dass hier Krieg gewesen war. Von Zerstörungen war Deutschland weitgehend verschont geblieben. Doch wer genauer hinschaute, dem zeigte sich, dass die Kriegsjahre viele Veränderungen gebracht hatten: Lebensmittel, Rohstoffe und Heizmaterial waren knapp und deshalb rationiert worden. „Friedensprodukte" wie Kleidung oder Seife gab es in den Geschäften kaum zu kaufen, denn alle wirtschaftlichen Anstrengungen hatten der Rüstungsindustrie gegolten. Zahlreiche Kinder vor allem in den Städten waren infolge der Unterernährung krank geworden, viele auch gestorben.

Q3 Eine alte Frau sammelt Brennholz
Foto, 1918.

Der Weltkrieg hatte die wechselseitigen Wirtschaftsbeziehungen erheblich verändert. Produkte wie Farbstoffe, Stahl oder elektrotechnische Erzeugnisse, mit denen Deutschland vor 1914 führend in der Weltwirtschaft gewesen war, hatten deutsche Firmen während des Krieges auf dem Weltmarkt kaum angeboten. Eine wichtige Aufgabe war daher jetzt, die Wirtschaft auf Friedensproduktion umzustellen und sich wieder am internationalen Wettbewerb zu beteiligen.

Gesellschaftliche Veränderungen

In landwirtschaftlichen und Handwerksbetrieben hatten häufig die Frauen die Leitung übernommen, weil ihre Männer an der Front waren. Auch in der Industrie waren die Frauen als Arbeitskräfte gefragt, ihr Anteil stieg von 22 Prozent im Jahr 1913 auf 35 Prozent am Ende des Krieges. Das blieb zunächst auch so, denn viele Männer kamen aus dem Krieg nicht zurück. Etwa 1,8 Millionen deutsche Soldaten waren gefallen, über 4 Millionen verwundet worden.

Finanznot des Staates

Auf den Staat kamen nicht nur mit der Versorgung der Invaliden und Hinterbliebenen hohe Ausgaben zu. Auch der Aufbau der Friedenswirtschaft musste unterstützt werden, denn 10 Millionen heimkehrende Soldaten brauchten wieder Arbeit. Dabei war der Staat hoch verschuldet: Der Krieg hatte Deutschland 164 Milliarden Mark gekostet – fast das Fünfzigfache der Staatsausgaben im Jahr 1913.

Auch die Zukunft der politischen Ordnung in Deutschland und Europa war unklar. Die Allierten hatten Deutschland gegenüber deutlich gemacht, dass eine demokratische Regierung eine Hauptbedingung für den Waffenstillstand war. In den letzten Kriegstagen hatte die Oberste Heeresleitung darauf reagiert. An der Regierung beteiligt war seit dem 3. Oktober 1917 die Reichstagsmehrheit aus SPD, liberaler Fortschrittspartei und katholischem Zentrum. Und eine Verfassungsänderung hatte Deutschland am 28. Oktober 1917 in ein parlamentarisches System umgewandelt. Der Reichskanzler war jetzt vor dem Parlament verantwortlich. Auch das Dreiklassenwahlrecht, das in Preußen noch galt, wurde aufgehoben.

Eine neue politische Ordnung?

Wie die russische Februarrevolution gezeigt hatte, konnten Reformen im Innern das alte System nicht mehr retten. Das sollte sich nun in Deutschland wiederholen. In Wilhelmshaven verweigerten Matrosen der Hochseeflotte am 28. Oktober 1918 den Befehl, zu einem Einsatz gegen Großbritannien auszulaufen. Am 4. November kam es in Kiel zu gewaltsamen Zusammenstößen. Die Matrosen widersetzten sich den Offizieren und bestimmten Soldatenräte zu ihren neuen Interessenvertretern. Auch Arbeiter schlossen sich ihnen an und riefen einen Generalstreik aus. Die Aufstände ergriffen ganz Deutschland: In zahlreichen Städten übernahmen Arbeiter- und Soldatenräte die politischen Ämter. Militär und Polizei setzten sich nicht zur Wehr.

Beginn der Revolution

Am Vormittag des 9. November 1918 erreichte die Bewegung Berlin. Demonstranten zogen durch die Straßen. Sie forderten, dass die Macht an Arbeiter- und Soldatenräte übergeben werden sollte. Auch in der Regierung waren Stimmen zu hören, der Kaiser solle auf den Thron verzichten. Um die Mittagszeit kam eine Meldung aus dem Reichskanzleramt: Der Kaiser habe abgedankt. Neuer Kanzler sollte der SPD-Vorsitzende Friedrich Ebert werden. Diese Schritte waren nicht von Wilhelm II. gebilligt und entsprachen auch nicht der Verfassung. Dennoch wurde am Nachmittag des 9. November die Republik ausgerufen: zunächst durch den SPD-Abgeordneten Philipp Scheidemann, dann durch den Anführer der revolutionären Gruppe der Spartakisten Karl Liebknecht die sozialistische Republik. Und der Kaiser? Er dankte ab und ging ins Exil in die Niederlande.

Deutschland wird Republik

Q4 **Straßendemonstranten in Berlin**
9. November 1918.

Arbeitslosigkeit in Deutschland D1 1918–1920 (in Tausend)

aus: N. Fischer/H. Vollmer-Heitmann, Chronik 1920. Dortmund 1989, S. 156.

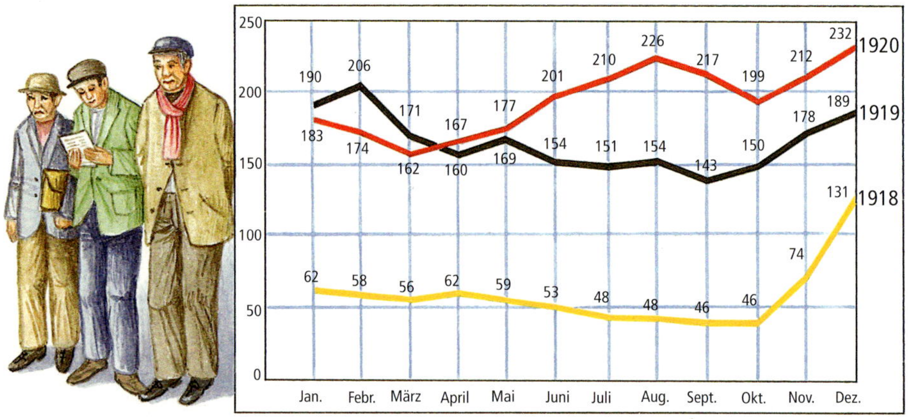

Produktion deutscher Industriezweige D2 1914–1918 in Prozent
1913 entspricht 100 %.

Aus: Die Wirtschaftsgeschichte zum Nachschlagen. Würzburg 1984, S. 275.

Jahr	Metalle	Bergbau	Genußmittel	Eisen u. Stahl	Handelsschiffe	Baustoffe	Textilien	Wohnungen
1914	89	84	92	78	73	88	87	68
1915	72	78	88	68	65	69	65	30
1916	113	86	84	81	75	59	27	10
1917	155	90	67	83	61	58	22	4
1918	234	83	63	53	42	35	17	4

Q5 „Ich glaube, wir sind verloren"

Erich Maria Remarque schildert 1929 in dem Roman „Im Westen nichts Neues" den Weltkrieg aus der Sicht eines jungen Soldaten, der zusammen mit seinen Klassenkameraden an die Front geht:

Und selbst wenn man sie uns wiedergäbe, diese Landschaft unserer Jugend, wir würden wenig mehr mit ihr anzufangen wissen. Die zarten und geheimen Kräfte, die von ihr zu uns gingen, können nicht wiedererstehen. Wir würden in ihr sein und in ihr umgehen; wir würden uns erinnern und sie lieben und bewegt sein von ihrem Anblick. Aber es wäre das Gleiche, wie wenn wir nachdenklich werden vor der Fotografie eines toten Kameraden; es sind seine Züge, es ist sein Gesicht, und die Tage, die wir mit ihm zusammen waren, gewinnen ein trügerisches Leben in unserer Erinnerung; aber er ist es nicht selbst. (…)

Heute würden wir in der Landschaft unserer Jugend umhergehen wie Reisende. Wir sind verbrannt von Tatsachen, wir kennen Unterschiede wie Händler und Notwendigkeiten wie Schlächter. Wir sind nicht mehr unbekümmert – wir sind fürchterlich gleichgültig. Wir würden da sein; aber würden wir leben?

Wir sind verlassen wie Kinder und erfahren wie alte Leute, wir sind roh und traurig und oberflächlich – ich glaube, wir sind verloren.

Zit. nach: E. M. Remarque, Im Westen nichts Neues. Köln 1986, S. 90 f.

Q6 Kriegserfahrungen aus dem Bilderbuch

Eva Sternheim-Peters, geboren 1925, wächst mit den Erinnerungen an den Weltkrieg auf:

Der 1. Weltkrieg ist E[va] noch auf eine ganz private, familiäre Weise überliefert worden – in Schubladen und Schrankfächern, Büchern, Kästen und Kästchen durch die ganze Wohnung verstreut. Feldpostkarten und zusammengebündelte Briefe „von der Front", Fotos von Soldaten, auf denen das Kind nur mühsam den Vater oder einen Onkel erkannte; Ansichten aus Belgien, Frankreich, Russland; Zeitungsausschnitte mit Gedichten, Heeresberichten und Todesanzeigen; Orden und Ehrenzeichen, Flottenkalender, Liederblätter, Landkarten, Zeichnungen. Auch ein Kriegsbilderbuch für Kinder war dabei, das hatte die Kronprinzessin schon im Jahre 1914 herausgegeben. (…) Weil es bereits wenige Wochen nach dem Kriegsausbruch erschienen war, kamen Tanks, Gasmasken, Stacheldrahtverhau und auch Stahlhelme noch nicht darin vor. Dafür blitzte und krachte es auf vielen Seiten, und meist flogen irgendwelche Trümmer durch die Luft. Tote gab es nicht einmal auf der Feindseite, höchstens Verwundete. (…) Auch Franzosen kommen vor. Die fliehen gerade vor den vorwärts stürmenden, „Hurra" rufenden Pickelhaubenkriegern und sehen von hinten in ihren roten Pluderhosen lächerlich aus.

Zit. nach: E. Sternheim-Peters, Die Zeit der großen Täuschungen. 2. Aufl., Bielefeld 1989, S. 15 ff.

2. Extraausgabe Sonnabend, den 9. November 1918.

Vorwärts

Berliner Volksblatt.

Zentralorgan der sozialdemokratischen Partei Deutschlands.

Der Kaiser hat abgedankt!

Der Reichskanzler hat folgenden Erlaß herausgegeben:

Seine Majestät der Kaiser und König haben sich entschlossen, dem Throne zu entsagen.

Der Reichskanzler bleibt noch so lange im Amte, bis die mit der Abdankung Seiner Majestät, dem Thronverzichte Seiner Kaiserlichen und Königlichen Hoheit des Kronprinzen des Deutschen Reichs und von Preußen und der Einsetzung der Regentschaft verbundenen Fragen geregelt sind. Er beabsichtigt, dem Regenten die Ernennung des Abgeordneten Ebert zum Reichskanzler und die Vorlage eines Gesetzentwurfs wegen der Ausschreibung allgemeiner Wahlen für eine verfassungsgebende deutsche Nationalversammlung vorzuschlagen, der es obliegen würde, die künftige Staatsform des deutschen Volk, einschließlich der Volksteile, die ihren Eintritt in die Reichsgrenzen wünschen sollten, endgültig festzustellen.

Berlin, den 9. November 1918. Der Reichskanzler.
Prinz Max von Baden.

Es wird nicht geschossen!

Der Reichskanzler hat angeordnet, daß seitens des Militärs von der Waffe kein Gebrauch gemacht werde.

Parteigenossen! Arbeiter! Soldaten!

Soeben sind das Alexanderregiment und die vierten Jäger geschlossen zum Volke übergegangen. Der sozialdemokratische Reichstagsabgeordnete Wels u. a. haben zu den Truppen gesprochen. Offiziere haben sich den Soldaten angeschlossen.

Der sozialdemokratische Arbeiter- und Soldatenrat.

Q7 „Der Kaiser hat abgedankt“
Extraausgabe des „Vorwärts“ vom 9. November 1918.

Q8 „Es lebe die deutsche Republik“

Philipp Scheidemann ruft die Republik aus, 9. 11. 1918:
Das deutsche Volk hat auf der ganzen Linie gesiegt. Das alte Morsche ist zusammengebrochen; der Militarismus ist erledigt! Die Hohenzollern haben abgedankt! Es lebe die deutsche Republik! Der Abgeordnete Ebert ist zum Reichskanzler ausgerufen worden. Ebert ist damit beauftragt, eine neue Regierung zusammenzustellen. Dieser Regierung werden alle sozialistischen Parteien angehören. Jetzt besteht unsere Aufgabe darin, diesen glänzenden Sieg, diesen vollen Sieg des deutschen Volkes nicht beschmutzen zu lassen, und deshalb bitte ich Sie, sorgen Sie dafür, dass keine Störung der Sicherheit eintrete. Nichts darf existieren, was man uns später wird vorwerfen können! Ruhe, Ordnung und Sicherheit, das ist das, was wir jetzt brauchen. (…) Sorgen Sie dafür, dass die neue deutsche Republik, die wir errichten werden, nicht durch irgend etwas gefährdet werde. Es lebe die deutsche Republik!

Zit. nach: G. A. Ritter/S. Miller (Hg.), Die deutsche Revolution 1918–1919. Dokumente. Frankfurt a. M. 1983, S. 77 f.

Q9 „Ich proklamiere die freie sozialistische Republik Deutschland“

Karl Liebknecht ruft die Republik aus, 9. 11. 1918:
Der Tag der Revolution ist gekommen. Wir haben den Frieden erzwungen. Der Friede ist in diesem Augenblick geschlossen, das Alte ist nicht mehr. Die Herrschaft der Hohenzollern, die in diesem Schloss jahrhundertelang gewohnt haben, ist vorüber. (…) Parteigenossen, ich proklamiere die freie sozialistische Republik Deutschland, die alle Stämme umfassen soll, in der es keine Knechte mehr geben wird, in der jeder ehrliche Arbeiter den ehrlichen Lohn seiner Arbeit finden wird. (…) Wir müssen alle Kräfte anspannen, um die Regierung der Arbeiter und Soldaten aufzubauen und eine neue staatliche Ordnung des Proletariats zu schaffen, eine Ordnung des Friedens, des Glücks und der Freiheit unserer deutschen Brüder und unserer Brüder in der ganzen Welt. Wir reichen ihnen die Hände und rufen sie zur Vollendung der Weltrevolution auf.

Zit. nach: Ebenda, S. 78 f.

Fragen und Anregungen

1. Charakterisiere anhand von VT und Q 1–4, D 1–2 sowie Q7 die Situation am Ende des Ersten Weltkriegs. Sammelt die Ergebnisse gemeinsam in Form einer Mind map.
2. Zeige, wie Remarque in seinem Roman die Auswirkungen des Krieges auf den Einzelnen schildert (Q5). Welche Folgen ergeben sich für die Gesellschaft insgesamt? Vergleiche Remarques Darstellung mit den Erinnerungen der 1925 geborenen Sternheim-Peters (Q6): Welche Rolle spielen Krieg und Kriegsandenken in ihrer Familie?
3. Recherchiere anhand der Lokalzeitung die Situation in deinem Wohnort am Ende des Ersten Weltkrieges. Bilde Gruppen zu folgenden Überbegriffen: Politisches Geschehen, Wirtschaft, Kultur, Alltagsleben.
4. Scheidemann und Liebknecht wollen beide eine Republik verwirklichen (Q8 und 9): Auf welchem Weg wird die Republik errichtet? Wer übernimmt die Macht? Welche wichtigen Aufgaben hat das neue System? Lege für den Vergleich eine Tabelle an.

2. Wer übernimmt die Macht?

10. November 1918	Der Rat der Volksbeauftragten bildet sich als Übergangsregierung.
Dezember 1918/ Januar 1919	In Berlin finden Straßenkämpfe zwischen Regierungstruppen und Revolutionären statt.
19. Januar 1919	Die Verfassunggebende Nationalversammlung wird gewählt.

Parlamentarische oder Räterepublik?

Nicht alle verstanden darunter das Gleiche, wenn sie Deutschland als Republik bezeichneten. Die SPD unter Ebert und Scheidemann wollte eine parlamentarische Demokratie verwirklichen. Eine gewählte Nationalversammlung sollte eine Verfassung ausarbeiten. Andernfalls befürchtete sie einen Bürgerkrieg wie in der Sowjetunion. Die Spartakisten hingegen wollten die Revolution weiterführen, bis alle Macht in den Händen der Räte lag. Das Wirtschafts- und Gesellschaftssystem sollte erneuert, die bisherigen Verwaltungsbeamten entlassen werden.

Erste Schritte der Übergangsregierung

Am 10. November 1918 wurde in Berlin der Rat der Volksbeauftragten gebildet, eine Übergangsregierung unter dem Vorsitz Eberts. Sie bestand aus je drei Mitgliedern der SPD und der Unabhängigen SPD (USPD). Diese hatte sich von der SPD während des Krieges abgespalten, weil sie gegen die Fortführung des Kriegs war. Der Rat der Volksbeauftragten ergriff sofort Maßnahmen, um das politische und gesellschaftliche Leben funktionstüchtig zu erhalten. Ebert schloss dazu zwei Bündnisse mit wichtigen Machthabern des alten Kaiserreichs: Noch am gleichen Tag sicherte General Groener der neuen Regierung zu, die Heeresleitung werde zu ihr stehen. Ebert hingegen garantierte, bei der Aufrechterhaltung der Kommandogewalt der Offiziere mitzuhelfen. Am 15. November wurde die Zentralarbeitsgemeinschaft zwischen dem Führer der freien Gewerkschaften Legien und dem Großunternehmer Stinnes begründet. Mit der Einführung des Achtstundentags und der Anerkennung als gleichberechtigte Vertreter der Arbeitnehmer wurden langjährige Forderungen der Gewerkschaften erfüllt. Verzichtet wurde im Gegenzug auf die Verstaatlichung einzelner Betriebe oder Wirtschaftszweige.

Kommt es doch zum Bürgerkrieg?

Im Dezember trafen sich die Räte und ihre Vertreter zu einem Kongress in Berlin. Sie sprachen sich mehrheitlich für die Wahl zu einer Nationalversammlung aus. Die Spartakisten aber hielten an ihrem Ziel fest, mehr Macht für die Räte und eine

Räterepublik

In einer Räterepublik sind die Wähler in Basiseinheiten organisiert (die Arbeiter eines Betriebes, die Bewohner eines Bezirkes usw.). Sie wählen direkt alle öffentlichen Funktionsträger. Diese Räte sind Gesetzgeber, Regierung und Gerichte in einem, es gibt also keine Gewaltenteilung und auch keine Vielfalt von Parteien, weil die Räte den einheitlichen Volkswillen verkörpern sollen. Die Räte sind der Basis verantwortlich, an ihre Weisungen gebunden und jederzeit abrufbar.

Parlamentarische Systeme

In einem parlamentarischen System übt das Volk die Herrschaft nicht direkt aus, sondern überträgt sie auf für bestimmte Perioden gewählte Repräsentanten. Diese werden von Parteien aufgestellt und sind ihrem Gewissen unterworfen (freies Mandat). Das Parlament ist oberstes Staatsorgan. Es beschließt Gesetze und den Staatshaushalt. Mit seiner Mehrheit wählt es den Regierungschef, kann ihm aber sein Vertrauen auch wieder entziehen.

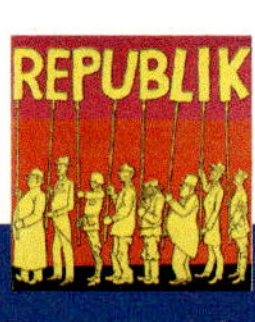

Sozialisierung der Wirtschaft zu erreichen. Als die SPD den Einsatz von Truppen gegen demonstrierende Spartakisten anordnete, traten die USPD-Mitglieder aus dem Rat der Volksbeauftragten aus. Teile der USPD schlossen sich den Spartakisten an. Sie gründeten am 1. Januar 1919 die Kommunistische Partei (KPD). Wenige Tage später erklärten radikale Spartakisten die Regierung für abgesetzt. Wieder marschierten Regierungstruppen sowie Freiwilligenverbände ehemaliger Frontsoldaten auf. Diese „Freikorps" wurden von Offizieren der Kaiserzeit angeführt, die die Demokratie ablehnten. Auf ihr Konto ging u. a. am 15. Januar 1919 die Ermordung der Anführer der Spartakisten Luxemburg und Liebknecht.

Karl Liebknecht und Rosa Luxemburg

Wahl zur Nationalversammlung

Inmitten der Unruhen fand am 19. Januar 1919 die Wahl zur Nationalversammlung statt. SPD, Zentrum und die liberale Deutsche Demokratische Partei (DDP) erhielten zusammen etwa 75 Prozent aller Stimmen. Sie bildeten eine Koalitionsregierung, die „Weimarer Koalition". Eröffnet wurde die Nationalversammlung am 6. Februar 1919 in Weimar, abseits der revolutionären Bewegung der Reichshauptstadt. Ebert wurde zum Reichspräsidenten gewählt.

Ende der Revolution

Nachdem die neue Regierung gebildet war, lösten sich in vielen Städten die Räteorganisationen auf. Sie hatten ihre Aufgabe vor allem darin gesehen, an der Normalisierung des Lebens nach dem Krieg mitzuwirken. Eine kleine Gruppe von Anhängern der Rätebewegung jedoch machte offen Front gegen die Regierung und ihre Zusammenarbeit mit den alten Mächten. Unterstützung erhielten sie von Arbeitern im Ruhrgebiet und anderen Industriestandorten. Sie bestreikten Betriebe und besetzten Zeitungsgebäude, auf der Straße kam es zu gewaltsamen Auseinandersetzungen. Aber die Freikorpsverbände behielten die Oberhand. Im Frühjahr 1919 war die Revolution zu Ende.

Q1 Gegen eine Räterepublik, November 1918

Q2 „Alle Macht den Räten", November 1918

Der Rat der Volksbeauftragten Q3
Von links nach rechts:
Emil Barth (USPD),
Otto Landsberg (SPD),
Friedrich Ebert (SPD),
Hugo Haase (USPD),
Wilhelm Dittmann (USPD),
Philipp Scheidemann (SPD)

Arbeiter und Soldaten!

In Kiel, in Hamburg, Lübeck und in Bremen ist die Revolution einmarschiert. In Berlin, in Stuttgart, in München und in den sächsischen Industrie-Gebieten ist sie auf dem Marsch. Die Arbeiter und Soldaten haben sich zusammengetan und die Gewalt in ihre starken Hände genommen. Ueber die öffentlichen Gebäude wehen keck die roten Fahnen!

Arbeiter und Soldaten des Rheinlandes! Wollt Ihr Eure tapferen Brüder, wollt Ihr die rote Fahne im Stich lassen? Wollt Ihr feige und tatenlos zusehen, während dort um die Befreiung der Arbeiter von all der namenlosen Qual der heutigen Gesellschaftsordnung gerungen wird?

Arbeiter und Soldaten des Rheinlandes! Das wäre eine unauslöschliche Schande für Euch! Das darf, das kann nicht sein! Es heisst „Jetzt oder nie!" auch für Euch! Ehe die kapitalistischen Räuber sich verständigen, um auf Kosten der Arbeiterklasse aller Länder — namentlich auf Kosten der russischen sozialistischen Republik, jener gewaltigen Vorpostenstellung des internationalen Proletariats — die heilige Allianz der Kapitalsherrschaft neu zu errichten, muss das grosse Werk der Befreiung getan sein.

Darum heraus aus Eurer verdammten Lauheit und Reserve, Arbeiter und Soldaten des Rheinlandes! Ihr habt fast fünf Jahre gemordet, geschuftet, gehungert, auf Befehl,

gegen Eure Interessen!

Zeigt, zeigt endlich auch einmal, dass Ihr auch für Eure Interessen zu handeln vermögt!

Kein Zögern, kein Schwanken darf es mehr geben! Ihr müsst in den Arbeitsausstand sofort eintreten, Arbeiter! **Ihr müsst sofort Arbeiter- und Soldatenräte wählen und Euch deren Beschlüssen allein unterordnen!**

Ihr müsst Euch der öffentlichen Gebäude, der Garnisonen, der Waffenvorräte, der Munition bemächtigen und als erste Tat die politischen Gefangenen, die gefangenen Soldaten befreien! Zeigt, dass die Stunde der Abrechnung endlich gekommen ist! Lasst Eure Brüder, die ohne Eure Hilfe verloren sind, die mit Eurer Hilfe rechnen, nicht im Stich!

Los! Auch hier im Rheinland auf die Schanzen für das grosse Werk der Befreiung der Arbeiterklasse, für unsere, für die soziale Revolution!

Q4 **Aufruf zur Wahl eines revolutionären Arbeiter- und Soldatenrates.** Flugblatt, November 1918.

Q5 **Welche Aufgaben hat der Arbeiter- und Soldatenrat vor Ort?**

Aus einem Aufruf des provisorischen Arbeiter- und Soldatenrats in Elberfeld-Barmen, Plakat vom 9. November 1918:

Arbeiter! Soldaten! Bürger! Die Volksbewegung für Frieden, Freiheit und Brot schlägt im ganzen Lande ihre hohen Wellen. Wie überall haben sich auch hier die Arbeiter und Soldaten zusammengetan und die Unterzeichneten einen Arbeiter- und Soldatenrat von Elberfeld-Barmen mit der Vertretung ihrer Interessen gegenüber der Gesamtbürgerschaft und allen Behörden beauftragt.

Wir richten an die gesamte Bevölkerung die Aufforderung, den weiteren Fortgang der Volksbewegung durch ruhiges und besonnenes Verhalten zu sichern.

Die Ernährung der Bevölkerung muss wie bisher nach den Anweisungen der Behörden, mit denen der Arbeiter- und Soldatenrat Hand in Hand arbeiten wird, bewältigt werden. (…)

Für die weitere Ernährung der hier bleibenden Soldaten wird Sorge getragen. Die Lebensmittelläger stehen unter dem Schutz des Arbeiter- und Soldatenrates. Jeder Alkoholgenuss muss unterbleiben. Leben, Gesundheit und Eigentum der Bevölkerung ist aufs Strengste zu achten. (…)

Um 1 Uhr nachmittags finden zwei große Versammlungen statt. (…) In beiden Versammlungen wird sich der Arbeiter- und Soldatenrat an die Bevölkerung wenden.

Der provisorische Arbeiter- und Soldatenrat

F.-J. Schmillen, Revolution und Rätebewegung 1918/19 im Rheinland. Frankfurt a. M. 1980, S. 26 f.

Q6 Aufruf des Rates der Volksbeauftragten für eine Nationalversammlung, Januar 1919.

Q7 Plakat zur Teilnahme an den Wahlen zur Nationalversammlung, Januar 1919, Auftraggeber unbekannt.

Q8 Was aus Deutschland wird, entscheidet die Nationalversammlung

In seinen Memoiren berichtet Philipp Scheidemann, wie es nach seiner Ausrufung der Republik am 9. November 1918 zu einem Streit mit Ebert kam:

Ebert war vor Zorn dunkelrot im Gesicht geworden, als er von meinem Verhalten [der Ausrufung der Republik] hörte. Er schlug mit der Faust auf den Tisch und schrie mich an: „Ist das wahr?" Als ich ihm antwortete, dass „es" nicht nur wahr, sondern selbstverständlich gewesen sei, machte er mir eine Szene, bei der ich wie vor einem Rätsel stand. „Du hast kein Recht, die Republik auszurufen! Was aus Deutschland wird, ob Republik oder was sonst, das entscheidet eine Konstituante [Verfassungsgebende Nationalversammlung]!" Wie konnte ein so kluger Mann die Situation derart falsch einschätzen, dass er selbst am 9. November noch von Regentschaft, Stellvertretung, Reichsverweser und anderem total erledigtem monarchischen Gerümpel sprach!

Ph. Scheidemann, Memoiren eines Sozialdemokraten Bd. 2. Dresden 1928, S. 313.

Q9 Das „Groener-Ebert-Bündnis", 10. 11. 1918

General Wilhelm Groener, ab 26. 10. 1918 neben Hindenburg Chef der Obersten Heeresleitung:

Die seit Jahrhunderten im preußisch-deutschen Offizierskorps angesammelte moralisch-geistige Kraft musste in ihrem Kern für die Wehrmacht der Zukunft erhalten bleiben. (...) Das Offizierskorps konnte aber nur mit einer Regierung zusammengehen, die den Kampf gegen den Radikalismus und Bolschewismus aufnahm. Dazu war Ebert bereit. (...) Am Abend [des 10. 11. 1918] rief ich die Reichkanzlei an und teilte Ebert mit, dass das Heer sich seiner Regierung zur Verfügung stelle, dass dafür der Feldmarschall [Hindenburg] und das Offizierskorps Unterstützung erwarteten bei der Aufrechterhaltung der Ordnung und Disziplin im Heer. (...) Von da ab besprachen wir uns täglich abends auf einer geheimen Leitung zwischen der Reichskanzlei und der Heeresleitung über die notwendigen Maßnahman.

W. Groener, Lebenserinnerungen; zit. nach: Deutsche Geschichte in Quellen und Darstellung, Bd. 9. Stuttgart 1995, S. 35 f.

Fragen und Anregungen

1. Skizziere die unterschiedlichen Auffassungen innerhalb der Rätebewegung: Welche Forderungen erheben die Spartakisten (Q4)? Welche Aufgaben hat der provisorische Arbeiter- und Soldatenrat übernommen (Q5)? In beiden Texten ist von Räten die Rede – ziehe Rückschlüsse auf Zusammensetzung und Ziele der Rätebewegung.
2. Formuliere ein Streitgespräch zwischen einem Anhänger der Nationalversammlung und einem Befürworter des Rätesystems. (VT, hist. Stichwort, Q1, 2, 6 und 7).
3. Verfasse anhand von Q8 und 9 ein Interview mit Ebert, in dem er seine Haltung in der Revolution begründet.
4. Vorschlag für ein Kurzreferat: Recherchiere Stationen des Lebens Friedrich Eberts beziehungsweise Rosa Luxemburgs und stelle sie der Klasse vor.

3. Die neue politische Ordnung

31. Juli 1919	Die Nationalversammlung verabschiedet die Verfassung.
11. August 1919	Nach der Unterzeichnung durch Reichspräsident Ebert tritt die Verfassung in Kraft.

Q1 Wahldemonstration der SPD, 25. 1. 1919

Q2 Ratlose Frauen mit ihren Stimmzetteln, 25. 1. 1919

Frauenstimmrecht

Unter der Leitung des Liberalen Hugo Preuß begann die Ausarbeitung einer Verfassung für die neue Republik. Zum ersten Mal in Deutschland erhielten die Frauen das aktive und passive Wahlrecht. 41 Frauen gehörten der Nationalversammlung an, davon waren etwa die Hälfte Mitglieder der SPD. Dieser Anteil von 9,6 Prozent wurde erst wieder 1983 im Deutschen Bundestag erreicht.

Parteien und Verfassungsschutz

Mit der Einführung des Verhältniswahlrechts zog jede Partei gemäß ihrem Stimmenanteil in den Reichstag ein. Auf eine Sperrklausel wurde verzichtet, so dass auch die kleinen Parteien vertreten waren. Auf diese Weise erreichte keine Partei bei Reichstagswahlen die absolute Mehrheit. Um eine Regierung zu bilden, mussten sich mehrere Parteien zu einer Koalition zusammenschließen. Die Parteien von Weimar waren nicht durch die Verfassung an die Demokratie gebunden. Jede sollte frei sein in ihrem politischen Denken und Handeln. Dadurch konnten Parteien und Organisationen, die der Demokratie feindlich gesinnt waren oder sie bekämpften, wenig Grenzen gesetzt werden.

Regierung und Reichspräsident

Die Regierung ging in der Regel aus der parlamentarischen Mehrheit hervor und war vor dem Parlament verantwortlich. Der Reichstag konnte dem Kanzler das Vertrauen wieder entziehen (einfaches Misstrauensvotum) und so dessen Rücktritt veranlassen. Reichskanzler und Minister wurden vom Reichspräsidenten ernannt. Dieser war mit weit reichenden Rechten ausgestattet: Er konnte den Reichstag auflösen. Waren die öffentliche Sicherheit und Ordnung gefährdet, hatte er die Möglichkeit, den Staatsnotstand zu verhängen (Artikel 48). In diesem Fall waren die Verfassungsrechte der Bürger außer Kraft gesetzt. „Notverordnungen", gesetzliche Maßnahmen ohne Mitwirkung des Reichstags, konnten erlassen werden.
Auch dass der Reichspräsident direkt von den Wahlberechtigten gewählt wurde, stärkte sein politisches Gewicht.

Q3 Wahlrednerin in Berlin, 1919
Frauen machten in großer Zahl von ihrem Stimmrecht Gebrauch, 82 % nahmen an der Wahl zur Nationalversammlung teil.

Q4 „Sie tragen die Buchstaben der Firma – wer aber trägt den Geist?"
Karikatur von Th. Th. Heine aus dem „Simplicissimus", 1927.

Die Parteien der Weimarer Republik

Die stärkste politische Kraft blieb bis 1932 die SPD. In der Revolution von 1918/19 war ihr die politische Führungsrolle zugefallen, die sie nutzte, um im Bündnis mit den bürgerlichen Parteien eine parlamentarische Republik zu schaffen. Die Sozialdemokratie war fest in der Arbeiterschaft verwurzelt und blieb an sie gebunden. Alle Bemühungen der Parteiführung, den Einfluss der Partei auf andere Schichten auszudehnen und eine linke Volkspartei zu werden, blieben jedoch erfolglos.

Die aus dem Spartakusbund hervorgegangene KPD stieg nach 1920 zu einer linken Massenpartei auf. Sie hatte ihre Basis im linken Spektrum der Arbeiterschaft. Die Partei orientierte sich an den sowjetischen Bolschewisten und verfolgte seit 1923 einen radikalen antidemokratischen Kurs gegen die Weimarer Republik.

Das 1870 gegründete Zentrum verstand sich als politischer Interessenvertreter der deutschen Katholiken aller sozialen Schichten. Es war bis 1932 in allen Reichsregierungen vertreten und stellte mehrmals den Reichskanzler. Trotz kritischer Sicht auf ihre Politik bekannte sich das Zentrum zur Weimarer Republik.

Die linksliberale Deutsche Demokratische Partei (DDP) hatte ihre Wähler im Bürgertum und vertrat uneingeschränkt die parlamentarische Demokratie. Die zweite liberale Partei, die Deutsche Volkspartei (DVP) wurde vor allem von der Schwerindustrie unterstützt. Nach anfänglicher Ablehnung näherte sie sich der Weimarer Demokratie, verlor damit aber immer mehr Wählerstimmen an die konservative Deutschnationale Volkspartei (DNVP), die sich zur Monarchie bekannte, auch wenn sie sich an Regierungen beteiligte.

Zu Beginn der 1920er-Jahre entstanden militante rechtsextreme Geheimbünde und Parteien, unter ihnen die NSDAP. Sie waren strikte Gegner der demokratisch-parlamentarischen Ordnung und verübten häufig Gewaltaktionen gegen demokratische Kräfte und zunehmend gegen Juden. Erst gegen Ende der Weimarer Republik verzeichnete die NSDAP einen größeren Zulauf.

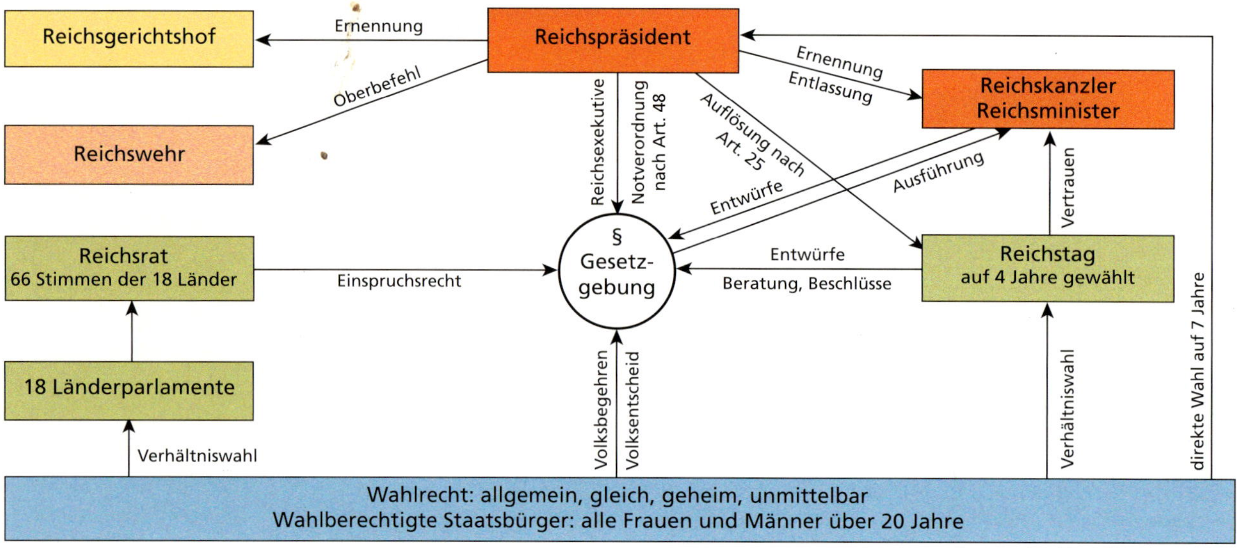

D1 Die Weimarer Verfassung

Q5 **Die Grundrechte**

Auszug aus der Weimarer Verfassung:

Art. 48 Der Reichspräsident kann, wenn im Deutschen Reich die öffentliche Sicherheit und Ordnung erheblich gestört oder gefährdet wird, die zur Wiederherstellung der öffentlichen Sicherheit und Ordnung nötigen Maßnahmen treffen, erforderlichenfalls mit Hilfe der bewaffneten Macht einschreiten. Zu diesem Zwecke darf er vorübergehend die (…) Grundrechte ganz oder zum Teil außer Kraft setzen.

Art. 109 Alle Deutschen sind vor dem Gesetz gleich. Männer und Frauen haben grundsätzlich die gleichen Rechte und Pflichten. (…)

Art. 111 Alle Deutschen genießen Freizügigkeit im ganzen Reiche. Jeder hat das Recht, sich an beliebigem Orte des Reiches aufzuhalten und niederzulassen (…).

Art. 114 Die Freiheit der Person ist unverletzlich. Eine Beeinträchtigung oder Entziehung der persönlichen Freiheit durch die öffentliche Gewalt ist nur aufgrund von Gesetzen zulässig.

Art. 115 Die Wohnung jedes Deutschen ist für ihn eine Freistätte und unverletzlich. (…)

Art. 116 Eine Handlung kann nur dann mit einer Strafe belegt werden, wenn die Strafbarkeit gesetzlich bestimmt war, bevor die Handlung begangen wurde.

Art. 117 Das Briefgeheimnis sowie das Post-, Telegrafen- und Fernsprechgeheimnis sind unverletzlich. (…)

Art. 118 Jeder Deutsche hat das Recht, innerhalb der Schranken der allgemeinen Gesetze seine Meinung durch Wort, Schrift, Druck, Bild oder in sonstiger Weise frei zu äußern. An diesem Rechte darf ihn kein Arbeits- oder Anstellungsverhältnis hindern, und niemand darf ihn benachteiligen, wenn er von diesem Rechte Gebrauch macht. (…)

P. Longerich (Hg.), Die Erste Republik. Dokumente zur Geschichte des Weimarer Staates, München 1992, S. 104 ff.

Fragen und Anregungen

1. Klärt in Partnerarbeit folgende Fragen zur Weimarer Verfassung (D1und Q5): Welche Rechte hat die Bevölkerung, welche der Reichstag, welche die Regierung und der Reichspräsident? Beurteilt anschließend, wie die staatliche Macht verteilt ist und welche Möglichkeiten der gegenseitigen Kontrolle bestehen.
2. Fasse tabellarisch die Zielgruppen der einzelnen Parteien und ihre Haltung zum Staat von Weimar zusammen (VT, Q1). Prüft, welche Parteien miteinander stabile Koalitionen bilden können.
3. Überlege, welche Personen du auf dem Bild Q4 erkennen kannst und für welche gesellschaftlichen Gruppen sie stehen. Wählt zwei dieser Personen aus und lasst sie in einem Dialog über das System von Weimar zu Wort kommen.
4. Vergleiche Q2 mit Q3. Auf welche Weise nehmen die dargestellten Frauen ihre Rechte wahr.

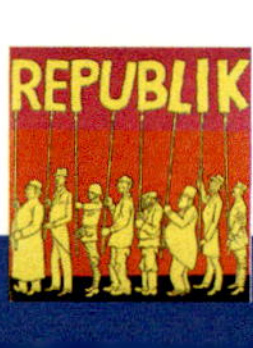

4. Der Versailler Friedensvertrag und seine Folgen

28. Juni 1919	Die deutsche Regierung nimmt den Versailler Vertrag an.
1924	Dawes-Plan: Die jährlichen Reparationen werden festgelegt unter Berücksichtigung der deutschen Zahlungsfähigkeit.
1925	Vertrag von Locarno: Die Unverletzlichkeit der deutschen Westgrenze wird bestätigt, auf die gewaltsame Änderung der polnischen Westgrenze nicht verzichtet.
1929	Young-Plan: Deutschland ist zu Zahlungen über einen Zeitrum von 59 Jahren verpflichtet.
1932	Auf der Konferenz von Lausanne werden die verbliebenen Reparationszahlungen gestrichen.

Unterschiedliche Interessen der Siegermächte

Im Januar 1919 begannen in Paris die Friedensverhandlungen der Alliierten. Großbritannien und die USA waren daran interessiert, die Mächte auf dem Kontinent stabil zu halten als Gegengewicht zur kommunistisch regierten Sowjetunion. Bereits im Krieg hatte der amerikanische Präsident Wilson ein 14 Punkte umfassendes Programm verkündet, in dem er die Verständigung der Völker untereinander und ein Selbstbestimmungsrecht der Nationen forderte. Vor allem in Frankreich, das Deutschland so weit wie möglich geschwächt sehen wollte, stieß das Programm auf Ablehnung. Verwirklicht allerdings wurde Wilsons Idee eines Völkerbunds. Dieser internationale Zusammenschluss sollte das friedliche Zusammenleben der beteiligten Staaten in Zukunft garantieren.

Bestimmungen des Versailler Vertrages für Deutschland

Deutschland war an den Beratungen in Versailles nicht beteiligt. Als die Bestimmungen bekannt wurden, löste dies einen Proteststurm aus. Durch Gebietsabtretungen verlor Deutschland wichtige Anbauflächen, Rohstoffvorkommen und Industriestandorte. Auf seine Kolonien sollte Deutschland verzichten. Die Flotte wurde beschlagnahmt, die Reichswehr sollte auf 100 000 Mann verkleinert werden. Zahlreiche Güter sollte Deutschland an die Siegermächte liefern, darunter Lokomotiven, Schiffe, landwirtschaftliche Maschinen, Nutztiere sowie Kohle und Farbstoffe. Daneben war es zu hohen Reparationszahlungen verpflichtet. Begründet wurden diese Wiedergutmachungsleistungen mit der alleinigen Kriegsschuld Deutschlands: Der deutsche Angriff habe den Krieg verursacht. Deutschland trage daher die Verantwortung für die Zerstörungen und Verluste.
In der Nationalversammlung kam es zu heftigen Auseinandersetzungen über die Unterzeichnung des Vertrags. Sollte Deutschland in Kauf nehmen, dass die Alliierten ihre Drohung wahr machten, Deutschland zu besetzen, falls der Vertrag nicht fristgerecht angenommen wurde? Die Regierung Scheidemann zerbrach an dieser Entscheidung. Die neue Regierung beschloss, den Vertrag zu akzeptieren und unterschrieb ihn in Versailles am 28. Juni 1919.

Dolchstoßlegende

Ausgerechnet Versailles: Hier hatte im Januar 1871 nach dem Sieg über Frankreich die feierliche Gründung des Deutschen Reichs stattgefunden. Wilhelm I. war zum Kaiser gekrönt worden. Von den Franzosen wurde dies als große Schmach empfunden. Jetzt war es Deutschland, das sich gedemütigt fühlte. Die Gegner der Republik lasteten dies den demokratischen Parteien an. Sie warfen ihnen vor, Deutschland

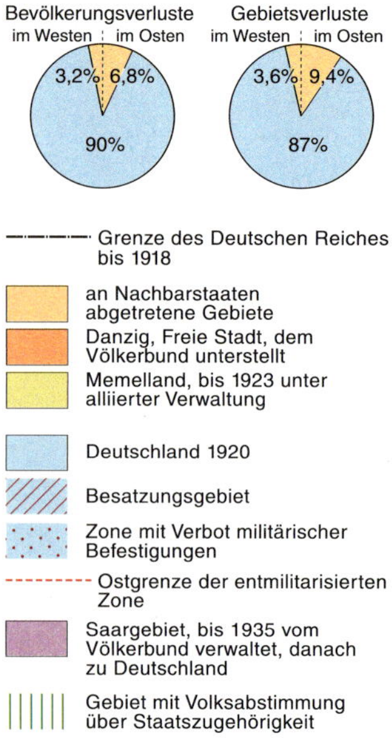

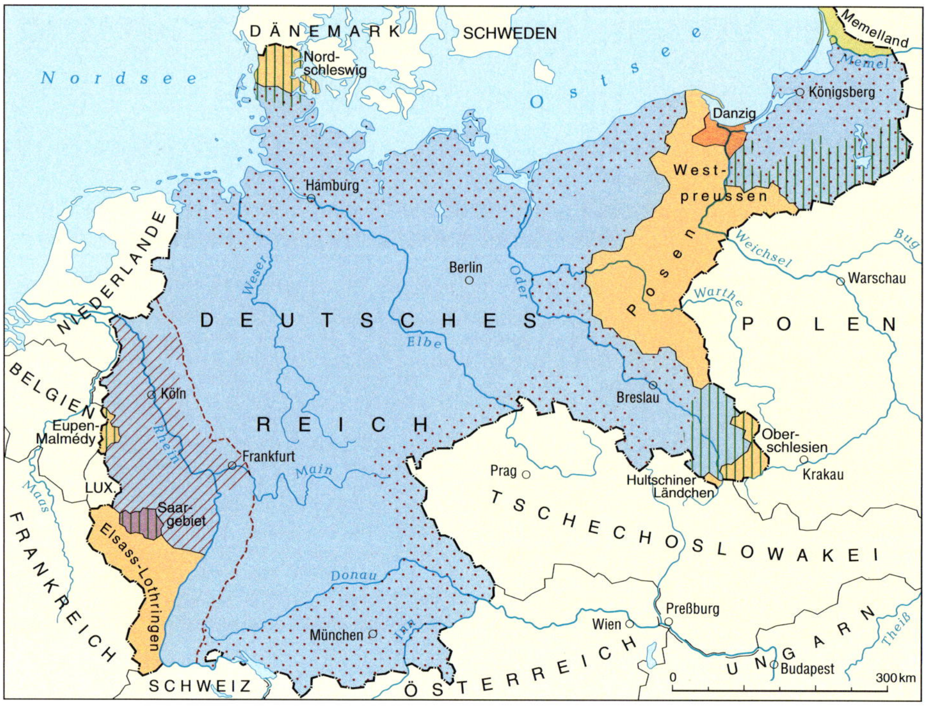

Der Friedensvertrag von Versailles, 1920 D1

der „Schuldknechtschaft“ auszuliefern, weil sie die Bedingungen des Vertrages erfüllen wollten. Rechts gerichtete Gruppen verbreiteten in dieser Situation ihre Sichtweise der Kriegsniederlage, die bereits 1918 deutsche Generäle aufgebracht hatten: Der Krieg sei nicht an der Front verloren gegangen, vielmehr seien Demokraten und Revolutionäre im November 1918 den Soldaten in den Rücken gefallen und hätten so den Sieg verhindert. Diese „Dolchstoßlegende“ wurde populärer Bestandteil der Propaganda gegen Parlamentarismus und Demokratie.

Die Regelung der Reparationen

Vor allem die Regelung der Reparationen, deren endgültiger Umfang zunächst noch nicht abzusehen war, führte zu großen Spannungen mit Frankreich und verschärfte in Deutschland die wirtschaftlichen Probleme. 1924 aber entwickelte der amerikanische Bankier Charles Dawes einen Plan, der die Höhe der jährlichen Reparationsraten bestimmte und genau festlegte, aus welchen Einnahmen sie stammen sollten. Damit verbunden war auch eine Geldanleihe, die der deutschen Wirtschaft zu einem Aufschwung verhelfen sollte. So entspannte sich das Verhältnis zu den Alliierten. Die 1929 vom amerikanischen Bankier Owen Young vorgelegte Lösung sah eine abschließende Ratenzahlung über einen Zeitraum von 59 Jahren vor. Das besetzte Rheinland konnte jetzt vorzeitig geräumt werden. Im Sommer 1932 wurden die Reparationen schließlich ganz eingestellt – gegen eine einmalige Zahlung, die aber nicht mehr geleistet wurde.

Annäherung an die Sowjetunion und an Frankreich

Bereits 1922 nahm Deutschland mit der Sowjetunion wieder diplomatische Beziehungen auf. Im Vertrag von Rapallo vereinbarten beide Seiten, sich gegenseitig wirtschaftlich zu fördern. 1925 wurde der Vertrag von Locarno abgeschlossen: Sowohl Frankreich und Belgien als auch Deutschland garantierten die Unverletzlichkeit der deutschen Westgrenze. Deutschland bestätigte damit den Verzicht auf Elsass-Lothringen. Es verpflichtete sich außerdem, die polnische Grenze nicht gewaltsam ändern zu wollen. 1926 wurde Deutschland in den Völkerbund aufgenommen.

REPUBLIK

Reparationen

Bezeichnet werden damit Wiedergutmachungsleistungen für Kriegsschäden oder -aufwendungen, die der Besiegte an den oder die Sieger zahlen muss. Reparationen können Geldzahlungen oder Sachlieferungen sein. Sie werden ggf. durch Beschlagnahmung von Vermögen oder durch Demontagen gesichert.

Q1 Der Versailler Vertrag als „Todesurteil"

Auszüge aus dem Kommentar der Süddeutschen Zeitung zu den Bestimmungen von Versailles, 24.6.1919:

Dem deutschen Volke ist die Schande angetan worden, nicht nur sein Todesurteil zu unterschreiben, sondern seines eigenen Blutes und Stammes Genossen dem Feinde auszuliefern, zur Aburteilung, zur Bestrafung dafür, dass sie ihrem Vaterlande in seiner Not das Beste gegeben. (…) Was haben wir denn gutzumachen, wir, die wir der großen seit Jahrzehnten zusammengebrauten Verschwörung Hass erfüllter Nachbarn und gieriger, Neid erfüllter Konkurrenten zum Opfer gefallen sind. Wie kann man dem heiligen Volksempfinden so ins Gesicht schlagen! Waren die Augusttage 1914, wo aus Millionen deutscher Herzen das Befreiungslied, der vaterländische Jubel sich rang, Lüge, waren sie Selbstbetrug? (…) Es ist geschehen, dein Schicksal, deutsches Volk, ist besiegelt, durch die Männer der Revolution, die den 9. November zum Nationalfeiertag machten, den Tag der Freiheit, wie sie meinten.

Süddeutsche Zeitung, 24.6.1919, o.S.

Q2 Deutsche Außenpolitik nach Versailles

Der deutsche Außenminister Gustav Stresemann (DVP) über die Grundlinien seiner Außenpolitik, 18.5.1925:

Jedermann weiß auch, dass sich in Deutschland kein ernsthafter Mensch mit kriegerischen Absichten irgendwelcher Art trägt, und dass das deutsche Volk nur den einen Wunsch hat, in ungestörter friedlicher Arbeit seinen Staat und seine Wirtschaft wieder aufzubauen. Wir können deshalb auch das Bestreben eines Sicherheitsproblems in dem Sinne, als ob andere Länder ein berechtigtes Bedürfnis nach Schutz gegen deutsche Angriffe hätten, unmöglich anerkennen. Ganz im Gegenteil kann Deutschland, das, völlig entwaffnet, stark gerüsteten, durch militärische Bündnisse gesicherten Machthabern gegenübersteht, mit Recht die Forderung nach Schutz seiner Grenzen erheben.

W. Michalka/ G. Niedhart (Hg.), Deutsche Geschichte 1918–1933. Dokumente zur Innen- und Außenpolitik. Frankfurt a.M. 1992, S.106.

D2 Bleibt Deutschland eine Großmacht?

Der Historiker Eberhard Kolb zum Versailler Vertrag:

Der Vertrag besaß tatsächlich einen Kompromisscharakter (…). Trotz des Versailler Vertrags erhielt das Deutsche Reich den Status einer europäischen Großmacht und besaß auf längere Sicht die Möglichkeit, wieder einen aktiven Part in der europäischen Politik zu spielen, sogar mit noch größerer außenpolitischer Bewegungsfreiheit als noch vor 1914.

E. Kolb, Die Weimarer Republik. München, Wien 1984, S.35.

Q3 Dolchstoßlegende

Ausschnitt aus einem Wahlplakat der deutschnationalen Volkspartei, 1924.

Fragen und Anregungen

1. Fasse die wesentlichen Bestimmungen des Versailler Vertrags für Deutschland zusammen (D1, VT).
2. Untersuche, wie der Vertrag in der deutschen Öffentlichkeit aufgenommen wurde (Q1).
3. Begründe mithilfe des VT die Aussage des Historikers Kolb (D2).
4. Prüfe die Ziele von Stresemanns Außenpolitik (Q2) vor dem Hintergrund des Versailler Vertrags.
5. Überlege, welche Folgen die Verbreitung der Dolchstoßlegende für die Gesellschaft hatte (VT, Q3).
6. Vergleiche Q1 mit der Aussage in D2.

Die Reichstagswahlen im Zeichen von Versailles

In Wahlkampfzeiten sind sie nicht zu übersehen – Plakate, mit denen Parteien auf ihre Programme oder ihren Kandidaten aufmerksam machen. Die Weimarer Republik wird oft als Geburtsstunde der politischen Plakate in Deutschland angesehen. Da Massenmedien wie Fernsehen oder Rundfunk fehlten, waren Plakate wichtige Informationsquellen.

Q1 **Plakat der DNVP zur Reichstagswahl 6.6.1920**

Die zahlreichen Parteien der Weimarer Republik, die um die Stimmen der Wählerinnen und Wähler konkurrierten, nutzten sie auch als Möglichkeit der Meinungsbildung. An Litfaßsäulen, Bauzäunen, Schaufenstern und „Sandwichmen" machten Plakate politische Werbung, die weithin sichtbar viele Menschen erreichte. Dabei waren die Ausdrucksformen reichhaltiger als wir es von der politischen Werbung heute kennen.

In den aufstrebenden Großstädten bekam das Leben eine immer größere Geschwindigkeit. Zahlreiche Eindrücke strömten auf den Einzelnen ein. Hier musste ein Plakat seine Wirkung sofort entfalten und seine Aussagen schnell vermitteln.

Das Plakat der DNVP zur Reichstagswahl 1920 beispielsweise gewinnt die Aufmerksamkeit des Betrachters durch ein einprägsames Bild: Eine wehende Fahne in den Farben des Kaiserreichs gibt den Blick frei auf ein Bismarck-Denkmal – Erinnerungen an vergangene, vorgeblich bessere Zeiten werden geweckt. Die Farben schwarz, weiß, rot wiederholen sich auch in der Gestaltung des Hintergrunds und in den Schriftzügen.

Die politischen Inhalte werden auf wenige Schlagworte verkürzt. Das Plakat will polarisieren, den politischen Gegner angreifen und Feindbilder heraufbeschwören. Die Botschaft ist deshalb einfach und einprägsam.

Neben diesem offenkundigen Appell bedient sich der Plakatkünstler auch einer Bild- und Textsprache, die eher unbewusst wahrgenommen wird. Sie ruft Erinnerungen und Gefühle wach. So denkt der Betrachter an Bismarcks militärische Erfolge, gerade den Sieg über Frankreich, der der Gründung des Deutschen Reiches vorausging. Die Kaiserkrone, der Lorbeerkranz und das Kriegsschiff sind Symbole „herrlicher Zeiten", wie Wilhelm II. das damals vorherrschende Lebensgefühl ausdrückte. Bildhafte Elemente wie die strahlend aufgehende Sonne wirken beinahe unbemerkt auf den Betrachter, können ihn aber wesentlich beeinflussen und manipulieren.

Methodische Arbeitsschritte:

1. Erste Eindrücke sammeln
   Wie wirkt das Plakat auf den ersten Blick, was fällt spontan auf?
2. Das Plakat analysieren
   Welche Details sind abgebildet, welche Textaussagen enthält das Plakat, welche Bilder?
   Welche Rolle spielen die Farben, die Größenverhältnisse und die Anordnung von Text und Bild?
   Welche Symbole und bildhaften Elemente werden eingesetzt – mit welcher Absicht?
   Werden Feindbilder geweckt?
3. Die Adressaten ermitteln
   Wer wird angesprochen? Warum ist diese Zielgruppe von Bedeutung? Worin besteht der Appell?
4. Die Absichten des Auftraggebers klären
   Wann ist das Plakat entstanden? Welche Interessen verfolgt der Auftraggeber?
5. In den historischen Zusammenhang stellen
   Welches aktuelle politische Thema greift das Plakat auf? Welche Rückschlüsse lassen sich ziehen auf das Programm der jeweiligen Partei, welche auf die Einstellung zur Republik von Weimar?

Q2 Wahlplakat der KPD, September 1929 (oben links)

Q3 Plakat der NSDAP zur Reichstagswahl 1928 (oben Mitte)

Q4 Plakat der SPD zur Wahl der Nationalversammlung, Januar 1919 (oben rechts)

Q5 Plakat der DDP zur Wahl der Nationalversammlung, Januar 1919 (unten links)

Q6 Plakat der DVP zur Reichstagswahl, September 1930 (unten Mitte)

Q7 Plakat des Zentrum zur Wahl der Nationalversammlung, Januar 1919 (unten rechts)

Fragen und Anregungen

1. Betrachte die Plakate Q2–7. Sammelt erste Eindrücke in der Klasse.
2. Analysiert in Kleingruppen jeweils eines der Plakate nach dem vorgeschlagenen Raster (Q2–7).
3. Verfasse ein fiktives Interview mit dem Plakatkünstler, in dem er seine Gestaltung begründet.
4. Untersuche ein aktuelles Wahlplakat mithilfe der Arbeitsschritte.

5. Die Republik übersteht das Krisenjahr 1923

11. 1.	Französische und belgische Truppen besetzen wegen Vernachlässigung der Reparationsleistungen das Ruhrgebiet.
13. 1.	Die Reichsregierung verkündet den passiven Widerstand.
12. 8.	Eine Große Koalition (SPD, DDP, Zentrum, DVP) unter Stresemann übernimmt die Regierung.
26. 9.	Der passive Widerstand im Ruhrgebiet wird beendet.
10. 10.–5. 11.	Revolutionäre kommunistische Regierungen in Thüringen und Sachsen werden mit Einsatz der Reichswehr abgesetzt.
9. 11.	Hitler-Putsch in München: Hitler und seine Anhänger wollen in Bayern eine provisorische Regierung bilden und die Reichsregierung stürzen..
15. 11.	Die Einführung der Rentenmark stoppt die Inflation (eine Rentenmark gleich eine Billion Papiermark).

Notgeld der Stadt Mainz, 1923 Q1

Ruhrbesetzung und Inflation

In ihren Anfangsjahren erlebte die junge Republik schwere Belastungsproben, die ihren Höhepunkt im Jahr 1923 hatten. Anfang des Jahres besetzten französische und belgische Truppen das Ruhrgebiet, weil ein Rückstand Deutschlands bei der Holz- und Kohlelieferung festgestellt worden war. Die Regierung verkündete daraufhin den passiven Widerstand: Allen Beamten war es verboten, Befehle von den Besatzungsmächten anzunehmen. Zwischen streikenden Arbeitern und französischen Soldaten kam es zu gewaltsamen Zusammenstößen. Da sich die Bevölkerung des Ruhrgebiets im „Generalstreik" befand, musste der Staat für ihren Lebensunterhalt aufkommen. Zudem ruhte dort die Produktion. Die hohen Ausgaben beschleunigten den Verfall der ohnehin instabilen Währung.

Genau betrachtet hatte die Inflation mit dem Ersten Weltkrieg begonnen. Der Krieg wurde weitgehend durch Anleihen bei Unternehmern oder Privatleuten finanziert, die der Staat verzinst zurückzahlen musste. Dabei behalf er sich durch immer neue Banknotenausgabe: Zwischen 1914 und 1918 verfünffachte sich die in Umlauf befindliche Geldmenge. Dem Geld stand aber kein Warenwert gegenüber. Vielmehr verringerte sich die Gütermenge um mehr als ein Drittel, weil für den zivilen Bedarf kaum produziert wurde. 1918

Q2 **Schlange vor einem Berliner Lebensmittelladen.**
Ein Pfund Butter wird für 30 300 Mark verkauft

hatte sich der Geldwert im Vergleich zu Kriegsbeginn halbiert.
Für die Regierung war es auch deshalb schwierig, den Staatshaushalt zu sanieren, weil Höhe und Dauer der Reparationen noch nicht feststanden. Von der Geldentwertung allerdings profitierte der Staat: Die 154 Milliarden Mark Kriegsschulden besaßen 1923 einen Wert von 15,4 Pfennigen. Lohnempfänger und Besitzer von Sparkonten dagegen ruinierte die Inflation. Zusammen mit der anhaltenden Krise in der Lebensmittelversorgung verschärfte dies den Konflikt zwischen Bevölkerung und Besatzungsbehörden. Bei vielen sank aber auch das Vertrauen in den Staat von Weimar.

Q3 **Inflation 1923.** Banknoten werden in Waschkörben transportiert

Im August musste die Regierung angesichts der wachsenden wirtschaftlichen Schwierigkeiten zurücktreten. Die neue Regierung unter Reichskanzler Stresemann war eine Große Koalition aus SPD, DDP, Zentrum und DVP. Sie brach im September den passiven Widerstand ab, als sich die Inflation einem neuen Höhepunkt näherte. Im November gelang es durch eine Währungsreform, die Geldmenge zu beschränken und den Geldwert zu stabilisieren. Ein Übergangsgeld, die Rentenmark, wurde eingeführt. Deutschland konnte mit den Alliierten in neue Verhandlungen über Wirtschaftslage und Reparationen eintreten.

Politische Unruheherde

Zur gleichen Zeit versuchten Separatisten im Rheinland und in der Pfalz, eine Abtrennung dieser Regionen vom Deutschen Reichsgebiet zu erreichen. Diesen Bestrebungen stand die Bevölkerung jedoch größtenteils ablehnend gegenüber, vor allem, als sich die wirtschaftliche Lage mit der Währungsreform beruhigte. Die Separatisten mussten nach z. T. blutigen Auseinandersetzungen mit der Bevölkerung aufgeben. In Thüringen und Sachsen bewaffneten sich Anhänger der Kommunisten, um eine Revolution nach russischem Vorbild („deutscher Oktober“) vorzubereiten. Doch die Regierung in Berlin griff schnell ein: Sie verhängte den Ausnahmezustand, ließ Reichswehrtruppen einmarschieren und setzte den sächsischen Ministerpräsidenten ab. Auch in Bayern kam es zu politischen Unruhen, als ein Sympathisant rechts gerichteter Verbände zum Regierungschef erhoben wurde. Er wurde von Verbänden der Reichswehr unterstützt. Reichspräsident Ebert forderte wieder einen Einmarsch von Truppen, aber der Chef der Reichswehr lehnte diesmal ab.
Ein weiterer Putschist nutzte die Gunst der Stunde: Adolf Hitler, Führer der Nationalsozialistischen Partei, stürmte in München eine politische Versammlung. Er erklärte sowohl die bayerische als auch die Reichsregierung für abgesetzt und wollte selbst an einer Übergangsregierung beteiligt werden. Ein Marsch Hitlers und seiner Anhänger durch München wurde am nächsten Tag von der Polizei beschossen und aufgelöst. Der Putsch war gescheitert. Die NSDAP wurde verboten, Hitler zu einer fünfjährigen Haftstrafe in Landsberg verurteilt, von der er aber nur neun Monate verbüßte.

„Hitler-Putsch“ am 9.11.1923 Q4

Aufruf zur Abwehr des Separatismus, Flugblatt 1923 Q5

Rheinländer!

Ehre und Pflicht gebieten uns, in Stadt und Land den französischen und belgischen Eindringlingen und Bedrückern unsern unerschütterlichen

Widerstand

entgegen zu setzen. Kein Rheinländer darf die militarisierte Eisenbahn benützen. Keine Hand darf sich rühren im Dienste der fremden Eroberer,

die ihre Hände ausstrecken nach unserer schönen Heimat;
die einen ehrlichen Frieden nicht wollen, weil es ihnen um unsere Vernichtung geht;
die uns freien Rheinländern Sklavenketten anzulegen beabsichtigen;
die jede freie Meinungsäußerung durch Verbot unserer Zeitungen unterbinden;
die den Bürgern ihr Privateigentum fortnehmen;
die sich tagtäglich an den Unterstützungsgeldern für die Armen und Arbeiter vergreifen;
die fortgesetzt rheinische Familien brutal aus Wohnung und Heimat vertreiben;
die treue Angestellte und Beamte ins Gefängnis werfen;
die euch zumuten, um Judaslohn Vaterlandsverrat zu betreiben usw.

Kein Rheinländer und keine Rheinländerin beuge sich dieser brutalen und rechtswidrigen Gewaltherrschaft, koste es was es wolle. Ihr gegenüber ist nur eine

geschlossene Abwehr

am Platze. Verteidigt überall eure Ehre, euer Recht und eure Freiheit.

Seid Deutsche!

Q6 Motive Frankreichs bei der Ruhrbesetzung

Der britische Botschafter in Berlin Viscount d'Abernon notiert am 27. 7. 1923 in sein Tagebuch:

Wenn man auf die Ereignisse vom Januar aus der Distanz von einigen Monaten zurückblickt, zwingt sich einem der Eindruck auf, dass die führenden Kreise in Frankreich einen viel größeren Wert auf territoriale, militärische und wirtschaftliche Vorteile als auf Zahlungen von Reparationen legen. Das war ihr wirkliches Ziel: Die vorgebrachten Reparationsforderungen waren so übermäßig, so jenseits aller Erfüllungsmöglichkeiten, dass weitsichtige Politiker wie die Franzosen sie nur in der Hoffnung auf eine Ablehnung und die sich daraus ergebenden Strafmaßnahmen stellen konnten. (...) Diese Auffassung der wirklichen Ziele der Ruhrpolitik wird durch die Ereignisse im Rheinland bestätigt. Einige Wochen nach der Besetzung der Ruhr setzte die Agitation ein, die auf eine Abtrennung des Rheinlands und der Ruhr von Deutschland abzielte. Es lässt sich schwer sagen, wieweit die Bewegung spontan und wieweit sie auf die französischen Einflüsterungen zurückzuführen war; eines ist jedoch sicher, dass sie von Frankreich – offen oder verstohlen – energisch unterstützt wurde.

Viscount d'Abernon, Ein Botschafter der Zeitenwende. Memoiren Bd.2, Leipzig 1929, S. 262 f.

Q7 Überreizte Nerven, August 1923

Der Journalist Friedrich Kroner schildert in der „Berliner Illustrierten Zeitung" seine Beobachtungen während der Inflation, 26. 8. 1923:

Epidemie der Angst, der nacktesten Not: Dem Blick längst entwöhnt gewesene Käuferschlangen stehen wieder vor den Läden, erst vor einem, dann vor allen. (...) Die Stadt, die große, steinerne Stadt wird wieder einmal leer gekauft. Reis, gestern noch das Pfund 80 000 Mark, kostet heute 160 000 Mark, morgen vielleicht das Doppelte, übermorgen zuckt der Mann hinterm Ladentisch die Achseln: „Reis ist alle." Also Nudeln. „Nudeln sind alle." Also Graupen, Grieß, Bohnen, Linsen, nur kaufen, kaufen, kaufen! Dieses Stück Papier, das funkelnagelneue Banknotenpapier, noch feucht von Druck, heute früh als Wochenlohn ausgezahlt, schrumpft an Wert auf dem hastigen Wege zum Kaufmannsladen. Die Nullen, die ständig wachsenden Nullen!

Zit. nach: P. Longerich (Hg.), Die Erste Republik. Dokumente zur Geschichte des Weimarer Staates. München 1992, S. 169 f.

D1 Preise in Berlin während der Inflation

In Berlin kosteten am 9./10. Juni 1923:

1 Pfund Rindfleisch	8500–12 000 Mark
1 Pfund Kartoffeln	112–130 Mark
1 Pfund Kaffee	26 000–36 000 Mark
1 Pfund Zucker	1400–1550 Mark
1 Pfund Mehl	1900–2600 Mark
1 Ei	800–810 Mark
1 Brot	2500 Mark
1 Straßenbahnfahrt	600 Mark

Nach W. Michalka/G. Niedhart (Hg.), Deutsche Geschichte 1918–1933. Dokumente zur Innen- und Außenpolitik. Frankfurt a. M. 1992, S. 79.

D2 Gewinner und Verlierer der Inflation

Der Historiker Heinrich August Winkler zeigt, wen die Inflation schädigte und wem sie nützte:

Wer seinen Lebensunterhalt aus Ersparnissen oder der Tilgung und Verzinsung von Wertpapieren zu bestreiten gewohnt war, der stand am Ende der Inflationsperiode buchstäblich vor dem Nichts. Hart betroffen waren auch jene Akademikerfamilien, die das Studium ihrer Kinder traditionell aus Ersparnissen zu finanzieren pflegten. Auf der anderen Seite gab es auch in den Mittelschichten viele, die aus der Geldentwertung Nutzen zogen: Haus- und Grundbesitzer wurden schuldenfrei (...). Die eigentlichen Inflationsgewinner waren die meist hoch verschuldeten Großgrundbesitzer, die durch die Geldentwertung ihrer Schulden ledig wurden, und die Besitzer großer industrieller Vermögen. Materiell war auch der Staat ein Gewinner der Inflation: Die Rückzahlung von Schulden und namentlich der gigantischen Summe der Kriegskredite in wertlosem Papiergeld kam einer Schuldenbefreiung gleich. (...) Seine Glaubwürdigkeit war durch die Inflation fundamental erschüttert worden, und es war die Republik, gegen die sich das Ressentiment [die Abneigung] der Enttäuschten richtete. Die Monarchie, die die Inflation 1914 ausgelöst hatte, erschien hingegen fünf Jahre nach Kriegsende vielen Deutschen schon wieder in einem verklärten Licht.

H. A. Winkler, Der lange Weg nach Westen. Bd. 1. München 2002, S. 448 f.

Q9 „Retter Stresemann: ‚Er schaut nach rechts, er schaut nach links – er wird mich retten!'“
Karikatur von K. Arnold, 1923.

Q8 Das Jahr 1923 – eine Bilanz

Der britische Botschafter in Berlin Viscount d'Abernon blickt am Ende des Jahres zurück, 31. 12. 1923:

Nun geht das Krisenjahr zu Ende. Die inneren und äußeren Gefahren waren so groß, dass sie Deutschlands ganze Zukunft bedrohten. (...) In den zwölf Monaten vom Januar bis heute hat Deutschland die folgenden Gefahren überstanden:
Die Ruhrinvasion;
den kommunistischen Aufstand in Sachsen und Thüringen;
den Hitler-Putsch in Bayern;
eine Wirtschaftskrise ohnegleichen;
die separatistische Bewegung im Rheinland.
Jeder einzelne dieser Faktoren, falls er sich ausgewirkt hätte, würde eine grundlegende Veränderung entweder in der inneren Struktur des Landes oder in seinen Beziehungen nach außen herbeigeführt haben. Jedes dieser Gefahrenmomente, falls es nicht abgewendet worden wäre, hätte jede Hoffnung auf eine allgemeine Befriedigung vernichtet. Politische Führer in Deutschland sind nicht gewohnt, dass ihnen die Öffentlichkeit Lorbeeren spendet. Und doch haben diejenigen, die das Land durch diese Gefahren durchgesteuert haben, mehr Anerkennung verdient, als ihnen zuteil wird.

Viscount d'Abernon, Ein Botschafter der Zeitenwende. Memoiren Bd. 2. Leipzig 1929. S. 337 f.

Fragen und Anregungen

1. Analysiere das Flugblatt Q5 nach der dir bekannten Vorgehensweise. Erkläre, wie die Autoren die Aufmerksamkeit der Leser erreichen wollten.
2. Zeige, wie der britische Botschafter die Ruhrbesetzung einschätzt (Q6). Welche Interessen verfolgt er als Vertreter Großbritanniens?
3. Erkläre Ursachen, Verlauf und Auswirkungen der Inflation (VT, Q1–3 und Q7, D1,2).
4. Zeichne eine grobe Umrisskarte des damaligen Deutschen Reiches (vgl. S. 24) und trage alle Krisenregionen und -orte des Jahres 1923 ein.
5. Fasse mithilfe des VT zusammen, auf welche Weise die fünf in Q8 genannten Belastungsproben der Republik gelöst wurden. Nimm selbst dazu Stellung, wie der Autor das „Krisenjahr 1923“ und die Leistungen der deutschen Politiker beurteilt.
6. Informiere dich über Stresemanns Politik und werte daraufhin die Karikatur Q9 aus.

6. Der Alltag verändert sich

Rationalisierung und Konzernbildung

Im Jahr 1924 begann sich in Deutschland die Wirtschaft von den Folgen des verlorenen Krieges zu erholen. Die Industrieproduktion konnte knapp das Vorkriegsniveau wieder erreichen. Die Arbeitslosenzahl allerdings blieb weiterhin hoch. Denn große Wirtschaftszweige wie die Schwerindustrie wurden einer konsequenten Rationalisierung unterzogen. Entlassungen waren die Folge. Viele Unternehmen schlossen sich auch zu Großkonzernen zusammen, um wirtschaftlicher arbeiten zu können und Konkurrenten auszuschalten. 1925 entstanden der IG-Farben Konzern, 1926 die Vereinigten Stahlwerke. Auf dem Elektromarkt waren die Firmen Siemens und AEG führend.

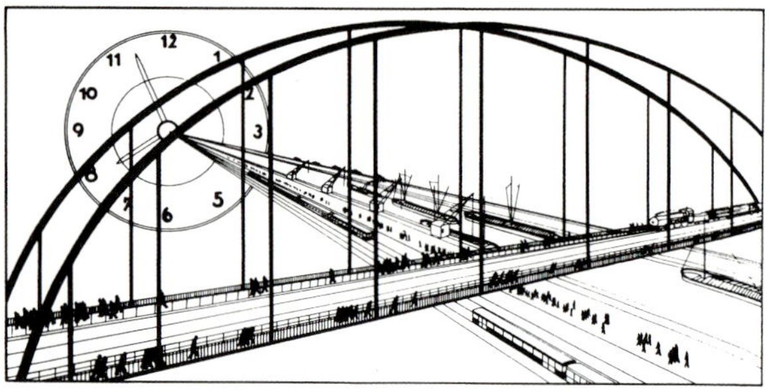

Q1 Straßen der Arbeit
Zeichnung von Oskar Nerlinger, 1923.

In der Elektro-, Chemie- und Automobilindustrie ermöglichten Anleihen aus den USA, die Betriebe mit neuen Techniken und Maschinen auszurüsten. Als Vorbild galten die amerikanischen Automobilwerke Ford: Durch die Einführung von Fließbändern konnten Rohstoffe, Energie und Arbeitskräfte eingespart werden. Die Zeit, die der einzelne Arbeiter für seine Tätigkeiten am Fließband hatte, war genau festgelegt. Der amerikanische Ingenieur Taylor hatte dafür jeden einzelnen Handgriff beobachtet und hinsichtlich Notwendigkeit, Zeit- und Kraftaufwand geprüft („Taylorismus"). Die daraus folgende monotone Arbeit, die kein selbstständiges Denken mehr verlangte, und die hohe Arbeitsintensität machte viele Arbeiter unzufrieden und nicht wenige bekamen gesundheitliche Probleme.

Soziale Verbesserungen, Löhne, Lebensstandard

In den 1920er-Jahren wurden eine Reihe von sozialpolitischen Neuerungen eingeführt, die die Lage der Arbeitnehmerinnen und Arbeitnehmer verbesserten. Allerdings wurden so manche Bestimmungen auch wieder eingeschränkt: So konnte seit 1923 der Achtstundentag zur Überwindung der wirtschaftlichen Krise verlängert werden. Obwohl im Durchschnitt die Löhne der Arbeitnehmer zwischen 1920 und 1930 stiegen, sank in vielen Haushalten der Lebensstandard im Vergleich zur Vorkriegszeit. Hochwertige Lebensmittel wie Butter, Fleisch oder Früchte wurden weit weniger verbraucht, weil sie bedeutend teurer geworden waren.

1918	Der Achtstundentag wird eingeführt, 1923 aber wieder eingeschränkt.
1919	Die Gewerkschaften bekommen Tarifautonomie, das Grundrecht der Jugend auf Erziehung und Bildung wird festgeschrieben.
1920	Das Betriebsrätegesetz garantiert Mitsprache der Arbeitnehmer in Betrieben mit mehr als 20 Mitarbeitern.
1923	Das Mieterschutzgesetz schützt vor willkürlicher Kündigung.
1924	Heimarbeiterinnen erhalten Anspruch auf staatliche Armenfürsorge, Mindestlöhne und Sozialversicherung.
1926	Arbeitsgerichte werden eingerichtet.
1927	Das Arbeits- und Kündigungsgesetz für werdende und stillende Mütter tritt in Kraft, die Arbeitslosenversicherung und die Arbeitsvermittlung werden eingeführt.

D1 Sozialpolitische Neuerungen der Weimarer Republik

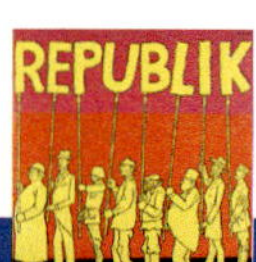

Q2 **Fließbandarbeiterinnen bei Siemens, um 1920**

Q3 **Bürgerliche Familie mit dem ersten Auto, ca. 1925**

Frauenberufe

Die Berufstätigkeit von Frauen war daher häufig ein Muss, um die Familie (mit) zu versorgen. In den Fabriken, vor allem der aufstrebenden Elektro-,Textil- und Konsumgüterindustrie, wurden zahlreiche ungelernte Arbeiterinnen für die Montage eingesetzt. Dabei erhielten sie nur etwa zwei Drittel des Lohns ihrer männlichen Kollegen. So nahmen viele Frauen auch den gesetzlich verankerten Mutterschutz nicht in Anspruch, weil sie sich den Verdienstausfall nicht leisten konnten.
Durch Vergrößerung und Rationalisierung der Betriebe entstanden neue Berufe, die heute vielfach das Bild von der erwerbstätigen Frau in der Weimarer Zeit prägen. In Büros waren Sekretärinnen oder Stenotypistinnen beschäftigt, in den großen Warenhäusern arbeiteten fast ausschließlich Frauen als Verkäuferinnen und an der Kasse. Im Jahr 1925 gab es 1,5 Millionen weibliche Angestellte – drei Mal so viele wie vor den Weltkrieg. Die Mehrheit von ihnen war jünger als 25 Jahre. Und knapp die Hälfte stammte aus Arbeiterfamilien: Einen Dienstleistungsberuf zu lernen, bedeutet einen sozialen Aufstieg. Die Angestellten bildeten den „neuen Mittelstand“.
Die Verfassung der Weimarer Republik garantierte die „grundsätzliche Gleichstellung“ in Staat und Familie. So standen alle Bildungseinrichtungen auch den Mädchen offen. Es war jedoch häufig ein Frage des Geldes, wenn Mädchen keine weiterführende Schule besuchen konnten. 1931 war ein Viertel der Abiturienten Frauen, und im Wintersemester 1932/33 waren ca. 18 % der an den deutschen Universitäten eingeschriebenen Studierenden weiblich.
Für die Frauen aus Kleinstädten und ländlichen Gebieten – und damit weitaus für die Mehrheit – brachte die wirtschaftliche Modernisierung wenig Veränderung. Allerdings fanden sich die Frauen hier schon lange in der Doppelrolle von Familie und Beruf wieder: Sie arbeiteten in der Landwirtschaft, in handwerklichen Betrieben oder Geschäften. Und unverheiratete Frauen gingen nach wie vor als Dienstmädchen in Stellung.

Moderne Haushaltsarbeit Q4

Staubsauger, Kühlschrank oder Gasherd erleichterten die Arbeit. Allerdings blieben diese Geräte für viele unerschwinglich. Oft fehlten auch die erforderlichen Gas- oder Stromanschlüsse.

Q5 Karl Völker, Industriebild, 1923

Q6 Fließbandarbeit in der Automobilindustrie

Seit 1924 betrieb die „Ford Motor Company" eine Automontagefabrik in Berlin. Bis zu 25 Kraftwagen wurden täglich produziert.

Auf einer durch den ganzen Raum führenden Doppelkette bewegt sich das Arbeitsstück weiter. Rechts und links davon, auf dreirädrigen Transportkarren oder an Deckenschienen hängend, sind die verschiedenen Arbeitsstücke stationiert. Jeder Arbeiter hat daran eine bestimmte Handlung vorzunehmen: Schrauben festzuziehen, Nieten einzuschlagen, Teile zu lackieren und dergleichen, bis es auf das Band gelangt. Am Anfang liegen auf dem Band nur ein paar Achsen. Wenige Meter weiter befinden sich schon Federn dran. Motor und Kühler werden eingebaut, Räder anmontiert, Reifen aufgezogen, und am Ende fährt das fertige Untergestell auf das Prüffeld.

(...) Für die Arbeiter ist die Hauptsache das Mitkommen. Das Arbeitsstück fließt ja weiter, schneckengleich langsam zwar – aber es fließt! Verursacht einer der Arbeiter eine Verzögerung, bringt das den ganzen Betrieb in Unordnung, lenkt sofort die Aufmerksamkeit aller Kollegen und Vorgesetzten auf den „Bummler". Kommt ein Arbeiter an einer Stelle nicht recht mit, wird er stillschweigend an eine andere versetzt. Versagt er auch dort, fliegt er ohne jede Förmlichkeit! Das weiß auch jeder und setzt daher die ganz Kraft daran, dem Tempo des nach der höchsten Einzelleistung laufenden Bandes zu folgen.

P. Longerich (Hg.), Die Erste Republik. Dokumente zur Geschichte des Weimarer Staates. München 1992, S. 271.

Q7 Paul Zech, Fabrikstraße tags, Erstveröffentlichung 1920

Paul Zech (1881–1946) arbeitete zunächst im Kohlenbergbau, später ging er als Redakteur nach Berlin: 1922 erschien seine Gedichtsammlung „Das schwarze Revier":

Nichts als Mauern. Ohne Gras und Glas
zieht die Straße den gescheckten Gurt
der Fassaden. Keine Bahnspur surrt.
immer glänzt das Pflaster wassernass.

Streift ein Mensch dich, trifft sein Blick dich kalt
bis ins Mark; die harten Schritte haun
Feuer aus dem turmhoch steilen Zaun,
noch sein kurzes Atem wolkt geballt.

Keine Zuchthauszelle klemmt
so ins Eis das Denken wie dies Gehen
zwischen Mauern, die nur sich besehn.

Trägst du Purpur oder Büßerhemd –
immer drückt mit riesigem Gewicht
Gottes Bannfluch: uhrenlose Schicht.

P. Zech, Das schwarze Revier. München 1922.

Q8 „Gelernt hatte man nichts"

Ilse Moritz, geboren 1902 in Essen-Katernberg, hatte acht Geschwister. 1916 wurde sie aus der Volksschule entlassen. Zunächst ging sie als Dienstmädchen in Stellung, noch während des Krieges begann sie im Bergbau zu arbeiten:

Es blieb nichts übrig, man hat jede Arbeit angenommen, die man nur kriegen konnte. Ich habe, bevor ich in Essen war, auf der Zeche Bergmannsglück in den Nebengewinnungsanlagen gearbeitet, wo Naphthalin gemacht wurde. Ammoniak wurde da gewonnen und von diesen Restbeständen wurde dann Naphthalin gemacht. Das war in Gruben, das schwamm in Wassern, wo dann die Mottenkugeln daraus gemacht wurden. (...) Das wurde dann getrocknet und das gab dann Naphthalin und Ammoniak für das Land als Dünger. (...) Dann sind die Jahre vergangen ohne Lehre und ohne alles und ich habe dann mit 20 geheiratet. Tja, und mit der Heirat fing dasselbe Elend an, als wie's schon vorher war. Wir waren ein Jahr verheiratet, fing mein Mann schon an mit Magengeschwüren und mit Bronchitis (...) ja so war das, so musste ich eben auch als Verheiratete dauernd arbeiten. Gelernt hatte man nichts. Was blieb? Auch nur Waschstellen, Putzstellen, Putzstellen!

K. Hartewig, Das unberechenbare Jahrzehnt. Bergarbeiter und ihre Familien im Ruhrgebiet 1914–1924. München 1993, S. 198 f.

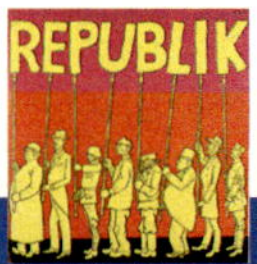

Q9 Die „neue Frau“
Filmplakat „Das Fräulein von Kasse 12“, 1927

D2 Die Entstehung der modernen Massenkultur

Die Historikerin Ursula Becher erforschte unter anderem die Geschichte der Freizeit:

Erst in der Weimarer Republik wurden mit Arbeitszeitverkürzung und Urlaubsregelungen die Voraussetzungen für die moderne Freizeit geschaffen. Erst jetzt war es einer breiten Bevölkerung möglich, die nach ihrer Berufstätigkeit verbleibende Zeit nach eigenen Wünschen zu gestalten und an Vergnügungen teilzunehmen, die bisher vorwiegend dem Bürgertum vorbehalten waren. Außer den traditionellen und erweiterten Bildungsangeboten wie Theater, Bibliotheken, Museen, Konzerte, Veranstaltungen der Volkshochschulen wurde Massenspektakel populär: Boxkämpfe und Sechstagerennen zogen Zuschauermengen an. Die neuen Kinopaläste, Varietés, Tanzsäle, Sportarenen waren Hochburgen der neuen Freizeitwelt. (…)
Massenkultur ist nicht zu denken ohne Massenkonsum. Die Versorgung der deutschen Bevölkerung mit neuen Produkten verbesserte sich stetig. Im Jahr 1932 kamen in Deutschland auf je 1000 Einwohner 66 Rundfunkgeräte, 52 Fernsprechanschlüsse und 8 Personenautos. Das entsprach dem europäischen Durchschnittswert. Dagegen waren die USA Europa weit überlegen. Dort kamen im Jahr 1932 auf je 1000 Einwohner 131 Rundfunkgeräte, 165 Fernsprechanschlüsse und 183 Personenautos. Das amerikanische Beispiel wirkte stimulierend – und nicht nur auf die Wirtschaft –, es (…) den USA gleichzutun. Amerika wurde zum Vorbild für den modernen Lebensstil, der sich jetzt auch in Deutschland durchsetzte.

U. A. J. Becher, Geschichte des modernen Lebensstils. Essen – Wohnen – Freizeit. München 1990, S. 175 f.

Fragen und Anregungen

1. Zeige, wie sich die modernen Arbeits- und Lebensbedingungen auf die Menschen auswirkten (D1, Q1–7). Wo sind Fortschritte erkennbar, wo Nachteile?
2. Argumentiere aus der Sichtweise eines Unternehmers im Jahr 1924, warum er Rationalisierungsmaßnahmen in seinem Betrieb durchführt. Entgegne ihm aus der Perspektive eines Arbeitnehmers (VT, Q2 und 6).
3. Untersucht die Formen von Frauenarbeit in den zwanziger Jahren (VT, Q2, 4, 8 und 9). Fertigt dazu in Gruppen eine Collage an. Überlegt gemeinsam, wie sich Frauenarbeit heute verändert hat.
4. Erkläre den Begriff „Massenkultur“ am Beispiel des veränderten Freizeitverhaltens der Weimarer Republik (D2). Überlege, wer die neuen Freizeitangebote und Konsumartikel nutzen konnte.

„Das Leben ist überall für dich da" – Lebensgefühle in der Großstadt

Ausgehen, wohin und so lange man will, anziehen, was einem gefällt, Menschen treffen, die Interessantes erlebt haben – Großstädte üben auf uns eine Anziehungskraft aus. Auch in der Weimarer Zeit galt das Leben in der Großstadt als attraktiv. Neu war, dass sich die Großstädte in Deutschland gerade erst herausbildeten, wobei Berlin zum Zentrum der Superlative wurde: Nirgendwo auf der Welt waren die Stadtbahnen so schnell, die Auswahl an Zeitungen so reichhaltig, die Telefonanschlüsse so zahlreich. Im Jahr 1929 war Berlin mit 4,3 Millionen Einwohnern die drittgrößte Stadt der Welt nach London und New York. Hier waren viele Verlage ansässig, hier gab es Kinos und Theater, Kabarett und Konzerte. Berlin wurde zum kulturellen Mittelpunkt, von dem neue Stilrichtungen in Literatur, Musik und Kunst ausgingen. Mit dem Begriff der „Goldenen Zwanziger" brachten die Zeitgenossen diese Veränderung ihres Lebensgefühls zum Ausdruck. Nicht alle teilten jedoch die Begeisterung. Kunstbewegungen wie die Heimatkunst idealisierten im Gegenzug die dörfliche Idylle. Konservative Kritiker sahen in der Großstadt eine Gefährdung der Sitten und Werte. Abwertend sprachen sie vom „Kulturbolschewismus". Der Philosoph Oswald Spengler veröffentliche 1918 eine viel gelesene kulturhistorische Abhandlung mit dem Titel „Der Untergang des Abendlandes". Auch kam bei vielen das neue Lebensgefühl gar nicht an. Nach wie vor lebte ein beträchtlicher Anteil der Menschen auf dem Land. Hier – wie auch in vielen städtischen Regionen – spielten Tradition und Konvention noch eine große Rolle.

Anhand der folgenden Materialien könnt ihr in Gruppenarbeit verschiedene Seiten der Großstadt genauer kennen lernen, das Leben dort aber auch mit dem in kleineren Städten beziehungsweise auf dem Land vergleichen.

„Neue Sachlichkeit"

So lautete der Titel einer Ausstellung in der Städtischen Kunsthalle Mannheim im Jahr 1925. Ausgestellt wurden Werke von Künstlern, die die Wirklichkeit abbilden wollten – unsentimental, nüchtern, ungeschönt. In der Literatur wurden Gebrauchstexte wie Werbungs- oder Zeitungsannoncen in fiktionale Texte „montiert". Um Objektivität und Fakten sollte es auch in Reportagen oder Dokumentationen gehen. Dabei spielten die Erfahrungen des Weltkriegs eine Rolle, aber auch das Interesse, sich mit der politischen und sozialen Gegenwart auseinander zu setzen.

Q1 **Großstadt,** Triptychon von Otto Dix, 1928.

Q2 Die Straßenbahn als Verkehrsmittel der Großstadt

Der Autor Joseph Roth veröffentlicht 1926 Reisereportagen aus dem Ruhrgebiet:

Pünktlich, sie war gar nicht dazu verpflichtet, kommt die Straßenbahn. Ihr Trittbrett ist hoch und nass, auch der Fußboden im Innern des Wagens ist feucht, ein alter Mann raucht Pfeife, eine Frau sitzt, einen verhüllten Korb auf dem Schoß. Schulmädchen steigen ein, mit hässlichen harten Schultornistern, auf die der Regen getrommelt hat; Ertüchtigungsinstrumente mit baumelndem Schwamm. Zwei Arbeiter lehnen auf dem Hinterperron neben dem Schaffner. Eine ländliche Magd ist da, sie trägt eine goldgefasste Brille und ist barfuß. Sie mahnt mich an einen Pflug, der von einer Lokomotive gezogen wird. Niemand spricht, alle machen sich auf die Qual einer langen Fahrt gefasst. (...) Die Stadt hört nicht auf. Wenn sie aber einmal aufhört, beginnt sofort die andere.

J. Roth, Reisebilder. Werke in drei Bänden Bd. 3. Köln, Berlin 1956, S. 433.

Q3 Ankunft in Berlin

In Irmgard Keuns Roman „Das kunstseidene Mädchen" (1932) schildert die Ich-Erzählerin, eine junge Frau aus der Provinz, ihre ersten Eindrücke von Berlin:

Ich bin in Berlin. Seit ein paar Tagen. Mit einer Nachtfahrt und noch neunzig Mark übrig. Damit muss ich leben, bis sich mir Geldquellen bieten. Ich habe Maßloses erlebt. Berlin senkt sich auf mich wie eine Steppdecke mit feurigen Blumen. Der Westen ist vornehm mit hochprozentigem Licht – wie fabelhafte Steine ganz teuer und mit so gestempelter Einfassung. Wir haben hier ganz übermäßige Lichtreklame. Um mich war ein Gefunkel. Und ich mit dem Feh [Pelzmantel]. Und schicke Männer wie Mädchenhändler, ohne dass sie gerade mit Mädchen handeln, was es ja nicht mehr gibt – aber sie sehen danach aus, weil sie es tun würden, wenn was bei rauskäme. Sehr viel glänzende schwarze Haare und Nachtaugen so tief im Kopf. Aufregend. Auf dem Kurfürstendamm sind viele Frauen. Die gehen nur. Sie haben gleiche Gesichter und viele Maulwurfpelze – also nicht ganz erste Klasse – aber doch schick – so mit hochmütigen Beinen und viel Hauch um sich.

I. Keun, Das kunstseidene Mädchen. Stuttgart 1981, S. 42.

Q4 Moderne Hochhausarchitektur
Das 1926 fertig gestellte Wilhelm-Marx-Haus in Düsseldorf war mit 56 m das erste Hochhaus in Deutschland.

Fragen und Anregungen

1. Vorschlag für Gruppenarbeit:
   Gruppe 1: Untersucht, wie die Großstadt dargestellt wird: Was ist „typisch Großstadt", was dagegen untypisch? Wie bewerten die jeweiligen Künstler das Leben in der Stadt? Welche gestalterischen Mittel und Stile setzen sie ein (Q1–Q4)?
   Gruppe 2: Welche Erfahrungen machen die Menschen in der Großstadt? Wie unterscheidet sich davon das Leben im Ruhrgebiet oder auf dem Land?
2. Vorschlag für Kurzreferate: Informiert euch über das Leben von Otto Dix. Stellt den Maler in der Klasse vor.
3. Wähle eine auf dem Bild Q1 dargestellte Person aus und lasse sie in einem Brief über ihr Leben (in der Großstadt) zu Wort kommen.

7. Die Republik in der Wirtschaftskrise

25.10.1929 Mit dem Sturz der Aktienkurse an der New Yorker Börse beginnt die Weltwirtschaftskrise.

27.3.1930 Die Große Koalition scheitert an der Frage der Finanzierung der Arbeitslosenversicherung.

Arbeitsloser in Berlin, 1930 Q1

Die USA: Vom wirtschaftlichen Aufschwung zum „Schwarzen Freitag"

Nach dem Ersten Weltkrieg übernahmen die USA die Führungsrolle im internationalen Wirtschaftssystem. Mit der Lieferung von Kriegsschiffen und Waffen hatte zunächst die Stahlindustrie einen großen Aufschwung erlebt. Durch Modernisierung der Produktionstechniken zogen die neuen Industrien wie Automobilbau, Elektroindustrie oder Nachrichtentechnik nach. Und an Geld fehlte es nicht: Die meisten europäischen Staaten hatten während des Krieges von den USA Geld geliehen und mussten jetzt ihre Kredite zurückzahlen. New York wurde zum beherrschenden Finanzzentrum.
Unter den Käufern war vor allem das Interesse an Konsumgütern groß. In Folge der Rationalisierung konnten sie schneller und billiger hergestellt werden – die Produktion wurde laufend gesteigert und die Wirtschaft florierte. Als aber der Bedarf an Autos oder Elektrogeräten gedeckt war, blieb die Nachfrage aus. Auch die Landwirtschaft hatte große Absatzschwierigkeiten: Es gab zu wenig Käufer für das Getreide, das durch intensivierte Bodennutzung in großen Mengen produziert worden war.
Während des Wirtschaftsaufschwungs hatten viele Bürger Aktien erworben. Als die Krise erkennbar wurde, wollten die Aktionäre ihre Wertpapiere schnell los werden, um Kursverluste zu vermeiden. Im Herbst 1929 wurden fast 13 Millionen Aktien zum Verkauf angeboten. Am 25. Oktober 1929 brachen an der New Yorker Börse die Aktienkurse zusammen. Dieser Tag ging als „Schwarzer Freitag" in die Wirtschaftsgeschichte ein. Als viele Sparer daraufhin ihre Geldeinlagen abheben wollten, wurden die Banken zahlungsunfähig und viele gingen in den Konkurs. Auch zahlreiche Firmen standen vor dem Aus. Die Zahl der Arbeitslosen stieg.

New York am 25. Oktober 1929 Q2
Kunden stehen vor einer Bank Schlange. Sie befürchten, durch den Zusammenbruch der Börse ihre Ersparnisse zu verlieren.

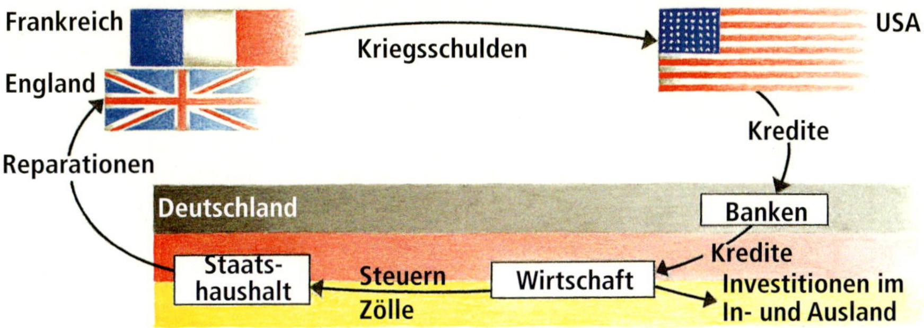

D1 Geldkreisläufe nach dem Ersten Weltkrieg

Absatzkrise und Massenarbeitslosigkeit auch in Deutschland

Die amerikanischen Banken begannen, ihre Anleihen aus Europa zurückzuziehen. Die deutschen Unternehmer hatten jedoch das Geld, das von den USA als kurzfristiger Kredit gedacht war, in langfristigen Investitionen angelegt und waren nun davon abhängig. Deutschland hatte ohnehin mit eigenen wirtschaftlichen Schwierigkeiten zu kämpfen: Wie in den USA waren die Konsumausgaben zurückgegangen. Auch hier gingen viele Betriebe zugrunde. 1932 erreichte die Krise ihren Höhepunkt: Sechs Millionen Menschen waren in Deutschland ohne Arbeit. Bedrückend war vor allem die lange Dauer der Arbeitslosigkeit. Unter der Bevölkerung machten sich Existenzängste breit, auch unter denjenigen, die noch Arbeit besaßen.

Die Regierungskoalition zerbricht

Die Unterstützungsleistungen für die Arbeitslosen aufzubringen, wurde immer schwieriger. Bereits 1929 forderte der Verband der Industriellen die Senkung der Sozialleistungen. Auch die aus seiner Sicht zu hohen Löhne würden eine Erholung der deutschen Wirtschaft behindern. An die Vereinbarungen mit den Gewerkschaften fühlten sich die Unternehmer immer weniger gebunden. Der Ton in der Auseinandersetzung zwischen Arbeitgebern und Arbeitnehmern wurde schärfer.
Die regierende Große Koalition war zerstritten darüber, wie die Arbeitslosenversicherung finanziert werden sollte: Die SPD wollte den Beitrag der Arbeitslosenversicherung erhöhen. Die DVP verlangte hingegen einen Abbau der Versicherungsleistungen. Am 27. März 1930 trat daher die Regierung unter Kanzler Müller (SPD) zurück. Danach gelang es nicht mehr, eine Regierungskoalition zu bilden, die die Mehrheit des Parlaments hinter sich hatte.

Q3 **Arbeitslose stehen vor dem Arbeitsamt in Hannover an**
Foto vom Frühjahr 1932.

Q4 Nach dem Auslernen stempeln gehen …

Schülerinnen und Schüler einer Abschlussklasse über ihre Berufs- und Zukunftsaussichten, 1932:

„… ich möchte gern Elektriker werden, aber der Meister darf nun doch keinen Lehrling mehr einstellen, weil er kürzlich wieder zwei Gehilfen entlassen musste. Ich muss nun doch bei meinem Vater im Milchgeschäft bleiben. Aber heute bei der großen Arbeitslosigkeit muss man ja froh sein, wenn man überhaupt etwas hat …"

„… ich bin manchmal ganz wirr im Kopf vom vielen Vorstellen. Ich bin jeden Tag auf jede Anzeige losgewesen, aber immer war es schon besetzt. Manche sagten auch, ich sei zu schwach: Ich bin nämlich im letzten Kriegsjahr 1917/18 geboren …"

„… in der nächsten Woche ist unsere Schulentlassung, ich freue mich schon sehr darauf. Ich habe ein schöne Stelle als Friseurlehrling bekommen. Das ist für mich ein großes Glück; denn in meiner Klasse haben von 60 nur 10 etwas bekommen. Ich muss vier Jahre lernen; aber ich hoffe, dass nach dieser Zeit die Arbeitslosigkeit schon wieder abgenommen hat, damit ich nicht gleich nach dem Auslernen stempeln gehen muss."

Zit. nach: W. Abelshauser/ A. Faust/ D. Petzina (Hg.), Deutsche Sozialgeschichte 1914–1945. Ein historisches Lesebuch. München 1985, S. 333.

Q5 Alltag von Berliner Arbeitslosen

Der Journalist Siegfried Kracauer berichtet in der Frankfurter Zeitung vom 18. Januar 1931:

In der Ackerstraße liegt die große Wärmehalle des Wohlfahrtsamts Mitte, die jedermann ohne Ausweis betreten kann. Ursprünglich war sie ein Depot, in dem statt der Menschen Trambahnen aufbewahrt wurden. (…) Wie viele Leute sich hier täglich versammeln? „Ungefähr 1800 bis 2500", bedeutet mir der Hallenleiter, ein wohlmeinender Mann, der sein Stammpublikum kennt und mit den Besuchern anscheinend auf gute Art fertig wird. Sie stehen – junge Burschen, Männer und Greise – in Gruppen zusammen, sitzen wie in den Arbeitsnachweisen auf Wartesaalbänken und genießen die Wärme, die eine Voraussetzung nackten Lebens ist, als besondere Wohltat. (…)„Wie leben diese Leute?", erkundige ich mich beim Leiter. „Viele von ihnen", erwidert er, „verbringen hier die Zeit zwischen 7 und 3; solange ist die Halle täglich, auch sonntags, geöffnet. Um 5 Uhr suchen sie das Asyl auf, wo sie schlafen können und verköstigt werden. Das Asyl schließt um 6 Uhr in der Frühe und dann kommen sie wieder zu uns."

Zit. nach: W. Abelshauser/ A. Faust/ D. Petzina (Hg.), Deutsche Sozialgeschichte 1914–1945. Ein historisches Lesebuch. München 1985, S. 343 f.

D2 Produktion wichtiger Güter

Produkt	Angabe in	1913	1919	1925	1930	1932
Steinkohle	Mill. t	190,1	116,7	132,6	142,7	104,7
Roheisen	Mill. t	16,8	6,3	11,6	11,6	5,3
Rohstahl	Mill. t	17,7	7,9	13,8	13,5	7,2
Elektrizität	Mill. kWh	2533	5067	9915	16101	13423
Wohnungen	1000	–	57	179	311	141

Quelle: Statistisches Bundesamt, Wiesbaden, Auszug aus Bevölkerung und Wirtschaft 1872–1972.

D3 Index der industriellen Produktion 1926–1933

1928 entspricht 100

1926	79
1927	101
1928	100
1929	101

1930	89
1931	73
1932	59
1933	66

Quelle: Statistisches Bundesamt, Wiesbaden, Auszug aus Bevölkerung und Wirtschaft 1872–1972.

Arbeitslosenzahlen während der Wirtschaftskrise D4

in Millionen

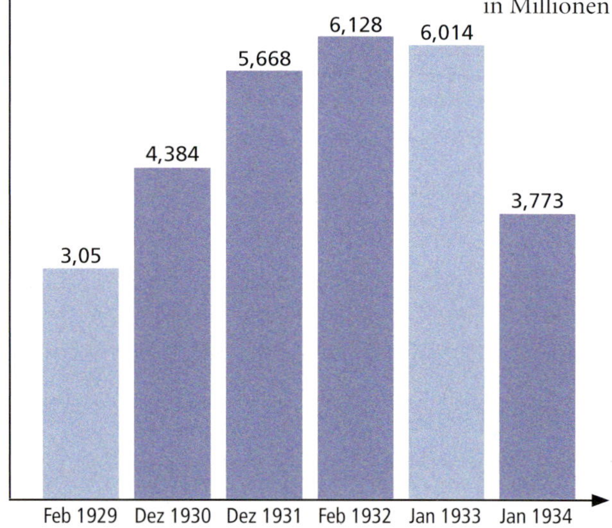

Nach: E. Wagemann (Hg.), Kurven und Zahlen zur Wirtschaftslage in Deutschland. Berlin, Hamburg 1935, S. 8.

Fragen und Anregungen

1. Erläutere Ursachen und Folgen der Weltwirtschaftskrise. Berücksichtige dazu den VT, D1, Q2 und 3 sowie D2–4.
2. Untersuche, wie sich die Arbeitslosigkeit auf das Leben des Einzelnen auswirkte (Q1, 4 und 5). Welche Konsequenzen hatte sie für die ganze Gesellschaft?

8. Die gesellschaftlichen Konflikte spitzen sich zu

Antisemitismus und Gewalt

Angesichts von wirtschaftlicher Not und politischen Schwierigkeiten begann sich das Leben zu radikalisieren. Viele suchten nach Verantwortlichen für die Krisensituation. Gerade junge Leute, Schüler und Studenten, fühlten sich zunehmend ohne Orientierung und waren besonders empfänglich für radikale Parolen, die einfache Erklärungen vortäuschten. Die Kritik an Parlamentarismus und Demokratie ging häufig einher mit Judenfeindlichkeit. Antisemitismus hatte es in der Weimarer Republik immer wieder gegeben. So war der aus einer jüdischen Familie stammende Außenminister Walther Rathenau bereits 1922 einem politischen Attentat zum Opfer gefallen. Er galt als „Erfüllungspolitiker“, der bereit gewesen war, den Versailler Vertrag zu akzeptieren. In den Augen der Republikgegner verkörperte er daher das politische System von Weimar – eine Einschätzung, die in der Bevölkerung durchaus geteilt wurde.
Ende der 1920er Jahre registrierte der jüdische Zentralverein eine neue Welle von Synagogen- und Friedhofsschändungen. Aber nicht nur die Übergriffe auf jüdische Einrichtungen nahmen zu, auch die Gewalt gegen jüdische Bürger. Überhaupt wurden politische Auseinandersetzungen immer häufiger auf der Straße ausgetragen. Veranstaltungen oder Demonstrationen endeten mitunter in Kämpfen zwischen Anhängern und Gegnern des Weimarer Staates. Es gab Verletzte und auch Tote.

Aufstieg der NSDAP

Auch viele Parteien verbreiteten antisemitisches und antidemokratisches Gedankengut, vor allem die NSDAP. Ihr gelang 1930 der Durchbruch von einer kleinen Splitterpartei zur Massenbewegung. Bis zum Novemberputsch 1923 war die NSDAP regional auf Bayern beschränkt gewesen. Nach seiner Haftentlassung begann Hitler mit dem Neuaufbau der Partei auf Reichsebene. Die NSDAP wollte die Macht jetzt „legal“ erringen, durch die Beteiligung an Wahlen auf parlamentarischem Weg. Grundlage war eine straffe Parteiorganisation unter der Autorität ihres „Führers“ Hitler. Auch die „Sturmabteilung“ SA, eine uniformierte Schutztruppe, war streng auf die politische Führung ausgerichtet. Im Zuge des planmäßigen Ausbaus der Partei wurden immer neue SA-Ortsgruppen gegründet. Ihr Ziel war, die „Straße zu beherrschen“. In der Altersstruktur unterschied sich die NSDAP von anderen Parteien: Mehr als ein Drittel ihrer Mitglieder war jünger als 30 Jahre.
1929 wurde die NSDAP auf Reichsebene weiter bekannt. Gemeinsam mit DNVP und „Stahlhelm“, einer Vereinigung ehemaliger Frontsoldaten, rief sie zu einem Volksbegehren gegen den Young-Plan auf (S. 24). Zwar scheiterte der Volksentscheid, für die NSDAP von Vorteil aber war der Kontakt zum neuen Vorsitzenden der DNVP, Alfred Hugenberg. Er war ein erklärter Gegner des Weimarer Staates. Als Besitzer eines großen Pressekonzerns konnte er auf die öffentliche Meinung einwirken. Die NSDAP hatte jetzt die Voraussetzungen geschaffen, eine bedeutende Kraft auch im Reichstag zu werden.

Zerstörte Schaufensterscheibe eines jüdischen Bekleidungsgeschäfts, um 1932 Q1

D1 Judenfeindliche Straßengewalt

Der Historiker Dirk Walter:

Am Tag der jüdischen Gemeindewahlen in Köln am 13. März 1927 marschierten gegen ein Uhr mittags etwa 40 Nationalsozialisten, die von einer NSDAP-Veranstaltung zurückkamen, in Richtung der Synagoge in der Roonstraße. In Reichweite der Synagoge stimmten sie provokativ antisemitische Lieder an. Jüdische Bürger, die aus dem in der Synagoge befindlichen Wahllokal kamen, riefen ihnen daraufhin Schimpfworte („Feiglinge", „Lumpen") zu. Die Nationalsozialisten ließen sich hiervon zunächst nicht beirren, sie kehrten jedoch nur wenig später in kleinen Trupps von je drei bis vier Mann zurück und drängten sich auf dem Bürgersteig an den Juden vorbei. Die Angerempelten reagierten entrüstet mit neuerlichen Beschimpfungen, bis der verbale Konflikt schließlich in offene Gewalt umkippte. Von den Nationalsozialisten wurden dabei drei jüdische Passanten mit Messerstichen verletzt.

D. Walter, Antisemitische Kriminalität und Gewalt: Judenfeindschaft in der Weimarer Republik. Bonn 1999, S. 200.

Q2 Antisemitische Aktionen von Anhängern der NSDAP: Fensterscheiben des Kaufhauses Wertheim in der Leipziger Strasse wurden eingeworfen.
1930

Q3 NSDAP und SA werden planmäßig ausgebaut

Der stellvertretende Reichspropagandaleiter der NSDAP, Heinrich Himmler, 24. 12. 1928:

1. Konzentration von 70 bis 200 Versammlungen in einem Gau im Zeitraum von 7 bis 10 Tagen.
2. Diese zeitliche Anhäufung für ein Gebiet ist sinnvoll, wenn die beabsichtigte Wirkung erzielt werden soll.
3. Die Wirkung sehe ich
a) In der Stellungnahme der gegnerischen Presse, die, im Gegensatz zu ihrer sonstigen Taktik, von unseren vielen Versammlungen schreiben muss und wird und damit von uns spricht und Propaganda macht,
b) in der Tatsache, dass in 70–150 Orten eines Gaus innerhalb einer Woche unsere Plakate zu sehen sind und damit die Bevölkerung einer Provinz gleichmäßig auf uns aufmerksam gemacht wird,
c) in einer nicht unerheblichen moralischen Stärkung der Parteigenossen von oft mühsam und unter schwierigen Verhältnissen kämpfenden Gebieten, (...)
d) in der massenhaften Verteilung von Flugblättern und Handzetteln, die zur Vorbereitung der Versammlungen notwendig sind.
4. Im Anschluss an die Versammlungen in einem Orte erfolgt eine Propaganda-Woche mit einem Werbe-Abend für die S.A., einem Werbe-Abend für die Hitler-Jugend, einem Werbe-Tag (...) für die Presse.

P. Longerich (Hg.), Die Erste Republik. Dokumente zur Geschichte des Weimarer Staates. München 1992, S. 331f.

Q4 Wir Schülerinnen politisierten viel

Die Bibliothekarin Sabine Neumann erinnert sich:

In der Schule politisierten wir Schülerinnen der Oberstufe viel untereinander, zumeist als Anhänger der „Bewegung". Wir holten uns NS-Zeitungen, rannten zu Partei- und Wahlveranstaltungen – eine mit Hitler wurde für uns ein überwältigendes Erlebnis. Wir warfen den Lehrern heimlich Broschüren in die Briefkästen, um sie überzeugen zu helfen (...) Die Einstellung von uns Jugendlichen wurde begünstigt durch die antidemokratische Atmosphäre unserer bürgerlichen Elternhäuser. Die eigene Urteilsfähigkeit war noch nicht entwickelt. Aber den Idealismus der Jugend und Begeisterungsfähigkeit für einen „Führer", der gute Ziele anzusteuern versprach – das besaßen wir in hohem Maße!

Zit. nach: R. Italiaander (Hg.), Wir erlebten das Ende der Weimarer Republik. Zeitgenossen berichten. Düsseldorf 1982, S. 133.

Q5 „Politische" Prügel für einen Neunjährigen

Der Gewerkschaftsvorsitzender Hermann Fredersdorf:

Mit meinem Vater war ich nicht nur häufig beim nächtlichen Zeitungsmachen zusammen, sondern saß bei den vielfachen Wahlen der Weimarer Zeit oft mit ihm am Radio, um die neuesten Wahlergebnisse zu erfahren. Hinzu kamen im Kohlenpott die extremen Begegnungen mit Kommunisten und Nationalsozialisten, deren Straßenschlachten und wöchentlich mindestens einem Messertoten. Für einen Sechs- bis Neunjährigen grausame Erlebnisse, bei denen ich als bekannt anders denkender Junge von anderen Schülern auch hin und wieder „politische" Prügel bezog.

Zit. nach: Ebenda, S. 115.

Q6 Absichten der NSDAP

Der Nationalsozialist Josef Goebbels über die NSDAP im Reichstag, 1928:

Wir werden Reichstagsabgeordnete, um die Weimarer Gesinnung mit ihrer eigenen Unterstützung lahmzulegen. Wenn die Demokratie so dumm ist, uns für diesen Bärendienst Freifahrkarten und Diäten zu geben, so ist das ihre eigene Sache. (…) Wir kommen als Feinde! Wie der Wolf in die Schafsherde einbricht, so kommen wir. Jetzt seid ihr nicht mehr unter euch!

Ich bin kein Mitglied des Reichstags (MdR). Ich bin ein IdI, ein IdF. Ein Inhaber der Immunität, ein Inhaber der Freifahrkarte. (…) Wir sind gegen den Reichstag gewählt worden, und wir werden auch unser Mandat im Sinne unserer Auftraggeber ausüben.

Der Angriff v. 30.4. und 28.5.1932; zit. nach: K.-D. Bracher, Die Auflösung der Weimarer Republik. 3. Aufl. Villingen 1960, S. 375

Q7 Eröffnung der Reichstagssitzung am 13.10.1930 nach dem Wahlsieg der NSDAP vom September 1930.
Die nationalsozialistischen Abgeordneten (Bildmitte) erschienen im Braunhemd, obwohl das Tragen von Uniformen im Reichstag verboten war.

Q8 „Verfassungsmäßiger Weg"

Hitler vor dem Ulmer Reichsgericht, September 1930:

„Die nationalsozialistische Bewegung wird in diesem Staate mit den verfassungsmäßigen Mitteln das Ziel zu erreichen suchen. Die Verfassung schreibt uns nur die Methoden vor, nicht aber das Ziel. Wir werden auf diesem verfassungsmäßigen Wege die ausschlaggebenden Mehrheiten in den gesetzgebenden Körperschaften zu erlangen versuchen, um in dem Augenblick, wo uns das gelingt, den Staat in die Form gießen, die unseren Ideen entspricht."

Der Vorsitzende faßte die Aussage Hitletrs dahingehend zusammen, daß die Errichtung des Dritten Reiches auf verfassungsmäßigem Wege angestrebt werde.

Berliner Börsenzeitung v. 25.9.1930; zit. nach: U. Margedant/F. Meyer zu Natrup, Die Weimarer Republik. Frankfurt/M. 1988, S. 92

Q9 Für eine neues System

Aus einem Schreiben des Wirtschaftsjournalisten August Heinrichsbauer an Freiherr von Gleichen, den Herausgeber der konservativen Wochenschrift „Der Ring", Juni 1931:

Mir persönlich scheint es am besten, wenn das jetzige Kabinett [unter Kanzler Brüning] abgelöst wird von einem Kabinett starker und entschiedener Persönlichkeiten (…), deren Angehörige der nationalen Rechten nahe stehen müssten und denen von der Rechten wohlwollende (und natürlich weitgehend verabredete) Opposition zu machen wäre. (…)

Ich bin fest davon überzeugt, dass das ganze jetzige System des anonymen, demokratischen Parlamentarismus im Laufe der Zeit von einem neuen System abgelöst wird, das auf die Führerverantwortlichkeit und auf die Gefolgschaftsverbundenheit abgestellt ist und das erheblich Anklänge an den italienischen Faschismus (s. S. 52 ff.) haben wird, ohne ihn natürlich bis ins einzelne kopieren zu brauchen bzw. zu dürfen. Es kommt mir nur darauf an, diesem künftigen System den Weg zu erleichtern und ihn ihm nicht unnötig zu erschweren.

Bundesarchiv Koblenz, Nl. Luther Nr. 336; zit. nach: R. Neebe, Die Republik von Weimar. Stuttgart 1995, S. 92 f.

Q10 Erschossen, erstochen, totgeprügelt

Bericht des US-amerikanischen Journalisten Hubert R. Knickerbocker über die Auseinandersetzungen zwischen NSDAP und KPD, 1932:

Der Haß, den die beiden Parteien gegeneinander hegen, läßt sich sogar statistisch erfassen. Das nationalsozialistische Hauptquartier in Berlin erklärt, daß vom 1.12.1930 bis 1.12.1931 79 Nationalsozialisten von Roten erschossen, erstochen, totgeschlagen oder zu Tode geprügelt worden seien. Das rote Büro für Rechtshilfe erklärt, dass in dem gleichen Zeitraum 103 Arbeiter von Nationalsozialisten und von der Polizei erschossen, erstochen, totgeschlagen oder zu Tode geprügelt worden seien, und zwar 52 von der Polizei, 51 von den Nazis. Das ergibt eine Summe von 182 im

Laufe von zwölf Monaten für das Hakenkreuzbanner und die rote Flagge im Gefecht Gefallener. Das ist jedoch nur ein Bruchteil der Gesamtverluste. Laut Angaben des nationalsozialistischen Hauptquartiers wurden im Laufe der letzten zwölf Monate gegen 5500 Nazis bei politischen Zusammenstößen verwundet. Die Roten melden für die gleiche Periode 9500 Verwundete. Die Verletzungen sind der verschiedensten Natur, von eingeschlagenen Nasen bis zu gebrochenen Wirbelsäulen, von Fleischwunden bis zu dauernder Verstümmelung.

H. R. Knickerbocker, Deutschland so oder so? Berlin 1932, S. 27 ff.; zit. nach: R. Neebe, Die Republik von Weimar. Stuttgart 1995, S. 89 f.

Q11 Szenen von Straßenkämpfen in Berlin, Mai 1929

Q12 Straßenunruhen in Berlin

Der Diplomat und Schriftsteller Harry Graf Kessler (1868-1937) vermerkte am 31. 5. 1932 in seinem Tagebuch:

Straßenunruhen heute in Berlin (...) vor dem Präsidentenpalais in der Wilhelmstraße und an der Ecke meiner Straße am Kanal vor dem Reichswehrministerium. Mehrere tausend Nazis versuchten die Wache bei ihrem Marsch durch die Straßen zu begleiten, indem sie Hitler-Lieder sangen und Heil-Rufe ausstießen. Goebbels hielt vor einem Lastauto in der Wilhelmstraße eine Ansprache. Als die Schupo die Menge zurückzuhalten und die Bendlerstraße abzusperren versuchte, wurde sie mit Steinen bombardiert und antwortete mit dem Gummiknüppel und schließlich mit scharfen Schüssen. Eine Frau wurde durch die Schulter geschossen und fortgetragen. Menschen liefen an meinem Fenster vorbei. Mein Diener, der kleine Friedrich, war unten und kam ganz aufgeregt zurück; unser Portier, ein fanatischer Nazi (...), habe gesagt, die Nazis würden sich den Schupo, der auf die Frau geschossen habe, kaufen.

Harry Graf Kessler: Tagebücher, hrsg. von W. Pfeiffer-Belli. Frankfurt/M. 1982, S. 710

Q13 „Mein Name ist Hase"

Aus dem Gedicht des Schriftstellers Kurt Tucholsky „Aussage eines Nationalsozialisten vor Gericht", 1930:

Wir gehen ja immer leis und sanft von hinnen.
Wir trinken Milch, weil das die Muskeln stärkt.
Gestochen ...? Wir ...? Ich kann mich nicht besinnen.
Mit einem Dolch ...? Ich habe nichts bemerkt.
Wir sind die friedlichste und stillste Blase.
Wir schwören vor den Schranken des Gerichts.
Man glaubt uns gern. Mein Name, der ist Hase;
Ich weiß von nichts – ich weiß von nichts.
Der Kommunist wird feste arretiert [eingesperrt].
Wir haben alles sauber einstudiert ...
Beweisen Sie uns mal das Gegenteil!
So wahr mir Gott helfe. Hitler Heil!

K. Tucholsky, Gesammelte Werke Bd. 8 (1930). Reinbek 1989, S. 242

Fragen und Anregungen

1. Erkläre, wie sich der zunehmende Antisemitismus in der Weimarer Republik äußerte (Q1, D1, Q2).
2. Kennzeichne den Aufstieg der NSDAP und die Strategie der Parteiführung (VT, Q3, Q6–8, Q13).
3. Erläutere die Beziehung von „nationalem Lager" und NSDAP (Q9).
4. Zeige, wie Jugendliche den Aufstieg des Nationalsozialismus und die letzten Jahre der Republik erlebten. Welche Rolle spielte die Haltung der Eltern? Verfasse einen Briefwechsel zwischen Sabine und Hermann (Q4 und Q5).
5. Beschreibe die politischen Verhältnisse gegen Ende der Weimarer Republik (Q10-12).
6. Überlege, von welchem politischem Lager die größte Gefahr für die Republik ausging.

9. Das Ende der Republik

April 1930–Januar 1933	Präsidialkabinette regieren ohne parlamentarische Mehrheit.
30. 1. 1933	Hitler wird zum Reichskanzler ernannt.

Regieren mit Notverordnungen

Bereits 1925 war Paul von Hindenburg, ein führender General des Ersten Weltkriegs, zum Reichspräsidenten gewählt worden. Sein Vorgänger Ebert hatte sich immer um einen Ausgleich zwischen den verschiedenen Gruppen der Gesellschaft bemüht. Unter Hindenburg, der sich selbst noch der Monarchie verbunden fühlte, trat die Spaltung der Gesellschaft in Befürworter und Gegner des Weimarer Staates offen zutage. Um ihn scharten sich all die Kräfte, die die demokratische Ordnung von Weimar beseitigen wollten.
Im März 1930 ernannte Hindenburg den Zentrumspolitiker Heinrich Brüning zum neuen Reichskanzler. Seine Regierung besaß keine Mehrheit im Reichstag. Erwartungsgemäß lehnten die Oppositionsparteien im Juli eine Gesetzesvorlage der Regierung ab. Gestützt auf die Vollmachten des Reichspräsidenten (Artikel 48) setzte Brüning jedoch das Gesetz als Notverordnung in Kraft. Dieses Vorgehen entsprach nicht der Verfassung. Von der SPD wurde daher die Aufhebung der Notverordnung beantragt. In Abstimmung mit dem Reichspräsidenten verkündete Brüning daraufhin die Auflösung des Reichstags. Dies war der erste Schritt zur weitgehenden Ausschaltung des Parlaments. Die Regierung Brüning war eine Präsidialregierung, abhängig vom Vertrauen des Reichspräsidenten.

Durchbruch der NSDAP bei den Reichstagswahlen

Bei der Neuwahl im September 1930 wurde die NSDAP zur zweitstärksten Partei nach den Sozialdemokraten. Wer waren die NSDAP-Wähler, die diesen Erdrutsch-

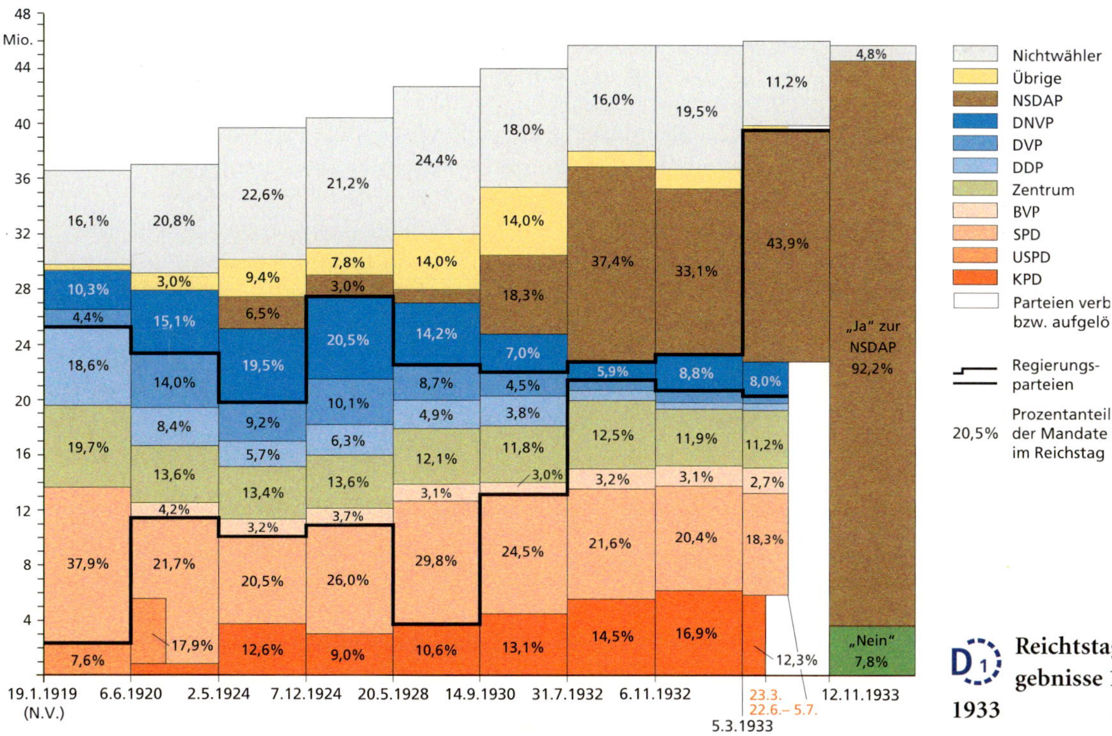

D1 Reichtstagswahlergebnisse 1919 bis 1933

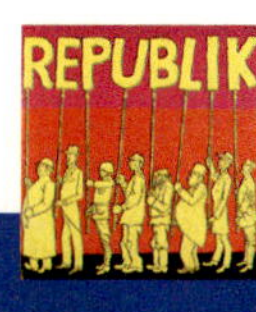

Q1 **Plakate zur Reichstagswahl, Juli 1932**
von links nach rechts: Zentrumspartei, SPD, KPD, NSDAP

sieg ausgelöst hatten? Einerseits hatte die NSDAP die Nichtwähler mobilisiert. Andererseits konnte sie Stimmen aus verschiedenen sozialen Gruppen mit unterschiedlicher parteipolitischer Bindung für sich gewinnen. Vertreten waren Wähler aus dem Mittelstand: Angestellte, kleine Unternehmer, Handwerker und Beamte fühlten sich durch die Wirtschaftskrise materiell und in ihrer gesellschaftlichen Stellung bedroht. Aber auch Angehörige der städtischen Oberschicht sowie Arbeiter aus ländlichen Regionen wandten sich Hitlers Partei zu.

Sparpolitik der Regierung Brüning

Immer noch hatte Deutschland mit großen wirtschaftlichen Problemen zu kämpfen. Brüning vertrat ein striktes Sparprogramm: Löhne, Beamtengehälter und Sozialleistungen wurden gekürzt, die Steuern erhöht. Dies sollte den Staatshaushalt entlasten und der Wirtschaft ermöglichen, kostengünstiger zu produzieren, damit deutsche Waren auf dem internationalen Markt billiger wurden. Andererseits aber ging die Kaufkraft zurück, weil die Menschen weniger Geld zur Verfügung hatten. Wieder wurde die Produktion gedrosselt und Beschäftigte entlassen. Brüning verfolgte noch ein weiteres Ziel: Wenn in Deutschland das Geld knapp war, konnte es auch keine Zahlungen ans Ausland mehr leisten. Brüning hoffte so auf ein Ende der Reparationen (S. 53 ff.).

Hitler wird Reichskanzler

Im Frühjahr 1932 verschlechterte sich das Verhältnis Hindenburgs zu Brüning. Auch enge Berater des Reichspräsidenten drängten auf Brünings Entlassung. Neuer Kanzler wurde der Zentrumspolitiker Franz von Papen. Dieser setzte die demokratische SPD-Regierung in Preußen, dem größten Land des Weimarer Staates, durch einen Staatsstreich ab: Papen selbst wurde preußischer Ministerpräsident. Inzwischen war die NSDAP zur stärksten Kraft im Reichstag geworden. Hitler forderte nun eine Regierung unter seiner Führung. Hindenburg aber bestimmte General Kurt von Schleicher zum Reichskanzler. Schleicher jedoch verunsicherte die Industrie, als er eine Annäherung an die Gewerkschaften verkündete. Papen machte daraufhin Hindenburg den Vorschlag, das Kanzleramt an Hitler zu übertragen. Papen glaubte, Hitler in einer Regierung aus rechtskonservativen Kräften „zähmen“ zu können. Die NSDAP hatte zu diesem Zeitpunkt bei Reichstagswahlen bereits an Stimmen eingebüßt. Auch mehrten sich die Hinweise darauf, dass die Wirtschaft sich international wieder zu erholen begann. Am 30. Januar 1933 ernannte Hindenburg nun doch Hitler zum Reichskanzler. Das Kabinett aus drei Nationalsozialisten und neun Konservativen war wie die Vorgängerregierungen ein Präsidialkabinett ohne parlamentarische Mehrheit.

Q2 **Das Kabinett Hitler vom 30. 1. 1933**

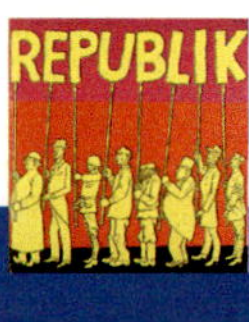

Q3 Die Taktik der Sozialdemokraten

Die SPD begründet ihre Tolerierungstaktik, 18.10.1930:

Die Sozialdemokratie [steht] in entschiedenster Gegnerschaft gegen diese Regierung. Trotzdem hat sie keinen Misstrauensantrag gegen das Kabinett Brüning eingebracht. [... Dies] bedeutet aber nicht, dass die Sozialdemokratie Vertrauen zu der jetzigen Regierung habe. Diese taktische Stellung der sozialdemokratischen Reichstagsfraktion besagt nichts anderes, als dass sie selbst den Zeitpunkt bestimmen wird, an dem sie zum Angriff gegen das Kabinett Brüning vorgeht. (...) Die sozialdemokratische Fraktion ist jeden Tag in der Lage, mit Nationalsozialisten, Kommunisten und Deutschnationalen die Regierung zu stürzen, sie kann aber unmöglich mit solchen Bundesgenossen gemeinsam eine neue Regierung bilden. Deshalb und weil die Sozialdemokratie von dem Gefühl der Verantwortung für die arbeitende Klasse durchdrungen ist, lehnte sie jetzt die Zustimmung zu den Misstrauensanträgen der anderen Parteien ab. Und zwar solcher Parteien, die, wie die Nationalsozialisten und die Deutschnationalen offen arbeiterfeindlich sind oder, wie die Kommunisten, durch ihre Taktik zur Schwächung der Arbeiterklasse und zur Stärkung des Faschismus beitragen.

Zit. nach: W. Michalka/ G. Niedhart (Hg.), Deutsche Geschichte 1918–1933. Dokumente zur Innen- und Außenpolitik. Frankfurt/M. 1992, S. 194.

Q5 Ausschaltung des Reichstags
Collage des deutschen Künstlers John Heartfield, 1932.

Q4 Vertreter der Wirtschaft nehmen Stellung

Eingabe führender Personen aus Wirtschaft, Industrie und Großgrundbesitz an Reichspräsident Hindenburg, Mitte November 1932:

Mit Eurer Exzellenz bejahen wir die Notwendigkeit einer vom parlamentarischen Parteiwesen unabhängigeren Regierung, wie sie in dem von Eurer Exzellenz formulierten Gedanken eines Präsidialkabinetts zum Ausdruck kommt. (...) Wir erkennen in der nationalen Bewegung, die durch unser Volk geht, den verheißungsvollen Beginn einer Zeit, die durch Überwindung des Klassengegensatzes die unerlässliche Grundlage für einen Wiederaufstieg der deutsche Wirtschaft erst schafft. Wir wissen, dass dieser Aufstieg noch viele Opfer erfordert. Wir glauben, dass diese Opfer nur dann willig gebracht werden können, wenn die größte Gruppe diese nationalen Bewegung führend an der Regierung beteiligt wird. Die Übertragung der [Regierung] an den Führer der größten nationalen Gruppe wird (...) Millionen Menschen, die heute abseits stehen, zu bejahender Kraft mitreißen.

Zit. nach: P. Longerich (Hg.), Die Erste Republik. Dokumente zur Geschichte des Weimarer Staates. München 1992, S. 488 f.

D2 Woher kamen Hitlers Wähler?

Der Historiker Heinrich August Winkler fasst die Analysen von Hitlers Wahlerfolg zusammen:

Die meisten NSDAP- Wähler hatten früher für andere Parteien gestimmt. Einer wissenschaftlichen Berechnung zufolge scheint 1930 jeder dritte DNVP-Wähler, jeder vierte DVP- oder DDP-Wähler, jeder siebte Nichtwähler und jeder zehnte SPD-Wähler für die Partei Hitlers gestimmt zu haben. Das konservative und das liberale „Lager" hatten demnach einen sehr viel größeren Anteil am Aufstieg des Nationalsozialismus als die Sozialdemokraten. Als gesichert können auch noch einige andere Befunde gelten: Protestanten waren für die NSDAP doppelt so anfällig wie Katholiken; Selbstständige, Bauern, Beamte, Rentner und Pensionäre waren unter den Wählern der NSDAP stärker vertreten, als es ihrem Anteil an der erwerbstätigen Bevölkerung entsprach, Arbeiter und Angestellte dagegen deutlich schwächer. Die Arbeitslosen (...) trugen zum Aufstieg des Nationalsozialismus nur wenig bei: Erwerbslose Arbeiter gaben ihre Stimme sehr viel häufiger der Partei Ernst Thälmanns [KPD].

H. A. Winkler, Der lange Weg nach Westen Bd. 1. München 2000, S. 491.

Kontrovers

Warum scheiterte die Weimarer Republik?

Über die Ursachen für das Scheitern der Weimarer Republik hat es immer unterschiedliche Ansichten gegeben.

D3 Machtvakuum und politische Radikalisierung

Der Geschichtswissenschaftler Karl Dietrich Bracher spricht ab 1932 von einer Staatskrise:

Mit diesem Begriff [des Machtvakuums] soll die Situation eines politischen „deadlock“ charakterisiert sein, einer Selbstblockade des Staates und der Gesellschaft – ein Zustand, in dem die politischen Kräfte sich gegenseitig neutralisieren und das Funktionieren der parlamentarischen Institutionen lähmen. Extreme Polarisierung und Radikalisierung des politischen Lebens stören die Konsens- und Mehrheitsbildung, und schließlich öffnet sich der Weg zur Macht für Antisystem-Parteien, die das Vakuum mit neuem Inhalt zu füllen versprechen.

K. D. Bracher, Geschichte und Gewalt. Zur Politik im 20. Jahrhundert. Berlin. 1981, S. 114.

Gegenüberstellung/Stellungnahme

D4 Warum ernannte Hindenburg Hitler zum Reichskanzler?

Der Historiker Heinrich August Winkler überlegt, wie es dazu kommen konnte, dass Hitler Kanzler wurde:

Hitlers Ernennung zum Reichskanzler war nicht der unausweichliche Ausgang der deutschen Staatskrise (…). Nichts zwang den Reichspräsidenten dazu, Hitler zum Reichskanzler zu machen, Hitler war zwar immer noch (…) der Führer der stärksten Partei, aber eine Mehrheit im Reichstag gab es für ihn nicht. Bis in den Januar 1933 hinein hatte sich der Reichspräsident, um eine Parteidiktatur der Nationalsozialisten zu verhindern, der Kanzlerschaft Hitlers widersetzt. Hindenburg änderte seine Haltung, weil ihn nun auch seine engsten Berater dazu drängten und weil er das Risiko der Diktatur durch das Übergewicht konservativer Minister im Kabinett Hitler verringert, wenn nicht beseitigt sah. (…)
Der 30. Januar 1933 war also weder ein zwangsläufiges Ergebnis der vorausgegangenen Entwicklung noch ein Zufall. Hitlers Massenrückhalt machte seine Ernennung möglich, aber erst durch den Willen Hindenburgs und des Milieus, das er verkörperte, wurde er Kanzler.

H. A. Winkler, Der lange Weg nach Westen. Bd. 1, München 2002, S. 549 f.

Q6 Paul von Hindenburg (1847–1934)

Fragen und Anregungen

1. Erkläre den Begriff „Präsidialregierung“ für ein „Schülerlexikon Geschichte“.
2. Wie begründet die SPD ihr Vorgehen angesichts der politischen Entwicklung 1930–1932. Wie reagieren andere Parteien auf die zunehmende Radikalisierung (VT, Q3)?
3. Zeige, wie der Künstler Heartfield die Handhabung von Artikel 48 bewertet (Q5).
4. Sammle Ursachen für die Wahlergebnisse der NSDAP seit 1928 (VT, D1, Q1). Berücksichtige auch die Ergebnisse der anderen Parteien.
5. Finde heraus, welche Gruppen der Gesellschaft an Hitlers Kanzlerschaft Interesse hatten (VT, Q4, D2) und was sie von seiner Politik erhofften.
6. Kläre mithilfe eines Lexikons dir unbekannte Begriffe. Gib die Aussagen von D3–4 und Q5 in eigenen Worten wieder und nimm dazu Stellung. **→ Kontrovers**
7. Fasst gemeinsam die verschiedenen Ursachen für das Scheitern der Weimarer Republik in einem Flussdiagramm (Lernen lernen) zusammen. **→ Kontrovers**

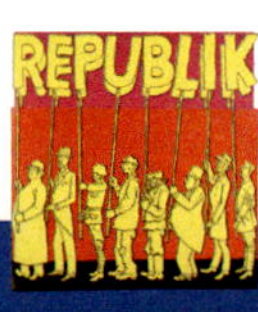

Ein Flussdiagramm erstellen

Der Zusammenhang von Ursache und Wirkung spielt in allen Wissenschaften eine wichtige Rolle. Man kann ihn durch ein Flussdiagramm darstellen, das einprägsam vor Augen führt, wie Ursachen und Auswirkungen ineinander „fließen".

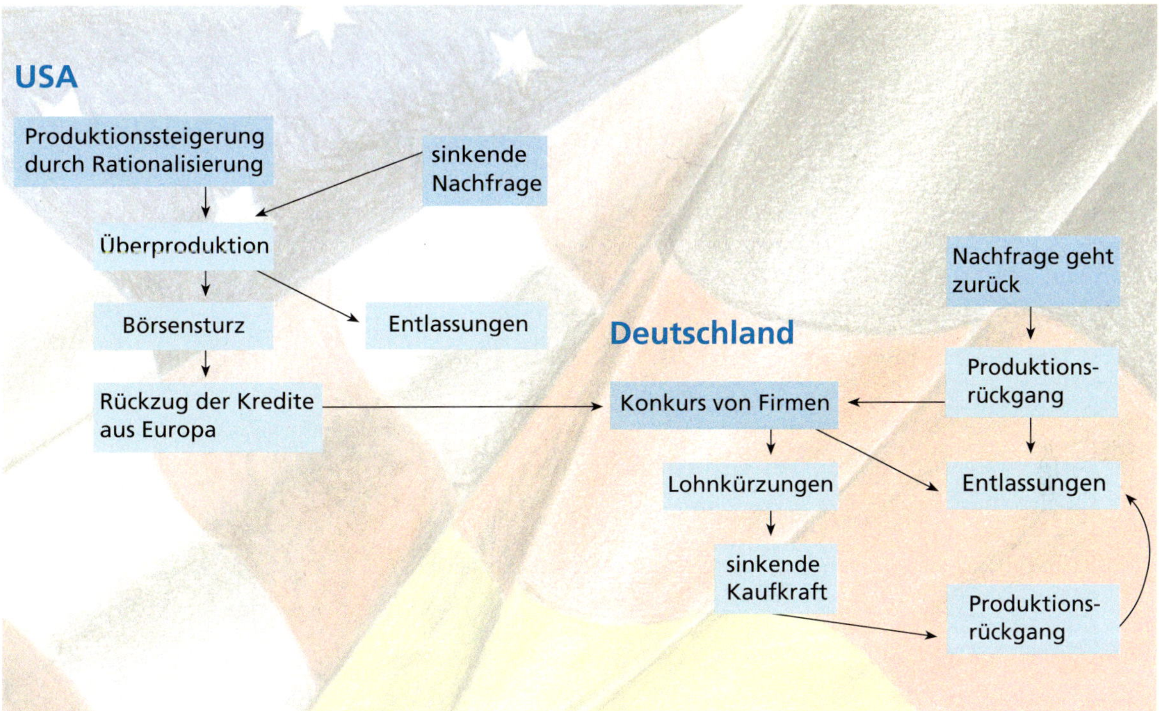

Ein Flussdiagramm zu Ursachen und Auswirkungen der Weltwirtschaftskrise

Ein Historiker fragt oft, warum es zu bestimmten Sachverhalten gekommen ist beziehungsweise welche Folgen sich daraus ergeben. Fast immer kann dabei ein ganzes Bündel von Ursachen ausgemacht werden und genauso eine Vielzahl von Auswirkungen auf die verschiedensten Bereiche oder Personen.

Ein Flussdiagramm kann hilfreich sein, weil es Informationen zusammenfasst und Abläufe strukturiert. Wie eine „mind-map" ist auch das Flussdiagramm eine Gedächtnislandkarte. Es veranschaulicht die Verkettung von Begriffen. Dadurch kannst du dir auch kompliziert oder umfangreich erscheinende Zusammenhänge leicht merken.

Damit das Flussdiagramm übersichtlich bleibt, ist es erforderlich, Informationen auf einzelne Stichworte zu verkürzen. Welche Begriffe oder Entwicklungsschritte sind zum Verständnis wichtiger als andere? Diese zentralen Bausteine werden in eine schlüssige Abfolge gebracht und mit Pfeilen verbunden. Dadurch wird sichtbar, wie sich Entwicklungen beeinflussen. Unter Umständen schließt sich das Flussdiagramm an einer Stelle zu einem Kreislauf: Manche Entwicklungsschritte wirken wieder auf andere zurück.

Ein Flussdiagramm eignet sich auch gut zur Wiederholung. In Partnerarbeit könnt ihr selber ein Flussdiagramm erstellen, zum Beispiel zu den Folgen des Versailler Vertrags oder den Ursachen für das Scheitern der Weimarer Republik. Gib deinem Partner/deiner Partnerin dabei drei Bausteine vor, die er/sie ergänzt und zu einem Flussdiagramm zusammenstellt. Erläutert euch anschließend gegenseitig euer Diagramm.

NATIONALSOZIALISMUS UND ZWEITER WELTKRIEG

Die Nationalsozialisten haben durch ihre Herrschaft in Deutschland viel Unheil über Europa und die Welt gebracht. Sie und ihr Führer haben den Zweiten Weltkrieg begonnen, Juden und andere Minderheiten verfolgt und ermordet, große Teile Europas zerstört. Millionen Menschen mussten sterben. Wie war dieses Unheil möglich? Warum konnten diese Verbrechen nicht verhindert werden? Warum fanden die Nationalsozialisten bei den Deutschen so viele Anhänger?

Der „Völkische Beobachter" verkündete am 24. März 1933 das „Ermächtigungsesetz"

Berliner Ausgabe
83. Ausg. • 46. Jahrg. • Einzelpreis 15 Pf.

Berliner Ausgabe
Berlin, Freitag, 24. März 1933

VÖLKISCHER BEOBACHTER

Herausgeber Adolf Hitler

Kampfblatt der national-sozialistischen Bewegung Großdeutschlands

Der Wille des deutschen Volkes erfüllt:

Der Reichstag übergibt Adolf Hitler die Herrschaft

Annahme des Ermächtigungsgesetzes mit der überwältigenden Mehrheit von 441 gegen 94 Stimmen der S.P.D. / Einstimmige Annahme auch im Reichsrat / Hitlers historische Abrechnung mit den Novembermännern

Die Regierungserklärung:

Für Freiheit und Ehre der deutschen Nation! Gegen die Scheidung der Völker in

Das im Zweiten Weltkrieg zerstörte Köln

Plakat der NSDAP von 1933

Kind in SA-Uniform beim Reichsjugendtag in Potsdam, 1. Oktober 1934

Plakat der Deutschen Arbeitsfront, das zum Sparen für einen Volkswagen warb

Kinder im Vernichtungslager Auschwitz nach der Befreiung durch die sowjetische Armee

Puppen aus einem Vernichtungslager
Das Eigentum der Ermordeten wurde in Deutschland verteilt.

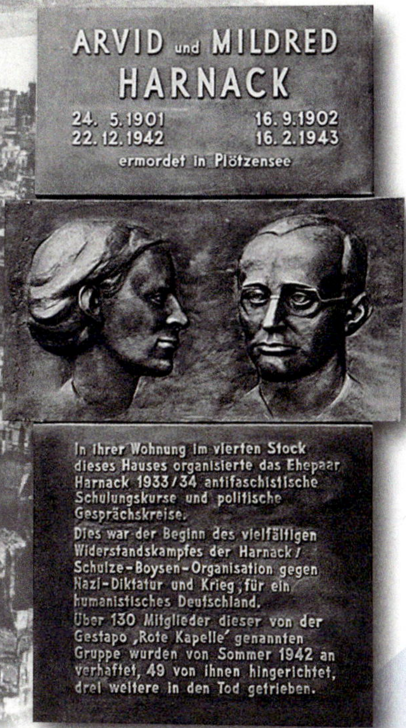

Gedenktafel in Berlin für die von den Nationalsozialisten hingerichteten Widerstandskämpfer Arvid und Mildred Harnack

Boykott jüdischer Geschäfte am 1. April 1933

1. Der Faschismus – ein Weg aus der Krise?

1919 In Italien gründet Benito Mussolini vor allem aus arbeitslosen Kriegsteilnehmern die ersten „fasci di combattimento" (Kampfbünde).

1921 Mussolini benennt seine „Faschistische Bewegung" um in „Partito Nazionale Fascista"; sich selbst nennt er „Duce" (Führer).

1922 Der italienische König überträgt Mussolini das Amt des Regierungschefs, ausgestattet mit diktatorischen Vollmachten.

Mussolini und römische Statue. Foto, 1935. Q1

Ruf nach einem starken Führer

Nach dem Ende des Krieges schien für die Zeitgenossen die Welt aus den Fugen geraten zu sein. Die Menschen in Europa sehnten sich nach Ruhe und Ordnung sowie einem wirtschaftlich gesichertem Leben. Nicht wenige verfolgten mit Angst und Unruhe die Nachrichten über die bolschewistische Revolution in Russland und deren Folgen (vgl. S.17–38). In Deutschland wurde zudem vielfach die demokratische Staatsform wie die Weimarer Republik als zu schwach angesehen, um einerseits die sozialen sowie wirtschaftlichen Probleme wie hohe Arbeitslosigkeit oder Inflation zu lösen und andererseits einem befürchteten Ausgreifen des Kommunismus Einhalt zu gebieten.
In dieser Krisensituation bildeten sich in den 1920er und vor allem 1930er Jahren fast überall in Europa politische Gruppierungen, die ihre Hoffnungen in einen starken Führer setzten, der in der Lage sei, für Volk und Nation wieder Sicherheit und wirtschaftlichen Aufschwung zu schaffen. Radikale Parteien und deren Repräsentanten boten populistische Programme an, die zwar irrational und widersprüchlich waren, aber vorgaben, mit einfachen Lösungen alle Probleme lösen zu können. Eines der frühesten Beispiele dafür war Italien.

Italien: Der Faschismus – ein Weg aus der Krise?

Obwohl Italien zu den Siegerstaaten des Ersten Weltkrieges gehörte, waren die meisten Italiener von den Friedenschlüssen enttäuscht. Italien hatte nur einen Teil der zugesagten Gebietsgewinne erhalten. Dazu kamen die wirtschaftlich schlechte Lage und die Zerstrittenheit der Parteien, die sich auf keine stabilen Regierungsmehrheiten einigen konnten. Diese Situation nutzte Benito Mussolini, ursprünglich ein führender Funktionär des radikalen Flügels der Sozialistischen Partei. 1919 schlossen sich unter seiner Führung antiliberale, nationalistische Gruppen zu Kampfbünden und später zur faschistischen Partei Italiens zusammen. Ihren Namen leitete die Partei von fasces (lat. Rutenbündel) ab, im antiken Rom Symbol der Gewalt über Leben und Tod.
1922 drohten Mussolinis Faschisten, die Macht in Italien gewaltsam zu ergreifen. Um Blutvergießen zu verhindern und unter Druck gesetzt von einflussreichen Kräften in Wirtschaft, Armee und Verwaltung, berief König Viktor Emanuel III. im Oktober 1922 Mussolini zum Ministerpräsidenten. Dieser bildete eine Koalitionsregierung, an der auch Liberale und Katholiken beteiligt waren. Die parlamentarische Demokratie Italiens blieb mit ihren formalen Einrichtungen zunächst noch bestehen. Dies alles konnte jedoch nicht darüber hinwegtäuschen, dass sich Italien auf dem Weg in eine Diktatur befand.

Unterdrückung und Terror im Innern

Die Faschisten besetzten alle Schlüsselpositionen und erließen neue Wahlgesetze, die ihnen sichere Mehrheiten garantierten. Die Pressefreiheit wurde erheblich eingeschränkt, die bewaffnete faschistische Parteimiliz (die sog. Schwarzhemden) in den Rang der staatlichen Polizei erhoben. Sie konnte damit jede Opposition unterdrücken – gegen faschistische Gewaltakte schritt sie jedoch nicht ein. Mit Terror und Mord schalteten die Faschisten ihre politischen Gegner, insbesondere Kommunisten, Sozialisten und Gewerkschafter, weitgehend aus dem politischen Leben aus. Nichtfaschistische Beamte mussten ihren Dienst quittieren, nichtfaschistische Parteien und die Gewerkschaften wurden verboten. Zudem schufen die staatlich kontrollierten Massenmedien (Radio, Kino) einen Mythos um Mussolinis Person als unfehlbaren „Duce“ (Führer). So war in Italien ein Staat entstanden, der alle Merkmale einer faschistischen Diktatur aufwies: Herrschaft einer einzigen Partei, Personenkult um einen unangefochtenen Führer und übersteigerter Nationalismus. Dazu kamen Feindbilder in Form von Anti-Haltungen: Antiliberalismus, Antiindividualismus, Antiparlamentarismus, Antibolschewismus – und letztlich das öffentliche Bekenntnis zur Gewalt.

Aggressive Außenpolitik

Der Gewalt in der Innenpolitik entsprach eine kriegsbereite, imperialistische Machtpolitik nach außen. Den gesamten Mittelmeerraum erklärte Mussolini zum italienischen Interessengebiet, was zu Konflikten vor allem mit Frankreich und Großbritannien führen musste. Doch Kampf und Krieg waren für Mussolini wesentliche Bestandteile des Lebens. 1935 ließ er italienische Truppen in Abessinien, dem heutigen Äthiopien, einmarschieren, um die Grundlage eines italienischen Reiches im Mittelmeerraum zu legen. Um seine Expansionspolitik erfolgreich durchführen zu können, näherte sich Mussolini immer mehr dem nationalsozialistischen Deutschland (vgl. S. 118). Als 1936 in Spanien ein Bürgerkrieg ausbrach, nachdem General Franco gegen eine linke Regierung geputscht hatte, intervenierten Italien und Deutschland auf Francos Seite. Im Oktober 1936 vereinbarten beide eine enge Zusammenarbeit („Achse Berlin – Rom“), die 1939 zu einem Kriegsbündnis („Stahlpakt“) führte. Der italienische Faschismus wurde zum Vorbild für ähnliche rechtsradikale Bewegungen in Spanien, Portugal, Griechenland, Ungarn, Polen, Rumänien, Kroatien, der Slowakei, Belgien, Österreich – und Deutschland.

Der „Duce“ Q2
Karikatur von Charles Girod aus dem „Eulenspiegel“, 1928.

Populismus

Der Begriff bezeichnet eine Politik, die sich an Stimmungen orientiert, die in der Bevölkerung weit verbreitet sind. Meist werden dabei aktuelle Probleme oder Unzufriedenheiten mit bestimmten Vorgängen oder Situationen aufgegriffen und mit volksnaher Rhetorik aufgeheizt. Populistische Politik bemüht sich nicht um sachliche Argumentation, sondern redet dem Volke nach dem Munde, um die Massen für sich zu gewinnen.

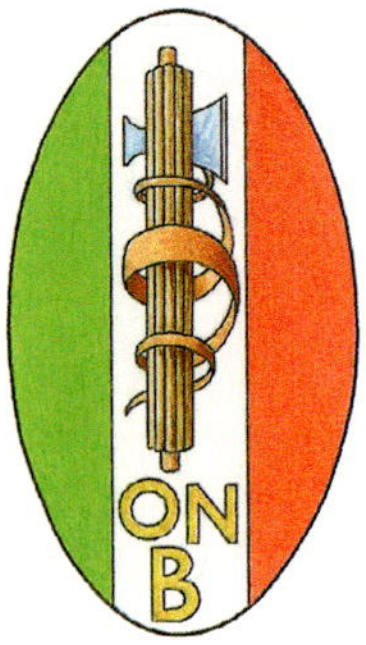

Q3 Fasces
Rutenbündel mit dem Beil, dem Symbol der faschistischen Kampfbünde.

Q4 Faschistischer Terror

Der führende Sozialist Giacomo Matteotti schilderte 1921 in einer Rede vor dem Parlament in Rom das Muster, nach dem politische Gegner des Faschismus ausgeschaltet wurden. 1924 wurde Matteotti selbst von Faschisten ermordet:

Mitten in der Nacht, während die Bevölkerung schläft, kommen die Lastwagen mit Faschisten in den kleinen Dörfern an, natürlich von den Häuptern der lokalen Agrarier (Grundbesitzer) begleitet, immer von ihnen geführt, denn sonst wäre es nicht möglich, in der Dunkelheit, inmitten der weiten Landschaft, das Häuschen des Ligenführers (Gewerkschaftsführers) oder das kleine erbärmliche Arbeitsvermittlungsbüro auszumachen. Man nimmt vor einem Häuschen Aufstellung und es ertönt der Befehl: „Das Haus umzingeln!" Es sind zwanzig oder auch hundert Personen, mit Gewehren und Revolvern bewaffnet. Man ruft nach dem Ligenführer und befiehlt ihm herauszukommen. Wenn er keine Folge leistet, sagt man ihm: „Wenn du nicht herunterkommst, verbrennen wir das Haus, deine Frau und deine Kinder." Der Ligenführer kommt herunter, wenn er die Tür öffnet, packt man ihn, bindet ihn, schleppt ihn auf den Lastwagen, man lässt ihn die unaussprechlichsten Martern erleiden, indem man so tut, als wolle man ihn totschlagen oder ertränken, dann lässt man ihn irgendwo im Felde liegen, nackt, an einen Baum gebunden. Wenn der Ligenführer (...) die Tür nicht öffnet und Waffen zu seiner Verteidigung gebraucht, dann wird er sofort ermordet, im Kampf von hundert gegen einen.

Zit. nach: E. Nolte, Der Faschismus. Von Mussolini zu Hitler. München 1968, S. 43f.

Q5 Das „Credo" (Glaubensbekenntnis) der italienischen Faschisten

1. Der Faschist, besonders der Milizsoldat, darf nicht an den ewigen Frieden glauben.
2. Strafen sind immer verdient.
3. Auch der Wachtposten vor dem Benzinfass dient dem Vaterland.
4. Der Kamerad ist dein Bruder: 1. weil er mit dir lebt, 2. weil er denkt und fühlt wie du.
5. Gewehr und Patronentasche sollen nicht während der Ruhezeit vernachlässigt, sondern für den Krieg bereitgehalten werden.
6. Sage niemals: Die Regierung zahlt's, denn du selbst bist es, der zahlt, und die Regierung hast du selbst gewollt und du trägst ihre Uniform.
7. Gehorsam ist der Gott der Heere, ohne ihn ist kein Soldat denkbar, wohl aber Unordnung und Niederlagen.
8. Mussolini hat immer Recht.
9. Der Freiwillige hat keine Vorrechte, wenn er nicht gehorcht.
10. Eines muss dir über allem stehen: das Leben des Duce.

Zit. nach: H. Wagenführ (Hg.), B. Mussolini: Der Geist des Faschismus. Ein Quellenwerk. München 1943, S. 451.

Q6 „Ein Imperium des Friedens"?

Mussolini zur Eroberung Abessiniens am 9. Mai 1936:

Italien hat endlich sein Imperium. Ein faschistisches Imperium, weil es die unzerstörbaren Zeichen für den Willen und die Macht des römischen Liktorenbündels trägt und weil es das Ziel darstellt, auf das die ebenso gewaltigen wie gebändigten Energien der jungen, kühnen italienischen Generation seit vierzehn Jahren hindrängten. Ein Imperium des Friedens; denn Italien will den Frieden für sich und für alle und entschließt sich nur dann zum Kriege, wenn es von feindlichen Mächten zum Krieg gezwungen wird. Ein Imperium der Kultur und der Menschlichkeit für alle Stämme Abessiniens. Es ist die Tradition Roms, die Völker, die es besiegt hat, an seinem Schicksal teilnehmen zu lassen.

Zit. nach: W. Kampmann, Der Faschismus in Italien. Stuttgart 1976, S. 40f.

Fragen und Anregungen

1. Erkläre, an welche Traditionen die Faschisten anknüpfen wollten (VT, Q1, 3 und 6).
2. Erläutere, was die Karikatur über die Herrschaft der Faschisten aussagen will (Q2).
3. Beschreibe die Methoden der Faschisten, die Macht zu erwerben und auszubauen (VT, Q4).
4. Stelle anhand des VT fest, welche Grundzüge des Faschismus sich in Q5 widerspiegeln.

2. Weichenstellung für die Diktatur in Deutschland

Q1 Das Verhängnis
Zeichnung von A. Paul Weber, 1932.

Q2 Der 30. Januar 1933
Gemälde von Arthur Kampf (Ausschnitt), 1938

Hoffnungen und Zustimmung

Als Reichspräsident Hindenburg am 30. Januar 1933 Adolf Hitler als Reichskanzler eingesetzt und mit der Regierungsbildung beauftragt hatte, schauten viele Deutsche mit großen Hoffnungen, aber auch mit Ängsten nach Berlin. Nicht alle vertrauten den neuen Machthabern, manche befürchteten das Ende der Demokratie, sie warnten vor Terror und Kriegsgefahr. Doch die Mehrheit schenkte der Wahlpropaganda der Nationalsozialisten Glauben. 1933 schien vielen Deutschen Hitler der richtige Mann zu sein, die Arbeitslosigkeit zu beseitigen, die deutsche Wirtschaft entscheidend zu stärken, den Versailler Vertrag vollständig zu überwinden und Deutschland zu einstiger Größe zurückzuführen.

Ideologie der Nationalsozialisten: Rassenlehre ...

Doch wodurch war der Nationalsozialismus angeblich in der Lage, alle Probleme besser zu bewältigen als andere? Auf welche Grundlagen stützte sich seine Politik? Eine geschlossene Weltanschauung besaß er nicht; vielmehr wurden unwissenschaftliche Vorstellungen und Vorurteile über die Entwicklung der Menschheit, der Völker und Nationen aufgegriffen und verkündet.
Einer der Grundpfeiler der nationalsozialistischen Denkweise war die Rassenlehre. Danach sind die Menschen in höchst ungleiche Rassen eingeteilt: hochwertige, weniger wertvolle, aber noch kulturfähige, minderwertige und wertlose. Auf die oberste Stufe wurde die arische Rasse gestellt. Zu ihr rechnete man die germanischen Völker, insbesondere die Deutschen. Sie zeichneten sich angeblich dadurch aus, dass sie groß, blond und blauäugig sowie tapfer, heldenhaft und opferbereit wären. Als wertlose Rasse und größter Gegensatz zu den Ariern wurden die Juden eingestuft. Sie waren angeblich schuld an allem Übel der Welt. Sie galten als Drahtzieher des amerikanischen Weltkapitalismus ebenso wie des sowjetischen Weltbolschewismus. Ihnen wurde unterstellt, sie wollten die deutsche Kultur vernichten und die Weltherrschaft erringen.

... Sozialdarwinismus, Nationalismus ...

In Anlehnung an die Lehre Darwins, dass es im Tierreich eine natürliche Auslese gebe und nur die Anpassungsfähigsten überlebten, wurde der Schluss gezogen, dass nur die höherwertigen Rassen im Lebenskampf bestehen würden. Alle anderen hätten sich entweder der Herrenrasse unterzuordnen oder müssten untergehen. Nach dieser Theorie des Sozialdarwinismus waren die Deutschen als Nation dazu bestimmt, über andere zu herrschen. In dieser Verbindung von Rassismus,

Q3 „Die Juden sind unser Unglück"
Aus einem Kinderbuch von 1935.
Das Buch stammt aus dem Stürmer-Verlag, der seit 1923 unter Julius Streicher vor allem die Zeitschrift „Der Stürmer", ein Hetzblatt gegen die Juden, herausbrachte.
Die Worte im Bild lauten: „Einbahnstraße, Tempo, Tempo, Die Juden sind unser Unglück!"

Im fernen Süden liegt das Land,
Wo einst der Juden Wiege stand.
Dorthin soll'n sie mit Frau und Kind
So schnell wie sie gekommen sind! –
Seht an das jammervolle Bild!
Die Juden garstig, frech und wild:
Den Abraham, den Salomon,
Den Blumenfeld, den Lewinson,
Rebekkchen mit Sohn Jonathan,
Dann Simon und auch Aaron Kahn –
Wie sie die Augen rollen
Und sich von dannen trollen.....

Unter dem Bild steht in deutscher Schrift folgender Text:
„Im fernen Süden liegt das Land,
Wo einst der Juden Wiege stand.
Dorthin soll'n sie mit Frau und Kind
So schnell wie sie gekommen sind! –
Seht an das jammervolle Bild!
Die Juden garstig frech und wild:
Den Abraham, den Salomon,
Den Blumenfeld, den Lewinson,
Rebekkchen und Sohn Jonathan,
Dann Simon und auch Aaron Kahn –
Wie sie die Augen rollen
Und sich von dannen trollen ..."

Nationalismus und Sozialdarwinismus glaubten die Nationalsozialisten, eine Begründung dafür gefunden zu haben, dass sie das deutsche Volk in eine glorreiche Zukunft führen könnten – und viele glaubten nur zu gerne daran.

... und Lebensraumtheorie

Eng damit verbunden waren Versprechungen, den Deutschen mehr Lebensraum zu geben. Das hieß zum einem, sich für die Niederlage im Krieg zu revanchieren und die durch den Versailler Vertrag verlorenen Gebiete zurückzuholen, zum anderen aber, fremde Gebiete vor allem im Osten zu erobern. Gerechtfertigt wurde dies ebenfalls mit der Rassenlehre: Die im Osten lebenden slawischen Völker galten als minderwertig und somit der deutschen Herrenrasse untertan.

Hitler – der „Führer"

All diese ideologischen Grundgedanken hatte Hitler im Parteiprogramm der NSDAP sowie in dem während der Festungshaft 1924 in Landsberg (s. S. 29) entstandenen Buch „Mein Kampf" niedergeschrieben. Dabei hatte er vor allem auf Gedankengut zurückgegriffen, das er in seiner Jugend in Wien kennen gelernt hatte.
Hitler wurde 1889 in Braunau (Österreich) geboren. Nach dem Schulbesuch lebte er ohne Beruf in Linz und ab 1907 in Wien. Sein Versuch, ein Studium an der Wiener Kunstakademie zu beginnen, scheiterte. Zeitweise hielt er sich in Obdachlosenasylen und Männerheimen auf. In dieser Zeit las er viel, vor allem Schriften, die Fremdenhass, Antisemitismus und Rassismus ebenso verbreiteten wie überhöhten deutschen Nationalismus und die Idee, dass ein auserwählter Führer allen Deutschen eine glückliche Zukunft bringen werde.
In München trat er 1914 in das bayerische Heer ein und nahm am Weltkrieg teil. Nach Kriegsende schloss er sich der bis dahin unbedeutenden, aber stark antisemi-

Ergebnislose Haussuchung Q4

Karikatur aus der satirischen Zeitschrift „Simplicissimus“, 1930. Der Karikaturist gibt seine Eindrücke über die Inhalte von „Mein Kampf“ wieder.

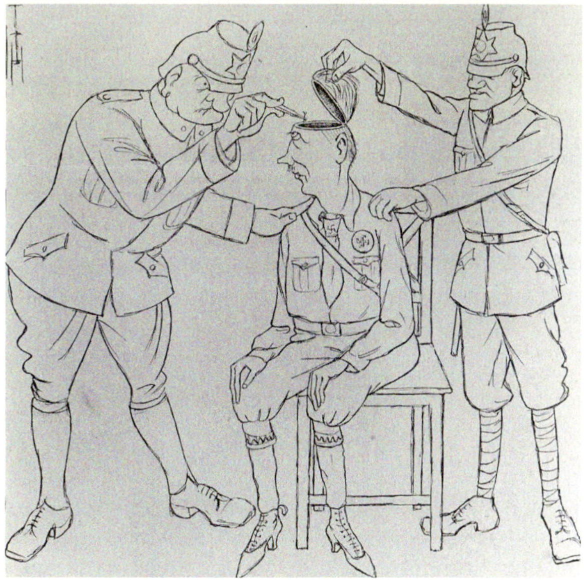

tischen Deutschen Arbeiterpartei an. Dank seines großen rhetorischen Talents und seiner charismatischen Wirkung auf Menschenmassen wurde er zum Propagandaobmann und trat in rascher Folge in öffentlichen Reden auf. Die 1920 in NSDAP umbenannte Partei verstand sich bald als „Hitlerbewegung“ mit Hitler als Führer. Ab Mitte der 1920er-Jahre gelang es Hitler mit seinen Angriffen gegen den Versailler Vertrag, gegen die Demokratie, gegen die Juden und die Kommunisten immer mehr Anhänger zu gewinnen. Denn er sprach damit das aus, was ohnehin die meisten dachten: Gegen Versailles war fast jeder Deutsche, gegen die Demokratie waren viele, der Antisemitismus hatte eine lange Tradition, und die Juden waren als Sündenböcke für alles Unheil willkommen; Kommunisten wurden als Anhänger der russischen Bolschewisten verachtet.

Zuspruch von (fast) allen Seiten

Nachdem Hitler zum Reichskanzler ernannt worden war, galt es für die Nationalsozialisten, nicht nur die Massen für sich zu gewinnen, sondern auch die führenden gesellschaftlichen Kräfte. Und auch hier zeigte sich, dass die weltanschaulichen Parolen des Nationalsozialismus ihre Wirkung nicht verfehlten.
Drohungen und später auch Maßnahmen gegen Kommunisten wurden von der breiten bürgerlichen Mittelschicht toleriert und akzeptiert. Denn sie fürchtete um ihr Eigentum und ihren gesellschaftlichen Status, sollten die Kommunisten an politischem Einfluss gewinnen. Dies galt in gleichem Maße für viele Großagrarier und Industrielle. Die Großagrarier vor allem im Osten versprachen sich andererseits Landgewinn durch die nationalsozialistischen Lebensraumparolen. Viele Industrielle fürchteten allerdings staatliche Eingriffe in die Wirtschaft und standen daher anfangs dem Nationalsozialismus abwartend gegenüber. Sie erhofften sich dann aber von den geplanten wirtschaftlichen Aufbaumaßnahmen eine deutliche Verbesserung ihrer eigenen Lage. Auch das Offizierskorps der Reichswehr ließ sich für die Nationalsozialisten gewinnen. Manche führenden Offiziere betrachteten zwar Hitler und die hohen nationalsozialistischen Funktionäre als Emporkömmlinge, sahen aber in der verkündeten Aufrüstungspolitik eine Chance, ihre Geltung, die sie in der Kaiserzeit innehatten, wiederzugewinnen.
Wo blieb der Widerspruch gegen die NS-Parolen? Die Masse der Bevölkerung sowie einflussreiche gesellschaftliche Kreise leisteten ihn nicht. Im Gegenteil: Gerade nach der Machtübernahme der Nationalsozialisten machten sich immer mehr deren Weltanschauung zu ihrer eigenen, um den neuen Machthabern gefällig zu sein und ihre persönliche Karriere zu fördern. Widerspruch blieb dem politischen Gegner wie z. B. der SPD, der KPD und den Gewerkschaften – sowie Vertretern der beiden Kirchen oder Einzelpersonen vorbehalten.

Hitler als Redner, 1934 Q5

Gestik und Mimik waren genau – z. B. vor einem Spiegel – einstudiert.

Antisemitismus in Deutschland

Du hast im Geschichtsunterricht bisher schon viele Textquellen kennen gelernt und interpretiert. Beim Thema Nationalsozialismus tauchen nun Texte auf, die sich von anderen durch ihren ideologischen Gehalt unterscheiden. Was bedeutet der Begriff Ideologie? Ursprünglich bezeichnete man damit Ideen oder Denkweisen, die ein System ergeben. Heute werden damit Vorstellungen und Denkweisen bezeichnet, die von bestimmten Interessen geprägt sind und daher vor allem durch Behauptungen eine verfälschende Sichtweise auf die Wirklichkeit darstellen. So können z. B. Wahlparolen ideologisch geprägt sein, wenn sie im Interesse einer Partei die wirklichen Sachverhalte durch bewusste Vereinfachungen oder Verdrehungen verfälscht darstellen. Eine ideologiekritische Untersuchung von Texten hat also das Ziel, die von bestimmten Interessen geleitete verfälschende Sichtweise auf die Wirklichkeit offen zu legen.

Q1 Auszüge aus Hitlers „Mein Kampf"

Menschliche Kultur und Zivilisation sind auf diesem Erdteil unzertrennlich gebunden an das Vorhandensein des Ariers. (…) Als Eroberer unterwarf er sich die niederen Menschen und regelte dann deren praktische Betätigung unter seinem Befehl, nach seinem Wollen und für seine Ziele. (…) Die Blutsvermischung und das dadurch bedingte Senken des Rassenniveaus ist die alleinige Ursache des Absterbens aller Kulturen. (…) Was nicht gute Rasse ist auf dieser Welt, ist Spreu. (…) Den gewaltigsten Gegensatz zum Arier bildet der Jude. (…) Er ist und bleibt der ewige Parasit (…), wo der auftritt, stirbt das Wirtsvolk nach kürzerer oder längerer Zeit ab. (…)
Das Vorgehen des Juden ist Folgendes:
Er macht sich an den Arbeiter heran, heuchelt Mitleid mit dessen Schicksal oder gar Empörung über dessen Los des Elends und der Armut, um auf diesem Wege das Vertrauen zu gewinnen. Er bemüht sich, alle die einzelnen tatsächlichen oder eingebildeten Härten seines Lebens zu studieren – und die Sehnsucht nach Änderung eines solchen Daseins zu erwecken. (…) So entsteht eine reine Handarbeiterbewegung unter jüdischer Führung, scheinbar darauf ausgehend, die Lage des Arbeiters zu verbessern, in Wahrheit aber die Versklavung und damit die Vernichtung aller nichtjüdischen Völker beabsichtigend. (…)
Die Internationalisierung unserer deutschen Wirtschaft, d. h. die Übernahme der deutschen Arbeitskraft in den Besitz der jüdischen Weltfinanz, lässt sich restlos nur durchführen in einem politisch bolschewistischen Staat. Soll die marxistische Kampftruppe des internationalen jüdischen Börsenkapitals aber dem deutschen Nationalstaat endgültig das Rückgrat brechen, so kann dies nur geschehen unter freundlicher Nachhilfe von außen. Frankreichs Armeen müssen deshalb das deutsche Staatsgebilde so lange berennen, bis das innen mürbe gewordene Reich der bolschewistischen Kampftruppe des internationalen Weltfinanzjudentums erliegt. So ist der Jude heute der große Hetzer zur restlosen Zerstörung Deutschlands. (…) Die Bolschewisierung Deutschlands, d. h. die Ausrottung der völkischen deutschen Intelligenz und die damit ermöglichte Anpassung der deutschen Arbeitskraft im Joche der jüdischen Weltfinanz, ist nur als Vorspiel gedacht für die Weiterverbreitung dieser jüdischen Welteroberungstendenz (…).

A. Hitler, Mein Kampf. S. 324 ff., 350 f., 702 f.

„Der ewige Jude". Plakat zu einer Ausstellung, 1937. Q2

Methodische Arbeitsschritte:

1. Stelle fest, welche Textaussagen ausschließlich Wertungen darstellen und überlege, was damit beim Leser erreicht werden soll.
2. Untersuche, welche Aussagen als Tatsachen bezeichnet werden können, die jeder Adressat anerkennen kann.
3. Stelle fest, welche Textstellen reine Behauptungen sind.
4. Lege dar, welche Schlussfolgerungen der Autor aus den jeweiligen Behauptungen zieht.
5. Erläutere, inwieweit die Schlussfolgerungen vom Leser nachvollzogen werden können oder nicht.
6. Erkläre, welche Interessen und Absichten der Autor mit seinen Schlussfolgerungen verfolgt.
7. Überlege, welche Wirkung er beim Leser mit seinen Aussagen erreichen will.
8. Formuliere in 2–3 Sätzen die ideologische Kernaussage des Textes.
9. Setze dich mit diesen Kernaussagen kritisch auseinander. Wie lassen sie sich widerlegen?

Q3 „Vom Fluch der Natur beladen"

Der folgende Text des Professors Eugen Dühring zeigt die Einstellung zu den Juden im Kaiserreich (1881):

Was den inzwischen erforderlichen Modus Vivendi [Form eines erträglichen Zusammenlebens] betrifft, so ist auf dem Fuße der Gleichheit kein andauerndes Zusammenleben mit den Juden möglich, weil der fragliche Stamm von Natur auf einer ungleichen und zwar erheblich tiefern Stufe der Begabung und Moralität steht. Hier kann auch kein geistiges Prinzip helfen; denn der Fehler ist physiologischer Art und liegt im Naturcharakter selbst. (…)

Die Juden sind nicht bloß schlecht ertragbar für andere, sondern auch für sich selbst und unter sich selbst. Der Einzelne ist sich seiner eigenen Natur mehr oder minder zur Last; die volle innere Ruhe bleibt dem Juden unbekannt. Er fühlt sich fortwährend nicht bloß im Widerspruch mit der besseren Menschheit, sondern auch mit sich selbst. (…) Das Judengemüt – wenn man überhaupt den edlen deutschen Ausdruck Gemüt für so etwas brauchen darf – befindet sich in rastloser Öde (…). Der ewige Jude, der nach dem Höheren und Edleren nicht aufzuschauen vermag und sich im Niedern durch die Weltgeschichte ruhelos treibt, ist das ganze Volk selbst, beladen mit dem Fluche der Natur, alle andern Völker heimzusuchen und selbst nicht sobald zur Ruhe einzugehen. Die Erlösung der Juden von sich selbst ist weltgeschichtlich durch ihren Reformator Christus vermittels eines geistigen Prinzips versucht worden, aber misslungen. (…) Was bleibt also übrig, als dass andere Völker an ihnen mit andern als geistigen Mitteln das vollziehen, was ihr eigener Reformator nicht vermocht hat, nämlich die Welt gründlich von allem Judenwesen zu erlösen. (…)

Die Mittel werden (…) politische, wirtschaftliche und gesellschaftliche sein müssen. Selbst ein mächtigeres Geistesprinzip als alle bisherigen Religionen würde als bloß geistige Macht den Judenstamm nicht erheblich zum Bessern verändern. Im Gegenteil würde die Aufnahme von Juden auch der besten Geistesgemeinschaft nur schädlich werden. (…)

Darum gibt es gegen sie auch nur eine einzige Politik, nämlich die der äußerlichen Einschränkung, Einpferchung und Abschließung.

Zit. nach: M. Görtemaker, Deutschland im 19. Jahrhundert. Entwicklungslinien. Bonn 1996, S. 271 f.

„Automobil, Patent Schmul. Billigster Betrieb! Gänzlich gefahrlos!". Karikatur, 1900. Q4

Fragen und Anregungen

1. Wende bei beiden Texten die methodischen Arbeitsschritte 1–9 an und arbeite Gemeinsamkeiten und Unterschiede der beiden Texte heraus.
2. Zeige auf, inwieweit sich die ideologischen Kernaussagen der Texte Q1 und 3 in den Bilder Q2 und 4 widerspiegeln.

Q6 „Sie konnten nicht widerstehen“
Karikatur von George Grosz, 1936.

Q7 Die NS-Parolen – nicht gelesen, nicht gehört, nicht gekannt?

Viele Deutsche haben nach dem Zweiten Weltkrieg immer wieder beteuert, sie hätten Hitlers „Mein Kampf“ überhaupt nicht gelesen und seine Ziele daher nicht gekannt. Dabei machten auch andere führende Nationalsozialisten vor 1933 aus ihren grundsätzlichen Absichten öffentlich kein Hehl. Über das Verhältnis der NSDAP zur Demokratie schreibt Joseph Goebbels, Reichspropagandaleiter der NSDAP, 1928 in einem Leitartikel:

Wir gehen in den Reichstag hinein, um uns im Waffenarsenal der Demokratie mit deren eigenen Waffen zu versorgen. Wir werden Reichstagsabgeordnete, um die Weimarer Gesinnung mit ihrer eigenen Unterstützung lahm zu legen. Wenn die Demokratie so dumm ist, uns für diesen Bärendienst Freifahrkarten und Diäten zu geben, so ist es ihre eigene Sache (…) Uns ist jedes gesetzliche Mittel recht, den Zustand von heute zu revolutionieren. Wenn es uns gelingt, bei diesen Wahlen [1928] sechzig bis siebzig Agitatoren unserer Partei in die verschiedenen Parlamente hineinzustecken, so wird der Staat selbst in Zukunft unsere Kampfapparate ausstatten und besolden. (…) Wir kommen als Feinde! Wie der Wolf in die Schafherde einbricht, so kommen wir. Jetzt seid ihr nicht mehr unter euch!

Zit. nach: W. Michalka u. G. Niedhart (Hg.), Die ungeliebte Republik. München 1981, S. 251.

Q8 Antisemitische Bestseller

Rassistische Bücher waren oft Bestseller. Über eine Million Deutsche lasen zwischen 1917 und 1922 ein Buch mit dem Titel „Die Sünde wider das Blut“. Darin geht es u.a. auch um die „Verunreinigung“ der deutschen Frauen durch Juden. Wie sich das die Nationalsozialisten vorstellten, erläutert Julius Streicher:

Artfremdes Eiweiß ist der Same eines Mannes anderer Rasse. Der männliche Same wird bei der Begattung ganz oder teilweise von dem weiblichen Mutterboden aufgesaugt und geht so in das Blut über. Ein einziger Beischlaf eines Juden bei einer arischen Frau genügt um deren Blut für immer zu vergiften. Sie hat mit dem artfremden Eiweiß auch die fremde Seele in sich aufgenommen. Sie kann nie mehr, auch wenn sie einen arischen Mann heiratet, rein arische Kinder bekommen, sondern nur Bastarde, in deren Brust zwei Seelen wohnen und denen man körperlich die Mischrasse ansieht. Auch deren Kinder werden wieder Mischlinge, das heißt hässliche Menschen von unstetem Charakter und mit Neigungen zu körperlichen Leiden.

Zit. nach: P.-J. Wulf, Das Dritte Reich und seine Denker. Berlin 1959, S. 424.

Das Firmenschild der NSDAP Q9
Karikatur von Jacobus Belsen aus „Der Wahre Jakob“, 1931.

Q10 Der „Hitler-Mythos“

Rudolf Heß, der „Stellvertreter“ Hitlers, in einem privaten Brief 1927:

Er [Hitler] darf nicht wie ein Wissenschaftler das Für und Wider abwägen, er darf seinen Hörern nie Freiheit lassen, auch anderes für richtig zu halten und übertragen auf sein Volk und seine Mission etwa zu erklären, außer dem eigenen Volk gibt es noch soundsoviel andere Völker, die ebenso gut, ebenso tüchtig, ebenso zur Größe bestimmt sind wie das eigene. Hier trifft sich der große Volksführer mit dem großen Religionsstifter: Den Hörenden muß ein apodiktischer [unumstößlicher] Glaube vermittelt werden, nur dann vermag die Masse der Anhänger dorthin geführt zu werden, wohin sie geführt werden soll. Sie wird auch dann dem Führer folgen, wenn Rückschläge eintreten, aber nur dann, wenn sie den unbedingten Glauben an die unbedingte Richtigkeit des eigenen Volkes vermittelt erhielt.

Eine Zeitung der NSDAP berichtet über eine Massenversammlung in Günzburg im Jahr 1932, auf der Hitler als Redner angekündigt war:

In den Mittagsstunden begann die große Völkerwanderung. Zu Fuß, mit Fahr- und Motorrädern, mit Fuhrwerk und Auto strömen die Menschen von allen Seiten herbei. Gegen 1200 Fahr- und Motorräder werden am Abend allein auf dem Platz bei der Halle gezählt, jedes freie Plätzchen im Ort dient als Autoparkplatz. (...) Lange vor Beginn sind die beiden großen Hallen überfüllt, sogar in den Gängen drängen sich die Menschen. Tausende müssen draußen stehen. (...) Dann kommt der Führer. Kaum kann ihm die SA den Weg frei halten durch die Menschenmassen. Jubelnde Heilrufe begrüßen ihn.

Zit nach: I. Kershaw, Der Hitler-Mythos. Volksmeinung und Propaganda im Dritten Reich. Stuttgart 1980, S. 31, 42

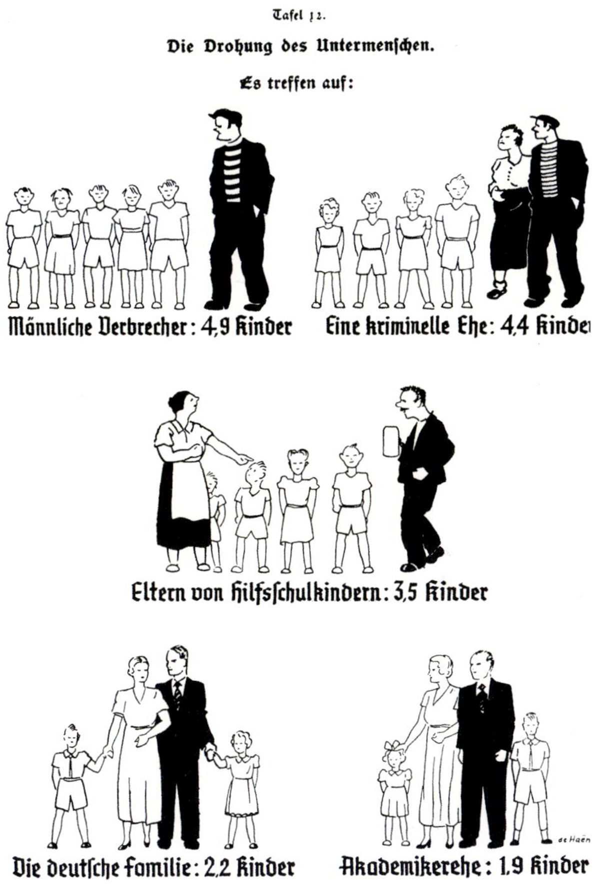

Q11 „Die Drohung des Untermenschen“
Nationalsozialistisches Schaubild.
Schautafeln dieser Art waren weit verbreitet.

Fragen und Anregungen

1. A. Paul Weber zeichnete das Bild „Das Verhängnis“ bereits 1932. Überlege, welche Elemente des Nationalsozialismus ihn schon zu diesem Zeitpunkt zu seiner Vision gebracht haben könnten (VT, Q1, 2).
2. Beschreibe das Bild Q3 und erläutere, wie bereits Kleinkinder die Juden sehen sollten. Warum wird im Text von einem „jammervollen Bild“ gesprochen?
3. Formuliere, was die Karikaturisten mit Q4, Q6 und 9 ausdrücken wollten.
4. Überlege, welche Wirkung auf die Zuhörer durch Hitlers Gestik und Mimik erzielt werden sollte (Q5).
5. Suche Gründe dafür, warum Aussagen der NSDAP wie die in Q7 in der Bevölkerung vielfach nicht abgelehnt wurden. Beachte den Zeitpunkt der Veröffentlichung.
6. Überlege, warum rassistische Bücher mit Inhalten wie Q8 zu Bestsellern werden konnten.
7. Beschreibe die Haltung, die sowohl die Parteimitglieder als auch große Teile der Bevölkerung gegenüber Hitler einnahmen (Q10).
8. Erläutere die Aussage des Schaubildes Q11. Stelle fest, zu welchen Schlussfolgerungen der Betrachter verleitet werden sollte. Stelle einen Zusammenhang mit Q8 her.

3. Der Weg in die Diktatur

27. Februar 1933	Der Reichstag brennt.
28. Februar 1933	Die „Reichstagsbrandverordnung“ setzt die Grundrechte außer Kraft.
23. März 1933	Der Reichstag hebt mit dem „Ermächtigungsgesetz“ die Gewaltenteilung auf.
April 1933	Die Länder werden „gleichgeschaltet“.
2. Mai 1933	Die Gewerkschaften werden aufgelöst.
Juni/Juli 1933	Die SPD wird verboten, DNVP, DVP, Zentrum und Bayerische Volkspartei lösen sich selbst auf. Ein Gesetz verbietet die Neubildung von Parteien. SPD und KPD arbeiten im Exil.
30. Juni 1934	Hitler lässt hohe SA-Führer und politische Gegner ermorden.
2. August 1934	Nach Hindenburgs Tod vereint Hitler die Ämter des Reichspräsidenten und des Reichskanzlers. Die Wehrmacht wird auf Hitler persönlich vereidigt.

Das Hakenkreuz Q1
Karikatur aus „Der wahre Jakob“, Anfang 1933.

Das Ende des Rechtsstaates

Als Reichskanzler setzte Hitler für den 5. März 1933 eine Neuwahl des Reichstags an, um auf dem schnellsten Wege eine deutliche Mehrheit der Abgeordneten zu erhalten. Eine Woche vor dem Wahltermin wurde in Berlin das Reichstagsgebäude in Brand gesteckt. Bis heute streiten die Historiker, wer den Brand gelegt hat. Verurteilt wurde der holländische Kommunist van der Lubbe. Die Nationalsozialisten jedenfalls nutzten die Situation und sprachen von einer großen kommunistischen Verschwörung. Bereits einen Tag nach dem nächtlichen Brand legte Innenminister Frick (NSDAP) dem gesamten Kabinett, dem nur drei NSDAP-Minister angehörten, die „Verordnung zum Schutz von Volk und Staat“ („Reichstagsbrandverordnung“) vor. Das Kabinett stimmte ohne Gegenstimme zu, der Reichspräsident unterzeichnete es ohne Zögern. Damit waren die verfassungsmäßigen Grundrechte aufgehoben, jeder Deutsche konnte nun scheinbar legal ohne richterliche Verfügung und beliebig lange in Haft gehalten werden. In den nächsten Tagen wurden 40 000 Personen verhaftet. Deutschland hatte aufgehört, ein Rechtsstaat zu sein.

Q2 **Mitglieder von KPD und SPD nach der Verhaftung, 1933**

Die Demokratie wird abgeschafft

Trotz Propaganda und Unterdrückung brachte die Reichstagswahl am 5. März 1933 der NSDAP nicht die absolute Mehrheit. Sie erhielt 43,9 Prozent der Stimmen und hatte auch zusammen mit der DNVP (8 Prozent) noch nicht die für Verfassungsänderungen notwendige Zweidrittelmehrheit. Noch war Hitlers Macht nicht unumschränkt. Die Nationalsozialisten wollten deshalb den Reichstag dazu bringen,

Der „Tag von Potsdam“ Q3
Reichskanzler und Reichspräsident reichen sich die Hände. Diese Aufnahme wurde später als Propagandapostkarte weit verbreitet.

selbst auf sein Gesetzgebungsrecht zu verzichten und dieses auf vier Jahre der Regierung zu übertragen. Dazu brauchten sie allerdings eine Zweidrittelmehrheit im Reichstag – ein scheinbar unmögliches Vorhaben, das aber dennoch gelang.
Am 21. März wurde der neue Reichstag ganz bewusst in der Potsdamer Garnisonskirche eröffnet. Diese Kirche war ein Sinnbild der Macht und Größe Preußens in der Zeit des Deutschen Kaiserreiches. Diese Erinnerung an die „glorreiche“ Kaiserzeit kam an: Bürgerlich-konservative Kreise zeigten sich ebenso beeindruckt wie Vertreter des Adels vor allem im Offizierskorps der Reichswehr und ein Großteil der sogenannten kleinen Leute.
Zwei Tage nach diesem „Tag von Potsdam“ wurde mit der notwendigen Zweidrittelmehrheit das „Gesetz zur Behebung der Not von Volk und Reich“ verabschiedet. Mit diesem „Ermächtigungsgesetz“ übertrug der Reichstag der Regierung Hitler das Recht, Gesetze ohne Zustimmung des Parlaments zu erlassen. Versprechungen und Zusicherungen an ihre jeweiligen Interessen sowie persönliche Bedrohungen hatten fast jeden Widerspruch ausgeschaltet. Als einzige Partei lehnte die SPD das „Ermächtigungsgesetz“ ab. Den 81 KPD-Abgeordneten waren inzwischen die Mandate aberkannt worden, die meisten saßen in Haft.

Die „Gleichschaltung“ beginnt

Nun hatten die Nationalsozialisten die Möglichkeit, ihre Macht auszubauen. Die „Gleichschaltung“ begann: Der noch vorhandene Föderalismus wurde beseitigt, die Länderregierungen durch nationalsozialistische Länderkabinette ersetzt. In den Gemeinden kontrollierten Nationalsozialisten die Bürgermeister oder verdrängten sie. Die politischen Parteien mussten sich auflösen. An den Schulen und Hochschulen wurden missliebige Beamte aus ihren Ämtern entfernt. Gewerkschaften und Arbeitgeberverbände mussten sich in der nationalsozialistischen „Deutschen Arbeitsfront“ (DAF) zwangsvereinigen. Vereine und Verbände außerhalb der nationalsozialistischen Formationen waren verboten. Presse, Rundfunk, Film, Kunst und Kulturleben wurden zu Werkzeugen der NS-Propaganda umfunktioniert.
Der Prozess der „Gleichschaltung“ verlief häufig unter Drohungen und Gewalt, für immer mehr Deutsche brauchte es aber weder Propaganda oder Einschüchterung, um sie für den Nationalsozialismus zu gewinnen. Zunehmend wuchs die Zahl derjenigen, die den „Zug der Zeit“ nicht verpassen wollten und freiwillig zu willfährigen Helfern Hitlers wurden. Viele traten nun in die NSDAP ein und die Zahl derjenigen wuchs, die ohne jeden Befehl von oben den „Führerwillen“ erfüllen wollten und danach handelten. Dazu zählten Institutionen, Vereine und Verbände ebenso wie Bürgermeister, Lehrer und Beamte oder Professoren, Künstler und sogar hohe kirchliche Würdenträger. Verblendeter Idealismus und karriere- bzw. vorteilsorientierter Opportunismus gingen dabei Hand in Hand.

Mord in den eigenen Reihen

Eine Gefahr für Hitlers Machtposition ging also nicht von der Bevölkerung aus, eher schon von den eigenen Reihen. Die SA unter Ernst Röhm zeigte sich über die Verteilung der Macht im Staate mehr als enttäuscht und forderte offen mehr staatliche

Führungspositionen für sich. Röhm wollte vor allem seine SA mit der Reichswehr zu einem „revolutionären Volksheer“ unter eigener Führung verschmelzen. Dagegen wehrte sich die Führung der Reichswehr, deren fachliches Können die Nationalsozialisten für ihre Aufrüstungspläne brauchten. Gegen Röhms Pläne waren neben Hitler die führenden Nationalsozialisten. Gemeinsam beschlossen sie die Ausschaltung von Röhm und der SA-Führung. In Bad Wiessee wurde Röhm mit seinen engsten Mitarbeitern am 30. Juni 1934 verhaftet und ohne Prozess durch ein SS-Kommando in München erschossen. Dasselbe Schicksal erfuhren auch alte Gegner Hitlers. Den Mord an insgesamt fast 400 Personen bezeichneten die Nationalsozialisten nachträglich als Staatsnotwehr, die einem Putsch Röhms zuvorgekommen sei. Sie rechtfertigten das Vorgehen durch ein nachträgliches Gesetz und Hitler beanspruchte „des deutschen Volkes oberster Gerichtsherr“ zu sein.

Nach Hindenburgs Tod – die unumschränkte Diktatur

Als Reichspräsident Hindenburg am 2. August 1934 starb, machte Hitler sich selbst als „Führer und Reichskanzler“ zum Staatsoberhaupt, womit er den Oberbefehl über die Wehrmacht übernahm. Die Reichswehr leistete nun einen persönlichen Eid auf den Führer. Was später für die Kriegsführung und die Widerstandsbewegung so fatale Folgen haben sollte, war ein freiwilliges Angebot der Reichswehrführung. Hitler hatte nun die Ämter des Parteiführers, des Reichskanzlers, des Staatsoberhauptes und des Oberbefehlshabers der Wehrmacht inne. Damit besaß er die unumschränkte Macht in Deutschland.

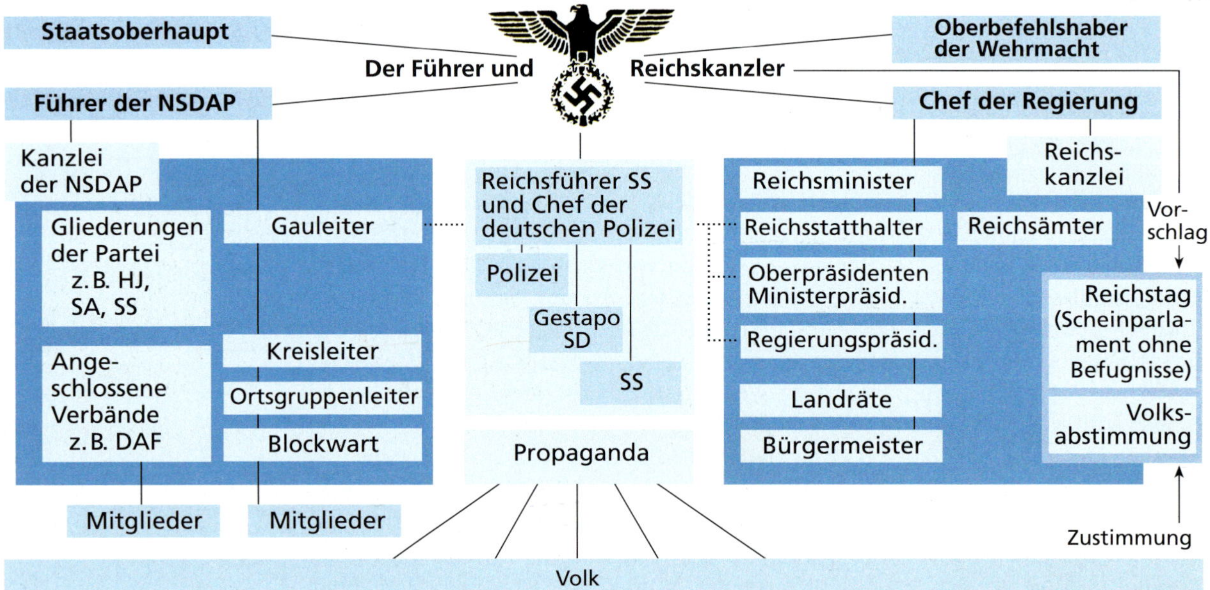

D1 Das Herrschaftssystem der Nationalsozialisten

Die Doppelung von Ämtern führte zwar zu einer oft unübersichtlichen Überschneidung der Aufgaben und Machtbereiche, die Beibehaltung der alten Instanzen wirkte aber beruhigend auf die Bevölkerung – und Hitler hatte als „Führer und Reichskanzler“ sowieso absolute Macht über alle Entscheidungen. Dazu kam, dass die Macht der Parteiämter (Gauleiter, Kreisleiter, Ortsgruppenleiter) immer mehr gegenüber den alten Ämtern (Länderregierungen, Landräten, Bürgermeistern) zunahm. Deutlich wird dies vor allem beim Gauleiter. Dieser stand ursprünglich nur an der Spitze der im ganzen Reich regional in Gaue eingeteilten NSDAP. Ab 1934 wurden die Gauleiter von Hitler zu Reichsstatthaltern ernannt und bildeten damit als ständige Vertreter des Führers dessen Aufsichtsorgane über die Landesregierungen.

Q4 „... die Möglichkeit einer ruhigen Entwicklung"?

Aus der Regierungserklärung Hitlers vor der Abstimmung zum „Ermächtigungsgesetz":

Die Reichsregierung beabsichtigt (...) nicht, die Länder aufzuheben. Wohl aber wird sie diejenigen Maßnahmen treffen, die von nun ab und für immer eine Gleichmäßigkeit der politischen Intentionen im Reich und den Ländern gewährleisten (...) Es würde dem Sinn der nationalen Erhebung widersprechen, (...) wollte die Regierung sich für ihre Maßnahmen von Fall zu Fall die Genehmigung des Reichstages erhandeln oder erbitten. Die Regierung wird dabei nicht von der Absicht getrieben, den Reichstag als solchen aufzuheben, im Gegenteil, sie behält sich auch in Zukunft vor, ihn von Zeit zu Zeit über ihre Maßnahmen zu unterrichten oder aus bestimmten Gründen, wenn zweckmäßig, auch seine Zustimmung einzuholen (...) Sie bietet den Parteien des Reichstags die Möglichkeit einer ruhigen Entwicklung (...) Mögen Sie, meine Herren, nunmehr selbst die Entscheidung treffen über Frieden oder Krieg.

Dokumente der Deutschen Politik und Geschichte von 1848 bis zur Gegenwart. IV. Bd.: Die Zeit der nationalsozialistischen Diktatur 1933–1945, Aufbau und Entwicklung 1933–1938. Berlin u. München o.J., S. 29 ff.

Q5 „Freiheit und Leben kann man uns nehmen ..."

Der Abgeordnete Wels begründet die Ablehnung des Ermächtigungsgesetzes durch die SPD:

Freiheit und Leben kann man uns nehmen, die Ehre nicht. Nach den Verfolgungen, die die Sozialdemokratische Partei in der letzten Zeit erfahren hat, wird billigerweise niemand von ihr verlangen oder erwarten können, dass sie für das hier eingebrachte Ermächtigungsgesetz stimmt. Die Wahlen vom 5. März haben den Regierungsparteien die Mehrheit gebracht und damit die Möglichkeit gegeben, streng nach Wortlaut und Sinn der Verfassung zu regieren. Wo diese Möglichkeit besteht, besteht auch die Pflicht.

Ebd.

Q6 Das „Gesetz zur Behebung der Not von Volk und Staat" („Ermächtigungsgesetz"), 24. März 1933:

Artikel 1. Reichsgesetze können außer in dem in der Reichsverfassung vorgesehenen Verfahren auch durch die Reichsregierung beschlossen werden. (...)

Artikel 2. Die von der Reichsregierung beschlossenen Reichsgesetze können von der Reichsverfassung abweichen, soweit sie nicht die Einrichtung des Reichstags und des Reichsrats als solche zum Gegenstand haben. Die Rechte des Reichspräsidenten bleiben unberührt.

Artikel 3. Die von der Reichsregierung beschlossenen Reichsgesetze werden vom Reichskanzler ausgefertigt und im Reichsgesetzblatt verkündet. (...)

Artikel 4. Verträge des Reiches mit fremden Staaten, die sich auf Gegenstände der Reichsgesetzgebung beziehen, bedürfen für die Dauer der Geltung dieser Gesetze nicht der Zustimmung der an der Gesetzgebung beteiligten Körperschaften. Die Reichsregierung erlässt die zur Durchführung dieser Verträge erforderlichen Vorschriften.

Artikel 5. Dieses Gesetz tritt mit dem Tage seiner Verkündung in Kraft. Es tritt mit dem 1. April 1937 außer Kraft, es tritt ferner außer Kraft, wenn die gegenwärtige Reichsregierung durch eine andere abgelöst wird.

Ebd., S. 40.

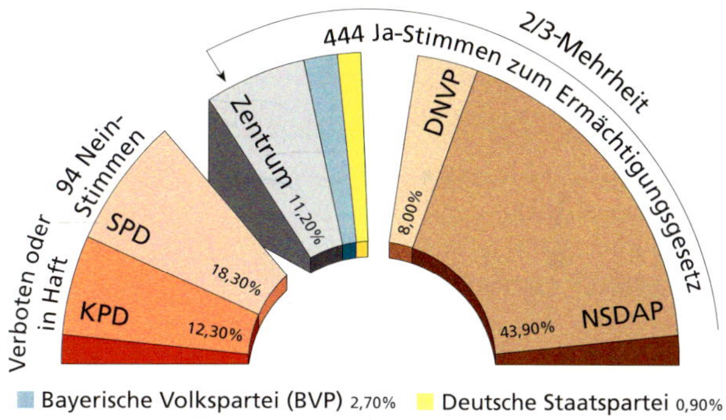

D2 Der Reichstag nach den Wahlen vom 5. März 1933 und die Abstimmung zum „Ermächtigungsgesetz"

Fragen und Anregungen

1. Deute die Karikatur Q1.
2. Erläutere, welche Folgen der Reichstagsbrand für den laufenden Wahlkampf und die Abschaffung der Demokratie hatte (VT, Q2).
3. Erkläre die propagandistische Wirkung des „Tages von Potsdam" (VT, Q3).
4. Stelle zusammen, welche demokratischen Grundlagen der Weimarer Verfassung durch die Nationalsozialisten zerstört wurden. Ordne jeweils die entsprechenden Ereignisse zu, die dazu führten (VT, D1 und 2, Q4 und 6).
5. Erläutere anhand von D1, wie Staats- und Parteiämter miteinander konkurrierten. Lege dar, wie sich dies auf die Macht der NSDAP auswirkte.
6. Vergleiche Q4 und 5. Welche Haltung zur Weimarer Verfassung wird jeweils deutlich?

Wie nahmen die Menschen das „Neue Deutschland" wahr?

Du hast bereits erfahren, was viele Deutsche von der Machtübernahme der Nationalsozialisten erhofften. Auf den folgenden zwei Seiten kannst du herausfinden, wie Menschen im In- und Ausland die ersten Jahren der Regierung der Nationalsozialisten wahrgenommen haben, wie sie sich dazu äußerten beziehungsweise wie sie darauf reagierten.

Q1 Ernsthafte Depressionen ...

Der amerikanische Journalist William L. Shirer schreibt in seinem Tagebuch, 1934:

Berlin, 2. September

Durchlebe ernsthafte Depressionen. Ich vermisse das alte Berlin der Weimarer Republik, die sorgenfreie, emanzipierte, zivilisierte Luft; die stupsnäsigen jungen Frauen mit ihrem Bubikopf und die jungen Männer mit kurzem oder langem Haar – das machte keinen Unterschied –, die die ganze Nacht mit einem zusammensaßen und voller Intelligenz und Hingebung diskutierten. Mich zermürben die dauernden Heil-Hitler-Rufe, das Zusammenklappen der Hacken und die Aufmärsche der SA-Braunhemden oder der schwarzgekleideten SS-Abteilungen in den Straßen (...) Wir haben einige Spaziergänge unternommen, schon zweimal mussten wir in Geschäfte flüchten, um der Alternative auszuweichen, entweder die Standarten vorbeiziehender SA oder SS-Bataillone grüßen zu müssen oder eventuell dafür Schläge zu beziehen, dass man dies nicht tut. (...)

Nürnberg, 4. September

Ich erblickte Hitler zum ersten Mal, als er an unserem Hotel, dem Württemberger Hof, vorbeifuhr in Richtung auf den Deutschen Hof, sein Stammhotel, das für ihn umgebaut worden ist. Unbeholfen hielt er seinen Hut mit der linken Hand fest, während er im offenen Wagen stand und den trunkenen Willkommensjubel der Massen mit dem etwas kraftlosen Nazigruß seines rechten Arms erwiderte. Er war mit einem abgetragen erscheinenden Gabardine-Trenchcoat bekleidet, sein Gesicht zeigte keinen besonderen Ausdruck – ich hatte es viel stärker erwartet –, und ich konnte bei meinem Leben nicht verstehen, welche verborgenen Kräfte er unzweifelhaft in der hysterischen Menge weckte, die ihn so frenetisch begrüßte.

W. L. Shirer, Berliner Tagebuch, Aufzeichnungen 1934–1941. Leipzig/Weimar 1991, S. 21 ff.

Q2 „Er ist der George Washington Deutschlands..."

Lloyd George (seit 1890 liberaler englischer Unterhausabgeordneter, Premierminister 1916–1922) im „Daily Express" vom 17. September 1936:

Ich bin eben von einem Besuch in Deutschland zurückgekehrt. Ich habe jetzt den berühmten deutschen „Führer" gesehen und auch etliches von dem großen Wechsel, den er herbeigeführt hat. Was immer man von seinen Methoden halten mag – es sind bestimmt nicht die eines parlamentarischen Landes –, es besteht kein Zweifel, dass er einen wunderbaren Wandel im Denken des Volkes herbeigeführt hat.
Zum ersten Mal nach dem Krieg herrscht ein allgemeines Gefühl der Sicherheit. Die Menschen sind fröhlicher. Über das ganze Land verbreitet sich die Stimmung allgemeiner Freude. Es ist ein glückliches Deutschland. Diesen Wandel hat ein Mann vollbracht. Er ist der geborene Menschenführer. (...)
Er ist gegen Kritik immun wie ein König in einem monarchistischen Staat. Er ist noch mehr. Er ist der George Washington Deutschlands, der Mann, der seinem Land die Unabhängigkeit von allen Bedrückern gewann.
Die Aufrichtung einer deutschen Hegemonie in Europa, Ziel und Traum des alten Militarismus vor dem Krieg, liegt nicht einmal am Horizont des Nationalsozialismus. Deutschlands Bereitschaft zu einer Invasion in Russland ist nicht größer als die zu einer militärischen Expedition auf den Mond.

Zit. nach: P. W. Fabry, Mutmaßungen über Hitler. Urteile von Zeitgenossen. Königstein/Ts. 1979, S. 216 f.

Q3 Werftarbeiter „begrüßen" den Oberbefehlshaber der Luftwaffe Hermann Göring
Foto, 1938.

Q4 Mit Mitgliedsbuch und braunem Hemd

Der Sozialist Ernst Niekisch, Widerständler und Schriftsteller, schreibt 1935:

Irgendwelche untergeordneten Organe oder Angestellte zogen plötzlich ihr nationalsozialistisches Mitgliedsbuch, das sie bisher sorgfältig verborgen gehabt hatten, aus der Tasche und trumpften damit auf; zuweilen war es der Portier, der sich überraschend als Vertrauensmann der nationalen Revolution entpuppte und sich über Nacht zum wichtigsten und ersten Mann emporschwang. Das Mitgliedsbuch und das braune Hemd waren Ausweise, durch welche sich die Inhaber befugt hielten, nach den Zügeln zu greifen und die Leitung zu übernehmen. Der Wille der Wähler, der bisher in der Zusammensetzung des Parlaments seinen Ausdruck gefunden hatte, galt nichts mehr, die Persönlichkeiten ihres Vertrauens räumten das Feld. Das Sprachrohr des Volkswillens war nur noch der Mann mit dem Mitgliedsbuch oder mit dem Braunhemd. (…)

E. Niekisch, Das Reich der niederen Dämonen. Hamburg 1953, S. 131 ff.

Q5 „… im Interesse meiner Frau und meines Kindes"

Ein Sozialdemokrat begründet im März 1933 seinen Parteiaustritt:

Gemäß § 9 des Organisationsstatuts erkläre ich hiermit meinen sowie auch meiner Frau Austritt mit sofortiger Wirkung …

Als Behördenangestellter stehe ich vor einem Scheideweg. Einerseits sehe ich, wie sich mit Sicherheit bei meinem Arbeitgeber, dem Reich, die Tendenz durchsetzt, diejenigen Arbeitskräfte, die regierungsfeindlichen Vereinigungen angehören, nicht mehr zu dulden. Auf der anderen Seite steht die Treue zur Partei. Leider sehe ich keine andere Möglichkeit als meinen Austritt. Steht doch die Existenz meiner Familie auf dem Spiele. Sollte dennoch das Los der Arbeitslosigkeit nicht abzuwenden sein, das aus eigener Anschauung sehr hart sein kann, so brauche ich mir nicht vorzuwerfen, nicht alles getan zu haben im Interesse meiner Frau und meines Kindes.

Zit. nach: K. Zentner, Illustrierte Geschichte des Dritten Reiches. München 1965, S. 139.

Q6 Werbung für Färbemittel „Nationalbraun", 1933

Q7 Mainzer Fastnacht, 1934

Der Präsident des Mainzer Karneval-Vereins:

Alles ist heut umgestaltet / Alles ist heut gleichgeschaltet: / Zweckverbände, große, kleine / Turn-, Gesang- und Skatvereine, / Ziegenzucht und Bullenhaltung, / Polizei und Stadtverwaltung. / Alles ist heut solidarisch, / Bis zur Urgroßmutter arisch. / Und seit 52 Wochen / Uni-braun bis auf die Knochen.

Zit. nach: K. Zentner, Illustrierte Geschichte des Widerstandes in Deutschland und Europa 1933–1945. München 1966, S. 102.

Fragen und Anregungen

1. Q3 war als Propagandaaufnahme gedacht, wurde aber zurückgezogen. Finde Gründe dafür. Beachte Haltung, Gestik und Mimik der Arbeiter. Vergleiche mit S. 60, Q6.
2. Vergleiche Q6 mit Q4 und 5. Welche Doppeldeutigkeit kannst du in Q6 erkennen?
3. Formuliere die Kernaussagen von Q1 und 2. Erläutere, welche Motive für die jeweiligen Reaktionen bzw. Haltungen ausschlaggebend waren.
4. Interpretiere Q7. Überlege, warum sich gerade im Karneval bestimmte politische Stimmungen der Bevölkerung ausdrücken können.

4. „Kanonen statt Butter“ – ein Wirtschaftswunder?

1933	Die staatlichen Arbeitsbeschaffungsprogramme beginnen. Die Arbeitslosigkeit sinkt rasch.
1935	Die allgemeine Wehrpflicht wird eingeführt. Alle 18-jährigen Jugendlichen haben ein halbes Jahr Reichsarbeitsdienst (RAD) zu leisten.
1936	Ein Vierjahresplan für die Wirtschaft hat das Ziel der Autarkie und soll Deutschland kriegsfähig machen.

Arbeitsbeschaffungsprogramme

Die Nationalsozialisten hatten besonders seit der Weltwirtschaftskrise dem Volk „Arbeit und Brot“ versprochen. Sie wussten, dass die Bevölkerung ihre Regierung vor allem nach deren wirtschaftlichen Erfolgen beurteilen würde. Vorrangiges Ziel war daher zuerst die Beseitigung der Arbeitslosigkeit. Aber die führenden Nationalsozialisten hatten auch weiterreichende Ziele: Deutschland sollte für ihre Expansionspolitik militärisch aufgerüstet und wirtschaftlich unabhängig (autark) gemacht werden.

Als Sofortprogramme gegen die Arbeitslosigkeit wurden staatliche Großprojekte entwickelt, bei denen statt Maschinen der Masseneinsatz von Menschen möglich war. Dabei profitierten die Nationalsozialisten davon, dass verschiedene Programme bereits in der Weimarer Republik begonnen worden waren. Einen Schwerpunkt der Arbeitsbeschaffungsprogramme bildete so z. B. der Bau von Autobahnen, für den bald über 100 000 Arbeiter beschäftigt waren. Die Autobahnen wurden zwar zu einem großen propagandistischen Erfolg, und bis heute behauptet sich die Legende, Hitler habe die Autobahn erfunden, um die Arbeitslosigkeit zu beseitigen. Der Prototyp der Autobahn, die Berliner Avus, wurde allerdings schon 1921 fertig gestellt. Weitere Großprojekte waren die Neugestaltung der Reichshauptstadt Berlin, der Bau des Reichsparteitagsgeländes in Nürnberg und der Ausbau des Königsplatzes in München. Dazu kamen Wohnungsneubau und Altbaurenovierung und ab 1937 vor allem der Bau von Kasernen und Rüstungsbetrieben.

Im Juni 1935 trat das „Reichsarbeitsdienstgesetz“ in Kraft, das für alle 18-jährigen Jugendlichen ein halbes Jahr Arbeitsdienst vorschrieb. 200 000 bis 300 000 Jungen und Mädchen befanden sich so ständig in den RAD-Lagern. Die jungen Männer arbeiteten z. B. bei der Trockenlegung von Mooren oder im Hochwasserschutz. Die „Arbeitsmaiden“ waren meist als landwirtschaftliche Hilfskräfte oder bei kinderreichen Familien eingesetzt. Bei einer täglichen Entlohnung von 25 Pfennigen entstand dem Staat keine nennenswerte finanzielle Belastung, der Arbeitsmarkt war aber entlastet.

Nach dem 1936 verkündeten ersten Vierjahresplan sollte die deutsche Wirtschaft in vier Jahren „kriegs-

Q1 **„Spatenappell“**
Angehörige des Reichsarbeitsdienstes beim Appell, 1934

Vierjahrespläne als Kriegsvorbereitung

fähig“ und die Wehrmacht „einsatzfähig“ sein; zum anderen sollte Deutschland durch eine weitgehende Selbstversorgung in den Bereichen Lebensmittel und Rohstoffe vom Ausland unabhängig sein.
Die im „Reichsnährstand“ zentral organisierten Bauern erhielten genaue Anweisungen über Anbau, Preis, Ablieferung und Verkauf. Die Förderung heimischer Rohstoffe stieg. Dabei kamen für besonders schwere Arbeiten, z. B. im Steinbruch, bereits früh KZ-Häftlinge zum Einsatz, die nur wenige Unkosten verursachten.
Obwohl die Herstellung synthetischer Stoffe (z. B. Gummi, Treibstoff und Kohle) stieg, blieb Deutschland bei wichtigen Rohstoffen (Erdöl, hochwertigen Eisenerzen, Buntmetallen u. a.) weiterhin auf den Import angewiesen.
Dem gesamtwirtschaftlichen Ziel der Aufrüstung musste sich auch der Konsum der Bevölkerung unterordnen. Die Kaufkraft der Bevölkerung blieb niedrig, da Löhne und Gehälter den Tiefstand nach den Sparmaßnahmen der Regierung Brüning (vgl. S. 46) nicht überstiegen.

Ein Wirtschaftswunder?

Trotz anhaltend niedriger Konsummöglichkeiten und häufiger Knappheit an Versorgungsgütern fühlten sich die meisten Deutschen am Beginn eines Wirtschaftswunders. Die Popularität des Führers stieg weiter. Nur wenige erkannten die Schattenseiten der nationalsozialistischen Wirtschaftspolitik. Die Arbeitslosenzahlen waren zwar rasch gesunken, die Statistiken dazu aber auch geschönt: Die Wiedereinführung der Wehrpflicht trug z. B. ebenso dazu bei wie das Hinausdrängen der Frauen aus dem Arbeitsleben. Jede Frau sollte ihre Erfüllung in der Rolle als Mutter finden (vgl. S. 109).
Zudem wurde die Finanzierung der Aufrüstung immer deutlicher zu einer schweren Belastung. Da die jährlichen Einnahmen des Reiches dafür bei weitem nicht ausreichten, bezahlte Reichsbankpräsident Hjalmar Schacht die Produzenten mit „Wechseln“ (befristete Zahlungsversprechen), die der Staat spätestens nach 5 Jahren einlösen sollte. Als sich die Einlösung der Wechsel verzögerte, trat Schacht zurück. Die Nationalsozialisten nahmen nun immer mehr langfristige Anleihen auf und setzten einen Mehrdruck von Papiergeld durch. Geldentwertung und steigende Staatsverschuldung waren die Folge. Längst hatten die führenden Nationalsozialisten geplant, diese Probleme durch Kriege und Eroberung neuer Wirtschafts- und Rohstoffräume zu lösen.

Gigantomanie in der Architektur Q2
Die geplante Kuppelhalle am „Großen Platz“ in Berlin, davor maßstabgetreu nachgebildet das Reichstagsgebäude und das Brandenburger Tor. Die kupferbedeckte Kuppel sollte 230 Meter hoch werden und im Inneren 160 000 bis 180 000 stehende Menschen fassen.

Wahlplakat, November 1933 **Q5**

Q3 „... der Reichsregierung bei ihrem schweren Werke zu helfen"

Schreiben vom 24. März 1933 von Gustav Krupp von Bohlen und Halbach (1870–1950) an Adolf Hitler:

Sehr geehrter Herr Reichskanzler!

Wir beehren uns davon Kenntnis zu geben, dass das Präsidium des Reichsverbandes der deutschen Industrie am 24. März 1933 unter dem Vorsitz des Herrn Krupp von Bohlen und Halbach zu einer Sitzung zusammentrat, in der zu der politischen Entwicklung Stellung genommen wurde. Das Präsidium vertrat einmütig folgenden Standpunkt:

Durch die Wahlen ist die Grundlage für ein stabiles Regierungsfundament geschaffen und es sind damit die Störungen beseitigt, die sich aus den ständigen politischen Schwankungen der Vergangenheit ergeben und die wirtschaftliche Initiative stark gelähmt haben. Für den notwendigen tatkräftigen Wiederaufbau kommt es darauf an, die Sammlung und Mitwirkung aller aufbauwilligen Kräfte herbeizuführen. Die deutsche Industrie, die sich als einen wichtigen und unentbehrlichen Faktor für den nationalen Aufbau betrachtet, ist bereit, an dieser Aufgabe tatkräftig mitzuwirken, und der Reichsverband der Deutschen Industrie – als die wirtschaftliche Vertretung – wird alles tun, um der Reichsregierung bei ihrem schweren Werke zu helfen.

Zit. nach: E. Czichon, Wer verhalf Hitler zur Macht? Köln 1972, 3. Aufl., S. 83 f.

Q4 „Für mich hat Hitler gesorgt"

Aus einem Bericht im Exil in Prag lebender Sozialdemokraten über die politische Lage in Deutschland 1935:

Besonders bedenklich ist die Tatsache, dass selbst in den Kreisen der Arbeiterschaft das Gift des Nationalsozialismus zu wirken beginnt. Besonders in den Arbeiterkreisen der Rüstungsindustrie. Ich unterhielt mich mit einem jüngeren Angestellten, der früher Funktionär einer sozialistischen Organisation war. Dieser sagte: „Für mich hat Hitler gesorgt, ich habe eine schöne Stelle, guten Lohn und in jedem Jahr vier Wochen Ferien." Als ich ihn darauf aufmerksam machte, dass man den Eindruck bekäme, als ob er Hitleranhänger geworden sei, bestritt er das. Mein Hinweis auf die schweren Folgen eines Krieges imponierten ihm nicht. Er meinte, die anderen rüsten doch auch, warum sollen wir nicht rüsten? Es würde auch Arbeit geschaffen.

Zit. nach: Deutschland-Berichte der Sopade, 2. Jg., 1935. Salzhausen, Frankfurt/a. M. 1980, S. 413 f.

D1 Arbeitslosigkeit, Rüstung, Staatsverschuldung

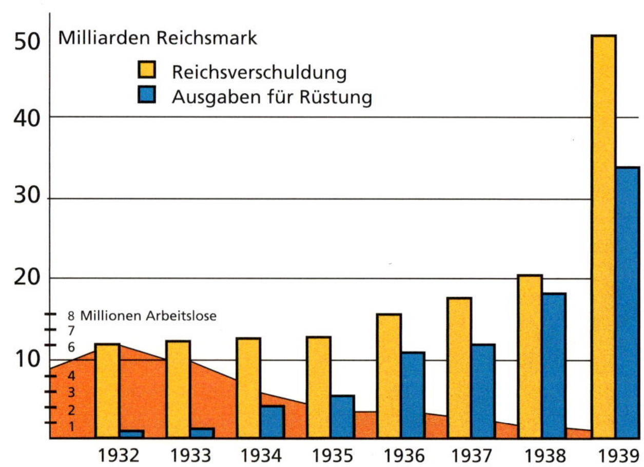

D2 Entwicklung der Tarif-Stundenlöhne (in Pfennig)

	1929	1932	1936	1939
Facharbeiter	101,1	81,6	78,3	79,1
Hilfsarbeiter	79,4	64,4	62,3	62,8
Facharbeiterin	63,4	53,1	51,6	51,5
Hilfsarbeiterin	52,7	43,9	43,4	44,0

D3 Durchschnittlicher Jahresverbrauch in einem Vier-Personen-Haushalt

	1928	1937
Fleisch (kg)	146,5	118,5
Eier (Stück)	472	258
Milch (l)	481	358
Kartoffeln (kg)	507,8	530,3
Gemüse (kg)	127,3	117,8
Obst (kg)	96,2	64,9

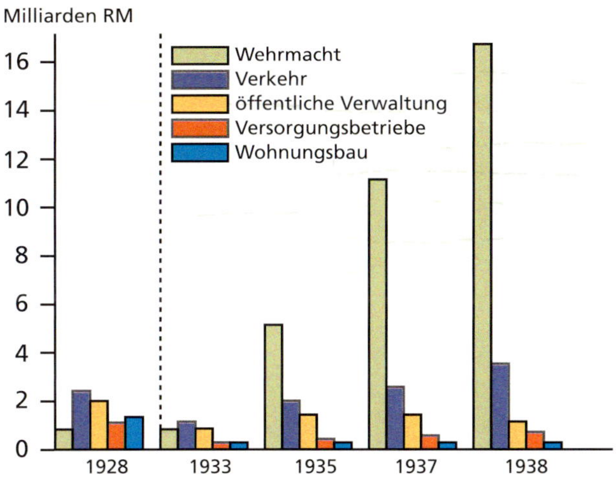

D4 Die öffentlichen Investitionen in Deutschland

D1–D4: Nach R. Erbe, Die nationalsozialistische Wirtschaftspolitik 1933 bis 1939 im Licht der modernen Theorie. Zürich 1958, S. 36ff.

Q6 „Hurra, die Butter ist alle"

Fotomontage von John Heartfield, 1935.

Q7 „Schweinefleisch ist für den Spießer da."

Zur Ernährungslage sagte Goebbels 1936:

Und wenn es heute in der Ernährungslage des deutschen Volkes eine Schwierigkeit gibt, dann wird sie bestimmt nicht dadurch überwunden, indem genörgelt wird. (...) Ich bin der Meinung, wenn das Schweinefleisch knapp ist, dann sagen die Parteigenossen: Wir essen kein Schweinefleisch, denn das Schweinefleisch ist für den Spießer da. Ich kann mir heute vorstellen, dass keiner der alten Parteigenossen sich aufregt, weil es keine Eier gibt. Er isst dann eben keine Eier.

Zit. nach: P. Meier-Benneckenstein (Hg.), Dokumente der Deutschen Politik, Bd. IV, Nr. 1.

Fragen und Anregungen

1. Erläutere, welche Motive für die Haltung der Industrievertreter (Q3) und der Arbeiterschaft (Q4) gegenüber der NS-Wirtschaft maßgebend waren.
2. Inwieweit wirkten sich die wirtschaftlichen Maßnahmen auf den Lebensstandard der Bevölkerung bzw. die Kriegsrüstung aus (VT, D2–4)?
3. Erkläre den Zusammenhang zwischen Kosten der Aufrüstung sowie Staatsverschuldung (VT, D1, 4).
4. Beschreibe die Entwicklung des Lebensstandards 1928–1939. (Q6, D2 und 3)
5. Vergleiche die Aussagen von Q6 und 7. Erkläre, warum die Veröffentlichung von Q6 verboten war.

5. Volksgemeinschaft und Führerkult

Volksgemeinschaft – eine Hoffnung für viele

Ohne Angst vor Arbeitslosigkeit ein besseres Leben führen zu können war das eine, was sich die meisten Deutschen vom Nationalsozialismus erhofften; eine andere Hoffnung war, dies in einem Volk ohne große sozialen Unterschiede und Ungerechtigkeiten tun zu können. Die nationalsozialistische Parole der Volksgemeinschaft übte auf fast alle Bevölkerungsgruppen daher eine große Anziehungskraft aus. Arbeiter hofften auf die Abschaffung der Klassenunterschiede, die Mittelschichten und die Bauern wollten vor einem sozialen Abstieg bewahrt werden.

Die Nationalsozialisten versprachen den Deutschen zwar diese Volksgemeinschaft, doch es blieb bei einem Versprechen. Ziel der Nationalsozialisten war nicht die Freiheit und Gleichheit der Deutschen – im Gegenteil: Volksgemeinschaft hieß weitere Gleichschaltung in die privaten und beruflichen Bereiche hinein. Jeder „Volksgenosse" sollte in vielfältigen nationalsozialistischen Organisationen eingegliedert werden, damit er dort im Sinne des Nationalsozialismus sein Leben und Denken grundlegend ändert.

Q1 Das Führerbild, 1938
So sollten sich die Deutschen Hitler als Staatsmann einprägen. Dieses Bild hing in Klassenzimmern, Amtsräumen, Geschäften und auch Wohnzimmern.

So entstanden beispielsweise das Nationalsozialistische Kraftfahrer-Korps (NSKK), der Nationalsozialistische Studentenbund oder die Nationalsozialistische Frauenschaft. An die NSDAP angeschlossene und von NSDAP-Funktionären geführte Organisationen waren u. a. der Nationalsozialistische Lehrerbund, der Nationalsozialistische Deutsche Ärztebund, der Nationalsozialistische Rechtswahrerbund, der Reichsnährstand der Bauern, der Nationalsozialistische Bund Deutscher Technik. Die Nationalsozialistische Volkswohlfahrt und das Winterhilfswerk halfen zwar Bedürftigen, dafür sollte jeder aber spenden. Wer dies nicht tat oder nicht der ihn betreffenden Organisation beitrat, wer nicht an deren Veranstaltungen teilnahm, der machte sich verdächtig, Gegner des nationalsozialistischen Staates zu sein. Gemäß der Parole „Du bist nichts, dein Volk ist alles" sollten durch die Organisationen der Volksgemeinschaft jegliche Individualität und Personalität der einzelnen Menschen aufgehoben und jeder als gleich denkendes und handelndes Wesen im Volke aufgehen. Das Volk aber repräsentierte der Führer, der damit weit über die Masse herausgehoben wurde.

Der Kult um den Führer

„Er ist die Wahrheit selbst. Er hat die Gabe, das zu sehen, was den Augen anderer Menschen verborgen bleibt", sagte Propagandaminister Goebbels. Die Verherrlichung Hitlers wurde planmäßig aufgebaut. Jeder sollte sich dem Glauben an den Führer unterordnen. Um von vornherein jeden Zweifel an der Richtigkeit der Führerbefehle auszuschließen, wurden ihm übermenschliche Eigenschaften zugeschrieben. Der Kult um den Führer machte ihn zum „Ersatzgott" und den Nationalsozialismus zur „Ersatzreligion". Der Aufbau des Führerkults geschah aber nicht nur durch organisierte Propaganda der Nationalsozialisten oder durch Druck von oben. Die meisten Deutschen steigerten sich selbst geradezu in eine Hysterie hinein, wenn der Führer irgendwo auftrat oder wenn Staat oder Gemeinden „Führers Geburtstag" feierten. Die Dynamik des Führerkults entwickelte sich von oben und von unten und erreichte damit das, was die Nationalsozialisten wollten: Der Führer wurde für viele zum Symbol für die Einheit und den Zusammenhalt des deutschen Volkes.

Geflügelte Worte wie „Der Führer wird es schon wissen" oder „Der Führer wird es schon richtig machen" zeigen, wie sehr die meisten Deutschen seiner Unfehlbarkeit vertrauten. Dies wird auch dadurch deutlich, dass erkennbares Unrecht oder unbezweifelbares Verbrechen der Nationalsozialisten oft mit der Aussage entschuldigt wurde: „Wenn das der Führer wüsste …"

Reichsparteitag in Nürnberg 1936 Q2
Die Inszenierung: Das Gelände wurde z. B. nachts durch Scheinwerfer wirkungsvoll beleuchtet; Fackel-, Fahnen- und Standartenträger zogen auf; Trommelwirbel und Fanfarenstöße ertönten; uniformierte Parteimitglieder bildeten geschlossene Blocks, andere ein Spalier, durch das der Führer dem Podium zuschritt.

Q3 „Wir haben unseren Führer gesehen!"

Eine Jungmädelführerin berichtet:

„Wir haben unseren Führer gesehen!", erzählten wir immer wieder strahlend und berichteten jedem, der davon hören wollte (...) Von weitem sahen wir seinen Kopf. Alles zuckte in mir, ich konnte kaum etwas sagen, denn zum ersten Mal sah ich unseren Führer, ihn, der Deutschland vor seinem sicheren Untergang errettete (...) Wir alle sahen den Führer an, aber keine von uns konnte seinen Blick ertragen. Er schien unsere innersten Gedanken zu lesen, nickte leicht mit dem Kopf, und ich glaube, jede von uns Mädels hat sich in diesen Sekunden geschworen, dass sie ihm ewig die Treue halten und immer für seine Sache kämpfen wird.

I. Bayer (Hg.), Ehe alles Legende wird. Baden-Baden 1979, S. 64 f.

Q4 „Dem Führer entgegenarbeiten ..."

Der Staatssekretär im preußischen Landwirtschaftsministerium sagte am 21. Februar 1934 in Berlin:

Jeder, der Gelegenheit hat, das zu beobachten, weiß, dass der Führer sehr schwer von oben her alles das befehlen kann, was er für bald oder für später zu verwirklichen beabsichtigt. Im Gegenteil, bis jetzt hat jeder an seinem Platz im neuen Deutschland dann am besten gearbeitet, wenn er sozusagen dem Führer entgegenarbeitet. (...) Sehr oft (...) ist es so gewesen, dass schon in den vergangenen Jahren Einzelne immer nur auf Befehle und Anordnungen gewartet haben. (...) Wer aber dem Führer in seiner Linie und zu seinem Ziel richtig entgegenarbeitet, der wird bestimmt wie bisher so auch in Zukunft den schönsten Lohn darin haben, dass er eines Tages plötzlich die legale Bestätigung seiner Arbeit bekommt.

Zit. nach: I. Kershaw, Hitler 1889–1936. Stuttgart 1998, S. 665.

Q5 **Eintopfessen.** Einmal monatlich sollten alle Eintopf essen und das so gesparte Geld dem Winterhilfswerk spenden.

Fragen und Anregungen

1. Erläutere, was die Nationalsozialisten mit ihrer These von der „Volksgemeinschaft" bezweckten. Setze die Bilder Q1, Q2 und 5 dazu in Beziehung. Von welchen Gefühlen sollte der Einzelne jeweils erfasst werden?
2. Vergleiche die Aussage der Jungmädchenführerin (Q3) mit den Beobachtungen von Shirer (S. 66, Q1) und erkläre die Gründe für die Unterschiede.
3. Erläutere die Aufforderung in Q4, jeder sollte „dem Führer entgegenarbeiten".

PROPAGANDA – MITTEL UND METHODEN

Die Propaganda ist allgegenwärtig

Bereits im März 1933 wurde ein „Ministerium für Volksaufklärung und Propaganda" unter Joseph Goebbels eingerichtet. Neben der Gleichschaltung der Presse war es die Hauptaufgabe des Ministeriums, das Volk durch Radio, Film und anderen Medien sowie durch vielfältige Veranstaltungen „bei der Stange zu halten". Sogar die traditionellen christlichen Feiertage sollten in ihrer Bedeutung durch neue Festtage, die mit großem Aufwand gefeiert wurden, verdrängt werden: 30. Januar – Tag der „Machtergreifung"; 20. April – Führers Geburtstag; 1. Mai – Tag der deutschen Arbeit; 21. Juni – Sommersonnenwende; im September – Reichsparteitag; im Oktober – Erntedankfest; 9. November – Gedenktag der „Gefallenen der Bewegung" (Hitler-Putsch 1923). Auf dieser Doppelseite kannst du herausfinden, welche verschiedenen propagandistischen Mittel zur Manipulation (Beeinflussung) der Deutschen eingesetzt wurden, um diese für die Nationalsozialisten zu gewinnen und deren wahre Absichten zu verschleiern.

Q1 Volksempfänger
Seit 1934 wurde dieses preiswerte Radio hergestellt. 1936 besaßen es bereits 30 Millionen Deutsche.

Q2 „Bereitschaft"
Plastik von Arno Breker, 1939.
Solche Werke wurden als „Deutsche Kunst" gefeiert.

Q3 „Mutter und Kind"
Die Zeichnung von Werner Scholz wurde als „Entartete Kunst" bezeichnet, 1932.

Q4 Ein Theaterzug auf dem Lande (ohne Datum)

Q5 Ein Wikingerschiff auf dem Rhein bei Worms zum Erntedankfest 1933

Q6 Stimmen zweier Arbeiter

Ein früherer Sozialdemokrat sprach 1935 mit Arbeitern über die Lage in Deutschland. Einer der Arbeiter sagte: „Sehen Sie: Jetzt im Mai war ich zwölf Tage am Rhein; (...) Von Köln gings mit dem Schiff weiter: Loreley, Binger Mäuseturm – na, Sie werden das ja kennen. Aber nun frage ich Sie: Wer hat uns denn früher so etwas geboten? Wir logierten immer in den besten Hotels: Haben wir uns das früher gedacht?" Der Mann sah zu seinem jungen Kameraden hinüber: „Man muss bei der Wahrheit bleiben; wir haben von dem Umschwung nur profitiert."

Ein anderer Arbeiter erwiderte daraufhin: „Was da heute dem Arbeiter vorgemacht wird und wie er sich dazu verhält, das ist eine Affenschande. Von Ehre weiß der heutige Arbeiter nichts mehr. War das zu Ihrer Zeit auch so? Ich meine, damals hatte der Arbeiter noch seine Ehre. Heute schmeißt er sie für eine Rheinreise weg."

Zit. nach: Geschichte in Quellen V. München 1961, S. 342.

Q7 KdF-Reisen

Die Organisation „Kraft durch Freude" organisierte preisgünstig die Freizeit- und Urlaubsgestaltung.

Wunschkonzert Q8

Filmplakat, 1940. Filme sollten vor allem eine schöne heile Welt zeigen. Die häufige Produktion heiterer Unterhaltungsfilme sollte nach Goebbels dazu dienen, das wirkliche Leben der Deutschen zu „verschönern".

Q9 So und nicht so

Plakat für Verschönerungs-Feldzüge in den Betrieben. Die Verschönerung der Arbeitsstätten wurde planmäßig organisiert. Damit sollte die Leistungsbereitschaft der Arbeiter erhöht und ihre Eingliederung in die Volksgemeinschaft propagiert werden.

Fragen und Anregungen

1. Stelle fest, welche Formen der Propaganda eingesetzt wurden. Welche Bevölkerungsgruppen waren jeweils die Adressaten der verschiedenen Propagandamittel (Q1–9)?
2. Erkläre, warum diese Propagandamittel bei den jeweiligen Bevölkerungsgruppen große Zustimmung fanden (Q1–9). Ziehe dazu auch die Aussage des ersten Arbeiters in Text Q6 heran.
3. Erläutere, warum Filme wie Q8 nicht nur in den ersten Jahren des Nationalsozialismus, sondern besonders auch in der Zeit des Krieges dazu beitrugen, das Volk „bei der Stange zu halten"?
4. Untersuche, inwiefern auch die Kunst ein Mittel sein konnte, in der Bevölkerung Zustimmung für den Nationalsozialismus zu finden (Q2 und 3).
5. Diskutiere die beiden Aussagen in Q6.

6. „Und sie werden nicht mehr frei ihr ganzes Leben!"

Erziehungsziele

Den Nationalsozialisten war es wichtig, die Jugend zu gewinnen. Schon im Kindergarten und in der Grundschule wurde sie in ihrem Sinne erzogen, damit sie sich später vollkommen mit dem Staat identifiziert. Begriffe wie Vaterland, Ehre, Treue oder Disziplin spielten im Unterricht eine große Rolle – ebenso wie das Fach Sport und allgemeine körperliche Ertüchtigung. Dazu kam „Rassenkunde" als schulisches Pflichtfach. Die Schülerinnen und Schüler mussten den Lehrkräften gehorchen. Mit dem gleichen Recht wie Eltern und der Schule wirkte seit 1936 auch die Organisation der Hitlerjugend (HJ) bei der Erziehung der Jugendlichen mit.

Von der Parteijugend zur Staatsjugend

Die HJ, 1926 als nationalsozialistische Jugendorganisation gegründet, war bis Anfang 1933 auf 100 000 Mitglieder angewachsen. Ende 1934 war sie bereits eine Massenorganisation von 3,5 Millionen Jugendlichen, vor allem weil in dieser Zeit alle anderen Jugendorganisationen zwangsweise „gleichgeschaltet", also eingegliedert wurden. Organisationen, die sich verweigerten, wurden – mit Ausnahme der katholischen Gruppen – verboten . Manche Jugendgruppen schlossen sich allerdings auch freiwillig an. Ab 1936 mussten alle deutschen Kinder ab 10 Jahren („Pimpfe") dem „Deutschen Jungvolk" (DJ) bzw. den „Deutschen Jungmädeln" (JM), von 14 Jahren bis 18 Jahren der Hitlerjugend (HJ) bzw. dem „Bund Deutscher Mädel" (BDM) beitreten.

Viele Jugendliche waren in den ersten Jahren mit Eifer und Begeisterung bei der HJ, denn sie bot durch Zeltlager, Geländespiele, Lagerfeuer, Ausflüge und Heimabende oder andere Unternehmungen Abenteuer mit Freunden und Abwechslung vom täglichen Einerlei. Viele Jugendlichen fühlten sich auch durch das Prinzip „Jugend muss durch Jugend geführt werden" (d.h. ein Gruppenführer war kaum älter als die Mitglieder) in ihrem Streben nach Selbstständigkeit angesprochen. Manche ältere Mitglieder dachten sicher aber auch schon an ihre persönlichen Karriere, denn engagierte Mitarbeit in nationaler Gesinnung war einem Weiterkommen an den höheren Schulen oder Universitäten förderlich.

Der Aufbau der Organisationen folgte von oben nach unten streng nach dem Führerprinzip. Das heißt am Beispiel der HJ: Dem Obergebietsführer waren ca. 750 000 Jungen, dem Gebietsführer ca. 150 000, dem Bannführer ca. 3000, dem Unterbannführer ca. 600, dem Gefolgschaftsführer ca. 150, dem Scharführer ca. 50, dem Kameradschaftsführer ca. 15 und schließlich dem Rottenführer 5 Jungen unterstellt. Das Deutsche Jungvolk, die Deutschen Jungmädel und der Bund Deutscher Mädel besaßen eine gleichgeartete Organisationsform.

Die Mädchen wurden in städtischen Haushalten oder bei Arbeiten in der Landwirtschaft vor allem für die Haushaltsführung und ihre Rolle als Mutter vorbereitet. Für die Jungen dagegen ging nach vier Jahren HJ der nationalsozialistische Weg weiter zum RAD, zur NSDAP, dann zur Wehrmacht, zur SA bzw. zur SS oder zu einer der verschiedenen NS-Organisationen. So wie Hitler gesagt hatte: „Und sie werden nicht mehr frei, ihr ganzes Leben und sind glücklich dabei."

D1 Uniformen
Oben: Jungvolk und Jungmädel (ab 10 Jahre). Mitte: Hitlerjugend und Bund Deutscher Mädel (ab 14 Jahre). Unten: Arbeitsdienst (ab 18 Jahre).

Q1 **Körperertüchtigung im Bund Deutscher Mädel**

Q4 **Jungvolk beim Kleinkaliberschießen**

Q2 **Hitler über seine Vorstellung von Erziehung, 1926:**

Der völkische Staat hat (…) seine gesamte Erziehungsarbeit in erster Linie nicht auf das Einpumpen bloßen Wissens einzustellen, sondern auf das Heranzüchten kerngesunder Körperbildung. (…) Hier aber wieder an der Spitze die Entwicklung des Charakters, besonders die Förderung der Willens- und Entschlusskraft, verbunden mit der Erziehung zur Verantwortungsfreudigkeit, und erst als Letztes die wissenschaftliche Schulung. (…) Vor allem aber, der junge, gesunde Knabe soll auch Schläge ertragen lernen. (…) Nicht im ehrbaren Spießbürger oder der tugendsamen alten Jungfer sieht [der Staat] sein Menschheitsideal, sondern in der trotzigen Verkörperung männlicher Kraft und in Weibern, die wieder Männer zur Welt zu bringen vermögen.

A. Hitler, Mein Kampf, Bd. 2. S. 452 ff.

Q3 **„… die Schikane hatte Methode"**

Ein Mann über seine Zeit als „Pimpf" im DJ:

Zwölfjährige Hordenführer (vgl. Rottenführer bei der HJ) brüllten zehnjährige Pimpfe zusammen und jagten sie über die Schulhöfe, Wiesen und Sturzäcker. Die kleinsten Aufsässigkeiten, die harmlosesten Mängel an der Uniform, die geringste Verspätung wurde mit Strafexerzieren geahndet. Aber die Schikane hatte Methode. Uns wurden von Kindesbeinen an Härte und blinder Gehorsam eingedrillt.

Zit. nach: H. Focke/U. Rainer, Alltag unterm Hakenkreuz. Hamburg 1979, S. 45.

Q5 **„Wir lernen, was feldmarschmäßig ist"**

Ein ehemaliger „Pimpf" berichtet über seine Zeit im „Deutschen Jungvolk":

Aus der Stadt heraus und bis zum Wald marschieren wir. Vor dem Wald löst sich die Einheit auf. Wir durchstreifen ihn schleichend, stets darauf bedacht, uns vor einem fiktiven Feind zu verbergen. Kein Wort fällt. (…) Kurz vor dem Lagerplatz, der als „vom Feind besetzt" gilt, brechen wir mit Gebrüll zum Sturmangriff aus dem Gebüsch. Natürlich besiegen wir den Feind und schlagen da, wo er gelegen hat, unsere Zelte auf. Später schlafen wir in den Zelten ein. Wir schlafen ruhig: (…) Das Kameradschaftsgefühl gibt Sicherheit.
Am Sonntag das obligate Geländespiel, das Training im unerbittlichen Freund-Feind-Gefühl. Abends kommen wir nach Hause, müde, aber glücklich. Mancher trägt stolz am Kopf eine Beule in die Wohnküche, Mutter ist entsetzt, Vater ist stolz.
Wir hatten unsere eigene Welt. Vater war kein Kamerad, höchstens ein Vorgesetzter ohne Kompetenz. Mutter hatte ohnehin nicht viel zu sagen.

Zit. nach: F. Langour, Anschleichen Tarnen Melden. Ein Pimpf erinnert sich. In: Ein Volk Ein Reich Ein Führer, Bd. 2. Hamburg 1975, S. 406 ff.

Q6 **„Der Wagen des Führers"**

Originalgetreue Nachbildung von Hitlers Auto als Kinderspielzeug, 1940.

Q7 Rassenlehre in einem Kinderbuch, 1938

Die Kapitelüberschrift im Buch lautet: „Woran erkennt man einen Juden?“ Im Original steht unter dem Bild: „Die Judennase ist an ihrer Spitze gebogen.“

Q9 Rassenlehre im Unterricht

Reichserziehungsminister Rust über rassisches Denken im Unterricht, 1935:

Zweck und Ziel der Vererbungslehre und Rassenkunde im Unterricht muss es sein, vor allem die Folgerungen daraus für alle Fach- und Lebensgebiete zu ziehen und nationalsozialistische Gesinnung zu wecken. (...) Bei der Besprechung der europäischen Rassen und insbesondere der Rassenkunde des deutschen Volkes muss das nordisch bestimmte Rassengemisch des heutigen deutschen Volkes gegenüber andersrassigen, fremdvölkischen Gruppen, besonders dem Judentum gegenüber, herausgestellt werden. (...) Aus dem Rassegedanken ist weiterhin die Ablehnung der so genannten Demokratie oder anderer Gleichheitsbestrebungen (...) abzuleiten und der Sinn für den Führergedanken zu stärken. Die Weltgeschichte ist als Geschichte der rassisch bestimmten Volkstümer darzustellen (...) Dass vor allem Leibesübungen eine überragende Bedeutung zukommt, versteht sich von selbst. Der nordrassische, schöne und gesunde Körper sowie gestählte Wille sind hier das Zielbild.

Zit. nach: Grundriss der Geschichte, Bd. 2. Stuttgart 1985, S. 163.

Q8 Androhung der Entlassung

Ein Fähnleinführer des Deutschen Jungvolks schrieb am 15. Juli 1936 an eine Familie in Duisburg:

Da Ihr Sohn Herbert schon längere Zeit es nicht für nötig fand, am Jungvolkdienst teilzunehmen, möchte ich Sie höflichst auf das Reichsjugendgesetz aufmerksam machen, aufgrund dessen Ihr Sohn verpflichtet ist, zum Dienst zu kommen, ebenso wie er zur Schule gehen muss. Falls er noch einmal ohne triftigen Grund fehlt, werde ich sofort (...) beantragen, dass Ihr Sohn aus den Reihen des Jungvolks in der HJ ausgestoßen wird. Was das für das spätere Fortkommen des Jungen bedeutet, kann er selbst noch gar nicht erfassen, darum wende ich mich auch an Sie. Ich bitte Sie nochmals höflichst (...) den Jungen zum Dienst zu schicken, andernfalls muss ich das Nötige einleiten. Heil Hitler!

Zit. nach: Stadtarchiv Duisburg, Duisburg im Nationalsozialismus – Eine Dokumentation zur Ausstellung des Stadtarchivs. DEK 1982/83.

Q10 Nicht immer herrschte Kasernenton

Über ihre Schulzeit während des Nationalsozialismus berichtete Helga Breil 1998. Sie war Schülerin an der Helene-Lange-Realschule in Essen:

Eines Tages wurden die Kreuze aus jedem Klassenzimmer herausgeholt. Das übliche Gebet vor dem Unterricht wurde verboten, stattdessen sollten nationalsozialistische Lieder gesungen werden. Erst später wurde mir bewusst, wie viel Mut meine Lehrerinnen bewiesen, die einfach die Anweisungen missachteten und weiterhin das Morgengebet beibehielten. Mir sind nur drei Lehrer in Erinnerung, die mit dem Hitlergruß vor die Klasse traten, bei den anderen blieb es beim „Guten Morgen, meine lieben Kinder“. (...) Im Geschichtsunterricht hatten wir zwar Bücher von der Schule bekommen, meine Lehrerin benutzte sie nie, sie gab sich große Mühe, stellte selbst Texte zusammen und diktierte sie uns.

Aus einem Interview des Verfassers, 10. 02. 1998.

Fragen und Anregungen

1. Überprüfe, inwieweit sich Hitlers Erziehungsziele in der Praxis der Ausbildung der DJ und der HJ widerspiegelt. (Q1–5 und Q8).
2. Fasse zusammen, wie die nationalsozialistische Rassenlehre in der Schule behandelt werden sollte (Q7 und 9).
3. Überlege, was die Nationalsozialisten mit solchem Kinderspielzeug wie in Q6 dargestellt schon bei Kleinkindern erreichen wollten.
4. Erläutere, wie manche Lehrerinnen und Lehrer versuchten, der nationalsozialistischen Beeinflussung zu entgehen. (Q10).

7. „Viele Kinder für das Reich"

Q1 **Das Ehrenkreuz der Deutschen Mutter**

Offizielles Frauenbild

Bis zum Beginn des Krieges war für die Nationalsozialisten die Rolle der Frau im Staat und in der Gesellschaft eindeutig bestimmt: Der Frau wurde vorrangig die Aufgabe der fürsorglichen Mutter und der treuen Gattin zugewiesen. „Das Ziel der weiblichen Erziehung hat unverrückbar die kommende Mutter zu sein" – hieß es in Hitlers Buch „Mein Kampf", und die nationalsozialistische Propaganda und Frauenpolitik richteten sich danach.
Massive Werbung und vielfache Verbote sollten die Frauen zum Verzicht auf Berufstätigkeit und Studium bewegen. Und die Nationalsozialisten hatten vielfach mit ihren Kampagnen Erfolg. Günstige Ehestandsdarlehen veranlassten ca. 380 000 berufstätige Frauen, aus dem Berufsleben auszuscheiden, um als Hausfrauen und Mütter „artgemäß" zu leben. Zudem erschwerte es die Propaganda gegen die „Doppelverdiener" den verheirateten Frauen, sich im Beruf zu halten. Verheiratete Beamtinnen wurden entlassen, seit 1936 war den Frauen der Beruf der Richterin oder Anwältin verboten. Geduldet waren nur Kindergärtnerinnen und Berufe im Pflegedienst oder der Landwirtschaft. Die Zahl der Studienanfängerinnen an den Hochschulen war auf 10 Prozent aller neu eingeschriebenen Studenten beschränkt.

Mutterkult – Orden für „arisch reine" Kinder

Für Mütter mit vier, sechs bzw. acht Kindern gab es Orden, das Ehrenkreuz der deutschen Mutter (Mutterverdienstkreuz) in Bronze, Silber und Gold. Der nationalsozialistische Mutterkult machte aus der Mutter eine Heldin, eine „Quelle der Nation", eine „Wegbereiterin des Sieges". Sie trug die Verantwortung für die „Erhaltung der arischen Rasse". Nicht erwünscht waren allerdings Kinder, die „erbkrank" (wie z.B. Down-Syndrom oder Bluterkrankheit) oder nicht „arisch rein", d.h. nicht von deutschen Eltern waren. Über die „Erbkrankheit" von Kindern entschieden eigens geschaffene Gerichte, die viel Spielraum für willkürliche Auslegungen hatten. Die Gerichte konnten die Zwangssterilisation anordnen, was bis Mitte 1937 in fast 100 000 Fällen geschah.
Trotz des Mutterkults, erreichten die Nationalsozialisten das Ziel eines zunehmenden Kinderreichtums nicht. 1939 entfielen im Durchschnitt auf eine Ehe etwa gleich viele Kinder wie vor 1933. Auch das nationalsozialistische Idealbild der Frau als Mutter entfernte sich, je näher der Krieg heranrückte, immer mehr von der Wirklichkeit. Um die Industrieproduktion aufrechterhalten zu können, sollten bald auch Frauen in Männerberufen arbeiten. Vor allem während des Krieges wurden immer häufiger Mädchen und Frauen in der Rüstungsindustrie eingesetzt, um die Männer für den Krieg frei zu machen. Auch der Alltag im „Bund Deutscher Mädel" (BDM) widersprach nicht selten dem offiziellen Frauenbild der Nationalsozialisten. Mädchen verbrachten dort ihre Freizeit außer Haus, unter jugendlicher Führung und in Formen, die nicht selten traditionellen Moralvorstellungen widersprachen.

Plakat der Nationalsozialistischen Frauenschaft Q2

Q4 **„Des Volkes Lebensquell"**
Gemälde von Richard Heymann, 1942.

Q5 **Der „ewige Wert unseres Volkes"**

Im „Völkischen Beobachter" vom 13. September 1936 schreibt Hitler über die Leistung von Frauen:

Wenn heute eine weibliche Juristin noch so viel leistet und nebenan eine Mutter wohnt mit fünf, sechs, sieben Kindern, die alle gesund und gut erzogen sind, dann möchte ich sagen: Vom Standpunkt des ewigen Wertes unseres Volkes hat die Frau, die Kinder bekommen und erzogen hat und die unserem Volk damit das Leben in die Zukunft wiedergeschenkt hat, mehr geleistet: mehr getan!

Völkischer Beobachter vom 13. 9. 1936.

Q6 **Im „Bund Deutscher Mädel" (BDM)**

Zwei Frauen berichten über ihre Erlebnisse:

a) Das ganze Gemeinschaftserlebnis im BDM, in der Schule, im Arbeitsdienst, das war für mich ein ungemein positives Erlebnis. (...) Das Politische trat etwas in den Hintergrund, obwohl man es natürlich mit politischen Zitaten und Geschichten usw. zu tun hatte. Aber du bist ein Glied einer Gemeinschaft, für die bist du da, und die ist auch für dich wieder da. Das war eigentlich das wesentliche Erlebnis dabei.

Zit. nach: M. Dörr, „Wer die Zeit nicht miterlebt hat ..." Frauenerfahrungen im Zweiten Weltkrieg und in den Jahren danach. Frankfurt a. M./New York 1998, S. 200

b) Was ich gelernt habe: Eine Gemeinschaft kann etwas Mörderisches sein. Bis ein Haufen von Einzelwesen zusammengeschmiedet ist, zu dem, was sie Kameradschaft nennen, muss man durch eine Hölle von Hass, Neid, Argwohn, Misstrauen, Intrigen, Kameradendiebstahl und Übervorteilungen jedweder Art; wird man getreten, bis man treten lernt, bis man sich empor treten kann bis dahin, wo einen keiner mehr tritt. Schwesterliches habe ich nie verspürt.

Zit. nach: M. Hannsmann, Der helle Tag bricht an. Ein Kind wird Nazi. Hamburg 1982, S. 146

Q3 **„Frau als Gebärmaschine"**

Eine emigrierte Deutsche schrieb 1939 aus Paris:

Jahrelang haben die Nazis sich als Retter der deutschen Familie ausgegeben und Märchen darüber verbreitet, dass andere Ideologien die Familien zerstören. Während in anderen Ländern der Wohlstand der Familien gesichert wird, werden in Hitlers Reich durch die Kriegspolitik die Familien gewaltsam auseinander gerissen und zerstört. Nicht nur die täglichen Sorgen, sondern auch der Zwang und Druck der Wehrwirtschaft belasten und verfolgen die Frauen. (...) Die Ehe ist für die Nazis keine Gemeinschaft zweier Menschen, die das Glück ihrer Familie und ihre Zukunft gestalten und darum gerne Kinder haben wollen. Im Dritten Reich wird die Ehe als Zuchtanstalt und die Frau als Gebärmaschine betrachtet.

Zit. nach: Der deutschen Frauen Leid und Glück. Paris 1939, S. 47.

Fragen und Anregungen

1. Lege dar, welche Rolle der Frau in Q2–5 zugewiesen wird und setze dich mit dem nationalsozialistischen Frauenbild auseinander.
2. Beschreibe Q3 und finde heraus, inwiefern die dargestellte Rollenverteilung dem nationalsozialistischen Idealbild einer Familie entspricht. Welche Mittel hat der Maler dafür verwendet?
3. Überlege, ob die Verhältnisse im BDM dem offiziellen Frauenbild der Nationalsozialisten entsprachen (VT, Q6).

8. Volksgemeinschaft – nicht jeder gehört dazu

April 1933	Die NSDAP organisiert einen Boykott jüdischer Geschäfte.
1935	Die „Nürnberger Rassengesetze" schließen die Juden aus Staat und Gesellschaft aus. Als „Artfremde" werden wie die Juden die Sinti und Roma verfolgt.
1938	Reichspogromnacht: Die SA geht gewaltsam gegen Juden vor.

Schutzhaft und erste Konzentrationslager

Die Reichstagsbrandverordnung von 1933 diente den Nationalsozialisten als Legitimation für die systematische Verfolgung politischer Gegner (vor allem Kommunisten, Sozialdemokraten, Gewerkschafter) und missliebiger Minderheiten, die nach dem Willen der Nationalsozialisten nicht zur Volksgemeinschaft gehörten. Das Spitzelwesen der Geheimen Staatspolizei (Gestapo), aber auch Denunzianten in der Bevölkerung führten dazu, dass viele Deutsche ohne Anklage und Prozess in Schutzhaft genommen wurden. Die Nationalsozialisten begründeten die Schutzhaft als präventive Maßnahme, um die Staatssicherheit nicht zu gefährden.
Bald reichten die Gefängnisse für die vielen Schutzhäftlinge nicht mehr aus. An vielen Orten wurden ab 1933 von der SA Konzentrationslager errichtet, in die die verhafteten Menschen für einige Zeit eingeliefert wurden oder für immer darin verschwanden. Die Existenz der Lager war keineswegs geheim, sie sollten ja auch zur Abschreckung dienen. In den Konzentrationslagern waren die Häftlinge und alle von der Volksgemeinschaft ausgegrenzten Deutschen schutzlos der Willkür der SS, die ab 1934 die Lager übernahm, ausgeliefert.
Welche Bevolkerungsgruppen waren dies, die von den Nationalsozialisten verfolgt, aller Rechte beraubt und in die Konzentrationslager eingeliefert wurden?

Vernichtung der bürgerlichen Existenz der Juden

Von der Volksgemeinschaft ausgeschlossen und verfolgt wurden im nationalsozialistischen Rassenwahn besonders die Juden. Seit dem Ermächtigungsgesetz hatten die Nationalsozialisten freie Hand, die bürgerliche Existenz aller Deutschen jüdischer Herkunft planmäßig zu zerstören. Als Jude galt jeder, der jüdische Eltern oder Großeltern hatte. 1933 lebten in Deutschland etwa 500 000 Juden. Schon am 1. April 1933 begann die Verfolgung der Juden in zahlreichen Städten mit einem Boykott jüdischer Geschäfte. Kurz darauf verordnete ein Gesetz, bis auf wenige Ausnhamen alle jüdischen Beamten und Angestellten aus dem öffentlichen Dienst zu entlassen. Mit den Nürnberger Rassegesetzen von 1935 verloren die jüdischen Mitbürger sämtliche politische Rechte. Jüdischen Ärzten, Apothekern und Anwälten wurde die Berufszulassung entzogen. Jüdische Studenten sahen sich vom Studium ausgeschlossen, bereits Schulkinder wurden in der Schule verhöhnt, isoliert und schließlich in besonderen „Judenschulen" konzentriert. Mit Juden zu verkehren oder Geschäftsverbindungen zu unterhalten, war verbo-

SA-Leute am 1. April 1933 als Boykottposten vor einem jüdischen Geschäft in Berlin Q1

Q2 „Rassenschande"
Ein Paar wird öffentlich gedemütigt und zur Schau gestellt, Cuxhaven, März 1933.

ten. Als „Rassenschande" verboten waren bei langen Zuchthausstrafen ebenso Ehen oder außereheliche Beziehungen zwischen Juden und Nichtjuden. Jeder Deutsche musste als Vorbedingung für die Eheschließung oder für eine Anstellung im öffentlichen Dienst einen „Ahnenpass" mit dem Nachweis „arischer" Abstammung über mindestens drei Generationen beibringen.

Zerstörung, Raub und Mord – sie nannten es „Reichskristallnacht"

In der Nacht vom 9. zum 10. November 1938 organisierten die Nationalsozialisten die bis dahin größte Verfolgung der Juden (Novemberpogrom). In Paris hatte ein 17-jähriger Jude einen deutschen Diplomaten erschossen. Goebbels erklärte diese Tat eines Einzelnen als ein Verbrechen des „internationalen Judentums". Die SA zerstörte jüdische Gotteshäuser und etwa 7500 jüdische Geschäfte. Auf das Glitzern der zertrümmerten Schaufenster im Feuerschein der brennenden Synagogen bezog sich der von der NSDAP hämisch verwendete Ausdruck „Reichskristallnacht". Aber es blieb nicht bei Brand und Raub: Tausende von Juden wurden von der SA durch die Straßen geprügelt, etwa Hundert kamen ums Leben. Mehr als 20 000 wurden in den nächsten Tagen in Konzentrationslager eingeliefert. Die NSDAP erklärte den Novemberpogrom als spontane Aktionen des „Volkszorns".

Neue Schikanen und Verlust des Eigentums

Nach dem Novemberpogrom setzten die Behörden immer neue Schikanen durch. So wurde den Juden verboten, öffentliche Verkehrsmittel zu benutzen, Bücher und Zeitungen zu kaufen, Autos und Motorräder zu besitzen, Haustiere zu halten, Bäder, Theater, Museen, Konzerte und Kinos zu besuchen sowie bestimmte Parkanlagen und den „deutschen Wald" zu betreten.
Schließlich griffen die Nationalsozialisten auch nach dem Eigentum der Juden. Jüdische Besitzer mussten ihre Geschäfte und Betriebe, schließlich sogar ihren Privatbesitz zu Schleuderpreisen verkaufen oder mit der Enteignung rechnen. „Käufer" waren „verdiente" Nationalsozialisten, Geschäftsleute und Unternehmer. Aber auch andere Deutsche konnten zu äußerst niedrigen Preisen jüdisches Eigentum erwerben. Die Verfolgung der Juden brachte für manche zudem oft berufliche Vorteile, so z. B. für Ärzte oder Anwälte, Beamte und Angestellte in der Verwaltung oder Lehrern und Professoren an den Schulen und Hochschulen: Ihnen eröffneten sich nach der Entlassung der Juden neue Karrieremöglichkeiten.

Emigration als Rettung?

Zwar emigrierten bereits 1933 die ersten Juden aus Furcht vor Unterdrückung aus Deutschland. Die allermeisten aber blieben. Viele fühlten sich seit Generationen als Deutsche und waren zum Teil auch zum christlichen Glauben übergetreten. Sie konnten sich nicht vorstellen, in einem zivilisierten Land wie Deutschland als Deutsche von Deutschen verfolgt zu werden. Die „Nürnberger Rassengesetze" lösten dann 1935 die erste fluchtartige Auswanderungswelle aus, rund ein Drittel der Juden (ca. 170 000) verließ bis zum Novemberpogrom Deutschland. Danach setzte eine neue Massenflucht ein. Noch einmal gelang es 150 000 Juden, nach Frankreich, der Schweiz, den Niederlanden oder nun besonders auch nach Palästina, England und Amerika zu entkommen. Der Besitz musste zurückgelassen, die Flucht von Verwandten oder Freunden finanziert werden. Verschiedene ausländische Staaten begannen sich zu weigern, weitere Juden aufzunehmen. Vielen Juden ohne Beziehungen zum Ausland oder ohne Geldmittel blieben alle Fluchtwege verschlossen; sie hofften auf ein Ende der Verfolgungen, ohne zu ahnen, welches Schicksal ihnen bevorstand. Während anfangs die NSDAP gegen Bezahlung einer „Reichsfluchtsteuer" die Auswanderung ermöglicht hatte, erließ sie 1941 ein Auswanderungsverbot. Fast 170 000 Juden waren trotz aller Verfolgungen noch im Reich.

Q3 **Judenstern**
Ab 1941 mussten alle Juden in Deutschland dieses Zeichen tragen.

Ausgegrenzt, verfolgt, ermordet

So wie die Juden mit Gewalt und Terror verfolgt wurden diejenigen, die die Nationalsozialisten „Artfremde" und „Volksschädliche" nannten. Zu ihnen zählten sie die Sinti und Roma. Sie wurden verhaftet und zur Zwangsarbeit in Arbeitslager gebracht. Männer, Frauen und Mädchen mussten sich zwangsweise sterilisieren lassen. Kinder erhielten Schulverbot, Erwachsene Berufsverbote, ihr Vermögen wurde eingezogen. Der Rassismus der Nationalsozialisten führte schließlich für die Sinti und Roma genauso zum Völkermord wie für die Juden (vgl. S. 130–134).
Von der Volksgemeinschaft ausgegrenzt und in Konzentrationslager gebracht wurden auch die Menschen, deren Glaubensrichtung (z. B. Zeugen Jehovas), Gesinnung (z. B. Pazifisten) oder Lebensführung (z. B. Homosexuelle) den Nationalsozialisten nicht passte.
Es genügte aber auch, als Schriftsteller oder Künstler nicht die Anschauungen der Nationalsozialisten zu vertreten. Man erhielt Berufsverbot. Am 10. Mai 1933 verbrannten nationalsozialistische Studenten in vielen Universitätsstädten „undeutsche, volksfremde und jüdische" Bücher öffentlich bei Marschmusik auf Scheiterhaufen. Viele bedeutende Wissenschaftler, Schriftsteller und Künstler flohen aus Deutschland oder wurden von der Regierung „ausgebürgert".
So wie die Nationalsozialisten bestimmten, was als Kunst zu gelten hatte und was als „entartet", so entschieden sie auch über „lebenswertes" und „unwertes Leben". Schon bald nach 1933 verboten sie psychisch kranken, missgebildeten oder geistig behinderten Deutschen zu heiraten und Kinder zu bekommen. Frauen und Männer mit „Erbkrankheiten" wurden zwangssterilisiert. 1939 trat ein Gesetz in Kraft, nach dem „unwertes Leben" planmäßig vernichtet werden konnte. In verschiedenen Heil- und Pflegeanstalten wurden über 100 000 Behinderte ermordet. Die Nationalsozialisten nannten diesen Massenmord „Euthanasie-Programm" (griech.: „euthanasia", d. h. schöner Tod). Nach öffentlichen Protesten (vgl. S. 105 f.) stellten sie zwar offiziell die Tötungen ein, die Ermordung von betroffenen Menschen ging aber auf andere Art weiter – vor allem durch Medikamente oder durch Nahrungsmittelentzug.

Q4 **Broschüre von Hans Severus Ziegler, 1939**

Wie reagierte die Bevölkerung?

Auch wenn nicht wenige die Diskriminierung von Juden und anderen Bevölkerungsgruppen billigten, reagierte die Bevölkerung auf Terroraktionen der Nationalsozialisten oft mit Betroffenheit und Scham. Vor allem Gewaltverbrechen und Morde lehnten viele ab – aber sie schwiegen, lehnten sich nicht dagegen auf, riskierten keinen öffentlichen Widerstand. Und so konnten die Nationalsozialisten ihr zerstörerisches Werk und ihren zunehmend radikaleren Terror fortsetzen: Die Basis der Nationalsozialisten forderte ein immer schärferes Vorgehen vor allem gegen die Juden, und die Regierung erfüllte diesen Druck von unten durch eine Flut neuer diskriminierender Gesetze von oben.

Q7 „Hier trägst Du mit“

Aus der „Illustrierten Monatsschrift für deutsches Volkstum“, 1936

Q5 „In Schutzhaft genommen“

Aus internen Berichten von Justiz und Polizei:

- Verschiedene Personen mussten in Schutzhaft genommen werden wegen Beleidigung des Herrn Reichskanzlers. (15.9.1933)
- Der Staatsanwaltschaft überstellt wurde der Landwirt Alexander G. in Bühl, der dringend verdächtig ist, die in seinem Wohnort befindliche Hitler-Linde abgesägt zu haben. (17.3.1934)
- Angezeigt wurde der verh. Kaufmann Hugo L., weil er in der Wirtschaft äußerte: „... jeden Tag wird es schlechter in Deutschland. Alle Steuern sind noch gleich hoch geblieben.“ (1935)

Zit. nach: J. Schadt (Bearb.), Verfolgung und Widerstand unter dem Nationalsozialismus in Baden. Stuttgart 1976, S. 306 f.

Q6 ... Vernichtung

Im antisemitischen Wochenblatt „Der Stürmer“ wurde der Brief einer Schülerin veröffentlicht:

Gauleiter Streicher hat uns so viel von den Juden erzählt, dass wir sie ganz gehörig hassen. Wir haben in der Schule einen Aufsatz geschrieben unter dem Titel: „Die Juden sind unser Unglück“ (...) Leider sagen heute noch viele: „Die Juden sind auch Geschöpfe Gottes. Darum müsst Ihr sie auch achten.“ Wir aber sagen: „Ungeziefer sind auch Tiere und trotzdem vernichten wir es.“

Zit. nach: K. Zentner, Illustrierte Geschichte des Dritten Reiches. München 1965, S. 178.

Q8 „Es ist höchste Zeit ...“

Ein Deutscher beschwert sich 1936:

Wie ich heute Morgen feststellen musste, waren im Hansabad 3 Juden und zwar 1 Jude und 2 Jüdinnen. Es ist mir unverständlich, dass Juden dort zugelassen sind. Der Wärter sagte, es bestände dort (...) kein Judenverbot. Es ist aber höchste Zeit, dass ein solches Verbot in Kraft tritt, da auch in anderen Städten derartige Verbote für Juden bestehen. Vielleicht lässt sich dieses auch in Bremen durchführen.

Zit. nach: I. Marßolek/R. Ott, Bremen im 3. Reich. Anpassung – Widerstand – Verfolgung. Bremen 1986, S. 175.

Q9 „... habe ich geschwiegen“.

Martin Niemöller, 1938–1945 im KZ, in einer Predigt 1976:

Als die Nazis die Kommunisten holten, habe ich geschwiegen, ich war ja kein Kommunist. Als sie die Sozialdemokraten einsperrten, habe ich geschwiegen, ich war ja kein Sozialdemokrat. Als sie die Gewerkschaftler holten, habe ich geschwiegen, ich war ja kein Gewerkschaftler. Als sie mich holten, gab es keinen mehr, der protestieren konnte.

Zit. nach: Stern, Nr. 26, 1976

Q10 ... Selbstmord ...

Aus dem Monatsbericht der Gendarmerie-Station Reichenhall, 29. Dezember 1938:

Am 13.12.1938 vergiftete sich die in Bayerisch Gmain wohnhaft gewesene 67-jährige verwitwete Jüdin und Schauspielersgattin Klara Dapper mit Veronal, weil man ihr in der Nacht vom 12./13.12. vor ihre Haustür in Bayerisch Gmain von bis jetzt unbekannten Tätern einen Zettel mit der Aufschrift gehängt hatte: „Alle Juden endlich einmal heraus!“ Die Dapper hatte in Bayerisch Gmain ein Wohnhaus, das ihr Eigentum war. Die Ortschaft (...) ist somit judenfrei.

Zit. nach: Bayern in der NS-Zeit. München 1977, S. 479.

Die brennende Alte Synagoge in Worms, 10. 11. 1938 Q13
Die Grundmauern wurden 1942 abgeräumt.

Q11 Brennende Synagogen

Eine Jüdin aus Essen schildert ihre Erlebnisse der Reichspogromnacht:

Ich bin durch grelle Hilferufe und Scheibengeklirr aufgewacht. Ich wohnte mitten in der Stadt Essen. Ringsum waren eine ganze Reihe von jüdischen Geschäften und Wohnungen. (…) Der Lichtschein und der Rauch der brennenden Synagoge war von weitem sichtbar. Vor Schrecken und Furcht habe ich geglaubt nicht atmen zu dürfen und gefürchtet, dass jeden Moment die SA- und SS-Männer in unsere Wohnung kommen, alles zerstören und meine Angehörigen und mich umbringen würden (…). Noch am Nachmittag (des nächsten Tages) sind halbwüchsige Jugendliche mit Karren voll geplünderter, gestohlener Gegenstände in der Stadt Essen gesehen worden.

Zit. nach: B. A. Stern, Chronik Ruhrgebiet. Gütersloh/München 1997, S. 428.

Q12 Konzentrationslager

Ein ehemaliger Häftling berichtet:

Herr Z. besaß ein kleines Geschäft mit drei Angestellten in Deutschland. Er wurde im Juni 1938 (…) ohne wirklichen oder auch nur vorgetäuschten Grund verhaftet. (…) Ankunft morgens 6 Uhr 30 in Weimar. Empfang durch die SS mit Beschimpfungen und Schlägen: „Judenhunde, Schufte, nun haben wir euch!" (…) Buchenwald. Furchtbare Zustände im Lager: An manchen Stellen Schmutz und Schlamm bis zu den Knien. (…) Dreihundertfünfzig der Neuangekommenen werden im Keller der Baracken untergebracht. Die Strohsäcke lagen in vier Reihen, und je drei Männer mussten sich ein solches Ruhelager teilen. (…) Es war verboten auf dem Rücken zu liegen, widrigenfalls Schläge mit dem Knüppel. (…) Lagerordnung: „Die Wache hat den Befehl, ohne Warnung zu schießen, wenn irgendjemand sich nach ihrer Richtung bewegt. Jede Kugel kostet 12 Pfennig, und dies ist gerade die Summe, die ein Jude wert ist, nicht mehr und nicht weniger!" Stundenplan: Aufstehen 3 Uhr 30, sehr schlechte Luft; furchtbarer Geruch: Wasser tropft von den winzigen Kellerfenstern. Antreten in Reih und Glied um 4 Uhr 30. Kaffeeverteilung um 4 Uhr 45 auf dem Platz, wo der Galgen und die Prügelblöcke stehen. (…) Diejenigen, die sich krank gemeldet haben, treten heraus, werden abgesondert und vom Kommandanten inspiziert. Er behandelt [sie] sofort mit der Reitpeitsche in Gegenwart der anderen: „Juden haben nicht krank zu werden". (…) Viele setzen ihren Leiden dadurch ein Ende, dass sie einen Fluchtversuch vortäuschen, um erschossen zu werden.

Zit. nach: Dokumente über die Behandlung deutscher Staatsangehöriger. London 1940, S. 11ff.

Q14 **Pass von Susanne Blumenthal, 1939**
Der Pass jüdischer Bürger wurde mit einem großen „J" gekennzeichnet. Frauen mussten als weiteren Vornamen Sara annehmen, Männer den Vornamen Israel.

Q15 Bücherverbrennung
Holzschnitt des im Exil in Paris lebenden Heinz Kiwitz, 1938. Neben den Büchern der Autoren, deren Namen zu lesen sind, wurden unter vielen anderen die Bücher von Ernst Bloch, Bertolt Brecht, Thomas Mann, Stefan Zweig, Erich Kästner, Anna Seghers verbrannt.

Q16 Aus der Tempelhofer Zeitung vom 8. August 1937

Ein bunter Transport durch Tempelhof

Ende der Zigeunerherrlichkeit

Die Behörde greift energisch durch — Beschränkte Freizügigkeit

Schmutzig, von Ungeziefer starrend, schamlos ihre Familienintimitäten vor den Augen aller Welt ausbreitend, unverschämt, aufdringlich, lästig, wurden sie trotzdem von den Behörden geduldet und genossen eine unbeschränkte Freizügigkeit, die ihnen gestattete, bei Nacht und Nebel zu verschwinden und irgendwo anders unterzutauchen. Wir sehen mit Freuden, daß dieser Freiheit jetzt ein Ende gemacht worden ist. Z.

Q17 Deportation von Sinti und Roma
Foto, 1940.
Der Name Sinti ist wahrscheinlich von ihrer Heimat in der Region Sindh in Nordwestindien abgeleitet. Mit Roma werden Stämme außerhalb des deutschen Sprachraums, vor allem aus Südosteuropa, bezeichnet.

Fragen und Anregungen

1. Stelle zusammen, aus welchen Gründen Menschen zu Opfern des Terrors werden konnten. (VT und Q1–17)
2. Informiere dich über die Rechtsstaatlichkeit der Verhaftungsgründe aus heutiger Sicht (Q5).
3. Suche nach Gründen, warum die Nationalsozialisten ihren Terror gegen Andersdenkende und Minderheiten ohne größeren Widerstand der Bevölkerung durchführen konnte (VT, Q1, 2, 4, 6–11, 15 und 16).
4. Erkläre das/die Motiv(e), die zur Beschwerde in Q8 geführt haben könnten. Ziehe dazu auch Q4 auf S. 73 heran.
5. Erläutere, welche(s) Ziel(e) die Methoden hatten, nach denen die Häftlinge von Konzentrationslagern behandelt wurden (Q12).

9. Den Krieg im Visier – die Außenpolitik bis 1937

1933	Das Konkordat (Übereinkunft) mit dem Papst erhöht das Ansehen des Regimes.
1934	Deutschland und Polen unterzeichnen einen Nichtangriffspakt.
1935	Deutschland und England einigen sich auf ein Flottenabkommen.
1936	Deutschland marschiert in das entmilitarisierte Rheinland ein. Deutschland gewinnt Italien und Japan als Bündnispartner.

„Der Mann mit den zwei Gesichtern" Q1
Französische Karikatur von 1933.

Deutschland – ein friedlicher Partner?

Das NS-Regime verfolgte bis 1937 vor allem zwei außenpolitische Ziele: Der Versailler Vertrag sollte revidiert und die alte Macht und Größe Deutschlands wiederhergestellt werden. Das entsprach auch den Erwartungen der allermeisten Deutschen. Die militärische Schwäche zwang Hitler zunächst zu wiederholten Friedensbeteuerungen und Vertragsabschlüssen, während andererseits die Aufrüstung vorangetrieben wurde. Die erste Aufsehen erregende Vereinbarung bildete das Konkordat mit dem Vatikan. Darin sicherten die Nationalsozialisten den deutschen Katholiken die freie Ausübung ihres Glaubens und der Kirche ihr Eigentum zu. 1934 wurde überraschend ein Nichtangriffspakt mit Polen geschlossen. Polen hatte sich bemüht, bei den Westmächten Unterstützung gegen Deutschland zu gewinnen, von dem es sich seit 1933 bedroht fühlte. Als die Verhandlungen gescheitert waren, suchte Polen durch diesen Vertrag Sicherheit. Im Januar 1935 fand entsprechend einer Bestimmung des Versailler Vertrags im Saarland eine Abstimmung darüber statt, ob das Land Frankreich angeschlossen, unter Verwaltung des Völkerbundes verbleiben oder wieder zu Deutschland gehören sollte. 90,3 Prozent aller stimmberechtigten Bürger entschieden sich für eine Rückkehr zu Deutschland.

Konfrontation und Vertragsbrüche

Neben diplomatischen Schachzügen setzte das NS-Regime auf offene Konfrontation. 1933 trat Deutschland aus dem Völkerbund aus. Offizieller Anlass dafür war, dass dem Deutschen Reich auf der Genfer Abrüstungskonferenz die militärische Gleichberechtigung versagt wurde. Nun konnte sich Hitlerdeutschland der Kontrolle des Völkerbundes entziehen und die Aufrüstung verstärkt vorantreiben. Dem diente auch die Wiedereinführung der allgemeinen Wehrpflicht im März 1935, womit sich zudem ein lang gehegter Wunsch der Reichswehrführung erfüllte. Deutschland verstieß damit offen gegen die Bestimmungen des Versailler Vertrages, doch die ausländischen Regierungen beließen es bei einem Protest. Im Gegensatz zu Frankreich war England bereit, einige Forderungen nach einer Rücknahme des Versailler Vertrages als berechtigt anzuerkennen. So schlossen England und Deutschland im Juni 1935 ein Flottenabkommen. Darin wurde der deutschen Flotte gegenüber der britischen eine Stärke im Verhältnis von 35 : 100, bei den U-Booten von 50 : 50 zugestanden. In den Augen der deutschen Bevölkerung war Deutschland auf dem Weg, die alte Macht und Größe in Europa wiederzugewinnen.

Die Besetzung des Rheinlandes

Die bisherige Unentschlossenheit und Uneinigkeit der Westmächte verlockte die deutsche Regierung zu einem weiteren Schritt zur Revision des Vertrages von Versailles. Sie kündigte den Vertrag von Locarno (vgl. S. 54) und ließ deutsche Soldaten ins entmilitarisierte Rheinland einmarschieren. Führende Generäle der Wehrmacht hatten vor diesem Schritt gewarnt. Doch wiederum konnte sich der Westen auf keine konkreten Gegenmaßnahmen einigen, und Hitler verbuchte die Besetzung des Rheinlandes als seinen persönlichen Erfolg. Mehr und mehr hielt er sich nun in seinen Entscheidungen für unfehlbar.

Neue Bündnispartner

Für weiterreichende Ziele gelang es den Nationalsozialisten 1936, erste Bundesgenossen zu finden: Als in Spanien ein Bürgerkrieg ausbrach, nachdem General Franco gegen eine linke „Volksfront"-Regierung geputscht hatte, intervenierten Italien und Deutschland gemeinsam auf Francos Seite. Kurz darauf vereinbarten beide Staaten in der sog. Achse Berlin-Rom eine enge Zusammenarbeit und steckten ihre Interessengebiete ab. Das Mittelmeer sollte in Zukunft als italienisches, Osteuropa als deutsches Einflussgebiet gelten. Mit der expansiven Großmacht Japan einigte sich die deutsche Regierung, gemeinsam gegen die Kommunistische Internationale, deren Zentrum Moskau war, vorzugehen.

Deutschlands Außenpolitik – ein Erfolg?

Zweifellos wurde die Außenpolitik Deutschlands bis 1937 von vielen Zeitgenossen sowohl im Inland als auch im westlichen Ausland als Erfolg gesehen. Allerdings gab es auch warnende Stimmen, und diese mehrten sich. Für den größten Teil der deutschen Bevölkerung aber hatte Deutschland an politischer und militärischer Bedeutung und damit an Ansehen in der Welt gewonnen. Der Versailler Vertrag war ohne kriegerische Auseinandersetzungen weitgehend revidiert worden. Dies trug vor allem auch zur Steigerung der Popularität der Person Hitlers bei. Die neu gewonnene Geltung Deutschlands und seines Führers zeigte sich auch bei den Olympischen Spielen 1936 in Berlin. Die ganze Welt schaute auf Deutschland. Ausländische Sportler und Zuschauer schwärmten vom „olympischen Geist" der Spiele. Die Propaganda der Nationalsozialisten hatte es verstanden, der Welt ein Deutschland zu zeigen, in dem der Wohlstand zuzunehmen schien und die Bürger in der Mehrheit zufrieden waren.

Q2 Die zerstörte nordspanische Stadt Guernica, 1936

In Spanien erprobten die Nationalsozialisten erstmals ihre Luftwaffe und demonstrierten damit militärische Stärke. Deutsche Bombardements trugen wesentlich zum Sieg des faschistischen Generals Franco bei.

Q3 Olympisches Silber im Fechten für Helene Mayer

Sie war eine von zwei Sportlern jüdischer Herkunft, die als Alibi in die deutsche Mannschaft aufgenommen wurden, nachdem die USA wegen der antisemitischen Politik des NS-Regimes mit dem Boykott der Spiele gedroht hatte.

Q4 „Wehrmacht ist die wichtigste Einrichtung"

Vier Tage nach seiner Ernennung zum Reichskanzler, am 3. Februar 1933, legte Hitler in einer geheimen Ansprache zum ersten Male vor Reichswehrgeneralen seine außenpolitischen Ziele dar. Ein Teilnehmer notierte:

Nach außen. Kampf gegen Versailles. Gleichberechtigung in Genf; aber zwecklos, wenn Volk nicht auf Wehrwillen eingestellt. Sorge für Bundesgenossen. Wirtschaft! Der Bauer muss gerettet werden! Siedlungspolitik! Künft. Steigerung d. Ausfuhr zwecklos. Aufnahmefähigkeit d. Welt ist begrenzt u. Produktion ist überall übersteigert. Im Siedeln liegt die einzige Mögl., Arbeitslosenheer z. T. wieder einzuspannen. Aber braucht Zeit u. radikale Änderung nicht zu erwarten, da Lebensraum für d(eutsches) Volk zu klein.

(...) Aufbau der Wehrmacht wichtigste Voraussetzung für Erreichung des Ziels: Wiedererringung der pol. Macht. Allg. Wehrpflicht muss wiederkommen (...) Wie soll pol. Macht, wenn sie gewonnen ist, gebraucht werden? Jetzt noch nicht zu sagen. Vielleicht Erkämpfung neuer Export-Mögl., vielleicht – und wohl besser Eroberung neuen Lebensraums im Osten u. dessen rücksichtslose Germanisierung (...) Wehrmacht wichtigste u. sozialistischste Einrichtung d. Staates. (...)

Gefährlichste Zeit ist die des Aufbaus der Wehrmacht. Da wird sich zeigen, ob Frankreich Staatsmänner hat; wenn ja, wird es uns Zeit nicht lassen, sondern über uns herfallen (vermutlich mit Ost-Trabanten).

Zit. nach: Vierteljahreshefte für Zeitgeschichte, 1954, S. 435.

„Friedensrede" Q5
Amerikanische Karikatur auf die Rede Hitlers vom 17. Mai 1933.

Q6 „Wir möchten in Frieden leben"

Nach der Wiedereinführung der allgemeinen Wehrpflicht beteuerte Hitler am 17. Mai 1935 im Reichstag:

Unser Nationalismus ist ein Prinzip, das als Weltanschauung grundsätzlich allgemein verpflichtet. Indem wir in grenzenloser Liebe und Treue an unserem eigenen Volkstum hängen, respektieren wir die nationalen Rechte auch der anderen Völker aus dieser selben Gesinnung heraus und möchten aus tiefinnerstem Herzen mit ihnen in Frieden und Freundschaft leben. Wir kennen daher nicht den Begriff des „Germanisierens" (...)

Zit. nach: W. Conze (Hg.), Der Nationalsozialismus 1934–1945. Totaler Führerstaat und nationalsozialistische Eroberungspolitik. Stuttgart 1984, S. 40 f.

Q7 Werden die Deutschen wieder Krieg anfangen?

Lord Arthur J. Balfour, konservativer britischer Staatsmann, 1902–1905 Premierminister, 1916–1919 Außenminister, erklärte im Oktober 1933 in einem Zeitungsinterview:

Werden die Deutschen wieder Krieg anfangen? Ich denke, daran kann es keinen Zweifel geben, und (...) ich bin davon fest überzeugt, dass wir eines Tages die Deutschen aufrüsten lassen oder sie sogar selbst bewaffnen müssen. Angesichts der (...) furchtbaren Gefahr im Osten ist ein unbewaffnetes Deutschland wie (...) eine reife Pflaume, die darauf wartet, von den Russen gepflückt zu werden. Eine der großen Gefahren für den Frieden in Europa ist heute der total waffenlose Zustand Deutschlands.

Zit. nach: B. Engelmann, Einig gegen Recht und Freiheit. Deutsches Anti-Geschichtsbuch 2. Teil. Frankfurt a. M. 1977, S. 240.

Fragen und Anregungen

1. Stelle eine Liste der einzelnen Schritte der nationalsozialistischen Außenpolitik bis 1937 zusammen. Untersuche, wodurch die Ergebnisse der Außenpolitik begünstigt wurden und wie im In- und Ausland darauf reagiert wurde (VT, Q2 und 3).
2. Erkundige dich im Internet oder in einem Lexikon, wie der spanische Maler Pablo Picasso den deutschen Luftangriff auf Guernica dargestellt hat.
3. Vergleiche die Aussagen von Q4 und 6 und stelle die Unterschiede gegenüber. Suche Gründe für die unterschiedlichen Aussagen.
4. Erkläre, wie in der französischen und amerikanischen Karikatur die Außenpolitik Hitlers eingeschätzt wird (Q1 und 5.)
5. Erläutere, welche Position der britische Staatsmann Lord Balfour zur zukünftigen Außenpolitik Deutschlands einnimmt und stelle fest, welche Gründe er dafür anführt (Q7).
6. Verfasst in Gruppenarbeit einen Kommentar zur deutschen Außenpolitik aus englischer, französischer und deutscher Sicht.

10. Annexion, Aggression und Kriegsbeginn

März 1938	Mit der Annexion (Einverleibung) Österreichs entsteht das „Großdeutsche Reich".
September 1938	England, Frankreich und Italien ermöglichen auf der Münchener Konferenz Deutschland den Einmarsch in das Sudetenland.
1939	Deutsche Truppen marschieren in der Tschechoslowakei ein. Hitler und Stalin schließen einen Nichtangriffspakt.
1. September 1939	Deutsche Truppen greifen Polen an, der Zweite Weltkrieg beginnt.

Annexion Österreichs …

Auch bei den nächsten außenpolitischen Schritten glaubten die Nationalsozialisten sich der Zustimmung der meisten Deutschen sicher sein zu können: Unter Berufung auf das Selbstbestimmungsrecht der Völker sollten die deutschsprachigen Bevölkerungsteile der angrenzenden Staaten in einem Großdeutschen Reich vereint werden.

In Österreich hatten schon seit längerer Zeit nationalistische Parteien (z. B. die Alldeutsche Partei) in der Bevölkerung recht erfolgreich eine Politik verfochten, die ein engeres Zusammengehen mit dem wirtschaftlich starken Deutschland zum Ziele hatte. Trotz des Verbots der Vereinigung durch den Versailler Vertrag griffen die deutschen Nationalsozialisten diese Idee auf und unterstützten 1934 die österreichischen Nationalsozialisten bei dem Versuch, in Österreich durch einen Putsch und den Mord am österreichischen Bundeskanzler Engelbert Dollfuß die Macht zu übernehmen. Dieser Versuch scheiterte. Mussolini ließ Truppen am Brenner aufmarschieren und verhinderte dadurch eine stärkere Unterstützung der Putschisten durch deutsche Truppen. Nach Gründung der „Achse Rom-Berlin" (1936) ging Österreich dieser Schutz verloren. Nun wurden 1938 die deutschen Nationalsozialisten aktiv. Sie drohten mit dem Einmarsch deutscher Truppen. Damit setzten sie die österreichische Regierung so unter Druck, dass diese zuerst der Aufnahme einiger österreichischer Nationalsozialisten in die Regierung und dann der Ernennung des Führers der österreichischen NSDAP, Arthur Seyß-Inquart, zum Bundeskanzler Österreichs zustimmte. Dieser bat in einem mit der deutschen Regierung verabredeten „Hilferuf" um die Entsendung deutscher Truppen zur Sicherung von „Ruhe und Ordnung". Der deutsche Einmarsch geriet zu einem Triumphzug. Viele Österreicher waren aus nationalen Gründen für ein Zusammengehen mit Deutschland, andere erhofften sich einen wirtschaftlichen Aufschwung. Eine Volksabstimmung bestätigte mit 99 Prozent die Vereinigung von Österreich und Deutschland zum „Großdeutschen Reich". Fast unbemerkt blieb, dass gleichzeitig mit dem Jubel Tausende von Juden und politischen Gegnern verhaftet und in Konzentrationslager gebracht wurden.

Q1 Wien begrüßt den „Führer"
Hitler fährt am 12. März 1938 durch das von deutschen Truppen besetzte Wien.

… und Zerschlagung der Tschechoslowakei

Wenige Monate nach der Annexion Österreichs forderte die deutsche Regierung das Selbstbestimmungsrecht für die in der Tschechoslowakei lebenden Sudetendeutschen. Die tschechoslowakische Regierung ging jedoch auf keinerlei Forderung ein. Als die deutsche Regierung mit Krieg drohte, schaltete sich der englische Premierminister Neville Chamberlain ein, um zwischen Berlin und Prag zu vermitteln. Hitler aber bekräftigte seine Forderungen und drohte weiter mit Krieg. Mussolini gelang es schließlich, diesen zu verhindern und für den 29./30.9.1938 eine Konferenz nach München einzuberufen. Dort beschlossen England, Italien, Frankreich und Deutschland im „Münchner Abkommen", dass die Tschechoslowakei das Sudetenland an Deutschland abtreten musste, der übrigen Tschechoslowakei wurde die staatliche Existenz garantiert. Tschechische Politiker waren nicht eingeladen. Doch bereits im März 1939 ließ die deutsche Regierung Truppen in der Tschechoslowakei einmarschieren. Widerstand wurde nicht geleistet, denn Deutschland hatte angedroht, Prag zu bombardieren. Die Tschechei wurde zum „Reichsprotektorat Böhmen und Mähren", die Slowakei erklärte sich für souverän, unterstellte sich aber dem Schutz des Deutschen Reiches. Dieser Bruch des Münchener Abkommens verdeutlichte England und Frankreich, dass mit Verträgen und Zugeständnissen die Aggression der Nationalsozialisten nicht zu stoppen war. Sie gaben daher die bisherige Appeasement-Politik auf und erklärten Polen ihren Beistand, sollte es zu einem Angriff durch Deutschland kommen.

Der Weg in den Krieg

Geblendet von den bisherigen „Erfolgen" glaubte die deutsche Regierung immer noch, es mit schwachen Staatsmännern zu tun zu haben, deren Demokratien keinen Krieg riskieren würden. Immer offener drängten daher die Nationalsozialisten auf Krieg, um im Osten Land zu erobern. Ihr erstes Ziel war dabei Polen.
Zunächst sollte die seit dem Versailler Vertrag Freie Stadt Danzig wieder an das Deutsche Reich kommen. Zudem sollte Ostpreußen, das von Deutschland seit 1919 durch polnisches Gebiet („polnischer Korridor") getrennt war, durch eine exterritoriale (d.h. der deutschen Hoheit unterliegende) Straßen- und Eisenbahnverbindung mit dem Deutschen Reich verbunden werden. Polen lehnte diese ohnehin nur vorgeschobenen Forderungen ab.
Übergriffe gegenüber Deutschen in Polen nahm die deutsche Regierung zum Anlass, mit militärischem Eingreifen zu drohen. England und Frankreich hätten dann Polen zu Hilfe kommen müssen. Deutschland wollte aber einen Zweifrontenkrieg vermeiden. Deshalb kam im Falle eines deutschen Angriffs auf Polen dem Verhalten der Sowjetunion große Bedeutung zu. Nachdem Bündnisverhandlungen Frankreichs und Englands mit der Sowjetunion gescheitert waren, trat am 23. August ein, womit niemand gerechnet hatte: Die antifaschistische Sowjetunion und das antibolschewistische Deutschland schlossen einen Nichtangriffspakt auf die Dauer von 10 Jahren. In einem geheimen Zusatzprotokoll machten sie Polen sowie die baltischen Staaten zur künftigen gemeinsamen Beute. Deutsche Truppen marschierten am 1. September in Westpolen ein, sowjetische am 17. September in Ostpolen. Die Nationalsozialisten hatten den Zweiten Weltkrieg begonnen.
Der Einmarsch in Polen löste in der deutschen Bevölkerung Bestürzung und gedrückte Stimmung aus. Von einer Begeisterung wie beim Beginn des Ersten Weltkriegs war nirgendwo etwas zu spüren.

Q2 **„Fragt sich, wie lange die Flitterwochen dauern werden?"** Karikatur von Cifford K. Berryman, im „Washington Star" vom 9. Oktober 1939.

Die Erweiterung des deutschen Machtbereichs bis Kriegsbeginn D1

Q3 „Absolut unmoralisch"

Der britische Botschafter in Berlin, Henderson, schrieb am 16. März 1939 an seinen Außenminister:

Ein Kommentar gegen das Vorgehen Deutschlands in der Tschechoslowakei erscheint überflüssig. Der äußerste Zynismus und die Immoralität des ganzen Vorgehens spottet jeglicher Beschreibung. (...) Es ist schwer zu glauben, dass das Schicksal der Tschechen die übrigen slawischen Stämme nicht bewegen wird, sich untereinander zu verständigen. Wenn auch verwerflich in der Form und unwillkommen als Tatsache, so war die Eingliederung Österreichs und der Sudetendeutschen in das Reich im Prinzip keine unnatürliche Entwicklung, kein unedles Streben für die Deutschen und nicht einmal in einem ethischen Sinne unmoralisch. Beide, die Ostmark und das Sudetengebiet, sind von einer Bevölkerung bewohnt, die völlig deutsch ist und die an die Grenzen Deutschlands anstößt. Ihre Eingliederung in das Reich geschah daher in Übereinstimmung mit dem Recht der Selbstbestimmung. Die Annexion von Böhmen und Mähren liegt auf einer ganz anderen Ebene und kann nicht durch irgendeinen der Gründe gerechtfertigt werden, die einst die Opposition gegen die Eingliederung Österreichs und des Sudetenlandes schwächer machten. Sie widerspricht völlig dem Recht der Selbstbestimmung und ist absolut unmoralisch.

Zit. nach: K. Zentner, Illustrierte Geschichte des Dritten Reiches. München 1965, S. 441 f.

Q4 „Zynismus und Hinterhältigkeit"

Am 16. März 1939 meinte Robert Coulondre, der französische Botschafter in Moskau:

„Die Tschechoslowakei (...) besteht nicht mehr (...) Alle Staaten, die Wert auf ihre Unabhängigkeit und Sicherheit legen, müssen unverzüglich (...) Schlussfolgerungen gegenüber dem durch seine Erfolge berauschten Deutschland ziehen, das seine auf rassischen Grundsätzen aufgebauten Forderungen mit einem Imperialismus reinsten Wassers vertauscht hat. Das Vorgehen, dem die Tschechoslowakei soeben zum Opfer gefallen ist, trägt den typischen Stempel hitlerischer Unternehmungen, d. h. Zynismus und Hinterhältigkeit der Planung, Geheimhaltung der Vorbereitung und Brutalität der Ausführung.

Zit. nach: Geschichte in Quellen, Bd. 6. München 1970, S. 377.

Appeasement-Politik

(engl.: to appease = beruhigen, beschwichtigen) Außenpolitik der britischen Regierung Chamberlain, die von der Annahme ausging, man könne durch Zugeständnisse an Hitler mit diesem zu zuverlässigen Vereinbarungen kommen und so den Frieden in Europa aufrechterhalten, zumindest aber genügend Zeit für die eigene Aufrüstung gewinnen.

Q5 Einmarsch deutscher Truppen in Prag im März 1939

Q7 Die Freie Stadt Danzig feiert am 19. September 1939 die Eingliederung in das „Großdeutsche Reich".

Q6 Ein Datum von großer historischer Bedeutung

Der sowjetische Außenminister Molotow äußerte sich am 31. August 1939 zum Hitler-Stalin-Pakt:

Der Entschluss, zwischen der Sowjetunion und Deutschland einen Nichtangriffspakt abzuschließen, wurde gefasst, nachdem die militärischen Verhandlungen mit England und Frankreich infolge der unübersteiglichen Meinungsverschiedenheiten in einen Engpass gerieten. Unter der Berücksichtigung, dass wir auf den Abschluss eines gegenseitigen Beistandspaktes nicht rechnen konnten, mussten wir uns die Frage nach anderen Möglichkeiten stellen, um den Frieden zu garantieren und die Drohung eines Krieges zwischen Deutschland und der Sowjetunion auszuschalten. (...)

Der 23. August, an dem der deutsch-sowjetische Nichtangriffspakt unterzeichnet wurde, muss als ein Datum von großer historischer Bedeutung betrachtet werden. Der Nichtangriffspakt zwischen Sowjet-Russland und Deutschland bedeutet einen Umschwung in der Geschichte Europas und nicht nur Europas allein.

Zit. nach: E. Krautkrämer (Hg.), Internationale Politik im 20. Jahrhundert, Bd. 1. Frankfurt a. M. 1976, S. 157 f.

Q8 Eine Einladung Stalins an Deutschland

Der amerikanische Journalist William L. Shirer schrieb am 23. August in Berlin in sein Tagebuch:

Gegen zwei Uhr morgens erhielten wir den Text des russisch-deutschen Pakts. Er geht viel weiter, als irgendjemand träumen konnte. Er stellt in Wirklichkeit eine Allianz dar und entsprechend den getroffenen Festlegungen enthält er die Einladung Stalins, des angeblichen Erzfeinds des Nazismus und jeglicher Aggression, an Deutschland, in Polen einzumarschieren und dort aufzuräumen. Die Anhänger der Bolschewisten sind konsterniert. Verschiedene deutsche Redakteure (...), die noch vorgestern hysterisch über die rote Gefahr geschrieben haben, kommen herein, bestellen Champagner und bezeichnen sich als alte Freunde der Sowjets! Dass Stalin so unverhohlene Machtpolitik betreibt und damit den Nazis in die Hände spielt, überwältigt (...) uns. (...) Wird, nehmen wir an, ein französischer Kommunist, den man sechs Jahre gelehrt hat, den Nazismus über alles zu hassen, nun Moskaus Umarmung von Hitler einfach schlucken?

W. L. Shirer, Berliner Tagebuch. Leipzig/Weimar 1991, S. 191.

Fragen und Anregungen

1. Suche Gründe für Gemeinsamkeiten und Unterschiede der Reaktionen der österreichischen, der tschechischen und der Danziger Bevölkerung auf den Einmarsch deutscher Truppen (Q1, 5 und 7).
2. Erkläre die Ziele, Möglichkeiten und Gefahren der englischen Appeasement-Politik (VT, Worterklärung). Suche Gründe dafür, warum in der Auseinandersetzung mit Diktaturen bis in unsere Zeit eine Appeasement-Politik in Politik und Öffentlichkeit kontrovers diskutiert wird.
3. Untersuche und bewerte die Gründe Hendersons und Coulondres für ihr Urteil über die deutsche Besetzung der Tschechoslowakei (Q3 und 4).
4. Setze dich mit Molotows Begründung des Pakts mit Deutschland auseinander (Q6). Beziehe dabei auch die Aussagen von Q2 und 8 mit ein.

11. Eroberung – Ausbeutung – Vernichtung: der Zweite Weltkrieg bis 1943

3. September 1939	England und Frankreich erklären Deutschland den Krieg.
22. Juni 1941	Deutschland greift die Sowjetunion an.
8. Dezember 1941	Die USA treten in den Krieg ein.
31. Januar 1943	Die 6. deutsche Armee kapituliert in Stalingrad.

Deutschland, Italien und annektierte Territorien bei Kriegsbeginn (Karte 1) und im Herbst 1942 (Karte 2)

mit Deutschland verbündete Staaten

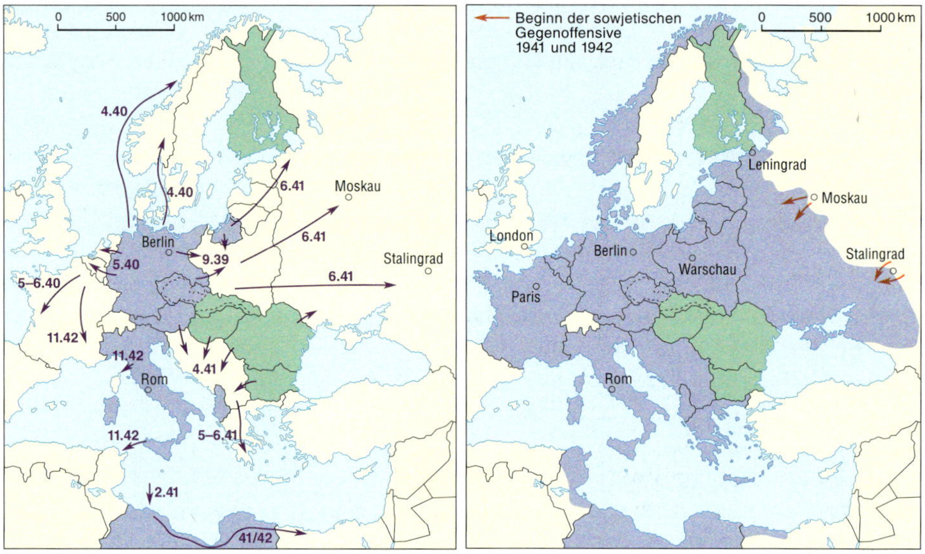

Der Krieg in Europa 1939–1942 D1

(1) Die Phase der deutschen „Blitzkriege".
(2) Die größte Ausdehnung der Achsenmächte (Deutschland, Italien) im Jahre 1942.

„Blitzkriege" im Osten

Nach dem deutschen Überfall auf Polen erfüllten England und Frankreich zwar ihre Bündnisverpflichtungen und erklärten Deutschland den Krieg, sie griffen aber selbst noch nicht in das Kriegsgeschehen ein. Polen musste allein einen Zweifrontenkrieg gegen Deutschland und die Sowjetunion führen. Innerhalb weniger Wochen überrollten deutsche Panzerverbände das Land, das gemäß dem Hitler-Stalin-Pakt zwischen Deutschland und die Sowjetunion geteilt wurde. Unmittelbar nach den deutschen Wehrmachtstruppen zog die SS in das eroberte Gebiet ein: Sie verschleppte viele Polen zur Zwangsarbeit nach Deutschland, richtete in den Städten jüdische Gettos ein und begann systematisch mit der Ermordung vor allem von Juden, aber auch von Adeligen, Geistlichen, Wissenschaftlern und Technikern. Die gesamte polnische Elite sollte vernichtet werden.

Nach der Eroberung Polens verlagerte sich der Krieg nach Nord- und Westeuropa. Um die Versorgung Deutschlands mit Erz aus Schweden und Nickel aus Finnland zu sichern, besetzten deutsche Truppen Dänemark und unter hohen Verlusten Norwegen. Im Westen war für die „Blitzkriege" gegen Holland, Belgien und Frankreich das Zusammenwirken von Luftlandetruppen und Panzerverbänden von entscheidender Bedeutung. Bei Dünkirchen wurden 225 000 Engländer und 112 000 Franzosen eingeschlossen, konnten sich jedoch über den Kanal nach England retten. Die Niederlage Frankreichs war aber damit besiegelt. Am 14. Juni 1940 marschierten deutsche Truppen in Paris ein.

Der Krieg weitet sich in ganz Europa aus

Englands Widerstandswille blieb jedoch weiterhin ungebrochen. Der deutsche Versuch, den Luftkrieg über England zu gewinnen und durch Bombardierungen die englische Industrie zu schwächen sowie die Bevölkerung zu demoralisieren, schlug fehl. Die geplante Invasion wurde verschoben und schließlich ganz aufgegeben. Um nun zumindest Englands Vormacht im Mittelmeer zu brechen und die Nachschubwege für das rumänische Öl zu sichern, besetzten die deutschen Truppen Jugoslawien sowie Griechenland und kamen den italienischen Divisionen in Nordafrika zu Hilfe.

Ohne England besiegt und damit den Rücken frei zu haben, griff Deutschland am 22. Juni 1941 mit etwa 3 Millionen Soldaten die Sowjetunion an. Neben Italien schlossen sich auch Rumänien, Ungarn, die Slowakei und Finnland dem deutschen Angriff an. Ein Sieg über die Sowjetunion sollte für Deutschland die Lieferung von vielfältigen Rohstoffen sichern und vor allem die lange geplante Eroberung von Lebensraum im Osten ermöglichen. Die Kampfkraft der sowjetischen Roten Armee wurde als gering eingeschätzt, ein Blitzkrieg von etwa acht Wochen erwartet.

Der Krieg im Osten: Ausbeutung und Vernichtung

Der Beginn des Krieges schien der deutschen Führung Recht zu geben: Anfang Dezember 1941 standen die deutschen Truppen 40 km vor Moskau. Dabei waren in verschiedenen Gebieten des sowjetischen Vielvölkerstaates – etwa den baltischen Staaten oder der Ukraine – die Truppen sogar als Befreier von der Diktatur Stalins begrüßt worden. Dies sollte sich aber rasch ändern: Die Nationalsozialisten führten den Krieg gegen die Sowjetunion nicht um einen Staat zu besiegen, sondern um das eroberte Land auszubeuten und die für sie rassisch minderwertige Bevölkerung zu vernichten. Der Vernichtungskampf im Osten kostete mehr als 20 Millionen Russen das Leben, und dies nicht vor allem an der Front, sondern besonders im von Deutschen eroberten Hinterland. Hauptverantwortlich für den millionenfachen Mord waren in erster Linie SS- und Polizeieinheiten. Dass teilweise auch reguläre Wehrmachtstruppen daran beteiligt waren, gilt heute als gesichert; heftig umstritten ist allerdings, in welchem Umfang dies der Fall war. Viele russische Kriegsgefangene wurden unmittelbar nach der Gefangennahme erschossen oder kamen in den Gefangenenlagern ums Leben, insgesamt über 3 Millionen. Juden und kommunistische Funktionäre wurden systematisch von SS und Polizei aufgespürt, ermordet oder in Konzentrationslager eingeliefert.

Widerstand und Vergeltung

Zu den Opfern zählten auch Teile der russischen Bevölkerung, die vom Partisanenkrieg erfasst wurden, aber nicht aktiv an ihm teilnahmen. Als Vergeltung für Aktionen russischer Partisanen wurden oft alle Menschen eines betroffenen Gebiets ermordet oder als Zwangsarbeiter nach Deutschland bzw. in die Konzentrationslager verschleppt. Terror gegen die Bevölkerung war auch das deutsche Allheilmittel gegen die in fast allen anderen von deutschen Truppen besetzten Ländern entstandenen Widerstandsgruppen. Auch dort kämpften Partisanen hinter der Front mit Sabotageakten, mit passivem Widerstand oder mit Überfällen auf deutsche Dienststellen oder Truppen. Die SS antwortete mit harten Vergeltungsmaßnahmen. Orte wurden zerstört, Männer, Frauen und Kinder verschleppt oder

„Die Metamorphose (Verwandlung) der ‚Fritzen'" Q1
Sowjetische Karikatur, 1942.
„Fritzen" war ein russisches Schimpfwort für die Deutschen.

Q2 Hinrichtung der russischen Partisanin Masha Bruskina
Ein Wehrmachtssoldat legt ihr den Strick um den Hals. Foto vom 26. 10. 1941

Q3 Brennende Dörfer in Russland
Ein von deutschen Truppen in Brand gesetztes Dorf und seine flüchtenden Bewohner.

erschossen. Lidice in der Tschechoslowakei, Kalavryta in Griechenland und Oradour-sur-Glane in Frankreich sind Beispiele dafür.

Die Wende des Krieges

Endgültig zum Weltkrieg wurde der Krieg, als 1941 die USA eintraten. Die Vereinigten Staaten verhielten sich seit langem nicht mehr neutral. Ohne Gegenleistung versorgten sie die Gegner Deutschlands mit Kriegsmaterial. Noch widersetzte sich allerdings die amerikanische Öffentlichkeit einem offenen Kriegseintritt. Dies änderte sich, als Japan ohne Kriegserklärung einen Teil der vor Pearl Harbor (Hawaii) ankernden amerikanischen Flotte angriff und zerstörte. Seit 1932 führten die japaner in Ostasien Krieg und eroberten große Gebiete. Als die USA daraufhin ein Rohstoffembargo über Japan verhängten, antwortete dieses mit dem Angriff auf Pearl Harbor. Am 8. Dezember 1941 erklärten die USA und England an Japan den Krieg. Am 11. Dezember erfolgte nach dem Dreimächtepakt, den Deutschland 1940 mit Italien und Japan geschlossen hatte, die deutsche Kriegserklärung an die USA.
Neben dem Kriegseintritt der USA gilt die Schlacht um die russische Stadt Stalingrad als Wende des Krieges. Dort wurde die 284 000 Mann starke 6. deutsche Armee im November 1942 von russischen Truppen eingekesselt und musste am 31. Januar 1943 kapitulieren. 160 000 deutsche und rumänische Soldaten waren gefallen, auf 90 000 wartete die russische Gefangenschaft, nur etwa 10 000 sollten diese überleben. Nach einer russischen Großoffensive gingen Deutschland alle Bundesgenossen im Osten verloren.
Es folgte eine Wende an allen Fronten. Im Mai 1943 musste das deutsche Afrikakorps kapitulieren, im Juli landeten die Alliierten auf Sizilien, was den Sturz Mussolinis zur Folge hatte.
Zudem gelang es den Alliierten, eine neue Front gegen Deutschland aufzubauen – eine Front, die es in bisherigen Kriegen so noch nicht gegeben hatte: Englische und amerikanische Flugzeuge bombardierten Deutschland. Die Front war nun überall.

Q4 „Behandlung der Fremdvölkischen im Osten"

Als „Reichskommissar für die Festigung des deutschen Volkstums" in den eroberten Ostgebieten führte Himmler am 25. Mai 1940 in einer Denkschrift aus:

Für die nichtdeutsche Bevölkerung des Ostens darf es keine höhere Schule geben als die vierklassige Volksschule. Das Ziel dieser Volksschule hat lediglich zu sein: einfaches Rechnen bis höchstens 500, Schreiben des Namens, eine Lehre, dass es ein göttliches Gebot ist, den Deutschen gehorsam zu sein und ehrlich, fleißig und brav zu sein. Lesen halte ich nicht für erforderlich. (...) Die Eltern der Kinder guten Blutes werden vor die Wahl gestellt, das Kind herzugeben – sie werden dann wahrscheinlich keine weiteren Kinder mehr erzeugen, so dass die Gefahr, dass dieses Untermenschenvolk des Ostens durch solche Menschen guten Blutes eine für uns gefährliche, da ebenbürtige Führerschicht erhält, erlischt – oder die Eltern verpflichten sich, nach Deutschland zu gehen und dort loyale Staatsbürger zu werden (...) Es erfolgt jährlich (...) bei den 6-10-Jährigen eine Siebung aller Kinder des Generalgouvernements nach blutlich Wertvollen und Nichtwertvollen.

Informationen zur politischen Bildung, Bonn. Nr. 143, S. 7.

Q6 „Der Soldat ist im Ostraum nicht nur Kämpfer"

Aus einem deutschen Wehrmachtsbefehl vom 10. Oktober 1941:

Das wesentlichste Ziel des Feldzuges gegen das jüdisch-bolschewistische System ist die völlige Zerschlagung der Machtmittel und die Ausrottung des asiatischen Einflusses im europäischen Kulturkreis. Hierdurch entstehen auch für die Truppe Aufgaben, die über das hergebrachte einseitige Soldatentum hinausgehen. Der Soldat ist im Ostraum nicht nur Kämpfer nach den Regeln der Kriegskunst, sondern auch Träger einer unerbittlichen völkischen Idee. (...) Deshalb muss der Soldat für die Notwendigkeit der harten, aber gerechten Sühne am jüdischen Untermenschentum volles Verständnis haben. (...) Wird im Rücken der Armee Waffengebrauch einzelner Partisanen festgestellt, so ist mit drakonischen Maßnahmen durchzugreifen. Diese sind auch auf die männliche Bevölkerung auszudehnen, die in der Lage wäre, Anschläge zu verhindern oder zu melden. (...) Nur so werden wir unserer geschichtlichen Aufgabe gerecht, das deutsche Volk von der asiatisch-jüdischen Gefahr ein für alle Mal zu befreien.

Zit. nach: Der Prozess gegen die Hauptkriegsverbrecher, Bd.35, S. 81 ff.

Q5 „Russenweiber"

Aus einem Bericht über sowjetische Zwangsarbeiter:

Die Deportierten wurden isoliert von der deutschen Bevölkerung untergebracht. Zehn junge Frauen aus der Ukraine wurden 1942 verschleppt und in einer Maschinenfabrik zur Zwangsarbeit verpflichtet. (...) Einige von ihnen waren gerade erst 17 Jahre. (...) Ohne Verpflegung und mit ganz wenig Kleidung trafen sie an ihrem Arbeitsort ein (...). Zusammen mit anderen Zwangsarbeiterinnen waren sie in Baracken neben dem Fabrikgelände untergebracht. Im Ort wurden sie die „Russenweiber" genannt. Die Unterkünfte durften nur zum Zweck der Arbeit verlassen werden. Bis zum Mai 1945 blieben die Frauen in diesen Baracken und gingen tagsüber arbeiten. Dann wurden sie von englischen Truppen befreit. Sie konnten in ihre Heimat zurückkehren.

Zit. nach: R. Arkenau. „Heimatblätter". Beilage zur Oldenburgischen Volkszeitung. 10. Dezember 1994, S. 56 ff.

Q7 „Einige Deutsche waren sehr gut ..."

Aus einem Brief, den die Tochter einer russischen Zwangsarbeiterin 1995 schrieb:

Meine Mutter spricht sehr viel über diese Zeit. Unsere Beziehungen zu Deutschland sind positiv. (...) Das deutsche Volk ist nicht schuldig daran, dass viele Leute leiden mussten. Einzelne Leute haben schwere Schuld, aber solche Leute gibt es in jedem Land. Meine Mutter arbeitete in einer Maschinenfabrik Nr. 15. Einige Deutsche waren sehr gut zu den Mädchen, bedauerten sie und haben mit Bekleidung und Essen geholfen, obschon sie selbst in schlechter Situation waren.

Zit. nach: „Heimatblätter" Beilage zur Oldenburgischen Volkszeitung. 12. August 1995, S. 34.

Q8 Zwangsarbeiterin

Männer und Frauen vor allem aus Polen und der Sowjetunion wurden in Deutschland als „Ostarbeiter" in Rüstungsbetrieben eingesetzt.

Q11 Das zerstörte Coventry
Die südenglische Stadt wurde bei einem deutschen Luftangriff am 14./15. November 1940 fast völlig zerstört.

Q9 Ausbeutung der besetzten Länder

Aus den im November 1941 verabschiedeten „Allgemeinen Grundsätzen für die Wirtschaftspolitik in den neu besetzten Ostgebieten“:

Durch billige (agrarische) Produktion unter Aufrechterhaltung des niedrigen Lebensstandards der einheimischen Bevölkerung sind möglichst hohe Produktionsüberschüsse zur Versorgung des Reiches und der übrigen europäischen Länder zu erzielen. Auf diese Weise soll neben möglichst weitgehender Deckung des europäischen Nahrungsmittel- und Rohstoffbedarfs gleichzeitig für das Reich eine Einnahmequelle erschlossen werden, die es ermöglicht, den wesentlichen Teil der zur Führung des Krieges aufgenommenen Schulden unter möglichster Schonung des deutschen Steuerzahlers abzudecken.

Zit. nach: G. Aly, Hitlers Volksstaat. Raub, Rassenkrieg und nationaler Sozialismus. Frankfurt/M. [3]2005, S. 342

Q10 „... mein letzter Wunsch ...“

Der holländische Arzt und Widerstandskämpfer Hendrik Pieter Hos schrieb 1944 an seinen Vater:

Ich bitte dich, und das ist mein letzter Wunsch, keinen Hass zu nähren, wenn es dir auch manchmal schwer fallen mag, und nachsichtig zu sein. (...) Heute vor vier Jahren hat der Krieg für unser Land angefangen. Wie viel ist seither geschehen! Wie sehr haben wir gelitten. Aber alles geht vorbei. (...) Es ist schade, dass ich den Tag des Friedens nicht miterleben werde (...) Gerade unsere Arbeit fängt ja erst nach dem Krieg an. Den Hass zwischen den Völkern auszulöschen, denn erst, wenn es ihn nicht mehr gibt, kann der wahre Frieden kommen. (...) Sieh zu, dass auch du nach besten Kräften dazu beiträgst. Um die Welt zu verbessern, müssen wir bei uns selbst den Anfang machen.

Zit. nach: P. Malvezzi/G. Pirelli (Hg.), Letzte Briefe zum Tode Verurteilter aus dem europäischen Widerstand. Zürich 1955, S. 381 ff.

Q12 „Küsst ... mein kleines und liebes Töchterchen“

Am 30. Oktober 1942 schrieb der sowjetische Soldat W. Kusnezow aus Stalingrad an seine Angehörigen:

Küsst in meinem Auftrag mein kleines und liebes Töchterchen. Möge sie ihren Vater nicht vergessen, der dafür kämpft, dass ihre Kindheit von faschistischen Schrecken bewahrt bleibe. Bringt dem Töchterchen bei, dass ihr keine Gefahr droht, solange ich und meine Kampfgenossen die Front halten.

Zit. nach: W. Wette/G. R. Ueberschär (Hg.), Stalingrad. Mythos und Wirklichkeit einer Schlacht. Frankfurt a. M. 1992, S. 104

Q13 „Ein Verrecken, Verhungern, Erfrieren ...“

Ein deutscher Soldat in Stalingrad schrieb an seinen Vater:

Du bist mein Zeuge, dass ich mich immer gesträubt habe, weil ich Angst vor dem Osten hatte, vor dem Kriege überhaupt. Ich war nie Soldat, immer nur uniformiert. Was habe ich davon? Was haben die anderen davon, die sich nicht gesträubt haben und keine Angst hatten? (...) Der Tod muss immer heroisch sein, begeisternd, mitreißend, für eine große Sache und aus Überzeugung. Und was ist es in Wirklichkeit hier? Ein Verrecken, Verhungern, Erfrieren, nichts weiter wie eine biologische Tatsache, wie Essen und Trinken. Sie fallen wie die Fliegen und keiner kümmert sich darum und begräbt sie. Ohne Arme und Beine und ohne Augen, mit zerrissenen Bäuchen liegen sie überall. Man sollte davon einen Film drehen, um den „schönsten Tod der Welt“ unmöglich zu machen. (...)

Zit. nach: Letzte Briefe aus Stalingrad. Gütersloh 1957, S. 20 f.

Q14 „Der Kampf um Stalingrad ist zu Ende“

Aus dem offiziellen Wehrmachtsbericht:

23. 1. 1943: Die Verteidiger von Stalingrad leisteten während des ganzen gestrigen Tages in heroischem Ringen dem stark überlegenen Feind Widerstand.
30. 1. 1943: In Stalingrad ist die Lage unverändert. Der Mut der Verteidiger ist ungebrochen.
3. 2. 1943: Der Kampf um Stalingrad ist zu Ende. Ihrem Fahneneid bis zum letzten Atemzug getreu, ist die 6. Armee unter vorbildlicher Führung des Generalfeldmarschall Paulus der Übermacht des Feindes und der Ungunst der Verhältnisse erlegen.

Zit. nach: C. Hagener, Deutschland unter der Diktatur 1939–1941. Braunschweig 1966, S. 158.

Kontro vers

Das Ende einer Legende?

1995 präsentierte das Hamburger Institut für Sozialforschung erstmals die Ausstellung „Vernichtungskrieg. Verbrechen der Wehrmacht 1941–1945". Daraufhin begann in der Öffentlichkeit eine Auseinandersetzung über die Rolle der Wehrmacht im Zweiten Weltkrieg. Auch Historiker diskutierten das Thema:

Q15 *Der Redakteur und Historiker Karl-Heinz Janßen schrieb in der Wochenzeitung „Die Zeit" vom 17. März 1995:*

Da zerrinnt die Legende von der „sauberen Wehrmacht", die, fern von allen Naziverbrechen, nur tapfer und treu das Vaterland verteidigt hat, und aufgehoben ist der Freispruch für Millionen Soldaten, die nichts gewusst, nichts gesehen, nichts gehört haben wollten. Statt dessen wird die fürchterliche Wahrheit offenbar, die zwar Fachleute und einem zeithistorisch interessierten Leser- und Fernsehpublikum schon länger bekannt war, sich jedoch gegen eine Mauer einverständlichen Schweigens in der deutschen Öffentlichkeit nie durchsetzen konnte. (...) Hier wird der Begriff „Holocaust" in die Kriegsgeschichte eingeführt. In der Regel denken die Menschen dabei an Auschwitz und andere Vernichtungslager. Aber die Einsatzgruppen der SS, die Polizeibataillone, die baltischen und ukrainischen Hilfstrupps und eben auch Einheiten der Wehrmacht betreiben bereits im Sommer und Herbst 1941, noch ehe die Krematorien in Auschwitz rauchten, massiven Judenmord.

Zit. nach: H. Prantl (Hg.). Wehrmachtsverbrechen. Eine deutsche Kontroverse. Hamburg 1997. S 29f.

Q16 *Der Historiker Hans-Adolf Jakobsen äußerte sich 1997 so:*

Was die Millionen deutscher Soldaten während des Russlandfeldzugs de facto erlebt, gewusst bzw. mitgewirkt haben, soweit es die zahllosen Verbrechen anbetrifft, die von deutschen und im Namen Deutschlandes verübt worden sind, lässt sich heute kaum noch mit Gewissheit sagen. Fraglos waren jedoch Teile der deutschen Wehmacht (vornehmlich des Heeres) weitaus mehr an NS-Verbrechen direkt oder indirekt beteiligt, als es von Memoirenschreibern und in Aussagen von Veteranen nach 1945 zugegeben worden ist – ganz zu schweigen von den Tätern.
Es gab darüber hinaus viele Mitwisser und solche, die die Mordtaten stillschweigend zur Kenntnis genommen haben, ohne einzuschreiten oder zu versuchen, das Schlimmste zu verhüten. In diesem Zusammenhang aber von der Wehrmacht als Ganzem zu sprechen, dürfte eine kaum zulässige Verallgemeinerung sein. Die in jüngster Zeit häufig recht apodiktisch formulierten Pauschalurteile sind weder quellenkritisch hinreichend belegt, noch den Realitäten des totalen Krieges angemessen, zumal bei diesen die mannigfachen Zeugnisse von Humanitas, soldatischer „verdammter Pflichterfüllung" und militärischer Opposition gegen das NS-Unrechtssystem nur unzureichend berücksichtigt werden.

Zit. nach H. G. Thiele, H. G.: Die Wehrmachtsausstellung. Dokumentation einer Kontroverse. Bundeszentrale für politische Bildung, Bonn 1997, S. 48.

Fragen und Anregungen

1. Ergänze die Zeittafel anhand der Karte D1 sowie des Verfassertextes mit den wichtigsten militärischen Aktionen. Beachte auch Q3, 7 und 11.
2. Erläutere, von welchen Motiven und Zielen sich die Nationalsozialisten bei ihrem Umgang mit den Bewohnern der eroberten Ostgebiete leiten ließen (Q4, Q9). Überlege, warum sie diese als „Fremdvölkische" bezeichnen (Q4).
3. Stelle fest, welche Gründe in Q6 für die Aufgaben, „die über das hergebrachte einseitige Soldatentum hinausgehen", genannt werden. Untersuche anhand des VT sowie Q2, 3, 9, welche Folgen der Befehl auf die Kriegsführung hatte.
4. Untersuche und bewerte die Aussage des zum Tode verurteilten Widerstandskämpfers (Q10).
5. Überlege, warum die Aussagen über die Behandlung von Zwangsarbeitern so unterschiedlich sind. Beachte auch den Zeitpunkt des Briefes (Q5, 7).
6. Vergleiche Q12, 13 und 14. Stelle fest, welche Absichten die offizielle Berichterstattung über den Kampf um Stalingrad verfolgte (Q14).
7. Vergleiche die Aussagen von Q15 und 16. Diskutiert, inwiefern die Rolle der Wehrmacht mit dem Holocaust in Zusammenhang gebracht werden kann. ➜ **Kontrovers**

12. Shoa – Völkermord an den Juden

1941	Die systematische Deportation und Ermordung von Juden aus Deutschland und den besetzten Gebieten beginnt.
20. Januar 1942	Auf einer Konferenz in Berlin-Wannsee wird besprochen, wie alle europäischen Juden vernichtet werden sollen.
1941/42	Im besetzten Polen werden Vernichtungslager errichtet.
1939–1945	In den Vernichtungslagern des Ostens werden fast 6 Millionen Juden sowie mindestens 90 000 Sinti und Roma ermordet.

Menschenjagd in Europa

Holocaust und Shoa sind die Begriffe für das Verbrechen, das Deutsche an den europäischen Juden begangen haben. Seit 1933 wurden in Deutschland Juden schikaniert, verfolgt, enteignet, in Konzentrationslager gebracht, wo sie häufig ums Leben kamen (vgl. S. 81–86). Mit Beginn des Krieges planten die Nationalsozialisten die systematische Vernichtung aller Juden in Europa. Deutsche Sonderkommandos deportierten alle jüdischen Frauen und Männer und Kinder, derer sie in Deutschland und den jeweils besetzten Ländern habhaft werden konnten. In Viehwaggons wurden sie zuerst in Gettos der eroberten Ostgebiete gebracht, die aber bald überfüllt waren. Nun beschloss die SS-Führung Massenerschießungen. Eines dieser Massaker verübte die SS in Babi-Yar, einer Schlucht am Stadtrand von Kiew: An zwei Tagen erschossen SS-Sonderkommandos 33 771 jüdische Menschen. Doch auch in solchen Massenerschießungen sah die SS-Führung keine zufriedenstellende Tötungsmethode, angesichts der Millionen Juden, die aus ganz Europa zusammengetrieben wurden.

Völkermord

Ende 1942 hatte der von deutschen Beatzungstruppen beherrschte Raum seine größte Ausdehnung erreicht: Von Norwegen bis Nordafrika, von der Atlantikküste bis zum Kaspischen Meer wurde nun planmäßig nach Juden gefahndet. Auf der „Wannsee-Konferenz“ in Berlin beschlossen führende Nationalsozialisten – wie sie es nannten – die „Endlösung der Judenfrage“, d.h. den Völkermord an den europäischen Juden.

Dafür wurden vor allem in Polen Vernichtungslager mit Gaskammern und Verbrennungsöfen für die Leichen errichtet. Dorthin brachte man die Juden, zusammengepfercht in Güterwaggons. Schon die Fahrt überlebten viele nicht. SS-Ärzte führten nach der Ankunft eine „Selektion“ durch, bei der sie entschieden, wer sofort ermordet oder wessen Arbeitskraft im Lager auf Zeit ausgenutzt werden sollte. Mit technischer Perfektion wurden die Menschen in Gaskammern getötet und in Krematorien verbrannt. Die meisten Opfer waren ahnungslos und gingen ohne Gegenwehr in den Tod. Die Arbeitsfähigen wurden von Großunternehmen als billige Arbeitskräfte eingesetzt, wobei

Q1 **Deportation einer jüdischen Familie, 1943**

Ankunft ungarischer Juden in Auschwitz, 1944 Q2

SS-Männer wähltenArbeitsfähige aus. Alle anderen – Schwache, Kranke, Alte und kleine Kinder – wurden sofort ins Gas geschickt. Das eigentliche Massenvernichtungslager von Auschwitz war in Birkenau. Hier wurden täglich mehrere Tausend Menschen vergast und anschließend verbrannt.

die Arbeit oft so schwer war, dass Beamte von einer „Vernichtung durch Arbeit" sprachen. Mit anderen Häftlingen machten Ärzte tödliche „wissenschaftliche Experimente". Insgesamt kamen in den Vernichtungslagern fast 6 Millionen Juden ums Leben, ca. 60 Prozent aller Juden in Europa. Allein in Auschwitz wurden über eine Million Menschen ermordet. Dasselbe Schicksal erlitten mindestens 90 000 Sinti und Roma. Jeder Versuch von Widerstand wurde von der SS unterdrückt. So schlugen deutsche Truppen im April 1943 den Aufstand der Juden im Warschauer Getto nieder, zerstörten das jüdische Wohnviertel und töteten über 56 000 Juden.

Von allem nichts gewusst?

All diese Verbrechen versuchten die Nationalsozialisten vor der Öffentlichkeit streng geheim zu halten. Denn sie wussten, dass bei den meisten Deutschen der durchaus oft vorhandene Antisemitismus nicht so weit ging, derartige Verbrechen zu billigen. Es ist umstritten, wieviel die deutsche Bevölkerung von diesen Verbrechen wusste oder Berichten davon Glauben schenkte. Furchtbares geahnt haben aber manche: Fronturlauber erzählten von Morden an oder Juden verschwanden aus der Nachbarschaft. Angesichts der Deportationszüge aber schauten die meisten Deutschen weg und wollten mit den Vorgängen nichts zu tun haben. Einzelne haben unter Lebensgefahr Juden geholfen und sie vor der Gestapo versteckt. Wirkungsvollen Protest und Widerstand leisteten nur ganz wenige. Andererseits waren Tausende von Deutschen direkt am Völkermord beteiligt, waren willige Helfer: als Ingenieure oder Konstrukteure, als Buchhalter, Lieferanten oder Wachpersonal – am Schreibtisch, bei den Transporten, in den Lagern. Sie alle beriefen sich später auf „Befehl und Gehorsam".

Holocaust/Shoa

Das griechische Wort „holocauston" bezeichnete ursprünglich ein Brandopfer von Tieren. Seit Ende der 1970er-Jahre wurde damit die Vernichtung der europäischen Juden durch Gas und Feuer während der nationalsozialistischen Herrschaft bezeichnet. Immer öfter wird für dieses Verbrechen auch der Begriff Shoa verwendet. Dieses hebräische Wort bedeutet „plötzlicher Untergang, Verderben".

D1 **Konzentrationslager und die Herkunftsländer der ermordeten Juden**

Q3 „Ruhmesblatt unserer Geschichte"?

In einer Rede vor SS-Führern erklärte Heinrich Himmler, der Reichsführer der SS, am 4. Oktober 1943 in Posen:

Ich will hier vor Ihnen in aller Offenheit auch ein ganz schweres Kapitel erwähnen. Unter uns soll es einmal ganz offen ausgesprochen sein, und trotzdem werden wir in der Öffentlichkeit nie darüber reden. (…) Ich meine jetzt die Judenevakuierung, die Ausrottung des jüdischen Volkes. Es gehört zu den Dingen, die man leicht ausspricht – „das jüdische Volk wird ausgerottet", sagt ein jeder Parteigenosse, „ganz klar, steht in unserem Programm, Ausschaltung der Juden, Ausrottung, machen wir." Und dann kommen sie alle an, die braven 80 Millionen Deutschen, und jeder hat seinen anständigen Juden. Es ist ja klar, die anderen sind Schweine, aber dieser eine ist ein prima Jude. Von allen, die so reden, hat keiner zugesehen, keiner hat es durchgestanden. Von euch werden die meisten wissen, was es heißt, wenn 100 Leichen beisammenliegen, wenn 500 daliegen oder (…) 1000 (…). Dies durchgehalten zu haben und dabei – abgesehen von Ausnahmen menschlicher Schwächen – anständig geblieben zu sein, das hat uns hart gemacht. Dies ist ein niemals geschriebenes und niemals zu schreibendes Ruhmesblatt unserer Geschichte.

Zit. nach: Internationaler Militärgerichtshof, Bd.XXIX, S. 145.

Q4 Das Massaker von Babi-Yar bei Kiew, 1941

Aus der Vernehmung einer Überlebenden am 9. Februar 1967:

Als wir uns dem Sammelplatz näherten, erblickten wir die Umzingelung aus deutschen Soldaten und Offizieren. Mit diesen befanden sich auch Polizisten dort. (…) Man führte uns zu einem Vorsprung über der Schlucht und begann, uns mit Maschinenpistolen zu erschießen. Die vorn Stehenden fielen in die Schlucht, und als die Reihe an mich kam, stürzte ich mich lebendig in die Schlucht. Es kam mir so vor, als ob ich in die Ewigkeit fliegen würde. Ich fiel auf menschliche Leichen, die sich dort in blutiger Masse befanden. Von diesen Opfern erklang Stöhnen, viele Menschen bewegten sich noch, sie waren nur verwundet. Hier gingen auch Deutsche und Polizisten umher, die die noch Lebenden erschossen oder totschlugen. Dieses Schicksal erwartete auch mich. Irgendeiner von den Polizisten oder Deutschen drehte mich mit dem Fuß um, so dass ich mit dem Gesicht nach oben lag, er trat mir auf die Hand und auf die Brust, danach gingen sie weiter und schossen irgendwo weiter hinten. Danach begannen sie, die Leichen von oben mit Erde und Sand zuzuschütten. Ich bekam keine Luft mehr, befreite mich mit einer Hand von der Erde und kroch zum Rand der Schlucht. In der Nacht kroch ich aus der Schlucht heraus.

Zit. nach: P. Longerich (Hg.), Die Ermordung der europäischen Juden. Eine umfassende Dokumentation des Holocaust 1941–1945. München/Zürich 1989, S. 124 ff.

Q5 „Und alles, weil sie Juden sind!"

Das jüdische Mädchen Anne Frank (1929–1945) aus Frankfurt a. M. und ihre Familie wurden 1944 in ihrem Versteck in einem Amsterdamer Hinterhaus entdeckt und in verschiedene Konzentrationslager gebracht. Sie, ihre Mutter und ihre Schwester starben dort; nur der Vater überlebte. Er veröffentlichte das Tagebuch seiner Tochter. Sie schrieb:

19. November 1942

Abend für Abend rasen die grauen und grünen Militärautos durch die Straßen. Die „Grünen" (das ist die deutsche SS) und die „Schwarzen" (die holländische Nazi-Polizei) suchen nach Juden. Wo sie einen finden, nehmen sie die ganze Familie mit. Sie schellen an jeder Tür, und ist es vergeblich, gehen sie ein Haus weiter. Manchmal sind sie auch mit namentlichen Listen unterwegs und holen dann systematisch die „Gezeichneten". Niemand kann diesem Schicksal entrinnen, wenn er nicht rechtzeitig untertaucht (...) Es ist wie eine Sklavenjagd in früherer Zeit. Ich sehe es oft im Geiste vor mir: Reihen guter unschuldiger Menschen mit weinenden Kindern, kommandiert von ein paar furchtbaren Kerlen, geschlagen und gepeinigt und vorwärts getrieben, bis sie beinahe umsinken. Niemand ist ausgenommen. Die Alten, Babys, schwangere Frauen, Kranke, Sieche – alles, alles muss mit in diesen Todesreigen! (...) Mir ist so bange, wenn ich an alle denke, mit denen ich mich so eng verbunden fühlte, die nun ausgeliefert sind an die grausamsten Henker, die die Geschichte kennt. Und alles, weil sie Juden sind!

Das Tagebuch der Anne Frank. Frankfurt/M 1980, 53. Auflage, S. 46 f.

LITERATURTIPP

Das Leben versteckter Juden

Wie es war, wer ihnen half, welche Ängste und welche Hoffnungen sie hatten, kannst du in dem Tagebuch lesen.

Tagebuch der Anne Frank, Frankfurt/M 2001

Q6 „Selektion"

Ein Dortmunder über die Einlieferung in Auschwitz:

Je weiter die Fahrt, (...) desto sicherer ist das Ziel: Auschwitz. Ein Arbeitslager? Was wissen wir darüber? Alles und nichts. (...) Und da steht die Schlange der 5000. Schon willenlos. Eine Herde schaut und schaut. Wir wissen nicht, was mit uns geschieht. Das letzte, was wir an Kleidung und Lebensmitteln besaßen, bleibt zurück. Zur Verfügung der SS. Gut genährte Sträflinge räumen schon die Waggons aus. Kreaturen der SS versorgen sich mit Zigaretten, Armbanduhren, Gold, Trauringen. Wir 5000 schließen auf. Wir sind in einem Waschraum. Ist das alles wahr? Ist das möglich? Um uns herum der Stacheldraht, elektrisch geladen: Verbrecher, ja, zu Verbrechern wurden wir gestempelt, weil wir Juden sind. (...) Dann stehen wir vor dem SS-Mann. „Alter?" „37" – „Gesund?" – „Ja." Kurzer forschender Blick, eine Handbewegung nach rechts. „Alter?" – „52" – „Gesund?" – „Kriegsverletzung am Arm." Der Daumen des SS-Mannes nach links deutend. Und so weiter. Der Sohn wird von dem Vater gerissen, Bruder von Bruder. „Kann mein Vater mit mir gehen?" – „Nein", sadistisch blickt der SS-Mann. Und weiter pflügt er sich durch den Haufen. Dann Abmarsch in die Blocks.

Zit. nach: Widerstand und Verfolgung in Dortmund 1933–1945. Hg. v. Stadtarchiv Dortmund 1981, S. 298 f.

Q7 Verbrennungsöfen in Auschwitz

Q8 Letzter Gang. Aquarell eines Häftlings Juden auf dem Weg in die Gaskammern.

Q10 Zwangsarbeiter, Zeichnung eines Häftlings des Lagers Sachsenhausen. Großkonzerne liehen sich von der SS Häftlinge als billige Arbeitskräfte aus.

Q9 Todesfabrik Auschwitz

Rudolf Höß, der 1947 hingerichtete ehemalige Lagerkommandant von Auschwitz, beschrieb den Gastod:

Die zur Vernichtung bestimmten Juden wurden möglichst ruhig – Männer und Frauen getrennt – zu den Krematorien geführt. Im Auskleideraum wurde ihnen (...) gesagt, dass sie hier nun zum Baden und zur Entlausung kämen, dass sie ihre Kleider ordentlich zusammenlegen sollten und vor allem den Platz zu merken hätten, damit sie nach der Entlausung ihre Sachen schnell wieder finden könnten. (...) Nach der Entkleidung gingen die Juden in die Gaskammer, die mit Brausen und Wasserleitungsrohren versehen, völlig den Eindruck eines Baderaumes machte. Zuerst kamen die Frauen mit den Kindern hinein, hernach die Männer. (...) Die Tür wurde schnell zugeschraubt und das Gas sofort durch die (...) Decke der Gaskammer in einen Luftschacht bis zum Boden geworfen. Dies bewirkte die sofortige Entwicklung des Gases. Durch das Beobachtungsloch in der Tür konnte man sehen, dass die im Einwurfschacht am nächsten Stehenden sofort tot umfielen. Man kann sagen, dass ungefähr ein Drittel sofort tot war. Die anderen fingen an zu taumeln, zu schreien und nach Luft zu ringen. Das Schreien ging aber bald in ein Röcheln über und in wenigen Minuten lagen sie alle. Nach mindestens 20 Minuten regte sich keiner mehr. (...) Eine halbe Stunde nach Einwurf des Gases wurde die Tür geöffnet und die Entlüftungsanlage eingeschaltet. (...) Den Leichen wurden nun (...) die Goldzähne entfernt und den Frauen die Haare abgeschnitten. Hiernach (wurden sie) durch den Aufzug nach oben gebracht vor die inzwischen angeheizten Öfen. Je nach Körperbeschaffenheit wurden bis zu drei Leichen in eine Ofenkammer gebracht. Auch die Dauer der Verbrennung war durch die Körperbeschaffenheit bedingt. Es dauerte im Durchschnitt 20 Minuten (...) Die Asche fiel (...) durch die Roste und wurde laufend entfernt und zerstampft. Das Aschenmehl wurde mittels Lastwagen nach der Weichsel gefahren und dort schaufelweise in die Strömung geworfen, wo es sofort abtrieb und sich auflöste.

Zit. nach: Geschichte in Quellen, Bd. 6. München 1970, S. 521 f.

Fragen und Anregungen

1. Stelle die geografische Lage der Vernichtungslager fest. Welche Schlussfolgerungen lassen sich daraus ziehen (D1)? Recherchiere, ob es KZ-Außenlager in deiner Region gab.
2. Erläutere, was Himmler unter dem „Ruhmesblatt der Geschichte" versteht (Q3).
3. Stelle fest, was die Vernehmung der Überlebenden des Massakers von Babi-Yar über die Täter aussagt (Q4).
4. Überlege dir, warum die meisten Opfer meist ohne Gegenwehr in den Tod gingen (VT, Q4, 6, 8 und 9).
5. Bundespräsident von Weizsäcker sagte 40 Jahre nach dem Ende des Zweiten Weltkrieges in seiner Rede zum 8. Mai 1945: „Die Jungen sind nicht verantwortlich für das, was damals geschah. Aber sie sind verantwortlich für das, was in der Geschichte daraus wird." Wie verstehst du diese Sätze?

13. Nicht alle Deutschen machten mit

1937/38	Aus Protest gegen Hitlers aggressive Außenpolitik planen konservative Politiker und Offiziere einen gewaltsamen Sturz der Regierung.
1942/1943	Mitglieder der „Roten Kapelle" werden hingerichtet.
1943	Mitglieder der Widerstandsgruppe „Weiße Rose" werden hingerichtet.
1944	Am 20. Juli scheitert ein vorwiegend von Wehrmachtsoffizieren geplantes Attentat.

Widerstand – ein hohes Risiko in einer Diktatur

In Deutschland stieß zwar der Nationalsozialismus von Beginn an bei einem Teil der Bevölkerung auf Ablehnung, zu einem Widerstand gegen die nationalsozialistische Politik aber entschlossen sich nur wenige. Aber es gab Widerstand – und dies in den verschiedensten Formen. Männer und Frauen verweigerten den obligaten Hitler-Gruß, umgingen staatliche Anordnungen, protestierten gegen NS-Maßnahmen, gaben Zwangsarbeitern Lebensmittel, versteckten Juden und politisch Verfolgte. Andere verteilten Flugblätter, versuchten durch Sabotage dem Regime zu schaden und planten oder unternahmen ein Attentat auf Hitler. Ob sich ihr Widerstand in der einfachen Form des Verweigerns zeigte oder ob sie das NS-Regime gewaltsam beseitigen wollten – sie alle gingen mit ihrer Haltung und mit ihren Aktionen ein hohes Risiko ein, von den staatlichen Sicherheitsorganen gefasst zu werden. Zudem war die Mehrheit der Bevölkerung gegen Widerstand, und es fand sich leicht ein Denunziant, der sich mit seinen Informationen bei der Gestapo oder der SS in ein gutes Licht bringen wollte. Oft genügte schon eine Anzeige bei der Polizei, um jemanden in Schutzhaft, in ein KZ oder vor den Volksgerichtshof zu bringen. Der 1934 eingerichtete Volksgerichtshof entwickelte sich durch seine massenhaften Todesurteile zu einem Instrument, um Regimegegner einzuschüchtern oder zu liquidieren.

Wer leistet Widerstand?

Am Widerstand waren alle sozialen Schichten und politischen Richtungen beteiligt. In den Anfangsjahren des NS-Regimes leisteten vor allem kommunistische Gruppen Widerstand, z. B. die um den Hamburger Bernhard Bästlein. Andere Widerstandsgruppen waren sehr unterschiedlich zusammengesetzt. So hatten sich in der nach Harro Schulze-Boysen und Arvid Harnack benannten Gruppe Ministeriumsmitarbeiter, Wehrmachtsangestellte, Künstler, Arbeiter, Sozialdemokraten, Christen und Kommunisten zusammengefunden. Diese Gruppe gehörte auch zu den von der Gestapo unter dem Namen „Rote Kapelle" zusammengefassten Widerstandsgruppen, die dem sowjetischen Nachrichtendienst die deutschen Angriffspläne übermittelten. Konservative bürgerliche Widerstandskämpfer um den ehemaligen Leipziger Oberbürgermeister Carl Goerdeler standen mit Generaloberst Ludwig Beck und anderen Wehrmachtsoffizieren in Verbindung. Sie sahen 1937/38 in der Sudetenkrise eine große Kriegsgefahr und planten daher einen Sturz der Regierung. Der Ausgang des Münchner Abkommens (vgl. S. 121) ließ ihr Vorhaben scheitern. Auch mehrere geplante Pistolen- oder Bombenattentate durch Wehrmachtsoffiziere (z. B. Henning von Tresckow) scheiterten an unglücklichen Zufällen. Ab 1940 trafen sich auf dem Gut von Helmuth James Graf von Moltke im niederschlesischen Kreisau regelmäßig Vertreter des zivilen Widerstands. Dieser „Kreisauer Kreis" diskutierte Konzepte für ein politisch, wirtschaftlich und sozial neu gestaltetes Deutschland.
Widerstand gab es auch in den beiden christlichen Kirchen. Katholische Priester wie der Bischof von Münster, Clemens von Galen, traten z. B. öffentlich gegen die

Q1 Flugblatt

Q2 **Bischof Clemens August Graf von Galen (1878–1946)**

Tötung geistig und körperlich Behinderter ein. Viele Pfarrer verbrachten Jahre im Konzentrationslager oder kamen dort ums Leben. Papst Pius XI. klagte 1937 in der Enzyklika (päpstliches Rundschreiben) „Mit brennender Sorge“ vor der Weltöffentlichkeit den Nationalsozialismus an, einen Vernichtungskampf gegen die Kirche und den katholischen Glauben zu führen. Die evangelische Kirche war gespalten: Pfarrer und Gläubige, die sich für das nationalsozialistische Deutschland aussprachen, nannten sich „Deutsche Christen“. Dagegen formierte sich 1934 die „Bekennende Kirche“, zu deren führenden Vertretern Pfarrer Martin Niemöller und Dietrich Bonhoeffer gehörten. Sie verurteilte den Nationalsozialismus öffentlich als unchristlich. Außerhalb der großen gesellschaftlichen Gruppen leisteten Einzeltäter, Studenten und Jugendliche Widerstand. So hielt der Schreiner Georg Elser Hitler schon 1938 für einen Kriegstreiber und wollte ihn am 8. November 1939 durch ein Bombenattentat beseitigen. In München scharten die Geschwister Sophie und Hans Scholl Studenten und Professoren in der Gruppe „Weiße Rose“ um sich und riefen in Flugblättern zum Widerstand auf.

Der 20. Juli 1944

Das Attentat vom 20. Juli 1944 wurde von dem Widerstandskreis um Ludwig Beck und Carl Goerdeler organisiert. Mit der Durchführung beauftragt wurde Oberst Graf Stauffenberg, der zu den wenigen zählte, die im letzten Kriegsjahr unmittelbaren Zutritt zu Hitler hatten. Bei einer Besprechung in der „Wolfschanze“, dem Führerhauptquartier in Ostpreußen, gelang es Stauffenberg, eine Aktentasche mit einer Zeitzünderbombe in der Nähe Hitlers abzustellen und den Raum wieder zu verlassen. Kurz danach detonierte der Sprengsatz, vier Offiziere starben, Hitler überlebte verletzt. Graf Stauffenberg und seine Gruppe wurden verhaftet und erschossen. Neben 180 bis 200 unmittelbar beteiligten Politikern und Offizieren wurden bis Kriegsende noch zwischen 4000 und 5000 mittelbar Beteiligte und willkürlich Verhaftete vom Volksgerichtshof zum Tode verurteilt.

Widerstandskämpfer Q3
Oben (v. l.): Oberst Klaus Schenk Graf von Stauffenberg (militärischer Widerstand), Sophie Scholl (Widerstandsgruppe „Weiße Rose“), Liselotte Herrmann (kommunistischer Widerstand); unten (v. l.): Julius Leber (Sozialdemokrat, gehörte zum Kreisauer Kreis), Dietrich Bonhoeffer (evangelischer Theologe), Alfred Delp (katholischer Theologe). Alle wurden hingerichtet.

Die „Kittelbachpiraten“ von Gladbeck, 1937 Q4

Solche Jugendcliquen verweigerten sich der HJ.

Q5 „… zunächst einmal Prügel“

Aus einem Schreiben des Reichsführers der SS Heinrich Himmler an den Leiter der Gestapo Reinhard Heydrich vom Januar 1942 zu Maßnahmen gegen die „Swing-Jugend“, die durch lässige Haltung und Kleidung sowie ihre Vorliebe für Jazz und Swing auffiel:

Geh. / 1791

Der Reichsführer-SS
Tgb.Nr.AR/383/6
B/V.

Führer-Hauptquartier
26. Jan.1942

Lieber Heydrich!

Anliegend übersende ich Ihnen einen Bericht, den mir der Reichsjugendführer Axmann über die "Swing-Jugend" in Hamburg zugesandt hat.

Ich weiß, daß die Geheime Staatspolizei schon einmal eingegriffen hat. Meines Erachtens muß jetzt aber das ganze Übel radikal ausgerottet werden. Ich bin dagegen, daß wir hier nur halbe Maßnahmen treffen.

Alle Rädelsführer, und zwar die Rädelsführer männlicher und weiblicher Art, unter den Lehrern diejenigen, die feindlich eingestellt sind und die Swing-Jugend unterstützen, sind in ein Konzentrationslager einzuweisen. Dort muß die Jugend zunächst einmal Prügel bekommen und dann in schärfster Form exerziert und zur Arbeit angehalten werden. Irgendein Arbeitslager oder Jugendlager halte ich bei diesen Burschen und diesen nichtsnutzigen Mädchen für verfehlt. Die Mädchen sind zur Arbeit im Leben und im Sommer zur Landarbeit anzuhalten.

Der Aufenthalt im Konzentrationslager für diese Jugend muß ein längerer, 2 - 3 Jahre sein. Es muß klar sein, daß sie nie wieder studieren dürfen. Bei den Eltern ist nachzuforschen, wie weit sie das unterstützt haben. Haben sie es unterstützt sind sie ebenfalls in ein KL. zu verbringen und das Vermögen ist einzuziehen.

Nur, wenn wir brutal durchgreifen, werden wir ein gefährliches Umsichgreifen dieser anglophylen Tendenz in einer Zeit, in der Deutschland um seine Existenz kämpft, vermeiden können.

Ich bitte um weitere Berichte. Diese Aktion bitte ich im Einvernehmen mit dem Gauleiter und dem Höheren SS- und Polizeiführer durchzuführen.

Heil Hitler!
Ihr
HH

Q6 „Aufruf an alle Deutschen“

Aus einem Flugblatt der „Weißen Rose“ von 1942:

Der Krieg geht seinem sicheren Ende entgegen. (…) Die Rüstung Amerikas hat ihren Höhepunkt noch nicht erreicht, aber heute schon übertrifft sie alles in der Geschichte Dagewesene. Mit mathematischer Sicherheit führt Hitler das deutsche Volk in den Abgrund. (…) Seine und seiner Helfer Schuld hat jedes Maß unendlich überschritten. Was aber tut das deutsche Volk? Es sieht nicht und hört nicht. Blindlings folgt es seinen Verführern ins Verderben. (…) Deutsche! Wollt ihr mit dem gleichen Maß gemessen werden wie eure Verführer? Sollen wir auf ewig das von aller Welt gehasste und ausgestoßene Volk sein? Nein! Darum trennt euch von dem nationalsozialistischen Untermenschentum. Beweist durch eure Tat, dass ihr anders denkt! (…) Zerreißt den Mantel der Gleichgültigkeit, den ihr um euer Herz gelegt. Entscheidet euch, ehe es zu spät ist.

Zit. nach: W. Hofer. Der Nationalsozialismus. Dokumente 1933–1945. Frankfurt/M. 1947, S. 327f.

Q7 „… allgemein verurteilt“

Aus einem Behördenbericht nach dem Attentat vom 20. Juli 1944:

Der Anschlag auf den Führer wurde allgemein verurteilt und man hört immer wieder, dass, falls der Anschlag geglückt wäre, nur wieder ein 1918 geschaffen worden wäre. Wenn der größte Teil der Bevölkerung froh wäre, wenn der Krieg so bald als möglich beendet würde, so sind doch nur wenige darunter, die sich 1918 herbeiwünschen und die den Kommunismus wollen.

Zit. nach: Bayern in der NS-Zeit. München 1977, S. 185.

Kontro vers

Sind Deserteure Feiglinge?

Q8 *Im Zweiten Weltkrieg desertierten etwa 40 000 deutsche Soldaten, etwa 14 500 Deserteure wurden hingerichtet. Erst im Mai 1998 beschloss der Bundestag alle nationalsozialistischen Unrechtsurteile aufzuheben – so auch die für verurteilte Deserteure. Diesem Beschluss waren erbitterte und lange Debatten vorangegangen. Einige der dabei immer wieder vorgebrachten Argumente wurden auch schon geäußert, als 1989 das Denkmal in Ulm errichtet wurde:*

– Ich war selbst Frontsoldat, dreimal verwundet. Ich weiß, wie wir die Deserteure eingestuft haben. Nämlich ganz unten (...). Wo auch das Denkmal aufgestellt wird – ich mache einen weiten Bogen darum.

– Wer desertiert – sei es in Friedenszeiten oder in einem so genannten Ernstfall, ist tatsächlich feige, und das zwar nicht gegenüber dem System, dem er dienen soll, sondern gegenüber seinen Schicksalsgenossen.

– Jeder Deserteur, ungeachtet seiner unmittelbaren Motive, hat dem Hitler-Regime geschadet und damit Widerstand geleistet (...).

– Der Deserteur sollte uns als Ermahnung dienen gegen das Mitläufertum, den Militarismus und für das Grundrecht auf Kriegsdienstverweigerung.

Zit. nach: M. Messerschmidt, W. Wette (Hg.), Was damals Recht war. NS-Militär- und Strafjustiz im Vernichtungskrieg, Essen 1996, S. 99 f.

Q9 **Denkmal für einen Deserteur in Ulm, 1989**
Es hat die Innschrift: „Hier lebte ein Mann, der sich geweigert hat, auf seine Mitmenschen zu schießen. Ehre seinem Andenken.“ Das Denkmal hat bis heute keinen öffentlichen Platz gefunden und steht auf einem Privatgrundstück.

Q10 **Der Fall Emmy Z.**

Aus einer Urteilsverkündung:

Im Namen des Deutschen Volkes

In der Strafsache gegen die Zeitungsausträgerin Emmy Z. geborene W. aus Berlin-Gatow, geboren am (...), zurzeit in dieser Sache in gerichtlicher Untersuchungshaft, wegen Wehrkraftzersetzung hat der Volksgerichtshof, 6. Senat, aufgrund der Hauptverhandlung vom 19. November 1943 für Recht erkannt:

Die Angeklagte Z. hat es in den Jahren 1940 bis 1942 in Berlin als Anhängerin der Vereinigung internationaler Bibelforscher unternommen, drei Wehrpflichtige, die ebenfalls dieser Vereinigung angehören, durch Gewährung von Unterschlupf und Verpflegung der Erfüllung der Wehrpflicht zu entziehen.

Sie wird deshalb wegen Wehrkraftzersetzung in Verbindung mit landesverräterischer Begünstigung des Feindes zum Tode und zu lebenslangem Ehrverlust verurteilt.

Die Angeklagte trägt die Kosten des Verfahrens.

Zit. nach: „Im Namen des Volkes“. o. J., S. 238.

Fragen und Anregungen

1. Suche in deiner Stadt oder Region, in welcher Form (Gedenkstätte, Straßenname, Schulname usw.) Widerstandskämpfern gedacht wird. Erkundige dich über die Art des Widerstands.
2. Überlege dir Gründe dafür, warum der Widerstand vielfach als ein „Widerstand ohne Volk“ bezeichnet wird (VT).
3. Erarbeite ein Referat über die Motive und Ziele von Menschen die Widerstand leisteten (VT, Q1–4, 6–9). Informationen z. B.: www.gdw-berlin.de.
4. Erläutere die Textstelle in Q7, durch ein geglücktes Attentat, wäre „nur wieder ein 1918 geschaffen worden“.
5. Erkläre, warum man heute die deutschen Widerstandskämpfer als „das andere Deutschland“ bezeichnet. Erörtere, ob und inwiefern der Widerstand vergeblich oder sinnvoll war.
6. Sind Deserteure Feiglinge? Diskutiere die in „Kontrovers“ vorgebrachten Argumente.

14. Das Ende des Zweiten Weltkriegs

1943	Goebbels ruft zum „totalen Krieg" auf.
6. Juni 1944	Die alliierte Invasion in der Normandie beginnt.
7.–9. Mai 1945	Die deutsche Wehrmacht kapituliert bedingungslos.
6./8. August 1945	In Japan werden über Hiroshima und Nagasaki zwei amerikanische Atombomben abgeworfen. Japan kapituliert am 2. September.

„Totaler Krieg"

Wenige Tage nach der Niederlage der deutschen Truppen in Stalingrad forderten die Amerikaner, Engländer, Russen und ihre Verbündeten (die Alliierten) die bedingungslose Kapitulation Deutschlands. Goebbels rief daraufhin die Deutschen am 18. Februar 1943 zum „totalen Krieg" auf. Dies bedeutete, dass nun das gesamte Leben auf den Krieg ausgerichtet werden sollte. Waren des täglichen Bedarfs und Lebensmittel wurden immer mehr rationiert und konnten nur mit Bezugsscheinen gekauft werden. Die Arbeitszeit wurde in vielen Betrieben auf 10 bis 12 Stunden in der Sechs-Tage-Woche erhöht. Frauen arbeiteten bereits seit Jahren in Fabriken und Rüstungsbetrieben, 1941 waren es 14,2 Millionen. Nun zogen die Nationalsozialisten auch Mädchen z. B. zu Schanzarbeiten für die Verteidigung heran. An den höheren Schulen wurde das Abitur vorverlegt, um die Schüler an Flugabwehrkanonen (Flak) oder an der Front einsetzen zu können. Immer mehr „Fremdarbeiter", d. h. zwangsverpflichtete ausländische Arbeiter und Kriegsgefangene, arbeiteten nun in deutschen Fabriken und in der Landwirtschaft. Die Zahl stieg in die Millionen.

Q1 Zuhörer bei Goebbels' Rede am 18. 2. 1943 im Berliner Sportpalast

Propaganda, Terror und sterbende Städte

Die Stimmung in der Bevölkerung wurde von Monat zu Monat schlechter. Die Nationalsozialisten antworteten darauf mit Propaganda über angebliche neue Wunderwaffen wie Raketen, Düsenkampfflugzeuge u. a. und mit Terror.

Neue Verordnungen wurden erlassen, z. B. gegen die Zersetzung der Wehrkraft, und gegen das Abhören ausländischer Sender. SS-Standgerichte fällten Todesurteile durch Erschießen oder Erhängen der Soldaten, die sich von der Truppe entfernten, aber auch gegen Bürgermeister und Politiker, die ihre Stadt nicht verteidigen wollten, um sie vor der Zerstörung zu bewahren. Viele, die sich weigerten, Brücken zu sprengen oder andere Befehle der „verbrannten Erde" durchzuführen, wurden an Ort und Stelle hingerichtet.

Zudem lebte die deutsche Bevölkerung vor allem in den größeren Städten in ständiger Angst vor den amerikanischen und englischen Luftangriffen. Deren Ziel waren zwar auch kriegswichtige Anlagen wie Industriegebiete, Brücken oder Bahnhöfe, um die deutsche Rüstungsproduktion und den Nachschub zu verhindern, aber immer häufiger eben auch deutsche Städte. Damit sollte die deutsche Bevölkerung demoralisiert und Widerstand gegen den Krieg angefacht werden. Die meisten deutschen Städte und deren Kulturgüter sanken in Schutt und Asche. Die 1942 begonnenen und sich bis 1945 stetig steigernden Luftangriffe der

Q2 Durch Bomben zerstörte Stadt Essen
März 1945.

D1 Das Kriegsende 1944/45

Nach der Landung der Amerikaner und Engländer in der Normandie am 6. Juni 1944 war die deutsche Niederlage nur mehr eine Frage der Zeit.

Alliierten forderten über 500 000 Todesopfer. Allein in dem von Ostflüchtlingen überfüllten Dresden starben am 13. und 14. Februar 1945 schätzungsweise mehr als 50 000 Menschen bei einem militärisch sinnlosen Bombenangriff.
Ihre Ziele erreichen die alliierten Bombardierungen nur bedingt. Zwar wurde das Verkehrsnetz und die Treibstoffversorgung erheblich betroffen, weniger dagegen die Rüstungsindustrie. Sie war in unterirdische Räume und ländliche Gebiete verlegt worden. Auch die Demoralisierung der Bevölkerung ließ sich nicht bis zum Widerstand gegen das Regime steigern, denn trotz Bombardierungen, schlechter Ernährungslage, Arbeit bis zur Erschöpfung, ständig wachsendem Terror – die meisten Deutschen hatten Angst vor der Niederlage.

Die totale Niederlage

Nach der Landung der Alliierten in Sizilien am 10. Juli 1943 und der in der Normandie beginnenden Invasion der Westfront am 6. Juni 1944 glaubten nur noch wenige Deutsche an den „Endsieg". Nationalsozialistische Fanatiker zwangen Jugendliche mit 16 Jahren und Männer bis 60 Jahre als Volkssturm zu den Waffen. Nichts aber konnte verhindern, dass die Alliierten immer tiefer ins Reichsgebiet vordrangen. Im Osten versuchten sich 1944/45 Millionen Deutsche vor der Rache der siegreichen Roten Armee in den Westen zu retten.
Sowjetische Truppen eroberten im April 1945 Berlin. Hitler beging am 30. April Selbstmord und am 7. bzw. 9. Mai kapitulierte die deutsche Wehrmacht bedingungslos.

Kriegsende im fernen Osten

Um den Krieg in Japan zu beenden, setzte die amerikanische Führung die schrecklichste Waffe ein, die ihr seit kurzem zur Verfügung stand: Am 6. und 8. August 1945 explodierten zwei Atombomben über Hiroshima und Nagasaki. Weit über 100 000 Menschen waren sofort tot, Tausende starben in den folgenden Jahrzehnten an den Folgeerscheinungen. Hiroshima und Nagasaki wurden fast völlig zerstört.
Am 2. September kapitulierte Japan bedingungslos. Am Ende des Krieges stand neben dem Grauen aber auch die Hoffnung: „Nie wieder Krieg!" wurde zur Forderung eines Großteils der Menschheit.

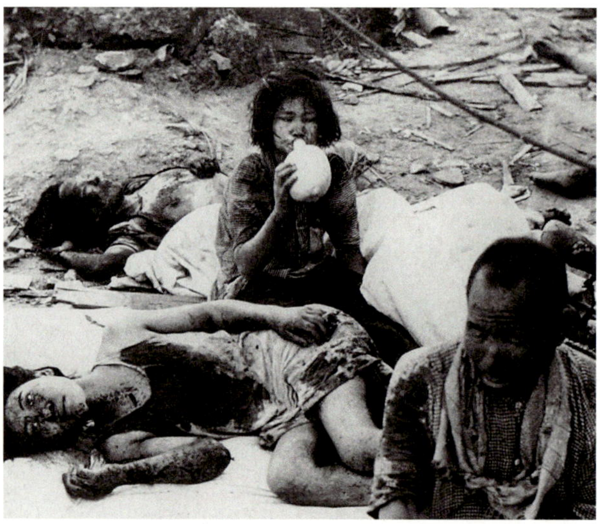

Q3 Überlebende des Atombombenabwurfs auf Hiroshima, 1945

Tausende von ihnen starben später an der Strahlenkrankheit oder brachten missgebildete Kinder zur Welt.

„Wunderwaffe Volkssturm", 1945 Q4

Letzter aussichtsloser Widerstand: Ein verwundeter Soldat zeigt dem „Volkssturm" den Einsatz von Panzerfaust und Gewehr. In den Volkssturm befahl Hitler alle Sechzehn- bis Sechzigjährigen, die bisher noch nicht am Krieg teilnahmen. Ihre Ausbildung war völlig unzureichend, ihre Bewaffnung äußerst dürftig, der militärische Wert insgesamt sinnlos.

Q5 „Wollt ihr den totalen Krieg?"

Am 18. Februar 1943 stellte Goebbels im Berliner Sportpalast etwa 10000 ausgesuchten Zuhörern eine Reihe von Fragen, die das Publikum mit „Ja" und „Sieg Heil" beantwortete:

Die Engländer behaupten, das deutsche Volk wehrt sich gegen die totalen Kriegsmaßnahmen der Regierung. Es will nicht den totalen Krieg, sondern die Kapitulation.

Ich frage euch: Wollt ihr den totalen Krieg? Wollt ihr ihn, wenn nötig totaler und radikaler, als wir ihn uns heute überhaupt vorstellen können? (...)

Die Engländer behaupten, das deutsche Volk hat sein Vertrauen zum Führer verloren.

Ich frage euch: Ist das Vertrauen zum Führer heute größer, gläubiger und unerschütterlicher denn je? Ist eure Bereitschaft, ihm auf allen seinen Wegen zu folgen und alles zu tun, was nötig ist, um den Krieg zum siegreichen Ende zu führen, eine absolute und uneingeschränkte? (...) Ich frage euch: (...) Wollt ihr, (...) dass die Regierung dafür sorgt, dass die deutsche Frau ihre ganze Kraft der Kriegsführung zur Verfügung stellt und (...), wo es nur möglich ist, einspringt, um Männer für die Front frei zu machen (...)?

Ich frage euch (...): Billigt ihr (...) die radikalsten Maßnahmen gegen einen kleinen Kreis von Drückebergern (...), die mitten im Krieg Frieden spielen (...)? Seid ihr damit einverstanden, dass, wer sich am Krieg vergeht, den Kopf verliert?

Zit. nach: W. Hofer, Der Nationalsozialismus, Dokumente 1933–1945. Frankfurt/a. M. 1957, S. 25 ff.

Q6 „Verbrannte Erde"

Führer-Befehl vom 19. März 1945:

Alle militärischen, Verkehrs-, Nachrichten-, Industrie- und Versorgungsanlagen sowie Sachwerte innerhalb des Reichsgebietes, die sich der Feind für die Fortsetzung des Kampfes irgendwie sofort oder in absehbarer Zeit nutzbar machen kann, sind zu zerstören.

Zit. nach: Geschichte in Quellen, Bd. VI. München 1970, S. 542 f.

Q7 „... besser, die Dinge selbst zu zerstören"

In einem Brief vom 29. März 1945 erinnerte sich Rüstungsminister Speer an folgende Aussagen Hitlers:

Wenn der Krieg verloren geht, wird auch das Volk verloren sein. Dieses Schicksal ist unabwendbar. Es sei nicht notwendig, auf die Grundlagen, die das Volk zu seinem primitivsten Weiterleben braucht, Rücksicht zu nehmen. Im Gegenteil sei es besser, selbst die Dinge zu zerstören. Denn das Volk hätte sich als das schwächere erwiesen, und dem stärkeren Ostvolk gehöre dann ausschließlich die Zukunft. Was nach dem Kampf übrig bleibe, seien ohnehin nur die Minderwertigen, denn die Guten seien gefallen.

Zit. nach: Geschichte in Quellen, Bd. 6. München 1970, S. 542 f.

Q8 Die Engländer kommen

Der Lehrer Franz Josef H., damals 3 Jahre und 7 Monate alt und in einer norddeutschen Kleinstadt wohnend, erinnert sich an die letzten Kriegstage:

Gegen Abend endlich – nicht ein einziger Schuss war gefallen – trauten wir uns in den Ort zurück. Weiße Betttücher hingen aus vielen Fenstern (...) Ein englischer Soldat begleitete mit einem Akkordeon den Gesang seiner Kameraden. Welch ein Empfang! Zigaretten gab's für die Erwachsenen, Schokolade für die Kinder. Es dauerte nicht lange, bis wir Kinder uns mit den netten, stets zu Späßen aufgelegten englischen Soldaten angefreundet hatten. Erstes – grundständiges – Englisch bahnte sich an: „Hallo, boys and girls! – Have you Schockolät? – Yes, no! – Sing ‚Die Fahne hoch'!" Köstlich amüsierten sich die Kerle, wenn sie uns dazu bringen konnten, Nazilieder aus dem Kindergarten zu singen – gegen Schokolade natürlich.

Zit. nach: Bewahren und verändern. Jahresbericht 1984/85 des Erasmus-Grasser-Gymnsiums München, S. 23 ff.

Q10 Kriegsgefangenschaft
Gefangennahme deutscher Soldaten nach der Einnahme der Remagener Brücke, 7. 3. 1945.

Q9 Die Amerikaner in Linz am Rhein

Der Verwaltungsbeamte und spätere Bundesminister Franz-Josef Wuermeling aus Linz am Rhein erinnert sich in einem Tagebucheintrag vom 13. März 1945:

Die Stadt gleicht einem Heerlager. Alles ist voll von Militärfahrzeugen, Tanks, Patrouillen und Soldaten. (…) Ich spreche zum erstenmal mit dem amerikanischen Feldgeistlichen. (…) Der Geistliche bedauert sehr das Verhalten amerikanischer Soldaten in den Wohnungen der Zivilbevölkerung, in der die Soldaten offenbar aufgrund der Goebbels-Propaganda lauter Nazis sehen. Ich spreche mit dem Geistlichen darüber, dass in Linz der weitaus größte Teil der Bevölkerung kirchlich katholisch ist und den Nazis in der überwältigenden Mehrheit feindlich gesinnt blieb. Er erwidert mir (...), nach der Nazipropaganda verstehe man nicht, dass es in Deutschland noch Christen gebe. Ich erzähle auch von dem harten Los der vielen Frauen und Kinder in unserm Keller, die nun schon (…) volle 8 Tage fast ganz ohne Licht, mit sehr wenig Wasser und in großer Enge dort hausen müssten. Er verspricht mir, sogleich etwas zu tun und kommt bald darauf mit zwei großen Pappkartons, in denen er für die Kinder Kakao, Schokolade, Bonbons, Keks, Kaugummi, Trockenmilch und Trockenei, ferner Weißbrot und eine Anzahl Kerzen zur Beleuchtung hat.

Zit. nach: H.-P. Petri (Hg.), 1100 Jahre Linz am Rhein 874-1974. Neuwied 1974, S.112f.

Q11 Die Russen kommen …

Der Lehrer Otfried P., damals 11 Jahre und 6 Wochen alt, aus Schlesisch-Ostrau, erinnert sich:

Es kann etwa 9 Uhr gewesen sein, längst hatte sich alles angstvoll in der Küche der Kellerwohnung zusammengedrängt, zerbrachen Kolbenhiebe die Eingangstüre, und mit entsicherter MP im Arm, den Finger am Abzug, brachen die Rotarmisten herein: „Germanzi?" (Deutsche?) – Kaum bemerkbares Nicken von Männern, alten Männern, Frauen; (…) „Dawai tschassi!" (Her mit den Uhren!) – Uhren jeglicher Art wurden abgerissen und wechselten in Sekundenschnelle gewaltsam den Besitzer. Angst würgte in mir hoch – doch unabhängig davon funktionierte mein Denken: Erst vor Jahresfrist hatte mir mein Vater eine Armbanduhr geschenkt, ich trug sie natürlich an der linken Hand, sollte sie nun auf immer verschwinden? (…) Bibbernd verschränkte ich meine Hände hinter dem Rücken, niemand bemerkte dies, sachte das Band gelöst und dann die Uhr ins Hosenbein rutschen lassen – und dort blieb sie viele Tage lang.
Am nächsten Vormittag tauchten die ersten, gezielt nach unserer Mutter suchenden Soldaten auf; während sie auf den Boden gepresst unter einem altertümlichen Diwan lag, wurde meine jüngste, noch nicht fünfjährige Schwester, durch von uns verabreichte einfache Prügel zunächst zum Heulen, dann zum Schweigen gebracht.

Zit. nach: Bewahren und verändern, a. a. O., S. 23ff.

Fragen und Anregungen

1. Untersuche, mit welchen sprachlichen und inhaltlichen Mitteln Goebbels die Zustimmung seiner Zuhörer gewinnen wollte (Q5).
2. Untersuche anhand von Q4, 6 und 7 Hitlers Einstellung zu Menschen und zu Sachwerten.
3. Beschreibe anhand von D1 und Q10 das Ende des Zweiten Weltkriegs.
4. Erarbeite aus den Texten Q8, 9 und 11, von welchen Gefühlen und Problemen die jeweiligen Personen beherrscht waren.

Einen Begriffskatalog erstellen

Eine Möglichkeit, sein Wissen zu überprüfen, ist das Erstellen eines Begriffskatalogs. Du kannst es hier gleich ausprobieren. Eine mit prominenten Persönlichkeiten aus allen Bereichen des öffentlichen Lebens besetzte Jury bestimmte im Jahr 1999 einhundert das vergangene 20. Jahrhundert prägende Begriffe. Darunter befinden sich auch viele Begriffe, die die Zeit des Nationalsozialismus in besonderer Weise charakterisieren. Daraus kannst du einen eigenen Begriffskatalog zusammenstellen.

Gehe dabei folgendermaßen vor:

- Liste alle Wörter der nebenstehenden Liste, die im Zusammenhang mit dem Nationalsozialismus stehen, in einem alphabetischen Begriffskatalog auf.
- Erkläre die gefundenen Wörter mit eigenen Worten und notiere das Ergebnis.
- Schlage die Wörter im Schulbuch nach, vergleiche die Schulbuchaussagen mit den eigenen Erklärungen.
- Suche diese Wörter in einem Lexikon oder im Internet und vergleiche die dortigen Aussagen mit deinen Erklärungen.
- Begriffe wie „Schreibtischtäter", „Säuberung" und „Verdrängung" wirst du im Schulbuch nicht finden. Erläutere, warum diese Begriffe dennoch im Zusammenhang mit dem Nationalsozialismus stehen.
- Suche Erklärungen dafür, warum gerade aus der Zeit des Nationalsozialismus vergleichsweise viele Begriffe (20 Prozent) ausgewählt wurden.
- Ordne die Bilder jeweils einem der ausgewählten Wörter zu und erläutere den Sachverhalt.

Die 100 Wörter des 20. Jahrhunderts sind (in alphabetischer Reihenfolge):

Aids, Antibiotikum, Apartheid, Atombombe, Autobahn, Automatisierung, Beat, Beton, Bikini, Blockwart, Bolschewismus, Camping, Comics, Computer, Demokratisierung, Demonstration, Demoskopie, Deportation, Design, Doping, Dritte Welt, Drogen, Eiserner Vorhang, Emanzipation, Energiekrise, Entsorgung, Faschismus, Fernsehen, Film, Fließband, Flugzeug, Freizeit, Führer, Friedensbewegung, Fundamentalismus, Gen, Globalisierung, Holocaust, Image, Inflation, Information, Jeans, Jugendstil, Kalter Krieg, Kaugummi, Klimakatastrophe, Kommunikation, Konzentrationslager, Kreditkarte, Kugelschreiber, Luftkrieg, Mafia, Manipulation, Massenmedien, Molotow-Cocktail, Mondlandung, Oktoberrevolution, Panzer, Perestroika, Pille, Planwirtschaft, Pop, Psychoanalyse, Radar, Radio, Reißverschluss, Relativitätstheorie, Rock 'n' Roll, Satellit, Säuberung, Schauprozess, Schreibtischtäter, Schwarzarbeit, Schwarzer Freitag, schwul, Selbstverwirklichung, Sex, Soziale Marktwirtschaft, Single, Sport, Sputnik, Star, Stau, Sterbehilfe, Stress, Terrorismus, U-Boot, Umweltschutz, Urknall, Verdrängung, Vitamin, Völkerbund, Völkermord, Volkswagen, Währungsreform, Weltkrieg, Wende, Werbung, Wiedervereinigung, Wolkenkratzer.

Zit. nach: 100 Wörter des Jahrhunderts. Frankfurt/M. 1999, 2004

DEUTSCHLAND NACH DEM KRIEG

Als 1945 der Zweite Weltkrieg zu Ende und die nationalsozialistische Diktatur beseitigt war, stellte sich die Frage: Wie soll es mit Deutschland weitergehen, welche Zukunft hat Deutschland? Für die alliierten Siegermächte war es keine leichte Aufgabe, darauf Antworten zu finden, zumal sie auch unterschiedliche Interessen hatten. Die meisten Deutschen hatten angesichts zerstörter Städte, des Flüchtlingselends, der Trauer um Angehörige und drückender Not oft nur das Ziel, zu überleben und die eigene Existenz zu sichern. Mit Politik wollten die wenigsten etwas zu tun haben. Doch auch für sie stellten sich Fragen nach Schuld und Verantwortung des Einzelnen und nach dem Willen, ein neues Deutschland aufzubauen. Unter diesen Voraussetzungen wurden in den Jahren bis 1949 die Weichen gestellt für die 40 Jahre währende Geschichte zweier deutscher Staaten.

Plakat aus Köln, 1945

„Trümmerfrauen" räumen in den zerstörten Städten auf, 1945

Private Suchanzeige, 1945

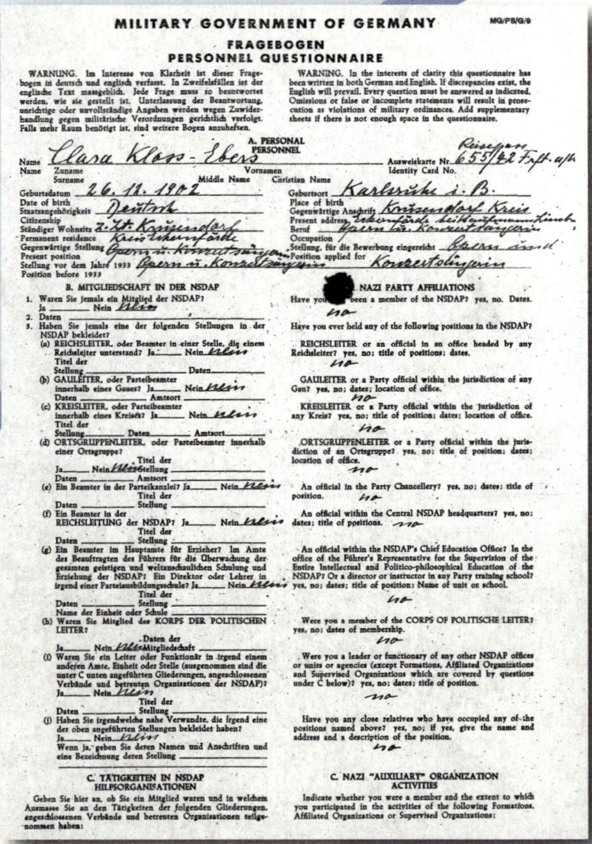

MILITARY GOVERNMENT OF GERMANY MG/PS/G/9

FRAGEBOGEN
PERSONNEL QUESTIONNAIRE

WARNUNG. Im Interesse von Klarheit ist dieser Fragebogen in deutsch und englisch verfasst. In Zweifelsfällen ist der englische Text massgeblich. Jede Frage muss so beantwortet werden, wie sie gestellt ist. Unterlassung der Beantwortung, unrichtige oder unvollständige Angaben werden wegen Zuwiderhandlung gegen militärische Verordnungen gerichtlich verfolgt. Falls mehr Raum benötigt ist, sind weitere Bogen anzuheften.

WARNING. In the interests of clarity this questionnaire has been written in both German and English. If discrepancies exist, the English will prevail. Every question must be answered as indicated. Omissions or false or incomplete statements will result in prosecution as violations of military ordinances. Add supplementary sheets if there is not enough space in the questionnaire.

A. PERSONAL
PERSONNEL

Name / Name: Clara Kloss-Ebers — Zuname / Surname — Middle Name — Vornamen / Christian Name
Ausweiskarte Nr. / Identity Card No.: Reisepass 655/42 Frft. a/M.
Geburtsdatum / Date of birth: 26. 11. 1902
Geburtsort / Place of birth: Karlsruhe i. B.
Staatsangehörigkeit / Citizenship: Deutsch
Gegenwärtige Anschrift / Present address: Krusendorf Kreis Eckernförde
Ständiger Wohnsitz / Permanent residence: z. Zt. Krusendorf Kreis Eckernförde
Beruf / Occupation: Opern u. Konzertsängerin
Gegenwärtige Stellung / Present position: Opern u. Konzertsängerin
Stellung, für die Bewerbung eingereicht / Position applied for: Opern und Konzertsängerin
Stellung vor dem Jahre 1933 / Position before 1933: Opern u. Konzertsängerin

B. MITGLIEDSCHAFT IN DER NSDAP

1. Waren Sie jemals ein Mitglied der NSDAP? Ja ___ Nein nein
2. Daten ___
3. Haben Sie jemals eine der folgenden Stellungen in der NSDAP bekleidet?
(a) REICHSLEITER, oder Beamter in einer Stelle, die einem Reichsleiter unterstand? Ja ___ Nein nein
Titel der Stellung ___ Daten ___
(b) GAULEITER, oder Parteibeamter innerhalb eines Gaues? Ja ___ Nein nein
Daten ___ Amtsort ___
(c) KREISLEITER, oder Parteibeamter innerhalb eines Kreises? Ja ___ Nein nein
Titel der Stellung ___ Daten ___ Amtsort ___
(d) ORTSGRUPPENLEITER, oder Parteibeamter innerhalb einer Ortsgruppe?
Ja ___ Nein nein Titel der Stellung ___
Daten ___ Amtsort ___
(e) Ein Beamter in der Parteikanzlei? Ja ___ Nein nein
Daten ___ Titel der Stellung ___
(f) Ein Beamter in der REICHSLEITUNG der NSDAP? Ja ___ Nein nein
Daten ___ Titel der Stellung ___
(g) Ein Beamter im Hauptamte für Erzieher? Im Amte des Beauftragten des Führers für die Überwachung der gesamten geistigen und weltanschaulichen Schulung und Erziehung der NSDAP? Ein Direktor oder Lehrer in irgend einer Parteiausbildungsschule? Ja ___ Nein nein
Daten ___ Titel der Stellung ___
Name der Einheit oder Schule ___
(h) Waren Sie Mitglied des KORPS DER POLITISCHEN LEITER?
Ja ___ Nein nein Daten der Mitgliedschaft ___
(i) Waren Sie ein Leiter oder Funktionär in irgend einem anderen Amte, Einheit oder Stelle (ausgenommen sind die unter C unten angeführten Gliederungen, angeschlossenen Verbände und betreuten Organisationen der NSDAP)?
Ja ___ Nein nein
Daten ___ Titel der Stellung ___
(j) Haben Sie irgendwelche nahe Verwandte, die irgend eine der oben angeführten Stellungen bekleidet haben?
Ja ___ Nein nein
Wenn ja, geben Sie deren Namen und Anschriften und eine Bezeichnung deren Stellung ___

B. NAZI PARTY AFFILIATIONS

Have you [illegible] been a member of the NSDAP? yes, no. Dates. no

Have you ever held any of the following positions in the NSDAP?

REICHSLEITER or an official in an office headed by any Reichsleiter? yes, no; title of positions; dates. no

GAULEITER or a Party official within the jurisdiction of any Gau? yes, no; dates; location of office. no

KREISLEITER or a Party official within the jurisdiction of any Kreis? yes, no; title of position; dates; location of office. no

ORTSGRUPPENLEITER or a Party official within the jurisdiction of an Ortsgruppe? yes, no; title of position; dates; location of office. no

An official in the Party Chancellery? yes, no; dates; title of position. no

An official within the Central NSDAP headquarters? yes, no; dates; title of positions. no

An official within the NSDAP's Chief Education Office? In the office of the Führer's Representative for the Supervision of the Entire Intellectual and Politico-philosophical Education of the NSDAP? Or a director or instructor in any Party training school? yes, no; dates; title of position; Name of unit or school. no

Were you a member of the CORPS OF POLITISCHE LEITER? yes, no; dates of membership. no

Were you a leader or functionary of any other NSDAP offices or units or agencies (except Formations, Affiliated Organizations and Supervised Organizations which are covered by questions under C below)? yes, no; dates; title of position. no

Have you any close relatives who have occupied any of the positions named above? yes, no; if yes, give the name and address and a description of the position. no

C. TÄTIGKEITEN IN NSDAP HILFSORGANISATIONEN

Geben Sie hier an, ob Sie ein Mitglied waren und in welchem Ausmasse Sie an den Tätigkeiten der folgenden Gliederungen, angeschlossenen Verbände und betreuten Organisationen teilgenommen haben:

C. NAZI "AUXILIARY" ORGANIZATION ACTIVITIES

Indicate whether you were a member and the extent to which you participated in the activities of the following Formations, Affiliated Organizations or Supervised Organizations:

Fragebogen zur Entnazifizierung in der britischen Besatzungszone, 1946

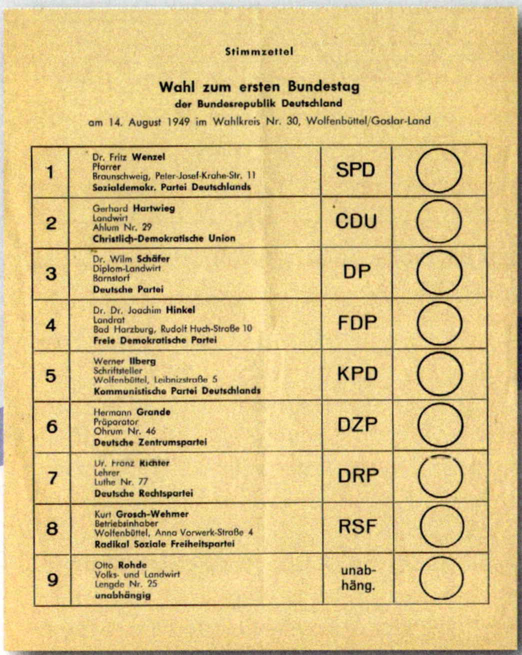

Stimmzettel

Wahl zum ersten Bundestag
der Bundesrepublik Deutschland
am 14. August 1949 im Wahlkreis Nr. 30, Wolfenbüttel/Goslar-Land

1	Dr. Fritz **Wenzel** Pfarrer Braunschweig, Peter-Josef-Krahe-Str. 11 **Sozialdemokr. Partei Deutschlands**	SPD	◯
2	Gerhard **Hartwieg** Landwirt Ahlum Nr. 29 **Christlich-Demokratische Union**	CDU	◯
3	Dr. Wilm **Schäfer** Diplom-Landwirt Barnstorf **Deutsche Partei**	DP	◯
4	Dr. Dr. Joachim **Hinkel** Landrat Bad Harzburg, Rudolf Huch-Straße 10 **Freie Demokratische Partei**	FDP	◯
5	Werner **Ilberg** Schriftsteller Wolfenbüttel, Leibnizstraße 5 **Kommunistische Partei Deutschlands**	KPD	◯
6	Hermann **Grande** Präparator Ohrum Nr. 46 **Deutsche Zentrumspartei**	DZP	◯
7	Dr. Franz **Richter** Lehrer Luthe Nr. 77 **Deutsche Rechtspartei**	DRP	◯
8	Kurt **Grosch-Wehmer** Betriebsinhaber Wolfenbüttel, Anna Vorwerk-Straße 4 **Radikal Soziale Freiheitspartei**	RSF	◯
9	Otto **Rohde** Volks- und Landwirt Lengde Nr. 25 **unabhängig**	unab- häng.	◯

Adenauers Vereidigung am 20. September 1949

Wahlzettel zur ersten Bundestagswahl 1949

Gründung der DDR am 7. Oktober 1949

Das besetzte Deutschland
Karte aus der amerikanischen Besatzungszone, 1945–1949

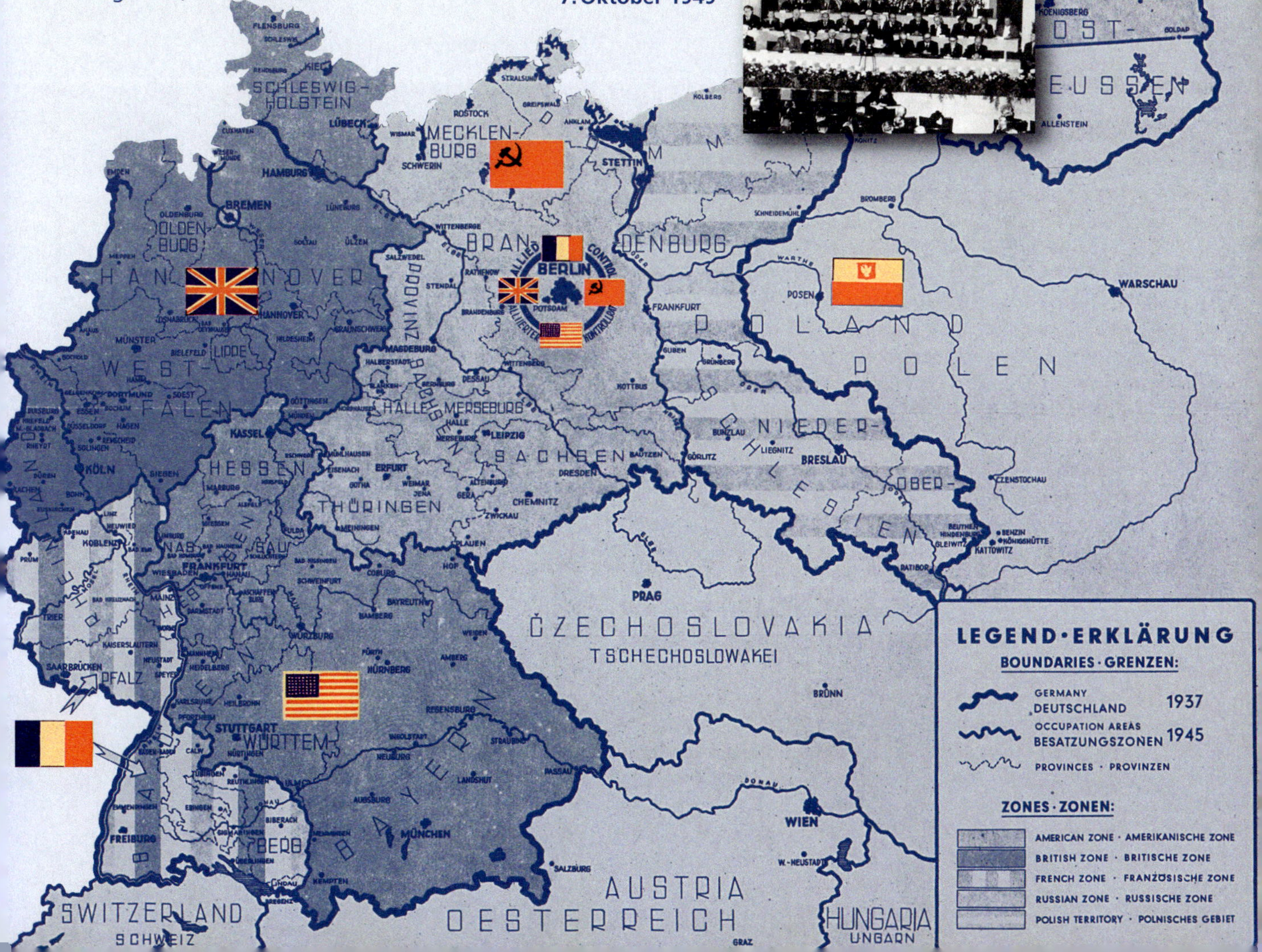

Eine „Zusammenbruchsgesellschaft" versucht zu überleben

Das Ende des Krieges, der Zusammenbruch der nationalsozialistischen Diktatur und der Beginn der alliierten Besatzungsherrschaft wurden von den meisten Deutschen als eine Zeit wahrgenommen, in der das Chaos herrschte. Fast alle waren aus der Bahn ihres bisherigen Lebens geworfen worden. Historiker sprechen von einer „Zusammenbruchsgesellschaft", die sich ganz neu orientieren musste. Anhand der folgenden Bilder und Texte kannst du herausfinden, wie es den Menschen unmittelbar nach dem Krieg erging, wie sie ihr Überleben organisierten, welche Sorgen und Nöte sie hatten, aber auch, wie sie wieder neue Hoffnungen schöpften.

Q1 Köln im Juni 1945

Der englische Schriftsteller Stephen Spender (1909–1995) war von Juni 1945 bis März 1946 durch Deutschland gereist. 1946 beschreibt er seine Eindrücke:

In Hagen schon hatte ich große Zerstörungen gesehen (...). Erst in Köln aber wurde mir bewusst, was totale Zerstörung bedeutete. Beim ersten Durchfahren schien es mir, als sei dort auch nicht ein einziges Haus übrig geblieben. Noch stehen zwar viele Mauern, aber sie sind wie dünne Masken vor der feuchten, hohlen, stinkenden Leere ausgewaideter Innenräume. Ganze Straßenzüge, von denen nur noch die Mauern der Häuser stehen, sind schrecklicher als Straßen, die dem Erdboden gleich sind. Sie sind unheimlicher und bedrückender.

Tatsächlich sind nur wenige Häuser Kölns bewohnbar geblieben, insgesamt vielleicht dreihundert, wie man mir sagt. Von einer Straße geht man in die andere mit Häusern, deren Fenster hohl und geschwärzt wirken – wie die offener Münder verkohlter Leichen. Hinter diesen Fenstern gibt es nichts mehr außer Decken, Möbeln, Teppichfetzen, Büchern; alles zusammen ist in die Keller der Häuser abgestürzt und liegt dort zusammengepresst zu einer feuchten Masse.

Durch die Straßen Kölns schleppen sich tagein, tagaus Tausende von Menschen; dieselben, die noch vor wenigen Jahren die Straßen dieser Stadt bevölkerten und an den Schaufenstern entlang bummelten oder vor den Kinos warteten, in die Oper gingen oder sich ein Taxi herbeiwinkten; dieselben, die einst ganz normale Bürger einer großen Stadt waren (...).

Jetzt bedarf es großer Phantasie, sich des Kölns zu erinnern, das ich vor zehn Jahren so gut kannte. Nichts ist mehr da. (...) Die Menschen, die dort leben, scheinen gar nicht zu Köln zu gehören. Sie gleichen vielmehr einem Stamm von Nomaden, die inmitten einer Wüste eine Ruinenstadt entdeckt und dort ihr Lager aufgeschlagen haben, in ihren Kellern hausen und zwischen den Trümmern nach Beute suchen (...).

Die große Stadt sieht wie ein Leichnam aus und stinkt auch so, von all dem nicht weggeräumten Müll, all den Leichen, die immer noch unter Bergen von Schutt und Eisen begraben liegen. Und obwohl die Straßen teilweise geräumt sind, gibt es noch viele Krater, und einige der Nebenstraßen sind unpassierbar. Immer noch gibt es ganze Landschaften völlig unberührter Ruinenfelder. (...)

Die Wirkung dieser Leichenstädte ist tief entmutigend und ergreift jeden, der in Deutschland lebt und arbeitet, die Besatzungsmächte ebenso wie die Deutschen. Die Zerstörung ist ernst in mehr als nur einem Sinn.

St. Spender, Deutschland in Ruinen. Ein Bericht. Frankfurt a. M. 1998, S. 36-39.

Q2 Flüchtlingsfrau in Köln, 1945

Q3 Nachkriegsleben auf dem Dorf

Ein Zeitzeuge (geb. 1937) erinnert sich:

Von schwerer Jugend nach 1945 ist häufig die Rede. Ich habe diese Zeit demgegenüber als besonders aufregend durchaus positiv in Erinnerung. Bei uns auf dem Hof und Häusern drumherum waren circa 100 Flüchtlinge einquartiert, darunter 28 Kinder und Jugendliche. So viele hat es dort weder vorher noch nachher wieder gegeben. Wir waren ständig draußen, beobachteten Bauern, die schwarz [verboten] schlachteten, Liebespaare, die heimlich in die Scheune gingen, Landser [einfache Soldaten], die Papiere oder ihre Munition im Moor versteckten, wo wir unsere Bude hatten, oder Orden und Uniformlitzen verschwinden ließen, um sich „ziviler" zu machen. Wir wussten also meistens vor den Erwachsenen, wo Gewehre, Patronen oder Handgranaten lagen, einmal fanden wir sogar eine Panzerfaust. All das haben wir heimlich gesammelt und gehortet.
Manchmal machten wir damit etwas mehr. (...) Ein Junge verlor bei dem Versuch, möglichst spät und möglichst genau ein Eichhörnchen zu treffen, seine Hand, später sogar seinen Arm, weil der sich entzündet hatte. Mein Vater bekam das glücklicherweise nicht mit. Mit Waffen war er sehr streng.

Zit. nach: A. v. Plato, A. Leh, Ein unglaublicher Frühling. Erfahrene Geschichte im Nachkriegsdeutschland 1945–1948. Bonn 1997, S. 247ff.

Q5 Drei Frauen in Köln beim Kohlenklau im bitterkalten Nachkriegswinter 1946/47

Q4 Nachkriegsleben in der Stadt

Hannelore König, geboren 1934, erinnert sich an ihre Kindheit 1945:

Meine Mutter hatte für uns eine eigene Wohnung organisiert, die der Frau des Lehrers gehörte. Sie ist in eine 1-Zimmer-Wohnung gezogen und wir haben ihr dafür Brot, Mohrrüben, Butter und Zucker geschenkt. Die Hausbesitzerin mussten wir ebenfalls mit Naturalien bestechen. Wir sind eingezogen und hatten erstmals ein Dach über den Kopf, Säcke vor den Türen und ein Bett. Wir hausten alle zusammen in der Küche.
Mutter musste als Trümmerfrau arbeiten. Wir gingen manchmal mit, um Holz aus den Trümmern zu holen. Das war sehr gefährlich, aber wir hatten ja nichts zu heizen. Nachts sind wir, und das haben alle gemacht, Kohlen klauen gegangen am Bahnhof. Und ich bin mit meiner Oma in den Wald gefahren. Dort haben wir Holz gelesen.

Zit. nach: S. Meyer, E. Schulze, Wie wir das alles geschafft haben. München 1988, S. 122 f.

Q6 Ein amerikanischer Soldat bringt Kindern die Regeln des American Football bei. Foto vom September 1946.

Q7 Menschen fahren zum „Hamstern" aufs Land, 1946

Q8 Die Kartoffeltrecks

Aus der „Stuttgarter Zeitung", Juni 1946:

Quer durch die britisch besetzte Zone Deutschlands (...) geht seit vielen Wochen ein seltsamer Zug vor sich, der in seiner Unbeirrbarkeit an die Gesetzmäßigkeit des Vogelzuges erinnert. Auch die Menschen, die hier ziehen, folgen einem Gesetz: dem Gesetz des Hungers und der Not. Eigentlich „steigt" man nicht in den Zug. Man stürmt den Zug. (...Die Menschen) stehen viele Stunden im rüttelnden Zug, (...) sie kommen tagelang nicht aus den Kleidern, sie müssen Stolz und Scham in sich niederzwingen, wenn sie von Hof zu Hof gehen, und sie fühlen sich mit ihren Kartoffeln nicht sicher, ehe sich die Wohnungstür hinter ihnen geschlossen hat. (...) Die Bauern gaben. Zuerst viel, dann immer weniger. Die Bäuerin teilte es ein, sie gab jedem ein paar Pfund. (...) Und wenn unter ein paar hundert (Menschen) einer ist, der etwa die Fahrt macht, um die Kartoffeln auf dem Schwarzen Markt zu verschieben – die Kartoffelsucher wären die ersten, die ihn steinigten, wenn sie wüssten, dass da ein Bandit aus ihrer Not ein Geschäft macht.

Zit. nach: H. Schlange-Schöningen, Im Schatten des Hungers. Hamburg 1955, S. 69–71.

Q9 Schwarzmarkt, 1946

Hier wurde Ware gegen Ware getauscht. Schuhe gehörten zu den Kostbarkeiten der Nachkriegszeit. Zigaretten ersetzten das Geld als Währung. Obwohl das Schwarzhandeln streng verboten war und die Polizei scharf kontrollierte, konnte es auf Grund des Hungers und der Not nie vollständig unterbunden werden. Für entsprechende Gegenwerte war fast alles zu haben.

Q10 Titelblatt der satirischen Zeitschrift „Ulenspiegel", Januar 1946

Unter der Zeichnung steht: „Die Menschen werden immer schlechter, sie sind einfach zu faul, auf den Schwarzen Markt zu gehen … lieber verhungern sie."

Die amerikanischen Besatzer zwingen die Weimarer Bevölkerung, das KZ Buchenwald zu besichtigen, 1945 Q11

Q12 Hilfe für Überlebende eines Konzentrationslagers

Aus dem Tagebuch des britischen Besatzungsoffiziers Basil N. Reckitt:

Freitag, den 13. April 1945

Vom Stab des Korps kam an uns der Befehl, Verpflegung zu einem Konzentrationslager in einem Ort namens Hunswinkel zu transportieren. (...) Ein einarmiger belgischer Priester begrüßte uns in seiner Rolle als Lagerführer. Die Gestapo-Wachen waren geflohen (...). Im Lager waren noch einige der ursprünglichen Insassen verblieben, die wegen geringfügiger politischer Verbrechen oder nur, weil sie jüdische Blutsverwandte hatten, dort waren. (...) Einige waren so abgemagert, dass über ihren Knochen statt Fleisch nur noch Haut war. Sie waren gerade noch in der Lage zu laufen, ganz langsam und mit wackelndem, unsicherem Gang. Dr. Junkers [der deutsche Arzt, den Reckitt mitgebracht hatte] tat, was er konnte. Er war aber der Ansicht, dass einige von ihnen noch sterben würden. Er war entsetzt über das, was er sah. Wie echt jedoch seine zur Schau gestellten Gefühle waren, konnte ich nicht beurteilen. Er war bei der Wehrmacht mehrere Jahre lang an der russischen Front gewesen und wurde, wie er mir erzählte, zurückgeschickt, weil man seine politische Einstellung als unzuverlässig ansah. Er war intelligent, sprach perfekt Englisch, und ich hatte keine Zweifel daran, dass er ein tüchtiger Arzt war. Ich konnte aber nicht vergessen, wie schlecht die Russen in einem seiner Hospitäler behandelt wurden. Wie so viele andere Deutsche betrachtete auch er die östlichen Russen nicht als vollwertige Menschen. (...)

Dienstag, den 17. April 1945

Auf der Rückfahrt machten wir einen Umweg, um zwei der Insassen bei sich zu Hause abzusetzen. Eine der Frauen war so schwach, dass zwei Soldaten sie praktisch in ihr Haus tragen mussten. Das Wiedersehen mit ihrer Familie, von der sie anfänglich kaum erkannt wurde, war erschütternd. Sie war zwei Jahre lang fort gewesen.

Zit.nach: A. v. Plato/A. Leh, Ein unglaublicher Frühling. Erfahrene Geschichte im Nachkriegsdeutschland 1945–1948. Bonn 1997, S. 214f.

Fragen und Anregungen

1. Erläutere die Beobachtungen und Befürchtungen Spenders und diskutiert mögliche Auswirkungen der Zerstörungen auf das zukünftige Leben und Verhalten der Menschen (Q1).
2. Versetze dich in die Rolle der Frau in Q2. Welche Gedanken könnten ihr durch den Kopf gehen?
3. Erkläre, wieso die Zeit nach 1945 für viele Kinder mit besonderen Belastungen, aber auch mit besonderen Freiheiten verbunden war (Q3, 4 und 6).
4. Stelle Vermutungen an, wie das Verhältnis zwischen den in Q6 abgebildeten Kindern und den amerikanischen Soldaten war. Welche Meinung könnten die Eltern der Kinder dazu vertreten haben?
5. Die Frauen auf dem Foto Q5 begehen eine Straftat. Wie könnten sie sich rechtfertigen?
6. Erkläre mithilfe von Q7–9, wie die Menschen versuchten, die drückendste Not zu überwinden.
7. Beschreibe die Karikatur Q10 und entschlüssele deren Aussage.
8. Nenne Gründe für die Entscheidung der Amerikaner, die Einwohner Weimars zur Besichtigung des KZ zu zwingen. Wie könnten diese reagiert haben (Q11)?
9. Verfasse ein Gespräch zwischen dem britischen Besatzungsoffizier und dem deutschen Arzt über die Verbrechen zwischen 1933 und 1945 (Q12).

1. Was soll aus Deutschland werden?

7.–9. Mai 1945	Das Deutsche Reich kapituliert bedingungslos. In Europa endet der Krieg.
Juni/Juli 1945	Die Alliierten übernehmen die Regierungsmacht. Es werden vier Besatzungszonen eingerichtet.
17.7.–2.8.1945	Auf der Potsdamer Konferenz verhandeln die Siegermächte über die Zukunft Deutschlands.

Die Besatzungsherrschaft beginnt

Mit der bedingungslosen Kapitulation des Deutschen Reiches am 7.–9. Mai 1945 endete der Krieg in Europa. Über Aushänge und Rundfunkdurchsagen der amerikanischen, britischen, französischen und sowjetischen Besatzungsmächte wurden die Deutschen informiert, dass das Land in vier Besatzungszonen und die Hauptstadt Berlin in vier Sektoren aufgeteilt wird. Am 5. Juni 1945 unterzeichneten die Oberbefehlshaber der vier Besatzungsmächte in einem Landhaus am Stadtrand von Berlin die sog. „Berliner Erklärung". Darin verkündeten sie feierlich die Übernahme der obersten Regierungsgewalt in Deutschland, einschließlich aller Befugnisse der deutschen Regierung und des Oberkommandos der Wehrmacht.

Atlantik-Charta und Kriegskonferenzen der Alliierten

Bereits während des Krieges hatten die Alliierten über eine europäische Nachkriegsordnung beraten. Im August 1941 verkündeten der englische Premierminister Winston Churchill und der amerikanische Präsident Franklin D. Roosevelt die Ziele ihrer zukünftigen Politik. Diese „Atlantik-Charta", zu deren Grundsätzen sich später auch die Sowjetunion bekannte, bildete die politische Grundlage der alliierten Drei-Mächte-Kriegskoalition.

Die Alliierten fassten während des Krieges jedoch keine konkreten Beschlüsse für die Zeit nach Kriegsende. Die Erfordernisse der aktuellen Kriegsführung überwogen. Im Februar 1945 trafen die drei Großmächte auf der Konferenz von Jalta erstmals Entscheidungen darüber, wie mit dem besiegten Deutschland umgegangen werden sollte: Das Deutsche Reich sollte nicht in Einzelstaaten aufgeteilt werden, allerdings sollte Österreich wieder selbständig werden. Polen wurde ein Teil der deutschen Ostgebiete zugesprochen und zur Wiedergutmachung der Kriegsschäden waren umfangreiche Reparationslieferungen vorgesehen. Konkrete Vereinbarungen zu diesen Punkten erfolgten jedoch noch nicht. Das sollte erst auf einer gemeinsamen Konferenz nach dem Sieg über Deutschland geschehen.

Die Potsdamer Konferenz

Im Juli 1945 begannen in Potsdam die Verhandlungen zwischen Großbritannien, der USA und der Sowjetunion, Frankreich durfte nicht teilnehmen. Die Potsdamer Konferenz hatte zum Ziel, Lösungen für die wichtigsten politischen, territorialen und wirtschaftlichen Probleme im Nachkriegseuropa auszuarbeiten sowie den Krieg in Asien zu beenden. Um die weltweite Zusammenarbeit der Alliierten auch in Zukunft fortzusetzen, wurde ein „Rat der Außenminister" gegründet. Ihm sollten auch je ein Vertreter Chinas und Frankreichs angehören. Man sah vor, sich regelmäßig zu treffen und über alle wichtigen internationalen Fragen zu beraten. Jedoch erwies sich bereits in Potsdam das Klima als frostig. Seit dem Frühjahr 1945 hatten sich Meinungsverschiedenheiten zwischen den USA und der UdSSR über die Zukunft Osteuropas, insbesondere Polens, entwickelt: Die Sowjetunion betrachtete Osteuropa als rechtmäßiges Einflussgebiet und begann dort mit dem Aufbau kommunistischer Regierungen. Das lehnten die Vereinigten Staaten ab, die auf dem in

der Atlantik-Charta formulierten Selbstbestimmungsrecht der Völker bestanden und freie Wahlen forderten. Andererseits fühlte sich die Sowjetunion brüskiert, da die Vereinigten Staaten nach dem 8. Mai 1945 sofort alle Unterstützungslieferungen eingestellt hatten. So wurden beispielsweise Frachter mit Hilfsgütern noch auf hoher See zurückgerufen.
Einer der wichtigsten Beratungspunkte der Konferenz war die Frage, wie das besiegte Deutschland zu behandeln sei. Einig waren sich die Konferenzteilnehmer darüber, dass Deutschland vollständig entmilitarisiert und der Nationalsozialismus ausgerottet werden müsse. Der politische Neubeginn sollte auf demokratischer Grundlage erfolgen. Zudem wurde beschlossen, das Land politisch und wirtschaftlich zu dezentralisieren.
Problematisch war, dass die USA, Großbritannien und die UdSSR sich zwar einig darin waren, wie Deutschland in Zukunft nicht mehr sein sollte, dass sie aber über seine künftige politische Rolle unvereinbare Vorstellungen hatten. An zwei solchen konkreten Problemen drohte die Konferenz schließlich zu scheitern.

Streitpunkt Reparationen

Die Alliierten kamen überein, dass Deutschland für die Kriegszerstörungen aufkommen müsse. Die Sowjetunion forderte, dass Deutschland insgesamt 20 Milliarden Dollar an Reparationen zahlen sollte, die Hälfte davon an die UdSSR. Diese Festlegung einer konkreten Summe lehnten die Vereinigten Staaten und Großbritannien kategorisch ab. Beide wollten eine Situation wie nach dem Ersten Weltkrieg vermeiden, als das besiegte Deutschland zu einer Zahlung von mehr als 100 Milliarden Goldmark an Reparationen verpflichtet worden war, diese gewaltige Summe jedoch niemals aufbringen konnte, so dass die USA Deutschland schließlich sogar Kredite gab, damit überhaupt Zahlungen flossen: Die Kuh, die Milch geben sollte,

D1 Das besetzte Deutschland

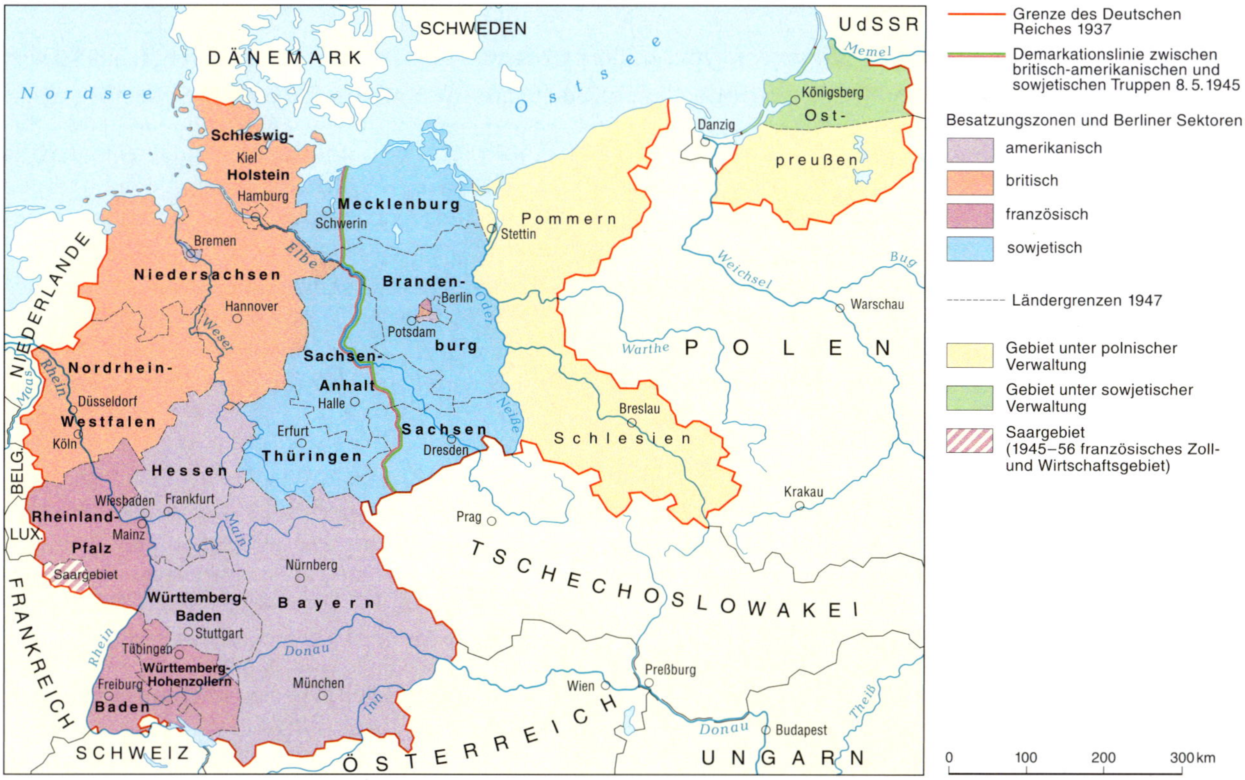

Potsdamer Konferenz, Juli 1945 Q1

Premierminister Churchill (GB), Präsident Truman (USA) und Generalsekretär Stalin (UdSSR). Im kriegszerstörten Berlin waren keine geeigneten Räumlichkeiten zu finden, deswegen wich man nach Potsdam aus. Für das Schloss Cecilienhof entschied man sich auch, weil man den gemeinsamen Sitzungssaal durch drei Türen gleichzeitig betreten konnte. Nach den britischen Parlamentswahlen wurde Churchill noch während der Konferenz vom neuen Premierminister Attlee abgelöst.

müsse auch gefüttert werden, so die amerikanische Argumentation. Für die Sowjetunion sah die Lage anders aus. Das eigene Land war zu großen Teilen völlig zerstört, und eine Rücksichtnahme auf Deutschlands Leistungsfähigkeit war undenkbar. Die Ablehnung einer fest vereinbarten Summe wertete Stalin als ein Versuch, die Sowjetunion um ihren gerechten Anteil zu betrügen.

Streitpunkt deutsche Ostgrenze

Der zweite Hauptstreitpunkt betraf die zukünftige deutsche Ostgrenze. Während des Krieges war vereinbart worden, dass die Sowjetunion einen Teil der Ostgebiete Polens erhalten und Polen im Gegenzug dafür mit deutschen Gebieten im Norden und Westen entschädigt werden sollte. Ohne Rücksprache hatte die UdSSR jedoch bereits einen Großteil der deutschen Gebiete östlich der Oder und der (westlichen) Neiße unter polnische Verwaltung gestellt – Gebiete, in denen vor dem Krieg mehr als neun Millionen Deutsche gelebt hatten. Von diesen waren im August 1945 noch ca. die Hälfte in ihrer Heimat geblieben. Diese Grenzziehung lehnten die beiden Westmächte ab. Sie befürchteten, dass die deutsche Landwirtschaft nach dem Verlust der Ostgebiete nicht mehr genügend Nahrungsmittel produzieren würde und sie deswegen für mehrere Millionen Deutsche in ihren Besatzungszonen aufkommen müssten.

Ein Kompromiss zwischen den USA und der UdSSR

Schließlich gelang es dem amerikanischen Außenminister Byrnes, einen Kompromiss zu vermitteln: Auf eine Festlegung der geforderten 20 Milliarden Dollar an Reparationen sollte verzichtetet werden. Alle Besatzungsmächte sollten das Recht erhalten, ihren Reparationsbedarf zunächst aus ihrer Besatzungszone frei zu decken. Außerdem sollte die Sowjetunion ein Viertel der Reparationen erhalten, die in den westlichen Zonen entnommen würden. Im Gegenzug würden die Vereinigten Staaten der Sowjetunion in der Grenzfrage entgegenkommen und zustimmen, dass alle deutschen Gebiete östlich der Oder/Neiße-Linie unter polnische Verwaltung gestellt würden. Damit akzeptierten die USA auch die Vertreibung der Deutschen. Eine endgültige Festlegung der deutschen Ostgrenze könnte jedoch erst in

einem später auszuhandelnden Friedensvertrag erfolgen. Diesem Kompromissvorschlag stimmte die Sowjetunion schließlich zu. Das Scheitern der Konferenz war damit abgewendet. Am 2. August 1945 wurde ein gemeinsames Kommuniqué, d.h. eine diplomatische Erklärung über die Ergebnisse der Potsdamer Konferenz veröffentlicht. Diese Erklärung wurde von der Sowjetunion später als völkerrechtlicher Vertrag gedeutet, denn ein offizieller Friedensvertrag mit Deutschland kam nicht mehr zustande. Tatsächlich wurde das Potsdamer Kommuniqué als gemeinsame Absichtserklärung durch die gegensätzliche Entwicklung in Ost und West später nahezu bedeutungslos.

Flucht und Vertreibungen

Die Festlegungen von Potsdam besiegelten das Schicksal unzähliger Deutscher in Ost- und Südosteuropa. Bereits in den letzten Kriegsmonaten waren Millionen von Deutschen vor den vorrückenden sowjetischen Soldaten aus den Ostgebieten des Deutschen Reiches geflohen. Es herrschte Chaos; Familien wurden getrennt und viele Menschen kamen ums Leben. Viele waren aber auch in ihrer Heimat geblieben. Doch im Sommer 1945 begann eine systematische und rücksichtslose Massenvertreibung der deutschen Bevölkerung. Aus den ehemaligen Gebieten des Deutschen Reiches östlich der Flüsse Oder und Neiße sowie aus anderen Staaten Ost- und Südosteuropas verloren fast 12 Millionen Menschen ihre Heimat. Sie büßten ihren gesamten Besitz ein, nicht nur ihre Häuser und Wohnungen, und wurden mit zum Beispiel Güterzügen in den Westen transportiert. Anfang Januar 1948 lebten in den vier Besatzungszonen daher mehr als 10 Millionen Flüchtlinge und Vertriebene. Für diese gab es oft keinen Wohnraum, keine Arbeit und sie sahen sich Misstrauen und Anfeindungen von vielen Seiten ausgesetzt. Wenn es keine Rückkehr geben würde, dann mussten die Flüchtlinge und Vertriebenen integriert werden. Eine Aufgabe, die viele Jahre in Anspruch nehmen sollte.

Q2 Flüchtlingstreck
Obwohl die Ausweisung der Deutschen in „ordnungsgemäßer und humaner Weise" erfolgen sollte, wurden viele gewaltsam vertrieben. In kurzer Zeit durften sie gerade das Nötigste zusammenpacken und mitnehmen.

Das „Potsdamer Abkommen"

In den Verhandlungen von Potsdam ging es auch um die künftige Gestalt Deutschlands. Dazu gibt das Abschlussprotokoll der Konferenz Antworten. Es ist daher eine wichtige historische Quelle.
Historiker haben es mit einer Vielzahl von unterschiedlichen Schriftquellen zu tun. Diese reichen von privaten Briefen und Tagebucheintragungen über Zeitungsartikel und öffentlichen Verlautbarungen bis hin zu geheimen oder öffentlichen Regierungspapieren. Eine wichtige Gruppe bilden alle Formen amtlicher Dokumente. Amtliche Dokumente enthalten eine offizielle Position eines Staates bzw. von dessen rechtmäßiger Regierung und nicht Äußerungen einer Privatperson oder eines privaten Unternehmens. Sie sind von großer Bedeutung, da nur aus ihnen zuverlässige Aussagen über die Politik eines Staates zu erhalten sind – im Unterschied zu z. B. persönlichen Urteilen von Beteiligten. Zu den amtlichen Dokumenten gehören Regierungserklärungen, offizielle Presseerklärungen und eben auch z. B. das Protokoll der Potsdamer Konferenz, von dem hier ein Abschnitt über die Zukunft Deutschlands ausgewertet wird.

Methodische Arbeitsschritte:

1. Nenne Urheber und Adressat des Dokuments und kläre, welchen rechtlichen Status es hatte.
2. Arbeite die zentralen Aussagen heraus.
3. Interpretiere die Aussagen des Dokuments (z. B.: Welche Inhalte wurden ausgeklammert? Für wen war das Dokument vorteilhaft?) und notiere, zu welchen Fragen du zusätzliche Informationen benötigst.
4. Fasse die Gesamtaussage des Dokuments zusammen und äußere deine Meinung dazu.

Das als „Potsdamer Abkommen" bekannte Dokument ist eine Kurzfassung des „Protocol of Proceedings", in dem die Beschlüsse, Vereinbarungen und Absichtserklärungen der drei Regierungschefs festgehalten sind. Unmittelbar nach dem Ende der Verhandlungen wurde die hier verwendete Kurzfassung veröffentlicht. Ein solches Protokoll enthält damit nur die Ergebnisse der Gespräche der Staats- und Regierungschefs auf der Konferenz. Es ist kein völkerrechtlicher Vertrag.

In dem hier abgedruckten Teil werden die ausgehandelten politischen und wirtschaftlichen Grundsätze nach denen Deutschland zukünftig behandelt werden soll, festgehalten. Es ist zu erkennen, worüber sich die Alliierten einig waren: Es handelt sich hierbei um die „vier großen D": Demilitarisierung, Denazifizierung, Dezentralisierung und Demokratisierung. Es wird aber auch deutlich, dass es unterschiedliche Interessen gab, wie z. B. im Bereich der Wirtschaft und der Reparationen. Über viele Einzelheiten, wie ein künftiges Deutschland aussehen sollte, herrschte noch Verhandlungsbedarf. Die zukünftige Spaltung schimmert bereits durch den Vereinbarungstext hindurch.

An den Randbemerkungen lässt sich beispielhaft ablesen, wie man die Festlegungen interpretieren kann.

A. Politische Grundsätze

3. Die Ziele der Besetzung Deutschlands, durch welche der Kontrollrat sich leiten lassen soll, sind:

(I) Völlige Abrüstung und Entmilitarisierung Deutschlands und die Ausschaltung der gesamten deutschen Industrie, welche für eine Kriegsproduktion benutzt werden kann oder deren Überwachung. (...)

(II) Das deutsche Volk muss überzeugt werden, dass es eine totale militärische Niederlage erlitten hat und dass es sich nicht der Verantwortung entziehen kann für das, was es selbst dadurch auf sich geladen hat, dass seine eigene mitleidlose Kriegsführung und der fanatische Widerstand der Nazis die deutsche Wirtschaft zerstört und Chaos und Elend unvermeidlich gemacht haben.

Randbemerkung links: In diesen Punkten waren sich die Alliierten völlig einig: Deutschland sollten ein für allemal die Grundlagen für eine Kriegsführung entzogen werden. Die Verantwortung für das Nachkriegselend liegt bei den Deutschen selbst.

Randbemerkung rechts: Der Kontrollrat bestand seit dem 5. Juni 1945 (Berliner Deklaration).

Einigkeit: Deutschland muss rigoros entnazifiziert werden.

Die USA wollten ihr Wirtschaftssystem auf Deutschland übertragen. Die UdSSR kann zustimmen, da sie sowieso ihr eigenes Modell anstrebt.

Hier haben sich die USA mit ihrem Ziel der Begrenzung der Reparationen durchgesetzt.

Hier hat sich die UdSSR durchgesetzt: Damit stimmen die USA und GB der faktischen Abtrennung der Gebiete von Deutschland zu und damit auch der Vertreibung der dort lebenden Deutschen.

(III) Die Nationalsozialistische Partei mit ihren angeschlossenen Gliederungen und Unterorganisationen ist zu vernichten, (…) jeder nazistischen Betätigung und Propaganda ist vorzubeugen.

(IV) Die endgültige Umgestaltung des deutschen politischen Lebens auf demokratischer Grundlage und eventuelle friedliche Mitarbeit Deutschlands am internationalen Leben sind vorzubereiten. (…)

B. Wirtschaftliche Grundsätze

12. In praktisch kürzester Frist ist das deutsche Wirtschaftsleben zu dezentralisieren mit dem Ziel der Vernichtung der bestehenden übermäßigen Konzentration der Wirtschaftskraft, dargestellt insbesondere durch Kartelle, Syndikate, Trusts und andere Monopolvereinigungen. (…)

14. Während der Besatzungszeit ist Deutschland als eine wirtschaftliche Einheit zu betrachten. (…)

19. Die Bezahlung der Reparationen soll dem deutschen Volke genügend Mittel belassen, um ohne eine Hilfe von außen zu existieren. Bei der Aufstellung des Haushaltsplanes Deutschlands sind die nötigen Mittel für die Einfuhr bereitzustellen. (…)

IV. 1. Die Reparationsansprüche der UdSSR sollen durch Entnahmen aus der von der UdSSR besetzten Zone in Deutschland und durch angemessene deutsche Auslandsguthaben befriedigt werden. (…)

IX. Polen. (…) Bis zur endgültigen Festlegung der Westgrenze Polens [kommen] die früheren deutschen Gebiete östlich der [Oder/Neiße-Linie …] unter die Verwaltung des polnischen Staates [… und werden] in dieser Hinsicht nicht als Teil der sowjetischen Besatzungszone in Deutschland betrachtet. (…)

Hier erhält Deutschland eine Zukunftsperspektive. Aber: Was heißt „demokratisch“ aus amerikanischer bzw. aus sowjetischer Sicht? Jede Macht kann somit ihrer eigenen Deutung folgen!

Diese Aussage wird durch den hier folgenden Punkt IV. 1. z. T. wieder entwertet.

Vorteil für die UdSSR: Sie darf sich aus ihrer Zone „bedienen“ und kann so vielleicht doch noch die geforderten 10 Mrd. Dollar erreichen.

Fragen und Anregungen

1. Nenne Beispiele für amtliche und nichtamtliche Dokumente.
2. Untersuche den abgedruckten Abschnitt des „Potsdamer Abkommens“ genau und gib die einzelnen Bestimmungen mit deinen eigenen Worten wieder.
3. Interpretiere die einzelnen Vereinbarungen von Potsdam. Überlege beispielsweise, ob es sich um gegenseitige Zugeständnisse handelte, was die Vereinbarungen für die Vertrag schließenden Seiten bedeuteten, ob weitere Vereinbarungen notwendig wurden oder ob möglicherweise Streitpunkte durch unklare Aussagen hervorgerufen wurden.
4. Vergleiche deine Interpretation der Bestimmungen von Potsdam mit den Interpretationsvorschlägen auf dieser Doppelseite und lege deine Meinung zu den Potsdamer Vereinbarungen dar.
5. Diskutiert eure Interpretationsvorschläge und Meinungen zum Potsdamer Abkommen.
6. Untersuche Q3 auf S. 156 nach dem hier vorgegebenen Schema. Beziehe bei der Interpretation auch die Interessen der Sowjetunion ein.
7. Vergleiche die Ergebnisse von Potsdam mit denen der Pariser Friedensverhandlungen von 1919: Wie wurde mit den Besiegten umgegangen? Was wurde geregelt, was noch offen gelassen (vgl. S. 53–55)?

Q3 Grundsätze für eine bessere Zukunft der Welt?

In der Atlantik-Charta vom 14. August 1941 verkündeten Franklin D. Roosevelt und Winston S. Churchill:

1. Ihre Länder [GB und die USA] erstreben keinerlei Gebiets- und sonstige Vergrößerung. 2. Sie wünschen keine Gebietsveränderungen, die nicht mit den frei zum Ausdruck gebrachten Wünschen der betroffenen Völker übereinstimmen. 3. Sie anerkennen das Recht aller Völker, die Regierungsform zu wählen, unter der sie leben wollen und sie wünschen, dass denen souveräne Rechte und Selbstregierung zurückgegeben werden, die ihrer gewaltsam beraubt worden sind. (…). 5. Sie wünschen vollste Zusammenarbeit zwischen allen Nationen auf wirtschaftlichem Gebiet zu erreichen mit dem Ziel, für alle einen gehobenen Arbeitsstandard, wirtschaftlichen Fortschritt und soziale Sicherheit zu gewährleisten. 6. Sie hoffen, dass nach der endgültigen Zerstörung der Nazityrannei ein Friede geschaffen wird, der allen Nationen die Möglichkeit gibt, in Sicherheit innerhalb ihrer eigenen Grenzen zu leben, und der Gewähr dafür bietet, dass alle Menschen in allen Ländern der Welt ihr Leben frei von Furcht und Mangel leben können. 7. Ein solcher Friede sollte es allen Menschen ermöglichen, die Meere und Ozeane ungehindert zu überqueren. 8. Sie glauben, dass (…) alle Nationen der Welt dazu gelangen müssen, auf die Anwendung von Gewalt zu verzichten.

Zit. nach: K.-J. Ruhl (Hg.), Neubeginn und Restauration. München 1989, S. 11 f.

Q4 Vertreibung aus dem Sudetenland

Ein Bericht von Josephine M., der im Mai 1947 aufgezeichnet wurde:

Ich und mein 84-jähriger Mann wurden von den Tschechen im Mai 1945 in ein Lager zusammengetrieben. Mein Mann musste in einer 40 m tiefen Sandgrube schwer arbeiten, ohne Essen. Dabei wurden die Männer geschlagen. (…) Bevor wir fortmussten, erhängte sich der Bürgermeister von Ober-Gerspitz. S. ist sein Name. Eine Bauersfrau sprang aus Verzweiflung ins Wasser und wurde als Leiche gefunden. Ihr Name ist F. Eines Abends wurden wir ausgewiesen, ich habe ein stockhohes Haus, stand bei meinem Haus und durfte mir nicht einen Mantel oder ein Kleid holen. Notdürftig bekleidet mussten wir die ganze Nacht marschieren unter allen möglichen Schikanen. Die Tschechen schossen ohne Pausen, nächsten Tag hatten wir nur kurze Rast und mussten ohne Essen bis zur österreichischen Grenze. Da wurde mir noch das letzte Geld abgenommen. Viele Leute konnten diese Strapazen nicht ertragen, fielen nieder, da zeigten uns die Tschechen den Gummiknüppel und viele wurden geprügelt. (…) Wir kamen in der Nacht über die Grenze und mussten im Freien übernachten. (…) Ich sehne den Tag herbei und habe nur noch den einen Wunsch, unser geliebtes Sudentenland wieder unsere Heimat nennen zu dürfen.

Zit. nach: W. Benz, Potsdam 1945. Besatzungsherrschaft und Neuaufbau im Vier-Zonen-Deutschland. München 1986, S. 225–227.

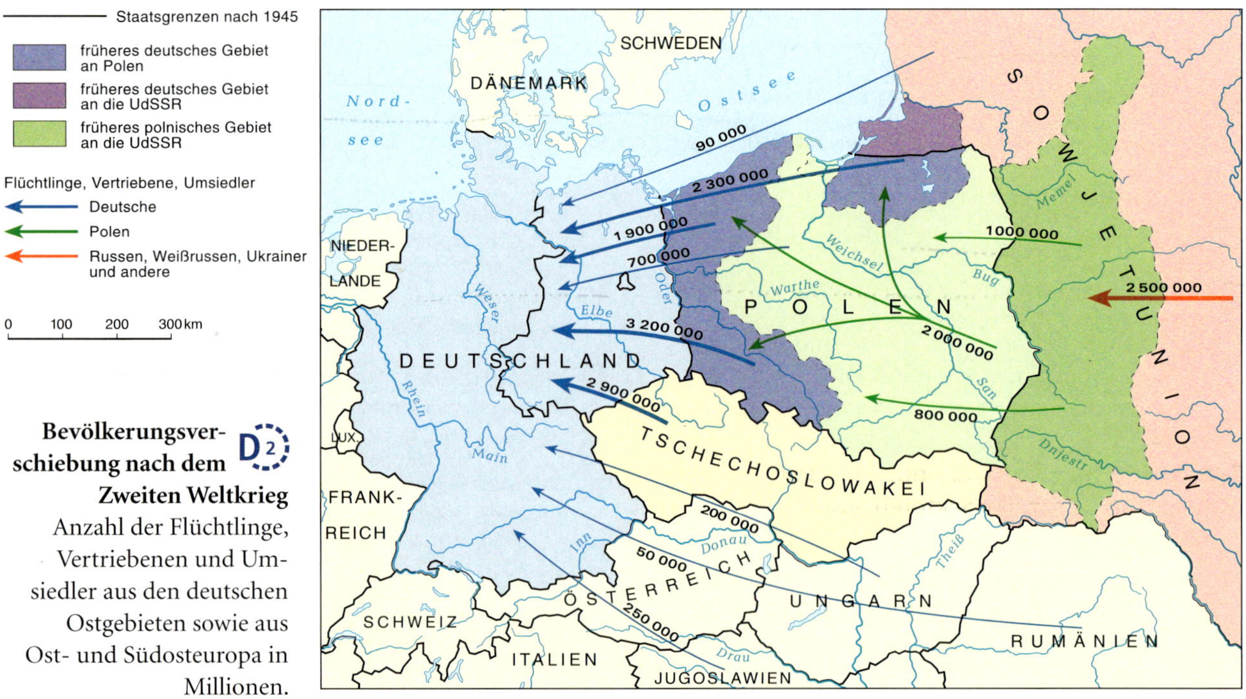

D2 Bevölkerungsverschiebung nach dem Zweiten Weltkrieg
Anzahl der Flüchtlinge, Vertriebenen und Umsiedler aus den deutschen Ostgebieten sowie aus Ost- und Südosteuropa in Millionen.

Kontro vers

Die Konferenz von Potsdam – ein Erfolg?

In den Jahrzehnten nach 1945 wurden die Ergebnisse von Potsdam aus westlicher und östlicher Sicht unterschiedlich bewertet:

Q5 *Der US-Diplomat G. F. Kennan zitiert eine Stellungnahme über die Konferenz von Potsdam, die er wahrscheinlich im Sommer 1945 verfasst hat:*

Die Idee, Deutschland gemeinsam mit den Russen regieren zu wollen, ist ein Wahn. Ein ebensolcher Wahn ist es, zu glauben, die Russen und wir könnten uns eines schönen Tages höflich zurückziehen und aus dem Vakuum werde ein gesundes und friedliches, stabiles und freundliches Deutschland steigen. Wir haben keine andere Wahl, als unseren Teil von Deutschland – den Teil, für den wir und die Briten die Verantwortung übernommen haben – zu einer Form der Unabhängigkeit zu führen, die so befriedigend, so gesichert, so überlegen ist, dass der Osten sie nicht gefährden kann. Das ist eine gewaltige Aufgabe für die Amerikaner. (…) Hierüber, nicht über undurchführbare Pläne für eine gemeinsame Militärregierung, sollten wir uns Gedanken machen. Zugegeben, dass das Zerstückelung bedeutet. Aber die Zerstückelung ist bereits Tatsache, wegen der Oder-Neiße-Linie. (…) Besser ein zerstückeltes Deutschland, von dem wenigstens der westliche Teil als Prellbock für die Kräfte des Totalitarismus wirkt, als ein geeintes Deutschland, das diese Kräfte wieder bis an die Nordsee vorlässt. (…) Im Grunde sind wir in Deutschland Konkurrenten der Russen. Wo es in unserer Zone um wirklich wichtige Dinge geht, sollten wir (…) keinerlei Zugeständnisse machen.

G. F. Kennan, Memoiren eines Diplomaten. München 1971, S. 264 f.

D3 *In den 1980er-Jahren bewerteten die DDR-Historiker Badstübner und Thomas die Potsdamer Konferenz mit folgenden Worten:*

Die Potsdamer Konferenz war das größte Ereignis in der Geschichte der internationalen Beziehungen unserer Zeit. Der Erfolg der Konferenz war nicht schlechthin ein Erfolg für die Sowjetunion, aber er war ein Erfolg für das von ihr verfochtene Prinzip der friedlichen Koexistenz, für die Interessen eines demokratischen Friedens und einer dauerhaften und gerechten Friedensordnung. Dieser Charakter der Potsdamer Konferenz und ihrer Ergebnisse bekräftigten und präzisierten eine gemeinsame Deutschlandpolitik der drei Großmächte. Sie unterstrichen, dass Deutschland weder bereits geteilt war, noch zwangsläufig gespalten werden musste. (…) Verlierer von Potsdam waren nicht die Westmächte schlechthin, sondern die aggressiven imperialistischen Kreise, die unverbesserlichen antisowjetischen München-Politiker, die von der Wiederherstellung Deutschlands als antikommunistisches Bollwerk beziehungsweise als Stoßkeil gegen die Sowjetunion träumten. Die Hauptverlierer jedoch waren unzweifelhaft die geschlagenen deutschen Monopolherren, Großgrundbesitzer, Militaristen, Faschisten und Nationalisten, über die mit den Potsdamer Vereinbarungen ein vernichtendes völkerrechtliches Urteil gefällt wurde. Zugleich entzog ihnen die in Potsdam bekräftigte Fortsetzung einer gemeinsamen Politik der Westmächte mit der Sowjetunion die entscheidenden Grundlagen für ihre politischen Nachkriegshoffnungen und -pläne.

Zit. nach: J. Weber, Die Deutsche Frage nach 1945. Bamberg 1986, S. 41.

Fragen und Anregungen

1. Stelle die Positionen der USA und der UdSSR in Potsdam in einer Tabelle gegenüber.
2. Beschreibe das Foto Q1. Vermute, mit welcher Absicht sich die drei Regierungschefs genau so fotografieren ließen.
3. Werte die Karte D1 aus. Finde Gründe für die Einteilung Berlins in vier Sektoren. Welche Probleme ergaben sich für die westlichen Besatzungsmächte?
4. Bereite einen Vortrag zum Thema „Flucht und Vertreibung" vor. Berücksichtige dabei Zahlen, unterschiedliche Gründe und auch Einzelschicksale (VT, D2, Q2 und 4).
5. Informiere dich im Internet über Flucht und Vertreibungen in der heutigen Zeit und vergleiche.
6. Setze dich mit der Bewertung der Potsdamer Konferenz aus westlicher und östlicher Sicht auseinander ➜ **Kontrovers**.
7. Schreibe auf, mit welchen Worten ein Deutscher, ein Pole, ein Russe, ein Engländer oder ein Amerikaner 1945 die Beschlüsse von Potsdam bewertet haben könnte.
8. Untersuche die Atlantik-Charta aus sowjetischer Perspektive (Q3). Beziehe dabei deren Positionen auf der Potsdamer Konferenz ein (VT).

2. Der politische Neubeginn

Anklagebank des Nürnberger Hauptkriegsverbrecherprozesses, 1946 Q1
Die Angeklagten, darunter (untere Reihe von links die Personen 1–4): Hermann Göring, Rudolf Heß, Joachim von Ribbentrop. Wilhelm Keitel, (obere Reihe von links die 1., 6. und 8. Person): Karl Dönitz, Franz von Papen, Albert Speer. Die Anklage lautete auf Verbrechen gegen den Frieden, Kriegsverbrechen und Verbrechen gegen die Menschlichkeit.

Der Nürnberger Kriegsverbrecherprozess

Die Mehrzahl der Deutschen interessierte sich wahrscheinlich kaum für die Ergebnisse der Potsdamer Konferenz. Die meisten waren damit beschäftigt, ihr Überleben inmitten von Trümmern und angesichts drückender Not zu organisieren (vgl. S. 146–149). Doch sollten die Beschlüsse der Alliierten sehr bald das öffentliche Leben bestimmen.
Einer der wichtigsten Beschlüsse war, dass die nationalsozialistischen Verbrechen gesühnt werden sollten. Dazu bildeten die vier Besatzungsmächte einen Internationalen Militärgerichtshof mit Sitz in Nürnberg, vor dem am 20. November 1945 der Prozess gegen 22 mutmaßliche Hauptkriegsverbrecher eröffnet wurde. Nach einjähriger Prozessdauer wurden die Urteile gefällt: Es gab zwölf Todesurteile, drei lebenslängliche und vier langjährige Gefängnisstrafen sowie drei Freisprüche.

Entnazifizierung und „Reeducation" in den Westzonen …

Aber nicht nur die führenden Personen waren betroffen. Mehrere Millionen Deutsche mussten detailliert über ihre Vergangenheit unter der nationalsozialistischen Diktatur Auskunft geben. Ziel war es nicht nur, wie in Nürnberg, Kriegsverbrecher vor Gericht zu stellen, sondern es sollten auch potenziell gefährliche und politisch belastete ehemalige Nationalsozialisten aus wichtigen Ämtern in Politik, Wirtschaft und Kultur entfernt werden. Dazu wurden in den drei Westzonen Laiengerichte, so genannte „Spruchkammern" eingerichtet, die bis 1950 über die berufliche Zukunft von ca. sechs Millionen Menschen entschieden. Es gab fünf Kategorien, die über Weiterbeschäftigung oder Entlassung entschieden: Hauptschuldige (Kategorie I), Belastete (II), Minderbelastete (III), Mitläufer (IV) und Entlastete (V). Im Ergebnis wurde nur jeder 200. Beschuldigte in die Kategorien I oder II eingestuft. Das hatte seinen Grund nicht unbedingt in einer Parteilichkeit der Spruchkammern, sondern war auch eine Folge des streng rechtsstaatlichen Spruchkammerverfahrens. So lagen auf der einen Seite oftmals keine belastenden Dokumente vor, wäh-

„Habe ich den nicht schon mal gesehen?“ Q2
Karikatur aus Der Spiegel, 15.2.1947.

rend andererseits Beschuldigte entlastende Aussagen von Bekannten vorwiesen und sich so von jedem Verdacht zu reinigen versuchten (so genannte Persilscheine). Die Entnazifizierung erwies sich so somit als ein Strohfeuer, allerdings gab es auch keine „Renazifizierung“. Ein weiterer Grund für die schnelle Rehabilitierung vieler ehemaliger Nationalsozialisten war, dass die Fachkenntnisse vieler Beamter und Unternehmer als unverzichtbar galten.
Parallel zu den Prozessen lief die so genannte Reeducation an. Besonders die Amerikaner verstanden unter Reeducation eine Umerziehung der Deutschen zur Demokratie. Zwei Bereiche hatten dabei eine besondere Bedeutung: Erstens wurden Zeitungen, Zeitschriften, Rundfunk und Film unter die direkte Aufsicht und Kontrolle der Besatzungsmächte gestellt und völlig neu aufgebaut. Dazu wurden z.B. alle bestehenden Zeitungen verboten und Neugründungen nur politisch unbelastenden Personen erlaubt. Zweitens galt es, die heranwachsende Generation zu beeinflussen. In der Schule sollte die Erziehung zu einer demokratischen Gesellschaft beginnen. Daher zogen die Alliierten zunächst alle Lehrbücher aus dem Verkehr und überprüften alle Lehrkräfte. Aber auch hier fehlte ausreichendes unbelastetes Personal. Wenige Jahre nach dem Krieg waren in den westlichen Besatzungszonen fast alle ehemaligen Lehrer wieder im Schuldienst beschäftigt.

… und in der Ostzone

In der Ostzone wurde die Entnazifizierung mit der Einführung eines sozialistischen Gesellschaftssystems verknüpft. So wurde ein Großteil der Lehrkräfte durch so genannte „Neulehrer“ ersetzt, die in Schnellkursen ausgebildet worden waren. Hier stand nicht nur die Vermittlung von Fachwissen, sondern vor allem auch die politische Erziehung nach sowjetischem Vorbild im Vordergrund. Das galt auch für Verwaltung und Justiz, so dass schließlich fast alle Funktionsträger des alten Systems ersetzt wurden. Allerdings boten sich Perspektiven für Belastete, wenn sie sich anpassten und sich zum neuen, sozialistischen Gesellschaftsbild bekannten. Die Entnazifizierung wurde auch als Vorwand genutzt, um gegen Kritiker und vermeintliche Gegner vorzugehen. Das betraf auch ehemalige Gegner der Nationalsozialisten, wenn diese nicht mit der vorgeschriebenen politischen Linie übereinstimmten. Insgesamt waren bis 1950 ca. 150 000 Menschen willkürlich verhaftet worden und z.T. in ehemaligen Konzentrationslagern inhaftiert worden. Ein Drittel starb aufgrund der schlechten Haftbedingungen. Bereits im Februar 1948 erklärte die sowjetische Militärregierung die Entnazifizierung in der Ostzone für abgeschlossen.

Anfänge politischen Lebens in den Westzonen

Sofort nach Kriegsende begannen die Westalliierten damit, demokratische Strukturen „von unten“ aufzubauen. In den Dörfern und Städten wurden neue, unbelastete Bürgermeister eingesetzt. Dabei wurde oftmals auf unbelastete Politiker aus der Zeit der Weimarer Republik zurückgegriffen. Bereits im Herbst 1945 gründeten die Vereinigten Staaten dann in ihrer Besatzungszone Bundesländer; Briten und Franzosen schlossen sich etwas später an. Damit begann im Westen, wie in Potsdam beschlossen, eine Dezentralisierung und Föderalisierung Deutschlands. Eigene po-

litische Aktivitäten wurden Deutschen von den drei Westalliierten zunächst nur auf lokaler Ebene erlaubt; dann durften – zum ersten Mal seit 1933 – in allen drei Westzonen neue Parteien gegründet werden. Viele Parteien aus der Zeit der Weimarer Republik nahmen ihre Arbeit wieder auf. Dazu gehörten die Sozialdemokratische Partei Deutschlands (SPD) und die Kommunistische Partei Deutschlands (KPD). Bei den bürgerlichen Parteien gab es drei Neugründungen: die Christlich-Demokratische- bzw. – in Bayern – Christlich-Soziale-Union (CDU bzw. CSU) und die Freie Demokratische Partei (FDP). CDU, CSU und FDP hatten als „Sammelparteien“ das Ziel, es nicht wieder zu einer Zersplitterung des bürgerlichen Lagers in viele kleine Parteien kommen zu lassen – wie in der Weimarer Republik. Allen Parteien war gemeinsam, dass sie von der jeweiligen Besatzungsmacht überwacht wurden und für alle Aktivitäten, die über eine Besatzungszone hinaus gingen, eine Genehmigung benötigten.

Eine andere Entwicklung in der sowjetischen Besatzungszone

Auch in der sowjetischen Besatzungszone begann sich sehr bald neues politisches Leben zu regen. Schon vor dem Beginn der Potsdamer Konferenz war die Gründung von Parteien zugelassen worden, sodass sich ein vergleichbares Parteienspektrum wie in den Westzonen bildete. Allerdings gab es einen zentralen Unterschied: Die neu gegründeten Parteien wurden gezwungen, sich dem Führungsanspruch der KPD unterzuordnen und einen „antifaschistischen Block“ zu bilden. Als die KPD erkennen musste, dass sie in demokratischen Wahlen keine eigene Mehrheit erlangen würde, propagierte sie den Zusammenschluss mit der SPD: 1946 wurde die „Sozialistische Einheitspartei Deutschlands“ (SED) gegründet. Die SPD wurde daraufhin in dieser Zone von der sowjetischen Militärregierung verboten. In den Westzonen beharrte sie auf ihre Selbstständigkeit.

Q3 Plakat von 1945 aus der SBZ zur Bodenreform

Im Unterschied zu den Westzonen wurde kein föderaler Aufbau, sondern eine zentrale Steuerung angestrebt. So wurden 1945 zwar fünf Länder gegründet, diese jedoch durch übergeordnete „Zentralverwaltungen“ gesteuert. Auch im Bereich der Wirtschaft war die Sowjetunion Vorbild: Die „Monopolherren“ (Großunternehmer) und „Landjunker“ (Großgrundbesitzer) sollten enteignet und als Klasse vernichtet werden. Das entsprach der kommunistischen Theorie, dass diese die nationalsozialistische Diktatur und den Krieg erst ermöglicht hätten. Bereits Anfang September 1945 wurden daher Verordnungen über die Durchführung einer „Bodenreform“, d.h. einer Enteignung von Grundbesitz über 100 Hektar, erlassen. Das enteignete Land wurde zunächst an Kleinbauern aufgeteilt, einige Jahre später wurden diese jedoch gezwungen, ihr Land wieder abzugeben. Auch mehr als die Hälfte aller Industriebetriebe und alle Banken wurden enteignet. In der Realität trafen Bodenreform und Enteignungen nicht nur ehemalige Nationalsozialisten, sondern generell Guts- und Fabrikbesitzer. Ihre mögliche Verhaftung vor Augen flohen Tausende unter Zurücklassung ihres Besitzes in die westlichen Besatzungszonen. Mit diesen Maßnahmen hatte die sowjetische Militärregierung den Grundstein dafür gelegt, ihre Besatzungszone nach kommunistischem Vorbild umzugestalten.

PROJEKT

Was kann ein Spielfilm über die Nachkriegszeit erzählen?
Analysiert den ersten deutschen Nachkriegsfilm „Die Mörder sind unter uns". Beachtet, dass der Film 1946 kein großer Kassenschlager war.

Q4 Welche Absichten haben die Amerikaner?
In einer Rede am 6. September 1946 in Stuttgart sagte der amerikanische Außenminister Byrnes:
Die Alliierten mussten vorübergehend die Aufgaben des zertrümmerten deutschen Staates übernehmen (...) und konnten die Führer und Günstlinge des Nazismus nicht in Schlüsselstellungen belassen, in denen sie ihren Einfluss wieder geltend gemacht hätten. Sie mussten gehen. Es war jedoch niemals die Absicht der amerikanischen Regierung, dem deutschen Volk das Recht zu versagen, seine eigenen inneren Angelegenheiten wahrzunehmen, sobald es in der Lage sein würde, dieses auf demokratische Art und unter aufrichtiger Achtung der Menschenrechte und grundsätzlichen Freiheiten zu tun. (...) Die Vereinigten Staaten treten für die baldige Bildung einer vorläufigen deutschen Regierung ein. (...) Die amerikanische Regierung steht auf dem Standpunkt, dass die vorläufige Regierung nicht von anderen Regierungen ausgesucht werden soll, sondern dass sie aus einem deutschen Nationalrat bestehen soll, der sich aus den nach demokratischen Prinzipien verantwortlichen Ministerpräsidenten (...) zusammensetzt. (...) Der deutsche Nationalrat soll auch mit der Vorbereitung des Entwurfes einer Bundesverfassung für Deutschland beauftragt werden, die u.a. den demokratischen Charakter des neuen Deutschlands, die Menschenrechte und die grundsätzlichen Freiheiten aller seiner Einwohner sichern soll. Nach grundsätzlicher Genehmigung durch den Alliierten Kontrollrat wäre die vorgeschlagene Verfassung einer gewählten Versammlung zur endgültigen Formulierung vorzulegen und sodann dem deutschen Volk zur Ratifizierung zu unterbreiten. (...) Die Vereinigten Staaten können Deutschland die Leiden nicht abnehmen, die ihm der von seinen Führern angefangene Krieg zugefügt hat. Aber (sie) haben nicht den Wunsch, diese Leiden zu vermehren oder dem deutschen Volk die Gelegenheit zu verweigern, sich aus diesen Nöten herauszuarbeiten.

Zit. nach: K.-J. Ruhl (Hg.), Neubeginn und Restauration. Dokumente zur Vorgeschichte der Bundesrepublik Deutschland 1945–1949. München 1989. S. 448 ff.

Q5 Filmplakat, 1946

Q6 Entnazifizierung in den Westzonen. Titelblatt der Zeitschrift „Das Wespennest" von Stury, 7. 10. 1948

Q7 Plakat zur Anwerbung von Neulehrern in der Sowjetischen Besatzungszone, 1945

Q8 „Es muss demokratisch aussehen"

Der Historiker Wolfgang Leonhard, ein aus Moskau eingeflogener Funktionär der KPD, beschreibt, wie die Kommunisten die Verwaltung Berlins organisierten:

Ulbricht erklärte uns: „Die Bezirksverwaltungen müssen politisch richtig zusammengestellt werden. Kommunisten als Bürgermeister können wir nicht brauchen. (...) Die Bürgermeister sollen in den Arbeiterbezirken in der Regel Sozialdemokraten sein. In den bürgerlichen Vierteln (...) müssen wir an die Spitze einen bürgerlichen Mann stellen. (...) Am besten, wenn er ein Doktor ist; er muss aber gleichzeitig auch Antifaschist sein und ein Mann, mit dem wir gut zusammenarbeiten können. (...) Für den stellvertretenden Bürgermeister, für Ernährung, für Wirtschaft und Soziales sowie für Verkehr nehmen wir am besten Sozialdemokraten, die verstehen was von Kommunalpolitik. Für Gesundheitswesen antifaschistisch eingestellte Ärzte, für Post und Verbindungswesen parteilose Spezialisten, die etwas davon verstehen. (...) Der erste stellvertretende Bürgermeister, der Dezernent für Personalfragen und der Dezernent für Volksbildung – das müssen unsere Leute sein. Dann müsst ihr noch einen ganz zuverlässigen Genossen in jedem Bezirk ausfindig machen, den wir für den Aufbau der Polizei brauchen. (...) Es muss demokratisch aussehen, aber wir müssen alles in der Hand haben."

W. Leonhard, Die Revolution entlässt ihre Kinder. Köln, Berlin 1955, S. 363 ff.

Q9 Ablehnung einer Einheitspartei

Aus einer Rede des SPD-Vorsitzenden Kurt Schumacher vom 5. Oktober 1946:

Im Sinne der deutschen Politik ist die kommunistische Partei überflüssig. (...) Nachdem ihre Hoffnung, sich als führende Arbeiterpartei zu etablieren und zur einzigen Arbeiterpartei entwickeln zu können, von den Tatsachen so völlig unmöglich gemacht wird, muss sie nach dem großen Blutspender suchen. Das Rezept ist die Einheitspartei, die einen Versuch darstellt, der Sozialdemokratischen Partei eine kommunistische Führung aufzuzwingen. Eine sozialdemokratische Partei unter kommunistischer Führung wäre aber eine kommunistische Partei.

Zit. nach: Deutsche Geschichte in Quellen und Darstellung. Stuttgart 1998. Band 10, S. 72 f.

Fragen und Anregungen

1. Vergleiche tabellarisch die Entwicklung in den Westzonen mit der in der Ostzone. Welche Entwicklungen zeichnen sich ab (VT)?
2. Erläutere und bewerte die Aussage der beiden Plakate Q3 und 7.
3. Bereite einen Kurzvortrag zum Thema „Reeducation in Deutschland nach 1945" vor. Beachte dabei Ziele, Vorgehen und Ergebnisse (VT, Q2, 5–7).
4. Entschlüssele die Karikatur Q2. Wieweit wird auch das Vorgehen der Westalliierten bei der Entnazifizierung kritisiert?
5. Verfasse einen Zeitungsbericht mit Kommentar über die Rede Byrnes'. Wähle dir dabei entweder eine britische, deutsche oder sowjetische Zeitung aus (Q4).
6. Fasse zusammen, warum Teile der SPD die Vereinigung mit der KPD ablehnten (Q8 und 9).

3. Marshallplan, Währungsreform und Berlin-Blockade

1.1.1947	Die USA und Großbritannien schließen ihre Besatzungszonen zur „Bizone" zusammen.
Juni 1948	In den Westzonen und der Sowjetischen Besatzungszone werden getrennte Währungsreformen durchgeführt.
24.6.1948	Als Reaktion auf die Währungsreform blockiert die Sowjetunion West-Berlin.

Wirtschaftsprobleme im „Vier-Zonen-Land"

Auf der Potsdamer Konferenz war die wirtschaftliche Einheit Deutschlands vereinbart worden. Tatsächlich betrieb jede Besatzungsmacht in ihrer Zone eine eigenständige Wirtschaftspolitik, sodass die einzelnen Gebiete immer stärker voneinander abgeschottet wurden. Hinzu kam, dass es den Besatzungsmächten freigestellt war, ihre Reparationsansprüche zunächst aus ihren Zonen zu decken. Die Sowjetunion entnahm eine maximale Zahl von Gütern aus ihrer Zone. Diese Demontagen, einschließlich tausender Kilometer Eisenbahnschienen, legten ganze Wirtschaftsstandorte lahm. Im Endeffekt hatte die Ostzone die sowjetischen Reparationsansprüche für ganz Deutschland zu erfüllen. All dieses verhinderte eine Wiederbelebung der deutschen Wirtschaft. Um die Probleme gemeinsam in den Griff zu bekommen, schlossen die USA und Großbritannien am 1. Januar 1947 ihre Zonen zur „Bizone" zusammen. Am 8. April 1949 wurde unter Einbeziehung der französischen Zone die „Trizone" gebildet.

Der Marshallplan

Doch nicht nur Deutschland, sondern fast alle europäischen Staaten befanden sich in einer tiefen Wirtschafts- und Finanzkrise. Stabilisierung und Wiederaufbau Westeuropas wurden zu zentralen Zielen der amerikanischen Politik. Deutschland nahm dabei eine Schlüsselrolle ein: Anfang 1947 stellte eine amerikanische Expertenkommission fest, dass die Wirtschaft ganz Europas durch den Austausch von Rohstoffen und Fabrikaten mit der deutschen Wirtschaft verflochten sei und eine Wiederbelebung der Wirtschaft Europas nur durch ein gesundetes Deutschland möglich wäre. Diesen Gedanken griff der amerikanische Außenminister Marshall auf und forderte ein umfassendes Hilfs- und Wiederaufbauprogramm für Europa („European Recovery Program", ERP). Bedingung für die Teilnahme an dem als „Marshallplan" bezeichneten Hilfsprogramm war eine Verständigung der europäischen Regierungen über eine gemeinsame Wirtschaftspolitik. Das akzeptierte die Sowjetunion nicht, da sie eine kapitalistische Einflussnahme befürchtete. Sie lehnte daher eine Teilnahme ab und zwang alle osteuropäischen Staaten in ihrem Einflussbereich, das Programm abzulehnen.

Nachdem Vertreter von 16 westeuropäischen Ländern in Paris die Bereitschaft erklärt hatten, wirtschaftlich zusammenzuarbeiten, gab der amerikanische Kongress die Marshallplan-Gelder frei. Zu deren Verteilung wurde am 16. April 1948 die „Organization for European Economic Cooperation" (OEEC) gegründet, die zu einer der Keimzellen der europäischen Integration wurde. Von 1948 bis 1952 erhielten 16 europäische Staaten insgesamt mehr als 11 Milliarden US-Dollar. Diese Finanzhilfen mussten grundsätzlich – mit Ausnahme Deutschlands – nicht zurückgezahlt werden. Allerdings durften nur amerikanische Waren importiert werden und 50 Prozent der Lieferungen hatten auf amerikanischen Schiffen zu erfolgen.

Währungsreform in den Westzonen

Voraussetzung für den Erfolg des Marshallplans war eine Währungsreform. Die Nationalsozialisten hatten seit 1933 sehr viel mehr Geld in Umlauf gebracht, als der eigentlichen Wirtschaftsleistung und Kaufkraft entsprochen hätte. Diese Verschuldungspolitik, die durch die Kriegskosten noch gesteigert wurde, hatte die Reichsmark fast wertlos werden lassen. Daher begannen die Amerikaner mit den – streng geheim gehaltenen – Vorbereitungen für eine Währungsreform. Am 20. Juni 1948 war es so weit: In der Bizone wurde die „Deutsche Mark" (DM) neu eingeführt. Jede Deutsche bzw. jeder Deutsche erhielt pro Kopf zunächst 40 DM, im August weitere 20 DM. Sparguthaben wurden 10 : 1 abgewertet.
Gleichzeitig mit der Währungsreform hob der Wirtschaftsdirektor der Bizone, Ludwig Erhard, eine Reihe von Gesetzen zur Preisbindung und Marktkontrolle ersatzlos auf. Damit wurde in einem großen Umfang wieder marktwirtschaftliches Handeln möglich – zugleich gab es jedoch scharfe Proteste von Gewerkschaften und SPD gegen die sozialen Folgen des Wegfallens der Schutzgesetze, denn damit waren z. B. die Preise für Grundnahrungsmittel nicht mehr staatlich festgesetzt.

Berlin wird blockiert

Drei Tage später führte die Sowjetunion in ihrer Zone eine eigene Währungsreform durch. Gleichzeitig wurde mit dem Halbjahresplan 1948 und dem Zweijahresplan für 1949/50 die zentral gelenkte Planwirtschaft eingeführt. Die wirtschaftliche Spaltung Deutschlands war damit vollendet.
Nun geriet Berlin in das Zentrum der Auseinandersetzungen: Nach der amerikanischen Planung sollten die Westsektoren zunächst von der Währungsreform ausgenommen werden, da die Stadt gemeinsam von allen vier Alliierten verwaltet wurde. Als die Sowjetunion jedoch auch ihren Sektor in ihre eigene Währungsreform einbezog, reagierten die Westalliierten mit der Einführung der Deutschen Mark in ihren Sektoren. Die Gegenreaktion erfolgte prompt: Am 24. Juni 1948 wurden die Elektrizitätsversorgung der Westsektoren gekappt und der gesamte Eisenbahn-, Straßen- und Binnenschiffsverkehr nach Berlin unterbrochen. Damit war West-Berlin fast vollständig blockiert. Die Stadt konnte nur noch über drei Luftkorridore erreicht werden, deren Benutzung durch ein schriftliches Abkommen gesichert war.
Das Ziel der Sowjetunion war, die Westalliierten zum Verlassen Berlins zu zwingen. Dabei sollte die Bevölkerung West-Berlins durch Hunger und Kälte gegen die Westalliierten aufgewiegelt werden. Doch die Sowjetunion hatte falsch kalkuliert. Rund um die Uhr wurden alle weltweit verfügbaren Transportflugzeuge der USA und Großbritanniens eingesetzt, um Berlin mit allem Notwendigen zu versorgen. Wie in einer Perlenkette aufgereiht flogen mehr als 420 Maschinen in Drei-Minuten-Abständen nach Berlin. Das Wunder gelang: In 279 114 Einsätzen wurden vom 28. Juni 1948 bis zum 6. Oktober 1949 über zwei Millionen Tonnen Güter nach Berlin geflogen. Die Bevölkerung West-Berlins solidarisierte sich mit den Westalliierten. Amerikaner und Briten wurden von „Besatzern" zu „Beschützern". Die Sowjetunion hatte ihre Ziele nicht erreicht. Es war aber auch nicht zu einem Krieg zwischen den Alliierten gekommen: Ein Vorschlag des amerikanischen Militärgouverneurs, mit einem bewaffneten Konvoi über den Landweg nach Berlin durchzubrechen, war von Präsident Truman abgelehnt worden. Auch die Sowjetunion hatte es nicht gewagt, die Luftkorridore militärisch zu schließen.

Q1 Berliner beobachten während der Blockade die Landung eines „Rosinenbombers", 1948

Q2 Plakat für den Marshallplan, Bundesrepublik 1950

Q4 Plakat gegen den Marshallplan, SBZ 1948

Q3 Der Marshallplan wird angekündigt

Aus einer Rede des amerikanischen Außenministers Marshall am 5. Juni 1947:

Bei unseren Erwägungen über die Bedürfnisse Europas für den Wiederaufbau wurden die Menschenverluste, die sichtbaren Zerstörungen der Städte, Fabriken, Bergwerke und Eisenbahnen richtig einkalkuliert, aber es hat sich in den letzten Monaten herausgestellt, dass diese sichtbare Zerstörung wahrscheinlich weniger schwerwiegend ist als die Tatsache, dass das gesamte europäische Wirtschaftssystem aus den Angeln gehoben wurde. Zehn Jahre lang haben höchst anormale Zustände geherrscht. (...) In Wahrheit liegt die Sache so, dass Europas Bedarf an ausländischen Nahrungsmitteln und anderen wichtigen Gütern – hauptsächlich aus Amerika – während der nächsten drei oder vier Jahre um so viel höher liegt als seine gegenwärtige Zahlungsfähigkeit, dass beträchtliche zusätzliche Hilfsleistungen notwendig sind, wenn es nicht in einen wirtschaftlichen, sozialen und politischen Verfall sehr ernster Art geraten soll. Die Lösung liegt (...) in der Wiederherstellung des Vertrauens bei den europäischen Völkern auf die wirtschaftliche Zukunft ihrer Länder und ganz Europas. (...) Es ist nur logisch, dass die Vereinigten Staaten alles tun, was in ihrer Macht steht, um die Wiederherstellung gesunder wirtschaftlicher Verhältnisse in der Welt zu fördern, ohne die es keine politische Stabilität und keinen sicheren Frieden geben kann. Unsere Politik richtet sich nicht gegen irgendein Land oder irgendeine Doktrin, sondern gegen Hunger, Armut, Verzweiflung und Chaos. Ihr Zweck ist die Wiederbelebung einer funktionierenden Weltwirtschaft, damit die Entstehung politischer sozialer Bedingungen ermöglicht wird, unter denen freie Institutionen existieren können. (...) Jeder Regierung, die bereit ist, beim Wiederaufbau zu helfen, wird die volle Unterstützung der Regierung der Vereinigten Staaten gewährt werden, dessen bin ich sicher. Aber eine Regierung, die durch Machenschaften versucht, die Gesundung der anderen Länder zu hemmen, kann von uns keine Hilfe erwarten.

Zit. nach: K.-J. Rühl (Hg.), Neubeginn und Restauration. Dokumente zur Vorgeschichte der Bundesrepublik Deutschland 1945–1949. München 1989, S. 368 ff.

Ein ERP-Ausstellungspavillon bei der Frankfurter Herbstmesse, 1949 Q5

Q6 Die Sowjetunion und der Marshallplan

Der sowjetische Außenminister Molotow sagte am 2. Juli 1947 in Paris:

Damit ist die Frage der amerikanischen Wirtschaftshilfe (...) für die britische und die französische Regierung zum Vorwand geworden, auf der Schaffung einer Organisation zu bestehen, welche (...) sich in die inneren Angelegenheiten dieser Länder einmischt. (...) Wozu kann dies führen? Heute kann ein Druck auf Polen ausgeübt werden, mehr Kohlen zu produzieren und sei es auf Kosten anderer polnischer Industrien, die eingeschränkt werden würden, weil irgendwelche europäischen Länder hieran interessiert sind. Morgen werden sie sagen, die Tschechoslowakei solle aufgefordert werden, ihre landwirtschaftliche Produktion zu erhöhen und ihren Maschinenbau einzuschränken, um Maschinen von anderen europäischen Ländern zu erhalten (...). Was wird von der wirtschaftlichen Unabhängigkeit und Souveränität solcher europäischer Länder übrig bleiben? Wie können unter solchen Umständen die kleinen Länder und die schwächeren Staaten ihre nationale Wirtschaft und die Unabhängigkeit ihres Staates sichern? (...) Das wird dahin führen, dass (...) die amerikanischen Kredite nicht dem wirtschaftlichen Wiederaufbau Europas dienen, sondern der Ausspielung der einen europäischen Länder gegen die anderen europäischen Länder, je nachdem, wie es einigen starken Mächten, die nach der Herrschaft streben, zweckdienlich erscheint.

Zit. nach: K.-J. Rühl (Hg.), a. a. O., S. 372 ff.

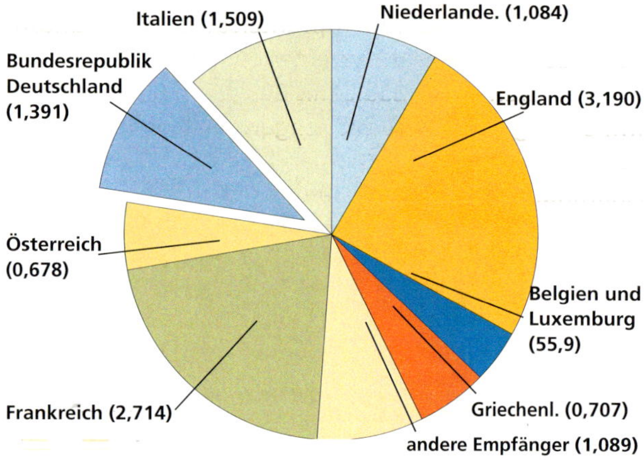

D1 Zuwendungen durch den Marshallplan bis 1952
In Milliarden US-Dollar (Zusammenstellung des Verfassers).

Eine CARE-Paket ist angekommen Q7
Mithilfe privater Spenden in den USA wurden seit 1946 ca. 5 Millionen Pakete in die Westzonen verschickt.

Schaufenster nach der Währungsreform, 1948 Q8

Q9 **„Reichsmarkdämmerung“:**

Aus einem Artikel der „Süddeutschen Zeitung“ über den Tag vor der Währungsreform, 22. Juni 1948:

Es wurden die unsinnigsten Einkäufe gemacht. Am Samstagmittag war nichts mehr zu bekommen. In den Apotheken verlangten manche Kunden für Hunderte von Mark Kopfwehpulver, Badesalz, Einmachtabletten oder Rattengift. Eine Hausfrau erwarb u.a. einen Karton mit „Dr. Oetkers Tortin, ein bewährtes Triebmittel für Tortenböden“, das, wie uns der Drogist versicherte, für die Zubereitung von etwa 2800 Torten reicht. Aus den Kunstgewerbe- und Ramschläden schleppten die Leute stoßweise gerahmte Wandsprüche, getrocknete Blumen hinter Glas und Topfuntersätze. Ein Kauflustiger keuchte unter der Last einer etwa eineinhalb Zentner schweren Gartensäule mit Büste, ein anderer hatte (…) einen großen Sack mit Rehgeweihen erstanden. An den Kinos (…) gab es schon ab halb neun Uhr riesigen Andrang. Die Straßenbahnen waren zum Brechen voll, und es hatte den Anschein, als ob ein Teil der Fahrgäste Dauerrundfahrten machte. Wer noch Briefe zu schreiben hatte, erledigte das ebenfalls noch mit den alten Postwertzeichen. Samstagabend war in den Gaststätten kein Bier mehr zu haben. Dafür feierten in manchen Nebenzimmern die Schwarzmarktsnobs die „Reichsmarkdämmerung“ bei Schnaps und Wein und zündeten sich ihre Zigaretten mit Fünfzigmarkscheinen an. Nachts sah man viele Betrunkene nach Hause schwanken.

Zit. nach: J. Weber, Die Deutsche Frage nach 1945. Bamberg 1986, S. 80f.

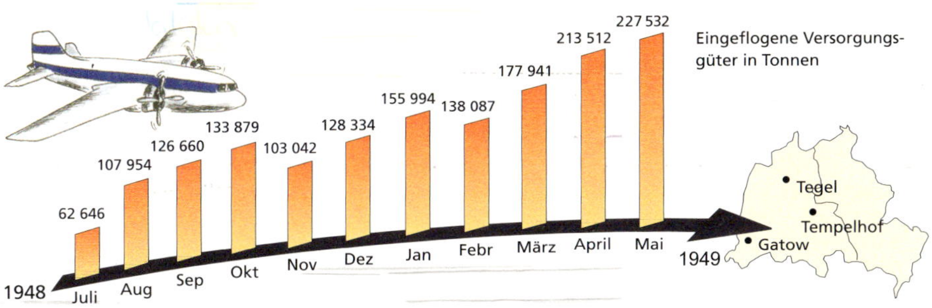

D2 **Berliner Luftbrücke**

Von den 2,11 Mio. Tonnen Gütern entfielen 67 Prozent auf Kohle, 24 Prozent auf Lebensmittel und 9 Prozent auf Rohstoffe.

Fragen und Anregungen

1. Erläutere, welche Auswirkungen die Berlin-Blockade und die Einrichtung der Luftbrücke auf das Verhältnis der Berliner zu den Besatzungsmächten hatte (VT, Q1, D2).
2. Fasse die Botschaft Marshalls in Form eines Zeitungsartikels zusammen (Q3).
3. Bewerte Molotows Haltung zum Marshallplan. Beurteile seine Argumente und vergleiche sie mit Marshalls Argumenten (Q3 und 6).
4. Vergleiche und beurteile die Aussagen der Plakate Q2 und 4.
5. Bewerte die Ergebnisse des Marshallplans (VT, D1).
6. Interpretiere die Abbildung Q5. Recherchiere, welche Rolle das von Tito regierte Jugoslawien spielte.
7. Setze dich mit der in Q9 beschriebenen Handlungsweise der Menschen auseinander.
8. Stelle Gewinner und Verlierer der Währungsreform gegenüber (VT, Q8).
9. Erkläre, welche Auswirkungen die Währungsreform auf das Warenangebot hatte (Q8).
10. Frage ältere Menschen, was CARE-Pakete in der damaligen Situation für sie bedeuteten (Q7).
11. Arbeite die Ergebnisse der Berliner Luftbrücke heraus (D2, VT).

4. Die doppelte Staatsgründung

1. Juli 1948	Die Militärgouverneure der Westzonen übergeben die „Frankfurter Dokumente".
23. Mai 1949	Das Grundgesetz tritt in Kraft. Damit ist die Bundesrepublik Deutschland gegründet.
August/September 1949	Die erste Bundestagswahlen finden statt. Konrad Adenauer (CDU) wird zum Bundeskanzler gewählt.
21. September 1949	Das Besatzungsstatut tritt in Kraft.
7. Oktober 1949	Die Deutsche Demokratische Republik wird gegründet.

Auf dem Weg zur Spaltung Deutschlands

Nach der Währungsreform und mit der Blockade Berlins war eine weitere Zusammenarbeit der Alliierten in der Deutschlandfrage nicht mehr möglich. Die sowjetische Blockadepolitik hatte zudem dazu geführt, dass die UdSSR jeden Kredit bei der westdeutschen Bevölkerung verlor und sich Deutsche und Westalliierte erstmals als Verbündete verstanden. Bereits am 20. März 1948 hatte der sowjetische Vertreter, um gegen die Pläne zur Gründung eines westdeutschen Staates zu protestieren, demonstrativ den Alliierten Kontrollrat verlassen und damit die höchste Instanz für das besetzte Deutschland stillgelegt.

„Londoner Empfehlungen" und „Frankfurter Dokumente"

Am 2. Juni 1948 empfahl eine Sechs-Mächte-Konferenz in London (USA, Frankreich, Großbritannien sowie die Benelux-Staaten), den Deutschen in den drei Westzonen die Gründung eines Staates zu ermöglichen – unter Aufsicht der Alliierten. In den so genannten „Frankfurter Dokumenten" beauftragten die Militärgouverneure der Westzonen die elf (west-)deutschen Ministerpräsidenten, eine Verfassungsgebende Versammlung einzuberufen. Die Ministerpräsidenten waren unsicher, wie sie sich verhalten sollten. Einerseits befürworteten sie die Chance, die politische Unselbstständigkeit der Deutschen zu beenden. Andererseits wollten sie Deutschland nicht durch die Gründung eines westdeutschen Staates spalten. Allerdings scheiterten alle Versuche, eine gemeinsame Politik aller west- und ostdeutscher Ministerpräsidenten zu erreichen. So forderten die Ministerpräsidenten Änderungen an den Vorgaben und setzten durch, dass der zu gründende Weststaat nur vorläufigen Charakter haben sollte. Anstelle einer Verfassung wurde ein „Grundgesetz" ausgearbeitet, das nicht durch Volksabstimmung, sondern lediglich von den Landtagen in Kraft gesetzt wurde.

Wie soll die Verfassung aussehen?

Das Grundgesetz wurde durch den Parlamentarischen Rat ausgearbeitet, der sich aus Abgeordneten der einzelnen Länderparlamente zusammensetzte. Dabei wurden nicht nur die Vorgaben der Frankfurter Dokumente berücksichtigt, sondern auch Lehren aus den Erfahrungen der Weimarer Republik und der nationalsozialistischen Diktatur gezogen. Daher stehen an erster Stelle des Grundgesetzes elementare Menschenrechte, zu deren Schutz der Staat verpflichtet wird. Es wurde ein parlamentarisches Regierungssystem ausgearbeitet, in dem der Bundeskanzler eine starke Stellung einnahm, während dem Bundespräsidenten nur eingeschränkte Rechte zugewiesen wurden. Volksabstimmungen und andere Plebiszite wurden sehr begrenzt. Die Gerichte erhielten umfassende Eingriffs- und Kontrollrechte. Um die neue Staatsordnung besonders zu sichern, wurde als höchstes Gericht das „Bundesverfassungsgericht" gegründet. Alle Bürger erhielten das Recht, sich bei

„So – und achten Sie auf eine gute Erziehung!“ Q1
Karikatur von Mirko Szewczuk, 1949.

Grundrechtsverletzungen direkt an dieses zu wenden. Bei der Frage, ob die neue Ordnung eher zentralstaatlich oder bundesstaatlich sein sollte, wurde ein Kompromiss gefunden: Die CDU/CSU setzte umfassende Mitbestimmungsrechte der Länder im Bundesrat durch, umgekehrt konnte die SPD erreichen, dass die Bundesländer keine eigenen Steuern erheben konnten und damit finanziell von der Bundesregierung abhängig waren. Da SPD und CDU/CSU zur zukünftigen Wirtschaftsordnung völlig unterschiedliche Auffassungen hatten, wurde das Grundgesetz in diesem Punkt bewusst offen gehalten.
Nachdem mit Ausnahme Bayerns alle Länderparlamente dem Grundgesetzentwurf zugestimmt hatten (Bayern schloss sich dieser Mehrheit an), trat das Grundgesetz am 23. Mai 1949 in Kraft. Damit war die Bundesrepublik Deutschland gegründet. Zur Bundeshauptstadt wurde Bonn bestimmt.

Bundestags- und Bundeskanzlerwahlen

Am 14. August 1949 fanden die ersten Bundestagswahlen statt. Die CDU/CSU wurde stärkste Fraktion, dicht gefolgt von der SPD. Zusammen mit den Abgeordneten der FDP und der Deutschen Partei (DP) gab es eine knappe Mehrheit für eine bürgerliche Koalition. Diese Lösung setzte der Vorsitzende der CDU, Konrad Adenauer, gegen Widerstände aus der eigenen Partei durch, die für eine große Koalition von CDU/CSU und SPD plädierten. Am 15. September wählte der Bundestag Konrad Adenauer mit nur einer Stimme Mehrheit zum Bundeskanzler. Drei Tage zuvor war Theodor Heuss, der Kandidat der FDP, von der Bundesversammlung zum ersten Bundespräsidenten gewählt worden.

Die Gründung der DDR

Auch in der sowjetischen Besatzungszone war die Gründung eines deutschen Staates vorbereitet worden. Anfang 1948 war dort eine „Volkskongressbewegung“ ins Leben gerufen worden, die die Einheit Deutschlands und einen Friedensvertrag forderte. Die Volkskongresse, aus denen später die „Volkskammer“ der DDR hervorging, wurden nicht demokratisch gewählt: Die Wähler erhielten eine vorher bestimmte „Einheitsliste“, auf denen die Kandidaten und die Mandatsverteilung bereits vor der Wahl festgelegt waren und der nur noch insgesamt zugestimmt oder abgelehnt werden konnte. Damit sicherte sich die Sozialistische Einheitspartei Deutschlands (SED) ihre Macht. Am 7. Oktober 1949 erklärte die Volkskammer die DDR als gegründet. Erster Präsident war Wilhelm Pieck, erster Ministerpräsident Otto Grotewohl.

Die beiden deutschen Staaten unter Aufsicht ihrer Besatzungsmächte

In den Frankfurter Dokumenten hatten sich die Westalliierten zentrale Kontrollrechte über die zu gründende Bundesrepublik gesichert. Diese wurden in einem „Besatzungsstatut“ festgeschrieben, das kurz nach der Gründung der Bundesrepublik in Kraft trat. An die Stelle der Militärgouverneure als höchste alliierte Regierungsgewalt traten drei zivile „Hohe Kommissare“, die Bundesregierung und Länderregierungen kontrollieren sollten und gleichzeitig für die Außenbeziehungen der Bundesrepublik zuständig waren. Auch die DDR blieb unter der Aufsicht ihrer Besatzungsmacht, es gab allerdings wesentlich weniger Mitbestimmungsrechte für die Deutschen.

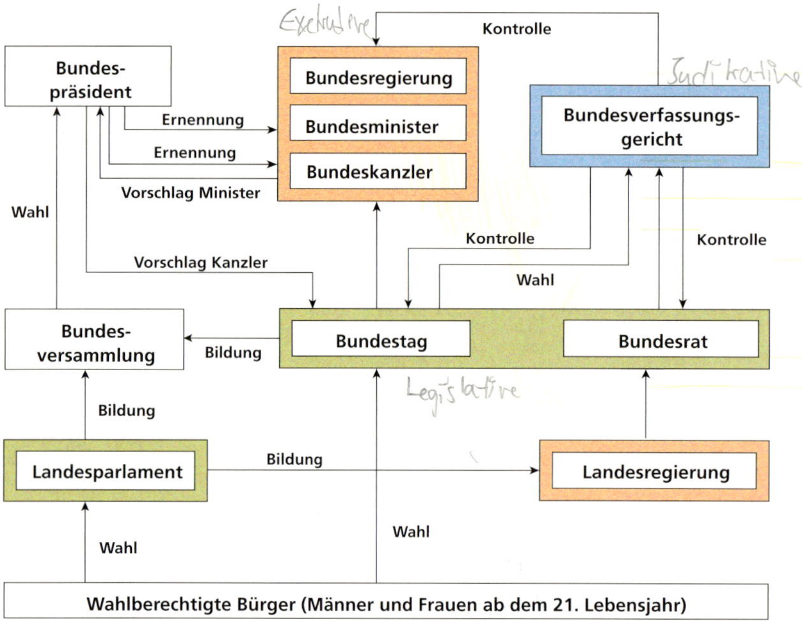

D1 Der Staatsaufbau der Bundesrepublik

Der Bundestag kann den Bundeskanzler abwählen, muss aber zugleich einen neuen Bundeskanzler wählen. Durch dieses konstruktive Misstrauensvotum sollen Regierungskrisen vermieden werden.
Auch die 1953 eingeführte 5-Prozent-Klausel, nach der nur Parteien in den Bundestag einziehen können, die mehr als 5 Prozent der Wählerstimmen erhalten haben, soll die Stabilität und Regierungsfähigkeit garantieren.

Q2 Abschließende Lesung des Grundgesetzes durch den Parlamentarischen Rat vom 7./8. Mai 1949

Konrad Adenauer verkündet als Präsident des Parlamentarischen Rates das Abstimmungsergebnis. Links sitzen die KPD-Politiker Renner und Reimann. Links vom Mikrophon Carlo Schmid (SPD) und ganz rechts der spätere Bundespräsident Theodor Heuss (FDP). Dem Parlamentarischen Rat lag ein „Entwurf eines Grundgesetzes“ mit 149 Artikeln vor, den Experten auf Bitten der Ministerpräsidenten ausgearbeitet hatten.

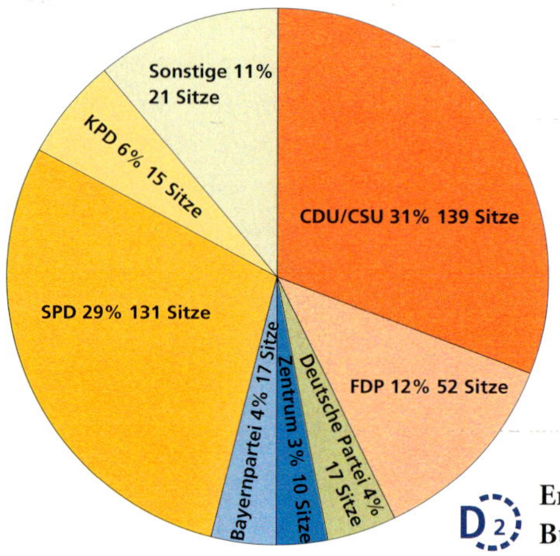

D2 Ergebnisse der Bundestagswahl vom 14.8.1949

31,21 Mio. Stimmberechtige, Wahlbeteiligung 78,5 Prozent.

Q3 Ein Auftrag an die Westdeutschen

Aus den Frankfurter Dokumenten vom 1. Juli 1948:

Die Verfassunggebende Versammlung wird eine demokratische Verfassung ausarbeiten, die für die beteiligten Länder eine Regierungsform des föderalistischen Typs schafft, die am besten geeignet ist, die gegenwärtig zerissene deutsche Einheit schließlich wiederherzustellen und die Rechte der beteiligten Länder schützt, eine angemessene Zentralinstanz (Regierung) schafft und Garantien der individuellen Rechte und Freiheiten enthält.

Zit. nach: Geschichte in Quellen. Die Zeit seit 1945. S. 147.

Q4 Wahlplakate zur Bundestagswahl 1949

Q5 Der Zweck des Grundgesetzes

Carlo Schmid (SPD) 1949 im Parlamentarischen Rat:

Wir haben unter Bestätigung der alliierten Vorbehalte das Grundgesetz zur Organisation der heute freigegebenen Hoheitsbefugnisse des deutschen Volkes in einem Teile Deutschlands zu beraten und zu beschließen. Wir haben nicht die Verfassung Deutschlands oder Westdeutschlands zu machen. Wir haben keinen Staat zu errichten. Wofür schmieden wir dieses Instrument? Schmieden wir es, um Deutschland zu spalten? Wir schmieden es, weil wir es brauchen, um die erste Etappe auf dem Weg zur staatlichen Einigung aller Deutschen zurückzulegen! Noch liegen die weiteren Etappen außerhalb unseres Vermögens.

Zit. nach: C. Schmid, Die Welt seit 1945. S. 169 ff.

Q6 Aus dem Grundgesetz vom 23. Mai 1949

Mit dem Grundgesetz wurde einerseits an deutsche Verfassungstraditionen seit 1848 angeknüpft, andererseits wurden Konsequenzen aus den Erfahrungen mit der nationalsozialistischen Diktatur gezogen.

Vorspruch (Präambel)

Im Bewusstsein seiner Verantwortung vor Gott und den Menschen, von dem Willen beseelt, seine nationale und staatliche Einheit zu wahren und als gleichberechtigtes Glied in einem vereinten Europa dem Frieden der Welt zu dienen, hat das deutsche Volk in den Ländern (...), um dem staatlichen Leben für eine Übergangszeit eine neue Ordnung zu geben, (...) dieses Grundgesetz der Bundesrepublik Deutschland beschlossen. Es hat auch für jene Deutschen gehandelt, denen mitzuwirken versagt war. Das gesamte deutsche Volk bleibt aufgefordert, in freier Selbstbestimmung die Einheit und Freiheit Deutschlands zu vollenden.

Art. 1 (1) Die Würde des Menschen ist unantastbar. Sie zu achten und zu schützen ist Verpflichtung aller staatlichen Gewalt. (2) Das deutsche Volk bekennt sich darum zu unverletzlichen und unveräußerlichen Menschenrechten als Grundlage jeder menschlichen Gemeinschaft, des Friedens und der Gerechtigkeit in der Welt. (3) Die nachfolgenden Grundrechte binden Gesetzgebung, Verwaltung und Rechtsprechung als unmittelbar geltendes Recht.

Art. 20 (1) Die Bundesrepublik Deutschland ist ein demokratischer und sozialer Bundesstaat. (2) Alle Staatsgewalt geht vom Volke aus. (...) (3) Die Gesetzgebung ist an die verfassungsmäßige Ordnung, die vollziehende Gewalt und die Rechtsprechung sind an Gesetz und Recht gebunden.

Art. 21 (1) Die Parteien wirken bei der politischen Willensbildung des Volkes mit. (...) (2) Parteien, die nach ihren Zielen (...) darauf ausgehen, die freiheitliche demokratische Grundordnung zu beeinträchtigen oder zu beseitigen (...), sind verfassungswidrig. (...)

Art. 54 (1) Der Bundespräsident wird ohne Aussprache von der Bundesversammlung [die aus Abgeordneten des Bundestages und der Länderparlamente besteht] gewählt.

Art. 58 Anordnungen und Verfügungen des Bundespräsidenten bedürfen zu ihrer Gültigkeit der Gegenzeichnung durch den Bundeskanzler oder durch den zuständigen Bundesminister. (...)

Art. 67 (1) Der Bundestag kann dem Bundeskanzler das Misstrauen nur dadurch aussprechen, dass er mit der Mehrheit seiner Mitglieder einen Nachfolger wählt (...).

Art. 102 Die Todesstrafe ist abgeschafft.

Deutsche Geschichte in Quellen und Darstellung. Bd. 10. Stuttgart 1998, S. 176 ff.

Q7 Fackelzug der „Freien Deutschen Jugend" (FDJ) anlässlich der Gründung der DDR, 11. Oktober 1949
Die FDJ war die Jugendorganisation der SED.

Q8 Die antifaschistisch-demokratische Ordnung der DDR

Aus einer Rede von Walter Ulbricht, Januar 1949:
Wir haben uns bereits seit 1945 bemüht, gemeinsam mit den anderen Parteien und Massenorganisationen des antifaschistisch-demokratischen Blocks die Grundlage für eine solche friedliche, demokratische Entwicklung zu schaffen. (…) Antifaschistisch-demokratische Ordnung, das heißt: Die faschistischen Kriegsverbrecher und Kriegsinteressenten wurden entmachtet; es wurden bedeutende strukturelle Veränderungen in Staat und Wirtschaft durchgeführt. Es erfolgte eine demokratische Umwälzung in der sowjetischen Besatzungszone Deutschlands. Durch die Enteignung der Kriegsverbrecher gingen die Schlüsselstellungen in der Wirtschaft in die Hände des Volkes über. (…) Es genügt nicht mehr, von der führenden Rolle der Arbeiterklasse zu reden. Es ist vielmehr notwendig, dass sich die Arbeiterklasse täglich ihre führende Rolle erwirbt, (…) indem sie unter Führung ihrer Partei, der Sozialistischen Einheitspartei, (…) eine breite Bewegung für den demokratischen Aufbau entfaltet.

Zit. nach: W. Ripper (Hg.), Weltgeschichte im Aufriss. Deutschland im Spannungsfeld der Siegermächte. Frankfurt/M. 1982, S. 277 f.

Q9 Die DDR – kein Staat

Der Vorsitzende der SPD und Oppositionsführer im Deutschen Bundestag, Kurt Schumacher, kommentierte am 15. Oktober 1949 die Gründung der DDR:
Man kann erfolgreich bestreiten, dass der neue Oststaat überhaupt ein Staat ist, (…) er ist eine Äußerungsform der russischen Außenpolitik. Noch weniger aber ist dieser so genannte Oststaat neu. Er besteht tatsächlich seit 1945. Er hatte ursprünglich keine deutschen zentralen Organe. Dafür funktionierte die sowjetische Militäradministration gegenüber den fünf Ländern der Ostzone und Berlin als Ersatz für eine zentrale deutsche Stelle. [… Der Oststaat] bedeutet die Anerkennung der Tatsache, dass bis auf weiteres das große russische Unternehmen, ganz Deutschland in die politischen, gesellschaftlichen, wirtschaftlichen und kulturellen Formen der Sowjets hineinzuzwingen, gescheitert ist. Die Loslösung der Ostzone durch die Russen, wie sie 1945 radikal und erfolgreich eingeleitet wurde, bedeutet das Hinausdrängen der westalliierten Einflüsse und der internationalen Kritik. Es war aber zur gleichen Zeit das Ende jeder demokratischen Freiheit der Deutschen in dieser Zone. (…) Die Etablierung dieses so genannten Oststaates [ist] eine Erschwerung der deutschen Einheit. Die Verhinderung dieser Einheit aber kann dieses Provisorium im Osten nicht bedeuten, weil das deutsche Volk und besonders die Bevölkerung der Ostzone Gebilde russischer Machtpolitik auf deutschem Boden ablehnt.

Zit. nach: W. Benz, Die Gründung der Bundesrepublik. München 1984, S. 160 f.

Fragen und Anregungen

1. Arbeite heraus, welche Lehren im Grundgesetz aus der deutschen Geschichte gezogen wurden (D1, Q6).
2. Erläutere die Rolle der Westalliierten gegenüber den (West-)Deutschen. Wie stellt sich umgekehrt das Verhältnis aus deutscher Sicht dar? (Q1, 3, 5 und VT)
3. Verfasse einen Zeitungsartikel, in dem die Ergebnisse der ersten Bundestagswahl analysiert und kommentiert werden (D2).
4. Formuliere zu jedem Plakat eine kurze, einprägsame Botschaft. Vergleiche diese miteinander (Q4).
5. Beschreibe das Bild Q2. Welche Haltung bringen die Mitglieder des Parlamentarischen Rates zum Grundgesetz zum Ausdruck? Erkläre, warum zwei Herren sitzen bleiben.
6. Vergleiche die Positionen Ulbrichts und Schumachers miteinander (Q8 und 9).
7. Beschreibe Q7. Welche Wirkung sollte mit dem Aufmarsch erreicht werden?

Eine Reportage gestalten

In diesem Kapitel hast du eine Vielzahl unterschiedlicher Entwicklungen in Deutschland kennen gelernt. Viele davon – z. B. die Spaltung Deutschlands – erwiesen sich als historische Weichenstellungen, die unsere Welt bis heute prägen; andere Ereignisse haben sich tief in das Gedächtnis vieler Menschen eingegraben, wie z. B. die Währungsreform oder die Berliner Luftbrücke. Wenn im Radio, im Fernsehen oder in einer Zeitung an ein solches historisches Ereignis erinnert wird, geschieht das oft in Form einer Reportage, in der das Thema informativ und unterhaltsam „verpackt" wird. Wer eine solche Reportage gestalten möchte, benötigt natürlich ausreichend Informationen. Ihr könnt euer Wissen über die unmittelbaren Nachkriegsjahre in Deutschland gut überprüfen und festigen, indem ihr eine Rundfunkreportage verfasst.
Am besten arbeitet ihr in kleinen Gruppen zusammen.

Tipps für eine gelungene Rundfunkreportage:

- Einigt euch zuerst auf das genaue Thema. Überlegt auch, ob ihr die Reportage auf Band aufnehmen möchtet oder ob ihr sie in der Klasse live vortragen wollt.
- Erarbeitet nun die Gliederung eurer Reportage: Wie lang soll die Reportage sein? Welche Hauptinformationen wollt ihr vermitteln, was für mitteilenswerte Beispiele gibt es dazu, was muss weggelassen werden?
- Wählt nun genau aus, welches Material ihr vortragen wollt. Das können Briefe, Zeitungsausschnitte, Zitate aus Politikerreden, Erinnerungen und anderes sein.
- Verfasst einen Text, der die Grundinformationen zum Thema vermittelt und die einzelnen Reportageteile miteinander verbindet. Geht dabei davon aus, dass der Zuhörer wenig oder gar kein Vorwissen hat.
- Wichtig ist ein möglichst packender Einstieg in das Thema: Mit den ersten Worten bzw. den ersten Sätzen muss das Interesse der Zuhörer geweckt werden: Sie sollen ja nicht abschalten.
- Die Informationsabschnitte sollten nicht zu lang sein. Achtet auch darauf, dass die Beispiele unterschiedlicher Art sind, damit es spannend bleibt.
- Im letzten Teil der Reportage sollte das historische Ereignis eingeordnet und bewertet werden. Es kommt hier darauf an, zu einem ausgewogenen Urteil aus übergreifender Perspektive (z. B. nach 60 Jahren) zu kommen.
- Sind alle Texte fertig, einigt ihr euch, wer welche Teile vortragen soll. Günstig ist es, wenn einer oder eine durch die Reportage führt, die Materialien von verschiedenen Stimmen vorgetragen werden.
- Es empfiehlt sich, das Vortragen mehrfach zu üben. Achtet dabei auf unterschiedliches Sprechtempo, auf die Lautstärke und abwechslungsreiche Verteilung der verschiedenen Stimmen. Vielleicht möchtet ihr auch Hintergrundgeräusche verwenden.

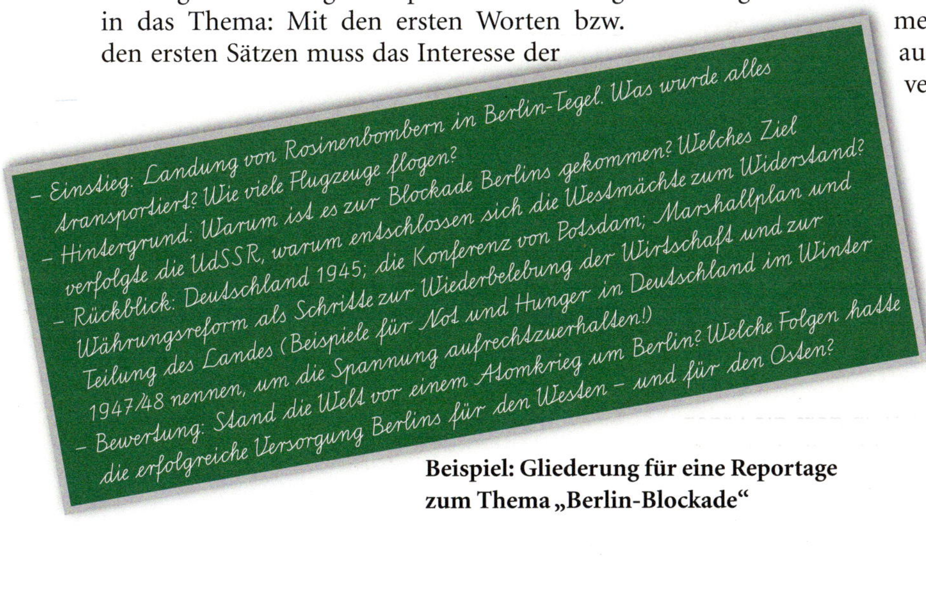

Beispiel: Gliederung für eine Reportage zum Thema „Berlin-Blockade"

DER OST-WEST-KONFLIKT

Vierzig Jahre lang zerfiel ein Großteil der Welt in zwei Blöcke: in den von den Vereinigten Staaten geführten Westen und den von der Sowjetunion dominierten Osten. Beide Blöcke standen sich immer misstrauisch, oft auch feindselig gegenüber. Der Konflikt zwischen den Blöcken – er wird auch Kalter Krieg genannt – fand seinen besonderen Ausdruck im Wettrüsten mit atomaren und nicht-atomaren Waffensystemen. Wie gefährdet der Weltfrieden war, zeigte sich in zahlreichen lokalen Auseinandersetzungen und Stellvertreterkriegen. Erst in den 1980er-Jahren zeichnete sich eine deutliche Wende dieser unheilvollen Entwicklung ab, und mit dem Ende des Ostblocks war auch der Kalte Krieg beendet.

„Was für eine Unverschämtheit, mir Raketen vor die Tür zu stellen!“
Karikatur, 1962

„Es wird hier dauernd von Frieden gesprochen – meine Herren, der Friede bin ich!“
Karikatur, 1956

Überlebende des Massakers von My Lai vor einem Mahnmal. Bei dem Massaker kamen über 500 Männer, Frauen und Kinder ums Leben, 1990er-Jahre.

Veteran des Vietnamkriegs mit seinem Sohn am Vietnam Veterans Memorial in Washington, 1990er-Jahre

…olitische …nd militärische …ächtegruppierungen …945–1990

Der sowjetische Staats- und Parteichef Michail Gorbatschow übergab dem US-Präsidenten George Bush 1990 eine Karikatur zum Ende des Kalten Krieges

1. Wie kam es zum „Kalten Krieg"?

April 1945	Die Vereinten Nationen (UNO) werden in San Francisco gegründet.
März 1946	Churchill prägt den Begriff „Eiserner Vorhang".
1947	Mit der Truman-Doktrin beginnt die Containment-Politik der USA.
1949	Die NATO wird gegründet.

Die neue Rolle der Sowjetunion nach dem Zweiten Weltkrieg

Der 9. Mai 1945 war für die Bevölkerung der Sowjetunion ein Jubeltag. Endlich war ein Krieg beendet, der das Land mehr als 15 Millionen Opfer gekostet, weite Gebiete verwüstet und 25 Millionen Obdachlose hinterlassen hatte. Sowjetische Soldaten hatten Berlin erobert und standen an der Elbe. Im Fernen Osten schickte man sich an, gemeinsam mit den USA den letzten Kriegsgegner Japan zu besiegen. Damit hatte die kommunistische Sowjetunion den Rang einer Weltmacht erreicht und Stalin seine überragende, alles kontrollierende Rolle gefestigt; jede Opposition war ausgeschaltet. Der Zweite Weltkrieg hatte dazu geführt, dass sowjetische Truppen große Teile Ost- und Mitteleuropas besetzt hatten. Damit konnten dort kommunistische Diktaturen nach dem sowjetischen Vorbild errichtet werden. Zugleich sollte die sowjetische Herrschaft über Ost- und Teile Mitteleuropas das eigene Land auch militärisch sichern und so z. B. eine Wiederholung des Angriffs von 1941 verhindern.
Auch die diplomatische Sonderrolle, in der sich das kommunistische Land seit der Oktoberrevolution befunden hatte, war mit der Bildung der Kriegsallianz (USA, UdSSR, Großbritannien) endgültig beendet. Die Sowjetunion war als Weltmacht anerkannt und hatte sich auch bereit erklärt, in den auf Initiative der USA im April 1945 gegründeten „Vereinten Nationen" (UNO) mitzuarbeiten. Aus ideologischen Gründen war aber ein tiefes Misstrauen gegenüber den „kapitalistischen Staaten" vorhanden, die als „Gegner" betrachtet wurden.

Die USA übernehmen eine aktive Rolle in der Weltpolitik

Mit dem Ende des Zweiten Weltkrieges sahen sich die Vereinigten Staaten in einer neuen Verantwortung als Weltmacht. Zwar wünschten viele Amerikaner eine Rückkehr zum Isolationismus der Vorkriegszeit, ein Rückzug z. B. aus Europa war jedoch problematisch: Mitteleuropa war völlig zerstört, und Großbritannien und Frankreich waren so geschwächt, dass sie kein Gegengewicht gegenüber der Sowjetunion bilden konnten. Damit drohte eine sowjetische Vorherrschaft. Eine vergleichbare Situation herrschte im Mittleren Osten und in Asien.
Ursprünglich hatte Präsident Roosevelt, der am 12. April 1945 gestorben war, geplant, eine stabile Weltordnung mithilfe der Vereinten Nationen zu erreichen. In diesem Zusammenschluss möglichst aller Staaten sollten Konflikte friedlich gelöst werden. Eine besondere Rolle war für die Führungsstaaten der ehemaligen Kriegskoalition bestimmt: Sie sollten im Weltsicherheitsrat gleichsam als „Weltpolizisten" für die Einhaltung des Weltfriedens zuständig sein. Die entscheidende Voraussetzung für das Funktionieren der Konzeption Roosevelts war somit eine intensive Zusammenarbeit zwischen den Weltmächten USA und der UdSSR.

Der Kalte Krieg beginnt

Doch es kam anders. Seit dem Frühjahr 1945 wuchsen die Spannungen zwischen den beiden Staaten und auch die Hoffnung, auf der Potsdamer Konferenz zu einer verbesserten Kooperation zu gelangen, erfüllte sich nicht (siehe S. 120 ff.). Die beginnende Übertragung des stalinistischen Systems auf die osteuropäischen Staaten

und die ungeklärte Zukunft Deutschlands wurden 1945 und 1946 zu immer größeren Belastungen für die amerikanische Außenpolitik. Hinzu kamen Konflikte im Mittelmeerraum: In Griechenland tobte ein Bürgerkrieg, bei dem aus westlicher Sicht zu befürchten war, dass die kommunistische Seite siegen könnte. Damit wäre ein weiterer Staat unter sowjetischen Einfluss gelangt. Im März 1946 prägte der ehemalige britische Premierminister Winston Churchill in einer Rede den Begriff „Eiserner Vorhang". Er meinte damit die hermetische Abriegelung ihres Einflussbereichs durch die Sowjetunion gegenüber der westlichen Welt.
Der neue amerikanische Präsident Truman vollzog nun einen Kurswechsel. An die Stelle einer möglichen Kooperation mit der Sowjetunion trat das Ziel, den Kommunismus „einzudämmen" („Containment-Politik"). Dazu gehörte ein langfristiges weltweites militärisches Engagement, aber auch finanzielle Hilfeleistungen für nichtkommunistische Staaten. Eine Rückkehr zur Vorkriegspolitik des Isolationismus wurde ausgeschlossen. Truman verkündete die neue Strategie in einer aufsehenerregenden Rede vor dem Kongress am 12. März 1947, in der er zugleich um die Bewilligung von Unterstützungsmaßnahmen für Griechenland bat. Infolge dieses Kurswechsels wurde der Marshallplan entwickelt (S. 163 ff.) und ein weltweites System von Verteidigungsbündnissen gegen die Sowjetunion abgeschlossen. In Europa und Nordamerika wurde 1949 die NATO („North Atlantic Treaty Organisation") gegründet; dies beantwortete die Sowjetunion 1955 mit der Gründung des „Warschauer Paktes".

Ost- und Westblock entstehen

Die Sowjetunion reagierte auf den Kurswechsel in der amerikanischen Politik, indem sie in ihrem Herrschaftsbereich überall kommunistische Systeme unter sowjetischer Kontrolle einführte und ihren Herrschaftsbereich abschottete. Auch die westlichen Staaten verstärkten unter Führung der USA ihre Zusammenarbeit. Die Welt zerfiel in zwei Blöcke, zwischen denen eine Verständigung unmöglich erschien. Mehrfach schien während der Zeit dieses Ost-West-Konfliktes ein Krieg kurz bevorzustehen. Dazu kam es jedoch nicht, obwohl beide Seiten sich feindselig, bis an die Zähne bewaffnet, gegenüberstanden. Man bezeichnet diesen Konflikt, der bis 1990 dauerte, daher auch als „Kalten Krieg". Wie es dazu kam, wer daran die Schuld trägt und warum es gelang, einen wirklichen, „heißen" Krieg zu verhindern, darüber wird in der Geschichtsforschung bis heute intensiv und mit unterschiedlichen Meinungen diskutiert.

Karikatur von Bruce Russel aus der „Los Angeles Times", 1945 Q1
Auf den Zetteln steht: „verantwortungslose Stellungnahmen", „sich vertiefende Verdachtsmomente".

Q2 Die Truman-Doktrin

Am 12. März 1947 verkündete Präsident Truman neue Grundsätze für die amerikanischen Außenpolitik:

Eines der vornehmsten Ziele der Außenpolitik der Vereinigten Staaten ist die Schaffung von Verhältnissen, unter denen wir und andere Nationen in der Lage sind, ein Leben frei von Zwang zu führen. Das war der Grundgedanke im Krieg mit Deutschland und Japan. Unser Sieg wurde über Länder errungen, die darauf ausgingen, anderen Nationen ihren Willen und ihre Lebensweise aufzuzwingen. Um eine friedliche Entwicklung der Nationen, frei von Zwang, sicherzustellen, haben die Vereinigten Staaten den größten Anteil bei der Schaffung der Vereinten Nationen übernommen. (...) Im gegenwärtigen Augenblick der Weltgeschichte muss fast jede Nation zwischen zwei verschiedenen Lebensarten wählen. Zu oft ist die Wahl keine freie. Die eine Art, zu leben, gründet sich auf den Willen der Mehrheit und zeichnet sich durch freie Institutionen, repräsentative Regierungen, freie Wahlen, Garantien der persönlichen Freiheit, Freiheit der Rede und der Religion und Freiheit von politischer Unterdrückung aus. Die zweite Lebensart hat als Grundlage den Willen einer Minderheit, die mit Gewalt der Mehrheit gegenüber geltend gemacht wird. Sie stützt sich auf Terror und Unterdrückung, kontrollierte Presse und Rundfunk, von vornherein bestimmte Wahlen und auf die Unterdrückung der persönlichen Freiheit. Ich bin der Ansicht, dass wir den freien Völkern beistehen müssen, ihr eigenes Geschick auf ihre Weise zu bestimmen. Ich glaube, dass unser Beistand in erster Linie in Form von wirtschaftlicher und finanzieller Hilfe gewährt werden sollte. (...). Ich fordere daher den Kongress auf, die Ermächtigung zu erteilen, dass Griechenland und die Türkei (...) Unterstützung in Höhe von 400 Millionen Dollar erhalten.

Zit. nach: E.-O.Czempiel, C.-Ch. Schweitzer, Weltpolitik der USA nach 1945. Einführung und Dokumente. Bonn 1989, S. 53.

Containment

Die außenpolitische Strategie des Containment („Eindämmung") geht davon aus, dass die weitere Ausdehnung des Kommunismus verhindert werden müsse. Das kann – ohne einen Krieg mit der Sowjetunion – nur gelingen, wenn der kommunistische Block durch Bündnissysteme, Stationierung von Soldaten und durch die Bereitschaft, bedrohten nichtkommunistischen Staaten zur Hilfe zu kommen, eingedämmt wird. Die Containment-Strategie geht auf die Analysen des amerikanischen Russlandexperten G.F. Kennan zurück.

Q3 Amerika und die Europäer
Sowjetische Karikatur aus der Zeitschrift „Krokodil", 1948.

Q4 Die NATO als Bündnissystem

1949 wurde von zwölf Staaten unter Führung der USA der nordatlantische Verteidigungspakt (NATO) geschlossen. Im NATO-Vertrag heißt es:

Art. 1. Die vertragsschließenden Staaten verpflichten sich, gemäß den Bestimmungen der Charta der Vereinten Nationen jeden internationalen Streitfall, an dem sie beteiligt sein mögen, durch friedliche Mittel (...) zu regeln (...).

Art. 5. Die vertragsschließenden Staaten sind sich darüber einig, dass ein bewaffneter Angriff gegen einen oder mehrere von ihnen in Europa oder Nordamerika als ein Angriff gegen sie alle betrachtet werden wird, und infolgedessen kommen sie überein, dass im Falle eines solchen bewaffneten Angriffs jeder von ihnen (...) den Vertragsstaat oder die Vertragsstaaten, die angegriffen werden, unterstützen wird, indem jeder von ihnen für sich (...) diejenigen Maßnahmen unter Einschluss der Verwendung bewaffneter Kräfte ergreift, die er für notwendig erachtet, um die Sicherheit des nordatlantischen Gebietes wiederherzustellen. (...). Diese Maßnahmen sind zu beenden, sobald der Sicherheitsrat die zur Wiederherstellung und Aufrechterhaltung des Völkerfriedens und der internationalen Sicherheit notwendigen Maßnahmen ergriffen hat.

Zit. nach: Europa-Archiv 1949, S. 2071f.

Kontrovers: Wer trägt die Schuld am Kalten Krieg?

Die Frage, wie es zum Kalten Krieg kam und wer für den Ausbruch des Konfliktes verantwortlich war, wird bis heute von Historikern sehr unterschiedlich bewertet.

D1 *Der Historiker Wilfried Loth urteilt (1989):*

Den entscheidenden Anstoß zur Eskalation des Konflikts gaben die USA, indem sie der Sowjetunion die Anerkennung der implizit schon zugestandenen Sicherheitszone (in Osteuropa) verweigerten; und sie waren es auch, die, strukturell und in ihren Machtmitteln ihrem Gegenspieler ständig weit überlegen, den Konfliktverlauf stärker bestimmten als jede andere Macht. Die Ursache für die mangelnde Verständigungsbereitschaft der USA war (...) der in der politischen Kultur des Landes vorherrschende außenpolitische Idealismus, der bald als Isolationismus, bald als aggressiver Moralismus in Erscheinung trat: (...) Das Unvermögen der USA, sich mit den imperialistischen Formen sowjetischer Interessensicherung in Osteuropa abzufinden (...) stärkte in der Sowjetführung mehr und mehr die dogmatischen Kräfte und Tendenzen: jene, die davon ausgingen, dass die ökonomische Expansion der USA nach Europa imperialistischen Charakter annehmen würde, die darum eine gewaltsame Ausrichtung der osteuropäischen Länder nach dem sowjetischen Vorbild für notwendig hielten.

W. Loth: Die Teilung der Welt. Geschichte des Kalten Krieges 1941–1955. München 1989, S. 346 f.

D2 *Demgegenüber nimmt der Historiker Alexander Fischer eine andere Position ein:*

Der Ost-West-Konflikt ist (...) ein struktureller Konflikt, und zwar deshalb, weil die widerstrebenden Vorstellungen über die angestrebten internen und internationalen Strukturen, d.h. über die Organisationsprinzipien von Gesellschaft, Staat und Staatenwelt, den Inhalt der unvereinbaren Tendenzen ausmachen: kommunistisches gegen demokratisches Ordnungsprinzip, klassenpolitisches gegen nationalstaatliches Ordnungsprinzip. (...) Praktisch wurde die sowjetische Einflusssphärenpolitik lange Zeit (von den USA) toleriert (...): Osteuropa spielte nur indirekt eine Rolle bei der Entstehung des Kalten Krieges. Entscheidend (...) waren die 1946 erkennbaren Anzeichen, dass die Sowjetunion versuchte, gewaltsam über die osteuropäische Einfluss- und Herrschaftssphäre hinauszugreifen (Türkei, Dardanellen, Persien, Griechenland). Osteuropa war nur insofern ein Testfall, als dort infolge der sowjetischen Herrschaftspolitik die von den USA unter der Hand versuchte Vermittlung (...) misslang. (...) Nicht die Errichtung der sowjetischen Einflusszone in Osteuropa, sondern der Versuch der Sowjetunion, unter Gewaltandrohung darüber hinauszugreifen, führte zur Containment-Politik und damit zum Kalten Krieg. (...)

Zit. nach: W.Link, Handlungsspielräume der USA in der Entstehung des Ost-West-Gegensatzes 1945–1950. In: Aus Politik und Zeitgeschichte, B 25/83, S. 21ff.

Fragen und Anregungen

1. Truman befürchtete eine isolationistische Haltung des Kongresses. Arbeite heraus, wie er daher argumentierte (Q2).
2. Verfasse Schlagzeilen, in denen die Grundlagen der Truman-Doktrin plakativ ausgedrückt werden (Q2).
3. Arbeite heraus, welchen Verpflichtungen sich die Unterzeichner des NATO-Pakts unterwarfen – und welchen nicht (Q4).
4. Diskutiere die These, dass die NATO als reines Verteidigungsbündnis ohne jedes Angriffspotential gegründet wurde (VT, Q4).
5. „Spielt" einen Konflikt durch, der zu einem NATO-Einsatz führt: Welche Schritte müssen absolviert werden, wie weit muss ein Staat einem anderen zu Hilfe kommen (Q4)?
6. Stelle tabellarisch die unterschiedlichen Positionen zu den Ursachen des Kalten Krieges gegenüber. Suche dann mithilfe des VT nach Belegen für die einzelnen Positionen und nimm dazu Stellung (VT, → **Kontrovers**).
7. Beschreibe und interpretiere die Karikatur (Q3). Was könnte ein amerikanischer Politiker entgegnen (Q2)?
8. Erkläre, welche Probleme der Karikaturist Bruce Russel 1945 sieht und vergleiche seine Befürchtungen mit den Gründen für den Beginn des Kalten Krieges (Q1, VT).

Politische Gegner in Text und Bild

In einem Wettkampf, bei Meinungsverschiedenheiten und anderen Formen von Konkurrenz können Feindbilder entstehen. Die jeweilige andere Seite wird nicht mehr nur als Konkurrent oder andersdenkende Seite, sondern als „Feind" betrachtet, den es „auszuschalten" gilt. Dazu werden Vorurteile gepflegt und neu geschaffen; jede Seite glaubt genau zu wissen, wie „böse" und „schlecht" die Absichten der anderen Seite sind. Eine vertrauensvolle Zusammenarbeit erscheint unmöglich. Feindbilder haben somit mehrere Merkmale. Dazu gehören ein grundsätzliches Misstrauen und eine grundsätzliche Schuldzuweisung gegenüber dem Feind, die Identifikation des Feindes mit dem „schlechthin Bösen" sowie die Verweigerung menschlicher Gefühle gegenüber dem Feind.
Auf diese Weise wird die eigene Seite motiviert, im Wettstreit noch aktiver zu werden und auf die andere, die „schlechte" Seite, keine Rücksicht zu nehmen. Gleichzeitig werden Zweifel an der eigenen Position vermieden, u. a. indem die eigene Seite sehr positiv dargestellt wird.
Zur Zeit des Kalten Krieges gab es ausgeprägte Feindbilder auf beiden Seiten. Diese fanden sich nicht nur in Veröffentlichungen der Regierungen, sondern waren in großen Teilen der Gesellschaft tief verwurzelt. An ihnen wird deutlich, dass der Ost-West-Konflikt keine rein machtpolitische Auseinandersetzung war, sondern ein tief greifender Wettstreit zweier gegensätzlicher Systeme in allen Bereichen von Gesellschaft, Wirtschaft und Kultur.
Mit der Entspannungspolitik seit Mitte der 1960er Jahre begannen die Feindbilder in Ost und West aufzubrechen – im Westen deutlicher als im Ostblock, wo die Regierungen stärker an den gewohnten Mustern festhielten, um die eigene Seite abzugrenzen und so zu stabilisieren.
Auf dieser Doppelseite findest du mehrere Beispiele für Feindbilder aus Ost und West, deren Aussagen du analysieren kannst.

Q1 Karikatur aus der „New York Herald Tribune", 1949

Q2 Karikatur aus der sowjetischen Zeitschrift „Krokodil"
Die Schrift auf dem Bild heißt Westeuropa, 1950

Filmplakat, 1963 Q3

James Bond ist immer der überlegene Held, seine Gegner sind fast immer gewalttätig und streben nach Weltmacht.

Q4 Warum ist Jazzmusik gefährlich?

Aus einem Artikel der „Täglichen Rundschau" vom 6. Juni 1951, die in der DDR erschien:

Der amerikanische Raubimperialismus, dessen Ideal die Weltherrschaft, die Vorbereitung und Entfesselung eines neuen Weltkrieges, die Ausrottung anderer Völker ist, hat eine dementsprechende „Kultur" geschaffen. Die Höchstwerte dieser Kultur sind der Dollar und die nackte Gewalt, der Bakterienkrieg und die Verbreitung des Kartoffelkäfers, die Erschießung friedlicher Menschen, die bestialische Bombardierung von Krankenhäusern und Schulen, Kindern und Greisen, also der Meuchelmord. (...) Das amerikanische Theater befindet sich im Zustand des Verfalls. Künsterische Armut im Verein mit moralischem und geistigem Bankrott sind seine Kennzeichen. Klassische Musik wird in den USA fast gar nicht aufgeführt. In den zahllosen „Music Halls" quaken vom frühen Morgen bis tief in die Nacht die Jazzkapellen. Manchmal vergreifen sie sich sogar an großen Werken der klassischen Musik.

Zit. nach: H. Mögenburg, Kalter Krieg und Wirtschaftswunder. Die Fünfziger Jahre im geteilten Deutschland (1949–1961). Frankfurt a.M. 1993, S. 220.

Q5 Das Wesen des USA-Imperialismus

In dem 1988 in der DDR erschienenen „Kleinen Politischen Wörterbuch" heißt es:

Der USA-Imperialismus ist das reaktionäre Zentrum des Welt-Imperialimus. Er ist bestrebt, die Rolle eines Garanten und Schutzpartons des internationalen Systems der Ausbeutung und Unterdrückung zu spielen, überall zu herrschen. (...Er) versucht, durch Gewalt, Bestechung und wirtschaftliche Durchdringung Staaten und ganzen Gebieten des Erdballs seinen Willen aufzuzwingen. Es gibt keine Verbrechen, zu denen er nicht bereit wäre, um seine Herrschaft über die Völker der ehemaligen Kolonien oder anderer Länder (...) wiederherzustellen. (...) Er finanziert und forciert die Aktionen konterrevolutionärer verbrecherischer Banden (...). Bewaffnete Interventionen, grausame Repressalien – besonders in den Ländern, in denen der Kampf bewaffnete Formen annimmt –, konterrevolutionäre Verschwörungen und reaktionäre und faschistische Umstürze, Provokationen und Erpressung gehören zu seinem Instrumentarium.

G. Schütz u. a., Kleines Politisches Wörterbuch. Berlin (Ost) 1988, S. 402.

Fragen und Anregungen

1. Untersuche Q1 und 2. Welche der aufgeführten Merkmale von Feindbildern findest du wieder? Welche Bildsprache wenden die Karikaturisten an? Beachte vor allem, wie der jeweilige Gegner dargestellt wird.
2. Erkläre die Aussage des Filmplakats Q3: Inwiefern kann ein Film Feindbilder vermitteln?
3. Erläutere, welches Feindbild in Q4 vermittelt wird. Erkläre, warum die Kultur als Merkmal eines Feindbilds genutzt wird.
4. Mit welcher Wortwahl wird in Q5 ein Feindbild gezeichnet?
5. Suche Beispiele für heute aktuelle Feindbilder und untersuche sie nach vorgegebenem Muster.

2. Korea, Kuba und Vietnam – weltweite Konfrontationen

1949	China wird kommunistisch.
1950–53	Der Korea-Krieg endet mit einem Waffenstillstand.
1962	In der Kuba-Krise steht die Welt am Rand eines Atomkriegs.
1955–75	Die USA versuchen mit allen Mitteln, den Sieg des Kommunismus in Südvietnam zu verhindern und scheitern.

Vormarsch des Kommunismus? China und Korea

Der Kalte Krieg war ein weltweiter Konflikt, was sich im Koreakrieg zeigen sollte. Im Januar 1949 endete in China ein langer Bürgerkrieg mit dem Sieg der Kommunisten unter ihrem Führer Mao Zedong. Damit war das bevölkerungsreichste Land der Welt kommunistisch geworden. Auch im angrenzenden Korea schien der Vormarsch des Kommunismus unaufhaltsam. Das Land war nach dem Krieg in zwei Besatzungszonen aufgeteilt worden: in ein amerikanisch besetztes Südkorea und ein sowjetisch besetztes Nordkorea, wo 1948 eine kommunistische Regierung an die Macht kam. 1949 zogen beide Besatzungsmächte ihre Truppen ab, das Land blieb jedoch geteilt. 1950 griff Nordkorea den Süden an und eroberte fast ganz Südkorea. China und die Sowjetunion unterstützten dabei Nordkorea, ohne jedoch selbst in den Krieg einzugreifen. Nun erfolgte eine Gegenreaktion der Vereinten Nationen: Der UNO-Sicherheitsrat verurteilte Nordkorea als Aggressor und beschloss schließlich den Einsatz von UNO-Truppen zur Wiederherstellung des Friedens. Unter Führung der USA gelang es diesen, die nordkoreanische Armee zurückzutreiben und große Teile Nordkoreas zu erobern. Nun intervenierte China: Mehr als 300 000 Mann überschritten die Grenze und kamen den Nordkoreanern zu Hilfe. Der amerikanische Oberbefehlshaber MacArthur sprach sich für den Ein-

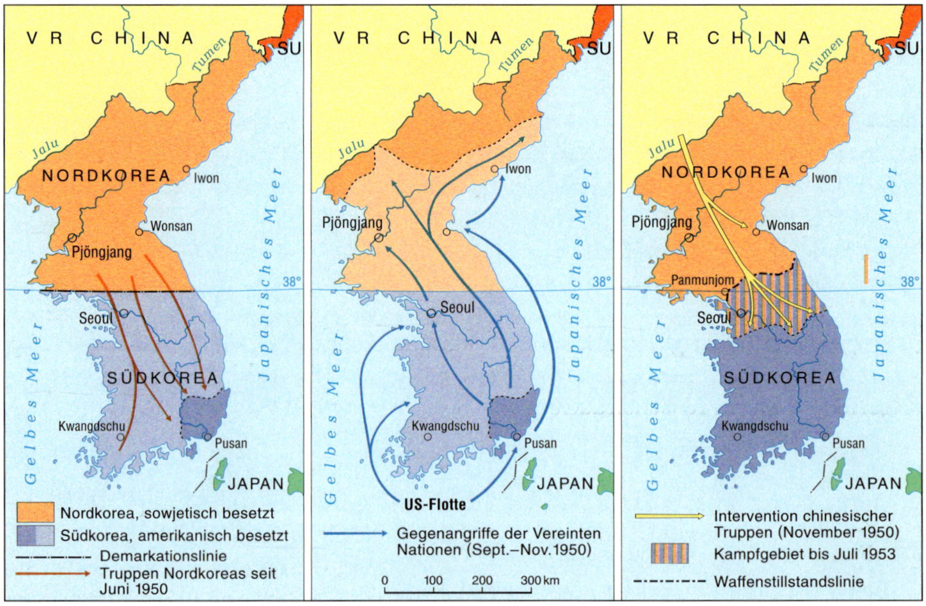

Die drei Phasen des Koreakrieges 1950 bis 1953 **D1**

satz von Atomwaffen aus. Das lehnte Präsident Truman als zu gefährlich ab und entließ den General. Schließlich gelang es, die Front am 38. Breitengrad zu stabilisieren. Dort verlief bereits seit 1945 die Demarkationslinie zwischen Nord- und Südkorea. 1953 wurde ein Waffenstillstand unterzeichnet, der bis heute besteht. Doch der Schock für die USA und ihre Verbündeten saß tief. Mit China und Nordkorea hatte der Kommunismus in Asien erheblich an Einfluss gewonnen. Als Reaktion darauf wurde das militärische Engagement in Asien erheblich verstärkt und Sicherheitspakte mit verschiedenen fernöstlichen Staaten abgeschlossen.

Am Rande eines weltweiten Atomkrieges: Die Kuba-Krise

Fast ein Jahrzehnt später kam es in der Karibik zu einem folgenschweren Konflikt. Am 14. Oktober 1962 wurden aus einem US-Spionageflugzeug Fotos gemacht, die auf Kuba vierzig im Bau befindliche Abschussrampen für sowjetische Mittelstreckenraketen zeigten. Damit hätte die Sowjetunion erstmals große Teile der USA mit Atomwaffen erreichen können. Wie war das möglich geworden? In Kuba war es 1959 unter der Führung Fidel Castros zu einer Revolution gekommen.
Castros prokommunistische Politik wurde von der Sowjetunion unterstützt. Im Gegenzug durfte die UdSSR atomare Waffen auf der Karibikinsel stationieren. Der amerikanische Präsident John F. Kennedy stand vor einer schwierigen Entscheidung. Einige seiner Berater forderten ein militärisches Eingreifen und die Vernichtung der Atomraketen. Die Welt hielt den Atem an; die Menschen kauften Vorräte ein, die Streitkräfte beider Seiten wurden in Alarmzustand versetzt; ein Atomkrieg drohte. Kennedy entschied sich, gegen Kuba eine Seeblockade zu verhängen, um weitere Waffenlieferungen zu verhindern. Wie würde die Sowjetunion reagieren? Im entscheidenden Moment, als es fast zu einer Konfrontation zwischen einem sowjetischen Frachter und einem amerikanischen Kriegsschiff kam, drehte der sowjetische Frachter ab. Der sowjetische Partei- und Regierungschef Chruschtschow signalisierte, dass ein Abzug der sowjetischen Atomraketen von der Insel Kuba möglich wäre, sofern die USA die Unverletzlichkeit Kubas erklärte. Beide Mächte einigten sich; die Seeblockade wurde aufgehoben, und die Raketen wurden abgezogen. Gleichzeitig war vereinbart worden, NATO-Mittelstreckenraketen aus der Türkei abzuziehen, die von dort aus die Sowjetunion bedrohten. Im Gegenzug erklärte die UdSSR die Unverletzlichkeit der Türkei.

Q1 **„Einverstanden, Herr Präsident, lasst uns verhandeln“**
Englische Karikatur, 1962.

Beide Seiten werteten das Ende der Kuba-Krise als diplomatischen Erfolg: Die Sowjetunion hatte Kuba vor einer möglichen Invasion der USA gesichert; Kennedy hatte weltweit Ansehen als ein konsequenter, aber auch am Frieden orientierter Präsident gewonnen. Doch die langfristigen Folgen der Kuba-Krise wogen schwerer. Beide Supermächte mussten erkennen, dass durch unbedachtes Handeln jederzeit ein atomares Inferno in Gang gesetzt werden konnte. Auch wenn die Rüstungsanstrengungen auf beiden Seiten weitergingen, so sah man sich doch genötigt, Verhandlungsbereitschaft zu signalisieren. In diesem Zusammenhang wurde auch eine direkte Telefonverbindung zwischen Washington und Moskau eingerichtet, um in Krisensituationen eine sofortige Kontaktaufnahme zu ermöglichen.

Der Vietnam-Krieg

Während die USA in der Korea- und der Kuba-Krise militärische und diplomatische Erfolge erzielen konnten, scheiterten sie schließlich in Vietnam. Die französische Kolonie Vietnam war während des Zweiten Weltkrieges von Japan besetzt worden. Nach Kriegsende versuchte Frankreich, seine Kontrolle über Vietnam wiederher-

Rückzug aus Saigon Q2
Vor dem Fall Saigons 1975 werden Südvietnamesen mit US-Hubschraubern in Sicherheit gebracht. Der Kampf um die Plätze in den Helikoptern ist unbarmherzig. Viele Südvietnamesen werden ihrem Schicksal überlassen. In den folgenden Jahren flohen Tausende von Südvietnamesen unter Lebensgefahr aus dem Land.

zustellen. Vietnamesische Aufständische unter dem kommunistischen Führer Ho-Chi-Minh besiegten jedoch 1954 die französischen Streitkräfte. Das Land wurde in einen kommunistischen Norden und einen nicht-kommunistischen Süden geteilt. Die antidemokratische Politik des südvietnamesischen Regimes führte zur Bildung einer „Nationalen Befreiungsfront" – des Vietcongs. Diese Untergrundarmee hatte das Ziel, den Präsidenten zu stürzen. Da der Vietcong von Anfang an vom kommunistischen Nordvietnam unterstützt und kontrolliert wurde, häuften sich die Befürchtungen, ganz Vietnam könnte schnell kommunistisch werden.

Q3 **Ho-Chi-Minh (1890–1969)**

Nach der so genannten „Domino-Theorie" der Amerikaner würde ein kommunistisches Gesamtvietnam zu einem weiteren Vordringen des Kommunismus in ganz Asien führen. Um das zu verhindern griff die amerikanische Regierung seit 1955 aktiv in den Konflikt ein und entsandte 350 Offiziere für die Ausbildung und Organisation der südvietnamesischen Armee. In den folgenden Jahren steigerte sich das finanzielle und dann auch militärische Engagement immer weiter. 1965 begann ein massiver Luftkrieg gegen die nordvietnamesischen Basen des Vietcong. Durch einen gleichzeitigen massiven Einsatz von Bodentruppen sollten die Vietcong aus Südvietnam vertrieben werden. Schließlich standen 1967 mehr als eine halbe Million amerikanischer Soldaten in Südvietnam, darunter viele Wehrdienstleistende. Der Dschungelkrieg erwies sich jedoch als ein Fiasko. Der massive Bomben- und Chemiekrieg forderte viele Opfer unter der Zivilbevölkerung, ohne jedoch die Vietcong-Rebellen besiegen zu können, die nach einzelnen Anschlägen schnell untertauchten. Somit stieß die weit überlegene amerikanische Militärmacht ins Leere. Hinzu kam, dass die Amerikaner mehr und mehr in die Rolle einer Besatzungsmacht gerieten und nicht in die erwünschte Rolle eines Beschützers gegen den kommunistischen Norden.

Schließlich entschloss sich Präsident Nixon, auch als Reaktion auf die immer mehr wachsende Anti-Vietnam-Protestbewegung, zum Rückzug. Nach langen Verhandlungen zwischen Nordvietnam und den USA wurde am 28. Januar 1973 ein Waffenstillstand zwischen den USA und Nordvietnam abgeschlossen. In Südvietnam ging der Krieg jedoch weiter. Er endete erst, als reguläre Truppen des Nordens in einer Großoffensive am 30. April 1975 Saigon eroberten. Das nun unter kommunistischer Führung wiedervereinigte Vietnam schloss sich eng an die Sowjetunion an. Die amerikanische Politik, den Vormarsch des Kommunismus zu verhindern, war in Asien völlig gescheitert. Die USA hatten weltweit erheblich an Ansehen verloren und mussten die erste große militärische Niederlage ihrer Geschichte verkraften. Vietnam war zu einem Trauma geworden.

Bringt unsere Männer heim.

Domino-Theorie

Nachdem China vollständig und Korea zum Teil kommunistisch geworden waren, wurde die „Domino-Theorie“ entwickelt. Sie besagt, dass jeder Staat, der kommunistisch würde, wie bei Dominosteinen den „Fall“ weiterer benachbarter Staaten nach sich zöge. Nach der Domino-Theorie, die in den 1950er- und 1960er-Jahren eine der Leitlinien der amerikanischen Außenpolitik war, konnte somit der Vormarsch des Kommunismus nur durch das sofortige Eingreifen in den einzelnen Staaten gestoppt werden. Die Domino-Theorie führte dazu, dass für die amerikanische Regierung ein Rückzug aus Vietnam als fast unmöglich gesehen wurde.

Vietnam-Trauma

Die Erfahrungen des Vietnamkrieges erzeugten in den USA ein tief greifendes Trauma. Zum ersten Mal in ihrer Geschichte waren die USA erfolglos geblieben und hatten sogar ihren Nimbus als Demokratie verbreitender Staat verloren, denn in Südvietnam waren die USA mehr und mehr als Besatzungs- und Kolonialmacht aufgetreten. Besonders die täglichen grausamen Fernsehbilder aus Vietnam führten zu großen Zweifeln am eigenen politischen System. Hinzu kam aufgrund der hohen Kriegskosten eine Wirtschaftskrise und das Gefühl, dem „Vormarsch“ des Kommunismus hilflos gegenüberzustehen.

Q4 Harsche Worte vor der Weltöffentlichkeit

Der sowjetische Botschafter bei den Vereinten Nationen, Walerjan Sorin, forderte am 25. Oktober 1962 den US-Botschafter Adlai Stevenson auf, Beweise für das Vorhandensein der Raketen auf Kuba vorzulegen. Es kommt zu folgendem Disput:

Stevenson: „Ja, wir haben den Beweis … er ist eindeutig … Bestreiten Sie, Botschafter Sorin, dass die UdSSR auf Kuba Raketenstellungen errichtet hat oder eben dabei ist, das zu tun? Ja oder nein? (Pause) Warten Sie nicht auf die Übersetzung. Ja oder nein?“

Sorin: „Ich bin hier nicht in einem amerikanischen Gerichtssaal, Sir, und deshalb habe ich keine Lust, eine Frage zu beantworten, die mir gestellt wird, als stünde ich vor dem Staatsanwalt.“

Stevenson: „Aber Sie stehen hier vor dem Gerichtshof der Weltmeinung, und Sie können antworten, mit Ja oder Nein. Sie haben bestritten, dass es sie gibt, und ich möchte nun wissen, ob ich Sie richtig verstanden habe.“

Sorin: „Sie werden Ihre Antwort bekommen, Sir, wenn die Zeit gekommen ist.“

Stevenson: „Es macht mir nichts aus, auf Ihre Antwort zu warten, bis die Hölle zufriert, wenn Sie das wollen …“

Dann zeigte Stevenson auf vergrößerte Aufnahmen der Raketenstellungen. Sorin gab keine Antwort, sondern machte sich über die fotografischen Beweise lustig.

Stevenson: „Wir kennen die Fakten, und Sie ebenso, Sir. Wir sind bereit darüber zu reden. Unsere Arbeit hier ist es nicht, bei Debatten Erfolge zu erzielen. Unsere Arbeit hier ist es, den Frieden zu bewahren. Und wenn Sie dazu bereit sind, dann sind wir es auch.“

Zit. nach: J. Isaacs, T. Downing, Der Kalte Krieg. Eine illustrierte Geschichte, 1945–1991. München 1999, S. 199.

Q5 „Hände weg von Korea!“

Sowjetische Karikatur auf der Titelseite der satirischen Zeitschrift „Krokodil“ zum Koreakrieg, 1953.

Q6 Ein Erfolg für die Sowjetunion?

Nach Chruschtschows Tod wurden seine Memoiren 1971 im Westen veröffentlicht. Im Rückblick bewertete er die Kuba-Krise:

Ich hatte vor, Raketen mit Nuklearsprengköpfen auf Kuba zu stationieren, so dass die USA nichts davon mitbekamen, bis es zu spät war, etwas dagegen zu tun. (...) Wir hatten nicht vor, einen Krieg anzufangen. Wir teilten den Amerikanern mit, dass wir bereit wären, unsere Raketen und Bomber unter der Bedingung abzuziehen, dass es keine Invasion Kubas seitens der Amerikaner oder irgendjemand anderem geben würde. Schließlich gab Kennedy nach und stimmte zu, eine Erklärung mit einer diesbezüglichen Garantie abzugeben. (...) Es war ein großer Sieg für uns, (...) ein spektakulärer Erfolg.

N. Khrushchev, Khrushchev Remembers. London 1971, S. 496. Übersetzung: Boris Loske. Zit. nach: Geschichte lernen 94 (2003), S. 39

Q8 Amerikanische Verwundete auf einem provisorischen Verbandsplatz in Vietnam

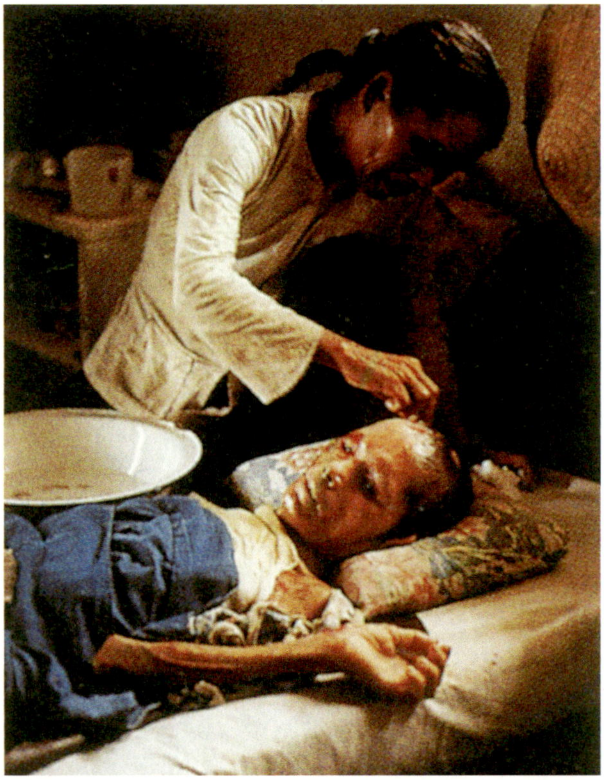

Q7 Napalmopfer

Die USA warfen während des Vietnam-Krieges auch Napalm ab, das schwerste Verbrennungen verursachte. Selbst Opfer, die ein Krankenhaus erreichten, überlebten nur selten. Es wurden auch andere Chemikalien eingesetzt (z. B. Entlaubungsmittel), die noch Jahrzehnte später in der Umwelt nachweisbar waren.

Q9 Der Einsatz in Vietnam wird gerechtfertigt

Präsident Johnson sagte in einer Rede am 7. April 1965:

Die Welt in Asien ist kein heiterer und friedlicher Ort. Die erste Realität ist, dass Nordvietnam die unabhängige Nation Südvietnam angegriffen hat. Das Ziel ist die totale Eroberung. Natürlich unterstützen einige Südvietnamesen den Angriff auf ihre eigene Regierung. Aber ausgebildete Männer, Nachschub, Befehle und Waffen fließen unaufhörlich von Nord nach Süd. (...) Wir sind [in Südvietnam], weil wir ein Versprechen zu halten haben. Seit 1954 hat jeder amerikanische Präsident dem Volk von Südvietnam Hilfe angeboten. Wir haben geholfen aufzubauen, wir haben geholfen zu verteidigen. (...) Wir sind auch dort, um die Weltordnung zu stärken. Rund um die Erde, von Berlin bis Thailand, leben Völker, deren Wohlergehen zum Teil auf dem Glauben beruht, dass sie auf uns zählen können, wenn sie angegriffen würden. Vietnam seinem Schicksal zu überlassen, würde das Vertrauen aller dieser Völker in den Wert einer amerikanischen Verpflichtung (...) erschüttern. Das Ergebnis wäre wachsende Unruhe und Unsicherheit, schließlich sogar Krieg. Wir sind auch dort, weil es um hohe Einsätze für das Gleichgewicht geht. Niemand soll glauben, dass der Rückzug aus Vietnam das Ende des Konflikts brächte. (...) Die wichtigste Lehre unserer Zeit ist, dass der Appetit der Aggression niemals befriedigt ist. Rückzug von dem einen Schlachtfeld bedeutet nur Vorbereitung des nächsten.

Zit. nach: Geschichte in Quellen. Die Welt seit 1945. München 1980, S. 601–602.

Q10 Anti-Kriegs-Demonstration in Berkeley, Kalifornien, Mitte der 1960er-Jahre
Der Vietnam-Krieg war in den USA umstritten. Seit Mitte der 1960er-Jahre bildete sich eine breite Antikriegsbewegung, die angesichts der Opferzahlen, der gewaltigen Kosten und der Fernsehbilder über den Krieg im Laufe der Jahre immer mehr Unterstützung bekam. Diese Bewegung breitete sich in der gesamten westlichen Welt aus.

D2 In Vietnam war vieles außer Kontrolle geraten

Der ehemalige US-Außenminister Colin Powell, der als Offizier in Vietnam war hatte, in seinen Memoiren:

Immer wenn wir Einheiten [auf die Halbinsel Batangan] schickten, konnten wir uns darauf gefasst machen, dass im Feldlazarett Dutzende von Soldaten mit abgerissenen Gliedmaßen versorgt werden mussten. Die Vietcong und sympathisierende Bauern, auch Frauen und Kinder, hatten überall Minen gelegt und Sprengfallen versteckt.

Das entschuldigt freilich nicht, was am 16. März 1968 geschah. An diesem Tag (...) drangen Soldaten der 11. Brigade in das Dorf My Son am Südchinesischen Meer ein. Ein Zug unter First Lieutenant William Calley trieb Hunderte alter Männer, Frauen und Kinder, unter ihnen auch Säuglinge, aus dem Dörfchen zu einem nahe gelegenen Graben. Dort wurden alle mit Maschinengewehren niedergemäht. Wie spätere Untersuchungen ergaben, hatten Calley und seine Männer 347 Menschen umgebracht. Die 128 „getöteten Feinde", die in den Berichten der Division auftauchten, waren eine grobe Untertreibung. Calley wurde vor ein Kriegsgericht gestellt und zu lebenslanger Haft verurteilt. Auf Betreiben Präsident Nixons wurde seine Haft später in drei Jahre bequemen Hausarrest umgewandelt. (...) Zur gleichen Zeit, als ich meine Meinung über den Krieg zu ändern begann, vollzog sich der gleiche Gesinnungswandel in der gesamten Armee. Wir sahen ein, dass wir im Dienst einer Außenpolitik eingesetzt worden waren, die sich jetzt als völliger Fehlschlag erwies. Die Führung hatte uns nach der Einheitslogik des Antikommunismus in den Krieg geschickt, doch diese Logik ließ sich auf Vietnam nur teilweise anwenden: Der dortige Kampf hatte seine historischen Wurzeln im Nationalismus, im Krieg gegen den Kolonialismus und in sozialen Konflikten, die unabhängig vom Ost-West-Konflikt bestanden.

C. Powell, Mein Weg. München 1996, S. 171 ff.

Fragen und Anregungen

1. Untersuche das Plakat mithilfe der „Gewusst wie" – Seite „Feindbilder" (Q5).
2. Erläutere die Ursachen der Kuba-Krise und nimm Stellung zur sowjetischen und amerikanischen Politik zur Beilegung der Krise (VT, Q1, 4 und 6).
3. Vergleiche Johnsons Rechtfertigung des Vietnamkriegs mit der Kritik Powells (Q9, D2).
4. Interpretiere die Karikatur (Q1).
5. Untersuche die Abbildungen Q7 und 8: Was könnten unterschiedliche Betrachter (z. B. Vietnamesen, US-Bürger, US-Soldaten) gedacht haben?
6. Verfasse einen Zeitungsbericht wahlweise zum Koreakrieg, zur Kuba-Krise oder zum Vietnam-Konflikt (VT, Q1–10, D1 und 2).
7. Überlege, warum viele USA-Kritiker Ho-Chi-Minh verehrt haben (VT, Q3).

Die Kuba-Krise im Film

Der Kalte Krieg war und ist Thema von Spielfilmen. Spielfilme ermöglichen es sehr eindringlich, die Vergangenheit „wiederzubeleben“ und das Lebensgefühl einer Zeit zu vermitteln. Der Zuschauer bekommt den Eindruck, in die Filmhandlung „einzutauchen“ und den handelnden Personen sehr nahe zu kommen. Bei der Beschäftigung mit Geschichte kann es so möglich werden, das Handeln der Menschen in „ihrer Zeit“ sowie Konflikte und Konfliktlösungsstrategien besser zu verstehen. Aber historische Spielfilme entstehen normalerweise nicht in der Zeit, in der sie spielen. Sie erzeugen ein Bild, das vom Drehbuch, vom Regisseur und auch vom Kameramann bestimmt wird. Filme zeichnen damit ihr „eigenes“ Bild von der Vergangenheit. Sie können auch emotional überwältigen, bewusst etwas Falsches vermitteln und so Zuneigung oder Abneigung zu einzelnen Ereignissen oder Personen erzeugen. Deshalb ist es notwendig, sich solchen Spielfilmen kritisch zu nähern und sie genau zu untersuchen.

Wie ein Spielfilm mit historischem Inhalt ausgewertet werden kann, soll am Beispiel des Filmes „Thirteen Days“ gezeigt werden, der 2000 gedreht wurde, nachdem ein Großteil der geheimen Regierungsdokumente zur Kuba-Krise für die Forschung freigegeben worden waren.

Q1 Filmplakat, 2000
Der amerikanische Regisseur Roger Donaldson präsentierte mit seinem Film „Thirteen Days“ eine detaillierte Chronik der entscheidenden dreizehn Tage der Kuba-Krise und zugleich seine sehr persönliche Sicht der Dinge.

Methodische Arbeitsschritte:

1. Wann ist der Spielfilm entstanden und welches Thema behandelt er? Versuche, so viel wie möglich über die Zeit der Entstehung und über das Thema des Filmes in Erfahrung zu bringen.
2. Schau dir nun den Film an, notiere deine Gesamteindrücke und deine Eindrücke zum Bild, zum Ton und zum Inhalt.
3. Überlege dir, welche Ergebnisse, auch Besonderheiten, sich feststellen lassen. Suche nun nach konkreten Belegstellen, indem du dir den Film oder einzelne Szenen mehrfach anschaust.
4. Werte deine Beobachtungen aus. Formuliere Gesamtergebnisse und suche dir ein bis zwei Szenen, an denen sich deine Ergebnisse belegen lassen.

Fragen zum Inhalt

Zunächst sollte man auf Folgendes achten: Wo weicht das Drehbuch offensichtlich von der Wirklichkeit ab? Welche Charaktere werden sympathisch bzw. unsympathisch gezeichnet? Mit welchen Mitteln geschieht dieses? Welche Ereignisse werden besonders herausgestellt, welche nur am Rande gezeigt? Welche Gefühle werden beim Zuschauer erzeugt – mit welcher Absicht? Der Film wirkt fast wie ein exakter Dokumentarfilm: Die einzelnen Tage der Krise werden abgezählt. Ob alle Gespräche wirklich so stattgefunden haben, was weggelassen und was erfunden wurde, kann dem Film nicht entnommen werden. Inhaltlich ist der Zuschauer damit dem Regisseur ausgeliefert. Im Mittelpunkt des Filmes stehen die Auseinandersetzungen innerhalb der amerikanischen Regierung. Dabei steuert Präsident Kennedy, letztlich nur durch seinen Bruder Robert und durch die fiktive Gestalt eines Intimus beraten, einen konsequenten Friedenskurs. Dem stehen die Oberbefehlshaber der Streitkräfte gegenüber, die einen harten Konfrontationskurs mit dem Risiko eines Atomkrieges fahren. Zugespitzt formuliert wird Kennedy als Lichtgestalt der Anti-Atomwaffen-Bewegung, das Militär dagegen als eine Gruppe von reaktionären Kriegstreibern dargestellt. Donaldson deutet an, dass die Militärs sogar Anweisungen des Präsidenten unterliefen. Diese Interpretation Donaldsons entspricht nicht dem historischen Kenntnisstand über die Kuba-Krise. Zwar gab es intensive Meinungsverschiedenheiten innerhalb der amerikanischen Regierung, jedoch stand die Unterordnung des Militärs gegenüber der zivilen Regierung niemals zur Disposition.

Wie unterstützen Ton und Bild den Inhalt?

Bild und Ton sind wichtige Gestaltungselemente: Wo gibt es auffällige Kamerapositionen? Wie bewegt sich die Kamera? Wo gibt es auffällige Großaufnahmen? Wo gibt es auffällige Übergänge bzw. „Schnittstellen"? Wann dominieren Geräusche, wann dominiert Sprache? Wann setzt Musik ein? Wie sind die Dialoge ausgestaltet?
Auffällig bei diesem Film ist die perfekte Kameraführung, die den Zuschauer mit auf eine Reise nimmt; bei den Flugszenen scheint der Betrachter „mitzufliegen". Die vielen Gespräche werden durch unterschiedliche Kameraperspektiven lebendig gehalten; dabei ist die Kameraführung nicht unruhig. Durch viele Großaufnahmen, besonders von Kennedy und seinen Beratern, wird eine große – fast persönliche – Nähe erzeugt. Beim Ton fällt auf, dass die Filmmusik keine eigenständige Rolle einnimmt. Ihre Hauptaufgabe scheint es zu sein, die Spannung zu steigern. Insbesondere wenn das aufmarschierende Militär gezeigt wird, wird die Musik selbst militärisch hart – ansonsten ist sie eher symphonisch begleitend. Das betrifft die vielen Gespräche, die im Mittelpunkt des Filmes stehen: Hier gibt es gar keine Musik oder sie bleibt im Hintergrund.

Beispielhafte Szene

Eine Szene erscheint beispielhaft für den Film: Nach der Entdeckung der Raketen drängen die Oberbefehlshaber der US-Streitkräfte auf einen Präventivschlag. Insbesondere der Stabschef der Luftwaffe, General Curtis Le May lässt jeden Respekt vermissen. Die Gefahr eines Atomkrieges durch eine Reaktion der Sowjetunion wischt er vom Tisch. Kennedy lässt sich jedoch nicht beeinflussen und beharrt darauf, zunächst abzuwarten und eine friedliche Lösung zu suchen. Roger Donaldson will durch diese Szene zeigen, dass das amerikanische Militär zu den Kriegstreibern gehörte und nur äußerst unwillig den Anweisungen Kennedys folgte, den sie für einen Schwächling hielten. Im Gegensatz dazu wird Kennedy als positiver, verantwortungsvoller Präsident dargestellt, der den Frieden zu bewahren versuchte.

Fragen und Anregungen

1. Werte Filmplakate aus: Welche Eindrücke werden erzeugt, welche Botschaften vermittelt?
2. Nenne Gründe, warum häufig historische Ereignisse mithilfe von Spielfilmen dargestellt werden.
3. Diskutiert, welche Chancen und Gefahren historisches Lernen auf Grundlage von Spielfilmen hat.
4. Suche dir einen historischen Spielfilm aus und untersuche diesen mithilfe der Arbeitsschritte.

3. Zwischen atomarem Wettrüsten und Entspannungspolitik

1972	Das SALT I–Abkommen begrenzt die Zahl der strategischen Atomwaffen der USA und der UdSSR.
1975	Die Schlussakte der Konferenz für Sicherheit und Zusammenarbeit in Europa wird unterzeichnet.
1979	Der NATO-Doppelbeschluss wird umgesetzt.

Entspannung im Weltraum Q1
1975 koppelten die Raumschiffe Apollo (USA) und Sojus (UdSSR) für gemeinsame Experimente aneinander an.

Das „Gleichgewicht des Schreckens"

Seit 1949 war auch die Sowjetunion eine Atommacht. Damit hatten die USA ihr Monopol verloren. In den folgenden Jahrzehnten entwickelten beide Seiten immer wirksamere Atomwaffen. Zunehmend wichtiger wurde dabei, das Territorium des Gegners schnell zu erreichen. Hierbei waren die USA lange Zeit im Vorteil. Erst in der Kuba-Krise mussten sie ihre Verwundbarkeit eingestehen. Beide Seiten entwickelten nun immer leistungsfähigere Trägersysteme für ihre Sprengköpfe. Dazu gehörten Langstreckenbomber, Interkontinentalraketen, Mittel- und Kurzstreckenraketen sowie Atom-U-Boote. Und immer mehr Sprengköpfe wurden gebaut und auf den unterschiedlichen Systemen stationiert. Im Kriegsfall sollte es möglich sein, nach einem atomaren Erstschlag zurückzuschlagen und den Gegner zu vernichten. Diese „Zweitschlagfähigkeit" schien den Frieden zu sichern, denn damit sollte der jeweilige Gegner von einem Überraschungsangriff abgeschreckt werden. Ein „Gleichgewicht des Schreckens" war entstanden, das jedoch nicht stabil war, sondern aus einem wechselseitigen Rüstungswettlauf der beiden Seiten bestand. Bis zum Ende des Kalten Krieges hatten die beiden Supermächte schließlich mehr als 40.000 thermonukleare Sprengköpfe auf Raketen, Atom-U-Booten und Flugzeugen angesammelt – dabei hätten bereits 100 Sprengköpfe ausgereicht, die jeweilige gegnerische Seite zu vernichten.

Q2 **„Der Rüstungswettlauf"**
Karikatur von Horst Haitzinger, 1981.

Rivalität auch im Weltraum

Zum atomaren Wettrüsten gehörte der technologische Wettlauf der beiden Systeme. 1957 gelang es der Sowjetunion, einen unbemannten Satelliten in eine Erdumlaufbahn zu schießen. Die westliche Welt war schockiert: Die Sowjets hatten ein Raketensystem entwickelt, mit dem sie möglicherweise Atomsprengköpfe auf amerikanisches Territorium transportieren konnten. War der technologische Wettlauf verloren und das kommunistische System damit dem Westen überlegen? Nun wurde viel Geld in die Raumfahrttechnologie investiert, um den vermeintlichen Rückstand des Westens aufzuholen. Das schien 1969 geglückt zu sein: Ein Amerikaner betrat als erster Mensch den Mond – die Sowjetunion landete lediglich mit unbemannten Sonden.

Entspannungspolitik

Die Kubakrise hatte beiden Blöcken die Gefahr der gegenseitigen Vernichtung vor Augen geführt. Seit Mitte der 1960er-Jahre begannen Ost und West daher, sich vorsichtig anzunähern, ohne ihre Rivalität aufzugeben. Man wollte die Gefahr eines Atomkrieges vermindern und außerdem die hohen Rüstungsausgaben reduzieren. Ein erster Erfolg dieser Entspannungspolitik war 1968 der Abschluss des Atomwaffensperrvertrages zwischen den USA, der Sowjetunion und Großbritannien, in dem sich die Mächte verpflichteten, die Nukleartechnologie nicht an andere Länder weiterzugeben. Ende 1969 begannen dann Gespräche zwischen der UdSSR und den USA, um die Anzahl der Atomwaffen zu begrenzen. Diese SALT-Verhandlungen („Strategic Arms Limitation Talks") führten zum Abschluss von zwei Rüstungsbegrenzungsabkommen, in denen allerdings lediglich Obergrenzen für bestimmte Waffensysteme festgeschrieben wurden. Zu einer wirklichen Abrüstung kam es nicht.

Die Entspannungspolitik beschränkte sich aber nicht nur auf Rüstungsbegrenzungsabkommen. 1975 fand in Helsinki eine „Konferenz für Sicherheit und Zusammenarbeit in Europa" (KSZE) statt, an der nahezu alle europäischen Staaten sowie die USA und Kanada teilnahmen. In deren Schlussdokument wurden die europäischen Nachkriegsgrenzen, das Prinzip der gegenseitigen Nichteinmischung und damit der europäische Status quo anerkannt. Gleichzeitig erklärten die Unterzeichnerstaaten die Absicht, die Menschenrechte und die politischen Grundrechte ihrer Bürgerinnen und Bürger zu beachten. Die Konferenz war umstritten. Im Westen wurde kritisiert, dass durch die Erklärungen von Helsinki die Unterschiede zwischen dem demokratischen Westen und dem kommunistischen Osten verwischt würden, ohne die tatsächliche Situation der Menschen in den kommunistischen Ostblockstaaten zu verbessern. Tatsächlich erhielt das Dokument in den folgenden Jahren aber eine erhebliche Sprengkraft, da osteuropäische Oppositionsgruppen sich gegenüber ihren Regierungen auf die in Helsinki vereinbarten Menschenrechte beriefen.

Q3 „Helsinki – der Gipfel der Unverbindlichkeiten"
Karikatur aus der „Frankfurter Allgemeinen Zeitung" vom 30. Juli 1975.

Die „Blockfreien" als dritte Kraft?

Nicht alle Staaten ließen sich in die beiden Machtblöcke einbeziehen und erklärten sich für „bündnis- und blockfrei". Beispielsweise bekannte sich Jugoslawien unter Titos Führung zwar zur kommunistischen Ideologie, lehnte jedoch die Vorherrschaft der Sowjetunion ab und betrieb eine eigenständige Außenpolitik.

Als seit den 1950er-Jahren immer mehr Kolonien in Asien und Afrika unabhängig wurden und nicht bereit waren, sich dem westlichen oder dem östlichen Block anzu-

Entspannungspolitik

Seit Ende der 1960er-Jahre wuchs in Ost- und West das Interesse an einer Entschärfung des Ost-West-Konfliktes. Dabei gingen beide Seiten davon aus, dass die grundlegenden Differenzen bestehen bleiben, der Umgang miteinander aber auf eine neue Vertrauensbasis gestellt werden müsste. Diese Politik der verstärkten Zusammenarbeit führte zu regelmäßigen Gipfeltreffen westlicher und östlicher Regierungschefs und zum Abschluss von Abkommen im Bereich der Rüstungsbegrenzung, der wirtschaftlichen Zusammenarbeit und des kulturellen Austausches. Die Entspannungspolitik, die besonders in Westeuropa von großen Hoffnungen und Erwartungen begleitet war, überstand zwar die Niederschlagung des Prager Frühlings 1968, endete aber 1979 mit dem NATO-Doppelbeschluss und dem Einmarsch der Sowjetunion in Afghanistan.

schließen, entstand eine dritte Kraft zwischen den beiden großen Blöcken. Den Anfang machten 29 Staaten, die sich 1955 auf Initiative des indischen Ministerpräsidenten Nehru trafen. Die sich daraus entwickelnde „Bewegung der Blockfreien“ setzte sich für die Unabhängigkeit gegenüber den Großmächten, die Achtung der UN-Charta und eine Politik der friedlichen Koexistenz ein. Nehru wurde zu einem weltweit anerkannten Führer der blockfreien Staaten. Jedoch konnte die Bewegung keinen entscheidenden Einfluss gewinnen, da ihre Interessen zu unterschiedlich waren und sich auch ihre Zusammensetzung im Laufe der Zeit immer wieder änderte.

Eine neue Eiszeit? Einmarsch in Afghanistan

Ende der 1970er-Jahre erreichte das Verhältnis zwischen den beiden Supermächten einen neuen Tiefpunkt. 1978 hatte sich in Afghanistan eine kommunistische Regierung an die Macht geputscht, die von der Sowjetunion unterstützt wurde. Gegen dieses Regime erhob sich eine von islamischen Mudschahedin („Soldaten Gottes“) geführte Widerstandsbewegung, die allerdings sehr uneinheitlich war. Ein blutiger Bürgerkrieg brach aus. Um die kommunistische Herrschaft zu retten, marschierten 1979 sowjetische Truppen völkerrechtswidrig in Afghanistan ein. Nun begann ein Guerillakrieg zwischen der hochgerüsteten Sowjetarmee und den Aufständischen. Deren Ziel war es, die sowjetischen Besatzer zu vertreiben und einen am islamischen Glauben orientierten Staat zu errichten. 1988 musste die Sowjetunion ihre Truppen zurückziehen. Doch der Bürgerkrieg ging weiter und führte schließlich zur Errichtung einer islamistischen Schreckensherrschaft, deren Macht erst 2001 mithilfe einer amerikanischen Intervention unter UNO-Unterstützung gebrochen wurde.

NATO-Doppelbeschluss

Der sowjetische Einmarsch in Afghanistan beendete die Entspannungshoffnungen auf westlicher Seite. Allerdings hatte sich bereits vorher Ernüchterung eingestellt, da die Sowjetunion ungeachtet aller Verständigungsbemühungen ihre Aufrüstung ungehindert fortgesetzt hatte. So hatte sie in Osteuropa neu entwickelte Mittelstreckenraketen aufgestellt. Diese SS-20-Raketen bedrohten nun die westeuropäischen Staaten. Daher hatte die NATO beschlossen, Verhandlungen aufzunehmen mit dem Ziel, diese Waffensysteme abzurüsten. Sollten die Verhandlungen scheitern, würden eigene Raketensysteme als Gegengewicht aufgestellt. Gegen diesen „NATO-Doppelbeschluss“ bildete sich in Westeuropa eine breite Friedensbewegung, die die Stationierung neuer westlicher Waffensysteme ablehnte. Angesichts dieser Umstände spielte die Sowjetunion auf Zeit und schließlich scheiterten die Abrüstungsverhandlungen. Die Friedensbewegungen konnten sich jedoch nicht durchsetzen: 1983 wurde mit der Stationierung neuer amerikanischer Mittelstreckensysteme begonnen.

Mudschahedin in Afghanistan Q4

Die anfangs nur einfach bewaffneten Mudschahedin wurden von den USA finanziell und mit Waffen unterstützt. Zudem gelang es ihnen, die technologische Überlegenheit der Sowjetunion durch ihre Landeskenntnisse und ihre Guerillataktik auszugleichen.

Q5 Das Problem der Stellvertreterkriege
Karikatur von Marie Marcks.

Q6 Was heißt Blockfreiheit?

Der indische Ministerpräsident Nehru definierte 1955 einen eigenen Weg Indiens:

Die Wahrheit bleibt nicht auf ein Land oder ein Volk beschränkt, sie hat viel zu viele Aspekte, als dass irgendjemand behaupten könne, er kenne sie alle. Jedes Land und jedes Volk muss, wenn es sich selber treu sein will, den eigenen Weg finden, der über Irrtümer und neue Versuche, über Leiden und Erfahrungen führt. Nur dann wird das Land oder das Volk wachsen. Wenn sie nur andere nachahmen, werden sie wahrscheinlich nicht vorankommen. (...) Ebenso betont Panchshell [eine indisch-chinesische Vereinbarung] die bedeutsame Wahrheit, dass zu guter Letzt jedes Volk doch allein mit seinen Problemen fertig werden muss (...). Jedes Land sollte solche Bestrebungen von seiten des Nachbarn mit Teilnahme und freundschaftlichem Verständnis begegnen, ohne sich einzumischen oder ihm etwas aufzuzwingen.

Zit. nach: Geschichte in Quellen. Die Welt seit 1945. München 1980, S. 624.

Q7 Warnung vor dem sowjetischen Kolonialismus

1955 sagte Sir John Kotelawala, der Premierminister Ceylons:

Wenn wir den Kolonialismus vereint bekämpfen, sollte es auch unsere Pflicht sein, offen zu erklären, dass wir uns dem sowjetischen Kolonialismus ebenso sehr wiedersetzen wie dem westlichen Imperialimus. Die erste und offenkundigste Form ist der westliche Kolonialismus. Wir alle kennen diese Form und lehnen sie ab. Aber es gibt noch eine andere Form des Kolonialismus, über die sich viele (...) weniger im Klaren sind und für die sie vielleicht den Begriff „Kolonialismus" überhaupt nicht gelten lassen möchten. Denken Sie zum Beispiel an die Satellitenstaaten unter kommunistischer Herrschaft in Zentral- und Osteuropa: Ungarn, Rumänien, Bulgarien, Albanien, die Tschechoslowakei, Lettland, Litauen, Estland und Polen! Sind diese Länder nicht ebenso sehr Kolonien wie die [westlichen] Kolonialgebiete in Afrika und Asien?

Zit. nach: Geschichte in Quellen. Die Welt seit 1945. München 1980, S. 621.

Q8 Abrüstung ist wichtiger als Abschreckung

Im November 1980 wurde in der „Krefelder Erklärung" an die USA appelliert:

Der Atomtod bedroht uns alle! Keine Atomraketen in Europa! Die 1000 Teilnehmer stimmten der folgenden Erklärung zu: Immer offensichtlicher erweist sich der „Nachrüstungsbeschluss" der NATO vom 12. Dezember 1979 als verhängnisvolle Fehlentscheidung. (...) Die Teilnehmer (...) appellieren daher gemeinsam an die Bundesregierung, die Zustimmung zur Stationierung von Pershing-II-Raketen und Marschflugkörpern in Mitteleuropa zurückzuziehen [... und] eine Sicherheitspolitik zu erzwingen, die eine Aufrüstung Mitteleuropas zur nuklearen Waffenplattform der USA nicht zulässt [und] Abrüstung für wichtiger hält als Abschreckung.

Zit. nach: H. Haftendorn, Sicherheit und Stabilität. Außenbeziehungen der Bundesrepublik zwischen Ölkrise und NATO-Doppelbeschluss. München 1986, S. 233 ff.

Q9 Gesteuert vom sowjetischen Geheimdienst?

Der Historiker Gregor Schöllgen bewertete 1996:

Kaum eine zweite außen- und sicherheitspolitische Entscheidung nach 1945 hat im westlichen Europa, und namentlich in der Bundesrepublik, einen solchen Sturm der Entrüstung entfacht wie dieser NATO-Doppelbeschluss. (...) Dabei konnte man damals nicht ahnen, was nach dem Kalten Krieg und der Öffnung der Archive zur Gewissheit wurde, dass sich nämlich die östlichen Geheimdienste dieses Protestpotenzial für ihre eigenen Zwecke zunutze machten. So gehörte der Ostberliner Staatssicherheitsdienst zu den eifrigsten Promotern (... des Krefelder Friedensappels ...), den Hundertausende mit dem Ziel unterschrieben, die Bundesregierung zu einer Rücknahme des Beschlusses zu bewegen.

G. Schöllgen, Geschichte der Weltpolitik. München 1996, S. 361 u. 266.

Q10 Friedensdemonstration in Bonn (1983)
Am 22. Oktober 1983 versammelten sich mehr als 300 000 Menschen in Bonn, um gegen die Stationierung neuer atomarer Waffensysteme in der Bundesrepublik zu demonstrieren.

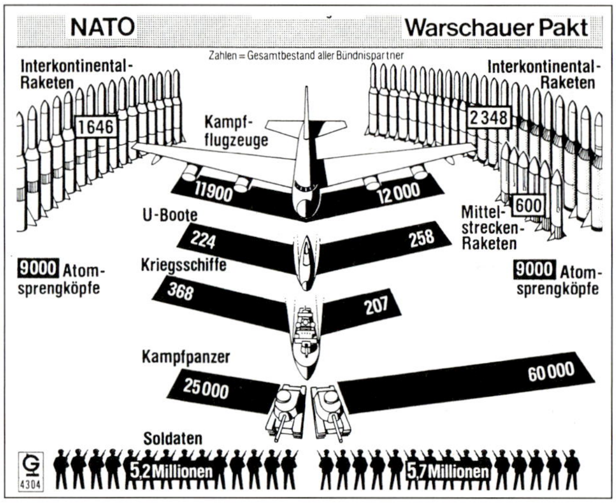

D1 Rüstung in Ost und West, Stand 1982

D2 War der NATO-Doppelbeschluss notwendig?

Der damalige CDU-Oppositionsführer und spätere Bundeskanzler Helmut Kohl schrieb in seinen 2004 erschienenen Erinnerungen:

Ich war mir im Herbst 1979 mit anderen Beobachtern völlig im Klaren darüber, dass es der Sowjetunion nicht gelingen durfte, ihr fast totales Übergewicht (...) bei den Mittelstreckenwaffen festzuschreiben. Ansonsten hätte sie dreierlei erreicht: Rein militärisch gesehen verfügte Moskau damit zum ersten Mal in der Geschichte über die so genannte präventive Erstschlagkapazität mit modernen Nuklearwaffen. Das bedeutete, dass die Sowjetunion sämtliche Nuklearwaffen, die in Westeuropa stationiert waren, durch einen „präventiven Nuklearschlag" ausschalten konnte (...). Dies hätte den amerikanischen Präsidenten in die Situation gebracht, entweder sofort zu den nuklearen US-Interkontinentalwaffen greifen zu müssen und damit auch die Gefahr in Kauf zu nehmen, dass im Gegenschlag weite Teile Amerikas vernichtet würden, oder aber zu kapitulieren. Dies war eine neue, militärisch völlig inakzeptable Situation. (...) Dieses Übergewicht der Sowjetunion hätte im Ergebnis zur Folge gehabt, dass Europa vom nuklearen Schutz der Vereinigten Staaten von Amerika abgeschnitten war. Die militärische Dominanz der Sowjetunion (...) zog eine politische Dominanz nach sich, die eine Fülle von politischen, aber auch psychologischen Einschüchterungs- und Erpressungsmöglichkeiten bot. Dauerhaft konnte der Westen damit auf keinen Fall leben. In der Frage der Nachrüstung entschied sich im Grunde das Schicksal unserer gesamten Verteidigungsstrategie.

H. Kohl, Erinnerungen 1930–1982. München 2004, S. 554 f.

Fragen und Anregungen

1. Nenne Gründe für das Scheitern der UdSSR in Afghanistan und vergleiche mit dem Vietnam-Konflikt (VT, Q4 und 7).
2. Verfasse ein fiktives Streitgespräch zwischen Kohl, Schöllgen, den Verfassern des Krefelder-Appells und den Demonstranten (Q8–10, D2).
3. Interpretiere die Karikatur Q5.
4. Erläutere mithilfe des Schaubildes die Kritik Haitzingers (D1 und Q2).
5. Erkläre die Begriffe „Blockfreiheit" und „Kolonialismus" (Q5–7).

4. Das Ende des Kalten Krieges

1953–1981	In Polen, der DDR, Ungarn und der Tschechoslowakei werden Aufstände gegen das kommunistische System gewaltsam niedergeschlagen.
1986	Generalsekretär Gorbatschow leitet innere Reformen in der Sowjetunion ein.
1987	Vertrag über die Abschaffung aller Mittelstreckenraketen („Null-Lösung").
1989	Rückzug der Sowjetunion aus Osteuropa und Ende des Kalten Krieges.

Die Sowjetunion behält Osteuropa unter Kontrolle

Im September 1989 öffnete die ungarische Regierung die vorher hermetisch abgeschottete Grenze zu Österreich. Aber nicht nur der „eiserne Vorhang" fiel. Die osteuropäischen Staaten befreiten sich von der sowjetischen Vorherrschaft, die fast vierzig Jahre lang moskautreue Regierungen im Amt gehalten und jede Opposition gewaltsam unterdrückt hatte. Gleichzeitig endete auch die weltweite Konfrontation zwischen Ost und West. Wie war es zu diesem Umbruch gekommen?
Bereits 1953, als Stalin starb, hofften nicht nur in der Sowjetunion, sondern auch in Osteuropa viele Menschen auf mehr politische Freiheiten. Ihre Hoffnungen wurden jedoch enttäuscht. Der Ostblock blieb in der eisernen Hand der Sowjetunion: 1953 wurde ein Volksaufstand in der DDR niedergeschlagen (s. S. 173). Zum Fanal wurde Ungarn: Als dessen Ministerpräsident Nagy 1956 die Neutralität Ungarns erklärte, marschierte die sowjetische Armee ein, eroberte die Hauptstadt Budapest und setzte eine neue moskautreue Regierung ein. Nagy wurde verhaftet und später hingerichtet. Trotz aller Bitten der Aufständischen gab es keine Hilfe aus dem Westen. Die amerikanische Regierung legte lediglich scharfen Protest gegenüber der Sowjetunion ein. Am 13. August 1961 wurde in Berlin die Mauer errichtet. Doch der Ostblock kam

Q1 Ungarn 1956. Ein Stalin-Denkmal wird gestürzt

Q2 Prag 1968. Sowjetische Panzer sind aufgefahren

immer nur für einige Zeit zur Ruhe: 1968 war die Tschechoslowakei an der Reihe. Hier versprach der Vorsitzende der kommunistischen Partei, Dubcek eine „Demokratisierung des gesamten Systems". Viele Menschen schöpften während dieses „Prager Frühlings" Hoffnung auf eine Systemveränderung. Trotz der weltweiten Entspannungspolitik war die Führung der Sowjetunion nicht bereit, ihren Herrschaftsanspruch über Osteuropa zu lockern und den Menschen mehr Freiheiten zu gestatten. Eine halbe Million Soldaten des Warschauer Paktes marschierte in die Tschechoslowakei ein und stürzte die Regierung. Zwölf Jahre später kam es zur nächsten Krise. In Polen gründeten die Danziger Werftarbeiter die freie Gewerkschaft „Solidarnosc", die zu einer starken Opposition gegenüber der moskautreuen Regierung wurde. Auf Druck Moskaus wurde das Kriegsrecht verhängt und die Solidarnosc verboten. Doch die Ruhe in Polen und in anderen Ostblockstaaten war trügerisch. Allerdings gab es kaum Hoffnung für Oppositionsgruppen in den osteuropäischen Staaten, solange die Sowjetunion bereit war, die kommunistischen Systeme auch durch Gewalteinsatz zu sichern.

Eine neue Runde des Wettrüstens beginnt

Seit 1981 regierte in den Vereinigten Staaten der konservative Präsident Ronald Reagan. Als Reaktion auf die Rüstungsanstrengungen der Sowjetunion und auf den Einmarsch in Afghanistan begann Reagan ein umfassendes Aufrüstungsprogramm. Dazu gehörte die Idee, einen satellitengestützten Schutzschild gegen nukleare Angriffe zu errichten („Strategische-Verteidigungs-Initiative"). Damit stellten die USA erstmals das „Gleichgewicht des Schreckens" in Frage, dessen Grundlage es war, dass jede der beiden Seiten jederzeit die andere Seite nuklear vernichten konnte. Allerdings gefährdete er auch grundlegende Verträge, die z.B. die Errichtung von Raketenabwehrsystemen streng begrenzten. Reagan gelang es, den USA nach dem Vietnam-Trauma ein neues Selbstbewusstsein zu geben. Seine Politik der Härte gegenüber der Sowjetunion war jedoch in Europa umstritten.

Das Ende des Kalten Krieges

Q3 „Man of the Decade"
1991 löste sich die Sowjetunion auf. Gorbatschow verlor sein Präsidentenamt. Dennoch wurde er von der amerikanischen Zeitschrift „Time" 1998 zum Mann der Dekade gekürt.

Doch dann änderte sich die Politik der Sowjetunion, als 1985 Michael Gorbatschow Staatschef wurde. Dieser erkannte, dass das kommunistische System an den Rand seiner Kräfte angekommen war. Die wirtschaftlichen Probleme und die Unzufriedenheit der Menschen mit dem politischen System erforderten Veränderungen, sonst drohte ein völliger Zusammenbruch. Gorbatschow wagte Reformen, um das kommunistische System zu bewahren und verkündete „Glasnost" (=Offenheit) und „Perestroika" (=Umgestaltung). Ein Hauptproblem waren die sehr hohen Rüstungsausgaben. Daher war Gorbatschow zu Verhandlungen mit dem Westen bereit. In dem amerikanischen Präsidenten Reagan fand er überraschenderweise dazu einen Partner, der bereit war, sein negatives Urteil über die Sowjetunion zu ändern. 1987 wurde der INF-Vertrag unterzeichnet, der die ersatzlose Verschrottung aller Mittelstreckenraketen vorsah, um die seit 1979 so intensiv verhandelt worden war („Null-Lösung"). 1989 beendete die Sowjetunion schließlich auch die verlustreiche Besetzung Afghanistans und zog sich aus dem Land zurück. 1987 und 1988 besuchten sich Reagan und Gorbatschow wechselseitig in ihren Hauptstädten und demonstrierten dabei ein freundschaftliches Verhältnis ihrer beiden Staaten. Der Kalte Krieg ging zu Ende. Auch Osteuropa kam in Bewegung, als Gorbatschow 1988 vor der UNO erklärte, dass die Sowjetunion das Selbstbestimmungsrecht aller Menschen akzeptiere und daher die Ostblockstaaten ihre eigenen Wege gehen könnten. Damit war für die Menschen in Osteuropa das Tor zur Freiheit geöffnet. Der eiserne Vorhang zerbrach und die osteuropäischen Staaten befreiten sich von der sowjetischen Vorherrschaft. Zwei Jahre später wurde Gorbatschow gestürzt und die Sowjetunion löste sich auf. Die USA wurden damit zur alleinigen, weltweit operierenden Supermacht.

Q5 Genf 1985
Im November 1985 trafen sich Reagan und Gorbatschow erstmals in Genf. Zwei Monate später schlug Gorbatschow vor, alle Mittelstreckenraketen aus Europa abzuziehen. Am 11. Oktober 1986 einigten sich die beiden Staatschefs auf die „Nulllösung".

Q4 Forderung nach der Beachtung von Menschen- und Bürgerrechten

1977 gründete sich in der Tschechoslowakei eine Bürgerrechtsbewegung, die sich auf die internationalen Vereinbarungen von Helsinki berief. Die Regierung verbot die Gruppe. Ihr Gründungsaufruf, die „Charta 77", konnte nur im Westen veröffentlicht werden:

Die Freiheit der öffentlichen Meinungsäußerung wird (...) unterdrückt. Keine politische, philosophische oder wissenschaftliche Ansicht, auch keine künstlerische Äußerung, die nur wenig vom engen Rahmen der offiziellen Ideologie oder Ästhetik abweicht, kann veröffentlicht werden; öffentliche Kritik an gesellschaftlichen Krisenerscheinungen wird unmöglich gemacht, die Möglichkeit öffentlicher Verteidigung gegen unwahre und beleidigende Behauptungen seitens der offiziellen Propaganda ist ausgeschlossen (...); lügenhafte Beschuldigungen lassen sich nicht widerlegen (...). Viele wissenschaftlich oder kulturell Tätige sowie andere Bürger werden nur deshalb diskriminiert, weil sie vor Jahren Ansichten veröffentlicht oder offen ausgesprochen haben, die von der gegenwärtigen politischen Macht verurteilt werden. (...) Weitere Bürgerrechte (...) werden auch dadurch bedenklich verletzt, dass das Innenministerium auf unterschiedlichste Weise das Leben der Bürger kontrolliert, zum Beispiel durch Abhören von Telefonen und Wohnungen, durch Kontrolle der Post, durch persönliche Überwachung, durch Hausdurchsuchungen, durch Aufbau eines Netzes von Informanten aus den Reihen der Bevölkerung.

Zit. nach: C. Gasteyger, Europa zwischen Spaltung und Einigung 1945 bis 1993. Darstellung und Dokumentation. Bonn 1994, S. 354 f.

Q6 Ein Verhandlungsangebot an die Sowjetunion

In einer Fernsehansprache vom 16. Januar 1984 bot der amerikanische Präsident die Rückkehr zum Dialog an:

Ich habe meine Ansicht über das sowjetische System offen zum Ausdruck gebracht. Ich weiß nicht, warum dies für die sowjetischen Führer eine Überraschung sein sollte, die nie davor zurückgeschreckt sind, ihre Ansicht über unser System zum Ausdruck zu bringen. (...) Die Tatsache, dass keiner von uns das System des anderen mag, ist noch kein Grund, das Gespräch zu verweigern. Die Tatsache, dass wir in einem Nuklearzeitalter leben, zwingt uns einfach dazu, miteinander zu reden. Unsere Bereitschaft zum Dialog ist fest und unerschütterlich. Aber wir bestehen darauf, dass sich unsere Verhandlungen mit echten Problemen beschäftigen, nicht nur mit atmosphärischen Dingen. Bei unserer Verhandlungsführung ist die oberste Priorität, die Gefahr eines Krieges – und insbesondere eines Atomkrieges – zu verringern. Ein nuklearer Konflikt könnte durchaus der letzte der Menschheit überhaupt sein. Aus diesem Grund habe ich vor über zwei Jahren die „Null-Lösung" für die Mittelstreckenraketen vorgeschlagen. Es war und ist auch weiterhin unser Ziel, eine ganze Klasse von Kernwaffen zu beseitigen. Ja, ich unterstütze eine Null-Lösung für alle Kernwaffen. Wie ich schon gesagt habe: Mein Traum ist es, den Tag zu erleben, an dem alle Atomwaffen vom Antlitz dieser Erde verbannt sind. (...) jetzt ist die Zeit gekommen, um den Worten Taten folgen zu lassen.

Zit. nach: E.-O. Czempiel, C.-Ch. Schweitzer, Weltpolitik der USA nach 1945. Einführung und Dokumente. Bonn 1989, S. 426 f.

Q7 Arbeiterführer Lech Walesa

Der Werftarbeiter Lech Walesa spricht im Herbst 1988 in Danzig vor Anhängern der Gewerkschaft „Solidarnosc“.

Q8 Die Unvermeidbarkeit der Demokratisierung?

Der polnische Regimekritiker Jacek Kuron sagte 1980 über die Streikbewegung:

Der Lebensstandard sinkt schon seit langem. (...) Allenthalben fehlt es an Waren und Gütern, und die Waren, die vorübergehend einmal vorhanden sind, werden immer teurer (...). Im Bereich des Gesundheitswesens, der Versorgung mit Medikamenten, ja in allen Lebensbereichen ist durch die fortschreitende Planlosigkeit und Inkompetenz ein solches Desaster entstanden, dass dem Durchschnittspolen seine Verhältnisse unerträglich erscheinen. (...) Die Führung hat total versagt. (...) Die jetzige Protestbewegung ist eben deshalb so wichtig, weil sie der Anfang einer Neuorientierung der Arbeiter ist. Deshalb sage ich, dass wir heute in Polen schon in einem anderen Land sind. Dies ist der einzige Weg zur Rettung für unser Land, ein Weg zu Demokratie und zur Überwindung der Krise zugleich: Nur eine in freien Wahlen organisierte Gesellschaft ist in der Lage, ein vernünftiges Programm anzubieten.

Zit. nach: Der Spiegel vom 4.8.1980, S. 98 ff.

Q9 Selbstbestimmung für Osteuropa?

Am 7. Juli 1989 erklärte Gorbatschow vor dem Europarat in Straßburg:

Die Zugehörigkeit der europäischen Staaten zu verschiedenen Gesellschaftssystemen ist eine Realität. Und die Anerkennung dieser historischen Tatsache, die Achtung des souveränen Rechtes eines jeden Volkes, sein Gesellschaftssystem nach Belieben zu wählen, ist die wichtigste Voraussetzung des normalen europäischen Prozesses. Die gesellschaftliche und politische Ordnung hat sich in diesem oder jenem Land in der Vergangenheit verändert und kann sich auch in Zukunft ändern. Dies ist jedoch ausschließlich Sache dieser Völker selbst, ihrer eigenen Wahl. Jegliche Einmischung in die inneren Angelegenheiten, jegliche Versuche, die Souveränität der Völker einzuschränken (...) sind unzulässig.

Zit. nach: Auswärtiges Amt (Hrsg.): Umbruch in Europa. Bonn 1990, S. 17 f.

D1 Ein Sieg des Westens?

Der Historiker Wilfried Loth schrieb 1990 als Zeitzeuge über die Gründe für das Ende des Kalten Krieges:

Dass der Ost-West-Konflikt schließlich doch für alle Beteiligten überraschend schnell zu Ende ging, war (...) nicht ein Erfolg westlicher Politik der Stärke. (...) Es ist darum ganz irreführend zu behaupten, der Westen habe im Kalten Krieg gesiegt. Nicht der Westen hat gesiegt, sondern die westlichen Prinzipien sind im sowjetischen Machtbereich zum Programm geworden. Das ist etwas ganz anderes. Es ist neben und vor dem Erfolg westlicher Entspannungspolitik auch ein Erfolg der Sowjetunion selbst. Sie hat (...) Verbündete gewonnen, die ihr bei der Bewältigung ihrer Modernisierungsprobleme helfen können. Vor allem aber hat sie sich von den Lasten einer 45-jährigen Überspannung ihrer Kräfte befreit.

Zit. nach: Wochenschau. Jg. 41/1990, Heft 4/5, S. 160.

Fragen und Anregungen

1. Diskutiert, warum der Westen die Freiheits- und Menschenrechtskämpfer in Ungarn, der Tschechoslowakei und Polen nicht unterstützte (VT, Q1, 2, 4 und 7).
2. Analysiere Q4 und 8 hinsichtlich der Forderungen, die die Menschen im Ostblock stellten.
3. Erkläre, wie Ronald Reagan sein Verhandlungsangebot gegenüber der Sowjetunion begründet (Q6).
4. Was drücken die beiden Staatsmänner mit ihrer Haltung aus? Beachte dabei auch die Körperhaltung und die Gesichtsausdrücke (Q5).
5. Erkläre die Auszeichnung Gorbatschows zum „Mann der Dekade“ (Q3).
6. Vergleiche Q5 und 9 mit Q2 (S. 148): Hat Truman Recht behalten?
7. Diskutiert die Gründe für das Ende des Kalten Krieges (VT, Q8, 9, D1).

Eine kommentierte Lernübersicht erstellen

Zeitleisten sind, wie du aus Band 3 weißt, gut dafür geeignet, wesentliche Ereignisse, Probleme und Zusammenhänge im Überblick darzustellen und sich einzuprägen. Durch die vielen Informationen können sie aber auch unübersichtlich werden oder es entsteht nur ein oberflächliches Bild.

Daher ist es oft sinnvoll, eine Auswahl unter einer bestimmten Fragestellung zu treffen. So bleibt genügend Platz für unterschiedliche Bewertungen und Sichtweisen und für deine eigenen Kommentare: Die Zeitleiste wird zur kommentierten Lernübersicht. Sie enthält nicht nur eine Darstellung wichtiger Ereignisse und Entwicklungen, sondern auch jeweils damit verbundene Bewertungen und Urteile. Du kannst so deinen eigenen Lernprozesse, sogar deine Auseinandersetzung mit dem Thema festhalten und auch weiterentwickeln.

Wie kannst du vorgehen?

– Du benötigst einen großen Bogen Papier oder eine Tapetenbahn und farbige Schreibstifte.
– Wähle nun ein Thema aus. Dabei kannst du dich für einen bestimmten Zeitraum, aber auch einen bestimmten Schwerpunkt entscheiden. Beispiele findest du an der kleinen Notiztafel.
– Suche nun aus dem Kapitel „Der Ost-West-Konflikt" Informationen zu deinem Thema aus. Interessant sind nicht nur Jahreszahlen und Informationen aus dem Verfassertext, sondern auch Fotos, Statistiken, Diagramme und Zitate aus den Quellen.
– Überlege dir, wie du deine Zeitleiste in Abschnitte aufteilen könntest und was wohin kommen soll. Tipp: Notiere dir deine Ideen.
– Es geht immer auch um die Bewertung und Kommentierung der Informationen. Notiere zu den einzelnen Ereignissen möglichst unterschiedliche Standpunkte. Überlege dir, was wie zusammengehört und wie sich die einzelnen Bewertungen aus Informationen begründen lassen.
– Schreibe alle Kommentierungen in einer anderen Farbe (oder einer anderen Schrift) auf, so dass eine deutliche optische Trennung von Information und Kommentar entsteht.
– Stelle abschließend alle Informationen zusammen und ergänze deine kommentierte Lernübersicht durch einzelne Überschriften oder auch Hinweise auf wichtige Dinge.

Mögliche Themen für eine kommentierte Lernübersicht:

- Der Beginn des Kalten Krieges (1947 bis 1957)
- Entspannungspolitik und Ende des Ost-West-Konfliktes (1965 bis 1990)
- Die Kuba-Krise
- Der Vietnam-Konflikt
- Nato-Doppelbeschluss, Nachrüstung und Nulllösung

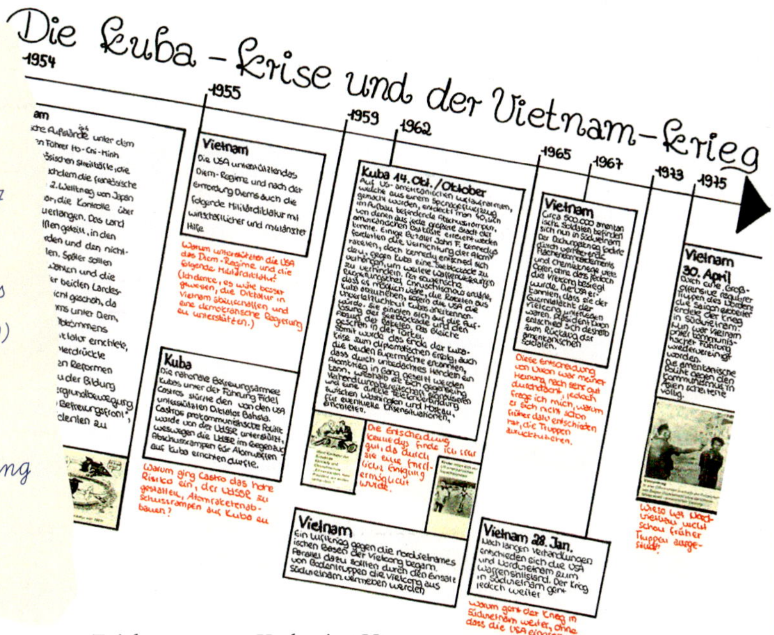

Zeichnung von: Katharina Voss

VON DER TEILUNG ZUR WIEDERVEREINIGUNG: DEUTSCHLAND NACH 1949

Bis zum 12. September 1990 sollte es dauern, bevor die Alliierten den Deutschen alle Rechte und Verantwortlichkeiten für ganz Deutschland zurückgaben. Etwas mehr als 40 Jahre lang waren die Bundesrepublik und die DDR eigenständige Staaten, aber sie blieben während der gesamten Zeit auf vielfältige Weise miteinander verflochten und aufeinander bezogen.

Ära Adenauer 1949–1963

Kanzlerschaft Ludwig Erhard 1963–1966

Große Koalition unter Kanzler Kiesinger

1955 NATO-Beitritt der Bundesrepublik

Karikatur aus dem „Hamburger Abendblatt" zur Gründung der beiden deutschen Staaten, 10. 10. 1949

Das geteilte Dorf Mödlareuth (Thüringen/Bayern)

Ära Ulbricht 1949–1971

17. Juni 1953
Volksaufstand in der DDR

Plakat vom 17. Juni 1953, Ostberlin

13. August 1961
Bau der Berliner Mauer

Letzter Sprung in die Freiheit

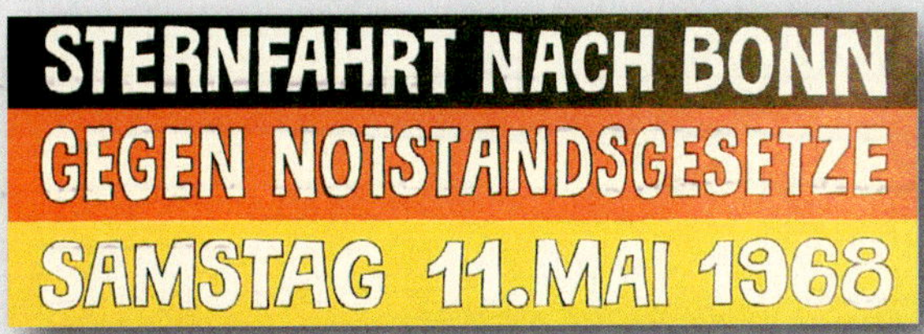

Die 68er-Bewegung verändert die Bundesrepublik.

1966–1969

Sozialliberale Koalition unter den Kanzlern Brandt und Schmidt 1969–1982

1972 Unterzeichnung des Grundlagenvertrages zwischen der Bundesrepublik und der DDR

Christlich-liberale Koalition unter Kanzler Kohl 1982–1998

Rot-Grüne-Koalition 1998–2005 unter Kanzler Gerhard Schröder, seit 2005 Große Koalition unter Kanzlerin Merkel

3. Oktober 1990 Wiedervereinigung der beiden deutschen Staaten

September/Oktober 1989 Friedliche Revolution in der DDR

Ära Honecker 1971–1989

1975 Unterzeichnung der KSZE-Schlussakte in Helsinki

Erich Honecker und Helmut Schmidt auf der Konferenz für Sicherheit und Zusammenarbeit in Europa 1975

1. Herrschaft und ihre Legitimation im geteilten Deutschland

1949	Konrad Adenauer (CDU) wird erster Kanzler der neu gegründeten Bundesrepublik Deutschland.
1949	Walter Ulbricht wird als Erster Sekretär des ZK der SED mächtigster Mann in der Deutschen Demokratischen Republik.
17. Juni 1953	Es kommt zum Volksaufstand in der DDR.
13. August 1961	Der Bau einer Mauer durch Berlin beginnt.
1969	Willy Brandt wird erster sozialdemokratischer Bundeskanzler.
1971	Erich Honecker verkündet die Einheit von Sozial- und Wirtschaftspolitik in der DDR.
1982	Helmut Kohl (CDU) wird Bundeskanzler.
1989	Wirtschaftlicher Ruin, Massenproteste und Fluchtbewegung führen zum Ende der DDR und bereiten die Vereinigung der beiden deutschen Staaten vor.

Ankunft im Westen: Die Bundesrepublik Deutschland

Konrad Adenauer legte seine Verantwortung, die er als Kanzler für die Politik des neu gegründeten Staates hatte, sehr weit aus. Wie die meisten Politiker jener Jahre war er im Kaiserreich erzogen worden und hatte schon in der Weimarer Republik als Oberbürgermeister von Köln und Präsident des Preußischen Staatsrates Verantwortung getragen. Er lehnte Nationalismus und Militarismus entschieden ab und trat für Föderalismus und die enge Anbindung an den Westen und eine Aussöhnung mit Frankreich ein. Daher war die Rangfolge seiner politischen Ziele Freiheit, Frieden und danach erst die deutsche Einheit. Diese Ziele versuchte er energisch zu verwirklichen und legte dabei sein ganzes politisches Gewicht in die Waagschale. Oft wird seine Regierungszeit deshalb auch als „Kanzlerdemokratie“ bezeichnet.
Im Gegensatz zu ihm vertrat die SPD die Vorstellungen eines neutralen Gesamtdeutschlands. Kurt Schumacher hatte die Konzentrationslagerhaft körperlich

Q1 Konrad Adenauer bei der Vorstellung seines Kabinetts vor den hohen Kommissaren, 21. 9. 1949
Demonstrativ betritt er den Teppich, der eigentlich den Besatzungsmächten vorbehalten war.

Q2 Mitglieder der ersten DDR-Regierung bei Armeegeneral Tschuikow, 11. 11. 1949
Tschuikow übergibt die Verwaltungsfunktionen an die DDR.

17. Juni 1953 in Berlin Q3
Verzweifelt stellen sich die Menschen den Panzern in den Weg.

versehrt, aber im Willen ungebrochen überlebt und führte die Partei als starke Opposition zur regierenden CDU. Im Aufschwung der Wirtschaft verloren ihre Forderungen jedoch an Anziehungskraft für die Wähler, die Stimmenzahl für die SPD ging zurück.

Die DDR: Aufbruch im Osten?

Als die Deutsche Demokratische Republik gegründet wurde, war die Begeisterung für das große Ziel des Sozialismus bei einem Teil der jugendlichen „Aufbaugeneration“ durchaus stark und echt. Die DDR versuchte mit vier Zielvorstellungen ihre Menschen an sich zu binden: mit Sozialismus, Antifaschismus, Frieden und sozialer Sicherheit. Bald zeigte sich jedoch, dass demokratische Mitbestimmung keineswegs erwünscht war. Das Parlament der DDR, die Volkskammer, wurde völlig von der SED beherrscht. Opposition wurde nicht geduldet, zahllose politische Gegner wurden zu langjährigen Haftstrafen verurteilt; in den ersten Jahren wurde sogar die Todesstrafe verhängt. Gegen die Willkür des Staates konnte sich kein Bürger juristisch wehren, denn es gab weder ein Verwaltungs- noch ein Verfassungsgericht. Die DDR wurde immer von einer Mehrheit ihrer Bürger abgelehnt, zumal an ihrer Westgrenze stets das Erfolgsmodell Bundesrepublik sichtbar war. Es konnte kein Zweifel daran bestehen, hier war eine Diktatur der Minderheit über das Volk nach sowjetischem Modell entstanden. Dazu gehörte auch, dass der Überwachungsapparat des Ministeriums für Staatssicherheit (Stasi, MfS) allgegenwärtig war. Regimekritiker wurden verfolgt und hatten mit Benachteiligungen bis hin zu langjährigen Haftstrafen zu rechnen. Das alles wäre allerdings ohne die Mithilfe hundertausender eifriger Zuträger nicht möglich gewesen. Niemals bisher unterhielt ein Staat im Verhältnis zur Bevölkerungszahl im Frieden einen größeren Militär- und Sicherheitsapparat als die DDR.

Der Volksaufstand vom 17. Juni 1953

Zum traumatischen Erlebnis dieser Generation wurde der 17. Juni 1953. Ein Streik Ostberliner Bauarbeiter gegen erneutes Heraufsetzen der Arbeitsnormen weitete sich zu einem spontanen und unkoordinierten Volksaufstand in der ganzen DDR aus. Nur das Verhängen des Ausnahmezustands verhinderte, dass er zu einer breiten Demokratiebewegung wurde. Die herrschenden Parteioberen misstrauten von da an den Volksmassen, in deren Namen sie die Herrschaft ausübten. Allen war klar, dass nur sowjetische Panzer den Staat vor seinem Volk gerettet hatten. Der 17. Juni war bis 1990 als „Tag der deutschen Einheit“ Feiertag in der Bundesrepublik.

Abgrenzung nach Osten: Der Antikommunismus als Staatsdoktrin der Bundesrepublik

Das politische Klima der Bundesrepublik in der Adenauerzeit wurde vor dem Hintergrund des Kalten Krieges durch einen klaren Antikommunismus bestimmt. Der wurde von den meisten Bürgern geteilt, gerade auch mit dem Blick auf die Verhältnisse in der DDR. So wurde beispielsweise die KPD verboten. Vor allem bildete aber der wirtschaftliche Erfolg der Bundesrepublik das zunehmend sichere Fundament eines demokratischen Staates, der mit Zustimmung rechnen durfte.
Auch die SPD erkannte mit ihrem Godesberger Programm 1959 die feste Einbindung der Bundesrepublik in westliche Wertetraditionen an. Sie sagte sich vom Marxismus los und wandelte sich von der sozialistischen Klassenpartei zu einer modernen sozialdemokratischen Volkspartei.

Abgrenzung nach Westen: Antifaschismus als Staatsdoktrin der DDR

Von Anfang an grenzte sich die DDR mit verbalen Attacken und Kampagnen von der angeblich „imperialistischen und revanchistischen" Bundesrepublik ab. So wurden z. B. westliche Rundfunksender gestört oder westliche Druckerzeugnisse verboten. Abschluss und Höhepunkt der Abschottung war der Bau der Berliner Mauer, die als „antifaschistischer Schutzwall" bezeichnet wurde (vgl. S. 230 ff.). Damit sicherte die DDR die Existenz des Systems und wurde zugleich zur geschlossenen Gesellschaft. Bei der Bevölkerung sank das Ansehen auf einen neuen Tiefpunkt. Doch nun mussten sich die Menschen mit dem scheinbar Unabänderlichen arrangieren, und das Regime konnte die vorsichtige Politik einer Liberalisierung vor allem in der Jugend- und Kulturpolitik versuchen. Der Staat bot durchaus Karrierechancen für loyale Bürger und richtete seine Angebote vor allem an die Jugend. Man hat den Mauerbau daher als eine Art zweite Staatsgründung bezeichnet oder gar als heimlichen Gründungstag der DDR. Aber auch die Regimekiritker waren nun gezwungen, im Land zu bleiben, was sich für die SED in der 1970er- und 1980er-Jahren zunehmend als Problem erweisen sollte.

Die Große Koalition

In den 1960er-Jahren hatte die bundesdeutsche Demokratie manche Bewährungsprobe zu bestehen. 1966 bildete Kanzler Kurt Georg Kiesinger eine Große Koalition aus den beiden Volksparteien CDU/CSU und SPD. Als Opposition im Bundestag gab es nur noch die kleine FDP. Das trug zum Anwachsen und zur Radikalisierung einer linken außerparlamentarischen Opposition „APO" bei, die zum Motor gesellschaftlicher Veränderungen wurde. Heiß umstritten waren die Notstandsgesetze, die im Falle eines äußeren oder inneren Notstandes, etwa durch internationale Spannungen oder Naturkatastrophen, die Grundrechte vorübergehend einschränken und die Gewaltenteilung aufheben wollten. Gegen den Protest von APO und Gewerkschaften wurde diese Grundgesetzänderung am 30. Mai 1968 verabschiedet.

Willy Brandt als Bundeskanzler

Die Bundestagswahlen 1969 brachten mit der sozialliberalen Koalition den nach der langen CDU-Vorherrschaft von vielen lang ersehnten Machtwechsel. Der neue Kanzler Willy Brandt (SPD, 1913–1992) wollte „mehr Demokratie wagen" und setzte eine Reihe gesellschaftlicher Reformen durch: Das Volljährigkeitsalter wurde von 21 auf 18 Jahre herabgesetzt, nichteheliche Kinder rechtlich den ehelichen gleichgestellt, das Eherecht reformiert und der Rechtsstaat insgesamt liberalisiert. Eine Bildungsreform ergriff Schulen und Hochschulen und führte zu vielen Neugründungen sowie einem enormen Anstieg der Schüler- und Studentenzahlen. Finanzielle Fördermaßnahmen sollten Chancengleichheit im Bildungsbereich sicherstellen. 1972 scheiterte ein Versuch der CDU, den Kanzler durch das konstruktive Misstrauensvotum abzulösen. 1974 trat Willy Brandt zurück, weil sein engster Mitarbeiter als eingeschleuster DDR-Spion enttarnt worden war.

Die Kanzlerschaft Helmut Schmidts

Unter Bundeskanzler Helmut Schmidt (SPD, geb. 1918) waren die folgenden Jahre von wirtschaftlicher Rezession gekennzeichnet. Häufig lieferten sich gewaltbereite Gegner von Atomkraft und Nachrüstung Straßenschlachten mit der Polizei. Die Bundesrepublik bestand ihre Bewährungsprobe als Rechtsstaat auch gegen die linken Terroristen der „Roten Armee Fraktion", die mit Entführungen und Morden an hochrangigen Staats- und Wirtschaftsvertretern das „kapitalistische System" zerstören wollten. Sie konnten aber die Bevölkerung damit nicht beeinflussen, im Gegenteil, die große Mehrzahl der Bürger lehnte sie und ihre Verbrechen ab.

Gegen den vom Bundeskanzler angeregten Nachrüstungsbeschluss (vgl. S. 162), protestierten in der SPD und in einer stark anwachsenden Friedensbewegung viele Menschen. Die sozialliberale Koalition zerbrach aber nicht daran, sondern am Ausscheiden der FDP. Diese stürzte gemeinsam mit der CDU Helmut Schmidt durch die Wahl von Helmut Kohl (CDU) zum Kanzler.

Erich Honecker und die Modernisierung des „real existierenden Sozialismus"

Auch in der DDR brachten die 1970er-Jahre Veränderungen. Mit der Parole der „Einheit von Wirtschafts- und Sozialpolitik" wollte Erich Honecker als Nachfolger Walter Ulbrichts ab 1971 nicht nur den Rückstand im Konsum und Wohnungsbau beseitigen. Er gedachte sogar die Bundesrepublik zu „überholen, ohne sie einzuholen". Ostberlin wurde als Hauptstadt ausgebaut mit dem Fernsehturm im Zentrum, mit modernen Hotels und dem Palast der Republik. Erste Städtepartnerschaften mit westlichen Kommunen und vor allem auch die Weltjugendfestspiele von 1973 zeigten eine angeblich weltoffene DDR. Ein weit gefächertes Sozialprogramm mit familienfördernden Maßnahmen oder dem Ausbau der Urlaubsmöglichkeiten sollte die Bevölkerung stärker an den Staat und die Partei binden. In der zweiten Hälfte der 1980er-Jahre schien der entmündigende, aber fürsorgliche Staat von seiner Bevölkerung trotz Spott, Lethargie und Ohnmacht weithin im Alltag akzeptiert zu sein. Die durchaus anspruchsvollen Ziele standen jedoch ohne solide volkswirtschaftliche Gegenfinanzierung da und trieben den Staat schließlich in die Pleite.

Helmut Kohl – der Taktiker der Macht

Die CDU hatte konservativen Bürgern eine „geistig-moralische Wende" zu traditionellen Werten und einer erneuten klaren Abgrenzung nach Osten hin versprochen. Gegen die grundlegende Liberalisierung der Gesellschaft war aber keine Politik mehr zu machen. Vor allem stellte die neue Runde des Wettrüstens der Supermächte für die beiden deutschen Staaten eine besondere Bedrohung dar, denn sie lagen unmittelbar an der Nahtstelle der beiden Machtbereiche. So wurden in der Deutschlandpolitik die Schritte einer vorsichtig kalkulierten Annäherung fortgesetzt. Der Besuch des Staatsratsvorsitzenden Erich Honecker 1987 als erster Staatsbesuch eines DDR-Politikers war ein Höhepunkt dieser Entwicklung. Beide deutschen Staaten bekannten sich zu ihrer gemeinsamen Verantwortung für Entspannung und Frieden in Europa.

Eine Partei neuen Typs – die Grünen

Die aus der Umweltschutz- und Friedensbewegung hervorgegangenen Grünen zogen 1983 erstmals in den Bundestag ein. Die etablierten Parteien betrachteten sie wegen ihres unkonventionellen Auftretens in Turnschuhen und Freizeitkleidung zunächst als missliebigen Störfaktor im Parlament. Auch die Grünen selbst wollten eigentlich keine Partei im üblichen Sinne sein, sondern waren bestrebt, basisdemokratische Vorstellungen zu verwirklichen. So gab es ursprünglich keinen Parteivorsitz, Mitgliederversammlungen entschieden über die Abstimmung ihrer Abgeordneten im Bundestag, und nach jeder Wahlperiode sollten die Mandatsträger ausgewechselt werden. Bald jedoch mussten alle Parteien über die Fragen von Ökologie, Nachhaltigkeit und Gleichberechtigung der Frauen nachdenken, um im Wettbewerb der politischen Ideen weiter bestehen zu können. So haben die Grünen viele ihrer Vorstellungen durchsetzen können.

Bundestagsrede von Helmut Kohl zur NATO-Nachrüstung, 22.11.1983 Q4
Die Grünen demonstrieren mit Kriegsbildern.

Bauerndemonstration am 17. Juni 1953 in Jessen (Sachsen-Anhalt) Q5

Innerhalb weniger Stunden hatte sich der Aufstand von Berlin aus über die ganze DDR ausgebreitet.

Q6 Etwas völlig Neues

Die beiden bundesdeutschen Historiker Löwenthal und Schwarz setzten sich 1974 mit dem Charakter der bundesdeutschen Demokratie auseinander:

In Wirklichkeit waren Staat und Gesellschaft auch der konservativen Demokratie, als die sich die zweite deutsche Republik zunächst präsentierte, etwas völlig Neues, nicht nur gegenüber der untergegangenen Hitlerdiktatur, sondern auch gegenüber der Weimarer Republik und dem Kaiserreich. Zum erstenmal in der deutschen Geschichte akzeptierten die besitzenden Oberschichten und die beamteten Träger der staatlichen Exekutive, die in der Mehrheit der ersten deutschen Republik von Beginn an als Feinde gegenübergestanden hatten, die demokratischen Regeln mit der gleichen Selbstverständlichkeit, wie dies in den alten angelsächsischen Demokratien der Fall ist. (…) Umfassender aber als dies greifbare Phänomen war die Atmosphäre traditioneller, aus vordemokratischen Zeiten übernommener Autorität in wichtigen Lebensbereichen, von den Institutionen der Justiz und des Bildungswesens bis in einen Großteil der Familien hinein.

Zit. nach: R. Löwenthal/H.-P. Schwarz (Hg.), Die zweite Republik. Stuttgart 1974, S. 10 f.

Q7 Der Anspruch der DDR

Der DDR-Historiker Stefan Doernberg schrieb 1968 über das Selbstverständnis der Blockparteien in der DDR:

Die Gründung des Blocks der antifaschistisch-demokratischen Parteien stellte etwas völlig Neues in der deutschen Geschichte dar. Bisher war es den herrschenden Ausbeuterklassen immer gelungen, die Volksmassen zu spalten und sie so umso leichter zu unterdrücken. (…) Das bedeutet, dass jene starke, alle Klassen und Schichten der Bevölkerung umfassende Kraft entstand, die allein fähig war, die Grundlagen des Imperialismus und Militarismus zu beseitigen und damit die Lebensinteressen der gesamten deutschen Nation zu verwirklichen.

St. Doernberg, Kurze Geschichte der DDR. Berlin (Ost) 1968, S. 47.

Q8 Das Maß ist voll

Forderungen von Aufständischen am 17. Juni 1953 an die Regierung der DDR:

Wir Werktätigen des Kreises Bitterfeld fordern von Ihnen:

1. Rücktritt der so genannten Deutschen Demokratischen Regierung, die sich durch Wahlmanöver an die Macht gebracht hat
2. Bildung einer provisorischen Regierung aus den fortschrittlichen Werktätigen
3. Zulassung sämtlicher großen demokratischen Parteien Westdeutschlands
4. Freie, geheime, direkte Wahlen in vier Monaten
5. Freilassung sämtlicher politischen Gefangenen (direkt politischer, so genannter Wirtschaftsverbrecher und konfessionell Verfolgter)
6. Sofortige Abschaffung der Zonengrenze und Zurückziehung der Vopo
7. Sofortige Normalisierung des sozialen Lebensstandards
8. Sofortige Auflösung der so genannten Nationalarmee
9. Keine Repressalien gegen einen Streikenden

Zit. nach: I. Spittman, K. W. Fricke, 17. Juni 1953. Köln 1982, S. 15.

Q9 Ein Dichter bekennt sich

Bertolt Brecht in einem nicht veröffentlichten Gedicht zum 17. Juni 1953:

Die Lösung
Nach dem Aufstand des 17. Juni
Ließ der Sekretär des Schriftstellerverbandes
In der Stalinallee Flugblätter verteilen,
Auf denen zu lesen war, daß das Volk
Das Vertrauen der Regierung verscherzt habe
Und es nur durch verdoppelte Arbeit
Zurückerobern könne. Wäre es da
Nicht einfacher, die Regierung
Löste das Volk auf und
Wählte ein anderes?

B. Brecht, Gesammelte Werke in 20 Bänden, Bd. 10. Frankfurt 1967, S. 1009.

Spiegel-Affäre Q10
Demonstration gegen die Verhaftung von Redakteuren des SPIEGEL, 30.10.1962. Dem SPIEGEL war wegen eines kritischen Artikels Landesverrat vorgeworfen worden. Die Spiegel-Affäre führte zu einer Regierungskrise, die 1963 schließlich Adenauer zum Rücktritt zwang.

Q11 Mehr Demokratie wagen

Aus der Regierungserklärung von Bundeskanzler Willy Brandt, 28. Oktober 1969:

Wir wollen mehr Demokratie wagen. Wir werden unsere Arbeitsweise öffnen und dem kritischen Bedürfnis nach Information Genüge tun. Wir werden darauf hinwirken, dass nicht nur durch Anhörungen im Bundestag, (…) sondern auch durch ständige Fühlungnahme mit den repräsentativen Gruppen unseres Volkes und durch eine umfassende Unterrichtung über die Regierungspolitik jeder Bürger die Möglichkeit erhält, an der Reform von Staat und Gesellschaft mitzuwirken. Wir wenden uns an die im Frieden nachgewachsenen Generationen, die nicht mit den Hypotheken der Älteren belastet sind und belastet werden dürfen; jene jungen Menschen, die uns beim Wort nehmen wollen – und sollen. Diese jungen Menschen müssen aber verstehen, dass auch sie gegenüber Staat und Gesellschaft Verpflichtungen haben. (…) Mitbestimmung, Mitverantwortung in den verschiedensten Bereichen unserer Gesellschaft wird eine bewegende Kraft der kommenden Jahre sein. Wir können nicht die perfekte Demokratie schaffen. Wir wollen eine Gesellschaft, die mehr Freiheit bietet und mehr Mitverantwortung fordert. Diese Regierung sucht das Gespräch, sie sucht kritische Partnerschaft mit allen, die Verantwortung tragen, sei es in den Kirchen, der Kunst, der Wissenschaft und der Wirtschaft oder anderen Bereichen der Gesellschaft.

Zit. nach: I. Wilharm (Hg), Deutsche Geschichte 1962–1983, Bd. 2. Frankfurt 1985, S. 27 ff.

D1 Sozialpolitik der DDR und Loyalität der Bevölkerung

Der Historiker Hans Günter Hockerts schrieb 1994 über die Bedeutung der Sozialpolitik in der DDR:

Ohne Zweifel hat die Sozialpolitik auf die um Erwerbsarbeit und Betrieb zentrierte Gesellschaft der DDR zunächst einmal stabilisierend eingewirkt. (…) Solche Werte wie Arbeitsplatzsicherheit, niedrige Preise des Grundbedarfs und Unentgeltlichkeit des Gesundheitswesens haben die Loyalitätsbereitschaft großer Kreise der Bevölkerung viel stärker getragen, als es der Glaube an die parteiliche Wahrheit der ideologischen Doktrin jemals vermochte. Je länger, umso mehr waren es gerade solche sozialpolitischen Stützbalken, auf denen die Last des Legitimationsanspruches der zweiten deutschen Diktatur beruhte. Die mangelnde Legitimität der politischen Grundordnung, die schwache ökonomische Effizienz der SED-Herrschaft, das Wohlstandsgefälle beim Blick auf die westdeutsche Vergleichsgesellschaft verstärkten zusammen die kompensatorische Last, welche die „sozialen Errungenschaften" – als die wirksamste und zuletzt wohl einzige Loyalitätsstütze – zu tragen hatten.

So gesehen, war es die schwindende wirtschaftliche Effizienz, welche die Spielräume für die sozialpolitische Pazifizierung [Befriedung] der Gesellschaft verringerte bzw. zum weiteren Wirtschaften auf Kosten der Substanz zwang.

Zit. nach: H. Kaelble, J. Kocka, H. Zwahr, Sozialgeschichte der DDR. Stuttgart 1994, S. 535 f.

Q12 Arbeitgeberpräsident Hanns-Martin Schleyer in den Händen der RAF

1977 entführten die Terroristen Schleyer, um inhaftierte Gesinnungsgenossen freizupressen. Nachdem dies misslang und auch die Entführung eines Flugzeugs nicht das gewünschte Ergebnis brachte, wurde Schleyer erschossen.

Q14 Eine geistig-moralische Wende?

Aus Helmut Kohls Regierungserklärung, 13.10.1982:

Die Koalition der Mitte, zu der sich CDU, CSU und FDP zusammengeschlossen haben, beginnt ihre Arbeit in der schwersten Wirtschaftskrise seit dem Bestehen der Bundesrepublik Deutschland. (…)

Wir stecken nicht nur in einer wirtschaftlichen Krise. Es besteht eine tiefe Unsicherheit, gespeist aus Angst und Ratlosigkeit, Angst vor wirtschaftlichem Niedergang, Sorge um den Arbeitsplatz, Angst vor Umweltzerstörung, vor Rüstungswettlauf, Angst vieler junger Menschen vor ihrer Zukunft.

Hier sehen wir eine Herausforderung an unsere Pflicht als Bürger, als Eltern, an unseren Gemeinsinn und an unsere Überzeugungskraft. Die Frage der Zukunft lautet, wie sich Freiheit, Dynamik und Selbstverantwortung neu entfalten können. Auf dieser Idee gründet die Koalition der Mitte.

Zu viele haben zu lange auf Kosten anderer gelebt: der Staat auf Kosten der Bürger, Bürger auf Kosten von Mitbürgern und – wir sollten es ehrlich sagen – wir alle auf Kosten der nachwachsenden Generation. Es ist jetzt auch ein Gebot des sozialen Friedens und der sozialen Gerechtigkeit, dass wir der Ehrlichkeit, der Leistung und der Selbstverantwortung eine neue Chance geben.

Zit. nach: J. Steffen, A. Jansen (Hg.), Bilanz der Ära Kohl. Hamburg 1998, S. 2.

Das Präsidium des IV. Parteitages der SED, 1954 Q13

Q15 Aus der Arbeit der „Stasi"

Maßnahmen des Ministeriums für Staatssicherheit (Stasi) gegen den oppositionellen Schriftsteller Reiner Kunze, 1976 (IM = „Inoffizieller Mitarbeiter" der Stasi; GMS = Gesellschaftlicher Mitarbeiter Sicherheit; K = Kunze):

Ziel: (...) Das Ansehen der Vorgangsperson in der Öffentlichkeit zu schädigen.

Auftragsstruktur/Verhaltenslinie für IM „B.":

(...) Der IM sagt dem K., daß nicht nur er seine Handlungsweise und Einstellung zu unserem Staat nicht versteht, sondern daß ihn Personen in Greiz angesprochen haben, die ebenfalls gegen ihn stehen ...

Der IM teilt dem K. mit, daß er gewillt ist, trotz der unterschiedlichen ideologischen Standpunkte (...) die Verbindungen zu ihm fortbestehen zu lassen ...

Auftragsstruktur/Verhaltenslinie für IM „We.":

Die Frau Dr. Kunze wissen lassen (...), dass ihr Mann mit seinem offenen Auftreten gegen unseren Staat ihr keinen guten Dienst erwiesen hat, und dass mögliche Folgen auch sie und ihr ärztliches Wirken treffen können; (...)

Auftragserteilung/Verhaltenslinie für GMS „K." (Einsatz im Wohngebiet des K.):

In der Hausgemeinschaft und im Wohngebiet verbreiten, dass Kunze ein neues Buch in der BRD verlegt hat, dessen Inhalt sich gegen die DDR wendet.

Den Bürgern sagen, dass sich K. ... außerhalb unserer sozialistischen Gesellschaft gestellt hat und es nicht verdiene, geschätzt und geachtet zu werden.

Bei Zusammentreffen mit Herrn oder Frau Kunze im Wohnhaus sagen, daß in der Öffentlichkeit viel Negatives über sie gesprochen wird. (...)

Die Reinemachfrau des Kunze ist in die Gespräche über den K. einzubeziehen, damit sie die Stimmung und Meinungen der Bewohner an ihn und seine Frau heranträgt.

Deckname „Lyrik". Eine Dokumentation von Reiner Kunze. Frankfurt/M. 1990, S. 67 f.

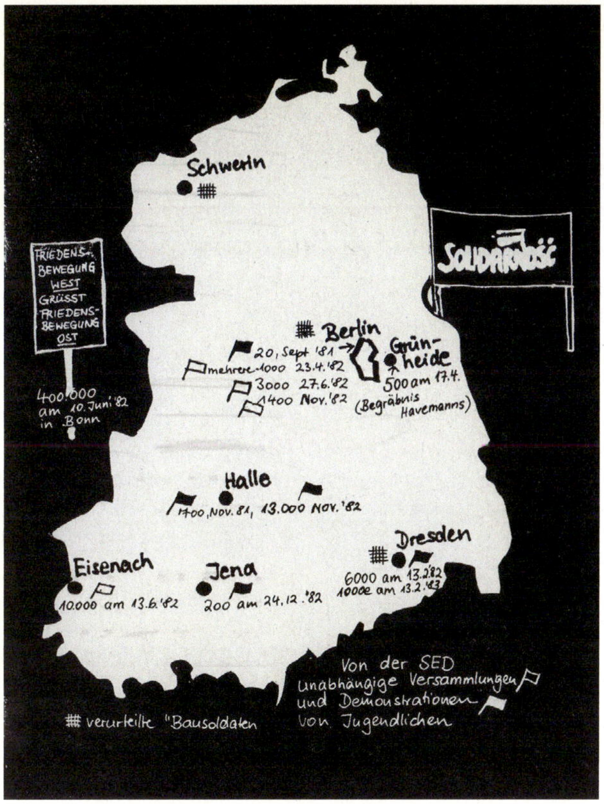

Q16 Solidaritätspostkarte einer linken Gruppe der Bundesrepublik aus dem Jahr 1983

Die Karte war an die Untersuchungshaftanstalt der Staatssicherheit in Gera gerichtet, wo viele DDR-Oppositionelle gefangen gehalten wurden. Auf der Rückseite steht: „Für die Forderungen: Freiheit für die Jenaer Arbeiterjugendlichen! Freiheit für die fünf ‚verurteilten' Bausoldaten in Ostberlin, Schwerin und Dresden haben sich bereits eingesetzt: Lew Kopelew, Prof. Ossip K. Flechtheim, Heinz Brandt, Pavel Kohout, Heinz-Oskar Vetter, Jo Leinen, Petra Kelly, Juso-Landesverband Schleswig-Holstein, Kreisverband Heidelberg, Michael Blumhagen, 1000e Jugendliche".

Fragen und Anregungen

1. Erläutere die wichtigsten politischen Leitlinien, die die verschiedenen Bundesregierungen im Laufe der Zeit verfolgten. Begründe, weshalb der Antikommunismus zur Leitideologie der frühen Bundesrepublik wurde. (ADS, VT, Q1, 11 und 14).
2. Vergleiche die Hauptaussagen der Quellen Q6 und 7 und nimm dazu Stellung.
3. Zeige an Beispielen, wodurch die Demokratie der Bundesrepublik herausgefordert wurde und wie sie sich bewährte (VT, Q4, 10, 11 und 12).
4. Charakterisiere die Herrschaft, die in der DDR ausgeübt wurde (ADS, VT, Q2 und 16, D1 und Q15).
5. Schreibe einen Kommentar zu den politischen Problemen in der DDR im Jahre 1953 (VT, Q7–9).
6. Lege anhand von Q7 und 13 dar, welches Bild die SED-Politiker von ihrer Herrschaft zeichneten und vergleiche dies mit Q15.
7. Informiere dich, welche politischen Aktivitäten es seitens der Bundesrepublik gab, oppositionelle Kräfte in der DDR zu unterstützen (VT, Q16).

2. Die Außenpolitik der beiden deutschen Staaten

1951	Die „Europäische Gemeinschaft für Kohle und Stahl" (Montanunion) wird gegründet.
1954	Die UdSSR proklamiert die Souveränität der DDR.
1955	Die Bundesrepublik wird souverän.
1957	Die Bundesregierung unterzeichnet die Gründungsverträge zur EWG.
1970	Die Bundesregierung schließt Gewaltverzichtsverträge mit der UdSSR und Polen.
1973	Die BRD und die DDR werden in die UNO aufgenommen.
1975	Europäische Staaten, die USA und Kanada unterzeichnen die Schlussakte von Helsinki.
1990	Die UdSSR stimmt dem Verbleib des vereinten Deutschlands in der NATO zu.

Von der Montanunion zur Europäischen Union

In den ersten Jahren ihres Bestehens durfte die junge Bonner Republik keine eigene Außenpolitik betreiben. Die drei Hohen Kommissare der westlichen Alliierten entschieden für die Bundesrepublik in außenpolitischen Fragen. Adenauers Ziel war es daher, in einem überschaubaren Zeitraum diese Oberaufsicht abzuschütteln. Dazu mussten zunächst die tief sitzenden französischen Sicherheitsbedenken gegenüber Deutschland beseitigt werden. Ein Weg dazu war die vom französischen Außenminister Robert Schuman und Konrad Adenauer ins Leben gerufene „Europäische Gemeinschaft für Kohle und Stahl" (EGKS/Montanunion). Gemeinsam mit Italien und den Benelux-Staaten unterstellten die Bundesrepublik und Frankreich ihre Kohle- und Stahlindustrie einer gemeinsamen europäischen „Hohen Behörde". 1957 dehnten die Mitgliedsstaaten den „Gemeinsamen Markt", der zunächst nur für die Montanwirtschaft bestand, auf die Landwirtschaft und den Außenhandel aus und gründeten die Europäische Wirtschaftsgemeinschaft (EWG), die dann in die EG und schließlich in die Europäische Union (EU) mündete. Mit diesen außenpolitischen Schritten stieg die Bundesrepublik im Laufe der Jahre zu einem gleichberechtigten und gleichverpflichteten Partner des Westens auf.
Im Zeichen des Kalten Krieges wurde den Westalliierten relativ schnell deutlich, dass auch die Westdeutschen einen Verteidigungsbeitrag zu leisten hätten. Nur fünf Jahre nach Ende des Zweiten Weltkrieges nahm Konrad Adenauer den Vorschlag einer Wiederbewaffnung Westdeutschlands positiv auf, während die SPD und weite Teile der Bevölkerung die Wiederbewaffnung aufs Schärfste ablehnten.

Die Europäische Verteidigungsgemeinschaft

Der Versuch, das hoheitliche Recht zum Unterhalt von Streitkräften einer europäischen Organisation (Europäische Verteidigungsgemeinschaft, EVG) zu übertragen, scheiterte 1954 an der Ablehnung der französischen Nationalversammlung. Während der Verhandlungen unternahm die Moskauer Regierung einiges, um Deutschlands Integration in das westliche Bündnissystem zu verhindern. So bot der sowjetische Diktator Stalin den Westmächten im März 1952 die Wiedervereinigung eines neutralen und weitgehend entwaffneten Deutschlands an. Die Ernsthaftigkeit dieser Note ist bis heute umstritten. Konrad Adenauer sah darin nur einen Versuch Stalins, zwischen die Westmächte und die Bundesrepublik einen Keil zu treiben und drängte die Alliierten, sich nicht auf Verhandlungen einzulassen.

Q1 Wahlplakate 1953
Der Bundestagswahkampf stand ganz im Zeichen des Kalten Krieges.

Die Bundesrepublik wird souverän

Im Oktober 1954 setzte der westdeutsche Bundeskanzler seine Unterschrift unter die sog. Pariser Verträge, die die endgültige Eingliederung der Bundesrepublik in das Westbündnis regelten. Am 5. Mai 1955 erhielt die Bundesrepublik ihre volle Souveränität, lediglich in der Berlin-Frage, der Wiedervereinigung und der Regelung eines Friedensvertrages mit allen vier Siegermächten durfte sie nicht alleine entscheiden. Als militärische Ersatzlösung für den gescheiterten EVG-Vertrag wurde die Bundesrepublik in die NATO aufgenommen. Adenauers Außenpolitik war innenpolitisch umstritten. Die SPD hatte zum Marshallplan aus Einsicht in die Notwendigkeit zwar ja gesagt, aber sie lehnte alle weiteren außenpolitischen Schritte und Verträge der Regierung ab, denn die SPD war überzeugt, dass Adenauers Politik der Vorleistung gegenüber den Westalliierten und die Unumkehrbarkeit der Westintegration eine Wiedervereinigung Deutschlands unmöglich machen würden.

Souveränität für die DDR

Bereits 1948 begann in der SBZ die Aufstellung bewaffneter Einheiten, aus denen 1952 die Kasernierte Volkspolizei (KVP) gebildet wurde. Nachdem die Moskauer Führung mit der Souveränitätserklärung für die DDR die Besatzungszeit am 25. März 1954 offiziell für beendet erklärt hatte, wurde die DDR in den Warschauer Pakt aufgenommen. Die Kasernierte Volkspolizei wurde 1956 in die Nationale Volksarmee überführt. Seit der Souveränitätserklärung des Staates baute die DDR diplomatische Beziehungen mit Ländern aus dem sozialistischen Lager auf. Außenpolitische Erfolge mit westlichen Staaten blieben ihr angesichts der festgefahrenen deutsch-deutschen Beziehungen jedoch vorerst versagt.

Der Bonner Alleinvertretungsanspruch

Die Bundesregierung erhob den Anspruch, ganz Deutschland zu vertreten, da nur sie durch demokratische Wahlen legitimiert sei (s. S. 189). Diesen Anspruch gab Konrad Adenauer gegenüber der Sowjetunion indirekt auf, als er am 8. Mai 1955 auf Einladung der sowjetischen Führung nach Moskau reiste. Adenauer wollte sich nicht dem innenpolitischen Vorwurf aussetzen, deutsche Interessen ungenügend zu vertreten, zumal noch fast 10 000 deutsche Kriegsgefangene in sowjetischen Lagern festgehalten wurden, die nach Adenauers Moskau-Besuch tatsächlich freige-

Q2 **Bundeskanzler Adenauer und Staatspräsident de Gaulle während eines Gottesdienstes in der Kathedrale von Reims, 8. Juli 1962**

Q3 **Kniefall Willy Brandts vor dem Denkmal für die Opfer des Warschauer Ghettoaufstandes, 7. Dezember 1970**

lassen wurden. Die Aufnahme diplomatischer Beziehungen zwischen der Bundesrepublik und der UdSSR wertete die sowjetische Theorie von der Existenz zweier deutscher Staaten auf.

Die neue Ostpolitik

Vor dem Hintergrund der Entspannung im Kalten Krieg (vgl. S. 194 ff.) erfolgte seit den 1960er-Jahren eine außenpolitische Neuorientierung in der Bundesrepublik, die im Wesentlichen von der SPD ausging. Die SPD hatte seit 1960 ihre außenpolitischen Grundpositionen neu definiert und wollte unter Beibehaltung der Westbindungen der Bundesrepublik auch der UdSSR, den übrigen Warschauer- Pakt-Staaten und vor allem der DDR weiter entgegenkommen. Nach der Bundestagswahl vom September 1969 konnte die SPD ihr Konzept des „Wandels durch Annäherung" in der sozial-liberalen Koalition unter Führung Willy Brandts umsetzen. Ziel war es, über die Anerkennung der in Osteuropa gegebenen territorialen Verhältnisse und durch vermehrte Kontakte den Zusammenhalt zwischen den Menschen in den beiden deutschen Staaten zu wahren und die Lebensfähigkeit West-Berlins zu sichern. Im Moskauer Vertrag (August 1970) und im Warschauer Vertrag (Dezember 1970) gingen die Vertragspartner vom Status quo in Europa aus, einschließlich der Oder-Neiße-Linie und der Grenze zwischen der Bundesrepublik Deutschland und der DDR. Alle Beteiligten verzichteten auf territoriale Ansprüche und Gewaltanwendung bei der Lösung offener Probleme. In der Bundesrepublik kam es zu heftigen innenpolitischen Auseinandersetzungen, in deren Verlauf der Bundesregierung vorgeworfen wurde, den Ostblockstaaten zu weitgehende Zugeständnisse gemacht zu haben. Die Befürworter begrüßten dagegen die Anerkennung der politischen Realitäten in Europa. Für seinen Beitrag zur Entspannung in Europa erhielt Bundeskanzler Willy Brandt 1971 den Friedensnobelpreis.

DDR strebt nach mehr Eigenständigkeit

Die DDR baute in der zweiten Hälfte der 1960er-Jahre ihre Eigenständigkeit aus und die gesamtdeutschen Gemeinsamkeiten ab. So versuchte die DDR einen hervorgehobenen Platz im Kreise der Warschauer Pakt-Staaten zu erreichen, indem sie sich auf eine Stufe mit der UdSSR stellte, mit dem Argument, sie habe den Sozialismus in einem modernen und industriell hoch entwickelten Land verwirklicht. Der verschärfte Kurs gegenüber der Bundesrepublik war die Reaktion der DDR auf die neue Richtung der Ostpolitik. Das Verhältnis entspannte sich nach Abschluss des Grundlagenvertrages im Dezember 1972, in dem die beiden deutschen Staaten gutnachbarliche Beziehungen auf der Grundlage der Gleichberechtigung vereinbarten (vgl. S. 223). Gestärkt wurde das Selbstbewusstsein der DDR, nachdem sie durch fast alle Staaten der Erde diplomatisch anerkannt und 1973 wie die Bundesrepublik in die UNO aufgenommen wurde.

Entspannung als oberstes Ziel der bundesdeutschen Außenpolitik

Entspannungspolitik wurde das oberste Leitziel der bundesdeutschen Außenpolitik. Der außenpolitische Handlungsspielraum der Bundesregierung wurde dadurch mitunter eingeengt. Dies zeigte sich beispielhaft am 13. Dezember 1981, als General Jaruzelski über Polen das Kriegsrecht verhängte und damit eindeutig gegen das Selbstbestimmungsrecht seines Volkes verstieß. Die Bundesregierung und die linke Öffentlichkeit hielten sich mit Protesten gegenüber dieser kommunistischen Militärdiktatur zurück, weil sie ihre Entspannungspolitik und das Bekenntnis zur vertraglich geregelten Nachkriegsordnung nicht gefährden wollten. Die SED-Führung ihrerseits befürwortete die Entscheidung des kommunistischen Generals.

Transatlantische Wertegemeinschaft

Die CDU-geführte Regierung unter Helmut Kohl trieb gemeinsam mit dem französischen Präsidenten Mitterrand die Integration Europas voran. Kohls Außenpolitik basierte auf der Überzeugung, dass Europa und die USA eine Wertegemeinschaft bilden und für die Verteidigung der westlichen Werte eintreten. Nach der Wiedervereinigung blieben die guten Beziehungen zu den östlichen Nachbarn ein wichtiges Anliegen Deutschlands. So wurde am 14. November 1990 ein Grenzvertrag mit Polen abgeschlossen und seither entwickelt sich ein gutes Verhältnis zwischen den beiden Staaten.

Die Sicht auf Europäische Union ändert sich

Als 1998 die rot-grüne Koalition unter dem sozialdemokratischen Bundeskanzler Gerhard Schröder und dem grünen Außenminister Joschka Fischer die Regierung übernahm, änderte sich die Sicht auf die Europäische Union. Die rot-grüne Koalition sah in der EU eine Staatenvereinigung, die neue Mitglieder aufnehmen kann, unabhängig von deren Wertetradition. Nach dem Ende des Ost-West-Kon-flikts bekannte sich die Bundesregierung zu einer multipolaren Weltordnung, in der es mehrere Machtzentren gibt, darunter auch Europa. Innerhalb der EU brachen alte Trennungslinien auf. Frankreich entwickelte sich zum Sprecher einer eigenständigen europäischen Außenpolitik, während sich Großbritannien enger an die USA anlehnte. Die neue Orientierung fand in der Irak-Krise 2003/04 ihren Ausdruck, als sich Deutschland und Frankreich offen gegen die amerikanische Politik aussprachen, während Großbritannien an der Seite der USA stand.

Q4 Das französische Sicherheitsbedürfnis

Wenige Wochen nach seiner Wahl zum Bundeskanzler erklärte Konrad Adenauer im November 1949 in der Wochenzeitung „DIE ZEIT":

Die Sicherheitsfrage ist tatsächlich die Kernfrage des deutsch-französischen Verhältnisses. (...) Es nützt nichts, dass wir tatsächlich ungefährlich sind, sondern es kommt darauf an, ob Frankreich uns für gefährlich hält. Die Psychologie hinkt immer hinter der realen geschichtlichen Entwicklung her. Ob uns das heutige französische Sicherheitsbedürfnis überholt vorkommt, ob es tatsächlich überholt ist, dies alles ist nicht entscheidend. Auch wenn Frankreich sich im Irrtum befindet, so ist sein Verlangen nach Sicherheit doch psychologisch vorhanden und also eine politische Tatsache, mit der wir zu rechnen haben. Wir tun daher gut daran, wenn wir auch uns überflüssig erscheinende Sicherheiten in Kauf nehmen, sofern unsere Existenz hierdurch nicht ernstlich gefährdet wird.

Die Zeit. Hamburg, 3. November 1949, S. 1.

Q5 Deutschlands Wiedereingliederung in die westliche Zivilisation

Über die Integration Deutschlands in die westliche Welt sagte der amerikanische Außenminister Dean Acheson in einer Rede am 10. 5. 1950:

Deutschland ist in einer bedauerlichen Lage, wenn es den Problemen der Zukunft völlig allein und nur im nationalen Rahmen gegenübersteht. Es besteht die besondere Notwendigkeit, Deutschland mit seinen westlichen Nachbarn enger und organischer zusammenzuschließen. Diese Notwendigkeit entspringt einmal der unglücklichen Aufteilung Deutschlands in Ost und West, die durch die Politik der Sowjetunion hervorgerufen wurde. Zum anderen dem großen Bevölkerungsdruck in den Westzonen und der verständlichen Unsicherheit und dem Unglück von Millionen heimatloser Menschen, und schließlich all den tragischen Erfahrungen, die Deutschland in den vergangenen Jahrzehnten so gewaltsam aus der europäischen Gemeinschaft herausgerissen haben. Wir wären keine Realisten, wenn wir nicht anerkennen würden, dass kein Land für sich ausschließlich die Last dieser Wiedereinführung Deutschlands in das Gemeinschaftsleben tragen kann oder will. Die Wiedereingliederung Deutschlands in die Familie der westlichen Zivilisation muss ein gemeinschaftliches Unternehmen sein, in dem alle das Risiko und die Verantwortung teilen.

Zit. nach: Forschungsinstitut der Deutschen Gesellschaft für auswärtige Politik (Hg.), Europa. Dokumente zur Frage der europäischen Einigung, Bd. 2. München 1962, S. 678f.

Q6 Notwendigkeit der Wiederbewaffnung

Zur Wiederbewaffnung Westdeutschlands bemerkte Konrad Adenauer in seinen „Erinnerungen", 1965:

Wir durften und dürfen namentlich in unserer christlichen Partei niemals vergessen, dass der Kampf gegen den Kommunismus sich nicht einfach erschöpft in Bemühungen um die Wiedererlangung der uns entzogenen Teile Deutschlands, sondern dass dahinter steht der Kampf zwischen Materialismus und christlicher Überzeugung, der Gegensatz zwischen russischkommunistischer Diktatur und einem freien Europa. Wenn es den freien Völkern der Welt nicht gelingt, dieses Gefühl für den Wert der christlich europäischen Kultur zu steigern, dann wird die Zukunft nach meiner Überzeugung für weite Teile des Erdkreises sehr dunkel sein. Wenn die freie Welt wachsam bleibt, dann wird es vielleicht doch im Laufe der Zeit möglich sein, da auch Russland zur Erfüllung seiner innenpolitischen Aufgaben Zeit braucht, zu einem Zustand zu kommen, der der Welt echten Frieden verbürgt. Im gegenwärtigen Augenblick jedoch hilft nur ein bewaffneter Friede.

K. Adenauer, Erinnerungen, Bd. 2 (1953–1955). Stuttgart 1965, S. 554.

Q7 Protestkundgebung gegen die Wiederbewaffnung in Düsseldorf am 18. Januar 1955

Q8 Erste Reise in ein nichtsozialistisches Land

Der Staatsratsvorsitzende der DDR, Walter Ulbricht, und der Präsident der Vereinigten Arabischen Republik, Gamal Abdel Nasser, am Kairoer Zentralbahnhof, 24. Februar 1965.

Q9 Internationale Anerkennung der DDR

Walter Ulbrichts Ehefrau Lotte schrieb über den Staatsbesuch in Ägypten (damaliger Name: Vereinigte Arabische Republik) vom 24. Februar bis 2. März 1965:

Die verzweifelten und oft grotesken Bemühungen der Bonner Regierung, die Reise des Staatsratsvorsitzenden in die VAR zu verhindern, hatten die ganze Welt und in erster Linie natürlich unsere Bürger auf diese Reise aufmerksam gemacht. So gut hätten wir das mit der besten Propaganda nicht geschafft. (…) Vor mir liegt das umfangreiche Reiseprogramm; daraus ist zu entnehmen, dass für den Empfang Walter Ulbrichts alle Ehrungen vorgesehen sind, die einem Staatsoberhaupt beim Besuch eines fremden Landes zukommen. Unser Arbeiter-und-Bauern-Staat gilt also etwas in der Welt! (…) Nun ist es so weit, wir fahren in den Kairoer Hauptbahnhof ein. Noch bevor der Zug zum Stehen kommt, dröhnen – zum zweiten Male heute! 21 Salutschüsse. Die Riesenhalle ist voller Menschen. Kaum hält der Zug, erfüllen Rufen, Klatschen und Jubel die Halle. (…) Rosenblätter und Konfetti wirbeln in der Luft. Fotografen und Journalisten sind kaum zu bändigen. Als beide Staatsoberhäupter aus der Halle treten, bricht auf dem Vorplatz, auf dem sich Hunderttausende Kairoer versammelt haben, ein Orkan los, wie ich ihn bisher nirgends erlebt habe. Er lässt auf der ganzen Fahrt bis zum Kubbeh Palast [Sitz des ägyptischen Staatspräsidenten] nicht nach und zeigt ganz deutlich: Das ist die Antwort der arbeitenden Menschen von Kairo auf die Bonner Hetze gegen die Reise Walter Ulbrichts in die VAR.

L. Ulbricht: Eine unvergessliche Reise. Leipzig/Berlin 1966, S. 13 ff.

Q10 Die neue Ostpolitik

Aus einer Resolution des Bundestages vom 17. Mai 1972 zu den Verträgen von Moskau und Warschau:

1. Zu den maßgebenden Zielen unserer Außenpolitik gehört die Erhaltung des Friedens in Europa und die Sicherheit der BRD. Die Verträge mit Moskau und Warschau, in denen die Vertragspartner feierlich und umfassend auf die Anwendung und Androhung von Gewalt verzichten, sollen diesen Zielen dienen. Sie sind wichtige Elemente des Modus vivendi [der Übereinkunft], den die BRD mit ihren östlichen Nachbarn herstellen will.
2. Die Verpflichtungen, die die BRD in den Verträgen eingegangen ist, hat sie im eigenen Namen auf sich genommen. Dabei gehen die Verträge von heute tatsächlich bestehenden Grenzen aus, deren einseitige Änderungen sie ausschließen. Die Verträge nehmen eine friedensvertragliche Regelung für Deutschland nicht vorweg und schaffen keine Rechtsgrundlage für die heute bestehenden Grenzen.
3. Das unveräußerliche Recht auf Selbstbestimmung wird durch die Verträge nicht berührt. Die Politik der BRD, die eine friedliche Wiederherstellung der nationalen Einheit im europäischen Rahmen anstrebt, steht nicht im Widerspruch zu den Verträgen. (…) Mit der Forderung nach Verwirklichung des Selbstbestimmungsrechts erhebt die BRD keinen Gebiets- und Grenzänderungsanspruch.

Zit. nach: Geschichte in Quellen. Die Welt seit 1945. München 1980, S. 551.

„Die Unterschrift des Jahres" Q11

Karikatur von H. E. Köhler, Bundesrepublik 1970.

Q12 Plakat gegen den NATO-Doppelbeschluss, 1983

Q13 Der NATO-Doppelbeschluss

Aus der Regierungserklärung Helmut Schmidts vom 9. 4. 1981:

Mit unseren Bündnispartnern stehen wir vor der Aufgabe, das militärische Gleichgewicht zwischen Ost und West zu gewährleisten und wo dies nötig ist, es wieder herzustellen. (...) Bei den Mittelstreckenwaffen ist das Gleichgewicht durch sowjetische Aufrüstung wesentlich beeinträchtigt worden. (...) Dieses erhebliche militärische Übergewicht stellt eine erhebliche politische Gefährdung dar. Das Bündnis hat vor anderthalb Jahren mit dem so genannten Doppelbeschluss eine neue Komponente in die Sicherheitspolitik eingeführt. Wir wollen nicht zuvor amerikanische Nachrüstung, um erst danach über Rüstungsbegrenzung zu verhandeln. Vielmehr suchen wir, und zwar auf deutschen Vorschlag, schon bevor die erste neue amerikanische Waffe in Stellung gebracht wird, Verhandlungen mit dem Ziel eines militärischen Gleichgewichts auf einem möglichst niedrigen Niveau.

Zit. nach: A. Mechtersheimer (Hg.), Nachrüstung? Dokumente und Positionen zum Nato-Doppelbeschluss. Reinbek 1981, S. 34 ff.

Q14 Der NATO-Doppelbeschluss aus DDR-Sicht

Erich Honecker führte am 11. April 1981 in seinem Rechenschaftsbericht an den X. Parteitag der SED über die internationale Situation und die deutsch-deutschen Beziehungen aus:

Im Sinne der friedlichen Koexistenz hat die Deutsche Demokratische Republik ihre Beziehungen zu kapitalistischen Staaten weiter ausgebaut. (...) Das trifft auch auf unsere Beziehungen zur Bundesrepublik Deutschland zu. (...) Auch träumen wir nicht von der Möglichkeit, gute Beziehungen zur Bundesrepublik Deutschland, einem der stärksten NATO-Staaten, unterhalten zu können, wenn sich die Beziehungen zwischen den USA und der UdSSR durch eine unberechenbare, auf Konfrontation zielende Politik der USA verschärfen. Wir gehen vielmehr davon aus, dass die Entwicklung normaler Beziehungen zwischen der DDR und der BRD auf der Grundlage der Prinzipien friedlicher Koexistenz nicht nur für beide deutsche Staaten, sondern darüber hinaus für die Gesamtsituation in Europa von nicht geringer Bedeutung ist. (...)

Doch die Beziehungen zwischen beiden deutschen Staaten lassen sich von der internationalen Situation nicht abkoppeln. Wer die NATO-Hochrüstung vorantreibt, wer mit neuen Atomraketen das militärisch strategische Gleichgewicht in Europa antastet, der schafft Tatbestände, die gegen die weitere Normalisierung der Beziehungen zwischen den beiden deutschen Staaten wirken und Erreichtes gefährden.

Zit. nach: Neues Deutschland. 12. April 1984, S. 4 f.

Q15 Der neuen Verantwortung gerecht werden

Aus der ersten Regierungserklärung von Bundeskanzler Helmut Kohl nach der gesamtdeutschen Wahl vom 2. Dezember 1990, abgegeben vor dem Deutschen Bundestag am 30. Januar 1991:

Mit der Wiedergewinnung der vollen Souveränität wächst uns Deutschen nicht nur mehr Handlungsfreiheit, sondern auch mehr Verantwortung zu. So sehen es auch unsere Partner in der Welt. Sie erwarten vom vereinten Deutschland, dass es dieser neuen Rolle gerecht wird. Es geht dabei überhaupt nicht um nationale Alleingänge oder gar Machtambitionen; denn für uns gibt es auf dieser Welt nur einen Platz: in der Gemeinschaft der freien Völker. Dabei bleibt unser Kernziel die politische Einigung Europas. Natürlich wissen wir alle, dass die Europäische Gemeinschaft nicht das ganze Europa ist. Deshalb muss die Gemeinschaft grundsätzlich für andere europäische Länder offen sein. (...) Die Gemeinschaft wird auf diese Weise zum Kristallisationspunkt für das Europa der Freiheit, für die Vereinigten Staaten von Europa. (...) Unverzichtbarer Sicherheitsverbund zwischen Europa und Nordamerika ist und bleibt die Nordatlantische Allianz. Zwar hat der politische Wandel in Europa die Konfrontation zwischen Ost und West abgebaut, und die Sicherheitslage auf unserem Kontinent hat sich trotz verbleibender Risiken spürbar verbessert; gleichwohl ist das Bündnis, dem gerade wir, die Deutschen, so viel verdanken, in keiner Weise überflüssig geworden. Man kann nicht oft genug daran erinnern: Es war nicht zuletzt das Bündnis, das den Wandel in Europa und in Deutschland entscheidend mit herbeigeführt hat. (...) Es geht jetzt darum, dass das vereinte Deutschland seine Rolle im Kreis der Nationen annimmt mit allen Rechten und mit allen Pflichten. Dies wird zu Recht von uns erwartet und wir müssen dieser Erwartung gerecht werden. Es gibt für uns Deutsche keine Nische in der Weltpolitik. Es darf für Deutschland keine Flucht aus der Verantwortung geben.

Bulletin (Presse und Informationsamt der Bundesregierung), Nr. 11, 31. 1. 1991.

Q16 „Die Rekonstruktion des Westens"

Aus einem Interview von Bundesaußenminister Fischer zu Europa, Amerika und den gemeinsamen strategischen Aufgaben mit der „Frankfurter Allgemeinen Zeitung" am 6. 03. 2004:

Wir alle betreten Neuland. Jetzt dämmert auch jenseits des Atlantiks die Erkenntnis, dass ein stärkeres Europa gut für Amerika ist. Die Rekonstruktion des Westens ist für eine positive Gestaltung der Globalisierung und die Überwindung der Gefahr des neuen Terrorismus von entscheidender Bedeutung. (...)

Es geht um einen neuen Transatlantismus, der den Veränderungen in Europa wie der neuen strategischen Bedrohungslage gerecht wird. Daran schließt sich dann die Modernisierungsidee für den Mittleren Osten an. Wir haben im Gegensatz zu Amerika gegenüber dem Nahen Osten eine doppelte Interessenlage. Eine strategische, die hat Amerika auch. Aber wir sind auch direkte Nachbarn – das sind die Vereinigten Staaten nicht. Die Spaltung im Irak-Konflikt hat bei den Europäern eher die Erkenntnis gefördert, die strategische Dimension auszufüllen. (...) Die Türkei hat die strategische Bedeutung einer Brücke, und zwar auch im neuen Kontext des Staatensystems in einer Konfliktstruktur im 21. Jahrhundert. (...) Letztendlich hat der Islam in Gestalt des islamischen Landes Türkei zwar privilegierte Beziehungen zu Europa, aber die EU ist doch ein Christenclub. Das ist es, machen wir uns doch nichts vor. Wenn man hierfür ist, sollte man das der Türkei so sagen – und die Konsequenzen tragen. Ich teile diese Auffassung nicht.

Frankfurter Allgemeine Zeitung, 6. März 2004.

Q17 Karikatur aus der „Frankfurter Allgemeinen Zeitung" vom 9. 10. 2004

Der Karikaturist Burkhard Mohr zur EU-Erweiterung, nachdem vorgeschlagen wurde, Beitrittsverhandlungen mit der Türkei aufzunehmen.

Fragen und Anregungen

1. Ermittle die außenpolitischen Zielsetzungen, die den Wahlplakaten Q1 zugrunde liegen.
2. Stelle die Positionen zur Wiederbewaffnung Westdeutschlands zusammen (VT, Q4–7).
3. Vergleiche die Grundorientierung der Außenpolitik der Bundesrepublik Deutschland unter Adenauer und Brandt (VT, Q2, 3, 10 und 11).
4. Beschreibe, wie die DDR versucht, internationale Anerkennung zu erlangen (VT, Q8 und 9).
5. Arbeite Merkmale der Außenpolitik der beiden deutschen Staaten in der Welt der 1980er-Jahre heraus (Q12–14).
6. Stelle zusammen, wie die jeweilige Regierung die Verantwortung Deutschlands für die Welt- und Europapolitik definiert (Q15–16). Welche Haltung dazu kommt in Q17 zum Ausdruck?
7. Fertige ein Schaubild zu den außenpolitischen Meilensteinen der beiden deutschen Staaten an.

3. Zwei Staaten – eine Nation?

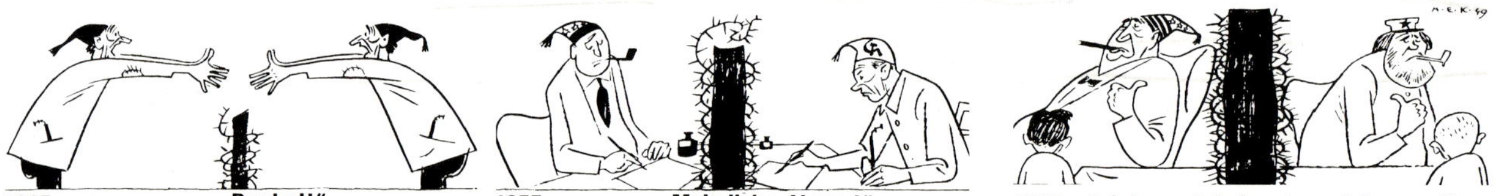

Q1 Karikaturenfolge von H. E. Köhler (1945–1965)

Die Bundesrepublik sieht sich als Nachfolgestaat des Deutschen Reiches

Nach der bedingungslosen Kapitulation 1945 gab es keinen deutschen Staat mehr, und eine nationalistische Einstellung schien durch die Verbrechen des Nationalsozialismus unmöglich geworden. Die durch Konrad Adenauer geführte bürgerliche Koalition betrieb deshalb eine Politik der übernationalen europäischen Integration. Sie legte aber großen Wert darauf, als einzige demokratisch legitimierte deutsche Regierung allein berechtigt zu sein, für das deutsche Volk zu sprechen und sein Selbstbestimmungsrecht zu vertreten. Aus diesem Grundsatz leitete sie die Verpflichtung ab, eine Wiedervereinigung mit den „getrennten Brüdern und Schwestern" anzustreben. Diese Haltung wurde von der überwiegenden Mehrheit der Bevölkerung geteilt. Die SPD unter Kurt Schumacher und Erich Ollenhauer warf der CDU aber vor, durch die Politik der Bindung an den Westen und der Wiederbewaffnung eine Vereinigung mit dem anderen Teil Deutschlands zu verhindern.
In den folgenden Jahrzehnten wandelte sich die Einstellung der deutschen Linken zur Nation grundlegend: Die Teilung wurde als verdiente Strafe für die Entfesselung des Zweiten Weltkriegs und den Holocaust gesehen. Immer mehr Menschen betrachteten jetzt die Bundesrepublik als einen „postnationalen Staat" und hatten sich in der Zweistaatlichkeit so eingerichtet, dass viele die Anerkennung der DDR als souveränen Staat forderten.

Auch die DDR will anfangs die Einheit …

An der Wiege der DDR stand aber nicht nur der Anspruch, ein bewusst antifaschistischer und sozialistischer Staat sein zu wollen, sondern der erklärte Wille zur Einheit des Vaterlandes – natürlich unter sozialistischen Bedingungen. Von 1949 bis etwa 1955 galt daher als Position der SED in der Deutschlandfrage: Ein Staat – eine Nation. In Übereinstimmung mit der sowjetischen Außenpolitik hieß es dann bis Ende der 1960er-Jahre: Zwei Staaten, aber eine Nation. So wurde in die Staatsflagge erst 1959 das Emblem mit Hammer, Zirkel und Ährenkranz eingefügt. Bis 1964 starteten bei den Olympischen Spielen die deutschen Sportler in einer gesamtdeutschen Mannschaft; die gemeinsame Fahne bestand aus den deutschen Farben mit den olympischen Ringen. Das Politbüro musste erkennen, dass die nationale Frage keineswegs durch die Klassenfrage erledigt war; der Arbeiter- und Bauernstaat suchte seine Legitimation verstärkt aus der deutschen Geschichte herzuleiten. In dieser Diskussion um „Erbe und Tradition" der gemeinsamen Vergangenheit sah die DDR sich als das bessere Deutschland mit Persönlichkeiten wie Luther, Schiller, Goethe, ja schließlich sogar Bismarck und Friedrich II. als historischen Vorläufern.

Q2 **Einmarsch der gesamtdeutschen Olympiamannschaft 1960 in Rom**

Q3 Besuch Helmut Schmidts in Güstrow, Dezember 1981
Die Straßen wurden abgeriegelt, und nur vorher ausgewählte Menschen durften an der Fahrstrecke stehen.

Willy Brandt (kleines Bild) 1970 in Erfurt am Fenster seines Hotelzimmers Q4
Tausende Menschen feierten ihn. In der DDR wurde das Bild mit der Unterschrift verbreitet, die Menschen hätten in Sprechchören die Anerkennung der DDR gefordert.

… dann aber die Abgrenzung

Wirksame Abgrenzung gegen die Bundesrepublik wurde für den SED-Staat daher zur lebensnotwendigen Maßnahme. So prägte Honecker die Formel: Zwei Staaten – zwei Nationen. Die Verfassung der DDR wurde 1974 nach nur sechs Jahren erneut geändert und verlor jeden Bezug auf eine gemeinsame deutsche Nation. Nun konnte auch die eigene Nationalhymne wegen der Zeile „Deutschland, einig Vaterland“ nicht mehr gesungen werden, sie wurde zur stummen Hymne.

Von der „Hallstein-Doktrin“ zum „Wandel durch Annäherung“

Grundlage der westdeutschen Außenpolitik war die nach dem Staatssekretär im Auswärtigen Amt Walter Hallstein benannte „Hallstein-Doktrin“. Nach ihr sollte die Bundesrepublik mit keinem Staat diplomatische Beziehungen aufnehmen, der seinerseits diplomatische Beziehungen mit der DDR unterhält (s. auch S. 181). Da jedoch dieser westdeutsche Alleinvertretungsanspruch letztlich die Anerkennung der DDR durch immer mehr Staaten nicht verhindert hatte, führte die sozialliberale Koalition ab 1970 einen Kurswechsel durch. In Erfurt trafen sich in diesem Jahr zum ersten Mal die Regierungschefs beider deutscher Staaten, Willy Brandt und Willi Stoph. Brandt betonte in den Gesprächen dort und auf dem Folgetreffen in Kassel den besonderen Charakter der innerdeutschen Beziehungen, da nach westdeutscher Auffassung die deutsche Nation fortbestehe. Zu umfassenden Vereinbarungen zwischen beiden Staaten kam es daher erst nach den Ostverträgen und dem Viermächte-Berlin-Abkommen. Dieser Versuch eines „Wandels durch Annäherung“ fand seinen Ausdruck im Grundlagenvertrag von 1972. Darin bekräftigten beide Seiten die Unverletzlichkeit der zwischen ihnen bestehenden Grenzen und respektierten ihre Selbständigkeit als Staaten. Im Verständnis der Bundesrepublik war aber die DDR weiterhin nicht Ausland, deshalb wurden in Bonn und Ost-Berlin keine Botschaften errichtet, sondern lediglich „Ständige Vertretungen“.

Staatsbesuch Q5
Erich Honecker wird im September 1987 von Bundeskanzler Helmut Kohl zum Staatsbesuch empfangen.

Deutsch-deutsche Vernunftpartnerschaft im zweiten Kalten Krieg

Der Ende der 1970er-Jahre aufkommende zweite Kalte Krieg mit seinem Rüstungswettlauf bedrohte vor allem die beiden deutschen Staaten an der Nahtstelle der Blocksysteme, die sich dagegen als eine Verantwortungsgemeinschaft der Vernunft stellten und ihre gemeinsamen Interessen als dauernde Nachbarn sahen. In kleinen Schritten wurden weiterhin praktische Fragen auf den Gebieten von Wirtschaftsbeziehungen, Post und Verkehr geklärt. Nach der Regierungsübernahme durch Helmut Kohl stand Hans-Dietrich Genscher als Außenminister weiterhin für die Kontinuität der zwischendeutschen Beziehungen. Seit der Mitte der 1980er-Jahre enstanden zudem Dutzende von Städtepartnerschaften mit gegenseitigen Besuchsmöglichkeiten.
Anfang September 1987 wurde der SED-Generalsekretär Erich Honecker in Bonn mit allen Ehren empfangen, die dem Oberhaupt eines souveränen Staates zustehen. Dies war sicher der Höhepunkt seines Lebens, belegte es doch die Unabhängigkeit und Gleichberechtigung der beiden deutschen Staaten, wenn auch Helmut Kohl ausdrücklich an dem Auftrag der Präambel des Grundgesetzes zur Vollendung der Einheit und Freiheit Deutschlands in freier Selbstbestimmung festhielt.

Zwei Staaten in einer Nation

In der Bundesrepublik hatte die Nachkriegszeit eine fundamentale Verankerung der jungen Demokratie im Westen mit wachsender Bürgerbeteiligung und zunehmenden wirtschaftlichen und kulturellen Verflechtungen bewirkt.
In der DDR scheiterte der Versuch, eine eigene sozialistische Identität zu konstruieren nicht zuletzt daran, dass die Rundfunk- und Fernsehprogramme aus der Bundesrepublik über vierzig Jahre die kulturelle Einheit der deutschen Nation aufrechterhalten haben: Von den Nachrichten und Spielfilmen, von den Shows bis zur Werbung prägte der Mediengebrauch einer allabendlichen kollektiven Ausreise das Bewusstsein und wurde häufig zum Sehnsuchtsmodell des eigenen Lebens.
„Deutschland, einig Vaterland" hallte es am 19. Dezember 1989 aus einer vieltausendköpfigen Menge Helmut Kohl bei seinem Besuch in Dresden entgegen. Die Zeile aus dem im Osten nicht mehr gesungenen Text der eigenen Nationalhymne wurde zum sprachlichen Symbol für den Wunsch nach einer Wiedervereinigung der beiden seit vierzig Jahren getrennten deutschen Staaten.

Q6 Nation als einigendes Band

Aus der Rede des Bundeskanzlers Willy Brandt zur „Lage der Nation" im Bundestag am 14. Januar 1970:

25 Jahre nach der bedingungslosen Kapitulation des Hitlerreiches bildet der Begriff der Nation das Band um das gespaltene Deutschland. Im Begriff der Nation sind geschichtliche Wirklichkeit und politischer Wille vereint. Nation umfasst und bedeutet mehr als gemeinsame Sprache und Kultur, als Staats- und Gesellschaftsordnung. Die Nation gründet sich auf das fortdauernde Zusammengehörigkeitsgefühl der Menschen eines Volkes. Niemand kann leugnen, dass es in diesem Sinne eine deutsche Nation gibt und geben wird, soweit wir vorauszudenken vermögen. (…) Niemand darf sich der trügerischen Hoffnung hingeben, den Auseinandersetzungen entgehen zu können, die unausweichlich sind, weil Deutschland eben nicht nur staatlich gespalten ist, sondern weil sich auf seinem Boden völlig unterschiedliche Gesellschaftssysteme gegenüberstehen. In diesem Punkt sind wir uns mit Ulbricht einig: Zwischen unserem System und dem, was drüben Ordnung geworden ist, kann es keine Mischung, keinen faulen Kompromiss geben.

Stenographische Protokolle des 6. Deutschen Bundestages. Januar 1970, S. 840 ff.

Q7 Wandel durch Annäherung

Der SPD-Politiker Egon Bahr in einer Rede vor der Evangelischen Akademie in Tutzing am 15. Juli 1963:

Wir haben gesagt, dass die Mauer ein Zeichen der Schwäche ist. Man könnte auch sagen, sie war ein Zeichen der Angst und des Selbsterhaltungstriebes des kommunistischen Regimes. Die Frage ist, ob es nicht Möglichkeiten gibt, diese durchaus berechtigten Sorgen dem Regime graduell so weit zu nehmen, dass auch die Auflockerung der Grenzen und der Mauer praktikabel wird, weil das Risiko erträglich ist. Das ist eine Politik, die man auf die Formel bringen könnte: Wandel durch Annäherung. Ich bin fest davon überzeugt, dass wir Selbstbewusstsein genug haben können, um eine solche Politik ohne Illusion zu verfolgen, die sich außerdem nahtlos in das westliche Konzept der Strategie des Friedens einpasst, denn sonst müssten wir auf ein Wunder warten, und das ist keine Politik.

Deutschland Archiv 8/1973, S. 862 ff.

Q8 „Zustimmung zur Teilung Deutschlands"

Der CSU-Vorsitzende Franz-Josef Strauß im Bundestag zu den Ostverträgen, 1973:

Die Zukunft wird erweisen, was Lippenbekenntnis und was ernsthafter Vorsatz ist. CDU und CSU können ihre Augen nicht vor der Tatsache verschließen, dass nicht nur der sowjetische Vertragspartner und seine (...) Bündnispartner diese Verträge (...) anders auslegen, sondern dass es in der öffentlichen Meinung der übrigen Welt (...) eine Auslegung gibt, dass dieser Vertrag die deutsche Zustimmung zur Teilung Deutschlands, zur Preisgabe des Selbstbestimmungsrechts, zur endgültigen Anerkennung aller bestehenden Grenzen und zur völkerrechtlichen Anerkennung der DDR bedeutet. (...)

Zit. nach: M. Dennis/J.-D. Steinert, Deutschland 1945–1990. Schwalbach/Ts. 2005, S. 153

Q9 Menschliche Erleichterungen

Karikatur von Baumeister, Bundesrepublik 1973. Die Deutschlandpolitik der sozialliberalen Koalition wird aus der Sicht der CDU/CSU-Opposition dargestellt.

Die Wandlungen des Erich Honecker Q10
Karikatur von Fritz Behrendt, Bundesrepublik 1987.

Q11 Deutschland, einig Vaterland

Die 1. Strophe der DDR-Nationalhymne, Text von Johannes R. Becher, Rechteinhaber: C. F. Peters Musikverlag, Frankfurt/M, 6. November 1949:

Auferstanden aus Ruinen
Und der Zukunft zugewandt,
Lass uns dir zum Guten dienen,
Deutschland, einig Vaterland.
Alle Not gilt es zu zwingen,
Und wir zwingen sie vereint,
Und es wird uns doch gelingen,
Dass die Sonne schön wie nie
Über Deutschland scheint.

Q12 Aus den Verfassungen der DDR

Der Artikel 1 veränderte sich, Auszüge:

1949: Deutschland ist eine unteilbare Republik; sie baut auf den deutschen Ländern auf. (...) Es gibt nur eine deutsche Staatsangehörigkeit.

1968: Die Deutsche Demokratische Republik ist ein sozialistischer Staat deutscher Nation. Sie ist die politische Organisation der Werktätigen in Stadt und Land, die gemeinsam unter Führung der Arbeiterklasse und ihrer marxistisch-leninistischen Partei den Sozialismus verwirklichen.

1974: Die Deutsche Demokratische Republik ist ein sozialistischer Staat der Arbeiter und Bauern. Sie ist die politische Organisation der Werktätigen in Stadt und Land unter Führung der Arbeiterklasse und ihrer marxistisch-leninistischen Partei.

M. Judt (Hg.), DDR-Geschichte in Dokumenten. Berlin 1997, S. 508 f.

Q13 Absage an die Einheit?

In einem Interview mit der Presseagentur AP (Associated Press) am 4. Juni 1974 äußerte sich Erich Honecker zur deutschen Frage:

Das faschistische Dritte Reich ist im Feuer des Zweiten Weltkrieges untergegangen, damit haben Sie Recht. Es entstanden zwei voneinander unabhängige deutsche Staaten mit grundlegend verschiedener Gesellschaftsordnung. Das war ein Prozess, den niemand mehr rückgängig machen kann und an dem auch kulturelle Traditionen und familiäre Beziehungen nichts zu ändern vermögen. Selbstverständlich existieren Traditionen, und so weit sie progressiv sind, erfahren sie in unserem Staat alle Pflege. (...)

Aber Tatsache ist nun einmal: Es gibt zwei Staaten, die sozialistische DDR und die kapitalistische BRD, die sich grundverschieden entwickeln, und es gibt Bürger der DDR und Bürger der BRD. Normale Beziehungen zwischen diesen beiden Staaten können nur solche der friedlichen Koexistenz sein. Auf ihrer soliden Grundlage gestalten sich die Dinge zum Nutzen der Menschen. Heute über das zu sprechen, was Sie ein Zusammenkommen in der Zukunft nennen, ist müßig. Fest steht: Sozialismus und Kapitalismus lassen sich nicht unter ein Dach bringen. Im Übrigen haben auch Politiker westlicher Staaten mehrfach betont, dass sie derselben Ansicht sind. Für die DDR gibt es kein Zurück zum Kapitalismus, und der Weg zum Sozialismus in der BRD ist eine innere Angelenheit unseres Nachbarlandes.

Zit. nach: Archiv der Gegenwart, Bd. 7. St. Augustin 2000, S. 6250 f.

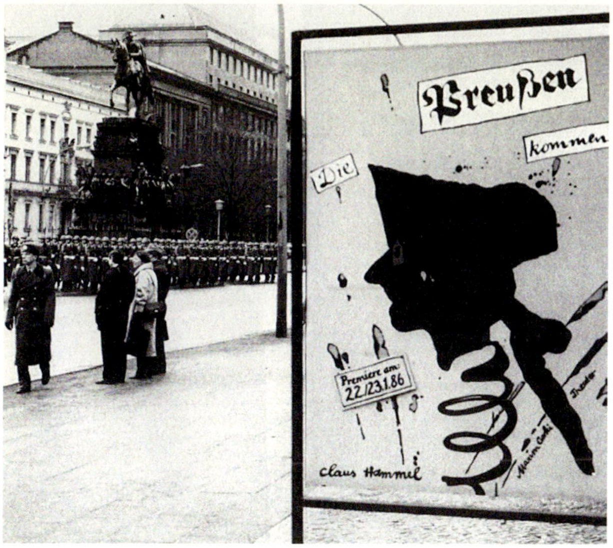

Q14 Soll man die DDR anerkennen?

Günter Gaus forderte 1981 in der „Zeit“ :

Wir haben für unabsehbare Zeit von dem Faktum zweier unabhängiger deutscher Staaten auszugehen, und wir können dieses Faktum in seinen zum Teil tragischen Folgen nur mildern, wenn wir es wirklich als Faktum nehmen. Und ich sage es hier noch einmal: Im Grunde haben wir bei uns die DDR innerlich noch nicht anerkannt. (...) [Da ist] die Art, wie wir öffentlich mit der DDR umgehen: hie SED – hie geknechtete Bevölkerung. (...)

Der Herausgeber der „Zeit“, Gerd Bucerius, antwortete:

Was aber viele nicht anerkennen, „innerlich“ schon gar nicht, ist die Legitimität des Regimes. Wir glauben nicht, dass die Bürger der DDR akzeptieren, sie würden von ihresgleichen regiert. Könnten sie frei bestimmen, würden sie sich eine Verfassung geben (und anwenden), die den westlichen Verfassungen vergleichbar ist.

Q15 Die Preußen kommen

Militärparade in Ostberlin Unter den Linden, 1986. Sie führt am Standbild Friedrichs des Großen vorbei, das lange Jahre aus Berlin verbannt war, bevor es wieder aufgestellt wurde. Im Vordergrund ein Theaterplakat zu dem Stück „Die Preußen kommen“.

Ob eine neu geordnete, demokratische DDR sich mit uns vereinigen würde? Das möchte ich glauben. Aber entscheiden würden darüber die Bürger dort, sobald sie die Freiheit zur Entscheidung gewonnen haben. (...) Bis uns der freie Wille der Mehrheit der DDR-Bürger zum selbständigen, von uns getrennten Staat glaubhaft gemacht wird, sind wir verpflichtet, ihnen die Option offen zu halten; wenn ein pathetisches Wort erlaubt ist: die Option, gemeinsam mit uns in das Vaterland zurückzukehren.

DIE ZEIT, 30. 1. 1981 und 6. 3. 1981 (zit. nach IPB 193, Bonn 1982, S. 28).

Q16 Verantwortungsgemeinschaft für den Frieden

Bundeskanzler Helmut Kohl im Bericht zur „Lage der Nation“ im März 1984 vor dem Deutschen Bundestag:

Wir wollen das Erreichte bewahren und ausbauen, wir wollen die Chancen des Grundlagenvertrages und der anderen innerdeutschen Verträge und Vereinbarungen nutzen. Wir sind bereit, die Beziehungen zur DDR auf der Basis von Ausgewogenheit, Vertragstreue und Berechenbarkeit und mit dem Ziel praktischer, für die Menschen unmittelbar nützlicher Ergebnisse weiterzuentwickeln. Die Bundesrepublik Deutschland und die DDR stehen in einer Verantwortungsgemeinschaft für den Frieden und die Sicherheit in Europa, beide müssen sich um eine Entschärfung der internationalen Lage bemühen.

Zit nach: Informationen zur politischen Bildung, 250. Bonn 1996, S. 16.

Fragen und Anregungen

1. Erarbeite aus Q6–8 den Umgang mit dem Begriff der Nation in der Bundesrepublik und die Konsequenzen, die jeweils daraus gezogen werden (VT).
2. Erläutere die Veränderung des Nationsbegriffs im Selbstverständnis der DDR anhand von Q10–13, Q15.
3. Vergleiche die Haltung der SED-Politiker zur Deutschen Frage mit der Haltung der Bevölkerung, wie sie in Q3 und 4 zum Ausdruck kommt.
4. Interpretiere Q1. Beachte die Entstehungszeit.
5. Stelle anhand von Q14 und 16 die unterschiedlichen Positionen in der Einschätzung der Deutschen Frage in den 1980er-Jahren dar.
6. Ermittle, aus der Sicht welcher Partei die Karikatur Q9 die Ostpolitik Brandts beurteilt (s. Q8). Vergleiche die Aussage mit Q7.
7. Erkundige dich bei deinen Eltern und Großeltern, welche Haltung sie in den Jahren der Teilung zur Deutschen Frage vertraten und wie sie diese begründeten.

Kabarett als Spiegel der Wirklichkeit

Satirische Kabaretttexte sind Waffen in der politischen Auseinandersetzung oder Ventil für die Ohnmächtigen. Das Lachen gegen die Herrschenden befreit – wenn auch nur für einen kurzen Augenblick. Die ironischen Texte können aber Einsichten so klarsichtig formulieren, dass sie zu Einstellungen werden. Daher braucht der Kabarettautor das Publikum mindestens ebenso sehr wie das Problem oder die Person, die er angreift und kritisiert. Auf dieser Doppelseite kannst du untersuchen, wie Kabarettisten sich mit ihrer Gesellschaft auseinandersetzen.

Q1 Aus dem Potsdamer Kabarett „Am Obelisk“:

Zu Erichs Zeiten haben die Leute über alles gelacht. Ich hatte mal eine Szene, da kam der Satz vor: „Endlich geht der Errichtung einer Pflaumenmusfabrik zügig voran“ – „Es muss aber ‚die‘ heißen, nominativ, wer oder was geht zügig voran?“ – „Das hat der Autor auch gesagt, aber er hat auf ‚der Errichtung‘ bestanden.“ – Beifall auf offener Szene, Standing Ovations, ich hab’ nie begriffen, warum. Damals konnte ich den Satz nicht ein einziges Mal ordentlich zu Ende bringen, ich kam immer bloß bis: „Endlich geht der Erich...“

PZ extra Wir in Europa, Nr. 15, 1992, S. 26.

Q2 Eckart Hachfeld (1910–1994)

Bundesdeutscher Kabaretttexter

Zwei Seelen, ach ... (1958)

Betracht ich meinen Lebenslauf,
Dann geht’s mir durch den Sinn:
Warum bin ich nicht stolz darauf,
Dass ich ein Deutscher bin?

Was habe ich von alters her
Gedichtet und gedacht!
So viel wie ich hat keiner mehr
Der Welt an Glück gebracht!

Wie blühte mein Geist, wohin man auch schaut,
Schon in Klöstern, an Fürstenhöfen!
Ich habe in Köln einen Dom erbaut,
Und in Auschwitz Verbrennungsöfen ...

„Eine feste Burg ist unser Gott“
Sing ich, wenn was passiert;
Und dann wird wieder stramm und flott
„Die Fahne hoch!“ marschiert!

Ich habe als Kant das Gewissen gerufen,
Als Goethe die Humanität gelehrt,
Und habe die Werte, die sie mir schufen,
In einer Kristallnacht zerstört ...

Heute bad ich die arische Seele im Blut,
Morgen bitt ich zerknirscht um Absolution,
Ich mache das Unrecht an Israel gut,
Und zahl alten Nazis Pension ...

Die Grenze, die mein Vaterland gespalten,
Liegt nicht bei Helmstedt, nicht bei Ludwigslust;
Die Grenze, die wir ewig aufrecht halten,
Geht mitten durch die eigne deutsche Brust.

Den Fuß im Dreck – und über uns die Sterne,
Das ist des Deutschen tragische Gestalt;
Beethovens Haus liegt bei der Ermekeilkaserne
Und Weimars Türme schaun auf Buchenwald ...

Volker Kühn (hg.), Kleinkunststücke, Bd. 4: Wir sind so frei. Kabarett in Restdeutschland 1945–1970, Hamburg 2001, S. 109.

Q3 Licht am Ende des Tunnels

Aus einem Programmheft des Potsdamer Kabaretts „Am Obelisk“, 1992

Q4 Winfried Freudenreich (1940–1992)
DDR-Autor, Regisseur und Kabarettist

Der Mensch denkt, Spott lenkt (1986)
Der Mensch, der denkt, studiert und lernt,
Mensch, was wohl sonst hätte ihn vom Affensein entfernt.
Er greift bewusst ins Heute ein,
Denn sein Bewusstsein, weiß er, ist bewusstes Sein.
Er stellt sich aufs Podest der Zeit mit Energie,
Und bricht er auch mal ein, sagt er sich: C'est la vie!
Doch hat er eben, weil er denken kann, das Plus,
Die Gabe nachzudenken: Zufall oder Muss?
Hat er zudem dann auch noch Humor –
Und sowas kommt sogar im Sozialismus vor –
Und lässt durch die Medien er sich geistig nicht beschränken,
Kann er mitunter sogar dialektisch denken.
Ganz ohne Witz, da ist er hohl,
Und nur mit Witz, da fühlt er sich wohl.
Der Schalk im Nacken hilft da bei der Orientierung
Zur effektiven, intensiven Optimierung.
Wenn Spott als Produktivkraft
Den Schrott aus den Köpfen schafft,
Entsteht trotzdem kein Hohlraum überm Kragen.
Dann ist der Kopp fürs Leben offen,
Dann hört man Marx zu Engels sagen:
Ah, siehste, Junge, wir können hoffen!

Volker Kühn (Hg.), Kleinkunststücke, Bd. 5: Hierzulande. Kabarett in dieser Zeit 1970–2000, Hamburg 2001, S. 249 f.

Q5 Peter Ensikat (* 1941)
DDR-Kabaretttexter

Vierzig Jahre Sicherheit (1990)
Vierzig Jahre saßen wir
So sicher und im Warmen.
Vierzig Jahre war'n Räuber dort –
Bei uns gab's nur Gendarmen.
Vierzig Jahre Kindergarten –
Behütet und bewacht,
Vierzig Jahre Mittagsschlaf
Und immer stille Nacht.

Vierzig Jahre Abstellgleis –
Wer es verließ, war'n Böser.
Weichensteller Tattergreis
War Jäger und Erlöser.
Vierzig Jahre Klassenstandpunkt –
Die ganze Klasse stand,
Wenn der Lehrer reinkam stramm.
Wir war'n ein strammes Land.

Vierzig Jahre saßen wir
So sicher in der Zelle.
Plötzlich dürfen alle raus
Und treffen sich bei Quelle.
Freiheit ist Konsum für alle
Natürlich nur mit Geld.
Neu für uns – wir kriegen Ausgang.
Ist's das, was uns jetzt hält?

Ebd., S. 304 f.

Im Osten soll das Kabarett alles verändern, darf aber nichts sagen. Im Westen darf das Kabarett alles sagen.
Ein DDR-Kabarettist 1966

Q6 Karikatur von Peter Muzenick, DDR 1989

Fragen und Anregungen

1. Beschreibe und erläutere die historische Situation, auf die jeweils angespielt wird. Suche dazu Informationen aus Fachbüchern, Lexika und Internet.
2. Versuche, die Metaphern, Sprachbilder und Symbole zu entschlüsseln.
3. Versuche, die Adressaten und Wirkungsabsichten der Texte zu erschließen.
4. Schreibe selbst einen kabarettistischen Text zu einem politischen Problem oder einer Person der Zeitgeschichte.

4. Grenze und Grenzerfahrung

1946	Die Zonengrenze zwischen der SBZ und den Westgebieten wird gesperrt und ein Interzonenpass eingeführt.
13. August 1961	Die DDR errichtet in Berlin die Sperrmauer zwischen dem Ostteil und den Westzonen.
1963	Erste Passierscheinregelung für Westberliner ermöglicht den Besuch im Osten der Stadt.
1973	Der sog. Kleine Grenzverkehr erlaubt den Bewohnern grenznaher Kreise und Städte der BRD den Besuch in benachbarte Kreise und Städte der DDR.
9. November 1989	Kurz nach 19.00 Uhr wird mit sofortiger Wirkung die Grenze zur BRD geöffnet.

Von der Demarkationslinie zur Grenze

Symbol der Teilung Deutschlands waren die Grenzanlagen und der Befehl an die Grenztruppen der DDR, jeden Fluchtversuch der eigenen Bürger in den anderen Teil Deutschlands zu verhindern, wobei der Tod der Flüchtlinge bewusst in Kauf genommen wurde. De facto war die Freizügigkeit zwischen der sowjetischen Besatzungszone und dem Gebiet der Westalliierten für die Deutschen bereits seit dem 30. Juni 1946 aufgehoben. Der am 29. 10. 1946 eingeführte Interzonenpass unterstrich, dass die Demarkationslinie zwischen Ost und West den Charakter einer innerdeutschen Grenze anzunehmen begann.

„Aktion Ungeziefer"

Im Mai 1952 beschloss der Ministerrat der DDR vor der innerdeutschen Grenze eine 5 km breite Sperrzone zu errichten. Diese Sperrzone durfte nur noch an bestimmten Kontrollstellen und mit Sondergenehmigung betreten werden. Zwischen Mai und Juli führten die DDR-Behörden die „Aktion Ungeziefer" durch. Etwa 11 000 in dieser 5 km-Sperrzone lebende DDR-Bürger wurden in einer Nacht-und-Nebel-Aktion teils unter Gewaltanwendung in das ostdeutsche Hinterland zwangsumgesiedelt.

Ausbau der deutschen Grenze

Bis zum Sommer 1961 verließen über 2,5 Millionen Menschen die DDR, davon 1,5 Mio. über Westberlin, denn Berlin war bis dahin eine Stadt mit offenen Sektorengrenzen. Die Flüchtlingszahlen erreichten eine Größenordnung, die der DDR-Volkswirtschaft gefährlich zu werden begann, denn vor allem junge gut ausgebildete Facharbeiter und Hochschulabsolventen verließen die DDR. Mit dem Einverständnis der UdSSR ließ die SED in der Nacht vom 12. auf den 13. August entlang der Sektorengrenze einen Stacheldrahtverhau und Steinwälle errichten. In den folgenden Monaten wurde auch die Grenze zwischen der DDR und der Bundesrepublik nahezu unüberwindlich ausgebaut. In grenznahen Orten durften sich DDR-Bürger nun nur noch mit einer entsprechenden Genehmigung aufhalten.

Nach den amtlichen westdeutschen Unterlagen verloren in den 28 Jahren von 1961 bis 1989 insgesamt

Q1 **Bau der Berliner Mauer am 13. August 1961**

Tod an der Berliner Mauer Q2

Am 17. August 1962 wurde der achtzehnjährige Peter Fechter von DDR-Grenzposten niedergeschossen. Rund 50 Minuten ließen die Grenzposten den schwer verletzten und vor Schmerzen schreienden jungen Mann zwischen den Grenzhindernissen liegen. Erst als er tot war, transportierten ihn die DDR-Soldaten ab.

238 Menschen bei dem Versuch, die innerdeutsche Grenze zu überwinden, ihr Leben. Ihre genaue Zahl wird wohl niemals festzustellen sein. Wer bei der Flucht gefasst wurde, wurde zu einer Haftstrafe verurteilt. Neben Tragödien gab es aber auch immer wieder Berichte über geglückte Fluchten. Manche überwanden den Metallgitterzaun, benutzten alte Sport- oder Agrarflugzeuge, kamen über die Elbe oder wurden von professionellen Fluchthelfern durch die Sperranlagen geschleust. Eine andere Gruppe, die die DDR verlassen hatte, waren die Übersiedler, die auf offiziellem Wege ausreisen durften. Ihre Zahl war großen Schwankungen unterworfen und abhängig von der gesamtpolitischen Lage.

DDR-Bürger arrangieren sich

Nachdem sich die Machthaber in der DDR zur Schließung und zum Ausbau der Grenze entschlossen hatten, fügten sich viele DDR-Bewohner in die politische Ausweglosigkeit und arrangierten sich mit den Lebensbedingungen. Ihnen wurde der Alltag und das „kleine Glück“ wichtiger als der Wunsch nach nationaler Einheit. Seit 1964 durften DDR-Bürger im Rentenalter einmal pro Jahr für vier Wochen ihre Verwandten in der Bundesrepublik oder im Westteil Berlins besuchen. Bei Todesfällen oder Krankheiten war eine weitere Reise möglich. Ansonsten waren Westreisen ein Privileg von Wissenschaftlern, Sportlern, Künstlern und Geschäftsreisenden, die als zuverlässig und loyal eingestuft wurden und zum sog. Reisekader gehörten.

Zonenrandförderung

Die Undurchlässigkeit der Grenze hatte auf bundesrepublikanischer Seite zur Folge, dass ein etwa 40 km breiter Streifen in eine Randlage geriet und wirtschaftlich stark unterentwickelt war. Die Bundesregierung versuchte dieses Zonenrandgebiet über Steuervorteile, Subventionen und Maßnahmen der Verkehrserschließung zu fördern.

Versuche die Einheit wach zuhalten

Nach dem Aufstand vom 17. Juni 1953 gründeten Repräsentanten aller Parteien in Bonn das „Kuratorium Unteilbares Deutschland“, das an gesamtdeutsche Solidarität appellierte und die Idee der deutschen Einheit mit vielfältigen Aktionen wach halten wollte. Die Politik der sozialliberalen Koalition und das schwindende Interesse der Öffentlichkeit drängten den Einfluss des Kuratoriums immer weiter zurück, bis es sich 1992 selbst auflöste.
Mit dem Passierscheinabkommen gelang es im Dezember 1963 erstmals, die Mauer für Weihnachtsbesuche von Westberlinern durchlässiger zu machen. 1966 lehnte die DDR aber weitere Passierscheinabkommen ab. Das Viermächte-Abkommen der Alliierten über Berlin und vor allem der Grundlagenvertrag zwischen den beiden deutschen Staaten brachten eine gewisse Erleichterung im Besuchsverkehr. Seit dem Juni 1973 hatten die Bewohner von 56 grenznahen Städten und Kreisen der BRD die Möglichkeit, zu Tagesbesuchen in den grenznahen Bereich der DDR zu reisen, seit 1984 reichte dafür sogar ein rein „touristisches Interesse“. Der Besuch in der DDR war aber immer mit dem Zwangsumtausch einer bestimmten D-Mark-Summe pro Aufenthaltstag in Mark der DDR im Verhältnis 1 : 1 verbunden.

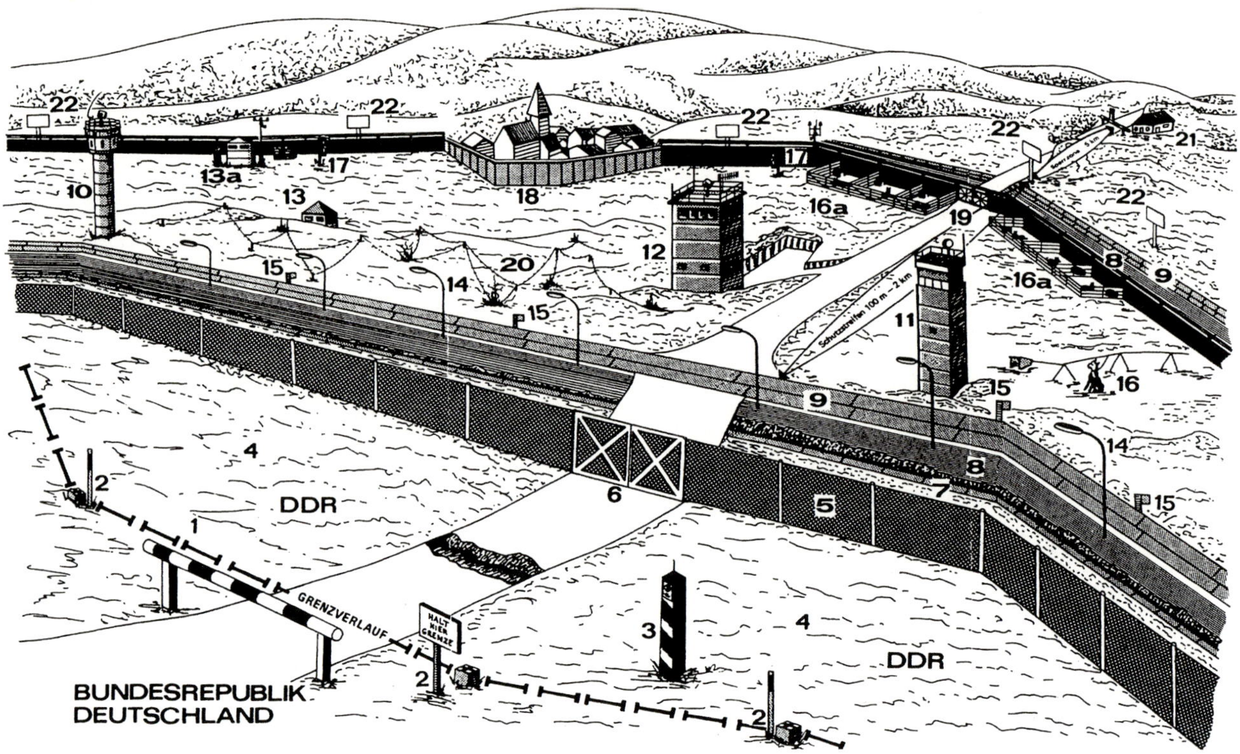

D1 Skizze der DDR Grenzsperranlagen

1 Grenzverlauf mit Grenzsteinen; **2** Grenzhinweisschild bzw. -pfahl unmittelbar vor dem Grenzverlauf; **3** DDR-Grenzsäule (ca. 1,9 m hoch, schwarz-rot-gold mit DDR-Emblem); **4** Abgeholzter und geräumter Geländestreifen; **5** Einreihiger Metallgitterzaun (ca. 3,2 m hoch); **6** Durchlass im Metallgitterzaun; **7** Kfz Sperrgraben (mit Betonplatten befestigt); **8** ca. 6 m bzw. 2 m breiter Kontrollstreifen (Spurensicherungsstreifen); **9** Kolonnenweg mit Fahrspurplatten (Lochbeton) („Begrenzung der vorderen Linie des Einsatzes"), **10** Beton-Beobachtungsturm; **11** Betonbeobachtungsturm (2 x 2 m); **12** Beton-Beobachtungsturm; **13** Beobachtungsbunker; **13a** Beobachtungsbunker mit Schalteinrichtungen, Rundumleuchte und Anschluss; **14** Lichtsperre; **15** Anschlusssäule für das erdverkabelte Grenzmeldenetz; **16** Hundelaufanlage; **16a** Hundefreilaufanlage; **17** Modifizierter Schutzstreifenzaun mit elektronischen und akustischen Signalanlagen und Schalteinrichtungen; **18** Betonsperrmauer/ Sichtblende; **19** Durchlasstor im Schutzstreifenzaun mit Signaldrähten; **20** Stolperdrähte; **21** Kontrollpassierpunkt zur Sperrzone; **22** Hinweisschild auf Beginn des Schutzstreifens.

Q3 Grenzsicherung

Ein Mitglied des Politbüros des ZK der SED, 1963 vor Soldaten der Berliner Gruppen der NVA:

Ich sage, jeder Schuss aus der Maschinenpistole eines unserer Grenzsicherungsposten zur Abwehr solcher Verbrechen rettet in der Konsequenz Hunderten von Kameraden, rettet Tausenden Bürgern der DDR das Leben und sichert Millionenwerte an Volksvermögen. Ihr schießt nicht auf Bruder und Schwester, wenn ihr mit der Waffe den Grenzverletzer zum Halten bringt. Wie kann der euer Bruder sein, der die Republik verrät, der die Macht des Volkes verrät, der die Macht des Volkes antastet! Auch der ist nicht unser Bruder, der zum Feinde desertieren will. Mit Verrätern muss man sehr ernst sprechen. Verrätern gegenüber menschliche Gnade zu üben, heißt unmenschlich am ganzen Volk handeln.

Zit. nach: „Volksarmee", Nr.41/193.

Q4 Todesschüsse

Auszug aus dem Verzeichnis der Erfassungsstelle Salzgitter über Todesfälle in Berlin und an der Grenze:

Nr.: 50, Tatzeit: 29.4.1963, Geschädigter: Unbekannter Mann, Vermutlicher Sachverhalt: Bei Elb Km. 475,7 westl. Schnackenburg männliche Wasserleiche in Tauchausrüstung von sowjetzonalen Grenztruppen geborgen. Der Unbekannte wurde erschossen. Die Flucht zweier weiterer Männer misslang. Zur Verhinderung der Flucht wurden 171 Schüsse abgegeben.

Nr.: 55, Tatzeit: 18.8.1963, Geschädigter: Frieda K., geb. 1944, Vermutlicher Sachverhalt: Im Guderslebener Wald/SBZ bei Walkenried/Bundesrepublik hochschwanger an Hüftschuss gestorben.

Nr.: 147, Tatzeit: 8.12.1979, Geschädigter: Heiko R., geb. 1964, Vermutlicher Sachverhalt: R. versuchte, gemeinsam mit dem ebenfalls 15-Jährigen Schüler Uwe F. bei Sorge/Krs. Wernigerode die Grenze zu überwinden. Ein Bericht des MfS lautet: „Die Täter versuchten, sich der Festnahme zu entziehen. Daraufhin wurde ein Warnschuss abgegeben und ca. 50 Schuss gezieltes Feuer." R. erlag den Schussverletzungen am Ereignisort.

Zit. nach: H. Sauer, H. O. Plumeyer, Der Salzgitter-Report. Frankfurt/M., Berlin 1993 (1991), S. 257 ff.

Q5 Fluchtversuch und Häftlingsfreikauf

Nach einem gescheiterten Fluchtversuch und einer ersten Verurteilung 1972 versuchte Bertold Starke im Dezember 1988 nochmals die Flucht, wird erneut gefasst und zu einem Jahr und vier Monaten Freiheitsstrafe verurteilt. Nach Verbüßung von 8½ Monaten wird er wie viele andere Häftlinge vor ihm von der Bundesrepublik freigekauft. Er berichtet:

Am 12. 12. 1988 fuhr ich mit meinem PKW zunächst bis Teltow in Richtung Bahnhof. Dort endet das Gleis der Reichsbahn in Richtung Berlin. Ich kam am 12. 12. 1988 gegen 1.00 Uhr am genannten Ort an und habe mich dann eine Zeit lang versteckt. Ich versuchte dann über die dort vorhandenen Grenzzäune nach Berlin West zu gelangen. Ich hatte bereits die Zäune im Vorfeld des hohen Streckmetallgitterzauns überwunden und wollte nun das letzte Hindernis nehmen. Ich hatte schon den letzten Zaun erreicht, es gelang mir aber nicht, die Oberkante zu ergreifen und mich hochzuziehen. Vorher war noch ein Wachhund der Grenzsoldaten auf mich aufmerksam geworden, als ich in der Nähe des Signalzaunes war. Er hat aber kaum gebellt. Als ich mich nun vor dem Zaun befand, kamen insgesamt acht Grenzsoldaten und nahmen mich fest. Ich hatte noch keinerlei Sachen über den Zaun geworfen. Ich wurde mehrfach angerufen, und es wurde auch geschossen. Ich habe aber nicht bemerkt, dass die Schüsse in meiner Nähe einschlugen.

Zit. nach: H. Sauer, H. O. Plumeyer, Der Salzgitter-Report. Frankfurt/M., Berlin 1993 (1991), S. 159 f.

Q6 Flucht aus der DDR 1989

Mario Wächtler ist einer der letzten DDR-Flüchtlinge. Die „Cellesche Zeitung" berichtete über seine Flucht:

„Anfang September 1989 war von der Wende noch nichts zu spüren", sagt Wächtler. Eigentlich geht es ihm ganz gut in der DDR, doch der damals 24-jährige Automechaniker erhofft sich mehr vom Leben, als der graue Alltag ihm bieten kann. „Ich hatte zwar genug Geld, aber man hat ja für sein Geld nichts bekommen. Außerdem wollte ich reisen, wohin ich wollte und nicht nur in die sozialistischen Staaten. (…) Im Urlaub in Mecklenburg habe ich die Häuser am Timmendorfer Strand in Schleswig-Holstein gesehen, die zum Greifen nahe schienen." (…) Also macht er sich am 2. September in seinem Wohnort Karl-Marx-Stadt – heute Chemnitz – mit seinem Trabi auf den Weg in Richtung Küste. (…) Als Startpunkt für seine Flucht hat Wächtler die Wohlenberger Wiek westlich von Wismar ausgesucht. Er zieht einen Neoprenanzug an, tarnt die freien Körperstellen mit Damenstrumpfhosen und steigt gegen 23 Uhr im Schutz der Dunkelheit ins Wasser. Als es hell wird schwimmt er immer noch und fühlt sich gut. (…) Mit Tagesanbruch wächst die Gefahr, von den DDR-Grenzschützern entdeck zu werden. Tatsächlich passieren ihn zwei Patrouillenboote, zunächst scheinen sie ihn aber nicht zu bemerken. Gesehen hat ihn allerdings der westdeutsche Kapitän der westdeutschen Fähre „Peter Pan", die vom schwedischen Trelleborg nach Travemünde unterwegs ist. Die Fähre ändert ihren Kurs und lässt ein Rettungsboot zu Wasser. Das sehen auch die DDR-Grenzer und steuern auf Wächtler zu, ein regelrechte Wettrennen beginnt. Das Rettungsboot erreicht den Flüchtling zuerst, Wächtler ist in Sicherheit. (…) Es ist ihm gut ergangen seit 1989: Seine damalige Freundin und heutige Frau wurde noch kurz vor der Wende ausgebürgert. Mit ihr und den beiden 10 und 19 Jahre alten Kindern lebt er im selbst gebauten Haus in Wolthausen [bei Celle]. (…) „Seit ich hier bin, war ich keinen Tag arbeitslos", sagt Wächtler nicht ohne Stolz.

Zit. nach: Cellesche Zeitung, S. 17, 26. August 2004.

Fragen und Anregungen

1. Erläutere das Grenzregime der DDR (VT, D1 und Q1–6).
2. Plane auf der Basis einer Internet-Recherche eine Exkursion, die deine Klasse an einen Ort führt, an dem die Erinnerung an die innerdeutsche Grenze heute wachgehalten wird.
3. Lege dar, mit welchen Maßnahmen die Bundesrepublik auf das Grenzregime reagierte (VT, Q5).
4. Finde heraus, welche konkreten Auswirkungen das Konzept „Wandel durch Annäherung" hatte. Ziehe dazu das vorangegangene Kapitel heran.
5. Erkundige dich nach Maßnahmen, durch die die Solidarität der Westdeutschen mit dem Osten gefördert werden sollte.
6. Chris Gueffroy war das letzte Maueropfer. Informiere dich im Internet über diesen Fall.

5. Wirtschaft zwischen Markt und Plan

1951	Die Europäische Gemeinschaft für Kohle und Stahl wird gegründet; die DDR stellt den ersten Fünfjahresplan auf.
1957	Der Bundestag beschließt die dynamische Rente.
1967	Nach der ersten Wirtschaftsrezession greift die Bundesregierung mit kreditfinanzierten Wirtschaftsprogrammen steuernd in die Wirtschaft ein.
1971	In der DDR wird die Wirtschaftspolitik der Sozialpolitik nachgeordnet.
1982	Die CDU/FDP-Regierung reduziert den Einfluss des Staates auf die Wirtschaft.
1989	Die Volkswirtschaft der DDR steht vor dem Bankrott.
1999	Seit dem 1. Januar ersetzt der Euro die D-Mark, ab 1. Januar 2002 wird er zum Zahlungsmittel.

Soziale Marktwirtschaft

Die beiden Staaten unterschieden sich vor allem in der Wirtschaftspolitik. Auch wenn in beiden Systemen während der vier Jahrzehnte Anpassungskorrekturen vorgenommen wurden, blieb die Wirtschaft grundsätzlich verschieden. Es waren vor allem die USA, die in den Westzonen zum Aufbau einer marktwirtschaftlichen Ordnung, zur Förderung des Wiederaufbaus und zur Integration Deutschlands in den Westen gedrängt hatten (vgl. S. 133 ff.). Ludwig Erhards Konzept der Sozialen Marktwirtschaft setzte grundsätzlich auf die wirtschaftliche Freiheit des Einzelnen am Markt, betonte aber gleichzeitig die Regulierungs- und Kontrollfunktionen des Staates zum Schutz des freien Wettbewerbs, um unsoziale Auswirkungen zu verhindern und einen größtmöglichen Wohlstand für alle zu erreichen. Nach anfänglichen Härten und Schwierigkeiten stiegen in Westdeutschland bald die Produktions- und Exportdaten rasant, die Zahl der Arbeitslosen sank 1961 auf unter 1 Prozent. Für breite Schichten der Bevölkerung verbesserten sich die Lebensverhältnisse dank erheblicher Lohnzuwächse, das Wohnungsproblem wurde gelöst und sozialpolitische Maßnahmen wie der Lastenausgleich verteilten die Kriegsfolgelasten in den Westzonen gerechter. Niemals zuvor waren die Menschen in Westdeutschland schneller zu Wohlstand gekommen als in den ersten 25 Jahren nach der Gründung der Bundesrepublik. Dieses „Wirtschaftswunder“ basierte auf einer Reihe von günstigen Faktoren: Die Lücken, die durch Kriegszerstörungen bei der Produktionskapazität entstanden waren, konnten auch dank der Marshallplan-Hilfe bald geschlossen werden. Es bestand ein Überangebot an gut ausgebildeten und leistungswilligen Arbeitskräften. Die westdeutsche Industrie traf auf einen Weltmarkt, auf dem eine erhebliche Nachfrage herrschte, die durch den Koreakrieg noch einmal gesteigert wurde. Im Innern wuchs ebenfalls die Nachfrage aufgrund wachsender Kaufkraft und großer Konsumfreude.

Zentralverwaltungswirtschaft

1948 hatte die SBZ die Zentralverwaltungswirtschaft (umgangssprachlich auch: Planwirtschaft) eingeführt, mit der die SED die Wirtschaft den politischen Vorgaben der Partei unterstellte. Der erste Fünfjahresplan (1951–1955) verkündete nach dem Vorbild Stalinscher Industrialisierungspolitik vorrangig den Aufbau einer eigenen Schwerindustrie. Die Konsumgüterindustrie und der Wohnungsbau wurden hintangestellt. Nach Schätzungen hatte die DDR 1950 erst zwei Drittel des westdeutschen Bruttosozialprodukts erreicht. Verantwortlich dafür war sicher das

Ausbleiben der Auslandshilfe, ferner die erheblichen Demontageverluste und die Wiedergutmachung aus der laufenden Produktion. Da die Planwirtschaft grundsätzlich eine Tendenz zur Abschottung vom Weltmarkt hat, konnte die DDR auch nicht an diesem Boom teilhaben.

Altersversorgung

Zu den Benachteiligten des westdeutschen Wirtschaftswunders gehörten die Rentner. 1957 wurde die dynamische Rente eingeführt, die die Rentenerhöhung an die Entwicklung der Löhne und Gehälter band. Die Vorstellung eines Generationenvertrages wurde entwickelt, nach dem die Erwerbstätigen die Rente für die Ruheständler zahlen. In der DDR führte vor allem der hohe Anteil alter Menschen zu einem sehr niedrigen Rentenniveau. Aber auch das Ziel der SED-Spitze, angesichts des Arbeitskräftemangels Beschäftigungsanreize auch für Rentner zu schaffen, verstärkte diesen Effekt. Um die niedrige Rente den Löhnen anzupassen, richtete die DDR bereits 1968 eine freiwillige Zusatzrentenversicherung ein. Trotz der staatlichen Subventionierung des Grundbedarfs lebten viele Rentner unter der Armutsgrenze. Durchschnittlich erhielt ein Rentner 1970 etwa ein Viertel des Einkommens eines vollbeschäftigten Arbeiters.

Landwirtschaft

Wachsende Militärausgaben, hohe Reparationsleistungen an die UdSSR und die überhastete Förderung der Schwerindustrie hemmten das Wirtschaftswachstum und brachten die DDR in eine schwierige ökonomische und soziale Situation. Die SED glaubte im Juli 1952 die Probleme durch eine noch stärkere Übernahme von Elementen des sowjetischen Wirtschaftssystems lösen zu können. Durch Kampagnen und Agitation erhöhte die SED den Druck auf die Einzelbauern, sich den bestehenden Kollektiven anzuschließen. Als im April 1960 endlich 84 Prozent der gesamten landwirtschaftlichen Nutzfläche der DDR von Landwirtschaftlichen Produktionsgenossenschaften (LPG) bewirtschaftet wurden, verkündete die Partei den Abschluss der Kollektivierung. Auch in der Bundesrepublik veränderte sich die Struktur der Landwirtschaft tief greifend. Viele Arbeitskräfte wanderten in den gewerblichen Sektor ab, weil dort höhere Löhne gezahlt wurden. Bei fortschreitendem Einsatz von Technik konnten nur noch große Höfe rentabel produzieren. Seit 1956 versuchte die Bundesregierung, die wachsenden Nachteile des Agrarsektors

Q1 **Werbeplakat für den Ersten Fünfjahrplan der DDR.** 1952 (links).

Q2 **Nie wieder!** Plakat der Industrie zur Unterstützung der CDU und Ludwig Erhards im Bundestagswahlkampf 1953 (rechts).

gegenüber der gewerblichen Wirtschaft mit dem staatlichen Förderprogramm „Grüner Plan“ auszugleichen. Dennoch schwand in der Bundesrepublik die Bedeutung des landwirtschaftlichen Sektors mehr und mehr.

Wirtschaftssteuerung im Westen

In der BRD erlebte der Bergbau an der Ruhr seit Ende der 1950er-Jahre wegen der billigen Importkohle und des günstigen und leichter handhabbaren Erdöls eine Strukturkrise, die Zechenstilllegungen und Entlassungen in großem Ausmaß zur Folge hatte. Im Vertrauen auf die Selbstheilungskräfte des Marktes lehnte Bundeskanzler Erhard ein lenkendes Eingreifen des Staates in den Wirtschaftsprozess ab und forderte stattdessen von den Bundesbürgern, den „Gürtel enger zu schnallen“. Erstmals seit 20 Jahren waren die an wirtschaftliches Wachstum gewöhnten Bundesbürger mit einer Wirtschaftsrezession konfrontiert und reagierten mit übertriebener Krisenangst. Nach Erhards Ablösung begann die Große Koalition seit 1966 mit einer Politik der Globalsteuerung der Wirtschaft: Neue Gesetze erlaubten dem Staat in großem Maße Schulden aufzunehmen, um mit diesem Geld Konjunkturprogramme aufzulegen, um so die Wirtschaft aus der Talsohle zu führen. In der nachfolgenden Boom-Phase sollten die Staatsschulden dann aus den Steuermehreinnahmen zurückgezahlt werden. Begleitet wurde diese Maßnahme von der „Konzertierten Aktion“, in der Vertreter des Staates, der Unternehmer und Gewerkschaften gemäß „gesellschaftlicher Vernunft“ ihre Ziele aufeinander abstimmten. Dies alles führte zu einem zweiten Wirtschaftswunder, denn bei stabilen Preisen sank die Arbeitslosigkeit, und das Bruttosozialprodukt stieg. In den Folgejahren dehnte sich jedoch der staatliche Einfluss auf Wirtschaftsabläufe schleichend weiter aus, und die Staatsverschuldung stieg auf immer neue Rekordhöhen. Die Bundesregierung unter Helmut Kohl versuchte diesen Trend zu stoppen und minderte vorübergehend das Budgetdefizit durch verringerte Staatsausgaben und Subventionen. Sie folgte der Leitlinie: „Weniger Staat – mehr individuelle Freiheit“.

Sozialistische Versorgungsdiktatur auf Pump

Die SED-Führung konnte den hohen Lebensstandard in der Bundesrepublik auf Dauer nicht ignorieren. So war es neben machtpolitischen Gründen vor allem die Kritik an der ungenügenden Versorgung mit Konsumgütern, die auf dem 7. Parteitag der SED 1971 zum Sturz Ulbrichts führte. Erich Honecker verkündete die Parole der Einheit von Wirtschafts- und Sozialpolitik. Das Wirtschaftswachstum sollte zu einer verbesserten Versorgung der Bevölkerung mit Konsummitteln des täglichen Bedarfs hier und heute führen. Dabei praktizierte Honecker aber den Vorrang der Sozial- vor der Wirtschaftspolitik und missachtete die einfache Wahrheit, dass nur das der Bevölkerung zugute kommen konnte, was sie zuvor erarbeitet hatte. In den Folgejahren lebte die DDR über ihre Verhältnisse. Die Infrastruktur des Landes, vor allem das Verkehrsnetz, die Umwelt, der Altbaubestand, ein Großteil der Industrieanlagen wurden rücksichtslos ausgebeutet und heruntergewirtschaftet. Die Auslandsverschuldung der DDR stieg von einer Milliarde D-Mark im Jahr 1970 auf etwa 50 Milliarden im Jahr 1989. Der bescheidene Wohlstand, den Honecker den Menschen der DDR zusagte, sollte dem System, wenn schon nicht ihre Zustimmung, dann jedenfalls ihre Fügsamkeit sichern. Das erste Jahrfünft der Ära Honecker erschien nicht wenigen später als eines der besten der DDR. In der zweiten Hälfte der 1970er-Jahre begann der Niedergang der DDR-Wirtschaft, sicher auch wegen der Entwicklung auf den Weltmärkten, in die die DDR trotz aller Autarkietendenzen in starkem Maße eingebunden war, vor allem aber wegen systembedingter Mängel der Planwirtschaft.

Ölschock

Im Zusammenhang mit dem Nahost-Konflikt setzten die arabischen Staaten 1973 erstmals das Erdöl als Waffe ein, um die westlichen Industriestaaten zu einem israelfeindlichen Handeln zu zwingen. Der Ölpreis vervierfachte sich 1973/74 und

Q3 Trabi und Platte, 1970er-Jahre
In Plattenbauweise wurden rings um die verfallenden Stadtkerne Siedlungen gebaut. Der Trabi stand vor der Tür, auf den man allerdings über 10 Jahre warten musste.

Q4 Sonntagsfahrverbot
Autobahn bei Frankfurt/M. Die Bundesregierung verfügte aufgrund der Ölkrise ein Fahrverbot an insgesamt vier Sonntagen im November und Dezember 1973.

stieg 1978/79 in einem weiteren Schub um 60 Prozent. Spektakulär war das von der Bundesregierung verhängte Sonntagsfahrverbot als Akutmaßnahme. 1975 erlebte die Bundesrepublik die bis dahin schärfste Rezession.

Ökonomie und Ökologie

In einer aufsehenerregenden Studie prognostizierte der „Club of Rome" 1972 unter dem Titel „Die Grenzen des Wachstums" die Verknappung der natürlichen Rohstoffe. Dennoch entwickelte sich das ökologische Bewusstsein erst allmählich. Die sozialliberale Koalition unter Willy Brandt nahm zwar den Umweltschutz in ihre Reformpolitik auf, jedoch wurde erst nach dem Reaktorunglück von Tschernobyl 1986 ein eigenes Bundesministerium für Umwelt gegründet. Die DDR hatte den Umweltschutz 1968 in ihre Verfassung aufgenommen und richtete 1972 ein Ministerium für Umweltschutz ein. Der chronische Devisenmangel zog der Umweltpolitik aber enge Grenzen. Verheerende ökologische Probleme, vor allem die extreme Luftverschmutzung durch den Einsatz heimischer Braunkohle als Energieträger, waren Folge des Vorrangs der ökonomischen Entwicklung vor dem Umweltschutz.

Arbeitslosigkeit als Dauerproblem des Westens

Die DDR kannte offiziell keine Arbeitslosigkeit. Jedem Bürger war ein Arbeitsplatz garantiert, auch wenn dieser unproduktiv war und die Arbeit die Grenze zur Sinnlosigkeit überschritt. Demgegenüber war die Bundesrepublik seit 1983 mit einer Sockelarbeitslosigkeit von etwa zwei Millionen Arbeitslosen konfrontiert. Aufgrund der fortschreitenden Deindustrialisierung und der durch den Rationalisierungsdruck bedingten Automatisierung von Produktionsabläufen gingen immer mehr Arbeitsplätze für Minderqualifizierte verloren.

Zahlungsunfähigkeit der DDR

Die Ölpreisexplosion traf auch die DDR, weil die UdSSR auch an sie das Erdöl nur zu Weltmarktpreisen abgab. Den zum Ausgleich des Staatshaushaltes erforderlichen Abbau von Subventionen bei Grundnahrungsmitteln, Mieten und Sozialleistungen hielt Honecker aus Gründen des Machterhalts aber für unvertretbar. Die Reformunwilligkeit der DDR-Führung brachte eine immer höhere Staatsverschuldung, die zur Aufnahme großer Kredite auch in der Bundesrepublik zwang. Im Herbst 1989 bestätigte eine von der SED in Auftrag gegebene Analyse den wirtschaftlichen Bankrott der DDR-Volkswirtschaft.

Q5 Ordnung in der Marktwirtschaft

Ludwig Erhard, der „Vater des Wirtschaftswunders" der bundesrepublikanischen Nachkriegszeit, schreibt 1957 über die Chancen und Gefahren der Sozialen Marktwirtschaft:

Eine Wirtschaftspolitik ist nur dann und nur so lange für gut zu erachten, als sie den Menschen schlechthin zum Nutzen und Segen gereicht. Wer diesen Gedanken zu Ende führt, muss mit mir zu der Feststellung gelangen, dass es in jeder Volkswirtschaft wohl Gruppeninteressen gibt, dass diese aber nicht als Elemente der Wirtschaftspolitik anzuerkennen sind, und dass sich aus dem Widerstreit der Interessen auch keine fruchtbare Synthese ableiten lässt. Eine Atomisierung der Volkswirtschaft in Gruppeninteressen ist deshalb nicht zu dulden. (...)

Ich möchte hierbei das vielleicht etwas banal erscheinende Bild eines Fußballspiels gebrauchen dürfen. Da bin ich der Meinung, dass ebenso wie der Schiedsrichter nicht mitspielen darf, auch der Staat nicht mitzuspielen hat. Eines ist bei einem guten Fußballspiel als wesentliches Merkmal zu erkennen: Das Fußballspiel folgt bestimmten Regeln, und diese stehen von vornherein fest. Was ich mit einer marktwirtschaftlichen Politik anstrebe, das ist, um im genannten Beispiel zu bleiben, die Ordnung des Spiels und die für dieses Spiel geltenden Regeln aufzustellen. (...)

Es muss (...) daher im ureigensten Interesse jeder organischen Sozialpolitik liegen, eine zugleich expansive wie auch stabile Wirtschaft sicherzustellen und Sorge zu tragen, dass die Prinzipien, nach denen die Wirtschaft geordnet ist, erhalten bleiben und weiter ausgebaut werden. (...)

Ich bin in der letzten Zeit allenthalben erschrocken, wie übermächtig der Ruf nach kollektiver Sicherheit im sozialen Bereich erschallte. Wo aber sollen wir hinkommen und wie wollen wir den Fortschritt aufrechterhalten, wenn wir uns immer mehr in eine Form des Zusammenlebens von Menschen begeben, in der niemand mehr die Verantwortung für sich selbst zu übernehmen bereit ist und jedermann Sicherheit im Kollektiv gewinnen möchte. (...) Dieser Drang und Hang ist mehr als alles andere geeignet, die echten menschlichen Tugenden: Verantwortungsfreudigkeit, Nächsten- und Menschenliebe, das Verlangen nach Bewährung, die Bereitschaft zur Selbstvorsorge und noch vieles Gute mehr allmählich aber sicher absterben zu lassen – und am Ende steht vielleicht nicht die klassenlose, wohl aber die seelenlos mechanisierte Gesellschaft.

L. Erhard, Wohlstand für Alle. Düsseldorf 1957, S. 136 ff.

Q6 Grundlagen der sozialistischen Arbeitsverhältnisse

Das DDR-Gesetzbuch der Arbeit in der geänderten Fassung vom 23. November 1966:

In der Deutschen Demokratischen Republik hat sich die Arbeiterklasse von der kapitalistischen Ausbeutung befreit und zu der Klasse erhoben, die mit ihren Verbündeten den Staat und die Wirtschaft leitet und die Volksmassen auf dem Wege der bewussten Gestaltung ihres Lebens führt. Mit der Befreiung von der Ausbeutung und Unterdrückung hat die Arbeiterklasse für sich, für die werktätigen Bauern, die Intelligenz und alle anderen Werktätigen die entscheidende Freiheit errungen. Die Arbeiter-und-Bauern-Macht und das Volkseigentum garantieren erstmals in der Geschichte Deutschlands die Freiheit und die sozialen Rechte der Werktätigen. Das Recht auf Arbeit, das Recht auf gleichen Lohn für gleiche Arbeit, das Recht auf Bildung, das Recht auf Erholung und das Recht auf Gesundheits- und Arbeitsschutz sowie auf materielle Versorgung bei Krankheit, Invalidität und Alter sind gesichert. Das sind entscheidende sozialistische Errungenschaften der Werktätigen.

In der Deutschen Demokratischen Republik hat sich der Charakter der Arbeit grundlegend verändert. Aus der Last der unfreien Arbeit für schmarotzende Ausbeuter wurde die freie Arbeit der Werktätigen für sich selbst und für die Gesellschaft. Im Prozess der Arbeit vollzogen sich tief greifende Veränderungen, die auf dem neuen Verhältnis der Menschen zur Arbeit und zueinander beruhen. Kameradschaftliche Zusammenarbeit und gegenseitige Hilfe bestimmen in zunehmendem Maße die Arbeit und führen zur Herausbildung der sozialistischen Menschengemeinschaft. Im Prozess der wissenschaftlich-technischen Revolution entfalten sich die von allen Fesseln befreiten schöpferischen Talente und Fähigkeiten der Werktätigen. Die sozialistische Gemeinschaftsarbeit trägt in hohem Maße dazu bei, dass sich sozialistische Persönlichkeiten entwickeln. Die Arbeit wird zur Sache des Ruhmes und der Ehre. Die gemeinsame bewusste Arbeit aller Werktätigen nach einheitlichem Plan ist die Hauptquelle der Macht und des Reichtums des sozialistischen Staates.

Zit. nach: Geschichte in Quellen, Die Welt nach 1945. München 1980, S. 301.

D1 Steinkohlenbergbau in der Bundesrepublik. Förderung und Beschäftigte

Jahr	Ruhr	Saar	Revier Aachen	Ibbenbüren	Förderg. insges.	Beschäft. insges. (in 1000)
1957	123,2	16,3	7,6	2,3	149,4	607,3
1960	115,5	16,2	8,2	2,4	142,3	490,2
1965	110,9	14,2	7,8	2,2	135,1	377,0
1970	91,1	10,5	6,9	2,8	111,3	252,7
1975	75,9	9,0	5,7	1,8	92,4	202,3
1980	69,2	10,1	5,1	2,2	86,6	186,8
1985	64,0	10,7	4,7	2,4	81,8	166,2

Nach: www.nrw2000.de/nrw/wirtschaftswunder.htm (06.10.2004).

D2 Entstehung des Sozialprodukts der Bundesrepublik nach Wirtschaftsbereichen, in Prozent

Wirtschaftsbereiche	1950	1960	1970	1980	1990	2003
Primärer Sektor[1]	9,1	5,5	3,9	2,2	1,4	1,1
Sekundärer Sektor[2]	37,4	46,0	50,2	37,8	30,4	24,3
Baugewerbe	7,1	7,5	7,4	7,0	5,9	4,4
Tertiärer Sektor[3]	43,5	39,1	37,5	51,0	62,2	70,2

[1] Land- und Forstwirtschaft, Tierhaltung, Fischerei
[2] Verarbeitendes und produzierendes Gewerbe
[3] Handel, Verkehr, Geld- und Versicherungswesen, Dienstleistungen

Nach: Statistisches Bundesamt (Hg.), Datenreport 1992, Bonn 1992, S. 269, Datenreport 2002, S. 91.

Q7 Ruhrkrise

Die Titelseite zeigt eine Bergarbeiter-Demonstration am 25. Februar 1966 in Gelsenkirchen gegen die angekündigte Stilllegung von Zechen der Graf Bismarck GmbH.

D3 Arbeitslose und Arbeitslosenquote

Jahr	Frühere Bundesrepublik und West-Berlin		Neue Länder und Ost-Berlin	
	Arbeitslose	%	Arbeitslose	%
1950	1868504	11,0		
1955	1073576	5,6		
1960	270678	1,3		
1965	147352	0,7		
1970	148846	0,7		
1975	1074217	4,7		
1980	888900	3,8		
1985	2304014	9,3		
1990	1883147	7,2	912838	10,3
1995	2564906	9,3	1047015	14,9
2000	2529374	8,7	1359278	18,8
2002	2648837	8,7	1411480	19,5

Nach: Bundesagentur für Arbeit, Nürnberg

D4 Bruttosozialprodukt

Jahr	in konstanten Preisen*
1950(1)	223,4
1955(1)	346,3
1960(2)	511,3
1965(2)	643,7
1970(2)	904,0
1975(2)	1007,7
1980(2)	1186,9
1985(2)	1260,8
1990(2)	1494,9
1991(3)	1722,5
1995(3)	1791,8
2000(3)	1961,7
2003(3)	1978,7

* (Mrd. DM) 1950 bis 1969 in Preisen von 1991, ab 1970 in Preisen von 1995
(1) Früheres Bundesgebiet ohne Saarland und Berlin (West)
(2) Früheres Bundesgebiet
(3) Deutschland

Bruttosozialprodukt (heute: Bruttonationaleinkommen):

Maß für die wirtschaftliche Gesamtleistung einer Volkswirtschaft; Wert aller Waren und Dienstleistungen, die in einem Jahr in einer Volkswirtschaft von Unternehmen, Haushalten und Staat erwirtschaftet werden, unabhängig davon, ob dies im Inland oder Ausland erfolgt.

Nach: Statistisches Bundesamt, Wiesbaden

Q8 Ideologie zwischen Damenwäsche, 1968
Schaufensterdekoration in der DDR.

Q10 Der VW Käfer, Symbol des deutschen Wirtschaftswunders, 1970er-Jahre

Q9 Gefahr für die Modernisierung der Wirtschaft

Gerhard Schürer, Vorsitzender der Staatlichen Plankommission, 1996 über seine Befürchtungen angesichts der 1972 verkündeten sozialpolitischen Maßnahmen:

Noch wollte ich es nicht glauben, dass Erich Honecker ökonomisch so ungebildet war, um nicht zu verstehen, dass man mit vier Prozent Wachstum der Leistungen auf die Dauer nicht fünf bis sieben Prozent Zuwachs im Lebensstandard bilanzieren kann. Das war auch gegen die Losung von der Einheit von Wirtschafts- und Sozialpolitik gerichtet, denn nun hätte man sagen können: „So wie wir heute leben, wollen wir morgen arbeiten." Ich sah die Gefahr, dass dieses Programm nur durch wachsende Kreditaufnahmen im westlichen Ausland oder, was noch schlimmer war, durch die Vernachlässigung der Investitionen zur Modernisierung der Wirtschaft oder durch beides zu finanzieren war. In der (...) Diskussion im Politbüro wurde ich jedoch so scharf und einmütig zurückgewiesen, dass mich selbst Zweifel plagten, ob mein Auftreten richtig war.

G. Schürer, Gewagt und verloren. Eine deutsche Biografie. Frankfurt/O. 1996, S. 95 f.

Q11 Arbeitsaufwand nur für den Export

Beschwerde einer Abgeordneten des Bezirks Karl-Marx-Stadt (Chemnitz) im Bezirkstag über die Qualität von Textilerzeugnissen für den Binnenmarkt 1986:

Zur Veranschaulichung der Kollektion wurden den Abgeordneten Modelle vorgeführt. Einige gefielen uns sehr gut. Meistens waren das jedoch Exportmodelle. Von der Optik her fielen also diese Erzeugnisse sofort ins Auge. Auf die Frage, warum das so ist, wurde erklärt, dass für diese Modelle ein höherer Aufwand erforderlich ist: Steppnähte, Taschenklappen und anderes. Aber das sind doch gerade die Details, die ein Modell ansprechend machen. Was haben wir gekonnt, wenn wir für den Binnenmarkt Erzeugnisse mit geringerem Arbeitsaufwand produzieren, nur damit die Stückzahl eingehalten wird, die nicht gekauft werden, weil sie nicht den modischen Vorstellungen der Kunden entsprechen und dann die Volkswirtschaft als Überplanbestände belasten?

Zit. nach: Ch. Heimann, Systembedingte Ursachen des Niedergangs der Wirtschaft. Das Beispiel der Textil- und Bekleidungsindustrie 1945–1989. Frankfurt/M. 1997, S. 341.

D5 Ausstattung von DDR-Haushalten mit ausgewählten industriellen Konsumgütern

Auf 100 Haushalte entfielen in den angegebenen Jahren:

	1960	1965	1970	1975	1980
PKW	3,2	8,2	15,6	26,2	38,1
Fernsehgeräte	18,5	53,7	73,6	87,9	105,0
Kühlschränke	6,1	25,9	56,4	84,7	108,8
Waschmaschinen	6,2	27,7	53,6	73,0	84,4

André Steiner: Von Plan zu Plan. Eine Wirtschaftsgeschichte der DDR. München 2004, S. 157 und 189

D6 Ausstattungsgrad privater Haushalte mit ausgewählten langlebigen Gebrauchsgütern in der Bundesrepublik am 1.1. des jeweiligen Jahres in Prozent

	1962/63	1969	1973	1978	1983
PKW	27,3	44,0	55,3	61,8	65,3
Fernsehgeräte	34,4	72,7	87,2	93,2	93,8
Kühlschränke	51,8	83,6	92,5	84,0	79,0
Kühl - Gefrierkombinationen				14,4	20,1
Waschmaschinen					82,5
mit eingebauter Schleuder, Automat	8,6	38,8	58,5	69,6	
ohne eingebaute Schleuder	25,3	22,1	16,3	12,1	

Statistisches Bundesamt Wiesbaden, Gruppe VII D

Q12 Unrentable Gehwegplatten

Herbert Knaack, Generaldirektor des Kombinats Verbundnetze Energie, über die Konsumgüterproduktion:

Man konnte, weil die offizielle Politik hieß: Also, macht bitte Konsumgüter (...) den [Vorschlag] nicht einfach ablehnen, weil es eigentlich Unsinn war. (...) Zum Beispiel hatten sie Gehwegplatten erfunden; irgendwo machten sie Gehwegplatten aus Asche und Beton, und die wurden in der Herstellung so teuer, dass sie, glaub ich, 70 Pfennig in der Herstellung kosteten, aber der Endverbraucherpreis war bloß 20 Pfennige. Da hab ich gesagt: „Wie kann man so was machen?! Das ist doch gegen jegliche Wirtschaftlichkeit; ich kann doch nicht Leute damit beschäftigen, was zu tun, wo man aus dem andren Geschäft 50 Pfennig dazulegen muss für jede Platte! Wie wollt ihr denn das verantworten?! Das geht doch so nicht!!" „Ja, aber dann können wir gar nichts machen!" „Na, also, denkt euch was andres aus." Und das Schärfste: Ein Netzbetrieb in Weimar war darauf gekommen, Gartenzwerge zu produzieren. Die hatten irgendwo in ner Ecke Formen für Gartenzwerge gefunden, und dann hatten sie Gartenzwerge aus Gips hergestellt und hatten die bemalt und haben sie als Konsumgüter [angeboten].

Zit. nach: J.Roesler, D. Semmelmann, ... ohne Energie geht gar nichts! Die ostdeutsche Energiewirtschaft von den Kombinaten zur VEAG (1980–2001). Berlin 2001, S. 25.

Q13 Geld und Tausch

Die in der DDR aufgewachsene und später in Westberlin lebende Schriftstellerin Irene Böhme schrieb 1986 über die Rolle des Geldes in der DDR:

In der DDR regiert Geld die Welt nicht. Man hat ausreichend, um durchschnittlich zu leben, Wohnung und Grundnahrungsmittel zu bezahlen. Für Geld lässt sich wenig kaufen. Auf ein Auto wartet man zehn bis zwölf Jahre, eine Nacht und einen Tag steht man vor dem Laden Schlange, um einen Farbfernseher zu erwerben, Grund und Boden sind nicht käuflich, Häuser und Segelboote sind rar. Da Geld nicht viel wert ist, muss „der Rubel rollen". Man lebt für den Tag, die Stunde. (...) Geld wäre kein Problem, gäbe es nur die Mark der DDR. Jedoch kursiert die D-Mark (West). Sie ist bei staatlichen Umtauschstellen in das staatliche Spielgeld „Forum-Scheck" einzutauschen. Mit „Forum-Schecks" zahlt der DDR-Bürger in „Intershop"-Läden und erhält Jeans, Kaffee, Schnaps, Süßigkeiten, Kosmetika, Autozubehör der westlichen Hersteller. Das Westgeld, im Volksmund „buntes Geld" oder „blaue Fliesen" genannt, öffnet dem Besitzer viele Türen, beschafft rare Ersatzteile, lässt Handwerker pünktlich erscheinen. Auf dem „Schwarzen Markt" wird es „eins zu fünf" gehandelt. Dennoch ist nicht jede Ware dafür zu bekommen (es gibt sie einfach nicht).

I. Böhme, Die da drüben. Sieben Kapitel DDR. Berlin/W., 1986, S. 72 ff.

Fragen und Anregungen

1. Stelle die konkurrierenden Wirtschaftssysteme Soziale Marktwirtschaft und sozialistische Planwirtschaft gegenüber (VT,Q1, 2–11, D3–5).
2. Erkläre die Rolle des Preises in der Markt- und in der Planwirtschaft. Welche Folgen ergeben sich daraus (VT, Q13)?
3. Ermittle die strukturellen Veränderungen in den beiden Volkswirtschaften seit 1949 (VT, Q4, 7, 12, D1, 2).
4. „In der DDR gab es wenigstens keine Arbeitslosigkeit." Nimm zu dieser immer wieder geäußerten Behauptung Stellung.

6. Die Gesellschaft im Wandel der Zeit

1955	Erstes Anwerbungsabkommen zwischen der Bundesrepublik und Italien.
1963	Das Zweite Deutsche Fernsehen (ZDF) nimmt den Sendebetrieb in Mainz auf.
1973	Die Bundesregierung beendet die Anwerbung für ausländische Arbeitskräfte.
1984	Erster kommerzieller Fernsehsender geht in der Bundesrepublik auf Sendung.

Zuwanderungswellen

Die Gesellschaft der beiden deutschen Staaten ist in den Jahren ihres Bestehens nicht gleich geblieben, sondern erfuhr einen zum Teil erheblichen Wandel.
Anfang der 1960er-Jahre hatten die meisten der 12 Millionen Flüchtlinge und Vertriebenen ihren Platz in der Nachkriegsgesellschaft gefunden. Im Westen begleiteten zahlreiche Ausgleichs- und Entschädigungsgesetze in den 1950er-Jahren diesen Integrationsprozess. Die Regierenden der DDR klammerten das Flüchtlingsproblem aus ihrer Politik weitgehend aus, um keinen Gedanken an Rückkehr in ehemalige deutsche Ostgebiete aufkommen zu lassen. Eine weitere Zuwanderungsgruppe bildeten bis 1961 mehr als drei Millionen überwiegend gut qualifizierte Flüchtlinge aus der DDR. Dieser Zustrom reichte jedoch nicht aus, um den Arbeitskräftebedarf der „boomenden" westdeutschen Wirtschaft auszugleichen. So schloss die Bundesregierung z. B. mit Italien, Spanien, Griechenland, der Türkei, Portugal und Jugoslawien Abkommen über die Anwerbung von Arbeitskräften. 2,3 Millionen Menschen kamen so in die Bundesrepublik. Während zunächst nur männliche Arbeitskräfte für schwere körperliche Tätigkeiten z. B. im Baugewerbe und der Metallindustrie gesucht wurden, erstreckte sich die Nachfrage bald auch auf weibliche Arbeitskräfte für körperlich leichtere Tätigkeiten. Nach dem offiziellen Anwerbestopp im Jahr 1973 zogen die Frauen und Kinder der ausländischen Arbeitnehmer nach, sodass der Anteil der Ausländer weiterhin stieg. Im Rahmen dieser Zuwanderung kamen auch fast 2,5 Millionen Aussiedler vor allem aus Russland, Polen und Rumänien nach Westdeutschland. Mitte der 1980er-Jahre kam hinzu, dass die Zahl der Asylbewerber vorübergehend sprunghaft anstieg. Massenquartiere für die ausländischen Arbeitnehmer gehörten schon in den 1970er-Jahren der Vergangenheit an, stattdessen bildeten sich in den Ballungsgebieten Westdeutschlands und Westberlins in Wohnvierteln mit niedrigem Wohnwert ausländische Siedlungskolonien. Heute sind die Ausländer und ihre Kultur aus dem Alltag nicht mehr wegzudenken.
Für die meisten DDR-Bürger reduzierte sich die Gegenwart von Ausländern auf die im Lande stationierten russischen Truppen. Seit der 2. Hälfte der 1960er-Jahre kamen Vertragsarbeiter aus Polen und Ungarn, aber auch aus Nordvietnam, Mosambik und Angola, um den chronischen Arbeitskräftemangel der DDR-Wirtschaft zu lindern. Ihre Integration in die Gesellschaft war offiziell nie gewollt. Für die 1989 gezählten etwa 94.000 Vertragsarbeiter der DDR schloss die Bundesregierung nach der Wiedervereinigung mit den Herkunftsländern Rückführungsabkommen ab, um deren Wiedereingliederung in ihrer Heimat zu erleichtern.

Q1 Gastarbeiter
In den frühen 1960er Jahren traf jeden Morgen in München ein Sonderzug ein, der rund 500 italienische Arbeiter nach Deutschland brachte.

Demographie

Seit etwa 1970 altert die Bevölkerung der Bundesrepublik zunehmend, weil die Menschen älter und gleichzeitig weniger Kinder geboren werden. In den 1970er- und 1980er-Jahren verlor die traditionelle Form des Zusammenlebens für die Heranwachsenden an Verbindlichkeit. Die wachsende Vielfalt von Lebensmustern, die ein steigender Wohlstand mit sich brachte, drängte die traditionellen Formen des Zusammenlebens zurück. Dies alles entsprach dem säkularen zivilisatorischen Trend der westlichen Welt, war allerdings in dieser Plötzlichkeit und Heftigkeit verblüffend.

Säkularisierung

Im Zuge der Individualisierung von Lebensmustern ist auch die Bindung an die Institution Kirche schwächer geworden. Der Jahrhundertprozess der Säkularisierung war durch den Zweiten Weltkrieg nur vorübergehend verzögert worden.

Emanzipation

Im Osten wie im Westen hatten die Frauen nach dem Krieg entscheidend zum Wiederaufbau beigetragen. Dabei spielte nicht so sehr der Wunsch nach Selbstständigkeit und Gleichberechtigung eine Rolle, sondern die Sorge, die Familie durchzubringen. In den 1950er- und 1960er-Jahren wurde die Hausfrau und Mutter wieder das weibliche Leitbild der Bundesrepublik. Doch seit Ende der 1960er-Jahre begannen die Frauen zunehmend den Beruf als Grundlage für ein selbstbestimmtes Leben zu begreifen und im Beruf Erfolg zu suchen. Das Gleichberechtigungsgesetz von 1957 verkündete zwar die Gleichstellung von Mann und Frau, aber da die Wirklichkeit in vielen Bereichen hinter dem Gesetz zurückblieb, formierte sich eine selbstbewusste Frauenbewegung.

Die DDR-Führung vertrat lange Zeit die Auffassung, dass sich das Gleichberechtigungsproblem mit dem Übergang von der bürgerlichen in die sozialistische Gesellschaft von selbst erledigen werde. Durch die umfassende Einbindung der Frau in den Arbeitsprozess wurden das traditionelle Rollenverhalten aufgebrochen und zugleich der chronische Arbeitskräftemangel der DDR-Wirtschaft gelöst. Der dennoch anhaltende Trend zur Teilzeitarbeit und eine sinkende Geburtenrate führten in den 1970er-Jahren zu einer Neuorientierung in der Frauen- und Familienpolitik. Arbeitsplatzgarantien und ein dichtes Netz von Kinderkrippen sollten die Vereinbarung von Mutterschaft und Beruf erleichtern.

Q2 Frauendemonstration in der Bundesrepublik 1977

Bürgerbewegungen

Während die Menschen in den 1960er-Jahren optimistisch waren und glaubten, der technische Fortschritt werde alle ihre Probleme lösen, breitete sich am Ende des Jahrzehnts eine zunehmende Skepsis aus. Neben der Interessenvertretung im Parlament entwickelte sich eine neue Form außerparlamentarischer Meinungsbildung. Ausgehend von zunächst lokalen und zeitlich begrenzten Aktionen gegen Autobahnen, Mülldeponien und Fahrpreiserhöhungen im Nahverkehr kulminierte diese Bürgerbewegung im Kampf gegen die friedliche Nutzung der Kernenergie. Andere Betätigungsfelder waren die Friedensbewegung seit den 1980er-Jahren und der Umweltschutz bis hin zum heutigen Kampf gegen die Globalisierung. Die Anhänger stammten mehrheitlich aus der materiell abgesicherten Mittelschicht. Mit diesen Bürgerbewegungen ging ein Mitgliederschwund bei den traditionellen Parteien und Vereinen einher. Meist unter dem Dach der Kirchen entwickelte sich in der DDR Ende der 1970er-Jahre eine Bürgerbewegung, deren Mitglieder persönliche Benachteiligungen und Schikanen durch den SED-Staat auf sich nahmen, um sich für die Wahrung der Menschenrechte und für den Schutz der Umwelt einzusetzen.

Auto und Fernsehen

Zwei Produkte der modernen Technik haben den Alltag der Menschen in den letzten 50 Jahren grundlegend verändert: das Auto und der Fernseher. Mit dem Siegeszug des Autos ging in der Bundesrepublik der Ausbau der Autobahnen in den 1960er- und 1970er-Jahren einher. Mobilität wurde für die Menschen zu einem Kernstück der Freiheit überhaupt. Waren die 1950er-Jahre zunächst der Höhepunkt des Rundfunkzeitalters, erfolgte in den 1960er-Jahren der Durchbruch des Fernsehens. Anfang der 1960er-Jahre gab es in jedem dritten Haushalt ein TV-Gerät, im Jahr 2002 ist fast jeder Haushalt mit mindestens einem Gerät ausgestattet. Im Jahr 1963 ging das zweite öffentlich-rechtliche Fernsehen (ZDF) auf Sendung, 1984 kam mit RTL der erste kommerzielle Sender hinzu, ein Jahr später folgte SAT 1. Der Kampf um Einschaltquoten bestimmt die Programmgestaltung und die Bürger verbringen einen wachsenden Teil ihrer Freizeit vor diesem Medium. Seit Ende der 1970er-Jahre erreichten die Westsender zunehmend das Gebiet der DDR und prägten nicht zuletzt durch das Werbefernsehen das Konsumverhalten und den Erwartungshorizont der Menschen in der DDR.

Q3 Weiterbildung und Mütterlichkeit
Ölgemälde von Erich Gerlach, DDR, 1971.

D1 **Entwicklung der ausländischen Bevölkerung Deutschlands seit 1961**

Zeitpunkt	Anzahl in 1000	Anteil an der Bevölkerung in Prozent
	Früheres Bundesgebiet	
06.06.1961	686,2	1,2
27.05.1970	2438,6	4,3
25.05.1987	4145,6	6,8
31.12.1989	4845,9	7,7
30.09.1990	5241,8	8,2
	Deutschland	
31.12.1991	5882,3	7,3
31.12.1992	6495,8	8,0
31.12.1995	7173,9	8,8
31.12.1997	7365,8	9,0
31.12.1999	7336,1	8,9
31.12.2000	7267,6	8,8
31.12.2001	7318,3	8,9

Nach: Datenreport 2002. Statistisches Bundesamt (Hg). Bundeszentrale für politische Bildung (Schriftenreihe Bd. 376). 2003, S. 46.

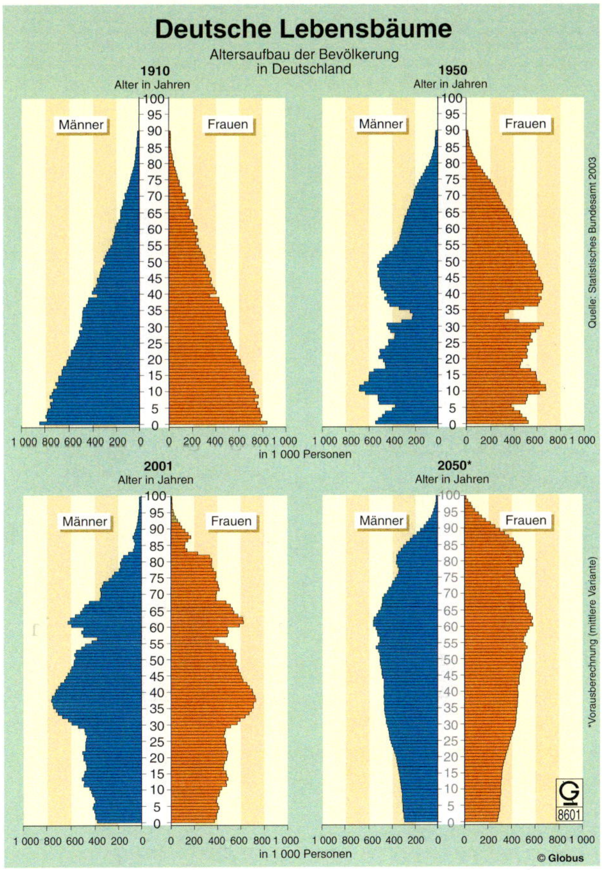

D2 **Deutsche Lebensbäume**

D3 **Ausländische Bevölkerung (West-)Deutschlands[1] nach Herkunftsgebieten**

Herkunftsland	1967	1970	1975	1980	1985	1990	1995	2000	2003
Portugal	23996	54386	118536	112270	77046	85511	125131	133726	130623
Spanien	177033	245530	247447	179952	152781	135498	132283	129471	125977
Italien	412777	573648	601405	617895	531338	552440	586089	619060	601258
Jugoslawien*	140553	514476	677863	631842	591001	662691	797754	662495	568240
Griechenland	200951	342891	390455	297518	280614	320181	359556	365438	354630
Türkei	172439	469160	1077097	1462442	1401932	1694649	2014311	1998534	1877661

[1] 1967 bis 1990: früheres Bundesgebiet; ab 1991: Deutschland
** ab 1992 Serbien und Montenegro*

Quelle: Statistisches Bundesamt, Wiesbaden, Auszug aus Fachserie 1, Reihe 2, 2004.

Q4 **Ein günstiges Geschäft?**

Der Ausländerrechtsexperte Helmut Rittstieg 1992:

Die Ausländer, die jahrelang die minderbezahlten Jobs erledigten und so den Deutschen Studium und sozialen Aufstieg ermöglichten, seien naturgemäß auf Sozialhilfe angewiesen: „Das Altersheim kann doch keiner von seiner Rente zahlen." Schließlich hatten die deutschen Unternehmen vor 30 Jahren junge, kräftige Leute ins Land geholt, deren produktive Lebenszeit ausgenutzt ohne die Vorbereitungskosten zu tragen für Babyaufzucht und Ausbildung. Die Gastarbeiterpolitik, so Rittstieg, sei volkswirtschaftlich für die Bundesrepublik ein „enorm günstiges Geschäft gewesen".

SPIEGEL 12/1992.

Q5 Titelseite der Zeitschrift „Für Sie", 1978

Q7 Titelseite der Zeitschrift „Für Dich", 1978

Q6 „Haltet fest an der Familie"

Bundesinnenminister Gerhard Schröder (CDU) auf der Hauptversammlung des Deutschen Bundesjugendringes am 19. 11. 1953 in Hamburg:

Die wichtigste Zelle des Staates ist die Familie. Sie ist die schützende Hülle, in der der junge Mensch aufwachsen und seine Gaben entwickeln soll. Im Geschwisterkreis, im Verhältnis von Eltern und Kindern muss sich der Geist der Zusammenarbeit, der Toleranz und auch der Achtung gegenüber der Erfahrung der Älteren entwickeln. Solche Eigenschaften sind für das gesamte Staatswesen unerlässlich. Wo die Familien auseinander brechen, da wird der Staat in Gefahr sein, und keine noch so geniale Politik wird den Bestand des Volkes sichern können. Wo aber in der jungen Generation der Wille zur Familie lebendig ist, und wo sich dieser Wille, die Aufgaben der Familie zu erfüllen, täglich bewährt, da wächst aus solchen Familien ein junges und lebensfähiges Volk. Darum mein Wunsch an die Jugend: Haltet fest an euren Familien! Bereitet euch vor auf die Gründung eigener Familien, werdet Väter und Mütter, die die Zukunft unseres Volkes in behutsamen, aber auch festen Händen tragen. Der äußere Bestand der Familie hängt ab von dem gesicherten beruflichen Lebensweg des Vaters und manchmal auch der Mutter. Es ist eine der wichtigsten Aufgaben der älteren Generation und auch des Staates, günstige Voraussetzungen für diesen beruflichen Lebensweg zu schaffen, Ausbildungsmöglichkeiten vorzusehen, Arbeitslosigkeit zu verhindern, gerechte Löhne zu sichern. (...) Aber es gibt auch hier ganz klare Wünsche, die nur von der Jugend selbst erfüllt werden können: Die ganze Fülle jugendlicher Aktivität und jugendlicher Lebenserwartung muss einmünden in die Freude am Beruf, in den Willen zur Leistung, in den Willen zur zuverlässigen qualifizierten Arbeit. Nicht das rasche, das bequeme, das möglichst gute Geldverdienen sollte das erste Ziel der Jugend sein, sondern der Wunsch, Qualitätsarbeiter zu werden, gleichgültig, ob man in die Fabrik geht oder ob man am Schreibtisch sitzt. Ein solcher Qualitätsarbeiter, vielseitig und solide ausgebildet, ist einigermaßen krisenfest. Er ist gleichzeitig das wichtigste Kapital für die Volkswirtschaft und damit für das Aufblühen unseres ganzen Volkes und Staates.

Zit. nach: Ch. Kleßmann, G. Wagner, Das gespaltene Land. Leben in Deutschland 1945 bis 1990. München: Beck, 1993, S. 271 f.

Q8 Karikatur aus der SPD-Zeitung „Vorwärts", 1979

Q9 Fernsehfreier Tag

Aus einem vielbeachteten und diskutierten Vorschlag des damaligen Bundeskanzlers Helmut Schmidt, 1978:

Gerade eine Demokratie ist darauf angewiesen, dass ihre Bürger nicht nebeneinander leben, sondern ihr Leben gemeinsam, miteinander, gestalten. Deswegen sind die Verhaltensweisen unserer Mitbürger, ihre Einstellungen und Gefühle zu sich und anderen von hoher Bedeutung für die Politik:

In der letzten Zeit habe ich über die Distanz nachgedacht, mit der sich heute Einzelne und Gruppen in der Bundesrepublik gegenüberstehen. Bei mir wie bei vielen anderen verstärkt sich der Eindruck, die Menschen in unserem Land reden heute nicht genug miteinander, sie tun nicht oft genug etwas miteinander, sie gehen vielleicht auch nicht so selbstverständlich in gegenseitigem Respekt miteinander um, wie wir alle das uns eigentlich wünschen.

Ich bin kein Freund der häufig zu hörenden kulturpessimistischen Floskel, „früher sei alles besser gewesen". Aber der Eindruck eines Mangels an Miteinander bleibt doch bestehen. Untersuchungen zeigen: Viele Bürger empfinden ein Defizit an Kommunikation. (…) Das Fernsehen ist ein sehr attraktives und bestimmendes Medium. Das Gerät steht im Wohnzimmer, und es genügt ein Knopfdruck, um es einzuschalten. Es ist schwer, sich dieser Anziehungskraft zu entziehen und einen Schritt zu anderen Formen der Kommunikation zu machen. Gerade deswegen meine ich, jeder Einzelne, jede Familie sollte sich bewusst die Chance geben, zu erproben, zu erfahren, zu lernen, was alles man an einem Tag ohne Fernsehen machen könnte – notfalls zu erfahren, dass man nicht mehr miteinander reden kann. (…) Das Fernsehen selbst kann Anstöße geben für eine fernsehfreie Kommunikation. Das müsste in unserem bewährten System des öffentlich-rechtlichen Fernsehens eher leichter sein; denn es ist von der Jagd nach Einschaltquoten längst nicht so abhängig wie das private, kommerzielle Fernsehen. Dies ist auch ein wichtiger Grund dafür, dass ich ein Verfechter des öffentlich-rechtlichen Charakters von Rundfunk und Fernsehen bleibe. Einschaltquoten als Erfolgsmesser sind letztlich absurd. (…) Aber ich will dazu anregen, mit der modernen Technik souveräner umzugehen. Es geht um eine Verbesserung der unmittelbaren, zwischenmenschlichen Kommunikation. Es geht darum, mehr miteinander zu reden, mehr miteinander zu tun, überhaupt mehr miteinander zu leben. Es geht um eine vernünftige, mitmenschliche Alternative zum Dauerfernsehen. Unsere Gemeinschaft, unser Land würde dabei gewinnen, wenn der Fernseher häufiger ausgeschaltet bliebe, wenn wir lebendiger miteinander umgingen.

H. Schmidt, Plädoyer für einen fernsehfreien Tag. Ein Anstoß für mehr Miteinander in unserer Gesellschaft. In: DIE ZEIT, 26. Mai 1978.

Fragen und Anregungen

1. Erläutere die Herkunftsgebiete der Gast- und Vertragsarbeiter sowie der Aussiedler (VT, Q1, D3).
2. Erörtere Gründe und Folgen der Erhöhung der Zahl älterer Menschen in Deutschland (D2).
3. Ermittle den Wandel des Familienbildes seit 1949 in beiden deutschen Staaten (VT, Q2, 3, 5–8).
4. Ordne die beiden Zeitschriften (Q5, Q7) jeweils einem der beiden deutschen Staaten zu. Begründe.
5. Die Initiative von Helmut Schmidt für einen fernsehfreien Tag löste eine heftige Diskussion aus. Verfasse einen Leserbrief zu diesem Thema (Q9).
6. Nimm zu der These Stellung, die Emanzipation der Frau sei die wichtigste Entwicklung der Kultur- und Sozialgeschichte der westlichen Welt in der zweiten Hälfte des 20. Jahrhunderts.

Die Reisewelle

Mitte der 1950er-Jahre fuhren viele Deutsche das erste Mal in Urlaub; die meisten mit der Bahn oder mit dem Motorrad. Urlaub damals und heute, das sind vor allem persönliche Erinnerungen an eine Reise oder ein Reiseziel. Doch sie können auch Auskunft über die bundesdeutsche Gesellschaft in jenen Jahren geben. Die Urlaubsreise war etwas Besonderes und man konnte sie sich in der Regel nicht jedes Jahr leisten. Daher ist die Wahrscheinlichkeit groß, dass die damals 20- bis 40-Jährigen auch heute noch diese Reisen lebhaft in Erinnerung haben und Fotos oder gar Souvenirs aufbewahrt haben. Wie war das damals zu verreisen? Wie bereitete man sich vor? Wie lange dauerte eine Urlaubsreise? Was nahm man mit? Alles Fragen um das Reisen, die nur Zeitzeugen selbst beantworten können. Das Thema bietet sich an, in einem Projekt erforscht zu werden.

Das Zeitzeugeninterview

Laura und Stefan wohnen in Bonn-Duisdorf. Beide haben in einem Fernsehbericht schon etwas über die Reisewelle der 1950er-Jahre gesehen und ein bisschen in einem Geschichtsbuch gestöbert. Um aber einmal genau zu erfahren, wie Urlaub damals war und wie er ablief, besuchen sie eine Nachbarin, von der sie wissen, dass sie früher mit ihrem Mann gerne und viel verreiste.

Elfriede Adler ist 1918 geboren. Sie berichtet über eine dreiwöchige Reise mit einer Vespa, die sie und ihren Mann Dr. Walter Adler im Frühjahr 1953 über Frankreich bis ins spanische Alicante führte. Die Fahrt durch Frankreich sei „nicht ganz ohne“ gewesen, erzählt Frau Adler, schließlich sei der Krieg noch keine 10 Jahre zu Ende gewesen. Manchmal hätten sich die Tankstellenpächter geweigert, ihnen als Deutsche für ihre Vespa Benzin zu verkaufen. Sie hätten damals kaum Geld mit auf die Reise nehmen können, denn es gab pro Person in Westdeutschland nur für 30,00 DM Devisen, also ausländisches Geld. Getrocknete Pflaumen und Würfelzucker seien ihre Notration gewesen. Ansonsten erinnert sich Frau Adler vor allem an Baguette, das sie in großen Mengen gegessen hätten. Bevor es losgehen konnte, mussten sie jede Menge Papierkram erledigen, aber sie hätten es gemacht. Frau Adler weiß von Pannen mit der Vespa, besonders die Reifen seien häufig platt gewesen. Sie erzählt, wie sie mit einem Rucksack und einem Koffer drei Wochen ausgekommen sind, und sie erinnert sich an den Deutschen aus Frankfurt im Auto, der ihnen in Alicante 40,00 DM geliehen hätte, damit sie Geld für das Benzin für die Rückreise gehabt hätten. Laura und Stefan sehen sich Schwarz-Weiß-Fotos an, blicken sich manchmal heimlich ungläubig an und wissen nach zwei Stunden nicht so recht, ob sie der Antwort „Wie war Urlaub vor 50 Jahren?“ wirklich näher gekommen sind.

Q1 Laura und Stefan beim Zeitzeugeninterview mit Frau Adler, 2004

Zeitzeugen sind wichtige Quellen, aber sie erzählen ihre Geschichte, ihre ganz persönlichen Eindrücke und Erinnerungen. Mit der Befragung von Zeitzeugen können wichtige Aspekte des jeweiligen Themas erforscht werden, aber der historischen Wahrheit wird man sich nur annähern, wenn die Aussagen des Zeitzeugen überprüft werden. Das kann durch Befragung weiterer Zeitzeugen geschehen oder durch Abgleichen mit schriftlichen Texten aus Fachbüchern oder Dokumenten. Erst wenn viele Informationen unterschiedlicher Herkunft sich wie in einem Puzzle immer dichter zu einem einigermaßen schlüssigen Gesamtbild verdichten, dann hat die Aussage des Zeitzeugen auch ihr eigenes Gewicht. Laura und Stefan haben das Gespräch mit einem Zeitzeugen am Anfang ihrer Arbeit gewählt, gleichsam als Möglichkeit, sich eine Vorstellung von dem Thema zu erschließen; jetzt gilt es das Gehörte einzuordnen. Es gibt aber auch den anderen Weg, dass man sich zunächst umfassend informiert, um dann gezielte Fragen zu stellen.

Q2 Das Reisegeld reichte kaum für große Essen. Die vollbeladene Vespa schluckte mehr Kraftstoff als geplant, 1953

Q3 Improvisieren war angesagt, wenn es mal zu einer Panne kam. Dr. Walter Adler und die Vespa in den Französischen Alpen, 1953

Methodische Arbeitsschritte:

1. Überlege, zu welchen Fragen und mit welchem Zweck du welche Zeitzeugen sinnvoll interviewen kannst! Um eine Ereignisfolge zu rekonstruieren, benutze besser ein Geschichtsbuch. In Erinnerung bleiben längerfristige Entwicklungen, Zusammenhänge, Gefühle.
2. Informiere dich schon vor dem Interview über die Zeit, zu der du den Gesprächspartner befragen willst. Er wird sich freuen, wenn er merkt: Du nimmst ihn ernst und hast dich vorbereitet.
3. Überlege und notiere dir vorher, was du wissen willst. Aber: Höre lieber dem Zeitzeugen erst einmal in Ruhe zu und falle ihm nicht sofort ins Wort, wenn er nach deiner Meinung scheinbar vom Thema abweicht. Gib durch deine Fragen nur „Stichworte". Ein Interview ist kein Verhör!
4. Vorsicht beim Einsatz vor Recordern. Besser ist, du hörst aufmerksam zu und machst dir unmittelbar nach dem Gespräch Notizen.
5. Das Wichtigste überhaupt: Vorrang hat immer das menschliche Verhältnis zum Zeitzeugen! Schließlich hat er sich bereit erklärt, seine Erinnerungen preiszugeben. Rechtzeitiges Anmelden, eine Erklärung, wofür du forschst, persönliche Worte am Anfang und Ende des Gespräches, ein freundliches Dankeschön – das Einmaleins des guten Umgangs mit Menschen ist angesagt!
6. Präsentiere die Ergebnisse in geeigneter Form.

Fragen und Anregungen

1 Führt unter den Eltern bzw. Großeltern in eurer Klasse eine Umfrage durch, welche Reiseziele in den 1950er- und 1960er-Jahren angesteuert wurden. Bereitet die Ergebnisse in Wort und Bild auf und vergleicht sie untereinander.

2 Frau Adler lieferte ganz persönlichen Erinnerungen an den Urlaub vor mehr als 50 Jahren. Wie ist zu überprüfen, inwieweit ihre Erinnerungen zu verallgemeinern sind, rein persönliche Erfahrungen sind oder ob sie sich in Einzelheiten irrt?

Szene vor dem Münchner Kino am Lenbachplatz, 1956 Q1
Der Film „Die Halbstarken" brachte das Lebensgefühl der Jugendlichen zum Ausdruck.

7. Jugend in Ost und West

1946	In der Sowjetischen Besatzungszone wird die FDJ gegründet.
1964	Die Bundesrepublik sieht sich vor einer „Bildungskatastrophe".
1968	In der Bundesrepublik kommt es zu Studentenunruhen.
1980er Jahre	In der DDR wächst die Opposition der Jugend.

Im Westen: Jugend zwischen Anpassung und Aufbegehren

In den 1950er-Jahren versuchte die vom Krieg gezeichnete Elterngeneration, ihre Kinder ganz im Sinne der alten Tugenden von Fleiß und Sauberkeit, Ordnung und Gehorsam zu erziehen. Jungen und Mädchen wurden in die Gruppenstunden der Pfarrjugend oder der Pfadfinder geschickt, natürlich nach Geschlechtern getrennt. Sie fuhren mit den Eltern in Urlaub und gingen brav in die Tanzstunde, um gutes Benehmen zu lernen. In dieser scheinbaren Idylle rumorte es jedoch: Die „Halbstarken" knatterten mit ihren Mopeds durch die Straßen und zertrümmerten bei Rock-Konzerten in noch ziellosem Aufbegehren das Mobiliar. Nach Überwindung dieser Bürgerschreck-Phase hat der Umgang mit westlicher Musik aber insgesamt dazu geführt, dass die Jugend in der Bundesrepublik weltoffener und toleranter wurde. Erwachsene sahen Jugendliche nun oft sogar als Lotsen in den Untiefen der neuen Konsumgesellschaft; bei Musik, Kosmetika, Filmen, Mode, Autos kannten die Kinder sich deutlich besser aus als ihre Eltern, und beide hatten oft dieselben Vorstellungen und Idole.

Punks 1988 in Ostberlin Q2

Im Osten: Nur blaue Hemden – rote Fahnen?

Auch in der DDR hatten die Eltern ganz ähnliche Erziehungsvorstellungen wie in der Bundesrepublik, und ihre Kinder schwankten genauso zwischen Einfügen und Aufmüpfigkeit. Aber anders als im Westen wurden die Jugendlichen ständig durch staatliche Eingriffe gegängelt, im einheitlichen Jugendverband wie in der Schule.
Die „Freie Deutsche Jugend" (FDJ) ist älter als die DDR, sie entstand aus den „antifaschistischen Jugendausschüssen" in den Städten und Gemeinden der sowjetischen Zone und sollte die Jugend für den „demokratischen Aufbau" gewinnen. Seit 1946 war Erich Honecker ihr Vorsitzender. In der ersten Satzung war von Sozialismus noch keine Rede, dafür von mehr Teilhabe der Jugend am öffentlichen Leben. Aber drei Jahre später wurde die FDJ zum Erziehungsinstrument der Einheitspartei für die Jugend umgebaut. In den Schulen organisierte sie Arbeitsgemeinschaften mit dem Ziel der Leistungssteigerung, ihre Freizeitgestaltung reichte über Sport und Sommerlager bis zu Rockkonzerten und Diskotheken. Fast neunzig Prozent der Jugendlichen waren Mitglieder.
Jedoch: Der „American Way of Life" faszinierte von den späten 1940er- bis zu den 1960er-Jahren die Jugend nicht nur der Bundesrepublik. Die amerikanische Massenkultur aus Rock'n'roll, Jeans und Hollywood-Filmen wurde zum sichtbaren Ausdruck des Aufbegehrens gegen die Werte der Erwachsenen, zu einer Lebenshaltung auch in der DDR. Die dortige Staatsführung musste letztlich erkennen, dass es keinen Sinn hatte, etwa westliche Popmusik zu verbieten, die man im Fernsehen oder Rundfunk empfangen und aufzeichnen konnte. Schrittweise machte man Zugeständnisse, in der Hoffnung, die Jugend doch noch für sich gewinnen zu können. Übten allerdings Rockmusiker in ihren Texten Kritik an den politischen Verhältnissen im Lande, so wurde ihre Band mit Auftrittsverbot belegt oder gleich ganz verboten.

Q3 Aufnäher „Schwerter zu Pflugscharen"
Damit protestierten Jugendliche in den 1980er Jahren gegen eine zunehmende Militarisierung der Gesellschaft. Das Tragen des Aufnähers wurde verboten.

Lässt sich Bildung planen?

In den Ländern der Bundesrepublik war nach dem Zweiten Weltkrieg wieder ein dreigeteiltes Schulsystem mit Volksschule, Realschule und Gymnasium entstanden. Im Vergleich zu anderen Staaten sah man sich in den 1960er-Jahren vor einer „Bildungskatastrophe", weil es nach Meinung von Experten viel zu wenig Abiturienten gab. Das führte nach der Aufforderung „Schick dein Kind länger auf bessere Schulen!" zu einer wahren Explosion von Schulneugründungen und neuen Schulformen, wie der Gesamtschule, die Kinder aus allen Schichten der Bevölkerung möglichst hohe Schulabschlüsse ermöglichen sollten.
Auch die DDR wollte die Chancengleichheit in der Bildung und baute ein Schulwesen auf, das auf frühes Aussortieren der Kinder verzichtete und alle Schüler möglichst weit zu fördern hatte. Ihr war klar, dass sie ohne gut ausgebildete Menschen im internationalen Wettbewerb hoffnungslos unterliegen müsste. Dem widersprach aber die Auswahl der zu fördernden Schüler: Arbeiter- und Bauernkinder wurden vor Mittelschichtkindern bevorzugt – das wäre sozialpolitisch noch

Q4 Aufmarsch der FDJ zu den X. Weltfestspielen der Jugend und Studenten 1973 in Ostberlin
Mit viel Musik, Theater und Kabarett gab sich die DDR jugendfreundlich und weltoffen. Der triste Alltag wurde während des Festivals ausgeblendet.

zu rechtfertigen gewesen, aber zu den ersteren zählten immer auch die Kinder von Partei- und Staatsfunktionären.
Erziehungsziel war die „allseitig entwickelte sozialistische Persönlichkeit“, deshalb gab es an den Schulen das Fach Werken, einen Schulgarten und eine Einführung in die sozialistische Produktion, aber auch Wehrunterricht. In die erweiterte Oberschule, die Abiturstufe mit den Klassen 11 und 12 wurde man delegiert; Voraussetzungen waren gute Leistungen und ideologische Zuverlässigkeit.

Alternative Jugendkulturen: „Sex and drugs and rock 'n roll“

Die Hippie-Bewegung träumte von einer Gesellschaft ohne Autoritäten und einer Welt ohne Krieg („Make love not war“) und glaubte mit Drogen ihr Bewusstsein erweitern zu können.
Dieses „Anything goes“ („alles geht“) bedeutete auf der einen Seite ein großes Maß an individueller Selbstentfaltung, alles schien ja möglich und erlaubt zu sein; oft führte es allerdings in Drogenabhängigkeit und Selbstzerstörung.
Der Versuch einer solchen selbstbestimmten Lebensweise hatte in der DDR einen viel geringeren Spielraum als im Westen. Das lag neben den üblichen Vorurteilen vor allem an der gesetzlichen Arbeitspflicht; denn wer nicht regelmäßiger Arbeit nachging, riskierte Kriminalisierung und Haft. So konnte ein Wehrpflichtiger nicht wie im Westen zwischen Wehr- und Zivildienst wählen; es war nur ein waffenloser Dienst als „Bausoldat“ möglich, der jede Aussicht auf eine berufliche Karriere verstellte.

„Trau keinem über dreißig“

Die antiautoritäre Revolte mit dem Ziel einer revolutionären Umgestaltung der Gesellschaft fand ihren ersten Höhepunkt in den tödlichen Schüssen eines Polizisten auf den Studenten Benno Ohnesorg während der Demonstrationen gegen den Staatsbesuch des Schahs von Persien am 2. Juni 1967 in Berlin.
Die Studentenbewegung gab es nicht nur in Deutschland, in allen westlichen Industriestaaten stellten die jungen Menschen an den Universitäten Lebensart und Wertvorstellungen ihrer Eltern infrage. In der Bundesrepublik forderten sie vor allem eine Auseinandersetzung mit dem Nationalsozialismus, fragten nach Mitläufern und Mitwissern und fühlten sich im Glauben an die Veränderbarkeit der Gesellschaft moralisch und intellektuell überlegen. Sie kritisierten den „schmutzigen Krieg“ der USA in Vietnam und nach der Ermordung von Martin Luther King die Rassendiskriminierung in den USA.

Q5 Studentenprotest gegen die Zustände an den Universitäten, Hamburg 1967

Alle bisher als privat geltenden Bereiche wurden öffentlich und politisiert: Kultur, Kleidung, Kindererziehung, Sexualität, Partnerschaft. Einig war man sich jedoch nur in der Ablehnung der vorgefundenen Strukturen von Staat und Gesellschaft. Umstritten blieb, was positiv an deren Stelle gesetzt werden sollte. In dieser Alternativ-Kultur entstanden die neuen sozialen Bewegungen, wie Bürgerinitiativen, Dritte-Welt-Läden, Stadtteilprojekte, Ökologie-, Friedens- und Frauengruppen. Sie alle bezweifelten, dass der moderne Staat mit seinen bürgerfernen Parlamenten die anstehenden Probleme lösen könne. Ein kleiner Teil radikalisierte sich im Terrorismus und forderte den Rechtsstaat mit Anschlägen und Mordtaten heraus. Die wirkungsvollste Spätfolge indes war sicher die Partei der Grünen und deren Regierungsbeteiligung von 1998, der die Generation der 68er an die Spitze des Staates brachte.

Q6 Schlangestehen für eine Lizenzplatte in Ostberlin
Westliche Musikimporte gab es nur selten und in sehr kleinen Auflagen. Doch es sprach sich schnell herum, wo etwas zu haben war. Foto von 1977.

Q7 Boogie-Woogie – eine Bedrohung?

Der DDR-Komponist Ernst Hermann Meyer schrieb 1952 über amerikanische Musik in der DDR:

Der heutige „Boogie-Woogie" ist ein Kanal, durch den das barbarisierende Gift des Amerikanismus eindringt und die Gehirne der Werktätigen zu betäuben droht. Diese Bedrohung ist ebenso gefährlich wie ein militärischer Angriff mit Giftgasen. (...) Hier schlägt die amerikanische Amüsierindustrie mehrere Fliegen mit einer Klappe: Sie erobert den musikalischen Markt der Länder und hilft, deren kulturelle Unabhängigkeit durch den Boogie-Woogie-Kosmopolitismus zu untergraben; sie propagiert die degenerierte Ideologie des amerikanischen Monopolkapitalismus mit seiner Kulturlosigkeit, seinen Verbrecher- und Psychopathenfilmen, seiner leeren Sensationsmache und vor allem seiner Kriegs- und Zerstörungswut.

Zit. nach: M.Rauhut, Rock in der DDR. Bonn 2002, S. 6.

Q8 Einflüsse „westlicher Unkultur"

Aus einem Artikel im „Neuen Deutschland" aus dem Jahre 1963:

In der letzten Zeit gab es viele Diskussionen über bestimmte Tanzformen, hervorgerufen einerseits durch Einflüsse westlicher Unkultur und andererseits durch engstirnige Praktiken gegenüber Jugendlichen. Die Haltung der Partei zu diesen Fragen ist nach wie vor klar und deutlich: Wir betrachten den Tanz als einen legitimen Ausdruck von Lebensfreude und Lebenslust. Manchen Menschen fällt es schwer, den Unterschied zwischen einer Tanzveranstaltung und einer politischen Versammlung zu begreifen. Auf einer politischen Versammlung werden politische Fragen mit Verstand und Leidenschaft erörtert. Dort tritt vor allem der Kopf in Aktion. Auf einer Tanzveranstaltung ist das ein klein wenig anders. Dort bringt man zwar auch den Kopf mit, aber dort äußert man seine Gefühle und Stimmungen nicht in erster Linie durch Reden, sondern durch Bewegungen. Niemandem fällt ein, der Jugend vorzuschreiben, sie solle ihre Gefühle und Stimmungen beim Tanz nur im Walzer- oder Tangorhythmus ausdrücken. Welchen Takt die Jugend wählt, ist ihr überlassen: Hauptsache, sie bleibt taktvoll. (...) Wir sind für zündende Rhythmen, aber wir wenden uns scharf dagegen, dass mit ihnen Schlagertexte und andere Mittel ideologischer Diversion der imperialistischen Propaganda bei uns eingeführt werden. Wir bitten im Namen der Jugend alle Komponisten und Schlagerdichter, mehr fantasievollere Melodien und Texte zu produzieren, die unsere Jugend begeistern.

Zit. nach: M. Rauhut, Rock in der DDR. Bonn 2002, S. 25.

Q9 **Erste unbehinderte Friedensdemonstration in Ostberlin, 1987**

Q10 Motive für die Mitgliedschaft in der FDJ

(Mehrfachnennungen möglich, in Prozent)

Weil es für die schulische und berufliche Entwicklung nötig war	76,0
Weil fast alle Mitglied waren	62,5
Weil ich keinen Ärger wollte	59,9
Weil ich gern unter Gleichaltrigen war	44,9
Weil hier eine interessante Freizeitgestaltung möglich war	30,4
Weil die FDJ meine Interessen vertrat	29,5
Weil interessante politische Diskussionen möglich waren	20,6

Jugend '92. Die neuen Länder – Rückblick und Perspektiven. Jugendwerk der Deutschen Shell, Opladen 1992, S. 63.

Q11 Demonstration am 31. Oktober 1965

Die SED-Bezirksleitung Leipzig vermerkt dazu:

Am 31.10. versammelten sich ca. 2500 Personen auf dem Leuschnerplatz und in den anliegenden Straßen. Unter diesen befanden sich zahlreiche Genossen und FDJ-Funktionäre, Sicherheitskräfte in Zivil usw. Jugendliche Anhänger der Beat-Gruppen waren ca. 500 bis 800 anwesend. (…) In der Zeit von 9.00–10.00 Uhr bewegten sich kleine Gruppen von Jugendlichen und Einzelpersonen von verschiedenen Stellen der Innenstadt aus in Richtung Wilhelm-Leuschner-Platz. Ca. 500 solcher Jugendlichen machten nach ihrem Aussehen und Auftreten den Eindruck, dass sie Anhänger dieser Beatgruppen sind. Durch die Sicherheitsorgane wurden die Anwesenden durch Lautsprecher aufgefordert, die Straßen und Plätze zu räumen. Mehrmalige Aufforderungen wurden von einem Teil der Gruppierungen mit Pfiffen sowie Pfui- und Buhrufen beantwortet. Der Aufforderung wurde keine Folge geleistet. Einheiten der VP-Bereitschaft wurden deshalb eingesetzt, und es erfolgte eine zügige Auflösung der Ansammlung (…). Gegen 11.00 Uhr war die Lage auf dem Wilhelm-Leuschner-Platz, 11.30 Uhr in der Innenstadt normal. Im Zuge der polizeilichen Maßnahmen wurden 267 Personen wegen aktivem und passivem Widerstand, Störung und Fotografieren der polizeilichen Handlungen und in einzelnen Fällen wegen Staatsverleumdung dem VPKA [Volkspolizeikreisamt] Leipzig zugeführt.

Zit. nach: M. Rauhut, Rock in der DDR. Bonn 2002, S. 34.

Q12 Wir führten ein Doppelleben

Ein ostdeutscher Schüler erinnert sich:

Das Ganze war eben so eine Art Doppelleben. Wir haben nach außen hin zugestimmt, dem Lehrer nach dem Munde geredet, vor allem in Staatsbürgerkunde. Das konnte auch jeder Schüler. Anders war es, wenn man sich mit Freunden unterhalten hat. Da haben wir sehr wohl abgewogen und differenziert. Der Westen war für uns nicht nur schlecht, und der Osten nicht nur gut.

Zit. nach: Ch. Kleßmann, G. Wagner (Hg.), Das gespaltenen Land. München 1993 S. 47.

Q13 Es war nicht nur Angst und Feigheit

Eine Bürgerin über ihre Jugend in der DDR:

Wir griffen nach den Sternen, wollten das höchste Menschenglück. (…) Lichte Horizonte ahnten wir. Und dort prangte ein Ziel, ein einziger Begriff für all das, was menschlich ist. Freiheit, Gleichheit, Brüderlichkeit. Das Zauberwort hieß: Kommunismus. Für ihn lohnte sich alle Mühe. Dafür lernten wir. Dafür wollten wir arbeiten. Mädchen genauso wie Jungen. Bei der Wahl des Berufes überlegte man weniger: Was würde mir Spaß machen? Eher: Womit wäre ich am nützlichsten? Ich wuchs heran mit einem Wust von unerreichbaren Idealen, aus denen unerfüllbare Forderungen an mich entstanden. (…) Mit zwanzig, als Studentin der Jounalisitk, schob ich die Spitzelwut, die Engstirnigkeit und Verlogenheit der Hochschullehrer und ihrer Helfer unter den Studenten auf ihre persönliche Unfähigkeit, nie aber auf den Sozialismus als Ganzes, mein Ziel und Ideal. (…) Ich war ein Pionier geblieben bis über die Dreißig. Und es gab viele wie mich. (…) Nein, es war nicht nur Angst und Feigheit. Und wir haben es auch nicht nur mit uns machen lassen. Wir haben es selbst gemacht. Wir sind einem falschen Ideal aufgesessen.

V.-M. Baehr, Wir denken erst seit Gorbatschow. Recklinghausen 1990, S. 7ff.

Q14 Tanzstundenball: So sahen es die Eltern gern, 1950er-Jahre

Q15 Rock 'n' Roll: Viele Eltern waren entsetzt, 1960er-Jahre

Q16 Sind unbequeme Jugendliche Staatsfeinde?

Aus der Gewerkschaftszeitung „Metall", 1966:

Bundeskanzler Erhard scheint kaum ausreichende Sachkenntnisse über die Jugendpsychologie zu haben, wenn er sich zu der Behauptung versteigt, Gammler seien ein „Unwesen", das er bekämpfen werde. In Wirklichkeit gibt es im Bereich der Gammler nur einen kleinen Prozentsatz junger Menschen, der bewusst eine passive Opposition gegen die zahlreichen und in vielen Dingen recht gewaltsamen Anpassungsforderungen der Gesellschaft leistet. Gerade dieser kleine Teil scheint unbequem zu sein.

Warum? Hat dieser Unwille etwas mit den Beatles, den langen Haaren oder der Beatmusik zu tun? Oder hängt dieser Unmut mit anderen Vorgängen zusammen?

Wir leben in einer Gesellschaft, die bis in die letzten Ecken des Privatlebens hinein durch Vorschriften weitgehend geregelt wird. In weltanschaulichen Fragen werden wir sogar oft gegängelt, als seien wir Kinder – so in der Vorsorge für unsere Lektüre oder für Film- und Fernsehinhalte. Auch dem Jugendlichen predigt man oft genug eine möglichst schnelle Anpassung an die Regeln dieser gleichförmigen Erwachsenenwelt. Das gefällt ihm nicht. Keineswegs, weil er etwa faul oder arbeitsscheu wäre. Die wenigsten Gammler sind dies wirklich. (...)

Aber die langen Haare! Und das Ungewaschene! Das hat es doch früher nicht gegeben! Weit gefehlt: Ganz früher durfte sogar nur der Freie lange Haare tragen, der Unfreie und Gefolgsmann musste sie sich scheren. Wie heute noch beim Militär – möglichst kurz. Es gibt lange Epochen in der Geschichte der Kultur, in denen offene lange Haare beim Manne als Zeichen männlicher Kraft galten, so wie der Vollbart für unsere Großväter ein Symbol der Männlichkeit war. (...)

Die vielen sozialen Jugendeinrichtungen sind oft so eng auf bestimmte Ziele ausgerichtet, dass mancher klügere Jugendliche sich in seinem Wunsch nach Freiheit bedroht oder bevormundet fühlt. So meiden die jungen Menschen – oft zum Erstaunen der um sie besorgten Erwachsenen – die schönen neuen Jugendheime, um mit ihresgleichen Pläne zu schmieden oder zu phantasieren, ohne beaufsichtigt und von Erwachsenen „gelenkt" zu werden.

Zit. nach: Ch. Kleßmann, Zwei Staaten, eine Nation. Bonn 1988, S. 545f.

Q17 Verbote und Proteste

Cordt Schnibben verfasste im „SPIEGEL" einen Kommentar zum 2. Juni 1967:

Jede Menge Gebote und Verbote hatte die deutsche Sofakissendiktatur ihren jungen Bürgern zu bieten – sitz gerade, geh zum Friseur, mach die Negermusik leiser, geh zur Tanzstunde, wasch den Wagen. (...) Um Distanz zu bekommen zu diesem Leben, das nicht ihr Leben war, sondern das Leben ihrer Eltern, zogen in den sechziger Jahren immer mehr Westdeutsche in die großen verlassenen Wohnungen West-Berlins und begannen, ein neues Zusammenleben auszuprobieren. (...) Was sich jahrelang an Spannungen aufgebaut hatte im Wirtschaftswunderdeutschland, entlud sich an diesem heißen Juniabend gewaltsam. (...) Der Tod des Studenten (...) machte aus einer antiautoritären Revolte in West-Berlin die Protestbewegung der 68er, die das Land umkrempelte und bis heute prägt. (...) 65 Prozent der Studenten gaben später an, in den Wochen nach dem Tod [Benno Ohnesorgs] seien sie politisch geworden.

C. Schnibben, Der Tag, an dem Benno Ohnesorg starb. In: Der Spiegel, 2. 6. 1998, S. 109 ff

Q18 Studentendemonstration in München 1968
Mit Bildern von Karl Marx, Che Guevara, Fidel Castro und Ho Chi Minh zeigen sie ihre politischen Standpunkte.

Q19 Wohngemeinschaft in Westberlin, 1968
Neue Wohn- und Lebensformen zeigten den Protest gegen traditionelle Lebensweisen.

Q20 Zwischen Anpassung und Veränderung

Der ehemalige 68er Knut Nevermann erinnert sich:

Ende der sechziger Jahre war die Überzeugung weit verbreitet, dass es ein politisches Engagement nur außerhalb der etablierten Institutionen, der Parteien, Gewerkschaften, Verbände und des Staates geben könne, wenn man der Gefahr entgehen wolle, korrumpiert zu werden. Aber die Institutionen prägen, zumal in Deutschland, das politische System; wer es verändern will, kann an den Institutionen nicht vorbeigehen. Der gemeinsame Marsch (...) sollte uns vor der Einverleibung schützen und die Chance eröffnen, in den Institutionen gemeinsam zu arbeiten und sie dadurch auch zu verändern. (...) Fraglich bleibt, zu welchem Ergebnis die Dialektik von Anpassung und Veränderung geführt hat.

K. Nevermann, Staatstragend – doch kritisch geblieben. In: Die Zeit 12.3.1993, S. 5 f.

Q21 Veränderung der Alltagskultur

Eine weitere Erinnerung:

Das größte Verdienst der Bewegung von '68 ist vielleicht – auch wenn wir das damals nicht so sahen – die Zersetzung der herrschenden Alltagskultur. Wir können noch immer offener sprechen, freier denken und ungezwungener leben als vor der Revolte; die soziale Kontrolle über den Einzelnen ist weniger allmächtig. (...) Wir haben erfahren, dass man nur etwas bekommt, wenn man bereit ist, auch die Spielregeln zu durchbrechen. Wir haben aber auch erfahren, dass es für einen Erfolg auf diesem Weg keine Garantie gibt und man sich blutige Nasen holen kann.

V. Brandes, Wie der Stein ins Rollen kam. Frankfurt 1988, S. 194.

Q22 Langeweile

Text: A. Herzberg, Komposition: R. Kirchmann, Gruppe Pankow, 1988

Den alten Krimi so oft gelesen
Rohe Spaghetti zu viel gekaut
Zu lange geschlafen, zu oft gebadet
Und vor allem zu viel Fernsehen geschaut

Ich bin rumgerannt, zu viel rumgerannt
Zu viel rumgerannt, ist doch nichts passiert

Zu viele Frauen nur angesehen
Zu viel nur mit mir rumgespielt
Zu viel gesoffen, zuviel geredet
Zu viele Nächte nichts passiert

Ich bin rumgerannt, zu viel rumgerannt
Zu viel rumgerannt, ist doch nichts passiert

Dasselbe Land zu lange gesehn
Dieselbe Sprache zu lange gehört
Zu lange gewartet, zu lange gehofft
Zu lange die alten Männer verehrt

Ich bin rumgerannt (...)

Rechteinhaber: Harth Musik Verlag/Pro musica, Bergisch-Gladbach

Q23 **Karikatur von Erich Rauschenbach, West-Berlin, 1980**

Q24 **Osten 3.1**

IC Falkenberg, 2000:

Ich bin im Osten gebor'n
Wo er tief und dreckig ist
Unter der Milchglassonne
Da wo der Staub sich durch die Fenster frisst

Ich bin im Osten gebor'n
Auf den Straßen bis zum Zaun
Störte niemand meine Kreise
Beim Seifenblasenbau'n
Und die Welt war eine Scheibe
Und wir glotzten über'n Rand
Da ist die Scheibe umgekippt
Und die Fahne hat gebrannt

Ich bin im Osten gebor'n (...)

Ich bin im Osten gebor'n
Hinterm Mond lag ich wach
Meine Hände in den Taschen
War'n für Fäuste noch zu schwach
Als die Goldgräber kamen
Lag ich noch in meinem Bett
Sie rochen gut, sie rochen teuer
Und ihre Messer glänzten nett

Ich bin im Osten gebor'n (...)

Ich werd' im Westen krepier'n
Ein zweites Leben ist genug
Das erste werde ich behalten
Das zweite ist der letzte Zug

Ich bin im Osten gebor'n (...)

Text: Schmidt-Berlin, Ralf; Rechteinhaber: EMI Music Publishing Germany GmbH & Co. KG, Hamburg Mollwerk Publishing

Fragen und Anregungen

1. Erläutere, welche alternativen Jugendkulturen sich in der Bundesrepublik und in der DDR entwickelten. Vergleiche die Spielräume, die den Jugendlichen dabei eingeräumt wurden (VT, Q1, 2, 6–8, 11, 14–17).
2. Stelle die Aussagen von Q 7 und 8 gegenüber und verfasse dazu einen Leserbrief.
3. Verfasse eine Beschreibung der Lage der Jugend in der DDR (Q2, 4, 10, 12 und 13). Vergleiche sie mit deinem Alltag und deinen Zukunftsvorstellungen.
4. Erarbeite, mit welchen Problemlagen sich die 68er Bewegung auseinander setzte. Welche gesellschaftlichen Folgen ergaben sich daraus (VT, Q5, 16–20)?
5. Vergleiche die politischen und gesellschaftlichen Verhältnisse, gegen die die 68er aufbegehrten mit Problemen, die dir heute zu schaffen machen. Zeige auf, welche Lösungsansätze es dafür gibt.
6. Untersuche die Liedtexte Q22 und 24. Welche Befindlichkeit ostdeutscher Jugendlicher kommt darin zum Ausdruck? Beachte die Entstehungszeit.
7. Interpretiere die Karikatur Q23 und vergleiche die Aussage mit eigenen Erfahrungen.

8. Wie gehen die Deutschen mit ihrer Vergangenheit um?

1948	In der SBZ wird das offizielle Ende der Entnazifizierung verkündet.
1949	Der Bundestag beginnt mit der Beschlussfassung von Gesetzen, die den Zweck haben, wenig oder minder NS-Belastete zu amnestieren und wiedereinzugliedern.
1953	In Westberlin wird ein Denkmal für die Widerstandskämpfer des 20. Juli 1944 errichtet.
1954	Die nationale Gedenkstätte für „antifaschistische Widerstandskämpfer" in Buchenwald wird eingeweiht.
1963	In Frankfurt/M. beginnt der Auschwitz-Prozess.
1999	Der Bundestag fasst in Berlin den Beschluss, ein Mahnmal für die Opfer des Holocaust zu errichten.

Q1 Ehrenmal im Innenhof der Gedenkstätte Deutscher Widerstand in Berlin
Die von Richard Scheibe geschaffene Bronzefigur wurde von Ernst Reuter, dem Regierenden Bürgermeister von Berlin, am 20. Juli 1953 enthüllt. Davor ist eine Bronzeplatte im Boden eingelassen mit einem Text von Edwin Redslob: „IHR TRUGT/DIE SCHANDE NICHT/IHR WEHRTET EUCH/ IHR GABT/DAS GROSSE/EWIG WACHE/ZEICHEN DER UMKEHR/OPFERND/EUER HEISSES LEBEN/FÜR FREIHEIT/RECHT UND EHRE".

Q2 Der Schwur von Buchenwald,
Mahnmal von Fritz Cremer, 1959. Am 19. April 1945 versprachen sich die befreiten Häftlinge: „Wir schwören deshalb vor aller Welt auf diesem Appellplatz, an dieser Stätte des faschistischen Grauens: Wir stellen den Kampf erst ein, wenn auch der letzte Schuldige vor den Richtern der Völker steht! Die Vernichtung des Nazismus mit seinen Wurzeln ist unsere Losung, der Aufbau einer neuen Welt des Friedens und der Freiheit ist unser Ziel. Das sind wir unseren gemordeten Kameraden, ihren Angehörigen schuldig."

Anitfaschismus als Herrschaftslegitimation

Viele Deutsche glaubten, dass mit den Nürnberger Prozessen gegen die Kriegsverbrecher (vgl. S. 158 ff.) die nationalsozialistische Schuld gesühnt und genügend aufgearbeitet sei. Dies erwies sich jedoch immer wieder als Irrtum, denn die Deutschen können ihre Vergangenheit nicht abschütteln. Doch wie gingen sie damit um?
In der DDR benutzten die SED-Machthaber von Anfang an den Antifaschismus als Legitimationsmittel für ihre politischen Ziele. Das fiel ihnen zunächst leicht, denn viele der neuen Funktionsträger hatten während des Nationalsozialismus im KZ gesessen oder waren in der Emigration gewesen. Die Kommunisten interpretierten den Nationalsozialismus als die radikalste Form bürgerlicher Herrschaft und Adolf Hitler als Handlanger der Großkapitalisten. Das deutsche Volk war nach dieser Deutung von einer kleinen Clique gewissenloser Nazis und ihrer monopolkapitalistischer Hintermänner verführt worden. Damit war zum einen die Mehrheit der Deutschen

von einer persönlichen Schuld entlastet, zum anderen wurde damit begründet, dass der Kapitalismus als Grundlage des Nationalsozialismus vernichtet werden müsse. Vor diesem Hintergrund behauptete die DDR, als antifaschistischer Staat brauche sie keine Verantwortung für nationalsozialistische Verbrechen zu übernehmen und weigerte sich z.B., Entschädigungszahlungen für Holocaustopfer an Israel zu leisten.

Antifaschismus im öffentlichen Raum der DDR

Unter diesem Vorzeichen wurde der Antifaschismus zu einem vorrangigen Anliegen der Erziehung und der öffentlichen Darstellung von Geschichte. Gedenkstätten wurden eingerichtet, die von Schulklassen und Arbeitsbrigaden besucht wurden. Straßen und öffentliche Gebäude erhielten die Namen ermordeter Widerstandskämpfer, Spielfilme und Fernsehproduktionen widmeten sich der Zeit des Nationalsozialismus. Neben ehrlichen Bemühungen Einzelner blieb allerdings eine tiefgründige Auseinandersetzung in der Öffentlichkeit aus. Diese beschränkte sich oft auf das Gegenüberstellen von nationalsozialistischen Verbrechen und dem kommunistischen Widerstand dagegen. Wenngleich auch zunehmend andere Träger des Widerstands berücksichtigt wurden, so galt doch ausschließlich die Zielsetzung der Kommunisten als die einzig richtige – nämlich ein kommunistisches Nachkriegsdeutschland zu errichten.

Schlussstrichmentalität

In der Bundesrepublik strebten parteiübergreifend die Parlamentarier von Anfang an danach, einen Schlussstrich zu ziehen. Die Politik der Frühzeit verfolgte drei Ziele: eine Amnestie für bestrafte NS-Täter, eine Wiedereingliederung der im Rahmen der Entnazifizierung Verurteilten und aus dem Beruf Ausgeschiedenen sowie die unumkehrbare Ausgrenzung von nationalsozialistischem und antisemitischem Gedankengut aus der Politik. 1951 regelte ein fast einstimmig angenommenes Gesetz des deutschen Bundestages die Wiedereingliederung von über 300 000 wegen nationalsozialistischer Betätigung entlassenen Beamten und Berufssoldaten. Die Bundesregierung ehrte den national-konservativen Widerstand der Männer um den 20. Juli 1944, blendete aber vor allem den kommunistischen Widerstand aus.

Vergangenheitsbewältigung im Westen

Ende der 1950er-Jahre machte das Schlagwort von der „unbewältigten Vergangenheit" die Runde. 1958 wurde in Ludwigsburg die „Zentralstelle zur Aufklärung nationalsozialistischer Verbrechen" gegründet. Als 1961 in Jerusalem der Prozess gegen den SS-Obersturmbannführer Adolf Eichmann eröffnet wurde, zeigte sich auch die bundesdeutsche Öffentlichkeit über das Ausmaß der nationalsozialistischen Mordmaschine entsetzt. „Das waren nicht wir, die da gehören nicht zu uns!", war damals die weitverbreitete Reaktion. Dieses neue Wissen um Auschwitz führte zu einer intensiven Suche nach Schuldigen. In der zweiten Hälfte der 1960er-Jahre mündete dies in einem Erklärungsmuster, das einen Zusammenhang von Kapitalismus und Nazi-Herrschaft herstellte und die Verbrechen der Nazi-Zeit als Spielart bürgerlicher Herrschaft deutete. Damit näherte sich die sog. 68er-Generation vereinfachenden marxistischen Welterklärungsmodellen, die einerseits die eigene Verantwortung für die deutsche Geschichte ausblendete und andererseits die Überwindung jeglicher faschistischer Gefahr an die Überwindung der bürgerlichen Gesellschaft knüpfte. Diese Schwarz-Weiß-Interpretation schuf ein gesellschaftliches Klima, das ein Gespräch zwischen den Generationen unmöglich machte. Es war 1979 die in allen dritten Programmen ausgestrahlte amerikanische Fernsehserie „Holocaust", die es den Deutschen erstmals ermöglichte, sich mit den Opfern der Judenverfolgung zu identifizieren. Nun erst wurde der Holocaust als ein einzigartiger Zivilisationsbruch, der von Deutschland verursacht wurde, anerkannt. 1996 führte die Regierung den Holocaust-Gedenktag am 27. Januar ein, und 1999 fasste der Bundestag den Beschluss, in Berlin ein zentrales Mahnmal für die Opfer des Holocaust zu errichten.

Q3 **Titelblatt der Zeitschrift „Der Spiegel" zur US-Fernsehserie „Holocaust", 1979**

Q4 Pragmatischer Umgang mit NS-Belasteten

Walter Ulbricht auf einer Innenministerkonferenz, etwa März 1948:

Wir müssen an die ganze Masse der Werktätigen appellieren, auch an die nominellen Nazis, an die Masse der technischen Intelligenz, die Nazis waren. Wir werden ihnen offen sagen: Wir wissen, dass ihr Nazis wart, wir werden aber nicht weiter darüber sprechen; es kommt auf euch an, ehrlich mit uns mitzuarbeiten."

Zit. nach: K. Hartewig, Zurückgekehrt. Böhlau, 2000, S. 259.

Q5 Sowjetische Karikatur Adenauers, 1956

Q6 „Das haben wir nicht gelernt"

Die Schriftstellerin Christa Wolf schrieb am 21. Oktober 1989 für die DDR Zeitschrift „Wochenpost":

[D]as Dogma von den „Siegern der Geschichte" (...) hat dazu beigetragen, das Verstehen zwischen den Generationen in unserem Land zu erschweren. Eine kleine Gruppe von Antifaschisten, die das Land regierte, hat ihr Siegesbewußtsein zu irgendeinem nicht genau zu bestimmenden Zeitpunkt aus pragmatischen Gründen auf die ganze Bevölkerung übertragen. Die „Sieger der Geschichte" hörten auf, sich mit ihrer wirklichen Vergangenheit, der der Mitläufer, der Verführten, der Gläubigen in der Zeit des Nationalsozialismus auseinanderzusetzen. Ihren Kindern erzählten sie meistens wenig oder nichts von ihrer eigenen Kindheit und Jugend. Ihr untergründig schlechtes Gewissen machte sie ungeeignet, sich den stalinistischen Strukturen und Denkweisen zu widersetzen, die lange Zeit als Prüfstein für „Parteilichkeit" und „Linientreue" galten und bis heute nicht radikal und öffentlich aufgegeben wurden. Die Kinder dieser Eltern, nun schon ganz und gar „Kinder der DDR", selbstunsicher, entmündigt, häufig in ihrer Würde verletzt, wenig geübt, sich in Konflikten zu behaupten, gegen unerträgliche Zumutungen Widerstand zu leisten, konnten wiederum ihren Kindern nicht genug Rückhalt geben, ihnen nicht das Kreuz stärken, ihnen, außer dem Drang nach guten Zensuren, keine Werte vermitteln, an denen sie sich hätten orientieren können.

C. Wolf, Im Dialog. Aktuelle Texte, Frankfurt/M. 1990, S. 95 f.

Q7 Verjährung nationalsozialistischer Verbrechen

Der CDU-Bundestagsabgeordnete Ernst Benda in der Bundestagsdebatte am 10. März 1965:

Ich komme zum Schluss mit einem anspruchsvollen Wort, das mir ein Kollege gesagt hat, (...) der (...) einer völlig anderen Meinung ist als ich. Er hat mir gegenüber gemeint, man müsse um der Ehre der Nation willen mit diesen Prozessen Schluss machen. Meine Damen und Herren, Ehre der Nation hier ist für mich einer der letzten Gründe, warum ich meine, dass wir hier die Verjährungsfrist verlängern bzw. aufheben müssten.
(Beifall bei der SPD und der CDU/CSU.) Ich stimme völlig denen zu, die sagen (...), dass es natürlich ein Irrtum wäre, wenn wir meinten, wir könnten das, was in unserem Lande und unserem Volke geschehen ist, dadurch erledigen, dass wir stellvertretend, sozusagen symbolisch, einige ins Zuchthaus schicken und dann meinen, nun sind wir fein heraus. (...) Aber ich bestehe darauf, und es gehört für mich zum Begriff der Ehre der Nation, zu sagen, dass dieses deutsche Volk doch kein Volk von Mördern ist und dass es diesem Volke doch erlaubt sein muss, ja dass es um seiner willen dessen bedarf, dass es mit diesen Mördern nicht identifiziert wird, sondern von diesen Mördern befreit wird, dass es, besser gesagt, deutlicher gesagt, sich selber von diesen Mördern befreien kann. (...)
Und es gibt (...) dieses Wort an dem Mahnmal in Jerusalem für die sechs Millionen ermordeten Juden (...): Das Vergessenwollen verlängert das Exil und das Geheimnis der Erlösung heißt Erinnerung.

Zit. nach: Zur Verjährung nationalsozialistischer Verbrechen, Teil 1. Bonn 1980, S. 165 f.

Q8 Steine der Erinnerung
Das Berliner Holocaust-Mahnmal 2005.

Q9 Umgang mit der Schuld

Aus der Ansprache von Bundespräsident Johannes Rau am 16. Februar 2000 vor der Knesset in Jerusalem:

Heute sorgen wir uns darum, wie die Nachgeborenen mit der Schuld ihrer Väter umgehen werden. Wir müssen unseren Kindern diese Zusammenhänge immer wieder erklären. Darum ist die Schärfung des historischen Bewusstseins eine der wichtigsten politischen und kulturellen Aufgaben im deutsch-israelischen Verhältnis. Wenn die Zeitzeugen gestorben sind, muss das Wissen sicher in die Hände der Jugend übergeben worden sein. Das sind wir auch denjenigen Deutschen schuldig, die sich damals, als es darauf ankam, gerecht verhalten haben. Oft wird gefragt, ob es für Deutsche und Israelis angesichts der Vergangenheit Normalität geben kann. So undifferenziert gestellt, kann ich diese Frage nur mit „nein" beantworten. Das Verhältnis zwischen unseren Ländern wird für immer ein besonderes sein. Im Wissen um das Geschehene halten wir die Erinnerung wach. Mit den Lehren aus der Vergangenheit gestalten wir gemeinsame Zukunft. Das ist deutsch-israelische Normalität. Nach einer langen Periode des Überlegens haben wir, (...) am diesjährigen Tag der Befreiung des Lagers von Auschwitz, dem 27. Januar, der auch in Deutschland ein Erinnerungstag geworden ist, den Bau des zentralen Holocaust-Mahnmals in Berlin auf den Weg gebracht. Sie werden, meine Damen und Herren, die Diskussion um dieses Mahnmal verfolgt haben. Ich bitte Sie, sie nicht anders zu verstehen als das, was sie war: ein Ringen um die richtige Form des Gedenkens. Niemals darf es dazu kommen, dass die Errichtung eines Mahnmals etwa gar als symbolische Form der Entschuldigung fehlverstanden wird. Gedenken braucht Orte. Aber Orte können das Gedenken nicht ersetzen.

www.bundespraesident.de/dokumente/Rede/ix_11998.htm (4. Oktober 2004)

Fragen und Anregungen

1. Analysiere die unterschiedlichen Traditionen im Gedenken an die Opfer des nationalsozialistischen Terrors anhand der drei Denkmäler (Q1, 2 und 8).
2. Informiere deine Klasse über das Konzept des zentralen Holocaust-Denkmals in Berlin (Q8).
3. Arbeite den Wandel der Positionen im Umgang mit der NS-Vergangenheit heraus (Q 4–7 und 9)
4. „Das Geheimnis der Erlösung heißt Erinnerung" – Interpretiere dieses Zitat, das Ernst Benda an den Schluss seiner Rede stellt (Q7).
5. Erkundige dich, welche Gedenkstätten oder Mahnmale, die sich mit der NS-Vergangenheit auseinander setzen, es in deiner Region gibt. Wähle eins aus und stelle es vor.

9. Wiedervereinigung

Mai 1989	Ungarn beginnt die Grenzbefestigungen abzubauen. Seit dem Sommer besetzen DDR-Bürger westdeutsche Botschaften in Ostblockländern und fliehen in großer Zahl nach Westen.
September 1989	Die Demonstrationen in der DDR nehmen immer mehr zu.
9. 11. 1989	Die DDR öffnet die Mauer durch Berlin.
18. 3. 1990	In der DDR finden die einzigen freien Wahlen statt.
1. 7. 1990	Die Wirtschafts- und Währungsunion der DDR mit der Bundesrepublik tritt in Kraft.
3. 10. 1990	Der Tag des Beitritts der DDR zur Bundesrepublik wird zum Nationalfeiertag erklärt.

Jubel über den Fall der Mauer, 1989 Q1

9.11 - 3.10 wesentliche Schritte

Das Ende der DDR zeichnet sich ab

Der Zusammenbruch des SED-Regimes hatte sich in den 1970er und 1980er Jahren unmerklich und langfristig vorbereitet. Versorgungskrisen und willkürliche Reisebeschränkungen schürten wachsende Unruhe und Opposition in der Bevölkerung. Als in der Sowjetunion Michail Gorbatschow eine Reformpolitik mit mehr demokratischer Beteiligung in Staat und Wirtschaft einleitete, hielt die DDR-Führung solche Reformen weiterhin für überflüssig und schädlich für ihre Auffassung von Sozialismus. Entscheidend für die weitere Entwicklung erwiesen sich die Kommunalwahlen im Mai 1989. Ihre Ergebnisse waren wie immer manipuliert worden, dieses Mal ließ sich die öffentliche Kritik jedoch nicht mehr zum Schweigen bringen: Unter dem schützenden Dach der Kirchen hatten sich Umwelt-, Friedens- und Menschenrechtsgruppen zusammengeschlossen, ohne jedoch von der kritischen Intelligenz der DDR wesentlich unterstützt zu werden. Diese Gruppen traten zunehmend an die Öffentlichkeit. Dabei wurde ein Satz Gorbatschows zum geflügelten Wort: „Wer zu spät kommt, den bestraft das Leben.“ Auch der wirtschaftliche Niedergang ließ sich nicht mehr verschleiern. Der Ausgleich der Staatsschulden hätte ein Rückführen des Lebensstandards auf ein Drittel zur Folge gehabt, was zu sozialen Revolten geführt hätte. So gleicht das Ende der DDR in mancher Hinsicht einem lange verschleppten betrügerischen Bankrott.

Die große Flucht

Im Sommer 1989 stellten über 120 000 DDR-Bürger einen Ausreiseantrag in die Bundesrepublik. Zur gleichen Zeit begannen die Fluchtbewegungen nach Ungarn, als das dortige Regime sich entschieden hatte, ohne Rücksprache mit anderen Ostblockstaaten die Sperranlagen an der Westgrenze abzubauen. Durch das erste Loch im Eisernen Vorhang schlüpften am 19. August 1989 bei einem „paneuropäischen Picknick“ hunderte von DDR-Flüchtlingen, die zuvor wochenlang in Budapest gewartet hatten. Seit September konnten die Flüchtlinge die Grenze sogar legal überschreiten: Jetzt kamen täglich Tausende.
Viele andere versuchten ihre Ausreise durch Besetzen der bundesdeutschen Botschaften in Prag und Warschau zu erzwingen. Wohl um die Jubelfeiern zum 40. Jahrestag der DDR nicht zu stören, durften am 30. September tausende Botschaftsbesetzer in Prag ausreisen.

Der Abend des 30. September 1989 in der deutschen Botschaft in Prag Q2

Bundesaußenminister Genscher verkündet, dass alle Flüchtlinge, die sich in den Botschaften in Warschau und Prag aufhalten, in die Bundesrepublik ausreisen dürfen. In Sonderzügen, die noch einmal über das Gebiet der DDR fahren mussten, erreichten sie Anfang Oktober die Bundesrepublik.

Demonstrationen in der DDR

Auch in der DDR nahmen die Proteste und Demonstrationen zu. Seit Juni wurden an jedem 7. eines Monats Protestaktionen in Erinnerung an die Wahlfälschungen vom 7. Mai veranstaltet. Im September begannen nach einem Friedensgebet in der Nikolaikirche in Leipzig die ständig anschwellenden Montagsdemonstrationen mit ihren Forderungen nach Reise- und Versammlungsfreiheit. Jeden Montag zur gleichen Zeit am gleichen Ort trafen sich immer mehr Menschen, um ihre Wünsche nach mehr Demokratie deutlich auszusprechen, und zogen dann durch die Stadt. Diese massenhafte friedliche Forderung nach eigentlich selbstverständlichen Rechten fand schnell an vielen Orten Nachahmer. Die Hilflosigkeit der Machthaber beschrieb ein Mitglied der DDR-Führung: „Auf alles waren wir gefasst, nur nicht auf Kerzen und Gebete." Nun gründeten sich auch politische Organisationen als Bürgerbewegungen oder Parteien, zum Beispiel das „Neue Forum" oder der „Demokratische Aufbruch".

Die letzten Tage des Politbüros

Die großen Feierlichkeiten zum 40. Jahrestag der DDR wurden von Demonstrationen und Verhaftungen begleitet und bewiesen erneut den Starrsinn des Regimes. Als Rettungsversuch in letzter Minute stürzte das Politbüro am 18. Oktober Erich Honecker und wählte Egon Krenz zu seinem Nachfolger, der aber von der Bevöl-

Q3 **Leipzig im Herbst 1989**

Die Sehnsucht nach Freiheit, Demokratie und Wiedervereinigung bestimmte die Massendemonstrationen der Herbst- und Wintermonate überall in der DDR.

Q4 **Karikatur von Horst Haitzinger**
Sie entstand am 7. November 1989.

kerung als Vertreter der alten Machtelite abgelehnt wurde. Trotz erleichterter Ausreisegesetze nahmen die Proteste und Großdemonstrationen weiter zu. Anfang November traten die Regierung und das Politbüro geschlossen zurück. Der Dresdner Parteisekretär Hans Modrow, der als möglicher Reformer galt, wurde zum neuen Ministerpräsidenten bestimmt. Die Wiederöffnung der Grenzen zur ČSSR führte zu einer Massenflucht in die Bundesrepublik.

Die Mauer ist auf!

Die DDR geriet immer mehr unter Druck von innen und außen; in einer überstürzten und missverständlichen Aktion gab ein Berliner SED-Funktionär auf einer Pressekonferenz am Abend des 9. November die freien Reisemöglichkeiten über die Grenzen bekannt. Sofort strömten Tausende zu den Übergängen der Sektorengrenze in Berlin, die von den hilflosen und uninformierten Grenztruppen nach kurzem Zögern geöffnet wurden. Die Mauer war gefallen! Das war die Abdankungserklärung des Systems.

Wir sind das Volk – wir sind ein Volk!

Mit einem enormen Haushaltsdefizit und einer Auslandsverschuldung von 20 Milliarden Dollar stand die DDR vor dem Staatsbankrott. Modrow trat mit seinen Vorschlägen einer „Vertragsgemeinschaft" mit der Bundesrepublik, die bis zu einer Konföderation gehen könne, die Flucht nach vorn an. Inzwischen hatten Reformkräfte und Parteivertreter als Organ zur Beratung und Kontrolle der Regierung einen „Runden Tisch" gebildet. Seine Hauptforderung war eine demokratische Verfassung für die DDR.
Helmut Kohl trug indes dem Bundestag ein Zehn-Punkte-Programm für Deutschland vor, an dessen Ende die Möglichkeit einer Wiedervereinigung stand.
Auf den Demonstrationen begann schon bald der Ruf „Deutschland, einig Vaterland" zu überwiegen. Die Bevölkerung hatte das vorsichtige Taktieren der Politiker längst hinter sich gelassen.

Freie Wahlen in der DDR

Bei den ersten und einzigen freien Parlamentswahlen in der DDR am 18. März 1990 bewarben sich neben der SED, die sich jetzt PDS nannte, mehr als 30 neue politische Gruppierungen und Parteien, die häufig ohne festen Organisationsrahmen aus basisdemokratischen Netzwerken bestanden. Die neu gegründete SPD wurde von ihrer großen Schwester aus der Bundesrepublik unterstützt, während sich die CDU anfangs schwer tat, die Ost-CDU vorbehaltlos als Partner anzuerkennen, hatte diese doch als „Blockpartei" die SED-Politik lange mitgetragen. Eine von der CDU geschmiedete konservative „Allianz für Deutschland" konnte den Wahlsieg erringen, weil Helmut Kohl eine baldige Wirtschafts- und Währungsunion versprach.

Die DM kommt!

Gegen deutliche Warnungen von Experten wurde am 1. Juli 1990 die DM und die soziale Marktwirtschaft in der DDR eingeführt. Löhne und Renten wurden im Verhältnis 1 : 1 eingetauscht, höhere Sparguthaben im Verhältnis 2 : 1. Mit einer solchen Währungs- und Wirtschaftsunion hatte bisher niemand Erfahrungen sammeln können. Die schwache Wirtschaftskraft der DDR wurde in den kommenden Jahren von der Bundesregierung durch enorme soziale Transferleistungen an die Betroffenen ausgeglichen, was die Haushaltsschulden erheblich ansteigen ließ.

Von den Zwei-plus-vier-Gesprächen zur Berliner Republik

Der Vereinigungsprozess bedurfte einer außenpolitischen Absicherung, weil es noch immer keinen Friedensvertrag der Siegermächte des Zweiten Weltkriegs mit Deutschland gab und die alliierten Vorbehaltsrechte weitergalten. Nach einer Reihe von Verhandlungen wurde am 12. September 1990 in Moskau der „Vertrag über die abschließende Regelung in Bezug auf Deutschland" von den beiden deutschen Regierungen und den vier Siegermächten unterzeichnet. Am 3. Oktober desselben Jahres trat die DDR der Bundesrepublik Deutschland bei. Im Juni des darauf folgenden Jahres beschloss der Bundestag, den Sitz von Parlament und Regierung nach Berlin zu verlegen. Damit wurde ein wichtiger Beitrag zur Vollendung der Einheit in einem neuen Europa mit offenen Grenzen geleistet.

Die Mühen des Zusammenwachsens

Am Anfang waren die Menschen der neuen Bundesländer in Aufbruchstimmung und hofften auf schnelle Angleichung des Lebensstandards mit dem Westen. In den folgenden Jahren waren sie jedoch oft enttäuscht über das langsame Aufholen. Die marode DDR-Wirtschaft mit ihrer niedrigen Produktivität ließ sich nur schwer in die internationale Marktwirtschaft integrieren. Die Folge davon war, dass viele Betriebe nicht überlebensfähig waren und schließen mussten. Viele Menschen verloren ihren Arbeitsplatz, besonders betroffen waren die Frauen. Als problematisch erwies sich auch der im Einigungsvertrag festgeschriebene Grundsatz „Rückgabe vor Entschädigung". Das hieß, dass die nach 1949 enteigneten Besitzer von Immobilien und Betrieben ihr Eigentum zurückfordern konnten. Das stieß zum einen oft auf Unverständnis der jetzigen Nutzer von Grundstücken und Häusern. Zum anderen führte es zu langwierigen Rechtsstreitigkeiten, die die dringend benötigten Investitionen behinderten.

Zu den wirtschaftlichen Problemen kam häufig ein wenig sensibler Umgang mit den Ostdeutschen und deren Leben in der untergegangenen DDR. Die Übernahme der bundesdeutschen Verwaltungs- und Rechtsstrukturen brachte es auch mit sich, dass zahlreiche Experten von West nach Ost wechselten und Führungspositionen auf nahezu allen Ebenen einnahmen. Nicht wenige Ostdeutsche empfanden dies als eine Fremdbestimmung. Andererseits klagen viele Westdeutsche zunehmend über die hohen Vereinigungskosten und werfen mitunter den Ostdeutschen Undankbarkeit und überzogenes Anspruchsdenken vor.

Ob die Menschen in Ostdeutschland das demokratische System mit seinem Anspruch auf Selbstverantwortung und Freiheit, aber auch mit seinen Risiken wirklich akzeptieren, dürfte ähnlich wie im Westen nach 1949 von ihrer Teilhabe am wirtschaftlichen Erfolg abhängen.

Das Marx-Engels-Denkmal in Ostberlin, 1986 enthüllt Q5
Nach der Wende wurde der Sockel von Unbekannten besprüht.

Q6 Keine Chance vertun

Michail Gorbatschow sagte am 7. Oktober 1989 in einer Besprechung mit dem Politbüro der SED:

Ich halte es für sehr wichtig, den Zeitpunkt nicht zu verpassen und keine Chance zu vertun (...). Wenn wir zurückbleiben, bestraft uns das Leben sofort (...). Wir sind in einer Etappe sehr wichtiger Beschlüsse. Es müssen weitreichende Beschlüsse sein, die müssen gut durchdacht sein, damit sie reiche Früchte tragen. Unsere Erfahrungen und die Erfahrungen von Polen und Ungarn haben uns überzeugt: Wenn die Partei nicht auf das Leben reagiert, ist sie verurteilt (...). Wir haben nur eine Wahl: entschieden voranzugehen.

Zit nach Informationen zur politischen Bildung 250, Bonn 1996, S. 19.

Q7 Warum wollen DDR-Bürger weg?

Aus einem Stasi-Bericht über Motive der Flüchtlinge vom 9. September 1989:

Als wesentliche Gründe/Anlässe für Bestrebungen zur ständigen Ausreise bzw. das ungesetzliche Verlassen der DDR – die auch in Übereinstimmung mit einer Vielzahl von Eingaben an zentrale und örtliche Organe/Einrichtungen stehen – werden angeführt:

- Unzufriedenheit über die Versorgungslage
- Verärgerung über unzureichende Dienstleistungen
- Unverständnis für Mängel in der medizinischen Betreuung und Versorgung
- Eingeschränkte Reisemöglichkeiten innerhalb der DDR und nach dem Ausland
- Unbefriedigende Arbeitsbedingungen und Diskontinuität im Produktionsablauf
- Unzulänglichkeiten/Inkonsequenz bei der Anwendung/Durchsetzung des Leistungsprinzips sowie Unzufriedenheit über die Entwicklung der Löhne und Gehälter
- Verärgerung über bürokratisches Verhalten (...) sowie über Herzlosigkeit im Umgang mit den Bürgern
- Unverständnis über die Medienpolitik der DDR

A. Mitter, St. Wolle, (Hg.) Ich liebe euch doch alle! Befehle und Lageberichte des MfS. Berlin 1990, S. 141 ff.

Q8 Nichts begriffen?

Aus einer Stellungnahme des SED-Politbüros zur Ausreiseproblematik vom 11. Oktober 1989:

Viele von denen, die unserer Republik in den letzten Monaten den Rücken gekehrt haben, wurden Opfer einer groß angelegten Provokation. Wiederum bestätigt sich, dass sich der Imperialismus der BRD mit einem sozialistischen Staat auf deutschem Boden niemals abfinden wird, Verträge bricht und das Völkerrecht missachtet. Mit dem 40. Jahrestag der Gründung der Deutschen Demokratischen Republik glaubten imperialistische Kräfte, den geeigneten Zeitpunkt gefunden zu haben, um mit einer hasserfüllten Kampagne ihrer Massenmedien Zweifel am Sozialismus und seiner Perspektive zu verbreiten.

Zit. nach: Informationen zur politischen Bildung, 250. Bonn 1996, S. 20.

 58 310

Der 2+4-Vertrag D1
Der Vertrag war die außenpolitische Voraussetzung für die deutsche Wiedervereinigung

Q9 Keine Befürchtungen

US-Präsident George Bush in einem Interview der „New York Times" vom 25. Oktober 1989:

Ich teile die Sorge mancher europäischer Länder über ein wiedervereinigtes Deutschland nicht, weil ich glaube, dass Deutschlands Bindung an und Verständnis für die Wichtigkeit des [atlantischen] Bündnisses unerschütterlich ist. Und ich sehe nicht, was einige befürchten, dass Deutschland, um die Wiedervereinigung zu erlangen, einen neutralistischen Weg einschlägt (...).

Zit. nach: New York Times 25. 10. 1989.

Q10 Die Geschichte wird entscheiden

Der sowjetische Präsident Michail Gorbatschow in einem Rundfunkinterview am 30. Januar 1990:

Auf keinen Fall darf man die Interessen der Deutschen schmälern, denn ich bin für einen realistischen Prozess. Wenn wir sagen, die Geschichte wird die Dinge entscheiden, und ich habe das viele Male getan, dann wird das auch so sein, und ich glaube, dass sie bereits ihre Korrekturen einbringt.

Zit. nach: Deutschland-Archiv 3/1990, S. 468.

Q11 The March of the Fourth Reich

Karikatur von Bill Caldwell aus der englischen Zeitung Daily Star, Februar 1990.

Q12 Wird Deutschland zu mächtig?

Die britische Premierministerin Margaret Thatcher in ihren Memoiren:

Ein wiedervereiniges Deutschland ist schlichtweg viel zu groß und zu mächtig, als dass es nur einer von vielen Mitstreitern auf dem europäischen Spielfeld wäre. (...) Nur das militärische und politische Engagement der USA in Europa und die engen Beziehungen zwischen den beiden anderen starken, souveränen Staaten Europas, nämlich Großbritannien und Frankreich, können ein Gleichgewicht zur Stärke der Deutschen bilden. In einem europäischen Superstaat wäre dergleichen niemals möglich.

M. Thatcher, Downing Street No. 10. Die Erinnerungen, Düsseldorf 1993, S. 1095 f.

Q13 Wie löst man das deutsche Problem?

François Mitterrand in einem Interview, 25. März 1990:

Wir sind mit der Geschichte vertraut. Seit 1000 Jahren schon sind wir die Nachbarn der Deutschen. Diese waren immer schon ein großes Volk, das manchmal vereinigt, meist aber geteilt war. (...) Um das deutsche Problem in den Griff zu bekommen, muss man über das Problem des deutsch-französischen Paares hinausblicken – dabei muss man allerdings darauf achten, dass es zusammenhält – und sich mit dem Problem Gesamteuropas auseinander setzen.

Zit nach: Informationen zur politischen Bildung, Heft 250, S. 38.

Q14 „Es wächst zusammen, was zusammengehört"

Altbundeskanzler Willy Brandt am 10. November 1990:

Sicher ist, dass nichts im anderen Teil Deutschlands wieder so werden wird, wie es war. (...) Meine Überzeugung war es immer, dass die betonierte Teilung und dass die Teilung durch Stacheldraht und Todestreifen gegen den Strom der Geschichte standen. (...) Ich erinnere uns auch daran, dass das alles nicht erst am 13. August 1961 begonnen hat. Das deutsche Elend begann mit dem terroristischen Nazi-Regime und dem von ihm entfesselten Krieg. (...) Aus dem Krieg und auch aus der Veruneinigung der Siegermächte erwuchs die Spaltung Europas, Deutschlands und Berlins. Jetzt wächst zusammen, was zusammengehört.

W. Brandt, „... was zusammengehört". Reden zu Deutschland. Bonn 1990, S. 37 ff.

Q15 Wir haben es nicht geglaubt …

Der Schriftsteller Patrick Süskind schrieb 1990:

Freilich hatte man uns in der Schule beigebracht, dass die Teilung Deutschlands nicht von Dauer sei, dass die Präambel des Grundgesetzes jeden bundesdeutschen Politiker verpflichtete, auf ihre Überwindung hinzuarbeiten, dass die Bundesrepublik und ihre Hauptstadt Bonn nur ein Provisorium darstellten. Aber das haben wir schon damals nicht geglaubt und glaubten es mit den Jahren immer weniger. (…) Ansonsten schauten wir nach Westen oder nach Süden. Österreich, die Schweiz, Venetien, die Toskana, das Elsass, die Provence, ja selbst Kreta, Andalusien oder die Äußeren Hebriden lagen uns – um nur von Europa zu sprechen – unendlich viel näher als so (…) Ländereien wie Sachsen, Thüringen, Anhalt, Mecklen- oder Brandenburg, die wir höchstens notgedrungen rasch durchquerten, um auf der Transitstrecke rasch nach Berlin-West zu gelangen. Was hatten wir mit Leipzig, Dresden oder Halle im Sinn? Nichts. Aber alles mit Florenz, Paris oder London.

P. Süskind, Deutschland – eine Midlife-Crisis. In: U. Wickert (Hg.), Angst vor Deutschland. Hamburg 1990, S. 111 ff.

Q16 Was man nicht vergessen darf

Rainer Eppelmann, DDR-Bürgerrechtler und CDU-Politiker 1992:

Viele Ostdeutsche haben vergessen, was sie 1980, 1985 oder 1988 gequält hat. Sie haben vergessen, was im Herbst 1989 auf ihren Plakaten gestanden hat, weil das heute alles schon so normal ist. (…) 16 Millionen haben doch nach der Devise gelebt: Schnauze halten, Hintern an die Wand und nur nicht auffallen. (…) Viele kommen doch deshalb in dem neuen Deutschland nicht recht klar, weil sie diese Verhaltenweisen noch tief in sich drin haben. (…) Ich glaube, niemand hat so recht begriffen, dass es schon zwei Menschenalter her ist, als wir im Osten das letzte Mal so etwa wie Marktwirtschaft oder Demokratie erlebt haben. (…) Wer meint, die Stasi sei das Thema, um DDR-Geschichte aufzuarbeiten, lässt zu vieles unter den Tisch fallen. Unter dem System haben viele noch ganz anders gelitten. Zum Beispiel unter Margot Honeckers Bildungswesen: Allen, die in der DDR geboren wurden, ist die Zunge gespalten und mindestens ein Rückenwirbel rausgenommen worden.

Zit. nach: PZ extra, Wir in Europa, Nr. 15. 1992, S. 6 f

Q17 Verunsicherung statt Befreiung?

Der Historiker Konrad H. Jarausch über die Vereinigung als soziale Revolution von oben:

Der Beitritt zwang die Menschen in den neuen Bundesländern, jahrzehntelang gewachsene kommunistische Strukturen abzuschaffen, um wieder an ältere gemeinsame Muster anzuknüpfen. Der Zusammenschluss mit der Bundesrepublik machte es notwendig, den westdeutschen Modernisierungsprozess der Nachkriegszeit in wenigen Monaten nachzuholen. Eine Einparteiendiktatur musste sich in eine pluralistische, parlamentarische Demokratie verwandeln; eine Planwirtschaft war gezwungen, sich in eine soziale Marktwirtschaft umzuwandeln; ein korruptes Justizsystem hatte sich in einen Verteidiger der Menschenrechte zu verändern; ein weisungsgebundener Indoktrinierungsapparat sollte sich zu einem freien Erziehungswesen mausern. (…) Obgleich die Mehrheit einen Wandel herbeigesehnt hatte, brachte die rasche Veränderung für die Bevölkerung oft mehr Verunsicherung als Befreiung.

K. H. Jarausch, Die unverhoffte Einheit. Frankfurt/M. 1995, S. 303 ff.

Fragen und Anregungen

1. Stelle die hauptsächlichen Faktoren zusammen, die schließlich zum Zusammenbruch der DDR führten. Schreibe dazu einen politischen Kommentar (VT, Q2, 3, 6–8).
2. Interpretiere die Karikatur Q4. Beachte das Entstehungsdatum.
3. Vergleiche die Aussagen von Q9–13 miteinander und erkläre sie mit der Interessenlage der einzelnen Mächte.
4. Setze dich mit der Karikatur Q11 auseinander und entwirf einen Brief an Bill Caldwell.
5. Erläutere die Bestimmungen des Zwei-plus-vier-Vertrages (D1) und setze sie in Beziehung zu Q9–13.
6. Stelle die Argumente von Q15–17 einander gegenüber und versuche eine begründete Stellungnahme.
7. Überlege, was mit der Aufschrift am Denkmal Q5 gemeint ist.

Eine Grafik gestalten

Geschichte besteht nicht aus unzusammenhängenden einzelnen Ereignissen und Fakten, sondern aus vielfältigen Beziehungen und Verflechtungen. Oft sagt auch hier eine Grafik mehr als tausend Worte, weil sie auf einen Blick Zuordnungen und Interpretationen anschaulich erkennen lässt. Dennoch kann sie gerade dadurch eine Objektivität vorspiegeln, hinter der sich die immer mehrdeutige Wirklichkeit verbirgt. Deshalb müssen Schaubilder wie Textquellen analysiert und erklärt werden. Wie immer lernt man am besten durch einen praktischen Versuch.

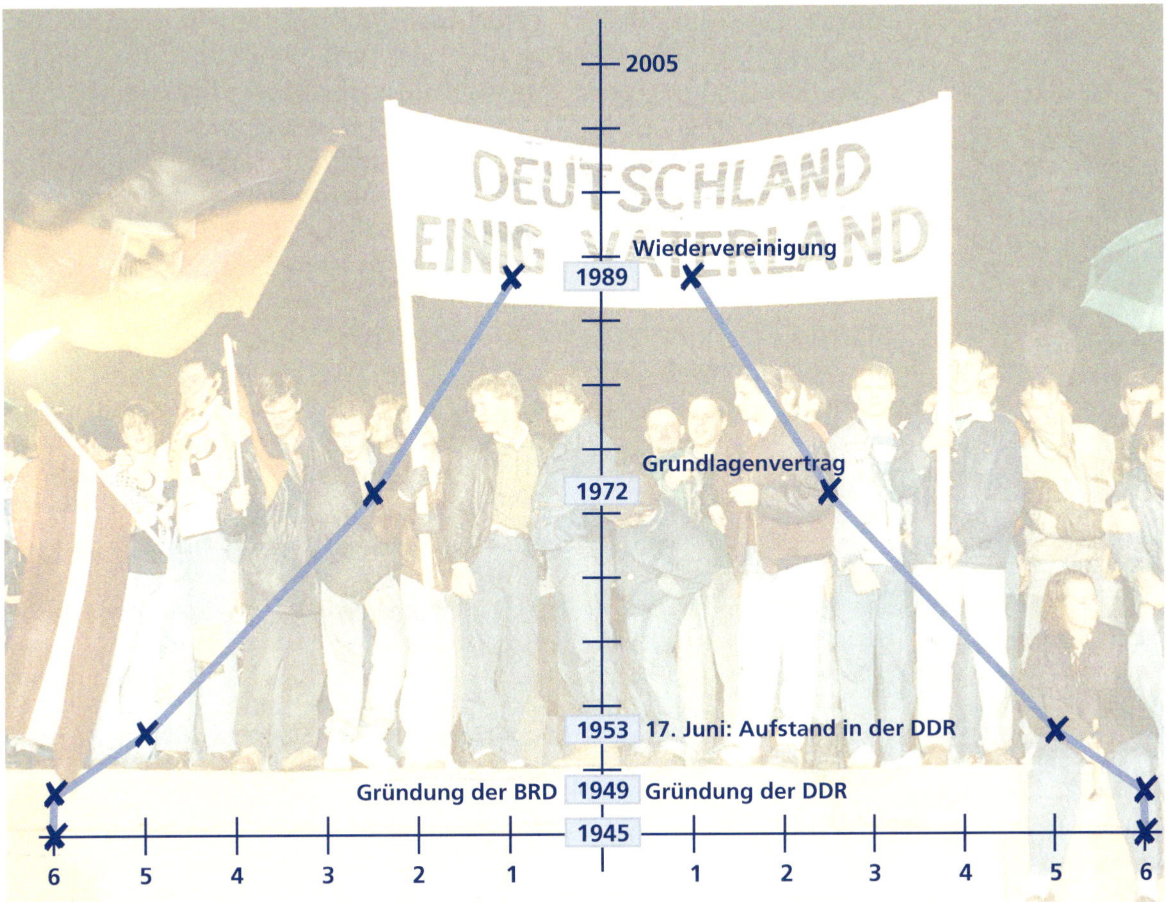

Versuche, die Beziehungen und Verhältnisse zwischen den beiden deutschen Staaten im Laufe ihrer gemeinsamen Geschichte anhand einer Grafik darzustellen.

Auf der Ordinatenachse als Zeitstrahl sind bereits die Jahreszahlen seit 1945 eingetragen.

Auf den beiden Abszissenachsen sind Abstände von 1–6 markiert, wobei die 1 ein nahes Beieinander der beiden Staaten ausdrücken will und die 6 eine große Distanz voneinander.

Einige Daten sind bereits eingetragen: die Kapitulation 1945, der Grundlagenvertrag 1972 und die Vereinigung 1990. Wie sieht es aber etwa mit dem 17. Juni 1953 aus? Nah beieinander oder weit entfernt?

Suche dir weitere Daten und Fakten aus dem Kapitel und anderen Informationsquellen heraus und trage sie in die Grafik ein.

Du kannst auch die einzelnen Punkte mit einer Linie verbinden und so eine Art „Fieberkurve“ der deutsch-deutschen Beziehungen darstellen.

Diskutiert eure Arbeitsergebnisse, indem ihr eure Markierungen vergleicht und ihre Positionierung erläutert.

3000 JAHRE EUROPA

Der Halbkontinent Europa wird, neben Afrika und Asien, bereits in der Antike erwähnt. Die ältesten Zeugnisse stammen aus dem 8. Jahrhundert vor Christus. Europas Bedeutung wird jedoch erst richtig erkennbar, wenn man neben der geografischen die kulturhistorische Dimension berücksichtigt: Die prägenden Wesensmerkmale Europas bestehen in einer Vielzahl an Sprachen und Einzelkulturen, die in der griechisch-römischen Antike sowie im Christentum ihre gemeinsamen Wurzeln haben. In der frühen Neuzeit wurde dieses Kulturgut ergänzt durch das humanistische Bildungsideal und die Werte der Aufklärung: Menschenwürde, Freiheit und Gleichheit des Individuums. Sie sind in den modernen Demokratien verfassungsrechtlich geschützt.

Weltweit haben die Europäer seit Jahrhunderten andere Kontinente stark beeinflusst, d. h. „europäisiert". Innereuropäisch wechselten ausgeprägte nationalstaatliche Bestrebungen mit Einigungsbemühungen ab. Erst nach dem Zweiten Weltkrieg begann ein erfolgreicher, institutionalisierter Einigungsprozess, der bis heute anhält. Die Europäische Union (EU) zählt zur Zeit 27 Mitgliedsstaaten. Es ist ein gewichtiges, vorrangig wirtschaftlich starkes Europa entstanden, das seine übernationale, politische Vollendung noch anstrebt. Diskutiert wird vor allem über die Frage, ob die politische Union ein Staatenbund oder ein Bundesstaat sein soll und ob solch ein Zusammenschluss eine Verfassung braucht.

„Raub der Europa"
Aquarell von Max
Beckmann, 1933

Euro-Münzen
Griechenland:
1-Euro-Stück:
Eule von Athen;
2-Euro-Stück:
Europa und der Stier

Europa bei Nacht
Satellitenaufnahme, 2005

Zwei Heidelberger Studenten hissen die Fahne der Europäischen Bewegung, grünes E auf weißem Grund, am 20.12.1950 auf Helgoland

Wirkungsorte europäischer Aufklärer

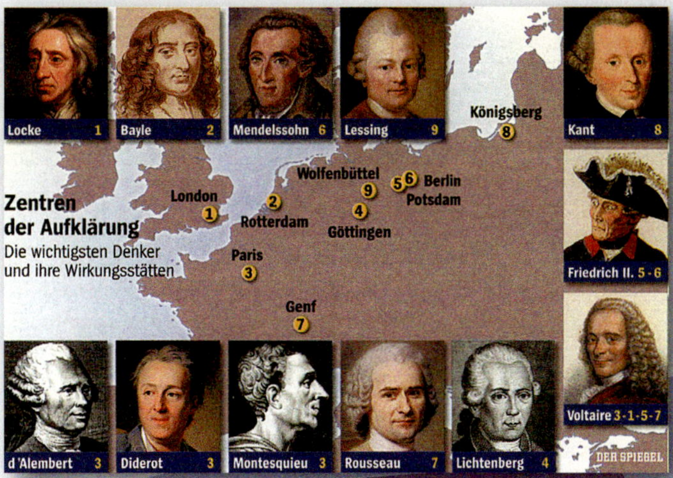

Europa und der Stier, 590 v. Chr.

Mitgliedsstaaten der EU

1. Europas antike Wurzeln

8. Jh. v. Chr.	Erste Erwähnung von „Europa" in einem Text des griechischen Dichters Hesiod
5. Jh. v.Chr.	Herodots Reisebeschreibungen „Historien" aus der antiken Welt
4. Jh. v. Chr.	Das Reich Alexanders des Großen liegt in Teilen Europas und Asiens.
2. Jh. n. Chr.	Das Römische Reich erlangt seine größte Ausdehnung unter Trajan und umfasst Westeuropa (bis nach England), Vorderasien und Nordafrika.
313 n. Chr.	Das Christentum wird Staatsreligion im Römischen Reich.
395 n. Chr.	Teilung des Römischen Reiches in eine weströmische Hälfte mit Rom als Hauptstadt und in eine oströmische mit Byzanz als Hauptstadt

Gibt es eine „europäische" Geschichte?

Gibt es eine allen europäischen Ländern gemeinsame Geschichte?
Hatten die Menschen früherer Epochen ein „Europa-Bewusstsein"?
Wenn ja, worin bestand es und wie zeigte es sich?
Aufgrund der wechselvollen europäischen Geschichte ist festzustellen, dass für jede Epoche der Begriff „Europa" neu zu bestimmen ist. Zudem hängt die Bestimmung des Begriffs davon ab, welche Gesichtspunkte man bei der Suche nach Gemeinsamkeiten der europäischen Völker in den Vordergrund stellt: Herrschaftsformen, Kunststile, Religion. Kennzeichnend für die Entwicklung Europas seit der Antike ist die Weitergabe von Kulturgut vom Osten über den Westen nach dem Norden. Gemeint sind vor allem die Zahlen, die Schrift, Erkenntnisse in Astrologie und Philosophie oder politische Errungenschaften wie die Demokratie. Verbreiter dieser kulturellen Leistungen waren in erster Linie Ägypter, Phönizier, Griechen, Etrusker und Römer.

Europa geografisch

Europa ist in vielerlei Hinsicht ein besonderer Kontinent: Schon die geografische Lage macht deutlich, dass Europa im Gegensatz zu allen anderen Kontinenten nicht frei im Meer liegt, sondern lediglich den westlichen Teil des asiatischen Kontinents bildet. Der zu drei Meeresseiten freie Teil der Landmasse wird auch als „eurasische Halbinsel" bezeichnet. Er erstreckt sich in westöstlicher Richtung vom Atlantik bis zum Ural und umfasst von Nord nach Süd alle Regionen zwischen dem Nordkap und Kreta. Russland wurde erst ab dem 17. Jahrhundert als zu Europa gehörig angesehen, nachdem Peter der Große seinem Land den Zugang zur Ostsee verschafft und in St. Petersburg seine Residenz errichtet hatte. Auch die gedachte Grenze zwischen Europa und Asien entlang der Gebirgskette des Urals hat erst im 18. Jahrhundert die zuvor angenommene Grenzlinie des Don abgelöst. Diese Sichtweise ist die heute allgemein übliche.
Europa ist mit rund 10 Millionen Quadratkilometern – das sind nur ca. sieben Prozent der Welt-Kontinentalmas-

D1 **Europa – Anhängsel Asiens?**

se – der nach Australien zweitkleinste Kontinent und hat zu Beginn des 21. Jahrhunderts rund 730 Millionen Einwohner.
Ein Bewusststein von Europa gab es bereits seit Herodot (5. Jh. v. Chr.). Für ihn war Europa – im Gegensatz zu den nur geografischen Erdbeschreibungen des Hekataios von Milet aus dem 6. Jahrhundert – bereits ein Kulturbegriff. Europa und Asien waren für Herodot zwei Welten: das gigantische Perserreich und das im Vergleich dazu winzige Griechenland. Umso bedeutsamer war für Zeitgenossen und Nachwelt die Abwehr des asiatischen Riesen durch die Griechen.
Für Alexander den Großen war Europa nicht mehr die alleinige Bezugsgröße, sein Großreich umfasste Teile von Europa und Asien mit vielen verschiedenen Volksgruppen, Sprachen, Kulturen. Auch das *imperium romanum* überschritt das kontinentale Europa und erstreckte sich über drei Erdteile: Europa, Asien und Afrika.

Ein Mythos: „Europa" und der Stier

Zu den Ursprüngen Europas gehört die griechische Sage von Europa und dem Stier. Ihr zufolge ist Europa die Tochter des Königs von Phönizien (im heutigen Libanon). Sie wurde vom Göttervater Zeus, der sich in einen weißen Stier verwandelt hatte, nach Kreta entführt. Dort schenkte sie ihrem Sohn Minos das Leben, der später König von Kreta wurde (minoische Kultur). Sinnbildlich deutet man diese Legende als die Weitergabe phönizischen Kulturgutes, z. B. von Zahlen und Schrift, in Richtung Westen.

Griechisches Erbe

Die griechische bzw. attische Demokratie als Idee der politischen Gestaltung der Gesellschaft durch das Volk hatte ihren Ursprung in der „polis". Sie entstand zur Zeit Solons im 6. Jahrhundert v. Chr. und wurde unter Kleisthenes (um 500 v. Chr.) ausgeweitet. Besonders die Athener förderten die Mitverantwortung jedes einzelnen Bürgers für seine Stadt, sofern er das Bürgerrecht hatte. Sie betrachteten allerdings ihre Nachbarn, Perser und Asiaten, nicht als „politai", als „freie Bürger", sondern nur als Untertanen. Die vorderasiatischen Sprachen kannten keine Entsprechung für das griechische Wort „Freiheit". Mit der griechischen Kolonisation wurden Idee und Praxis der polis in der hellenistischen Staatenwelt verbreitet und später von den Römern mit Abwandlungen übernommen.
Aus der griechischen Kultur und Philosophie stammt eine weitere Wurzel europäischer Identität: die Konzentration des Denkens und Handelns auf den einzelnen Menschen und die ihn umgebende Welt.

Römisches Erbe

Das Römische Reich dehnte sich Anfang des zweiten nachchristlichen Jahrhunderts über Gallien und Germanien am Rhein entlang (Limes) bis weit in den Norden Europas aus; die nördlichste Grenze bildete der Hadrianswall zwischen England und Schottland. Der kulturelle Einfluss aus römischer Zeit ist bis heute greifbar, z. B. in der Architektur (Gewölbetechnik, Rundbögen, Brückenbau), im Städtewesen (Militär, Straßen und Wasserleitungen, Thermen), in der Verwaltung und Rechtsprechung (Römisches Recht und römische Rechtsauffassung).

Christliches Europa

Neben der griechischen Kultur ist die christliche Religion die stärkste und prägendste historische Wurzel Europas. Man spricht deshalb auch vom „christlichen Abendland" in Abgrenzung zum orientalischen „Morgenland". Gemeint ist damit eine Kulturgemeinschaft auf der Grundlage der römischen Kirche, des christlichen Glaubens und des antiken Kulturgutes. Die christlich-religiösen Feste wie Weihnachten und Ostern gelten überall in Europa.
Die Christen waren im Römischen Reich zunächst eine Minderheit. Aufgrund ihres Glaubens erkannten sie nur Gott und nicht den römischen Kaiser als Herrn an. Deshalb wurden sie bis in das 4. Jahrhundert n. Chr. verfolgt. Erst mit dem

Mailänder Edikt 313 unter Konstantin dem Großen wurde das Christentum zur Staatsreligion erhoben. Dieser Kaiser ließ sich noch vor seinem Tod taufen. Konstantin schuf zudem im Jahr 330 vor allem aus außenpolitischen Gründen die neue Reichshauptstadt Konstantinopel (Byzanz), das heutige Istanbul. Sein Nachfolger Theodosius I. verbot im gesamten Reich alle heidnischen Riten. Am Ende des 4. Jahrhunderts war das Römische Reich zum christlichen Kaiserreich geworden.
Diese enge Verbindung von Christentum und Kaisertum setzte sich bis in die Neuzeit fort. Ab dem 5. Jahrhundert stieg parallel hierzu das Papsttum als weiteres Machtzentrum auf. Der Papst blieb religiöse Autorität und politische Machstütze für Könige und Kaiser in den nachfolgenden Jahrhunderten, zumindest im weströmischen Teil. Westrom begann sich gegen Ostrom, Byzanz, und das dortige geistliche Oberhaupt, den Patriarchen, abzugrenzen, bzw. Ebenbürtigkeit zu behaupten. Die anhaltende politische und kirchliche Rivalität führte 1054 zur Teilung der Christen in die lateinische (römisch-katholische) und byzantinische (griechisch-orthodoxe) Kirche, dem Großen Schisma. Von Rom wie von Byzanz nahmen unterschiedlich geprägte Christianisierungsbewegungen ihren Ausgang.
Im Westen Europas verursachte der Konflikt (Dualismus) zwischen geistlichem und weltlichem Oberhaupt viele Auseinandersetzungen und Kämpfe. Aus ihnen gingen allerdings auch die neuen politischen Ideen der Volksherrschaft und Selbstbestimmung und damit die Grundlagen für Parlamentarismus, Demokratie und Rechtstaatlichkeit hervor.

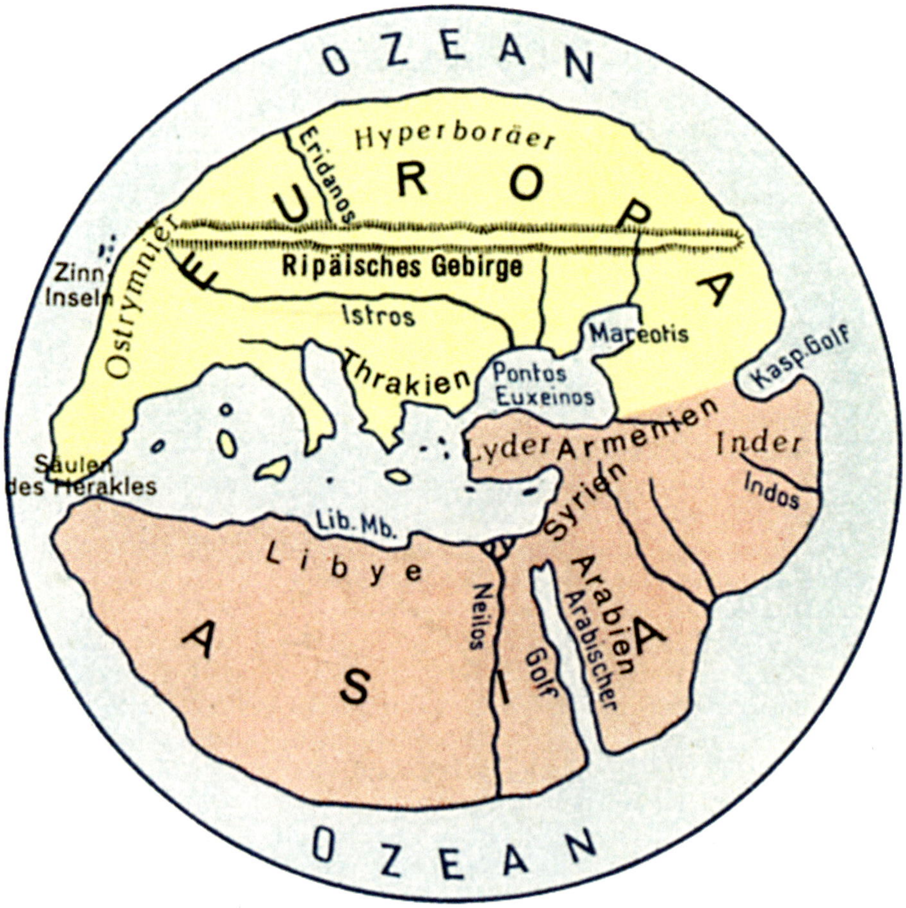

Rekonstruierte Weltkarte des Hekataios von Milet, 510 v. Chr.

D2

Q1 Woher kommt der Name „Europa"?

Der Geschichtsschreiber Herodot (484–420 v. Chr.) in seinem Werk „Historien", 4. Buch:

42. Ich wundere mich, dass man drei Erdteile unterscheidet: Libyen, Asien und Europa. Ihre Größe ist doch zu verschieden. Europa ist so lang wie die beiden anderen zusammengenommen, und an Breite können sie sich offenbar noch weniger mit Europa messen. Libyen ist ja doch rings vom Meere umflossen, abgesehen von der Stelle , wo es mit Asien zusammenstößt. Der König Nekos von Ägypten (609–593 v. Chr.) ist, soviel wir wissen, der erste gewesen, der den Beweis dafür geliefert hat. (…)

45. Von Europa aber hat man weder erforscht, ob es im Osten noch im Norden vom Meere umgeben ist. Wir wissen nur, dass es ebenso lang ist, wie die beiden anderen Erdteile [Asien; Libyen]. Ich weiß auch nicht, warum man eigentlich den Erdteilen, die doch ein zusammenhängendes Land sind, drei Namen gibt, und zwar Frauennamen: (…) Was Libyen betrifft, so hat es nach der Meinung der meisten Hellenen seinen Namen nach einer eingeborenen Frau namens Libya, und Asien nach der Frau des Prometheus. (…) Von Europa aber weiß kein Mensch, weder ob es vom Meere umflossen ist, noch wonach es benannt ist, noch wer es war, der ihm den Namen Europa gegeben hat. Oder sollen wir annehmen, dass es seinen Namen nach der Europa von Tyros hat und vor deren Zeit namenlos war (…)? Aber diese Europa stammt doch aus Asien und ist nie in das Land gekommen, das man heute in Hellas Europa nennt. Sie ist nur von Phoinikien nach Kreta und von Kreta nach Lykien gekommen. Doch wir wollen bei den überlieferten Namen bleiben. (…)

Herodot, Historien, IV, 45. Hrsg. von H. W. Haussig. Stuttgart, 41971, S. 267/269.

D3 Heutige Erklärungen bzw. Definitionen

Der Name „Europa" taucht zum ersten Mal in einem Text des griechischen Dichters Hesiod auf, der im 8. Jh. v. Chr. lebte. Aber die eigentlichen Gründe, warum unser Kontinent diesen Namen trägt, sind nicht bekannt. Möglicherweise stammt seine Bedeutung von dem semitischen Wort „Abend" („ereb": dunkel, untergehen) her.

Das Europäische Geschichtsbuch. 4. Aufl. Stuttgart 2001, S. 9.

Auch aus dem Griechischen gibt es eine Namenserklärung, die sich aus den Worten „eurys" = „weit, breit" und „ops" = das Gesicht zusammensetzt; diese könnte mit dem griechischen Wort „erebos" = Finsternis, Schattenreich" in Verbindung stehen.

M. Franz, Bayerisches Kultusministerium. In: http:www.km.bayern.de/blz/report/02.html

Es gibt bereits in der Bibel (1. Moses 10) in Verbindung mit den Apokryphischen Büchern des Alten Testaments Hinweise auf Europa: Dort ist von der Aufteilung der Welt unter die drei Söhne Noahs Sem, Ham und Japhet die Rede: Sem erhält Asien (semitisch; semitische Sprachen), Ham erhält Nordafrika (hamitische Sprachen), und Japhets Erbteil ist Europa, „… fünf große Inseln und ein großes Land im Norden. Jedoch ist es kalt." Dieses erfährt allerdings nur eine relativ kurze Erwähnung, weil der europäische Raum in den biblischen Erzählungen keinen großen Raum einnimmt.

Europäische Geschichte. München 1994, S. 33.

Europa: (...) Die griechische Kultur, von den Römern übernommen und umgeformt, bildet in Verbindung mit dem Christentum die prägende Grundlage der europäischen Geschichte.

Der Brockhaus Geschichte, Frühzeit und Altertum. Mannheim 2001, S. 120.

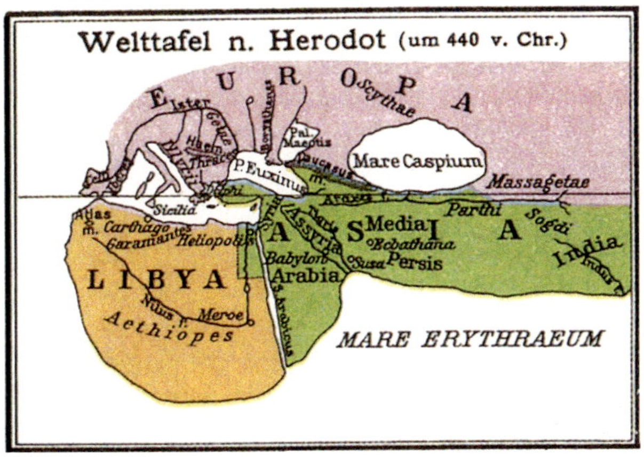

Q2 Welttafel nach Herodot, um 440 v. Chr.

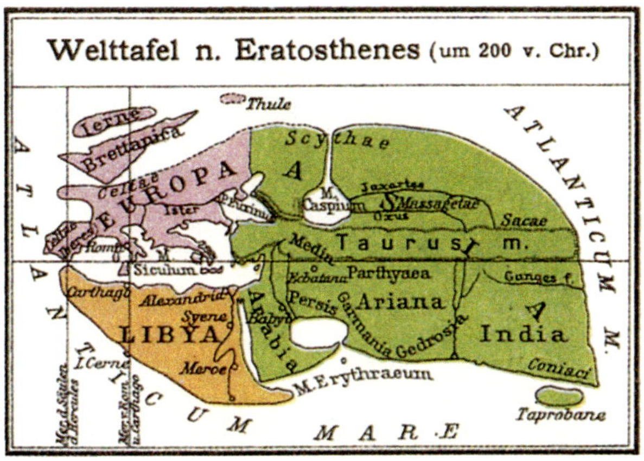

Q3 Welttafel nach Eratosthenes, um 200 v. Chr.

Q4 Die Natur der Europäer

Aristoteles (384–322 v. Chr.), Schüler Platons und Lehrer Alexanders des Großen, versucht in seinem Werk über die Politik die unterschiedlichen politischen Charaktere der Asiaten und Europäer zu erklären (um 340 v. Chr.):

Die Völker in den kalten Strichen und in Europa sind zwar mutvoll, haben aber wenig geistige und künstlerische Anlage und behaupten deshalb zwar leichter ihre Freiheit, sind aber zur Bildung staatlicher Verbände untüchtig und ihre Nachbarn zu beherrschen unfähig.

Die asiatischen Völker haben einen hellen und kunstbegabten, dabei aber furchtsamen Geist, und deshalb befinden sie sich in beständiger Dienstbarkeit und Sklaverei.

Das Geschlecht der Griechen aber hat, wie es örtlich die Mitte hält, so auch an den Vorzügen beider teil und ist mutig und intelligent zugleich. Deshalb behauptet es sich immerfort im Besitz der Freiheit und der besten staatlichen Einrichtungen und würde alle Nationen beherrschen können, wenn es zu einem Staate verbunden wäre. Ganz auf dieselbe Weise sind aber auch die einzelnen griechischen Stämme unter sich verschieden. Die einen sind einseitig veranlagt, in den anderen sind die beiden genannten Vorzüge in glücklicher Mischung miteinander verbunden. Man sieht also, dass diejenigen, die der Gesetzgeber leicht zur Tugend soll leiten können, von Natur intelligent und mutig sein müssen.

Aristoteles: Politik, VII, 7. Zit. nach: Europäische Geschichte. Quellen und Materialien. Hrsg. von H. Schulze und I. Paul. München 1994, S. 30.

Q5 Die Vielgestaltigkeit Europas

Der Geograph Strabon, der bereits von der Kugelgestalt der Erde ausging, schreibt in seinem schon in der Antike sehr einflussreichen Werk „Erdbeschreibung" über Europa (7 v. Chr.):

Ich glaube, mit Europa [und nicht mit Asien] beginnen zu müssen, weil es vielgestaltig ist, auch den anderen [Weltteilen] das meiste seiner eigentümlichen Vorzüge mitgeteilt hat, indem es ganz bewohnbar ist außer wenigem vor Kälte unbewohnbarem Lande (...). So lebten z. B. die Hellenen, obgleich Gebirge und Felsen bewohnend, doch glücklich wegen ihrer Fürsorge für die Staatsverwaltung und die Künste und ihrer sonstigen Lebensklugheit. Die Römer aber brachten, nachdem sie sich viele (...) rohe Völker unterworfen hatten, die bisher verkehrlosen in Verkehr miteinander und lehrten auch die wilderen in bürgerlichen Verhältnissen leben. (...) In dieser Beziehung ist diesem Weltteil eine günstige Natur zuteil geworden. Denn er ist durchwebt mit Ebenen und Gebirgen, sodass überall der Ackerbau, das bürgerliche Geschäftsleben und das Kriegertum nebeneinander bestehen. (...)

Den einzelnen Teilen nach aber ist Iberien das allererste Land von Abend her, dessen gegen Osten liegende Teile ein Gebirge namens Pyrene beschneidet; das übrige Land ist vom Meere umflossen. (...)

Hierauf folgt das Keltenland gen Osten bis zum Flusse Rhenus, auf der Nordseite von der gesamten Britannischen Meerenge bespült, von der Osteite durch den Fluss Rhenus begrenzt, auf der Südseite teils durch die Alpen begrenzt.

Strabon, Erdbeschreibung II, 5, 26–30. Zit. nach: Europäische Geschichte, a. a. O, S. 33f.

Fragen und Anregungen

1. Was ist typisch für Europa? Nenne charakteristische geografische und politische Wesensmerkmale Europas zur Zeit der Antike. Berücksichtige dabei auch die Rolle des Christentums (VT).
2. Fasse zusammen, was über die Herkunft Europas in mehrfacher Hinsicht bekannt ist (VT, Q1, D3).
3. Beschreibe die rekonstruierte Weltkarte des Hekataios (D2). Nenne heutige Länder, die in den dargestellten Kontinenten Europa und Asien liegen.
4. Vergleiche die beiden vorchristlichen Weltkarten (Q2, Q3): Worin liegen bedeutende Unterschiede? Wie hat sich speziell die Darstellung Europas verändert? Wie erklärst du diese Veränderungen?
5. Untersuche die Auffassungen von Aristoteles und Strabon über Europa (Q4, Q5). Worauf führen sie jeweils die unterschiedlichen Verhältnisse zurück? Wodurch zeichnen sich nach Strabon die einzelnen Völker aus? Warum stellen beide die Griechen in den Vordergrund?
6. Nenne die heutigen Namen für die Landschaften, Gebirge und Flüsse, die Strabon nennt.

2. Europas mittelalterliche Traditionen

714–768	Die merowingischen Hausmeier Karl Martell und Pippin
732	In der Schlacht bei Tours und Poitiers werden die Araber geschlagen
768–814	Karl der Große, der „erste Europäer"; karolingische Renaissance
1095–1291	Kreuzzüge ins Heilige Land.

Die prägenden Kräfte im Mittelalter

Während des Mittelalters trat das Europa-Bewusstsein – im Vergleich zu Antike und Neuzeit – in den Hintergrund. Um 1000 n. Chr. entstanden die ersten Nationalstaaten, z. B. Frankreich, Polen. Dies hatte eher innereuropäische Konflikte als Einigungsbestrebungen zur Folge. Trotz der politischen Zwistigkeiten begann in jener Zeit das Jahrtausend Europas mit positiven und negativen Auswirkungen auf andere Kontinente.
Im Mittelalter waren zwei Kräfte unverkennbar, die den Kontinent prägten: zum einen das Christentum mit den verschiedenen Mönchsorden als Pfleger des religiösen Lebens und der Wissenschaften und zum anderen das ab dem 13. Jahrhundert neu entstehende, europaweite Universitätswesen, das um 1400 rund eine Viertel Million Studenten (Scholaren) umfasste. Die wissenschaftliche Bildung und das Christentum waren die wichtigsten Träger eines gemeinsame Kulturgutes mit der internationalen Bildungssprache Latein als Grundlage und waren somit beide Mittler zwischen Antike und Neuzeit.

„Gottesgnadentum"

Nach den Wirren der Völkerwanderungszeit entstand die erste christliche Herrscherdynastie nördlich der Alpen. Sie wurde von den Merowingern und vor allem von den ihnen nachfolgenden Karolingern getragen. Zur Festigung der karolingischen Macht trug vor allem die für Europa entscheidende Schlacht bei Tours und Poitiers in Frankreich 732 bei. Hier siegte das Heer des fränkischen Hausmeiers Karl Martell gegen die in Spanien ansässigen Muslime. Ohne diesen Sieg hätte sich der Islam auch nach Mittel- und Nordeuropa ausbreiten können.
Unter der Regentschaft von Karl Martells Sohn Pippin III. kam es zur entscheidenden Weichenstellung für die Verbindung zwischen weltlicher und geistlicher Macht. Pippin, der mächtigste Herrscher nördlich der Alpen, schloss sich mit dem Oberhaupt der christlichen Kirche, dem Papst, zusammen, der in der wichtigsten Stadt südlich der Alpen, in Rom, residierte. Anlass hierfür war ein Hilferuf des Papstes an Pippin, der sich von den in Norditalien ansässigen kriegerischen Langobarden bedroht fühlte.

Petrus übergibt Papst Leo III. (links) und Karl dem Großen (rechts) die Insignien der Macht Q1
Mosaik aus dem päpstlichen Palast in Rom.

Pippin war nicht königlicher Abstammung. Daher verbündete er sich mit dem Papst, um durch die päpstliche Salbung göttliche Gnade verliehen zu bekommen und damit seine Macht zusätzlich zu rechtfertigen. Er war damit „Herrscher von Gottes Gnaden". Als Gegenleistung schenkte Pippin Papst Stephan II. 756 in der sogenannten „Pippin'schen Schenkung" seine zuvor in Mittelitalien eroberten Gebiete. Dies war verbunden mit dem Versprechen, den Papst und diesen neuen Kirchenstaat zu schützen. Mit Pippin entstanden das „Gottesgnadentum" und das idealtypische Bild des „christlichen Herrschers", die Europa bis in die Neuzeit prägen sollten.

Karl der Große

Pippins Sohn Karl der Große erweiterte sein Reich durch militärische Erfolge über große Teile West- und Mitteleuropas (außer Spanien und England). Heute sieht man in ihm wegen der territorialen Ausdehnung gern den „Stammvater Europas". Doch wird seinen Zeitgenossen eher das Frankenreich denn Europa als Bezugsgröße gedient haben.
Im heutigen Rheinland-Pfalz, in Worms, versammelte Karl der Große 772 die Soldaten für die über dreißig Jahre währenden Sachsenkriege, um bis östlich der Elbe gegen die Heiden vorzudringen. Nach vielen Kämpfen konnte er diese Gebiete erobern und die Sachsen auch mit Hilfe von Zwangstaufen christianisieren. Damit hatte er das Christentum als einheitliche Religion in seinem Reich durchgesetzt.

Romanik und Gotik: europäische Stilrichtungen

Zur Zeit Karls des Großen wurden im Frankenreich verstärkt neue Kirchen gebaut, die vor allem durch Rundbögen und eine spezielle Gewölbetechnik gekennzeichnet waren (romanischer Stil bzw. Romanik). Die Weiterentwicklung des Kirchenbaus führte ab dem 12. Jahrhundert in Frankreich zur Hochkunst des Kirchenbaus schlechthin: Es entstanden die spitzbogigen gotischen Kathedralen, die sich in ganz Europa ausbreiteten.
In der christlich-lateinischen westlichen Hälfte des ehemaligen Römischen Reiches galten Rom und die katholische Kirche als Bezugspunkte und einflussreichste Kräfte. Die vorherrschende Rechts- und Gesellschaftsform des Mittelalters in weiten Teilen Europas war das auf Treue, Schutz und Diensten basierende Lehnswesen, der Feudalismus.

Kreuzzüge

Die Europäer traten immer dann stark und geeint auf, wenn sie von nichteuropäischen Feinden bedroht wurden oder wenn es um gemeinsame außereuropäische Vorhaben ging. Im Mittelalter wurde dieses Verhalten vor allem bei den Kreuzzügen deutlich: Christen kämpften unter der Führung von Rittern in sieben blutigen Kriegen gegen die „ungläubigen" Muslime, um die von diesen angeblich geschändeten heiligen Stätten in Jerusalem und verlorenes christliches Gebiet im Heiligen Land zurückzuerobern.
Die Kreuzzüge waren ein gemeinsames Unternehmen des westeuropäischen Adels. Sie waren auch bedeutsam für die Ausprägung des Rittertums und den damit verbundenen Burgenbau. Dies traf besonders auf das Gebiet des heutigen Welterbes Mittelrheintal in Rheinland-Pfalz zu. Vom 13. bis zum 15. Jahrhundert gewann die in den Kreuzzügen entstandene Gruppe der geistlichen Ritterorden an Bedeutung. Hier ist der Deutsche Ritterorden hervorzuheben, der sich an der europäischen Ostkolonisation beteiligte und im Deutschen Ordensland (dem heutigen Polen und den heutigen Baltischen Staaten) einen wichtigen Staat besaß.
Vom Kontakt mit der orientalischen Kultur und dem anschließenden regen Warenaustausch profitierte besonders das aufkommende Bürgertum in den oberitalienischen Städten. Mit der aufkommenden Geldwirtschaft entstanden Vorformen des Kapitalismus.

Q2 **Ein Mönch erteilt einem Kreuzritter das Abendmahl**
Skulpturengruppe in der Kathedrale von Reims.

Q3 Die Herkunft der Franken

Von den Frankenkönigen, die vor alter Zeit gelebt haben, schreibt der heilige Hieronymus, und die Geschichte des Dichters Vergilius erzählt, zuerst sei Priamus König der Franken gewesen, als Troja durch die Ränke des Ulysses [Odysseus] fiel; dann seien sie von dort ausgezogen und hätten später einen König mit Namen Friga gehabt, bis endlich eine Spaltung unter ihnen ausgebrochen sei und der eine Teil nach Mazedonien gegangen wäre, die anderen unter dem Könige Friga, die sich Frigier genannt hätten, aber Asien durchzogen hätten und sich am Ufer der Donau und des Weltmeeres [des Mittelmeeres] niedergelassen hätten.

Dann teilten sie sich von neuem, und ein Teil von ihnen zog unter dem Könige Francio mitten nach Europa hinein. Sie durchzogen Europa, ließen sich mit ihren Weibern und Kindern am Ufer des Rheins nieder und fingen nicht weit vom Rhein nach dem Muster von Troja an, eine Stadt zu bauen, die sie auch Troja nannten. Der Bau blieb aber unvollendet liegen. Die aber am Gestade der Donau zurückgeblieben waren, wählten sich einen König mit Namen Turchot und wurden nach ihm Turken genannt. Die anderen dagegen, die nach Francio Franken hießen, lebten lange Zeit hindurch unter Herzögen und beugten sich niemals unter die Herrschaft fremder Völker.

Sog. Fredegar, 4. Buch, cap. 2. Zit. nach: Geschichte in Quellen. [W. Giesebrecht], Band Mittelalter. Reich und Kirche. München [4]1996, S. 65.

Q4 Ein früher „Völkerbund"

Pierre Dubois (1250–1321), Jurist und Propagandist des französischen Königs Philipps des Schönen, dachte darüber nach, welche Bedingungen für die Kreuzfahrten ins Heilige Land wichtig waren (ca. 1306). Er hatte dabei durchaus an eine führende Rolle Frankreichs gedacht.

Wenn so viele Menschen dorthin (nach Palästina) ziehen und dort bleiben sollen, wird es notwendig sein, dass die katholischen Fürsten in Eintracht leben und keine Kriege gegeneinander führen. (…) Deshalb wäre es gut, wenn unter allen Katholiken, wenigstens unter denen, die der römischen Kirche gehorchen, der Friede dadurch gesichert würde, dass sie sich gleichsam zu einem einzigen Staat zusammenschließen, der aber so fest geeint sein müsste, dass er durch nichts getrennt werden könnte. Denn jedes Reich, das mit sich selbst uneins ist, wird verwüstet werden, wie der Erlöser sagt.

P. Dubois, De recuperatione Terre Sancte. Zit. nach: Europäische Geschichte. Quellen und Materialien. Hrsg. von H. Schulze. München 1994, S. 322f.

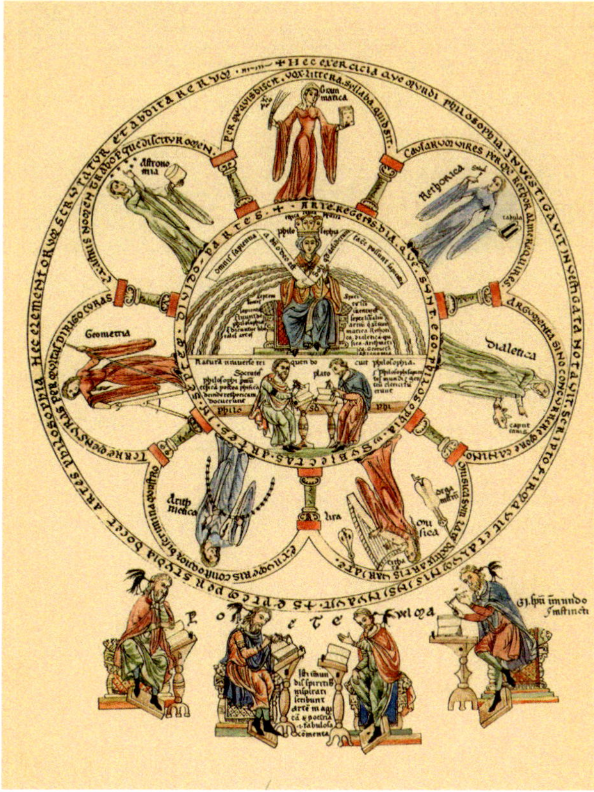

Q5 Die Sieben Freien Künste

Schon in der Antike war dieses Bildungsgut, das ein freier Mann beherrschen sollte, bekannt. Es vereinigt das Trivium von Rhetorik, Grammatik und Dialektik (philologischer „Dreiweg") und das Quadrivium von Geometrie, Astronomie, Arithmetik und Musik (naturwissenschaftlicher „Vierweg"), das auch im Mittelalter als Wissenschaftssystem galt.

Der Ausschnitt mit allegorischen Figuren stammt aus einer Illustration aus dem „Hortus Deliciarum" der Herrad von Landsberg, 1180: Im Zentrum thront die Königin Philosophie, auch Philologie oder Sapientia (Weisheit) genannt. Der ihren Kreisrand umgebende Schriftzug lautet: „Alle Weisheit kommt von Gott." Im Außenkreis symbolisieren „adlige Damen" mit typischen Insignien die Sieben Freien Künste (Septem Artes Liberales), deren Erfinder aus mittelalterlicher Sicht der Heilige Geist ist.

Unterhalb der Philosophie sitzen Sokrates und Platon, in Lektüre versunken; der Text zwischen ihnen verbürgt: „Philosophie lehrt, das Wesen aller Dinge zu erforschen. Die Philosophen sind die Weisen der Welt und die Priester der Völker gewesen, d. h. die christliche Philosophie baut auf den Lehren der großen vorchristlichen Denker auf, weil alle Weisheit letztlich von Gott kommt."

http:www.mediae.germanistik.uni-kassel.de (Bildlegende)

Bedeutende mittelalterliche Universitäten Europas und das Jahr ihrer Gründung. D1

Universitäten entstanden zuerst in Italien, Frankreich, England und Spanien, aus Rechtsschulen (Bologna, Oxford), Medizinschulen (Montpellier), Domschulen (Salamanca), aus fürstlichen oder städtischen Initiativen. Erste deutschsprachige Universitäten entstanden in Prag (1348), Wien (1365), Heidelberg (1386), Köln (1388), Erfurt (1392).

Q6 Friedrich Barbarossa schützt die Universitäten

Kaiser Friedrich I. Barbarossa (1122–1190, Kaiser 1155–1190) verfügte für die Scholaren, die fahrenden Schüler, Studenten und Professoren der Universität Bologna, 1158:

Nach sorgfältiger Prüfung dieser Angelegenheit durch Bischöfe, Äbte, Herzöge sowie alle Richter und Großen unseres kaiserlichen Hofes gewähren wir allen Scholaren, die zu Studierzwecken auf Wanderschaft gehen, besonders den Professoren der göttlichkaiserlichen Gesetze, folgende Wohltat unserer Gnade:
Sowohl sie selbst wie ihre Boten sollen zu den Orten, an denen man die Studien der Wissenschaften ausübt, sicher gelangen und sicher in ihnen wohnen können. Weil nämlich, die Gutes tun, unser Lob und unseren Schutz verdienen, halten wir es für angemessen, dass wir alle diejenigen, durch deren Wissen die Welt erleuchtet [und] das Leben der Untertanen darauf ausgerichtet wird, Gott und uns, seinem Diener, zu gehorchen, mit besonderer Zuneigung vor jeglichem Unrecht bewahren. Wer möchte sich ihrer nicht erbarmen? Aus Liebe zur Wissenschaft heimatlos, aus reich arm geworden, leisten sie selbstlos Verzicht, setzen ihr Leben allen Gefahren aus und erdulden von oft nichtswürdigen Menschen, was schwer hinzunehmen ist, am eigenen Leibe Unrecht ohne Grund.
Deshalb bestimmen wir durch dieses allgemeine und in Ewigkeit gültige Gesetz, dass sich niemand mehr als so unverfroren erweise, den Scholaren irgendein Unrecht antun zu wollen und ihnen wegen der Schulden eines Landsmannes, was manchmal, wie wir gehört haben, aus üblem Brauch geschehen ist, irgendeinen Nachteil zuzufügen. Übertreter dieses kaiserlichen Gesetzes und die jeweilige örtliche Obrigkeit, die dies zu ahnden unterlässt, mögen wissen, dass die Rückerstattung des entwundenen Gutes von allen in vierfachem Umfang geleistet werden muss und dass sie ihre Würde, nachdem zwangsläufig ein Verlust der Ehrenrechte eingetreten ist, für immer einbüßen.
Wenn aber jemand gegen die Scholaren wegen irgendeiner Sache einen Rechtsstreit anstrengen will, dann muss er ihnen die Wahl freistellen, entweder von ihrem Herrn beziehungsweise Lehrer oder von dem Bischof der jeweiligen Stadt belangt zu werden, denen wir hierfür die Gerichtshoheit übertragen haben. Wer sie aber vor einen anderen Richter zu ziehen wagt, soll mit der Klage – und sei sie noch so berechtigt – wegen eines solchen Versuchs unterliegen. Im Übrigen haben wir angewiesen, dass dieses Gesetz den kaiserlichen Erlassen (…) einverleibt werde.

Zit. nach: Deutsche Geschichte in Quellen und Darstellung. Band 1: Frühes und hohes Mittelalter 750–1250. Stuttgart 1995, S. 356f.

Q7 Der gotische Baustil

Die Abteikirche von St. Denis ist der erste einheitlich im gotischen Stil errichtete Kirchenbau Europas. Der Bericht Suger von St. Denis (1080–1151) über den Umbau der Benediktiner-Abtei St. Denis nördlich von Paris zur ersten gotischen Kirche, 1145 gibt Einblick in die tiefe Religiosität und verinnerlichte Geisteshaltung der Verantwortlichen des Abtes:

Wir beschlossen unter Gottes Eingebung (…), die geheiligten Steine selbst wie Reliquien in den Neubau versetzen zu lassen (…) und alles daran zu setzen, ihn durch die Schönheit seiner Abmessungen nach Länge und Breite auszuzeichnen. Mit Vorbedacht wurde daher beschlossen, jene niedrige Wölbung der Apsis höherzulegen, in deren Schutze die Leiber unserer Heiligen ruhten, und zwar bis zum oberen Niveau der Krypta, an die sie grenzte, damit diese Krypta mit ihrer Decke denen zum Fußboden diente, die über die beiderseits angebrachten Stufen herantreten würden: Auf diese Weise sollten ihren Blicken die mit Gold und kostbaren Edelsteinen geschmückten Schreine der Heiligen an hervorragenderem Platze gezeigt werden. Scharfsinnig wurde bei der Aufstellung der oberen Säulen und der sie verbindenden Bogen darauf Bedacht genommen, und zwar mit Hilfe geometrischer und arithmetischer Instrumente, dass die Breite des mittleren Teiles im Chore der des Mittelschiffs der alten Kirche gleichkäme und ebenso die Ausdehnung der neuen Seitenschiffe der alten entspräche, jene prächtigen und trefflich erdachten Kapellenanbauten im Chorumgang nicht eingerechnet, die den ganzen Raum in wunderbarem und gleichmäßig die Schönheit des Inneren durchleuchtendem Glanze ihrer Glasfenster mit den heiligsten Darstellungen erstahlen lassen sollten.

Suger von Saint-Denis, Libellus de consecratione ecclesiae St. Dionysii. Zit. nach: Europäische Geschichte. Quellen und Materialien. Hrsg. Von H. Schulze. München 1994; S. 645.

Q8 Chorumgang der Abteikirche Saint-Denis im frühgotischen Stil, 1142

Fragen und Anregungen

1. Erläutere den Begriff „Gottesgnadentum“ und seine Bedeutung (VT, Q1, Lexikon).
2. Worin zeigt sich die Fortführung antiken Kulturgutes im Mittelalter (VT, Q3, Q5)?
3. Welche Bedeutung hatten die Universitäten für die Entstehung einer europäischen Kultur (VT, D1, Q5, Q6)?
4. Stelle eine Rangliste der zehn ältesten Universitäten zusammen (D1). Analysiere die Bedeutung von kulturellen Bildungseinrichtungen und von Latein für das Mittelalter und für die nachfolgenden Jahrhunderte.
5. Die Sieben Freien Künste (Q5) bilden die sogenannte Artistische Fakultät, die 4. nach Theologie, Recht und Medizin. Interpretiere die Reihenfolge. Informiere dich über weitere Lehrinhalte der verschiedenen Fachrichtungen.
6. Arbeite heraus, welche Glaubensinhalte sich in der gotischen Architektur widerspiegelten (Q7, Q8). Informiere dich über Besonderheiten und Unterschiede zwischen „Romanik“ und „Gotik“ (Q7, Q8, Lexikon). Nenne Beispiele von romanischen oder gotischen Kirchen in deiner weiteren Umgebung.
7. Diskutiert die Rolle des Christentums – auch im Vergleich zum Islam (VT, Q4, Q7).
8. Wie beurteilst du die Chancen, dass der von Dubois beschriebene europäische Völkerverein (Q4) verwirklicht wird?

3. Europa in der Neuzeit – 1500 bis 1945

14./17. Jhdt.	Beginn der „Europäisierung der Welt“ durch die seefahrenden Nationen der Spanier, Portugiesen, Niederländer und Briten
16. Jhdt.	Im Zeitalter der Reformation und Gegenreformation zerbricht die katholische Glaubenseinheit; verschiedene protestantische Richtungen entstehen.
1648	Mit dem Westfälischen Frieden von Münster und Osnabrück wird der Dreißigjährige Krieg beendet.
1789	Die Französische Revolution schafft die Grundlagen für Menschenrechte und Demokratie.
1800–1815	Europäische Völker kämpfen gemeinsam gegen Napoleon.
1848	Karl Marx veröffentlicht sein Werk „Manifest der Kommunistischen Partei“.
20. Jahrhundert	Im Ersten und Zweiten Weltkrieg bekriegen sich europäische Nationen.
1945	Europa wird in zwei gegensätzliche Blöcke geteilt. Der Ost-West-Konflikt (Kalter Krieg) entsteht.

Renaissance und Reformation

Q1 **Der Gelehrte Erasmus von Rotterdam.** Kupferstich von Albrecht Dürer, 1523

Vom 14. Jahrhundert an breitet sich von Italien ausgehend eine Bewegung aus, die neue Ideen nach Europa brachte – die Renaissance (französisch = Wiedergeburt). Man versteht darunter die Rückbesinnung auf die Gedanken und Vorstellungen der Antike. Mit ihr lebte das für die Neuzeit prägende und Europa von anderen Kontinenten unterscheidende Gedankengut der griechischen Philosophie wieder auf. Logische Argumentation und rationale Beweisführung sowie die Reflexionsfähigkeit des freien Individuums waren die Basis für die grundlegenden Veränderungen im Denken und Handeln ab ca. 1500. Der Mensch selbst rückte in den Mittelpunkt des Interesses; aber auch die Staaten rivalisierten nun gegeneinander, weil Brüche und Interessengegensätze deutlich zutage traten. Die anderthalb Jahrtausende währende, Gehorsam fordernde katholische Glaubenseinheit zerfiel: Mitte des 16. Jahrhunderts spaltete sich die protestantische Konfession unter Führung Martin Luthers ab. Doch auch der Protestantismus blieb nicht einheitlich, sondern teilte sich in mehrere größere Richtungen auf, in Lutheraner, Calvinisten, Zwinglianer und Puritaner. Insbesondere Letztere „europäisierten“ von Großbritannien aus im 17. Jahrhundert mit ihrem Glauben auch die Neue Welt in Amerika. Im Namen der Konfession wurden Kriege – „Glaubenskriege“ – geführt, die sich im Kern jedoch um politischen Macht- und Gebietszuwachs drehten.

Einigkeit und Rivalität

Als 1453 die islamischen Osmanen Wien belagerten, zeigte sich, dass das christliche Westeuropa in der Abwehr dieser Gefahr zur Einheit finden konnte. So wurde etwa der Interessenaustausch zwischen den Königs- und Fürstenhöfen Europas verstärkt und zu festen diplomatischen Vertretungen nach französischem Muster ausgebaut.

Die Dynastie der aus Österreich stammenden Habsburger umfasste im 16. Jahrhundert viele Länder Europas und große Teile Amerikas. Sie zerbrach nach der Abdankung Kaiser Karls V. 1556 in zwei Hauptlinien: in die spanisch-überseeische und in die österreichisch-kontinentale für Reichsangelegenheiten. Im Kampf gegen die beiden außenpolitischen Gegner Frankreich und die nach Europa vordringenden Osmanen war Karl V. auf die europäischen Fürsten angewiesen. Diese ver-

standen es gut, ihre militärische Unterstützung mit religiösen und territorialen Forderungen zu verbinden. Dies führte dazu, dass die kaiserliche Zentralgewalt gegenüber den erstarkenden Partikular- bzw. Teilgewalten an Bedeutung verlor.
Die innereuropäischen Auseinandersetzungen verschärften sich zunehmend und im Dreißigjährigen Krieg von 1618–1648 kämpften fast alle kontinentalen Mächte gegeneinander. Im 17. Jahrhundert rivalisierten auch die Niederländer und Engländer auf den Weltmeeren um die Vorherrschaft zur See. Die Briten konnten diese Rivalität schließlich für sich entscheiden – „England rules the waves!" – und bis ins frühe 20. Jahrhundert halten. Das Ergebnis war die Gründung des British Commonwealth, das in Teilen heute noch existiert. Die Europäisierung der Welt, die unter den Spaniern und Portugiesen im 14. und 15. Jahrhundert begonnen hatte, wurde im 17. und 18. Jahrhundert fortgeführt: Europäische Mächte richteten Stützpunkte und Besitzungen auf allen Kontinenten ein. Damit war der Bogen zum Imperialismus und Kolonialismus am Ende des 19. Jahrhunderts geschlagen.
Die Französische Revolution von 1789 hatte große Ausstrahlung auf Europa. Viele Menschen nahmen deren Errungenschaften wie Menschenrechte und Demokratie begeistert auf, viele lehnten die Revolution aber wegen ihrer gewalttätigen Seite ab. Die europäischen Fürstenhäuser versuchten, den Einfluss der Revolution in ihren Staaten einzudämmen, weil sie den Verlust ihrer Herrschaft befürchteten.

Q2 Ein invalider Landsknecht aus dem Dreißigjährigen Krieg
Holzstatuette.

Die Idee der „Vereinigten Staaten von Europa"

Vom frühen 19. Jahrhundert bis zum Ende des Zweiten Weltkriegs gab es immer wieder Forderungen und Ansätze, das amerikanische Modell zu übernehmen und die „Vereinigten Staaten von Europa" ins Leben zu rufen. Bereits Napoleon hatte das Ziel, die europäischen Völker zu einen. Doch letztlich verschworen sich die gegnerischen Mächte gegen ihn. 1832 brachte der Publizist und Organisator des Hambacher Festes Johann Georg August Wirth ein dreifaches Hoch auf das „konföderierte republikanische Europa" aus; 1847 formulierte der französische Schriftsteller Victor Hugo als Eröffnungsredner eines internationalen Friedenskongresses seine Vorstellung von „Les Etats-Unis d'Europe" (Vereinigte Staaten von Europa). Alle diese Vorstellungen hatten allerdings nur geringe Chancen auf Verwirklichung.
Anfang der 1920er-Jahre entwickelte der österreichische Schriftsteller Richard Nikolaus Graf von Coudenhove-Kalergi die „Paneuropa"-Idee („Ganz Europa") und schlug vor, dass sich Europa politisch und wirtschaftlich zusammenschließen sollte. Im Jahr 1924 gründete er die „Paneuropa-Union", die älteste europäische Einigungsbewegung. Politiker wie der französische Außenminister Aristide Briand sprachen 1930 über eine „Politische Union Europas". Doch die Zeit war noch nicht reif für die Verwirklichung dieser Ziele. Selbst 1946 blieb Winston Churchills Aufruf an die Jugend Europas („Vereinigt Europa!") noch wirkungslos. Vielmehr spaltete die politische Entwicklung Europa 1945/46 in zwei feindliche Blöcke – in einen westlich-demokratischen Teil, ausgerichtet auf Amerika, und in einen östlich-kommunistischen Teil unter Führung

Deutsch-deutsche Grenze: Errichtung einer Mauer an der Werra, Juni 1962 Q3

der Sowjetunion. Churchill bezeichnete die Trennungslinie zwischen beiden Blöcken als „Eisernen Vorhang".

Zusammenfassung und Ausblick

In der Vergangenheit haben sich die europäischen Nationen nur zeitlich begrenzt zusammenschlossen, um äußere Gefahren und Bedrohungen abwehren zu können. Es gab allerdings auch stets glühende Aufrufe, die dafür eintraten, sich der gemeinsamen europäischen Traditionen und Werte bewusst zu werden. Wenn die Gefahren von außen nicht (mehr) bestanden, zerfielen die jeweiligen Bündnisse wieder, und es herrschten erneut nationale und staatspolitische Ideen und Herrscherinteressen vor, bis hin zu Waffengängen der europäischen Staaten gegeneinander. Besonders nach kriegerischen Auseinandersetzungen lebten Bemühungen wieder auf, die anstrebten, Europa friedlich zu vereinen. Nach dem Ersten Weltkrieg und der Oktoberrevolution waren allerdings das europäische Mächtesystem des 19. Jahrhunderts zerstört und die zentrale Stellung Europas in der Weltpolitik erschüttert. Die Zeit bis zum Zweiten Weltkrieg war zu turbulent und der Europa-Gedanke war nicht realisierungsfähig. Erst nach 1945, nach der stärksten materiellen Zerstörung und psychischen Belastung Europas überhaupt, hatten die Friedensbemühungen eine wirkliche Chance. Nun konnte der Zusammenschluss Europas bis zur heutigen Form der Europäischen Union auf den Weg gebracht werden.

Q4 **„Völkerfrühling 1848" („Europa der Nationen"): „Die weltumspannende demokratische und soziale Republik".**
Volkstümliche Darstellung von 1848.

Q5 Die „Waage Europas" – „Balance of Power"

Wilhelm III. von England (1650–1702) hielt 1701 vor dem englischen Unterhaus folgende Ansprache:

Dadurch, dass der König von Frankreich seinen Enkel auf den spanischen Thron setzt, wird es ihm möglich, das übrige Europa zu unterdrücken, sofern man nicht rasche und hinreichende Gegenmaßregeln ergreift. (…) Dies berührt England auf die empfindlichste Weise, in Beziehung auf den Handel, (…) in Bezug auf einheimische Sicherheit und Frieden, (…) endlich in Beziehung auf die Rolle, die England für die Erhaltung der europäischen Freiheit übernehmen muss. Um dem allgemeinen Unglück, womit die Christenheit durch Frankreichs (…) Macht bedroht wird, entgegenzutreten, habe ich mehrere Bündnisse geschlossen. (…) An dem rechten Benutzen des gegenwärtigen Augenblicks wird man erkennen, ob Sie ernstlich wollen, dass England die Waage Europas in Händen behalte und an der Spitze der protestantischen Christenheit stehe.

Zit. nach: Europäische Geschichte. Quellen und Materialien. Hrsg. v. H. Schulze. München 1994, S. 161.

Q6 „Zusammenschmelzung der Völker"

Napoleon Bonaparte in seinen Memoiren, die er im Exil auf St. Helena verfasste, 1816:

Eine meiner Lieblingsideen war die Zusammenschmelzung, die Vereinigung der Völker, die durch Revolutionen und Politik getrennt worden waren. (…) Dem Vollbringer dieses Werkes würde die Nachwelt ihre schönsten Kränze weihen, und ich fühlte mich stark und berufen, eine solche Arbeit zu unternehmen. War dies getan, dann könnte man sich dem jetzt nur erträumten Ideal einer höheren Gesittung hingeben; dann war kein Wechsel mehr zu befürchten, denn es herrschte ein Gesetz, einerlei Meinung, eine Ansicht, ein Interesse, das Interesse der Menschheit.

Napoleon I., Memoiren. S. 202, 285 et al. Zit. nach: Europäische Geschichte. a.a.O., S. 189f.

Q7 Gefahren für Europa

Graf Coudenhove-Kalergi, Gründer der Paneuropa-Union, 1923:

Europäer! Europäerinnen! Europas Schicksalsstunde schlägt! In europäischen Fabriken werden täglich Waffen geschmiedet, um europäische Männer zu zerreißen – in europäischen Laboratorien werden täglich Gifte gebraut, um europäische Frauen und Kinder zu vertilgen. (…) Europas Politik steuert einem neuen Krieg zu. (…) Die zweite Gefahr, der ein zersplittertes Europa entgegengeht, ist: die Eroberung durch Russland. Unter Führung eines roten und weißen Diktators könnte Russland, durch gute Ernten, amerikanisches Kapital und deutsche Organisation, sich schneller wieder aufrichten, als Europa ahnt. (…) Die dritte Lebensgefahr für Europa ist: der wirtschaftliche Ruin. Nie kann die zersplitterte Wirtschaft der uneinigen Staaten von Europa konkurrenzfähig bleiben gegen die geschlossene Wirtschaft der Vereinigten Staaten von Amerika. (…) Die (…) Rettung vor diesen drohenden Katastrophen ist: Paneuropa; der Zusammenschluss aller demokratischen Staaten Kontinentaleuropas zu einer internationalen Gruppe, zu einem politischen und wirtschaftlichen Zweckverband.

R. N. Coudenhove-Kalergi, Paneuropa 1922–1966. Zit. nach: G. Brunn, Die Europäische Einigung im 20. Jahrhundert. Stuttgart 1997, S. 10f.

Q8 Der „Eiserne Vorhang" in Europa

Der britische Politiker Winston Churchill telegrafierte am 12. Mai 1945 an US-Präsident Truman:

Ein eiserner Vorhang ist vor ihrer [der russischen] Front niedergegangen. Was dahinter vorgeht, wissen wir nicht. Es ist kaum zu bezweifeln, dass der gesamte Raum östlich der Linie Lübeck – Triest – Korfu schon binnen kurzem völlig in ihrer [der Sowjetunion] Hand sein wird. Zu all dem kommen noch die weiten Gebiete, die die amerikanischen Armeen zwischen Eisenach und der Elbe erobert haben, die aber, wie ich annehmen muss, nach der Räumung durch Ihre Truppen in ein paar Wochen gleichfalls der russischen Machtsphäre einverleibt sein werden. General Eisenhower wird alle nur möglichen Maßnahmen treffen müssen, um eine zweite Massenflucht der Deutschen nach Westen zu verhindern, wenn dieser enorme moskowitische Vormarsch ins Herz Europas erfolgt. Und dann wird der Vorhang von neuem (…) niedergehen. Damit werden uns russisch besetzte Territorien von vielen hundert Kilometern Tiefe wie ein breites Band von Polen abschneiden. (…)

Zit. nach: Europäische Geschichte. Quellen und Materialien. a. a. O., S. 255f.

Fragen und Anregungen

1. Nenne und erläutere Veränderungen/Brüche/Neuerungen im Übergang vom Mittelalter zur frühen Neuzeit in Europa (VT, Q1, Q2).
2. Einheit und Zwietracht in Europa: Nenne Gründe dafür und liste auf, was jeweils unter den „Vereinigten Staaten von Europa" verstanden wurde.

4. Europa der Regionen am Beispiel der Region Saar-Lor-Lux bzw. Saar, Rhein, Mosel

1980	Beginn der grenzübergreifenden Zusammenarbeit in dieser Region
1986	Saar-Lor-Lux: Der erste Interregionale Parlamentarierrat der Europäischen Gemeinschaft wird gegründet.
seit 1993	Tätigkeit der Arbeitsgemeinschaft der Kommunen COMREGIO
seit 1995	Gründung der Europäischen Region (EuRegio) SaarLorLuxRhein

Die Großregion Saarland-Lothringen-Luxemburg-Rhein

Im Herzen Europas ist die Großregion SaarLorLuxRhein ein grenzüberschreitender Raum, in dem fünf Länder bzw. Regionen seit den siebziger Jahren eine gemeinsame Zukunft entwickeln und dafür die Grenzen, die der Region seit Jahrzehnten Gestalt gegeben haben, überwinden wollen.
Die grenzüberschreitende Zusammenarbeit vollzieht sich auf verschiedenen Ebenen, vor allem aber auf der kommunalen. In vielen Bereichen (Tourismus, Kultur, Bildung, Planung usw.) kann diese Zusammenarbeit ohne die Mitwirkung der Städte, Gemeinden und Landkreise nicht umgesetzt werden.
Im Jahre 1988 gründeten kommunale Vertreter in der Großregion zunächst die Arbeitsgemeinschaft der Kommunen COMREGIO. Man erkannte jedoch bald, dass eine grenzüberschreitend tätige ständige Vertretung der kommunalen Interessen notwendig ist. Deshalb wurde am 15. Februar 1995 die Europäische Region SaarLorLuxRhein als gemeinnütziger Verein nach luxemburgischem Recht gegründet. Seitdem gibt es einen kommunalen Spitzenverband der Großregion. Dessen Hauptzielsetzung ist die Förderung und Stärkung der kommunalen Zusammenarbeit in der Großregion.

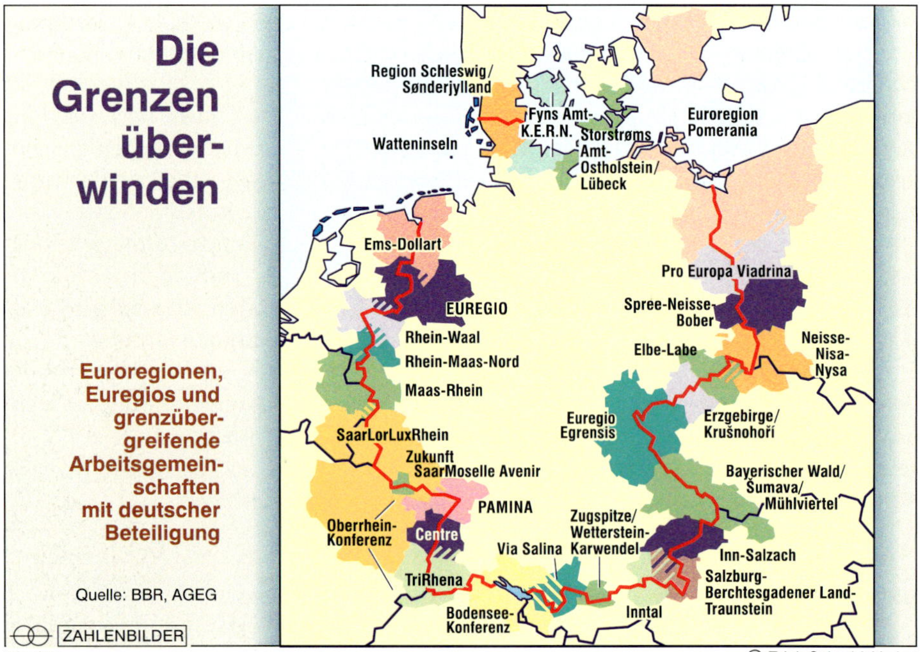

725 375 © Erich Schmidt Verlag

Deutschlands europäische Nachbarregionen D1

Römer und Franken

Die Großregion hat eine lange Geschichte, die vor allem vom Rhein geprägt ist. Menschen nahezu aller Herkunft und Hautfarbe, aller Religionen, von den Kelten über die Römer bis zu den Soldaten Napoleons, haben am „Rhein gelebt, gerauft, gesoffen und gesungen". Die jungen Bundesländer Rheinland-Pfalz und Saarland sind von dieser europäischen Tradition geprägt, im Positiven wie im Negativen.

Der Rhein bildete mit dem Limes einige Jahrhunderte die Grenze des Römischen Reiches zu den Germanen. Mit der römischen Kultur verbreiteten sich linksrheinisch auch die Religionen, die die Eroberer aus den verschiedenen Reichsteilen mitbrachten: in spätrömischer Zeit der aus dem Orient kommende Mithrasglauben und dann das Christentum. Nach dem Abzug der Römer richtete sich der Germanenstamm der Franken in dem ein, was vom untergegangenen Römischen Reich übriggeblieben war.

Q1 **Porta Nigra in Trier**

Die Franken wurden Christen und nutzten die ehemals aus Stein erbauten Städte wie Trier, Metz, Mainz und Köln als politische, wirtschaftliche und religiöse Zentren. Sie erweiterten ihr Reich in vielen Eroberungszügen und trieben darin die Christianisierung voran. Noch heute gibt es in der katholischen Kirche neben Rom noch einen zweiten Bischofssitz mit dem Ehrentitel „Heiliger Stuhl", nämlich Mainz.

Teilungen

Unsere Region lag im Zentrum der fränkischen Kernlande und wurde nach dem Tode Karls des Großen von den dann folgenden Reichsteilungen betroffen. Bei der entscheidenden, weil dauerhaften Teilung 843 in Verdun kamen die Räume um Saarbrücken, Trier und Koblenz an Karls Enkel Lothar. Der heutige Regierungsbezirk Rheinhessen-Pfalz gehörte Ludwig, den man später den Deutschen nannte. Der dritte Enkel Karls bekam den Westen. Im Jahr zuvor hatte sich Ludwig mit seinem zweiten Bruder gegen Lothar verbündet und dieses Bündnis in Straßburg eidlich beschworen. Die Abfassung der Eide sowohl in althochdeutscher als auch altfranzösischer Sprache offenbarten bereits die sprachliche Zweiteilung des Frankenreichs. Die beiden Brüder konnten sich dennoch verstehen, weil jeder die Sprache des anderen Landesteils noch beherrschte.

Deutsche und Franzosen

Der Vertrag vermochte weiteren Streit nicht zu verhindern. Die beiden Völker, die aus der Reichsteilung hervorgingen, Deutsche und Franzosen, verhielten sich über weite Strecken ihrer Geschichte oft wie feindliche, heute aber endlich ausgesöhnte Brüder. Über die Gebiete an Rhein, Mosel und Saar sind die Zeiten oft gewalttätiger Nachbarschaft hinweggegangen und haben ihre Spuren hinterlassen. Als „Mainzer Republik" 1793 gehörte das linksrheinische Gebiet zu Frankreich und wurde in Départements eingeteilt. Später, als Grenzlande wie das Elsass, wie Lothringen, die Westeifel und der obere Naheraum, dienten sie als militärisches Aufmarschgebiet, zum wirtschaftlichen Nachteil der Menschen. Diesen wurden damit Handel, Wandel und Verkehr erschwert. Lange blieb ihnen ein Anschluss

Zeiten französischer Besatzung in Mainz Q2

an die Dynamik des Industriezeitalters verwehrt. Während der Hunsrück in römischer Zeit beispielsweise verkehrstechnisch gut erschlossen war, stand es dort im 19. Jahrhundert um die Infrastruktur sehr schlecht.

Mainz: Brennpunkt deutsch-französischer Geschichte

Wie in einem Brennpunkt konzentriert sich in der Mainzer Stadtgeschichte die gemeinsame Geschichte von Deutschen und Franzosen. Nach dem Ersten Weltkrieg war die Stadt bis 1930 von den Franzosen besetzt. Nach dem Zweiten Weltkrieg lösten französische Truppen im Sommer 1945 vereinbarungsgemäß die Amerikaner in Mainz ab. Aus Mainz wurde wieder Mayence. Mainz stand im französischen Blick auf das Rheinland stets im Mittelpunkt. Es ist daher auch kein Zufall, dass es die Hauptstadt des von der Besatzungsmacht gegründeten Landes Rheinland-Pfalz wurde. Die Besetzten sahen die Rolle der Franzosen allerdings kritisch. Besatzer und Besetzte kamen wie zwischen 1918 und 1930 nicht gut miteinander aus. Anders jedoch als nach dem Ersten Weltkrieg hatten die maßgeblichen Politiker und auch die Menschen der beiden Nachbarländer ihre Lektion gelernt. Konrad Adenauer und Charles de Gaulle besiegelten am 8. Juli 1962 in der Kathedrale von Reims, der Krönungskirche der französischen Könige, die deutsch-französische Aussöhnung in einer „Messe für den Frieden“.

Region Saarland-Lothringen-Luxemburg/Trier-Westpfalz

Als Ergebnis der Aussöhnung wächst heute zusammen, was einst zusammengehörte: die Region Saarland-Lothringen-Luxemburg/Trier-Westpfalz. Für die Bürger der Europäischen Union ist der Name des kleinen Moseldorfes Schengen unmittelbar an der luxemburgisch-französischen Grenze ein Begriff für offene Grenzen und vereinfachte Reisebedingungen. Straßburg, Verdun, Mainz und Schengen sind Orts- und Städtenamen, mit denen weitreichende europäische Entwicklungen verbunden sind.

D2 Die Großregionen an Rhein-Mosel-Saar zur Zeit des Römischen Reiches um 133 n. Chr. und zur Zeit der Karolinger nach der Reichsteilung von Verdun 843

D3 Die Großregionen an Rhein – Mosel – Saar heute

Q3 Grenzgänger

Der Kulturwissenschaftler Christian Wille:

4300 Saarländer pendeln jeden Morgen nach Luxemburg zur Arbeit. Dazu kommen 18 500 Rheinland-Pfälzer, 56 300 Franzosen und 29 200 Belgier, die im Großherzogtum arbeiten und hier täglich 35 Euro ausgeben. Laut einer Studie ließen Grenzgänger insgesamt 786 Millionen Euro im Jahr 2002 in Luxemburg. Besonders verbrauchssteuerpflichtige Produkte und Waren des täglichen Bedarfs sind nachgefragt. (…) Fast alle der 4500 befragten Grenzgänger tanken in Luxemburg, Franzosen kaufen am häufigsten Tabak, Belgier am häufigsten Alkohol. Bei den Ausgaben für Restaurantbesuche im Beruf führen die Deutschen, in der Freizeit Franzosen. Den täglichen Einkauf erledigen vor allem Belgier und Deutsche in Luxemburg. Das Großherzogtum zieht mit seinen 126 000 Einpendlern nicht nur eine große Kaufkraft an, es empfängt heute auch die meisten Grenzgänger in der Großregion SaarLorLux. (…) In den 1970er-Jahren hatte das Saarland durch sein Arbeitsplatzangebot und die guten Löhne das Grenzgängermonopol. Abgedrängt durch die Grenzgängerströme nach Luxemburg kommen heute aber immer noch täglich 22 000 Lothringer ins Saarland – unter ihnen auch 6000 Deutsche. Dieses Im-Ausland-Wohnen und Im-eigenen-Land-Arbeiten beschränkt sich nicht nur auf das Gebiet an der saarländisch-lothringischen Grenze: Überzogene Immobilienpreise und hohe Lebenshaltungskosten veranlassen viele Luxemburger, in das angrenzende Belgien oder Lothringen zu ziehen. Der Grenzgang mit umgekehrten Vorzeichen begann in der Großregion [SaarLorLux] bereits in den 1960er-Jahren. (…)

Der regionale Dialekt, so ergänzen die Deutschen in Lothringen, vereinfacht das Zusammenleben mit Franzosen.

www.christian-wille.de/inhalte/promotion/promo_umfrage.htm (Zugriff: 5. 5. 2006)

Q4 Dem Oberrhein fehlt Französisch

Aus einer Umfrage in der Grenzregion, durchgeführt vom Deutsch-Französischen Institut (DFI) in Ludwigsburg, beauftragt von der Fondation Entente Franco-Allemande:

In der Region Oberrhein gibt es zwar diesseits und jenseits der Grenze ähnliche Wertvorstellungen, aber ein engeres Zusammenwachsen und die Intensivierung von kulturellen und wirtschaftlichen Beziehungen scheitern noch immer an der mangelnden Kenntnis der französischen Sprache. „Die Menschen im deutsch-französischen Grenzgebiet am Oberrhein leben in derselben Welt, sie empfinden die Region als etwas, was für ihre Zukunft wichtig ist, und es gibt ähnliche Werthaltungen und Erwartungen an die Zukunft", sagt der Direktor des DFI.

Befragt wurden 904 Einwohner in der Nordschweiz, im Elsass, in Baden, in Rheinland-Pfalz, im Saarland und im Département Moselle. Ingesamt beherrschen nur 26 Prozent der Befragten die Sprache des Nachbarn.

Augenfällig sind die schlechten Sprachkompetenzen der Deutschen: 43 Prozent der befragten Franzosen sprechen Deutsch, 37 Prozent der Schweizer sprechen Französisch, aber eben nur 12 Prozent der Deutschen, die in der Grenzregion leben, sprechen Französisch. Bessere Kenntnisse der französischen Sprache haben die zwischen 16 und 24 Jahre alten Deutschen in der Region. Von ihnen gaben 18 Prozent an, Französisch sprechen zu können. (…)

Abgefragt wurden auch Werte. Danach haben die Menschen in der Region sehr ähnliche Wertvorstellungen. Als wichtigste Werte nennen sie Gesundheit, Familie und Arbeit. 37 Prozent der Befragten halten die grenzüberschreitende Zusammenarbeit wichtig für die Zukunft, 54 Prozent wollen, dass die Zweisprachigkeit stärker gefördert wird.

Frankfurter Allgemeine Zeitung v. 4. 2. 2006, S. 11.

Fragen und Anregungen

1. Erläutere die Bedeutung von „Europäischen Regionen" für die europäische Integration (VT).
2. Verfasse ein Kurzreferat zum Thema: „Die Geschichte der EuRegion SaarLorLuxRhein von der Römerzeit bis heute." Verwende den VT und besorge dir zusätzliche Informationen aus dem Internet (www.euregio.lux).
3. Vergleiche die beiden Karten D2 und D3. Beschreibe Gemeinsamkeiten und Veränderungen.
4. Was unterscheidet Grenzgänger von Wanderarbeitern oder Berufspendlern (Q3)? Welche Vorteile haben Grenzgänger gegenüber anderen Bürgern?
5. Welche Strategien entwickeln Grenzgänger zum Umgang mit sprachlichen Differenzen im interregionalen Lebens- und Arbeitsalltag (Q3, Q4)?
6. Sind Grenzgänger die „besseren" Europäer?
7. Schreibe einen Artikel im Stil von Q3 und Q4 über eine andere europäische Region deiner Wahl (s. D1: z. B. eine deutsch-dänische oder deutsch-polnische oder deutsch-niederländische grenzüberschreitende Region).

5. Der Weg der europäischen Einigung bis zur Europäischen Gemeinschaft (EG)

1946	Winston Churchills Züricher Rede über die „Vereinten Nationen Europas“
1950	9. Mai: Geburt des modernen Europas durch die Erklärung des französischen Außenministers Robert Schuman zur Gründung der Europäischen Gemeinschaft für Kohle und Stahl (EGKS = „Montanunion“); seit 1985 ist der 9. Mai Europatag.
1957	„Römische Verträge“ vereinen EGKS und EURATOM in der Europäischen Wirtschaftsgemeinschaft (EWG); sie besteht seit 1. 1. 1958 aus sechs Mitgliedern.
1967	Umbenennung der EWG in „Europäische Gemeinschaft“ (EG); ab 1973 erfolgen mehrfache Erweiterungen auf heute 25 EU-Staaten.
1992	Umbenennung der EG in „Europäische Union“ (EU) als Folge der Maastrichter Verträge

Das Werden Europas aus Ruinen

Nach dem Zusammenbruch Deutschlands am Ende des Zweiten Weltkriegs war auch Europa als Kraftzentrum der Weltpolitik ausgeschaltet. Aufgrund der Kriegserfahrungen waren die Europäer nun bestrebt, eine engere Zusammenarbeit untereinander und Ideen über eine Vereinigung Europas in die Tat umzusetzen. Im September 1946 rief der ehemalige britische Premierminister Winston Churchill in einer Rede zur Vereinigung Europas auf. Er knüpfte damit an die seit vielen hundert Jahren bestehenden Überlegungen zum Zusammenschluss möglichst vieler europäischer Nationen an. Im Dezember 1946 gründeten vierzig Gruppen aus sechzehn Ländern die „Union Europäischer Föderalisten“ (UEF).
Dieser Prozess der europäischen Integration hat in der Folgezeit einen beispiellosen und ununterbrochenen Aufschwung genommen und dazu geführt, dass heute in West- und Mitteleuropa ein Krieg als undenkbar gilt. Dieser Prozess war allerdings von folgenden Problemen begleitet:

- Europa zerfiel in zwei gegensätzliche Blöcke, getragen von feindlichen Ideologien („Ost-West-Konflikt“ bzw. „Kalter Krieg“); Deutschland wurde geteilt.
- Trotz der bis heute über sechzigjährigen Friedenszeit haben die Organe des vereinten Europas weder den Jugoslawienkrieg noch viele blutige Auseinandersetzungen, z. B. in Nordirland oder in Spanien, verhindern können.
- Der erhoffte politische Zusammenschluss europäischer Nationen in Form eines Staatenbundes ist auch im 21. Jahrhundert noch nicht Wirklichkeit geworden.

Im westlichen Teil Europas hat sich der wirtschaftliche und politische Einigungsprozess allerdings unter Einbindung in die transatlantische Partnerschaft beständig verstärkt, und die Integration osteuropäischer Staaten wurde begonnen.

Erste Zusammenschlüsse

Bereits 1948 unterzeichneten Frankreich, Großbritannien und die Benelux-Länder den Brüsseler Pakt („Westunion“) zur gemeinsamen Verteidigung und zur wirtschaftlichen, sozialen und kulturellen Zusammenarbeit. Dieser Pakt war ein Vorläufer der NATO, dem sich 1954 die Bundesrepublik Deutschland und Italien anschlossen. Danach hieß er „Westeuropäische Union“ (WEU). Im Zuge des sich abzeichnenden Ost-West-Konflikts hatten die USA 1947 allen Ländern ihre wirtschaftliche und militärische Unterstützung zu Verteidigungszwecken zugesichert (s. Truman-Doktrin, S. 147/148 und Marshall-Plan, S. 133–136).

Im April 1949 erfolgte die Gründung der NATO („Nordatlantikpakt"). Sie war eine Antwort auf den im Januar 1949 durch die sozialistischen Staaten unter Führung der Sowjetunion gegründeten „Rat für gegenseitige Wirtschaftshilfe" (RGW).
Im August 1949 gründeten zehn europäische Staaten den Europarat (auch „Europäischer Rat"). Er hatte zum Ziel, eine engere Verbindung zwischen seinen Mitgliedern zum Schutz und zur Förderung ihrer gemeinsamen Ideale und Grundsätze herzustellen und ihren wirtschaftlichen und sozialen Fortschritt zu fördern. Im Jahr 2005 hatte der Europarat 47 Mitglieder. Parallel zu den politischen Bestrebungen eines Neuanfangs ab den 1950er-Jahren suchte vor allem die jüngere Generation in vielen Staaten, besonders aber in Deutschland, eine neue Orientierung jenseits der eigenen Nationalstaaten, die sich zuvor gerade so zerstörerisch bekriegt hatten: in der Idee eines neuen Europa. Es war nicht mehr wichtig, Deutscher oder Franzose, Italiener oder Däne zu sein, sondern einfach Europäer. Die Bevölkerung selber versuchte auf ihre Weise, den Integrationsprozess voranzutreiben, wie nebenstehendes Bild zeigt. Begleitet wurden Aktionen wie diese von einer Euphorie, einer Europa-Begeisterung, bei der das Europa-Symbol des grünen „E" auf weißem Grund auf Fahnen und Abzeichen (z. B. Auto-Aufklebern) weite Verbreitung fand.

Q1 Europa-Begeisterung der Jugend im Jahre 1950
Dreihundert Studenten aus acht europäischen Ländern reißen die Zollschranken zwischen Wissembourg und St. Germanshof an der Grenze zwischen dem Elsass und Rheinland-Pfalz nieder. Gleichzeitig forderten sie in einer Proklamation die Bildung eines europäischen Parlaments und einer europäischen Regierung.

Mitglieder-Entwicklung

1951 schlossen sich die Bundesrepublik, Frankreich, Italien und die Benelux-Staaten in der Europäischen Gemeinschaft für Kohle und Stahl (EGKS), der sog. Montanunion, zusammen. Der französische Außenminister Robert Schuman hatte sie unter der Voraussetzung angeregt, dass vor allem Frankreich und Deutschland sich aussöhnen. Die mit den Römischen Verträgen vom März 1957 gegründete Vereinigung der europäischen Atomgemeinschaft (EURATOM) mit der EGKS mündete in die ab dem 1. 1. 1958 in Kraft tretende Europäische Wirtschaftsgemeinschaft (EWG), die 1967 in „Europäische Gemeinschaft" (EG) umbenannt wurde. 1973 erlebte die EG ihre erste Mitgliedererweiterung: Großbritannien, Irland und Dänemark erhöhten die Zahl der sechs Gründungsstaaten der Montanunion auf neun. 1981 erweiterte das christlich-orthodoxe Griechenland diesen Kreis auf zehn Mitgliedsstaaten, ein Jahrfünft später folgten die beiden iberischen Staaten im Südwesten, Spanien und Portugal. Das Dutzend war komplett und in der EG lebten rund 320 Millionen Menschen.

Q2 Das grüne „E" für Europa: Symbol der Europabewegung

Europäische Institutionen

Wie regiert sich diese Gemeinschaft? Sie ist kein Staat, hat jedoch gleichartige Institutionen und damit auch auf europäischer Ebene das Prinzip der Gewaltenteilung umgesetzt. Die höchste Instanz ist der Europäische Rat, der seit 1965 zweimal pro Jahr mit allen Staats- oder Regierungschefs der Mitgliedsstaaten tagt. Die Legislative, also der Gesetzgeber, ist der Ministerrat; die Exekutive, also die ausführende Gewalt und die Verwaltung, nimmt die Kommission wahr; der Europäische Gerichtshof in Straßburg bildet die Judikative.
Das Europäische Parlament ist das parlamentarische Organ der Europäischen Gemeinschaft bzw. Union; seine Abgeordneten werden seit 1979 in den Mitglieds-

ländern alle fünf Jahre direkt gewählt. Das Europäische Parlament hat noch nicht die Stellung als alleinige Legislative wie in den einzelnen Mitgliedsstaaten. Es wirkt allerdings an der Gesetzgebung der EU mit, kontrolliert die Gemeinschaftspolitik durch Anfragen an den Ministerrat und die Europäische Kommission, entscheidet mit dem Ministerrat über den Haushalt der EU und hat ein Zustimmungsrecht bei der Aufnahme neuer Mitglieder.

Europäische Symbole

Um die Identifikation der Bürger mit Europa zu stärken, haben die EG-Staats- und Regierungschefs auf ihrem Gipfeltreffen 1985 in Mailand Symbole für Europa festgelegt:
- den Europa-Tag am 9. Mai (s. Schuman-Plan 1950);
- die Europa-Flagge: zwölf goldene Sterne in kreisförmiger Anordnung auf blauem Grund; die Zahl 12 und der Kreis sind Symbole der Ganzheit, Vollendetheit, Harmonie, unabhängig von der Zahl der EG-/EU-Mitgliedsstaaten;
- die Europa-Hymne: Ludwig van Beethoven hatte seine Neunte Symphonie 1823 als Vertonung des Gedichtes von Friedrich Schiller „Ode an die Freude" von 1785 komponiert. Diese Melodie bildete die Grundlage für eine von dem österreichischen Dirigenten Herbert von Karajan gestaltete rein instrumentale Version. Über alle sprachlichen Unterschiede hinweg soll die Universalsprache der Musik die Werte der Freiheit, des Friedens und der Solidarität verkünden, für die Europa steht. Unabhängig davon gibt es Textversionen einer Hymne in Europas klassischer Sprache, in Latein, z. B. „Hymnus Latinus Europae": „Est Europa nunc unita et unita maneat; una in diversitate pacem mundi augeat …".

Q3 Die Europa-Flagge

Akzeptanz?

Dass heute bei der Mehrheit der Bürger mehr Europa-Skepsis als Europa-Euphorie vorherrscht, erklärt man vor allem mit zwei Gründen: Zum einen erfassen die Vorgaben der EG/EU immer mehr Bereiche des öffentlichen Lebens im nationalen Bereich: z. B. Agrarpolitik, Forschungspolitik, Zolltariffragen, Bildungsaufgaben, arbeitsmarktpolitische Regelungen. Dadurch werden immer häufiger Brüsseler Entscheidungen maßgeblicher als nationale Gesetze, was als störend empfunden wird. Zum anderen wirft die steigende Zahl an Mitgliedsstaaten die Frage nach der Regierbarkeit der Gemeinschaft auf. Zusätzlich besteht das Problem deutlicher Unterschiede zwischen „ärmeren" und „reicheren" Mitgliedsstaaten, die durch Subventionen ausgeglichen werden müssen.

Mit der Vollendung der deutschen Wiedervereinigung wurde auch das Gebiet der ehemaligen DDR am 3. Oktober 1990 in die EG eingegliedert.

Im Februar 1992 endete die Periode der EG: Mit der Unterzeichnung des Vertrages von Maastricht erhielt die Europäische Union (EU), wie sie seither heißt, u. a. eine gemeinsamen Außen- und Sicherheitspolitik (GASP), wodurch ein neues Stadium der Integration eröffnet wurde.

Q4 Karikatur in „Das Parlament", 6. Oktober 1996

Schuman-Plan: „Hoffentlich entwickelt sich das Ding besser als die Sicherheitsnadeln!" (Maginot-Linie) Q5
Karikatur, 1950.

Q6 Ist Europas Mission beendet?

Winston Churchill anlässlich der Gründungsveranstaltung des „United Europe Movement" in London, 14. Mai 1947:

Was ist Europa heute? (...) Eine Brutstätte von Pestilenz und Hass. Überkommene nationalistische Fehden und moderne ideologische Zerwürfnisse verwirren und erzürnen die unglückliche, hungrige Bevölkerung. (...) Ist Europas Mission beendet? Werden die Staaten Europas ewig fortfahren, die erstbesten Früchte ihrer Arbeit zu verschwenden für die Errichtung neuer Grenzbarrieren, für neue militärische Befestigungsanlagen, neue Zollmauern und die Ausgabe neuer Pässe? (...) Wenn die Bevölkerung Europas den Entschluss fasst, sich zusammenzuschließen und zusammenzuarbeiten zum gemeinsamen Vorteil, Segnungen auszutauschen anstelle von Flüchen, dann liegt es noch in ihrer Macht, die Schrecken und Nöte, die sie umgeben, hinwegzufegen und die Ströme der Freiheit, des Glücks und Überflusses wieder heilsam zu beleben.

www.km.bayern.de/blz/report.html

Q7 Den Gegensatz zwischen Deutschland und Frankreich auslöschen

Der französische Außenminister R. Schuman erklärte zur Gründung der Montanunion in Paris, 9. Mai 1950:

Europa lässt sich nicht mit einem Schlage herstellen. (...) Die Vereinigung der europäischen Nationen erfordert, dass der Jahrhunderte alte Gegensatz zwischen Frankreich und Deutschland ausgelöscht wird. Das begonnene Werk muss in erster Linie Deutschland und Frankreich erfassen.

Zu diesem Zweck schlägt die französische Regierung vor, die Gesamtheit der französisch-deutschen Stahlproduktion unter eine gemeinsame Oberste Aufsichtsbehörde (Haute Autorité) zu stellen, in einer Organisation, die den anderen europäischen Ländern offensteht.

Vor 25 Jahren. Die Erklärung Robert Schumans, Europäisches Parlament, Luxemburg, 1975, S. 28. Zit. nach: Informationen zur politischen Bildung H. 213 (1986) S. 7.

Q8 Die „Römischen Verträge" vom 25. März 1957

In der Präambel erklären die Unterzeichner des Vertrages:

In dem festen Willen, die Grundlagen für einen immer engeren Zusammenschluss der europäischen Völker zu schaffen,

- entschlossen, durch gemeinsames Handeln den wirtschaftlichen und sozialen Fortschritt ihrer Länder zu sichern, indem sie die Europa trennenden Schranken beseitigen;
- in dem Vorsatz, die stetige Besserung der Lebens- und Beschäftigungsbedingungen ihrer Völker als wesentliches Ziel anzustreben;
- in der Erkenntnis, dass zur Beseitigung der bestehenden Hindernisse ein einverständliches Vorgehen erforderlich ist, um eine beständige Wirtschaftsausweitung, einen ausgewogenen Handelsverkehr und einen redlichen Wettbewerb zu gewährleisten;
- in dem Bestreben, ihre Volkswirtschaften zu einigen und deren harmonische Entwicklung zu fördern, indem sie den Abstand zwischen einzelnen Gebieten und den Rückstand weniger begünstigter Gebiete verringern;
- in dem Wunsch, durch eine gemeinsame Handelspolitik zur fortschreitenden Beseitigung der Beschränkungen im zwischenstaatlichen Wirtschaftsverkehr beizutragen;
- in der Absicht, die Verbundenheit Europas mit den überseeischen Ländern zu bekräftigen, und in dem Wunsch, entsprechend den Grundsätzen der Satzung der Vereinten Nationen den Wohlstand der überseeischen Länder zu fördern;
- entschlossen, (...) Frieden und Freiheit zu wahren und zu festigen, und mit der Aufforderung an die anderen Völker Europas, die sich zu dem gleichen hohen Ziel bekennen, sich diesen Bestrebungen anzuschließen,

haben wir beschlossen, eine Europäische Wirtschaftsgemeinschaft zu gründen.

http://europa.eu.int/scadplus/treaties/eec_de.htm (Zugriff: 11.3.2006)

Fragen und Anregungen

1. Fasse die Entwicklung des europäischen Einigungsprozesses (1947–1992) in Form einer Zeitleiste (Daten und Fakten) zusammen.
2. Erläutere das deutsch-französische Verhältnis im 19. und 20. Jahrhundert für den europäischen Einigungsprozess.
3. Diskutiert die Rolle der Akzeptanz der EG für die Bürger. Führt eine Umfrage zum aktuellen Europabild in der Bevölkerung durch.
4. Informiere dich im Lexikon über die „Maginot-Linie". Diskutiert, ob Frankreich und Deutschland aus der europäischen Geschichte gelernt haben.

6. Die Europäische Union (EU)

1985	Im Schengener Abkommen I (II: 1990) wird der Wegfall innereuropäischer Grenzkontrollen, aber auch verstärkter Kontrollen an den Außengrenzen der EU vereinbart.
1992	Umwandlung der EG in die EU mit dem Vertrag von Maastricht
1995	Die Union umfasst 15 Mitgliedsstaaten.
2002	Der Euro wird in 11 Mitgliedsstaaten, darunter in Deutschland, einheitliche Währung.
2004	Der Europäische Verfassungsvertrags-Text wird verabschiedet, die EU wird um weitere 10 auf 25 Mitgliedsstaaten erweitert.
2005	Der Verfassungsentwurf wird durch Volksabstimmungen in Frankreich und den Niederlanden abgelehnt.

Ausdehnung und Vereinheitlichung

Im Juni 1985 und im Juni 1990 schloss ein Teil der EU-Mitgliedsstaaten im luxemburgischen Ort Schengen ein Abkommen, das den schrittweisen Abbau der Kontrollen an den gemeinsamen Grenzen, aber auch die erhöhte Sicherung der Außengrenzen der EU festlegte. Das Abkommen trat 1995 vollständig in Kraft. Danach traten ihm die meisten EU-Staaten bei.

Mit dem Vertrag von Maastricht 1992 fand durch die Vollendung des europäischen Binnenmarktes die Umwandlung der EG in die Europäische Union (EU) statt. Gleichzeitig wurden Zeitplan und Bedingungen für die Einführung einer einheitlichen Europäischen Währung, des EURO, festgelegt. Dieser löste ab 2002 die nationalen Währungen in elf Mitgliedsstaaten ab und wurde dort gültiges Zahlungsmittel.

Am 1. Mai 2004 traten acht Staaten Osteuropas sowie Malta und Zypern der EU bei. Damit erhöhte sich die Zahl der Mitglieder auf 25 Staaten mit 457 Millionen Einwohnern und einer Fläche von 4 Mio. km^2. Weitere Beitrittskandidaten sind Rumänien, Bulgarien, Kroatien und die Türkei.

In der nahen Zukunft stehen für die EU vor allem zwei große Fragen zur Entscheidung an:

Q1 Wie weit geht die Erweiterung Europas?

– Wie steht es um die Europäische Verfassung? Wird sie planmäßig 2009 in Kraft treten können – oder später – oder gar nicht? Braucht die EU überhaupt eine Verfassung?
– Wird die Türkei EU-Mitglied werden? Mit dieser Frage leben Überlegungen und Positionen der europäischen Identifikation, des historisch-kulturellen, aber auch des christlich-antiken und des Erbes der Aufklärung wieder auf: Was macht Europa eigentlich aus? Welche Länder sollen dazugehören, welche nicht?

Sprachenvielfalt

In Europa gibt es drei Schriftsysteme und rund 200 gesprochene Sprachen. In der EU gibt es zwei Schriftsysteme (das lateinische und das griechische) sowie 20 Amtssprachen. Die drei Schriftsysteme, alle auf dem Konsonanten-System basierend, sind: das griechische Alphabet, das auf die Schrift der Phönizier zurückgeht, das lateinische und das kyrillische Alphabet, wobei Letzteres aus den griechischen Großbuchstaben entwickelt wurde. Die Schriften sind die Kulturgüter, die gemeinsames antikes Erbe und damit eine der ältesten historischen Wurzeln Europas darstellen. In ihrer Funktion der Wissensbewahrung und -übermittlung haben diese

Schriften auch für die Gegenwart die wesentliche Funktion, moderne Fachbegriffe in den verschiedenen europäischen Sprachen leicht verständlich zu machen, denn sie haben fast immer einen altgriechischen oder lateinischen Ursprung.
Europäische Sprachen, aus denen Weltsprachen wurden, sind vor allem das Englische, das Spanische, in geringerem Maße das Französische und das Portugiesische. Etwa drei Viertel der Erde sind sprachlich „europäisiert", nur ein Teil Asiens sowie die arabisch sprechenden Länder sind davon ausgenommen.
Im Europäischen Parlament werden alle 20 Amtssprachen für Debatten, Dokumente und deren Übersetzungen verwendet. Damit hat sich die EU zwar der Bürgernähe verpflichtet, sich aber intern eine große finanzielle und organisatorische Bürde aufgeladen: Mit der jüngsten EU-Erweiterung ist die Zahl der Dolmetscher von 1300 auf 2400 erhöht worden, die insgesamt 380 Sprachkombinationen abzudecken haben (z. B. polnisch – maltesisch/spanisch – lettisch). 228 Millionen (50 Prozent) der Unionsbürger sprechen Englisch, 91 Millionen (20 Prozent) Deutsch als Muttersprache.
Eine Studie der EU aus dem Jahr 2005 zeigte, dass die Europäer sprachlich gut ausgebildet sind: 56 Prozent sprechen mindestens eine, 28 Prozent zwei oder mehr Fremdsprachen. An der Spitze stehen Luxemburger mit 92 Prozent dreisprachigen Bürgern, gefolgt von Holländern (75 Prozent) und Slowenen (71 Prozent). Abgeschlagen sind die Briten: 62 Prozent von ihnen können sich ausschließlich auf Englisch verständigen; das übertreffen nur noch die Iren mit 66 Prozent.

D1 Sprachen in Europa

Q2 Europa braucht eine Seele

Die Journalistin Carola Kaps, Januar 2006:

Da die Politiker offenbar nicht wissen, wie die Begeisterung für Europa wieder entfacht werden kann, hat die österreichische EU-Präsidentschaft Künstler und Wissenschaftler zu Rate gezogen. Europas Seele liege in den vielfältigen Traditionen, der gemeinsamen Geschichte und dem beispiellosen kulturellen Reichtum, war die übereinstimmende Botschaft der Künstler, die in Salzburg unter dem Dach der Konferenz „The Sound of Europe" zusammengekommen waren. Nirgendwo auf der Welt gebe es derart enge kulturelle Bindungen zwischen den einzelnen Nationen (...). Dieser Reichtum müsse bewahrt und an die nachfolgenden Generationen weitergegeben werden. Politik müsse in die Schulen und Universitäten hineinwirken, um zu vermitteln, in welch wunderbarem kulturellen Kontext Europa lebe.

Bisher komme die Kultur in Europa immer zu kurz (...). Über der Dominanz von Wirtschaft und Politik werde sie fast immer vergessen (...). Dabei sei nur Wissen über die gemeinsame Kultur in der Lage, den gefährlichen Nationalismus in dem immer größer werdenden Europa zu bekämpfen. (...) Das einstige Gleichgewicht zwischen Politik, Naturwissenschaften, Religion und Kunst sei zerbrochen. (...) Dieser Gleichklang sei aber europäisch und müsse daher wiederhergestellt werden, um Europas kulturelle Eigenart zu bewahren.

(...) Vor allem müßten Europas Universitäten und Schulen, die einst in der Welt führend gewesen seien, an ihre ursprünglichen Qualitäten anknüpfen. Europa brauche eine Renaissance der Kultur und des Wissens.

Frankfurter Allgemeine Zeitung v. 30. 1. 2006, S. 12.

Q3 Karikatur zum Schengener Abkommen

Q4 Gründe für die EU-Osterweiterung

Die Bundesregierung veröffentlichte im April 2004 folgende Anzeige für die Erweiterung der EU:

1. Der Europäische Binnenmarkt gewinnt an Gewicht.
2. Größere kulturelle und geistige Vielfalt.
3. Mehr innere Sicherheit.
4. Sicherung der Arbeitsplätze in Deutschland.
5. Leichter Reisen in Europa.
6. Wachstumsmärkte für den deutschen Mittelstand.
7. Mehr Lebensqualität durch gemeinsamen Umweltschutz.
8. Frieden in Europa.
9. Eine stabile Währung.
10. Weniger Zuwanderung durch wachsenden Wohlstand.

Frankfurter Allgemeinen Zeitung v. 21. 4. 2004.

Q5 Ein soziales Europa?

Eine Redakteurin der Wochenzeitung „Die Zeit", April 2005:

Vor allem Arbeitnehmer mutmaßen, dass die europäische Integration zwar der Wirtschaft nutze, aber ihre Rechte spätestens seit der (Ost-)Erweiterung opfere. (...) Um die Integration zu fördern, bekam die EU-Kommission das Sagen in Handels- und Wettbewerbsfragen, andere Bereiche der Wirtschaftspolitik darf sie koordinieren. Die Europäische Zentralbank in Frankfurt übernahm die Währungspolitik. Die Sozialpolitik aber blieb im Großen und Ganzen bei den Nationalstaaten. (...) Geändert haben sich indes die Rahmenbedingungen. Die Sozialsysteme der meisten Staaten ächzen, die Solidarität innerhalb der Gesellschaft geht zurück. Globalisierung, Wachstumsschwäche, Reformstau, Überalterung – so vielfältig sind die Gründe, so unterschiedlich die Reparaturversuche. Und doch ist ihnen eines gemeinsam: Die meisten Regierungen verringern Sozialleistungen, weil die alten Versprechen kaum noch finanzierbar sind. Die Europäische Union ist daran mitschuldig. Seit der Osterweiterung hat sich das Gefälle zwischen den Mitgliedsstaaten deutlich vergrößert. (...) Als Negativbeispiel dienen die polnischen Schlachter, die in der Bundesrepublik zu Niedriglöhnen schuften, während in Dänemark die Schlachthöfe schließen. (...) Leider haben die Verantwortlichen ein Problem vergessen: Wie erklärt Europa den Verlierern, dass sie nicht mitgewinnen – schon damit die nicht eines Tages Schluss machen mit Europa?

P. Pinzler, Wo bleiben die kleinen Leute? In: Die Zeit Nr. 17/2005 v. 21. 4. 2005, S. 38.

Kontrovers

EU-Beitritt der Türkei – ja oder nein?

Der Historiker Hans- Ulrich Wehler, 2002:

Soll der Türkei tatsächlich der Weg in die EU freigemacht werden? Ist es politisch klug, historisch begründet, vor allem aber vom Ergebnis her legitimierbar, sich auf dieses riskanteste Unternehmen in der Geschichte der europäischen Einigung einzulassen? (...)

Auf das Drängen der westlich orientierten kemalistischen Funktionseliten hin reichte die Türkei im April ein offizielles Beitrittsgesuch ein. Die EU ist aber seit der weltpolitischen „Wende" von 1989/91 vorrangig an der Aufnahme osteuropäischer Staaten interessiert. Die Gründe, die gegen einen Beitritt der Türkei sprechen, wirkten damals noch durchschlagend: Das Land besitzt keine liberalisierte Marktwirtschaft, missachtet eklatant die Menschenrechte, verfolgt die kurdische Minderheit, vor allem aber ist es als muslimischer Staat durch eine tiefe Kulturgrenze von Europa getrennt. Der Konsens lautet: Nach geografischer Lage, historischer Vergangenheit, Religion, Kultur, Mentalität ist die Türkei kein Teil Europas. Weshalb sollte man 65 Millionen Anatoliern die Freizügigkeit gewähren, sich auf unabsehbare Zeit mit einem kostspieligen Versorgungsfall belasten?

H.-U. Wehler, Das Türkenproblem. In: Die Zeit Nr. 38/2002

Der Orientwissenschaftler Udo Steinbach in einem Interview mit dem „Eurasischen Magazin" (E. M.), 2004:

E.M.: Herr Professor Steinbach, die Türkei will in die Europäische Union – ist sie denn ein europäisches Land?

Steinbach: Geografisch gesehen gibt es nirgendwo eine klare Abgrenzung in der Geschichte, durch die Kleinasien aus Europa ausgeschlossen wäre. Von Troja aus, das zur heutigen Türkei gehört, wurde ein wichtiger Teil Europas gegründet, nämlich Rom. Der trojanische Held Aeneas wird in der griechischen Mythologie als Gründer der Ewigen Stadt genannt und gilt als Urvater der Römer. Das oströmische Reich herrschte von Byzanz, dem heutigen Istanbul, über weite Teile des Mittelmeerraumes bis nach Nordafrika. Das Christentum hat seine ersten blühenden Gemeinden in Kleinasien gehabt. Es hat also weder geografisch noch kulturell eine Abgrenzung Europas gegenüber Kleinasien stattgefunden. (...)

E.M.: Welche Rolle könnte oder müsste die Türkei in einer weitgehend christlich geprägten Europäischen Union spielen?

Steinbach: Die Europäische Union ist nicht christlich geprägt. Die Masse der Mitgliedsstaaten weigert sich, auch nur den geringsten Bezug zum Christentum in die Präambel der neuen Verfassung aufzunehmen. Es stimmt, dass Europa eine überwältigende christliche Komponente in seiner Geschichte hat. Aber seit der Französischen Revolution, seit der Aufklärung, sind seine geistigen und politischen Entwicklungen nicht mehr christlich geprägt. Die demokratischen Verfassungen der EU-Staaten sind neutrale Institutionen. Für die Türkei gilt inzwischen Ähnliches. Sie hat den Islam aus allen öffentlichen Institutionen herausgedrängt. Der türkische Staat und die türkische Gesellschaft sind säkular [weltlich]. (...) Und zur christlichen Tradition gehört, dass die katholische Kirche noch bis zum Ende des 19. Jahrhunderts massiv Front gemacht hat gegen die Menschenrechte. Bis vor 50 Jahren waren Mischehen zwischen Katholiken und Protestanten ein Problem. Europa hätte in seiner christlich-abendländischen Tradition heute erhebliche Schwierigkeiten mit der real existierenden Europäischen Union. Auch der Türkei muss man noch einen weiteren Entwicklungsprozess zubilligen.

Deutsches Orientinstitut Hamburg, Eurasisches Magazin v. 30. 8. 2004

Fragen und Anregungen

1. Interpretiere die Karikatur Q1 im historischen und aktuellen Kontext.
2. Interpretiere die Karikatur Q3. Vergleiche deren Aussage mit Q4. Diskutiert die Argumente.
3. Fasse die Auffassung der Journalistin in Q2 zusammen.
4. Untersuche die Karte D1: Welcher Sprachengruppe ist die deutsche Sprache zuzuordnen? Überlege, welche Vor- und Nachteile die Sprachenvielfalt für die europäische Einigung hat.
5. Stelle Argumente zusammen, die für und gegen ein vereintes Europa sprechen (VT, Q1–Q5) und diskutiert sie.
6. Untersucht die Texte zum Beitritt der Türkei zur EU (Kontrovers). Listet die Argumente dafür und dagegen auf, ergänzt und diskutiert sie. Welche Argumente würdest du auch vertreten?

7. Eine Verfassung für Europa?

2000	Der Vertrag von Nizza sieht eine Überarbeitung der EU-Verträge für die bevorstehende Osterweiterung vor.
2001	In der „Erklärung zur Zukunft der EU" wird eine EU-Verfassung vorbereitet.
2003	Der EU-Verfassungskonvent verabschiedet einen Entwurf für einen Verfassungstext.
2004	Unterzeichnung des überarbeiteten Verfassungstextes durch die EU-Staats- und Regierungschefs am 29. Oktober 2004 in Rom
2005	Ratifizierungsprozesse der Verfassung in den Mitgliedsstaaten bis 2006; bislang: Ablehnung in Frankreich und den Niederlanden

Verfassung als krönender Abschluss

Der europäische Einigungsprozess erlebt seit 1950 viele Etappen und seit 1973 die kontinuierliche Erhöhung der Zahl der Mitgliedsstaaten. Auf dem Weg zu einem vereinten Europa in einer globalisierten Welt sehen speziell Politiker eine Verfassung als krönenden Abschluss des bisherigen Integrationsprozesses, als Grundlage und Vollendung der Legitimation des vereinten Europas.
Nach dem Vertrag von Maastricht (1992) war die Vertiefung der europäischen politischen Union zunächst ins Stocken geraten. Erst die Konferenz von Nizza (2000) gab den Impuls zu einer neuen und umfassenderen Debatte über die Zukunft der Union; u. a. stand das Thema einer europäischen Verfassung auf der Tagesordnung. 2001 wurde in Laeken die Erklärung zur Zukunft der EU verabschiedet, mit der sich die Union verpflichtete, demokratischer, transparenter und effizienter zu werden und den Weg zu einer Verfassung zu öffnen, um den Erwartungen der Bürger zu entsprechen. Als Ergebnis beriefen die Staats- und Regierungschefs einen „Verfassungskonvent" ein.

Nationale Befindlichkeiten und kritische Stimmen

Allerdings gestalteten sich die Beratungen, sich auf die gemeinsame Verfassung zu einigen, wegen nationaler Befindlichkeiten schwieriger als erwartet. Zu den wichtigsten Diskussionspunkten zählten u. a. die Ausweitung von Mehrheitsentscheidungen, die künftige Größe der Kommission und die Frage nach einem Gottesbezug in der europäischen Verfassung. Im Juni 2004 einigte sich das Gremium schließlich auf einen Vertragstext, dessen Ratifizierungsprozess 2005 begann. Dieser fand jedoch sein vorläufiges Ende, weil im Frühjahr 2005 sowohl in Frankreich als auch in den Niederlanden die Verfassung durch Volksabstimmungen abgelehnt wurde.
Daran wurde deutlich, dass es auch viele Stimmen gegen eine europäische Verfassung gibt. Je mehr sich Europa politisch und rechtlich zusammenschließt, desto mehr lebt die nie ganz verstummte Diskussion wieder auf: Warum und wie viel an nationalen Souveränitätsrechten sollen die Staaten an die EU abgeben? Kommen in einer europäischen Verfassung auch soziale Belange ausreichend zur Geltung? Kann aus einem nationalstaatlichen „Europa der Vaterländer" mit mehr als tausendjähriger Geschichte überhaupt ein Staatenbund oder gar ein föderaler Bundesstaat werden? Nur Letzterer bräuchte überhaupt eine Verfassung. Bleiben nicht die Nationen auch im 21. Jahrhundert die wichtigsten Bezugsgrößen der Völker?
Die EU-Verfassung ist ein völkerrechtlicher Vertrag, von den nationalen Regierungen geschlossen. Hierin liegt der fundamentale Unterschied zu einer vom Volk (oder in seinem Auftrag) beschlossenen Verfassung.

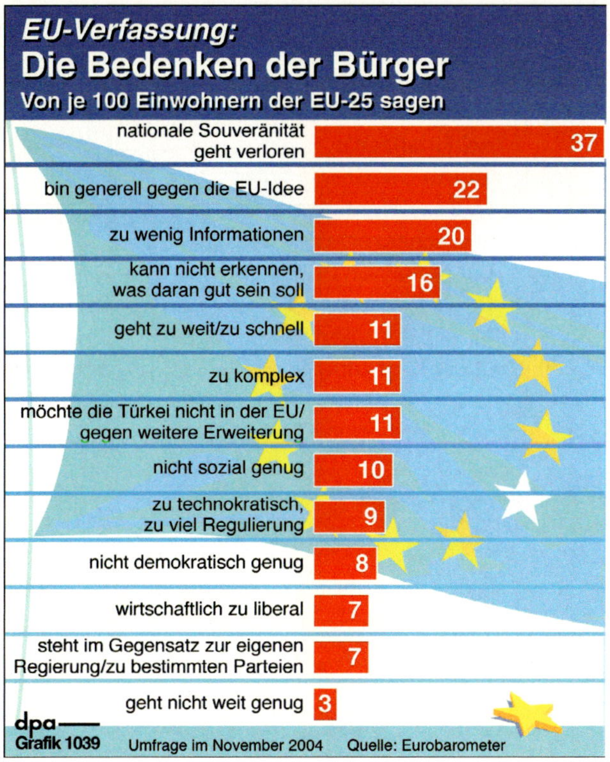

D1 EU-Verfassung: Die Bedenken der Bürger

Q1 „Die größte Erfindung unserer Zeit"

Der ehemalige Bundesverfassungsrichter Dieter Grimm:
(Es ist nicht) zu erwarten, dass eine europäische Verfassung die identitätsstiftende Kraft entfalten würde, welche gelungene nationalstaatliche Verfassungen wie das Grundgesetz sie besitzen. Nach allem, was man über Verfassungen weiß, denen eine solche, ihren juristischen Regelungsgehalt übersteigende symbolische Wirkung eigen ist, müssen sie aus einer außergewöhnlichen Situation, einer triumphalen Revolution oder der Erhebung aus einer katastrophalen Niederlage, hervorgegangen sein, die sich ins kollektive Gedächtnis eingegraben hat, in der Verfassung stets von neuem erinnert wird und imstande ist, diejenige Solidarität und Opferbereitschaft wach zu halten, die eine politische Einheit von einer bloßen Zweckgemeinschaft unterscheidet.

(…) Die Beilegung kriegerischer Auseinandersetzungen, die Europa jahrhundertelang verheert hatten, stand dabei am Anfang, und der Raum des Friedens, der auf diese Weise entstanden ist, gehört zu den größten Errungenschaften der europäischen Einigung.

D. Grimm, Die größte Erfindung unserer Zeit. In: Frankfurter Allgemeine Zeitung, 16. 6. 2003, S. 35.

Q2 „Braucht Europa eine Verfassung?"

Dieter Grimm zur Frage, ob man einer europäischen Verfassung zustimmen soll, 2005:
Verfassungen im vollen Sinn des Begriffs sind ein Akt der Selbstbestimmung einer Gesellschaft über Zweck und Form ihrer politischen Einheit. Sie gehen auf deren Bürger als Quelle aller öffentlichen Gewalt zurück. Für Verfassungen gilt daher, daß sie vom Volk oder im Auftrag des Volkes beschlossen oder dem Volk zumindest zugeschrieben werden. Es ist der Souverän. Geht die Rechtsgrundlage einer politischen Einheit dagegen aus einem von Staaten geschlossenen Vertrag hervor, dann sind diese der Souverän, und die Rechtsgrundlage ist ein Produkt von Fremdbestimmung, keine Verfassung. (…) Mit dem Unterschied sind Folgen verbunden. Wenn nicht mehr die Staaten entscheiden, sondern die Union selber über ihre rechtliche Grundordnung bestimmt, wird sie aus der Verantwortung der Mitgliedstaaten entlassen und zu einer selbsttragenden Einrichtung. Das bedeutet insbesondere, daß von nun an sie das Verhältnis zu ihren Gründern und Mitgliedern bestimmt, nicht mehr die Mitglieder über die Union entscheiden. Nicht mehr die Mitgliedstaaten legen dann einstimmig fest, welche Befugnisse sie dem Staatenverbund übertragen wollen. Vielmehr entscheidet die Union durch ihre Organe, welche Befugnisse sie den Mitgliedstaaten noch belassen will. (…) Damit wäre die Europäische Union jedoch unversehens vom Staatenverbund in einen (Bundes-)Staat umgewandelt. Denn zwischen Fremdbestimmung und Selbstbestimmung über die eigene Grundordnung verläuft die Grenze zwischen diesen beiden Vergemeinschaftungsformen. (…) Kann man der europäischen Verfassung also zustimmen? Man kann es gerade deswegen tun, weil sie keine echte Verfassung ist und den Fehler vermeidet, die Europäische Union in einen Bundesstaat umzuwandeln.

D. Grimm, Der Vertrag In: Frankfurter Allgemeine Zeitung, 12. 5. 2005, S. 6.

Q3 Deutschlands Staatsaufbau als Vorbild für Europa, 2001

Die Position der deutschen Bundesregierung fasste der damalige Bundeskanzler Gerhard Schröder (SPD) hinsichtlich einer europäischen Verfassung so zusammen:
Das Ziel: Die Zukunft – „in zehn Jahren" – wird von vier Elementen getragen: Europa wird größer und enger verflochten sein, eine Verfassung, eine eigene Währung haben und es wird sich auf gemeinsame Werte stützen unter Fortbestand verschiedener Sprachen und Kulturen.

Frankfurter Allgemeine Zeitung v. 16. 5. 2001, S. 15.

Q4 „Was ist eine Nation?"

Der französische Religionswissenschaftler und Schriftsteller Ernest Renan (1823–1892) zur Bedeutung der Nation („Qu'est ce qu'une nation?", 1887):

Eine Nation ist für uns eine Seele, ein Geist, eine geistige Familie, die sich nach der Vergangenheit hin herschreibt von gemeinsamen Erinnerungen, Opfern, gemeinsamem Ruhm, oft gemeinsamer Trauer und Reue; nach der Gegenwart, das Leben gemeinsam fortzusetzen. Eine Nation wird nicht durch das Sprechen gleicher Sprache oder durch die Zugehörigkeit zur selben ethnographischen Gruppe begründet, sondern dadurch, dass man in der Vergangenheit große Dinge miteinander ausgerichtet hat und in der Zukunft noch solche tun will.

E. Renan, Nation und Nationalstaat. Zit. nach: A. Feickert, Die politische Entwicklung der Europäischen Einigung. Schriftenreihe der Niedersächsischen Landeszentrale für politische Bildung

KLICK INS INTERNET

Internet-Adressen zum Thema „Europäische Verfassung"

www.verfassung.europa-infoshop.de/
www.europa.eu.int/constitution/ratification_en.htm
www.euractiv.com/Article?tcmuri=:31-128218
www.referendum.forum-online.lu/rubrique.php3?id
www.handelsblatt.com/pshb/fn/relhbi/sfn/cn
www.bpb.de/popup/popup_grafstat.html?url

Q6 Aufbau des europäischen Verfassungsvertrages

- *Präambel*
- Teil I: Grundsätze, Definition, Ziele (z. B.: Unionsbürgerschaft, politische Organe, Finanzen);
- Teil II: Charta der Grundrechte (z. B.: Orientierung an der Europäischen Menschenrechtskonvention);
- Teil III: Die einzelnen Politikbereiche (z. B.: EU-interne Politik, Wirtschafts-, Sozialpolitik; Außenpolitik der EU);
- Teil IV: Übergangs- und Schlussbestimmungen (z. B.: Verfahren bei Verfassungsänderungen, Aufhebung früherer Verträge, Austritt aus der Union);
- Anhang: Protokolle.

Der Vertrag von Nizza Q5
Karikatur von Gerhard Mester, 2000.

Fragen und Anregungen

1. Welche Stationen und welche Probleme gab es bei dem Vorhaben, eine Europäische Verfassung auf den Weg zu bringen (VT)? Gib den Verfassertext in eigenen Worten wieder.
Finde ergänzende Informationen über den Entstehungsprozess und den Aufbau der Verfassung in Zeitungen, Büchern, Internet (Kasten, Q6).
2. Werte die Umfrage „Die Bedenken der Bürger" (D1) aus, indem du eine Grafik erstellst und einen Kommentar dazu formulierst.
3. Arbeite den Gedankengang von Dieter Grimms Ausführungen (Q1, Q2) heraus und formuliere ihn in eigenen Worten. Wie ist deine Meinung zum Thema: „Eine Europäische Verfassung: ‚Krönender Abschluss' des Einigungsprozesses – oder ‚nicht nötig'?"
4. Prüfe und vergleiche Renans Definition von „Nation" (Q4). Lässt sie sich auf Europa übertragen oder nicht? Steht sie u. U. einer europäischen Verfassung entgegen? Begründe deine Position.
5. Formuliere die Aussage der Karikatur (Q5) und übertrage sie auf die heutige EU. Erörtert anschließend: Würde eine EU-Verfassung die Situation verbessern? Wenn ja, inwiefern? Wenn nein, warum nicht?
6. Beurteile die Haltung der damaligen Bundesregierung (Q3) anhand der tatsächlichen Entwicklung.

Der Euro – einheitliche Währung für 13 EU-Staaten

Der Euro ist seit dem 1. Januar 2002 gültige Währung in elf Ländern der EU. Die Banknoten eignen sich gut, um zusammenzufassen, was charakteristisches europäisches Kulturgut aus vielen Jahrhunderten ist. Die Europäische Zentralbank hat Motive vorgegeben, mit denen man einen europäischen Themenbogen vom 21. Jahrhundert bis zur Antike zurückschlagen kann.
1996 schrieb das Europäische Währungsinstitut (EMI) einen internationalen Design-Wettbewerb für die Gestaltung der neuen EURO-Geldscheine aus.
Das Thema lautete: „Zeitalter und Stilperioden Europas" („Ages and styles of Europe"):
a) Romanik, b) Gotik, c) Renaissance, d) Barock und Rokoko, e) Zeitalter von Stahl und Glas (Industrialisierung; 19. Jahrhundert), f) Moderne Architektur, g) 20. Jahrhundert.
Die von der Jury ausgewählte Serie des Wieners Robert Kalina wurde am 13. 12. 1996 dem Europäischen Rat in Dublin vorgestellt und ging im Juli 1999 in Druck.

Aus: euro banknote design exhibition. Hrsg. European Central Bank, Frankfurt/Main 2003, S. 6ff., 1 S. 82f.

Leitfragen und Design-Anregungen zum Diskutieren und Zeichnen:

1. Ordne die einzelnen Banknoten den oben genannten Stilperioden zu.
2. Welche Bauwerke repräsentieren ein Zeitalter besonders charakteristisch?
3. Wie stellt man „Europa" für alle Nationen verbindend dar?
4. Welche Beispiele hättest du zum Wettbewerb eingereicht? Entwirf deine Banknoten-Serie zeichnerisch (oder mit aufgeklebten Fotobeispielen oder in Worten).
5. Wie spiegeln Banknoten europäische Geschichte wider?

VIELE WELTEN – EINE WELT

Globalisierung – dieser Begriff ist in aller Munde. Im 20. Jahrhundert gab es zwei Weltkriege und eine Weltwirtschaftskrise, jedoch erst seit dem Ende des Kalten Krieges 1990/91 hat sich die Welt grundlegender verändert als je zuvor: Nationale Wirtschaften wurden immer stärker abhängige Teile einer weitverzweigten Weltwirtschaft; regionale Eingriffe in den Naturhaushalt laufen immer mehr Gefahr, sich zu globalen Klimakatastrophen auszuweiten, die nur durch übernationale Maßnahmen bekämpft werden können. Auch Terroristen handeln zunehmend internationaler. Ihre meist todbringende Gewalt ist oft augenfälligster Ausdruck schwelender Krisenherde der Welt. Nur noch internationale diplomatische und wirtschaftspolitische Institutionen können wirksame Hilfe geben, gelangen aber häufig auch an ihre Grenzen.
So vermischen sich wirtschaftliche, nationale und religiös-kulturelle Interessen zu fast unentwirrbaren Problemnetzen, wie z. B. im Nahen Osten. Insbesondere der afrikanische Kontinent ist zum großen Teil durch historisch bedingte Probleme gefangen und dadurch in seiner Entwicklung blockiert. Indien und China hingegen machen zur Zeit einen enormen wirtschaftlichen und politischen Wandel durch, der sie zu Konkurrenten des alten Europas und der USA werden lässt.

Begegnung in Dubai
(Vereinigte Arabische Emirate)

„Fortschritt" im Land der Ogoni.
Erdölförderung in Nigeria
Karikatur: Gerhard Mester

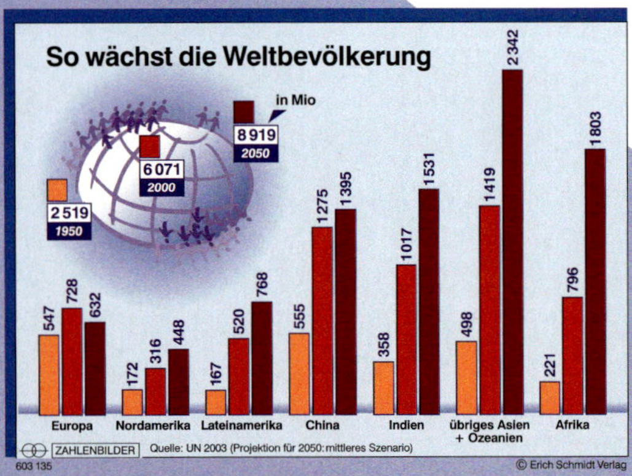

China: Der unersättliche Drache
Karikatur

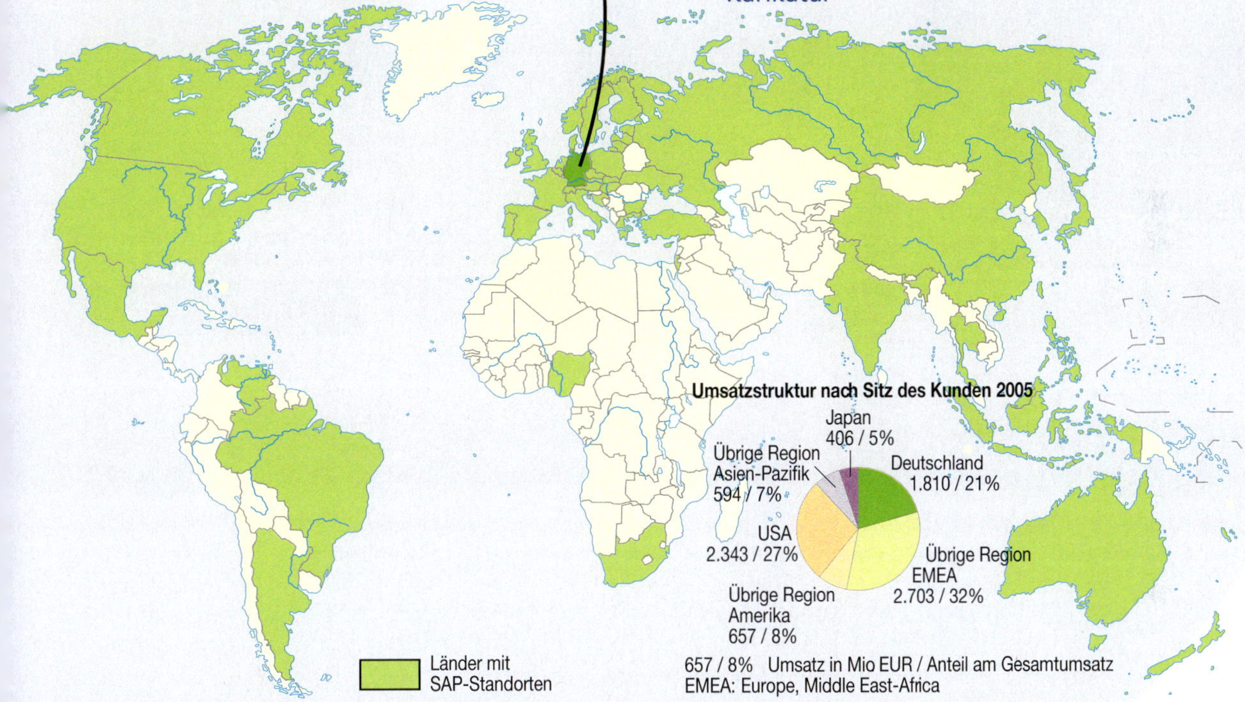

Weltweiter Aktionsraum
des in Walldorf bei Heidelberg ansässigen Software-Unternehmens SAP (Systeme, Anwendungen, Produkte in der Datenverarbeitung)

Callcenter in Kalkutta, Indien

1. Der 11. September 2001 – eine folgenschwere Zeitenwende?

Q1 Terrorangriff in New York, 11. September 2001

11. 9. 2001	Islamistische Terroristen verüben Anschläge auf das World Trade Center in New York und das Pentagon in Washington.
Oktober 2001	Der Krieg der USA und ihrer Verbündeten gegen die Taliban in Afghanistan beginnt.
März 2003	Der Krieg der USA und ihrer Verbündeten gegen den Irak beginnt.
September 2005	Erste demokratische Wahlen in Afghanistan

„Kriegserklärung gegen die zivilisierte Welt"

„Die (...) Anschläge in New York und Washington sind eine Kriegserklärung gegen die gesamte zivilisierte Welt", erklärte der damalige Bundeskanzler Gerhard Schröder am 12. September 2001. Er fuhr fort: „Diese Art von terroristischer Gewalt – das wahllose Auslöschen unschuldiger Menschenleben – stellt die Grundregeln jeglicher Zivilisation in Frage. Sie bedroht unmittelbar die Prinzipien menschlichen Zusammenlebens in Freiheit und Sicherheit, die über Generationen aufgebaut wurden. Wir werden diese Werte – sei es in Amerika, sei es in Europa oder wo auch immer in der Welt – nicht zerstören lassen." Was war geschehen? Am Morgen des 11. September 2001 waren nacheinander in New York zwei vollbesetzte Verkehrsflugzeuge in beide Hochhäuser des World Trade Centers, ein drittes in Washington in das US-Verteidigungsministerium gelenkt worden; ein weiteres stürzte außerhalb bewohnter Gebiete ab. Mitglieder einer islamistischen Terrororganisation, der Al-Quaida, hatten die Flugzeuge entführt und zu einem gezielten Angriff auf

bedeutende Symbole westlicher Kultur, Wirtschaftskraft und politischer Macht in den USA benutzt. Über 3000 Menschen fanden dabei den Tod.

Terror in der Geschichte

In fast allen Ländern der Welt reagierten die Menschen zutiefst geschockt. In vielen Ländern (Irland, Spanien, der Türkei, Palästina und den Nachfolgestaaten der ehemaligen Sowjetunion) hatten nationale Minderheiten im 19. und 20. Jahrhundert versucht, durch Terror ihre Freiheit oder mehr Rechte zu erkämpfen. Auch im Kampf gegen Regierungen, die als „Unterdrücker“ angesehen wurden, galten bei terroristischen Splittergruppen die Ermordung wichtiger Persönlichkeiten aus Politik, Wirtschaft und Gesellschaft, Entführungen von Einzelpersonen oder Flugzeugen sowie Bombenattentate als legitime politische Mittel. Diese Gruppen, die insbesondere in Ländern wie Frankreich, Italien, Japan oder auch in der Bundesrepublik („Rote Armee Fraktion“) keine Mehrheiten gewinnen konnten, hofften so, Aufmerksamkeit zu erregen oder sogar den Staat ins Wanken zu bringen. Dieser menschenverachtende Terror hat jedoch in demokratischen Ländern keine Berechtigung. Obwohl ihre Opfer nicht gering waren, blieben die Terroristen politisch isoliert.

„Kampf der Kulturen“?

Die Anschläge von New York und Washington unterschieden sich von diesen Formen des Terrors in vielerlei Hinsicht. Islamistische Terroristen, deren Zentrale im fernen Afghanistan vermutet wurde, hatten Symbole der führenden Weltmacht angegriffen. Sie agierten international, einige Attentäter hatten sich sogar zeitweilig in Deutschland aufgehalten. War damit ein weltweiter „Kampf der Kulturen“, vor dem manche Wissenschaftler und Politiker schon länger gewarnt hatten, vor den Augen der Weltöffentlichkeit ausgebrochen? Wie sollte die Welt darauf reagieren? Vor allem aber: Wo lagen die Ursachen dafür?

„Opfer der Modernisierung“?

Die Terrorangriffe von New York und Washington, auf der tunesischen Halbinsel Djerba und der indonesischen Insel Bali gegen Touristen (2002), auf Vorortzüge im Madrider Bahnhof Atocha (2003), auf Londoner U-Bahnen und Busse (2005) waren grausam und schmerzlich. Dennoch ist es nicht angemessen, von einem „Kampf der Kulturen“ zu sprechen. Christentum und Islam, westliche und islamische Welt sind trotz unterschiedlicher politischer, gesellschaftlicher und religiöser Werte keineswegs unversöhnliche Gegner. Die Spannungen, die sich in den Terroranschlägen in brutaler Weise entladen haben, sind vielmehr Ausdruck ungleicher Entwicklungen bei der Modernisierung von Staat, Gesellschaft und Wirtschaft in den vergangenen beiden Jahrhunderten. Die unverhohlene Sympathie, mit der die Anschläge vom 11.9.2001 in einigen muslimischen Ländern von Teilen der Bevölkerung begrüßt wurden, offenbarte das Gefühl, zu den wehrlosen Verlierern der Modernisierung zu gehören und zu Opfern westlicher Macht- und Wirtschaftsinteressen geworden zu sein. Es wurde deutlich, dass sich die muslimische Welt verstärkt dem Islam zuwandte und wieder für den Aufbau eines „Gottesstaates“ und einer Gesellschaft nach dessen Regeln eintrat. Selbst verursachte Probleme wie die häufig sehr krassen Unterschiede zwischen Reich und Arm sowie die Unterdrückung der Mehrheit durch Minderheiten in den

Q2 SOS
Karikatur von Horst Haitzinger vom 4. 9. 2004.

muslimischen Ländern wurden und werden häufig übersehen. Verschärft wird die Situation meist durch die ungleiche Verteilung von Ressourcen wie Trinkwasser und Erdöl zur Energiegewinnung.

„Der erste Krieg des 21. Jahrhunderts"

Nach dem ersten Schock erklärte die amerikanische Regierung dem Terror den Krieg. Im Herbst 2001 griffen amerikanische Truppen Afghanistan an. Dort vertrieben sie die Taliban, islamistische Fundamentalisten, die Al-Quaida-Führern Unterschlupf gewährten. Deren strenges Regime hatte schon vorher Andersdenkende brutal unterdrückt, jegliche westliche Kultur verbannt und mit der Sharia islamisches Recht eingeführt. Die westliche Welt war auf sie aufmerksam geworden, als sie die 2000 Jahre alten, zum Weltkulturerbe gehörenden Buddhastatuen von Bamian sprengten – ein weltweit im Fernsehen ausgestrahltes Zeichen religiöser Intoleranz. Die USA setzten eine neue Regierung ein. Diese sollte einer demokratischen, modernen Entwicklung den Weg ebnen und das Leben der Menschen verbessern. Im September 2005 konnte die afghanische Bevölkerung trotz erneuter Störversuche von sogenannte Warlords und von Taliban-Anhängern ihre Regierung frei wählen. Die internationalen Konferenzen zur Vorbereitung dieser Entwicklung fanden u. a. bei Bonn statt. UN-Blauhelm-Soldaten, z. T. von der Bundeswehr, unterstützen in einem ihrer „Out-of-area"-Einsätze die neue Regierung in Afghanistan, um das Land zu stabilisieren. Nicht nur dort bringt sich Deutschland im Rahmen seiner Möglichkeiten zunehmend in die internationale Politik ein.
Die USA fühlten sich seit dem Ende des Kalten Krieges in der Rolle des Weltpolizisten. Sie machten sich zur Aufgabe, den sogenannte Schurkenstaaten der Welt im 21. Jahrhundert den Kampf anzusagen. Damit sind Staaten gemeint, von deren Boden terroristische Aktivitäten ausgehen oder die diese mit Waffenlieferungen unterstützen. Im Gegensatz zum Einsatz in Afghanistan war der Angriff gegen den Irak im Frühjahr 2003 in der westlichen Welt umstritten. Die Beweise für eine Verwicklung des irakischen Diktators Saddam Hussein in das weltweite Terrornetz und für den angeblichen Besitz tödlicher Massenvernichtungswaffen waren unzureichend. Zugleich drohte die amerikanische Politik, durch ihr eigenmächtiges Handeln jene gemeinsamen Überzeugungen infrage zu stellen, für deren Durchsetzung gekämpft werden sollte – Menschenwürde, Gerechtigkeit und Wahrung des Völkerrechts.

Kriege ohne Siege?

Ob das militärische Einschreiten der USA im Irak und der Sturz Saddams den Terror besiegen können, erscheint angesichts zahlreicher Attentate mit unschuldigen Zivilopfern zweifelhaft. Auch in anderen Ländern – Pakistan, Indonesien, den islamischen Republiken der ehemaligen Sowjetunion – nimmt die Gewalt islamistischer Gruppen zu. Diese Anschläge, oft von Selbstmordattentätern begangen, machen deutlich, dass Menschen, die zutiefst von ihrer Sache überzeugt sind und auch den Einsatz ihres eigenen Lebens nicht fürchten, schwer besiegbare Gegner sind. Manche Regierungen islamischer Länder dulden die Ausbildung von „Gotteskriegern", wie sie sich selbst nennen, aus innen- und außenpolitischen Gründen. Einige haben die Kontrolle über Teile ihres Staatsgebiets an radikale Islamisten verloren.
Im Gegensatz zu regulären Armeen leben die islamistischen Kämpfer inmitten der Bevölkerung. Ihre Überzeugung, als Märtyrer in den Himmel einzugehen, treibt sie zu immer neuen Taten an. Moderne technische Errungenschaften und die Globalisierung haben dem internationalen Terror dabei ganz neue Möglichkeiten im Kampf für seine Ziele eröffnet. Nur wenn der Westen den islamischen Ländern bei der Modernisierung hilft und sich nicht nur aus machtpolitischen oder ökonomischen Überlegungen für sie interessiert, wird es gelingen, die Wurzeln des Terrors zu beseitigen und zugleich die wichtigsten Errungenschaften des eigenen Modernisierungsprozesses – Freiheit, Demokratie, Rechtsstaatlichkeit – zu bewahren.

Q4 Der 11. September 2001
Karikatur von Goma'a aus der ägyptischen Zeitung „Al-Ahram" vom 20. 9. 2001.

Q3 Propagandaposter der Al-Quaida

Der Text auf dem Plakat lautet:
„Der Sieg kommt von Gott und die Eroberung ist nah." (oberste Zeile, Mitte) / „Es gibt keinen Gott außer Allah, Muhammad ist sein Prophet." (Zeile links) / „Allah ist der Größte." (Zeile Mitte) / „Osama bin Laden" (Zeile rechts) / „Wenn du ein Ungläubiger bist, hängst du vom Schwert ab. / Wenn du ein Gläubiger bist, kannst du sogar ohne Schwert kämpfen. / Wenn du ein Ungläubiger bist, ist dein Glaube unter dem eines Muslim. / Wenn du ein Gläubiger bist, bist du selbst der Glaube Gottes. / Wenn ein Muslim ungläubig ist, gibt es weder Königswürde noch Genügsamkeit (in Armut). / Wenn du ein Gläubiger bist, dann ist sogar deine Genügsamkeit Königswürde." (Gedicht von Muhammad Iqbal, rechts unten)

Q5 Gegen die „Herren der Welt"

Aus einem Interview Osama Bin Ladens mit dem CNN-Reporter Peter Arnett vom März 1997:

Wir haben den Dschihad gegen die US-Regierung erklärt, weil diese ungerecht, verbrecherisch und tyrannisch ist. Denn sie hat Taten begangen, die ungerecht, abscheulich und verbrecherisch sind und zwar sowohl unmittelbar als auch mittelbar durch ihre Unterstützung der israelischen Besetzung Palästinas. Wir glauben, dass die USA die direkte Verantwortung für alle jene tragen, die in Palästina, Libanon und Irak getötet worden sind. (…) Sie haben weiterhin das Land besetzt, das die Gebetsrichtung aller Muslime bildet (Arabien). (…) Für diese und andere aggressive und ungerechte Taten haben wir den USA den Dschihad erklärt, denn unsere Religion macht uns den Dschihad zur Pflicht, um Gottes Wort zu erhöhen und die Amerikaner aus den muslimischen Ländern zu vertreiben. (…) Das Land der beiden heiligen Moscheen (Arabien) spielt innerhalb der muslimischen Länder eine besondere Rolle. Gemäß unserer Religion dürfen sich dort keine Nicht-Muslime aufhalten. (…) Das amerikanische Volk trägt (für die Taten seiner Regierung) eine Mitverantwortung, denn es hat diese Regierung gewählt, obwohl es um seine

Q6 Radikale Muslime protestieren während einer Anti-US-Demonstration in Lahore (Pakistan)

Q8 Friedensbewahrung: Deutscher Soldat in Afghanistan

Verbrechen in Palästina, Libanon, Irak und andernorts ebenso Bescheid wusste wie um seine Unterstützung von Statthalterregimen, die die Gefängnisse mit unseren besten Söhnen füllten. (...) Nach dem Zusammenbruch der Sowjetunion, bei dem die USA keine erwähnenswerte Rolle gespielt haben, wohl aber Gott und die Freiheitskämpfer von Afghanistan, wurden die USA noch hochmütiger und arroganter und begannen, sich als Herren der Welt zu betrachten, und errichteten das, was man „Neue Weltordnung" nennt. (...) Sie wollen unsere Länder besetzen, unsere Bodenschätze rauben und uns durch ihre Agenten regieren lassen, die wiederum nicht auf der Grundlage dessen herrschen, was Gott geoffenbart und uns geboten hat. (...)

www.anusha.com/osamaint.htm. Stand: 4.7.2002.

Q7 „Der 11. September hat alles verändert"

meinte der stellvertretende US-Verteidigungsministers Paul Wolfowitz im Februar 2002:

Der 11. September hat (...) alles verändert. An diesem Tag haben wir zu einem enormen Preis gelernt, dass das Problem über Verbrechen und Bestrafung hinausgeht. Die Anschläge dieses Tages demonstrieren nicht nur das Scheitern vorheriger Ansätze, sondern sie unterstreichen auch die Gefahren, denen wir uns gegenübersehen werden, wenn wir weiterhin mit dem Terrorismus leben. Was am 11. September geschah, ist – so schrecklich es auch war – nur ein kleiner Vorgeschmack dessen, was geschehen wird, wenn Terroristen Massenvernichtungswaffen einsetzen.

Unser Ansatz muss sich auf Prävention und nicht nur auf Bestrafung konzentrieren. Wir befinden uns im Krieg. Selbstverteidigung erfordert Prävention und manchmal Präventivmaßnahmen. Man kann sich nicht gegen jede Bedrohung an jedem Ort zu jeder denkbaren Zeit verteidigen. Die einzige Verteidigung gegen den Terrorismus ist, den Krieg zum Feind zu bringen. Der große Vorteil der Terroristen ist ihre Fähigkeit, sich nicht nur in den Bergen Afghanistans, sondern auch in den Städten Europas und der Vereinigten Staaten zu verstecken. Wir müssen sie unbarmherzig jagen, aber wir müssen ihnen auch die Zufluchtsorte verweigern, an denen sie sicher planen und organisieren können, und ihnen die finanziellen und materiellen Ressourcen entziehen, die sie für ihre Einsätze benötigen. (...)

Angesichts dieser Gefahr müssen die Länder eine Entscheidung treffen. Diejenigen, die für Frieden, Sicherheit und Rechtsstaatlichkeit eintreten – die große Mehrheit der Länder der Welt –, sind mit uns in diesem Kampf zwischen Gut und Böse vereint. Die Länder, die sich dafür entscheiden, Terrorismus zu tolerieren und sich weigern, Maßnahmen dagegen zu ergreifen oder – schlimmer noch – die Länder, die ihn weiterhin unterstützen, werden Konsequenzen zu fürchten haben.

http://amerikadienst.usembassy.de. Stand: 4.3.2005.

Q9 Die USA als Führungsmacht

Der ehemalige CDU-Abgeordnete Jürgen Todenhöfer (2003):

Manche sehen im Afghanistan- und im Irakkrieg emotionale Reaktionen der USA auf den 11. September. Sie irren sich. Beide waren Teil einer sehr rationalen Strategie (...). Deren erklärte Hauptziele waren die Verhinderung des Aufstiegs von Rivalen um die Weltherrschaft sowie die Neuordnung der Golfregion und die Sicherung der Rohstoffversorgung durch Präventiv-

kriege. (...) Die große Stunde dieser Planer schlug allerdings am 11. September 2001. Sofort erkannten sie, dass dieser Tag bei allem Leid, das er gebracht hatte, auch die einmalige Chance bot, Angriffskriege künftig als Akt der Selbstverteidigung darzustellen und alte Pläne mit öffentlichem Rückenwind militärisch durchzusetzen. (...) Niemand sollte George W. Bush unterschätzen: Er ist seit langem der erste amerikanische Präsident mit klarer geopolitischer Vision und Konsequenz, vielleicht der erste Imperator der USA – zumindest seit dem 11. September. (...)
Aber die USA des 21. Jahrhunderts sind etwas Besonderes: Sie sind der größte demokratische Rechtsstaat und die einzige globale Führungsmacht. Das verpflichtet. Es ist kein Antiamerikanismus, wenn man darauf kritisch hinweist. Anders als im Warschauer Pakt muss in einem Bündnis freier Staaten keiner nach der Pfeife des Stärksten tanzen. Die USA müssen in Gerechtigkeit mindestens so viel investieren wie in Waffen.
Wir Europäer könnten dabei als Freunde eine wichtige Rolle spielen.

Süddeutsche Zeitung, 19./20. 7. 2003, S. III.

Q11 US-Lager in Guantanamo auf Kuba
Hier werden Gefangene, denen Terrorismus nachgewiesen oder unterstellt wird, ohne Gerichtsverfahren unter härtesten Bedingungen festgehalten.

Q10 Die Zukunft des Völkerrechts

Der Schweizer Jurist Patrick Sutter warnte 2002 vor Verletzungen des Völkerrechts:
Erschreckend an den jüngsten kriegerischen Auseinandersetzungen, zum Beispiel in Afghanistan und in Israel, ist die Tatsache, dass das humanitäre Völkerrecht seine Akzeptanz unter den Kriegsparteien und seine sich daraus ergebende Wirkung verloren zu haben scheint. Erwähnt seien nur die Aspekte der Behandlung von Kriegsgefangenen und des Schutzes der Zivilbevölkerung. (...) Mit der Abnahme der Gefahr, dass ein Staat (beispielsweise seine Soldaten oder seine Zivilbevölkerung) selber Opfer von Verletzungen des humanitären Völkerrechts werden könnte, sinkt auch seine Bereitschaft zur Einhaltung dieser Normen aus machtpolitischen, eigennützigen Gründen. Denn die weitgehend machtpolitische Orientierung der Akteure kann kaum bestritten werden. Führt ein Staat wie die USA Krieg gegen einen kaum staatlich institutionalisierten Gegner wie die Taliban, so besteht durch die in der Art der Kriegführung liegenden Gründe kaum eine Gefahr, dass amerikanische Soldaten durch die Taliban gefangen genommen werden. Deshalb ist der regulierende Faktor außer Kraft gesetzt: Aus einer Verletzung humanitären Völkerrechts können die USA militärstrategische Vorteile gewinnen, ohne dass sich gleichzeitig das Risiko erhöht, selbst Opfer solcher Verletzungen zu werden. (...)
Es bestehen keine Anzeichen dafür, dass sich die Konfliktstrukturen in nächster Zukunft wieder zurück in die „herkömmlichen" Konflikte zwischen zwei Staaten bewegen werden, für die das humanitäre Völkerrecht ursprünglich konzipiert wurde.

Zit. nach: Geschichte und Geschehen, Sekundarstufe II. Die bipolare Welt nach 1945 – ein Projekt. Unterrichtsmodell mit Materialien. Leipzig u. a. 2003, S. 58 f.

Fragen und Anregungen

1. Erläutere die Ursachen für die Anschläge vom 11. September 2001 (VT, Q4, Q5).
2. Entschlüssele die Botschaft des Plakats Q5.
3. Vergleiche die Haltung von Wolfowitz und Todenhöfer zum Umgang mit Terroristen (Q7, Q9).
4. Erkläre den Unterschied zwischen „alten" und „neuen" Kriegen (VT, Q1, Q7).
5. Diskutiere anhand von Q10 Voraussetzungen und Möglichkeiten der Beseitigung von Gefahren, die von terroristischen Bewegungen ausgehen. Beziehe auch Q11 mit ein.

2. Krisen haben Ursachen

1979/1980	Die Islamische Revolution im Iran stürzt den Schah.
2005	Das Atomprogramm des Irans führt zu Konflikten mit den UN und vielen Staaten.

In der vernetzten Welt geht uns alles etwas an

Der 11. September 2001 war sicherlich einer der schockierendsten Tage, an die sich die nach 1945 Geborenen erinnern. Sie hatten noch nie einen Krieg im eigenen Land erlebt, obwohl die Zeit nach dem Zweiten Weltkrieg von vielen Konflikten auf der Welt geprägt war und ist – von blutigen Auseinandersetzungen, Bürgerkriege, täglichen Unterdrückungen und Gewalttaten. In vielen Ländern und Regionen können Menschen nicht in Frieden und mit dem Lebensnotwendigen versorgt leben. Die Ursachen hierfür liegen meist in einem komplizierten Geflecht aus historischen Bedingungen, politischen, religiösen und wirtschaftlichen Spannungen. Als Beispiel mag der Balkan gelten, wo Anfang der 1990er-Jahre nach dem Tod Titos der Vielvölkerstaat Jugoslawien auseinanderbrach und sich Serben, Kroaten und Bosnier gegenseitig terrorisierten und ermordeten.
Flüchtlinge dieses ersten Krieges auf europäischem Boden nach dem Ende des Zweiten Weltkriegs suchten auch in Deutschland Schutz. Aus allen Regionen der Welt bringen uns Fernsehsender und Internet „live“ jeden Konflikt ins Wohnzimmer. Die Journalisten etwa des amerikanischen Senders CNN berichten vom Kriegsgeschehen im Sinne der USA, riskieren aber auch ihr Leben, um Livereportagen direkt vom US-Panzer aus der irakischen Wüste zu liefern. Die weltweit vernetzten Aktienbörsen reagieren sofort auf jede Veränderung in der Welt.

Grenzen setzen, aber wie?

Ein Streitpunkt in der deutschen Öffentlichkeit war ab 2003, ob Deutschland am Irakkrieg teilnehmen sollte. Sollte es Truppen stellen, die die Angriffe der überwiegend amerikanischen und britischen Streitkräfte unterstützten, oder eher danach beim Aufbau eines demokratischen Systems mitwirken, z. B. durch die Ausbildung von Polizisten, im Gesundheitswesen etc.? Diskutiert wurde damals die Frage, ob der von den USA geführte Angriffskrieg eigentlich gerechtfertigt war. Hatte sich der irakische Diktator Saddam Hussein nicht allen internationalen Kontrollen über die Produktion von Massenvernichtungswaffen verweigert und häufig Drohungen gegenüber dem Westen und Israel ausgesprochen? Hatte das irakische Volk nicht unter dem unberechenbaren Diktator und den Anhängern seiner Baath-Partei gelitten und war somit die Zerstörung des Hussein-Systems für die Bevölkerung nicht eine Befreiung? Das sind viele Fragen, auf die man in offenen Konflikten niemals eine eindeutige Antwort geben kann, auch wenn die Geheimdienste vieler Staaten zahlreiche Informationen beschaffen können.
Saddam Hussein hatte in den 1980er-Jahren einen erbitterten Krieg gegen das Nachbarland Iran geführt und wurde darin finanziell und militärisch von den USA unterstützt. Irans konservative Ayatollahs (islamische Rechtsgelehrte), die 1979 mit der islamischen Revolution den damals regierenden und vom Westen unterstützten Schah von Persien ins Exil getrieben hatten, wollten den Iran in einen „Gottesstaat“ verwandeln. Zu ihrer heutigen Interpretation von Unabhängigkeit gehört ein eigenes Atomforschungsprogramm. Einer außenpolitischen Entspannungs-Phase unter dem liberalen Staatspräsidenten Khatami (1997–2005) folgte die Präsidentschaft Ahmadinedshads ab 2005. Dieser sprach dem Staat Israel mit wüsten Drohungen das Existenzrecht ab und bestand auf dem angeblich nur zur friedlichen Nutzung laufenden Atomprogramm. Angesichts dieser Vorgänge stel-

Q1 Titelseite des „Spiegel“ vom 18. 2. 2002
„Die Bushkrieger“, d. h. der US-Präsident und seine engsten Minister, sind als Batman, Conan der Barbar, Rambo, Terminator und Xena Warrior Princess (v. l.) dargestellt.

len sich grundsätzlich die Fragen, wie man mit friedlichen Mitteln ein atomares Wettrüsten im Nahen und Mittleren Osten verhindern kann und mit welchem Recht Israel die einzige Atommacht des Nahen Ostens bleiben soll.
Fraglich bleibt auch, wie weit man einem Staat wie dem schwarzafrikanischen Sudan mit Isolierung und Abkopplung von allen internationalen Wirtschaftsströmen drohen darf, weil er zulässt, dass in seiner Provinz Darfur wehrlose unschuldige Menschen vertrieben und niedergemetzelt werden. Diese Taten sind zu verurteilen, aber wird dieser Staat zu sehr isoliert, entwickelt er sich möglicherweise zum Rückzugsraum und Ausbildungszentrum des internationalen Terrorismus und damit zum anarchischen, rechtsfreien Raum.

Q2 **Demonstration gegen die Beteiligung Deutschlands am Irak-Krieg in Leipzig, 7. 4. 2003**

Wirtschaftskrisen und ihre Folgen

Staaten und Gesellschaften stabil zu halten, ist schwer. Das mussten auch die südamerikanischen Musterstaaten Argentinien und Uruguay während der Wirtschaftskrise seit 2000 spüren. Ihr bürgerlicher Mittelstand verarmte durch die Krise zunehmend. Die Folge waren wachsende Kriminalität und Korruption, die wiederum sowohl ausländische Investoren als auch Touristen fernhielten. Mittlerweile hat sich die Situation beruhigt, doch stellt sich die Frage nach dem Preis, den viele lateinamerikanische Staaten bezahlt haben und noch zahlen, um in einer globalisierten Welt politisch und wirtschaftlich bestehen zu können. Indianische Traditionen der Vorkolonialzeit wurden schon kurz nach der Eroberung Lateinamerikas durch Spanier und Portugiesen im 16. Jahrhundert zerstört, und wertvolle Bodenschatzvorkommen ausgebeutet. Viele Andenstaaten waren zunächst durch den Export von Nahrungsmitteln aus dem Plantagenanbau und Rohstoffen erfolgreich, doch wurde die Konzentration von Großgrundbesitz und Industrieanlagen in den Händen der weißen Führungsschicht nach dem Zweiten Weltkrieg zunehmend zum Problem. Ihre Investitionen konnten nur noch durch Kredite ausländischer Großbanken aufrechterhalten werden. Somit entwickelte sich in Abhängigkeit des internationalen Geldes in den Ländern ein Teufelskreis der Armut, da nur noch niedrigste Löhne gezahlt wurden. In politischer Hinsicht bestand die Reaktion der Bevölkerung einiger südamerikanischer Länder in der Wahl von Personen, die die erneute Nationalisierung der einheimischen Bodenschätze und Reichtümer zum Ziel erhoben. Dies ist vor allem an der Wahl von Hugo Chavez zum venezolanischen und von Ivo Morales zum bolivianischen Staatspräsidenten erkennbar. Letzterer ist der erste indianische Staatspräsident des amerikanischen Kontinents.

Drogenanbau ernährt die Familie

Die zunehmende Abholzung des tropischen Amazonas-Regenwaldes durch internationale Konzerne zeigt – wie in allen innertropischen Staaten – bedrohliche Auswirkungen auf Ökosysteme und Lebensräume von Millionen von Menschen vor Ort, aber auch auf das Weltklima. Vielen Kokabauern Kolumbiens oder Opiumbauern Afghanistans dienen ihre Felder der gewinnbringenden Produktion tödlicher Rauschgifte, die in den westlichen Ländern an Süchtige verkauft werden. Was dem einen die vielleicht einzige Möglichkeit seine Familie zu ernähren ist, bildet für den anderen eine große gesundheitliche Gefahr. Daher gilt es, kolumbianische Bauern für den Anbau dringend benötigter heimischer Grundnahrungsmittel zu gewinnen und sie dem Einfluss der Drogenbarone zu entreißen.

Spannungen zwischen Nachbarn im Kaukasus …

Spannungen herrschen auch in der Region rund um den Kaukasus. Dort stehen die Nachfolgestaaten der ehemaligen Sowjetunion wie Aserbaidschan, Armenien oder Georgien 15 Jahre nach ihrer Entlassung in die Unabhängigkeit noch auf sehr wackeligen Füßen, auch wenn teils autoritäre Regime mit diktatorischen Maßnahmen einen anderen Anschein vermitteln wollen. Einige dieser ehemaligen Sowjetrepubliken sind vorherrschend islamisch geprägt und gerade dort vermischen sich religiöse Konflikte mit dem Drang von Minderheiten nach nationaler Selbständigkeit. Zudem sind viele dieser Staaten begehrte Objekte der Industriemächte USA, Russland, der EU-Staaten und seit einiger Zeit auch Chinas wegen ihrer Erdöl- und Erdgasvorkommen. Wichtige Versorgungspipelines verlaufen durch die politisch instabile Kaukasusregion.

… und im Kaschmir

Seit ihrer Unabhängigkeit 1948 kämpfen die Nachfolgestaaten der ehemaligen britischen Kronkolonie Indien, das islamische Pakistan und das hinduistische Indien, mit militärischer Gewalt um die strategisch wichtige Hochgebirgsregion des Kaschmir. Beide Staaten sind seit längerem im Besitz von Atomwaffen und drohten im Laufe der letzten Jahre häufig mit deren Einsatz.

Flüchtlingsströme

Folge dieser Konflikte sind oft vielfältige Binnen- und auch Kontinente übergreifende Flüchtlingsbewegungen. Es wird für die Industriestaaten immer wichtiger, Asylsuchende und Wirtschaftsflüchtlinge auseinanderzuhalten, um ihre innere Stabilität und den sozialen Frieden zu erhalten. Viele Flüchtlinge, die in kleinen Booten aus nordafrikanischen Staaten unter Lebensgefahr das Mittelmeer überqueren und in Spanien oder Italien um Asyl bitten, haben meist schon strapaziöse Wege über Tausende von Kilometern innerhalb Afrikas hinter sich. Sie versuchen, aus dem subsaharischen Raum durch die Wüste in die Mittelmeerstaaten des Nordens zu gelangen. Ohne Pässe kann niemand ihre Herkunft überprüfen. Mittlerweile gibt es Überlegungen innerhalb der EU, sie schon in den Mahgrebstaaten in Lagern aufzufangen und sie von dort wieder in ihre Herkunftsländer zurückzuschicken.

„Schutz vor der Dritten Welt?“ Q3
Karikatur

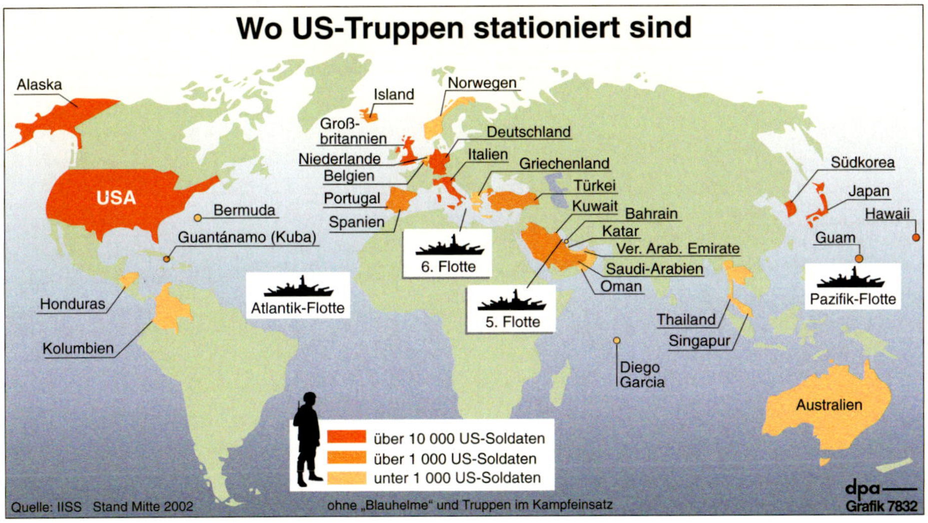

D1 „Weltpolizist USA"
Nach dem Ende des Zweiten Weltkriegs haben die USA ein Netz von Militärstützpunkten auf der ganzen Welt errichtet, um so überall präsent sein zu können.

Q4 Das 21. Jahrhundert gestalten

Condoleezza Rice war bis 2005 Beraterin des amerikanischen Präsidenten in nationalen Sicherheitsangelegenheiten und ist seitdem US-amerikanische Außenministerin:

Die Vereinigten Staaten und ihre Bündnispartner auf der ganzen Welt haben viele gemeinsame Werte – eine umfassende Verpflichtung zu Demokratie, Rechtsstaatlichkeit, Marktwirtschaft und offenem Handel. Darüber hinaus haben sich seit dem 11. September die Großmächte der Welt gegen Terror und Chaos zusammengeschlossen. (…)

Zusammen mit ihren internationalen Partnern werden die Vereinigten Staaten Armut, Krankheit und Unterdrückung bekämpfen, weil es das Richtige – und Klügste – ist. Wir haben gesehen, wie arme Staaten schwach werden oder sogar zusammenbrechen können, anfällig für Übergriffe durch Terrornetzwerke – mit potenziell katastrophalen Konsequenzen.

Wir werden eine Führungsrolle beim Aufbau eines globalen Handelssystems übernehmen, das wächst und freier ist. Die Erweiterung des Handels ist unerlässlich für die Entwicklungsbestrebungen armer Nationen und für die wirtschaftliche Gesundheit aller Nationen. Wir werden die Welt weiterhin bei der Bekämpfung von HIV/Aids anführen. (…)

Wir werden versuchen, jede Nation in einen sich erweiternden Kreis der Entwicklung einzubeziehen. (…)

Das Kernstück unserer gemeinsamen Bestrebungen muss die Entschlossenheit bilden, an der Seite von Männern und Frauen in jeder Nation zu stehen, die für das eintreten, was Präsident Bush als die „nicht verhandelbaren Forderungen der Menschenwürde" bezeichnet hat – Redefreiheit, gleiche Rechte für alle, die Achtung von Frauen, religiöse Toleranz und die Beschränkung der Staatsmacht. (…)

Gemeinsam besitzen die freiheitsliebenden Nationen der Welt die Fähigkeit zur Schaffung eines 21. Jahrhunderts, das unsere Hoffnungen erfüllt und unsere Ängste nicht schürt.

C. Rice, Die gemeinsamen Werte und Interessen der Vereinigten Staaten und ihrer Bündnispartner, Rede vom 15. 10. 2002. Zit. nach: Spiegel-Verlag/Klett-Verlag (Hg.), Unterrichtsmagazin Globalisierung. Leipzig 2003, S. 9.

Fragen und Anregungen

1. Vergleiche die bildliche Darstellung von Bin Laden (S. 273, Q3) und der amerikanischen Regierungsspitze (Q1) in Bezug auf ihre Symbolik und ihre dem jeweiligen Gegner zu vermittelnde Nachricht.
2. Notiere die auf der Karte D1 verzeichneten Länder nach Kontinenten und suche nach möglichen Gründen für eine Präsenz US-amerikanischer Truppen in der jeweiligen Region.
3. Nenne die Gründe, die in Q4 für die amerikanische Vorherrschaft in der Welt angeführt werden.
4. Stelle Q3 in den Zusammenhang des Kapitels. Informiere dich über die Flüchtlingspolitik der EU.

3. Die „Global Players" der internationalen Politik

1919	Der Völkerbund wird in Genf gegründet.
1926	Deutschland tritt dem Völkerbund bei, verlässt ihn aber vor Beginn des Zweiten Weltkriegs wieder.
April 1945	Die Vereinten Nationen (UNO) werden in San Francisco gegründet.

Die atomare Gefahr nach dem Ende des Kalten Krieges

Nach dem Ende des Kalten Krieges beschäftigte nicht nur der Iran mit seiner aggressiven Atomforschung die Vereinten Nationen und die Internationale Atombehörde, sondern auch das sich verbal wild gebärdende Nordkorea sowie die beiden „verfeindeten Brüder" Pakistan und Indien mit vorhandenen Arsenalen von Atomwaffen. Atomare Aufrüstung ist wie eine Kettenreaktion, an deren Ende Terroristen stehen können, die sich aus ungesicherten Waffenbeständen der Nachfolgestaaten der Sowjetunion nach einem Putsch „bedienen" konnten. Aber auch Islamisten, die nach einer demokratisch legitimierten Wahl an die Regierung gekommen sind, können mit Hilfe von Atomwaffen westliche Staaten erpressen. Welche Möglichkeiten der Konfliktlösung gibt es heute und welche Kräfte können internationalen Krisen vorbeugen?

Völkerbund ...

Fast alle heutigen Konflikte sind nicht mehr national zu lösen, Friedenssicherung kann also nur auf internationaler Ebene erfolgen. Schon 1919, nach dem Ersten Weltkrieg, riefen die Siegermächte den Völkerbund ins Leben, basierend auf den 14 Punkten des damaligen US-Präsidenten Wilson. Diese hatten eine neue, auf Gleichberechtigung und friedlicher Konfliktlösung beruhende Weltordnung zum Ziel. Deutschland durfte dem Völkerbund 1926 beitreten. Sein Hauptzweck war die Verpflichtung der Mitglieder, Angriffskriege zu unterlassen, sich um eine friedliche Beilegung ihrer Konflikte zu bemühen, aber auch gegen Friedensbrecher unter Umständen mit militärischer Gewalt vorzugehen. Alle Mitglieder hatten sich den vom Völkerbund beschlossenen völkerrechtlichen Regelungen zu unterwerfen. Allerdings blieben seine Erfolge gering: Die zu dieser Zeit eher auf Abgrenzung von anderen Staaten bedachten USA waren ihm erst gar nicht beigetreten, und die Sowjetunion, Deutschland und andere Staaten traten aus ihm Ende der 1930er-Jahre wieder aus, als sie Angriffskriege vorbereiteten. Der Völkerbund war also in der Zeit vor dem Zweiten Weltkrieg weitgehend handlungsunfähig.

... und UN als Instrumente der Konfliktlösung

Die Sieger des Zweiten Weltkriegs versuchten 1945 wiederum, weltweite Zusammenarbeit und solidarische Hilfe der Staatengemeinschaft im Rahmen der Vereinten Nationen (UN) zu ermöglichen. Allerdings waren und sind den am 26.6.1945 gegründeten UN heute noch relativ enge Grenzen gesetzt: Die UN-Charta besteht auf der völkerrechtlichen Souveränität jedes Staates, d.h. eine Einmischung in einen Staat mit einer handlungsfähigen Regierung ist nicht erlaubt. Außerdem müssen sich nur UNO-Mitglieder an deren Beschlüsse halten; es gibt für die UNO auch kaum Mittel, um „Ungehorsam" gegen ihre Beschlüsse wirksam zu bestrafen. Allein der Sicherheitsrat hat Weisungsbefugnisse und kann über die Verhängung von Boykottmaßnahmen, über den Abbruch diplomatischer Beziehungen bis hin zu militärischer Gewaltanwendung („Blauhelm"-Soldaten) bestimmen. Jedes der fünf ständigen Mitglieder kann aber mit einem Veto solche Beschlüsse verhindern.

Die Diskussion um eine Erweiterung der ständigen Mitglieder wird immer wieder geführt. Da die Staaten aber die Einsätze ihrer Soldaten für die UNO selbst bezahlen müssen und mit einem Sitz im Sicherheitsrat eine gewisse Vorbildfunktion übernehmen, gestaltet sich die Entscheidung auch in den innenpolitischen Debatten als sehr schwierig. Bei der Arbeit der UN-Verwaltung und -Diplomaten stehen vor allem folgende Dinge im Vordergrund: die Überwachung der UN-Menschenrechtskonvention, die Durchführung von humanitären Aktionen in der Flüchtlingshilfe, bei Kriegen, Hungersnöten und Naturkatastrophen sowie die Gestaltung zahlreicher Initiativen im Nord-Süd-Dialog zwischen Industrie- und Entwicklungsländern, im Klimaschutz oder in der Verbesserung menschlicher Lebensbedingungen. Auch Deutschland hat in Bonn einen Sitz von UN-Behörden.

Die Welt – ein Marktplatz vor allem für „Multis"

Diese Welt hat sich durch die modernen Kommunikations- und Transportmöglichkeiten zu einem großen Marktplatz entwickelt. Weltumspannende Konzerne fast aller Branchen, auch „multinationale Konzerne" bzw. „Multis" genannt, sind die entscheidenden „Global Players" geworden. Darunter versteht man Unternehmen, die nicht nur am internationalen Wettbewerb durch Export und Import teilnehmen, sondern diese Märkte durch internationale Investitionen und auf Grund ihrer Marktstellung beeinflussen. Sie sorgen vor allem für Schlagzeilen, wenn aus Europa oder Nordamerika Arbeitsplätze ausgelagert werden. Ließen z. B. deutsche Firmen nach dem Ende des Kalten Krieges in den osteuropäischen Nachbarländern produzieren oder Teile montieren, so verlagern sie diese Tätigkeiten heute immer mehr in die Niedriglohnländer Asiens, Afrikas oder Lateinamerikas. Durch Joint ventures, Firmenaufkäufe und -zusammenlegungen können sie Mitarbeiter und Waren transnational verschieben. Dabei nutzen sie alle Vorteile, die die jeweiligen staatlichen Umweltverordnungen sowie Steuer- und Sozialleistungssysteme ihnen bieten. So können sie auch die Staaten im Kampf um die jeweiligen Standortvorteile gegenseitig ausspielen. Die Multis sind zu den wichtigsten Motoren der Globalisierung geworden.

„Eine andere Welt ist möglich" – Attac

Deutschland gehört u. a. zur G8-Gruppe der wirtschaftlich stärksten Staaten der Welt. Gerade wenn deren Mitglieder, die Regierungschefs Kanadas, Deutschlands, Frankreichs, Großbritanniens, Italiens, Japans, der USA und Russlands, sich zum Gipfeltreffen versammeln, sorgt meist eine weitere bekannte Gruppierung mit Demonstrationen für Aufsehen: die Attac.
Hierbei handelt es sich um eine der international agierenden Nichtregierungsorganisationen (NGOs), die neben dem internationalen Zusammenschluss der Staaten Gleichgesinnte vereint. Attac, ursprünglich als „Association pour une taxation des transactions financières pour l'aide aux citoyens" (= Vereinigung zur Besteuerung von Finanztransaktionen im Interesse der Bürger) gegründet, arbeitet heute in über 40 Ländern. Alle Regionalgruppen haben das Ziel, sich gegen eine Globalisierung zur Wehr zu setzen, die nur über den freien Welthandel und im Interesse internationaler Konzerne läuft. Sie sind der Ansicht, internationale Institutionen wie die Weltbank, der Internationale Währungsfonds (IWF), die Welthandelsorganisation (WTO) sowie die Organisation für wirtschaftliche Zusammenarbeit (OECD), die alle zur Förderung und Koordination der internationalen Wirtschaft und zur Lösung internationaler Wirtschaftsprobleme gegründet wurden, seien der Motor einer einseitigen Globalisierung.

Demonstranten am Rande einer WTO-Tagung in Seattle, 1999 Q1

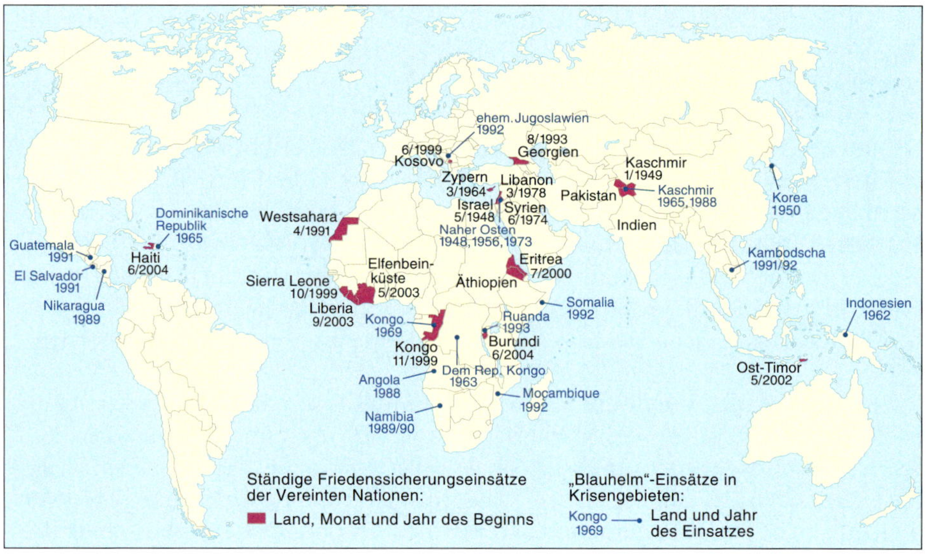

D1 Einsätze von Blauhelmsoldaten in Krisengebieten

Q2 „Out-of-Area"-Einsätze der Bundeswehr

Urteil des Bundesverfassungsgerichts, 1994:

1. Die Ermächtigung des Art. 24 Abs. 2 GG berechtigt den Bund nicht nur zum Eintritt in ein System gegenseitiger kollektiver Sicherheit und zur Einwilligung in damit verbundene Beschränkungen seiner Hoheitsrechte. Sie bietet vielmehr auch die verfassungsrechtliche Grundlage für die Übernahme der mit der Zugehörigkeit zu einem solchen System typischerweise verbundenen Aufgaben und damit auch für eine Verwendung der Bundeswehr zu Einsätzen, die im Rahmen und nach den Regeln dieses Systems stattfinden.
2. Art. 87a GG steht der Anwendung des Art. 24 Abs. 2 GG als verfassungsrechtliche Grundlage für den Einsatz bewaffneter Streitkräfte im Rahmen eines Systems gegenseitiger kollektiver Sicherheit nicht entgegen.

Entscheidung des Bundesverfassungsgerichts vom 12. Juli 1994

Q3 Frieden schaffen ohne Gewalt

Aus der UN-Charta von 1945:

Art. 2 (4). Alle Mitglieder unterlassen in ihren internationalen Beziehungen jede gegen die territoriale Unversehrtheit oder die politische Unabhängigkeit eines Staates gerichtete (...) Androhung oder Anwendung von Gewalt.

Art. 33. Die Parteien einer Streitigkeit (...) bemühen sich zunächst um eine Beilegung durch Verhandlung, Untersuchung, Vermittlung, Vergleich, Schiedsspruch, gerichtliche Entscheidung, Inanspruchnahme regionaler Einrichtungen oder Abmachungen oder durch andere friedliche Mittel eigener Wahl. (...).

Art. 41. Der Sicherheitsrat kann beschließen, welche Maßnahmen – unter Ausschluss von Waffengewalt – zu ergreifen sind, um seinen Beschlüssen Wirksamkeit zu verleihen; er kann die Mitglieder der Vereinten Nationen auffordern, diese Maßnahmen durchzuführen. Sie können die vollständige oder teilweise Unterbrechung der Wirtschaftsbeziehungen, des Eisenbahn-, See- und Luftverkehrs, der Post-, Telegrafen- und Funkverbindungen sowie sonstiger Verkehrsmöglichkeiten und den Abbruch der diplomatischen Beziehungen einschließen.

Art. 42. Ist der Sicherheitsrat der Auffassung, dass die in Art. 41 vorgesehenen Maßnahmen unzulänglich sein würden oder sich als unzulänglich erwiesen haben, so kann er mit Luft-, See- und Landstreitkräften die zur Wahrung oder Wiederherstellung des Weltfriedens und der internationalen Sicherheit erforderlichen Maßnahmen durchführen. (...)

Zit. nach: G. Unser, Die UNO. München 1986, S. 206, 214 ff.

Q4 Neugestaltung des „Nord-Süd-Dialogs"

Ein Vorschlag, um das Gespräch zwischen den wirtschaftlich stärkeren Ländern, die vor allem auf der Nordhalbkugel der Erde liegen, und den wirtschaftlich schwächeren Ländern, die vor allem auf der Südhalbkugel liegen, voranzubringen: („Nord-Süd-Dialog"):

Der Aufbau eines gerechteren Ordnungsrahmens für die globale Wirtschaft und die Förderung sozialer Sicherungssysteme in den Entwicklungsländern sind zwar wichtige Schritte, sie reichen für sich genommen aber nicht aus, um die zunehmende ökonomische, politische und gesellschaftliche Kluft zwischen stärkeren und schwächeren Ländern zu verringern. Die bereits

heute offensichtliche Teilung der globalen Gesellschaft verlangt vielfältige politische Initiativen, die unter dem Oberbegriff einer Neugestaltung und Intensivierung des „Nord-Süd-Dialogs" zusammengefasst werden können. Das bedeutet jedoch nicht eine Wiederaufnahme der in den siebziger Jahren geführten Debatte um die „Neue Weltwirtschaftsordnung", sondern die Etablierung [Einrichtung] eines breit angelegten Dialogprozesses über die zukünftige Gestaltung der Beziehungen zwischen Industrie- und Entwicklungsländern. Die Formulierung und Durchsetzung gemeinsamer Standards auf globaler Ebene kann nicht länger auf dem Wege einseitiger Vorgaben durch den reichen Norden geschehen, sondern muss als partnerschaftlicher Dialog mit den Ländern des Südens betrieben werden.

Im Zentrum dieses Dialogs sollten die finanziellen und technischen Entwicklungshilfeverpflichtungen der westlichen Industriestaaten stehen, ebenso aber auch die Verantwortung der Eliten in den Entwicklungsländern. Sowohl die gegen „den Westen" erhobenen Vorwürfe ökonomischer, politischer und nicht zuletzt kultureller Dominanz, als auch von Misswirtschaft und Korruption in den Entwicklungsländern müssen in diesem Dialogprozess offen zur Sprache gebracht werden.

R. Herzog/K.-P. Müller (Hg.), Die Globalisierungsdebatte – Positionspapier des Kuratoriums der Konrad-Adenauer-Stiftung. Bornheim 2003, S.14.

Q5 Furcht in der Dritten Welt

Die Inderin Arundhati Roy ist Schriftstellerin, lebt in Neu-Delhi und gilt als zentrale Figur der Globalisierungsgegner:

Welche Freiheit hält [diese freieste Nation der Welt, die USA] denn aufrecht? Innerhalb der eigenen Grenzen Redefreiheit, Religionsfreiheit, Gedankenfreiheit; die des künstlerischen Ausdrucks, der Essgewohnheiten, der sexuellen Vorlieben (...), alles ganz musterhaft und wunderbar.

Außerhalb der eigenen Grenzen die Freiheit zu dominieren, zu erniedrigen und zu unterwerfen – gewöhnlich unter die wahre Religion Amerikas, den „freien Markt". Wenn also die US-Regierung einen Krieg Operation „Grenzenlose Gerechtigkeit" tauft oder Operation „Dauerhafte Freiheit", dann spüren wir in der Dritten Welt mehr als leise Furcht. Weil wir wissen, dass Grenzenlose Gerechtigkeit für die einen Grenzenlose Ungerechtigkeit für die anderen bedeutet. Und Dauerhafte Freiheit für die einen Dauerhafte Unterjochung für die anderen.

Die Internationale Koalition gegen den Terror ist vor allem eine Intrige der reichsten und mächtigsten Länder der Welt. Sie produzieren und verkaufen fast alle Waffen der Welt, sie besitzen den größten Bestand an chemischen, biologischen und nuklearen Massenvernichtungswaffen. Sie haben die meisten Kriege geführt, sind die Hauptverantwortlichen der modernen Geschichte für Völkermorde, Unterwerfungen, ethnische Säuberungen und Menschenrechtsverletzungen, haben ungezählte Diktatoren und Despoten [Gewaltherrscher] gefördert, bewaffnet und finanziert. Sie huldigen einem Kult der Gewalt, sie haben den Krieg förmlich zum Gott erhoben. Bei all ihren abscheulichen Vergehen kommen die Taliban [in Afghanistan] da wirklich nicht mit. (...)

Jeder Ökologe wird Ihnen sagen, wie gefährlich und empfindlich eine Monokultur ist. Eine hegemoniale Welt lässt sich mit einer Regierung ohne gesunde Opposition vergleichen. Sie wird zu einer Art Diktatur. Als stülpte man eine Plastiktüte über die Welt und hinderte sie am Atmen. Doch diese Tüte wird schließlich aufgerissen.

A. Roy, Krieg ist Frieden. In: Spiegel Online, v. 31. 10. 2001. Zit. nach: Spiegel-Verlag/Klett-Verlag (Hg.), Unterrichtsmagazin Globalisierung. Leipzig 2003, S.10.

Fragen und Anregungen

1. Erläutere die Rolle der UN heute und vergleiche die Situation mit der Gründungszeit (VT, D1, Q3).
2. Lies die in Q2 genannten Artikel des Grundgesetzes. Überlege, warum hier das Bundesverfassungsgericht entscheiden musste.
3. Stelle Bezüge zwischen Q4 und Q5 her, indem du die Einzelaussagen der Materialien verknüpfst.
4. Vergleiche die Aussagen von Q5 mit der der amerikanischen Außenministerin (Q4, S. 279). Überprüfe die Aussagen der beiden Frauen anhand der Fakten auf ihre Stichhaltigkeit.
5. Fasse die Kritik von Globalisierungsgegnern zusammen (VT, Q1, Q5).
6. Halte ein Referat über die Entwicklung internationaler Organisationen zur Erhaltung des Friedens.

4. Krisenherd Naher Osten – warum gibt es keinen Frieden?

1897	Die Zionisten schließen sich unter Theodor Herzl zusammen.
1917	Die Errichtung einer „nationalen Heimstatt" der Juden in Palästina wird erklärt („Balfour-Erklärung").
Mai 1948	Der Staat Israel wird gegründet.
1979	Israel und Ägypten schließen Frieden; Ägypten erkennt Israel als erstes arabisches Land an.
1987	Die erste Intifada in den von Israel besetzten Palästinensergebieten beginnt.
1994	Israel und Jordanien schließen Frieden; Israel und die PLO schließen ein Autonomieabkommen.
2000	Die zweite Intifada nach dem Scheitern der Verhandlungen um einen unabhängigen Palästinenserstaat beginnt.

Ein Staat für die Juden

Während des Ersten Weltkrieges schrieb der englische Außenminister Lord Balfour an einen der einflussreichsten englischen Bankiers jüdischen Glaubens, Lord Rothschild, einen Brief. Darin versprach er, dass die englische Regierung „die Errichtung einer nationalen Heimstätte für das jüdische Volk in Palästina" mit Wohlwollen betrachte. Aber, so betonte er, dabei dürfe nichts geschehen, „was die bürgerlichen und religiösen Rechte der in Palästina bestehenden nichtjüdischen Gemeinschaften" bedrohe. Lord Balfour dachte vor allem an die kolonialen Interessen Englands in dieser politisch und militärisch bedeutenden Region. Lord Rothschild hingegen glaubte, dem Ziel der Errichtung eines eigenen Staates für die Juden in Palästina einen Schritt näher gekommen zu sein. Seit der Antike lebten die Juden in der Diaspora. In vielen Ländern Europas und Nordafrikas bildeten sie eine religiöse Minderheit. Häufig wurden sie aus religiösen, politischen oder sozialen Gründen als „Sündenböcke" betrachtet und verfolgt. Wachsender Antisemitismus, Ausschreitungen gegen Juden in Osteuropa und die Suche nach einer eigenen Identität verstärkten am Ende des 19. Jahrhunderts den Wunsch, in das Land der Väter, nach „Zion", zurückzukehren. Unter Führung des österreichischen Journalisten Theodor Herzl schlossen sich die „Zionisten" 1897 zusammen. Ziel dieser Bewegung war die Errichtung eines „Judenstaats". Bis 1914 wanderten 85 000 Juden nach Palästina aus, um dort Siedlungen zu gründen, weitere sollten ihnen alsbald folgen.

Einwanderung und Konflikte

Palästina war kein unbesiedeltes Land. Die Einwanderer trafen auf eine arabische Bevölkerung, die dort seit Jahrhunderten lebte. Deren Nationalgefühl war im Kampf gegen die Herrschaft des türkischen Sultans erwacht. Nach dem Zusammenbruch des türkischen Reiches 1918 erfüllte sich der Wunsch nach einem arabischen Großreich allerdings nicht. Großbritannien besetzte vielmehr das heutige Jordanien und den Irak, Frankreich den Libanon und Syrien, die später selbstständig wurden. Palästina blieb jedoch unter britischer Verwaltung. Diese stand bald heftigen Auseinandersetzungen zwischen der arabischen Bevölkerung und der wachsenden Zahl jüdischer Einwanderer gegenüber. Allein zwischen 1931 und 1939 wanderten 265 000 Juden ein. Tausende, die dem NS-Regime oder dessen Todeslagern entkommen waren,

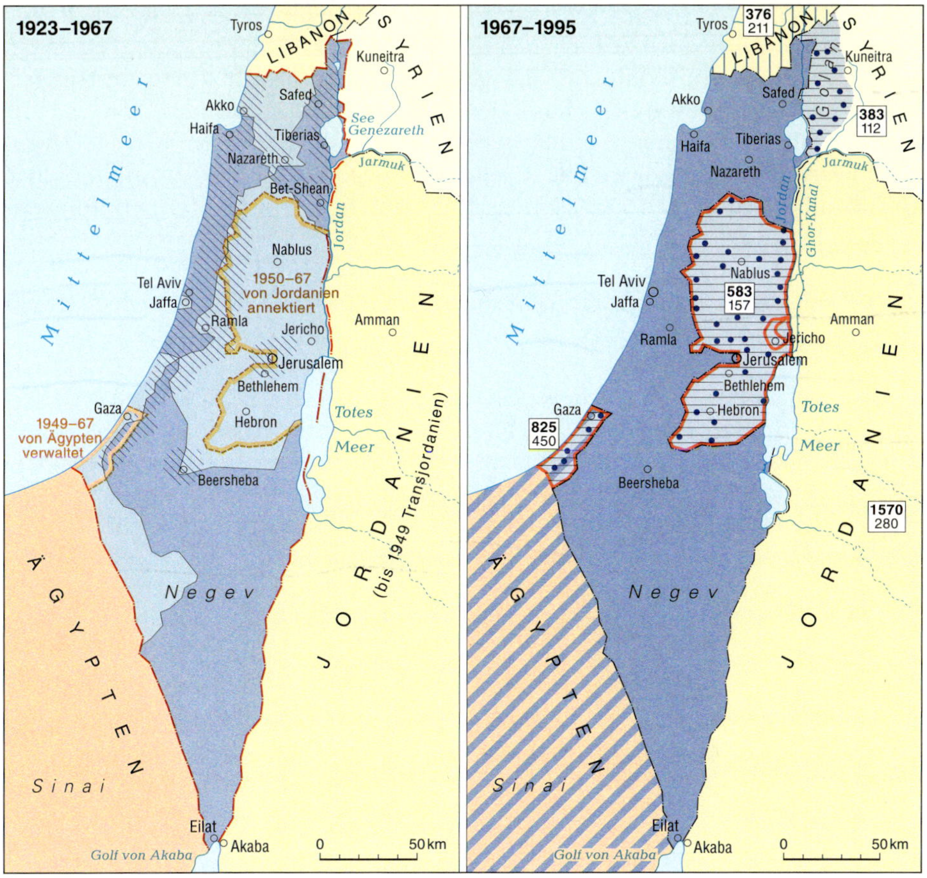

Karte links

- Grenze des britischen Mandatsgebietes Palästina 1923
- jüdisches Siedlungsgebiet bis 1948
- jüdischer Anteil nach dem UN-Teilungsplan von 1947
- israelische Eroberungen im 1. arabisch-israelischen Krieg 1948/49

Karte rechts

- Staat Israel
- seit 1967 von Israel besetztes Gebiet
- seit 1967 besetztes und 1974–1983 zurückgegebenes Gebiet
- zeitweilig kontrollierte Sicherheitszone
- wichtige israelische Siedlungen in den besetzten Gebieten
- palästinensisches Autonomiegebiet laut Abkommen vom 4.5.1994

registrierte palästinensische Flüchtlinge (im Jahr 2000):

583 Gesamtzahl in Tausend
157 davon in Flüchtlingslagern

D1 Palästina und Israel 1967–1995

hofften, in Palästina eine neue Heimat zu finden. Versuche, diese Einwanderung zu begrenzen, scheiterten. Während die Araber fürchteten, zu einer nationalen und religiösen Minderheit im eigenen Land zu werden und ihre Rechte zu verlieren, kauften die Juden in großem Umfang Land. Dort gründeten sie Siedlungen, Kibbuzim, in denen Landwirte, Handwerker und Händler gemeinsam lebten und arbeiteten.

Gründung Israels – Flucht und Vertreibung der Palästinenser

Im Mai 1948 wurde der Staat Israel gegründet. Alle Bemühungen der Vereinten Nationen, einen friedlichen Ausgleich zwischen Juden und Arabern herbeizuführen, waren zuvor gescheitert. Zwischen 600 000 und 750 000 Araber flohen oder wurden aus ihrer Heimat vertrieben. Zugleich griffen Israels Nachbarn die neue Heimat der Juden an. Nach heftigen Kämpfen wurden 1949 die Grenzen Israels festgelegt. Jerusalem, die wichtigste religiöse Stätte der Juden, wurde dabei geteilt. Die ehemaligen Einwohner durften trotz eines UNO-Beschlusses aber nicht zurückkehren. Bis heute leben daher ca. 3,5–4 Millionen Flüchtlinge unter teilweise erschreckenden Bedingungen in Lagern in den Nachbarländern. Ihre Hoffnung, zurückkehren zu dürfen oder einen eigenen Staat gründen zu können, hat sich bisher nicht erfüllt. Palästinensische Befreiungsorganisationen wie die von Yassir Arafat geführte PLO haben hier ihre Wurzeln.

Neue Kriege

Der Waffenstillstand von 1949 war nur eine Atempause. Unter Führung seines ersten Ministerpräsidenten David Ben Gurion nutzte Israel diesen, den neuen Staat nach westlichen Vorbildern auszubauen. Bis heute gilt Israel als das einzige demokratische Land im Nahen Osten. Auch wirtschaftlich gehörte Israel bald zu den

modernsten und leistungsfähigsten Staaten der Region. Staat, Gesellschaft und Wirtschaft leiden jedoch seit jeher unter der Last der Militärausgaben. Israel betrachtet diese als notwendig, um sich gegenüber seinen Nachbarn zu verteidigen. Da diese nicht bereit waren, sich mit der Existenz Israels abzufinden, kam es 1956, 1967 und 1973 zu weiteren militärischen Auseinandersetzungen. Mit Unterstützung der Vereinigten Staaten hat Israel diese Kriege gewonnen. Aus militärischen Gründen besetzte es dabei palästinensische Gebiete im Jordan-Tal und im Gazastreifen. Den Soldaten folgten mit Zustimmung der Regierung israelische Siedler, die weitere Teile ursprünglich biblischen Landes wieder in Besitz nehmen wollten. Deren Weigerung, das aus ihrer Sicht „heilige Land" wieder zu verlassen, erschwert bis heute jede Friedenslösung.

Siege aber kein Frieden

Siege und Landbesetzungen bedeuteten aber noch lange keinen Frieden. Allein Ägypten und Israel schlossen 1979 unter amerikanischer Vermittlung Frieden. Als erstes arabisches Land erkannte es Israel an. Der Ausschluss Ägyptens aus der Arabischen Liga und die Ermordung des ägyptischen Präsidenten Anwar al-Sadat zeigten jedoch, wie tief der Hass gegenüber Israel verwurzelt war. Aus Nachbarstaaten griffen weiterhin palästinensische Kämpfer israelische Siedlungen an. 1987 kam es in den besetzten Gebieten zu zivilem Ungehorsam wie Steuerverweigerung und Demonstrationen, aber auch gewaltsamem Widerstand gegen die Besatzungsmacht. Dieser Aufstand – Intifada genannt – offenbarte die tiefe Kluft zwischen Israelis und Palästinensern. Während diese die Israelis unter Führung der PLO und ihrer Organisationen ins Meer zurücktreiben wollten, waren jene nicht bereit, deren Rechte anzuerkennen. Der wachsende Einfluss islamischer Organisationen auf der einen, radikaler Siedler auf der anderen Seite, vertiefte die vorhandenen Gräben.

Das Ende des Kalten Krieges – eine Wende?

Das Ende des Kalten Krieges und der amerikanische Wille, eine neue Weltordnung zu schaffen, schienen auch für den Nahen Osten eine neue Ära des Friedens einzuläuten. Nach langen, geheimen Verhandlungen erkannten Israel und die PLO 1994 einander an und vereinbarten in Oslo eine schrittweise Autonomie der besetzten Gebiete. Viele Fragen blieben dabei ungeklärt. Dazu gehören vor allem die Zukunft der jüdischen Siedlungen, das Schicksal von Millionen palästinensischer Flüchtlinge und der Aufbau einer funktionierenden und unabhängigen Gesellschaft und Wirtschaft in den Palästinensergebieten. Besonders umstritten ist der Status der Stadt Jerusalem, die Israelis und Araber als eine ihrer heiligsten Stätten betrachten.

Frieden in Sicht?

Trotz aller Probleme bedeuteten die Abkommen einen erheblichen Fortschritt: Israelische Truppen zogen sich zurück, ein palästinensisches Parlament und ein eigener Präsident – Yassir Arafat – wurden gewählt. Auch Jordanien schloss 1994 Frieden mit Israel, nicht hingegen Syrien und der Libanon. Hauptstreitpunkt bildet hier die Ablehnung Israels, militärisch wichtige Gebiete zu räumen. Die Ermordung des israelischen Ministerpräsidenten Yitzhak Rabin 1995 durch einen radikalen jüdischen Siedler zeigte allerdings, wie sehr Extremisten bemüht waren, den Friedensprozess zum Scheitern zu bringen. Zu diesen gehören auch Mitglieder der Hamas, einer religiösen Bewegung, die sich als wahre Vertreterin des palästinensischen Volkes versteht und jede Vereinbarung mit Israel ablehnt. Das Scheitern der Verhandlungen über einen unabhängigen Palästinenserstaat im Sommer 2000 und der demonstrative Besuch des späteren Ministerpräsidenten Ariel Sharon auf dem Felsendom lösten eine zweite Welle der Intifada aus. Durch Attentate, Angriffe auf israelische Siedlungen und gewaltsame Demonstrationen versuchen die Palästinenser seitdem, die israelische Herrschaft abzuschütteln. Die israelische Regierung reagierte darauf mit der Besetzung von Teilen der Autonomiegebiete und

massivem Militäreinsatz, gezielten Tötungen von Führern der Untergrundbewegung sowie dem Bau einer acht Meter hohen Betonmauer, die Attentäter hindern soll, nach Israel einzudringen. Ihre Ziele haben weder die einen noch die anderen erreicht. Internationale Versuche, in diesem Konflikt zu vermitteln, sind bisher gescheitert. Ungelöste politische, soziale und wirtschaftliche Probleme sowie der wachsende Einfluss des Islams bei den Palästinensern, die hartnäckige Haltung der Siedler und das Festhalten an einer Politik der Stärke bei vielen Israelis erschweren alle Lösungsversuche. Den Tod Yassir Arafats Ende 2004 und die Wahl eines gemäßigten Nachfolgers verbanden viele Menschen auf beiden Seiten mit der Hoffnung, den Teufelskreis der Gewalt zu durchbrechen.
Anfang 2006 ging die radikale islamistische Hamas-Bewegung allerdings als Sieger aus demokratischen Wahlen hervor und stellte damit die offizielle Regierung der palästinensischen Gebiete. Damit scheint der Frieden trotz weiterer Bemühungen u. a. auch deutscher Politiker wieder in die Ferne gerückt.

Q1 **Der Tempelberg in Jerusalem –** Spiegelbild eines Konflikts. Die Klagemauer – Überrest des biblischen Tempels – ist das höchste Heiligtum der Juden, die Al Aksa Moschee eins der größten muslimischen Heiligtümer.

Q3 **Die im Bau befindlichen Sperranlagen** zwischen Israel und den palästinensischen Gebieten sind nur an einigen bewachten Checkpoints nach strengsten und langwierigen Sicherheitskontrollen passierbar.

Q2 **Eine Gruppe bewaffneter jüdischer Siedler in ihrer neuen Heimat Palästina um 1910**

Q4 **Palästinensisches Flüchtlingslager bei der jordanischen Hauptstadt Amman im Jahre 1969**

Wahlkampf der militant-islamistischen Hamas für die Parlamentswahl, Januar 2006. Q5

Q6 Israel erklärt 1948 seine Unabhängigkeit

In der Begründung verweisen die Staatsgründer auf die Geschichte:

In Erez [Land] Israel stand die Wiege des jüdischen Volkes; hier wurde sein geistiges, religiöses und politisches Antlitz geformt; hier lebte es ein Leben staatlicher Selbständigkeit; hier schuf es seine nationalen und universellen Kulturgüter und schenkte der Welt das unsterbliche „Buch der Bücher".

Mit Gewalt aus seinem Lande vertrieben, bewahrte es ihm in allen Ländern der Diaspora die Treue und hörte niemals auf, um Rückkehr in sein Land und Erneuerung seiner politischen Freiheit in ihm zu beten und auf sie zu hoffen.

Auf Grund dieser historischen und traditionellen Verbundenheit strebten die Juden in allen Geschlechtern danach, ihre alte Heimat wiederzugewinnen; in den letzten Generationen kehrten viele von ihnen in ihr Land zurück; Pioniere, Helden und Kämpfer brachten die Wüste zu neuer Blüte, erweckten die hebräische Sprache zu neuem Leben, errichteten Städte und Dörfer und schufen so eine ständig zunehmende Bevölkerung eigener Wirtschaft und Kultur, friedliebend, aber imstande, sich selbst zu schützen, eine Bevölkerung, die allen Bewohnern des Landes Segen und Fortschritt bringt und nach staatlicher Selbständigkeit strebt. (...)

Die über das jüdische Volk in der letzten Zeit hereingebrochene Vernichtung, in der in Europa Millionen Juden zur Schlachtbank geschleppt wurden, bewies erneut und eindeutig die Notwendigkeit, die Frage des heimat- und staatenlosen jüdischen Volkes durch Wiedererrichtung des jüdischen Staates in Erez Israel zu lösen. (...)

Die jüdischen Flüchtlinge, die sich aus dem furchtbaren Blutbad des Nationalsozialismus in Europa retten konnten, und Juden anderer Länder strömten ohne Unterlass nach Erez Israel, trotz aller Schwierigkeiten, Hindernisse und Gefahren; sie forderten unablässig insbesondere ihr Recht auf ein Leben der Ehre, Freiheit und redlichen Arbeit in der Heimat ihres Volkes. (...)

Wir appellieren (...) an die Angehörigen des arabischen Volkes, die im Staate Israel leben, den Frieden zu bewahren und sich am Aufbau des Staates auf der Grundlage voller bürgerlicher Gleichheit und entsprechender Vertretung in allen Institutionen des Staates, den provisorischen und den endgültigen, zu beteiligen. Wir strecken allen Nachbarstaaten und ihren Völkern die Hand zum Frieden und auf gute Nachbarschaft entgegen. (...)

Zit. nach: H. Jendges, Kontrovers. Der Israelisch-Arabische Konflikt. Bonn o. J., S. 14–16.

Q7 Selbstverteidigung ist Pflicht

Der spätere ägyptische Präsident Gamal Abdel Nasser führte 1954 aus:

Soweit ich mich erinnern kann, begannen die ersten Funken eines arabischen Bewusstseins in mir schon aufzuglühen, als ich noch Gymnasiast war. Damals pflegte ich mich am 2. November jedes Jahres mit meinen Schulkameraden an einem Proteststreik gegen die Balfour-Erklärung zu beteiligen – jene Erklärung, durch die England den Juden ein nationales Heim in Palästina zugesprochen und dieses Land damit widerrechtlich seinen rechtmäßigen Eigentümern entrissen hatte. Wenn ich mich damals fragte, warum ich mit so viel Eifer von meiner Schule fernblieb und warum ich wegen eines Landes Erbitterung fühlte, das ich nie gesehen hatte, so konnte ich nur rein gefühlsmäßige Antworten finden. Später begann ich diese Frage einigermaßen zu verstehen, als ich Student an der Militärakademie war und dort insbesondere die Geschichte aller früheren Feldzüge in Palästina, aber auch die allgemeine Geschichte dieses Gebiets und seine Probleme studierte, die es während der letzten hundert Jahre zur leichten Beute für ein Rudel hungriger Bestien gemacht hatten. (...)

Und als die Palästina-Krise (1948) am Horizont heraufzog, war ich fest davon überzeugt, dass der Kampf in Palästina kein Kampf auf fremdem Boden war. Er war auch nicht bloß eine Sache des Gefühls. Er war eine Pflicht, die uns die Selbstverteidigung auferlegte.

Zit. nach: H. Jendges, Kontrovers. Der Israelisch-Arabische Konflikt. Bonn o.J., S. 24.

Q8 Für die totale Befreiung Palästinas

Die Organisation der Palästinenser, die El Fatah-Bewegung, rief 1970 zur Beseitigung Israels auf:

Das Volk Palästinas und seine nationale Befreiungsbewegung kämpfen für die volle Befreiung. Sie weisen alle auf Frieden und Kapitulation gründenden Lösungen zurück (...).

(8) Die Palästinensische Revolution betrachtet die Israel umgebenden arabischen Gebiete als legitime Arena des Kampfes um Palästina. (...)

(12) Seiner Natur und Entstehung nach repräsentiert Israel eine geschlossene rassistische Gesellschaft, die mit dem Imperialismus verbunden ist. (...) Die Palästinensische Revolution setzt sich daher als Ziel, jenes System politisch, militärisch, gesellschaftlich, kulturell und auf Gewerkschaftsebene zu liquidieren und strebt die totale Befreiung ganz Palästinas an.

Zit. nach: H. Jendges, Kontrovers. Der israelisch-arabische Konflikt, Bonn o. J., S. 35.

Q9 Endet ein Jahrzehnte alter Konflikt?

Aus der „Prinzipienerklärung" zwischen Israel und der PLO vom September 1993:

Die Regierung des Staates Israel und die palästinensische Gruppe, die das palästinensische Volk vertritt, stimmen darin überein, dass es an der Zeit ist, Jahrzehnte des Konfliktes und der Konfrontation zu beenden. Sie anerkennen gegenseitig ihre legitimen politischen Rechte und streben nach einem Leben friedlicher Koexistenz in Würde und Sicherheit, um eine gerechte, dauerhafte und umfassende Friedensregelung sowie eine historische Versöhnung auf dem Weg des vereinbarten politischen Prozesses zu erreichen. (...) Das Ziel der israelisch-palästinensischen Verhandlungen innerhalb des laufenden Nahost-Friedensprozesses ist es, unter anderem, für das palästinensische Volk auf dem Westufer und im Gaza-Streifen eine palästinensische Übergangs-Selbstverwaltung für einen Zeitraum von nicht mehr als fünf Jahren einzurichten – den gewählten Rat (oder nur „Rat") –, die zu einer dauerhaften Übereinkunft (...) führen soll.

Zit. nach: Frankfurter Allgemeine Zeitung, 13. September 1993.

Q10 Der Sprung über den eigenen Schatten

Karikatur von Karl-Heinz Schoenfeld anlässlich des Abkommens über die palästinensische Autonomie in Jericho und im Gazastreifen von 1993. Ein Jahr später erhielten Rabin, Außenminister Peres und Arafat den Friedensnobelpreis.

Q11 „Wir sind Gefangene der Lage"

Eine israelische Krimi-Autorin äußerte 2004:

Ich weiß sehr wohl, dass jene Israelis, die sich in den besetzten Gebieten von Judäa und Samaria niedergelassen haben, jene Israelis, deren politischer Weg mich zutiefst empört und denen ich vorwerfe, in hohem Maß für die wachsende Feindseligkeit der Palästinenser verantwortlich zu sein, gleichfalls Gefangene dieser Situation sind. Die Kinder der Siedler, die explodieren und in ihren Betten oder auf dem Schulweg bei lebendigem Leib verbrennen, sind Kinder genau wie die meinen, und das Unheil, das deren Leben überschwemmt, ist auch mein Unheil. Die ideologischen Gründe, aus denen diese Menschen sich nach dem Sechstagekrieg in den dicht bevölkerten, soeben eroberten arabischen Gebieten ansiedelten, die Unterstützung, die sie seitdem von sämtlichen israelischen Regierungen erfuhren, all das liegt auf einer anderen Ebene, und ich fühle, dass ich dafür nicht weniger verantwortlich bin als die Siedler selbst. Ein Teil meiner Schüler und der Schüler meines Partners stammen aus Judäa und Samaria. Wir kennen das Unglück, das über sie hereingebrochen ist, also ganz aus der Nähe. Sie sind auf wirklich komplizierte Weise in ideologische und politische Fesseln verstrickt. Die palästinensischen Araber, aus deren Mitte die Menschen stammen, die uns töten, sind wie wir Gefangene der Lage. Die meisten von ihnen beteiligen sich weder an den brutalen Praktiken, mit denen Extremisten die israelische Herrschaft abschütteln wollen, noch rechtfertigen sie diese Mittel. Dennoch sind sie den Ausgangssperren und den israelischen Vergeltungsschlägen schutzlos ausgeliefert.

B. Gur, In der Falle. In: Spiegel Special. Terror: Der Krieg des 21. Jahrhunderts. Hamburg 2004, S. 49.

Q12 „Ich schäme mich"

Ein 16-jähriger gescheiterter Selbstmordattentäter erklärte einem Reporter:

Um gleich am Anfang eines klarzustellen: Ich schäme mich. (...) Ich schäme mich, dass ich noch am Leben bin und es mir nicht gelungen ist, Dutzende Juden in den Tod zu reißen. (...) Ich war noch nie drüben. Das Land unserer Feinde, unserer Okkupanten interessiert mich nicht. (...) Mein Bezugspunkt ist Jerusalem, wo unsere Familie ihre Wurzeln hat. (...) Dann wurden zwei meiner Klassenkameraden erschossen. Ich beobachtete, wie mein bester Freund im Kugelhagel starb, das Blut aus seinem Bauch auf die Straße spritzte und aus dem kleinen Rinnsal ein tiefroter Bach wurde, der zum Marktplatz hinunterfloss. (...) Ich sah es mit meinen eigenen Augen. Es war, als wir Steine gegen ihre Panzer warfen, damals, als ich zwölf war. (...) Ich habe [vor dem Attentatsversuch] gut geschlafen. Ich war mit mir im Reinen – ich wusste, ich tat das Richtige. Allah ist die Gegenwart, Allah ist die Zukunft, und ich weiß, ER versteht mich.(...) Meine Mutter (...) hat nicht ganz begriffen, warum es sein musste. (...) Sie hat geweint, als sie von meinem Selbstmord-Opferplan hörte. Die Israelis haben danach unser Haus von Planierraupen einreißen lassen – die denken, so was ist eine Strafe, dabei ist es für uns eine Ehre. Ich höre, meine Mutter empfindet jetzt auch nur noch Hass für die Besatzer. Sie ist dabei, zu lernen.

Zit. nach: E. Follath, Ich schäme mich, am Leben zu sein. In: Spiegel Special. Terror: Der Krieg des 21. Jahrhunderts. Hamburg 2004, S. 105 ff.

Q13 Persönliche Auswirkungen der Grenzziehung

Sohad Hashem ist eine resolute Frau. Sie ist Muslimin, an die neuerdings oft geforderte strikte islamische Kleiderordnung aber hält sie sich nicht: Hashem trägt ein adrettes, geblümtes Kleid. Auch politisch geht sie engagiert ihren Weg. Sohad Hashem kämpft gegen die von Israel gebaute Mauer. Dieses Ungetüm, das in Kalkilia im nördlichen Westjordanland bis zu neun Meter hoch ist, umschließt die Stadt von fast allen Seiten. Im Süden räumten die Israelis sogar einen belebten palästinensischen Markt, um Platz zu schaffen. Die Besitzer der Läden und Verkaufsstände mussten in ein nahes Dorf ziehen.

Sohads Vater hat durch den Wall mehr als die Hälfte seines Landes verloren. Der größte Teil des Besitzes, den die Familie viele Generationen kultiviert hat, liegt jetzt jenseits der Mauer, unerreichbar für ihn. Entschädigung für den Verlust hat er bisher nicht bekommen. Dagegen erhalten israelische Siedler, die den Gazastreifen demnächst verlassen sollen, bis zu 300 000 Dollar. Am Ende der Ära von Präsident Jassir Arafat ist Palästina ein fragmentiertes Land. Ein Land, in dem es Freizügigkeit für die Menschen im Westjordanland und im Gazastreifen nicht gibt, obwohl dies Voraussetzung wäre für Freiheit und wirtschaftlichen Aufschwung. (...)

Nach der Errichtung der Mauer liege nun die Hauptwasserader der Region von Kalkilia auf dem Boden Israels, sagt sie. Den Palästinensern sei es verboten, auf ihrer Seite neue Brunnen zu bohren und aus denen, die es bereits gibt, mehr als die von Israel bestimmte Quote zu nehmen. Der Kampf zwischen den beiden Völkern geht also nicht allein um Land, sondern auch um den knappen Rohstoff Wasser.

Süddeutsche Zeitung v. 10. 11. 2004. Zit. nach: Praxis Geographie 3/2005, S. 16.

Q14 Israelische Soldaten schießen auf arabische Jugendliche, 2002

Fragen und Anregungen

1. Fertige mit Hilfe von D1, Q1–Q9 eine Wandzeitung über die historischen Ursachen des Nahostkonflikts an.
2. Führt eine Diskussion über Voraussetzungen und Möglichkeiten einer friedlichen Lösung des Nahostkonflikts (VT, Q5–Q14).
3. Schreibe eine Geschichte des Nahostkonflikts aus der Sicht eines Israelis oder eines Palästinensers. Tauscht im Anschluss eure Standpunkte aus.
4. Stell dir vor, du könntest mit dem gescheiterten Selbstmordattentäter (Q12) sprechen. Was würdest du ihm sagen?

5. Der Islam – neue Weltmacht oder Glaubenssache?

1918	Das Osmanische Reich wird aufgelöst; die neugegründeten selbstständigen Staaten werden durch Großbritannien und Frankreich kontrolliert.
1945	Die Arabische Liga selbstständiger Staaten wird gegründet.

Weltpolitische Bedeutung

Mehr als eine Milliarde Menschen bekennt sich zum Islam, der zweitgrößten Weltreligion. Etwa 50 Staaten werden als islamisch bezeichnet; er ist in vielen Staatsreligion. Die Länder der Arabischen Halbinsel sind die wichtigsten Erdölexporteure der Welt, viele Meerengen im System der Seewege am Mittelmeer, am Persischen Golf oder in Südostasien liegen in islamischem Einflussgebiet. Durch diese wirtschaftliche Abhängigkeit der Industriestaaten kann die islamische Welt einen entscheidenden Einfluss auf die globalen Machtverhältnisse ausüben. Warum aber gestaltet sich ihre Zusammenarbeit mit dem von Christentum und Aufklärung beeinflussten Westen bisweilen als so schwierig?

Erstarkender „Islamismus"

Mit dem weltpolitischen Bedeutungszuwachs geht zur Zeit eine innerislamische Erneuerungsbewegung einher. Die radikal antiwestlichen und glaubensstrengen „Islamisten" wollen zu den Quellen des Islams zurückkehren. Sie sehen in den Zuständen der islamischen Frühzeit das Modell einer einzig gültigen Ordnung für alle Muslime, unabhängig von ihrer staatlichen Zugehörigkeit.

Historische Erfahrungen: Demütigung und Öffnung

Die religiös-politischen Hoffnungen des Islamismus erwachsen aus einem traditionell spannungsgeladenen Verhältnis zwischen westlicher und islamischer Welt. Im 7. Jh. in Arabien entstanden, entwickelte der Islam im Mittelalter eine wirtschaftliche, technische, künstlerische und wissenschaftliche Kultur, die auch Europa beeinflusste. Als seit Beginn der Neuzeit die europäischen Mächte viele islamisch geprägte Regionen in koloniale Abhängigkeit brachten, erfuhren deren Bewohner dies als Ohnmacht und Demütigung. Seit dem 19. Jh. führte die Erkenntnis technisch-industrieller Rückständigkeit und politisch-militärischer Unterlegenheit gegenüber Europa zu einer folgenreichen Scheidung innerhalb der islamischen Welt. Intellektuelle und gesellschaftliche Eliten öffneten sich westlichen Einflüssen, die Mehrheit aber blieb eingebunden in rückständige agrarische Gesellschaften.

Grenzziehungen nach dem Interesse europäischer Mächte

Bis 1918 standen viele Völker des Nahen Ostens unter der Herrschaft des Osmanischen Reiches. Nach dessen Niederlage im Ersten Weltkrieg wurden auf seinem Gebiet bis 1962 etwa zwanzig selbstständige Staaten gebildet. Die territoriale Gliederung erfolgte künstlich nach Interessengebieten der Siegermächte Frankreich und England. Weitere islamische Staaten in Afrika und Asien entstanden, als ehemalige Kolonialgebiete nach dem Zweiten Weltkrieg unabhängig wurden. Die jüngste Gruppe islamischer Länder bilden die zentralasiatischen Nachfolgestaaten der Sowjetunion, z. B. Tadschikistan und Usbekistan.
In der ersten nachkolonialen Phase übernahmen die europäisch orientierten Eliten Formen und Grundsätze westlicher Verfassungsstaaten. Versuche, einen westlich-demokratischen Parlamentarismus einzuführen und Experimente mit Liberalismus, Nationalismus und Sozialismus scheiterten jedoch, weil sie nicht zu den besonderen gesellschaftlichen Verhältnissen passten.

Islamische Einheit?

Die Aufrufe zu einem einheitlichen islamistischen Gottesstaat wie auch die westliche Furcht davor übersehen, dass die islamischen Länder nicht einheitlich handeln können. Ihre ethnischen und sprachlichen Unterschiede sowie die politischen und wirtschaftlichen Interessengegensätze sind zu groß. Sie sind unterschiedlich eng in die Weltwirtschaft eingebunden oder von den Industrieländern abhängig. Innerhalb der Staaten beherrschen konfessionelle Auseinandersetzungen das Bild.

Kulturelle Konfrontation

Viele liberale Moslems haben einen modernen westlichen Lebensstil. Dagegen wird aber auch zunehmend die Blutgerichtsbarkeit der Sharia angewandt: Ehebrecherinnen werden zu Tode gesteinigt, Diebe verstümmelt. Muslimische Frauen verhüllen immer häufiger ihr Gesicht, in Extremform mit der Burka.
So entsteht in vielen islamischen Staaten der Konflikt – besonders für Frauen – zwischen den modernen amerikanisch-europäischen Vorbildern in Technik, Verwaltung, Konsum und Kommunikation und tief in Traditionen verwurzelten, religiös begründeten Sitten und Vorstellungen.

Vorrangstellung des Mannes trotz aktiver Frauen

Ihre wachsende Berufstätigkeit, auch als Akademikerinnen und in Regierungsämtern, ändert jedoch nichts an der herkömmlichen juristischen und faktischen Vorrangstellung der Männer. In der „Umma", dem Kollektiv aller Gläubigen, ist kein Platz für Individualismus. Die kleinste Einheit der „Umma" ist die Familie, in der die Sharia Rechte und Pflichten regelt, die für den Mann in erster Linie in der Sorge für seine Familie und für die Frau in Gehorsam, Respekt und Treue gegenüber dem Mann sowie in der Versorgung von Familie und Haushalt bestehen. Dieses Grundverhältnis gilt unabhängig von der in jüngster Zeit durch Verfassungen formal zugesicherten Gleichberechtigung weiterhin. Aus ihm erwachsen alle Einzelregelungen wie etwa der Ehevertrag ohne Anwesenheit der Braut oder der Schleier als Ausdruck religiöser Moralvorstellungen.

Problematische Zukunftsperspektiven

Einige aktuelle Entwicklungstrends verändern die Struktur vieler islamischer Staaten: Starkes Bevölkerungswachstum und zunehmende Landflucht lassen die Zahl unzufriedener junger Leute in den Ballungsräumen anwachsen. Viele verlieren dort das gewohnte soziale Netz ihrer Herkunftsdörfer. Werden die Menschen dort von Armut, Misswirtschaft des herrschenden Regimes, Arbeitslosigkeit und Zukunftsangst geplagt, setzen sich islamistische Strömungen durch, die sich durchweg alter religiöser Bestimmungen als Legitimations- und Machtmittel bedienen.

Die islamische Welt Ende des 20. Jahrhunderts D1

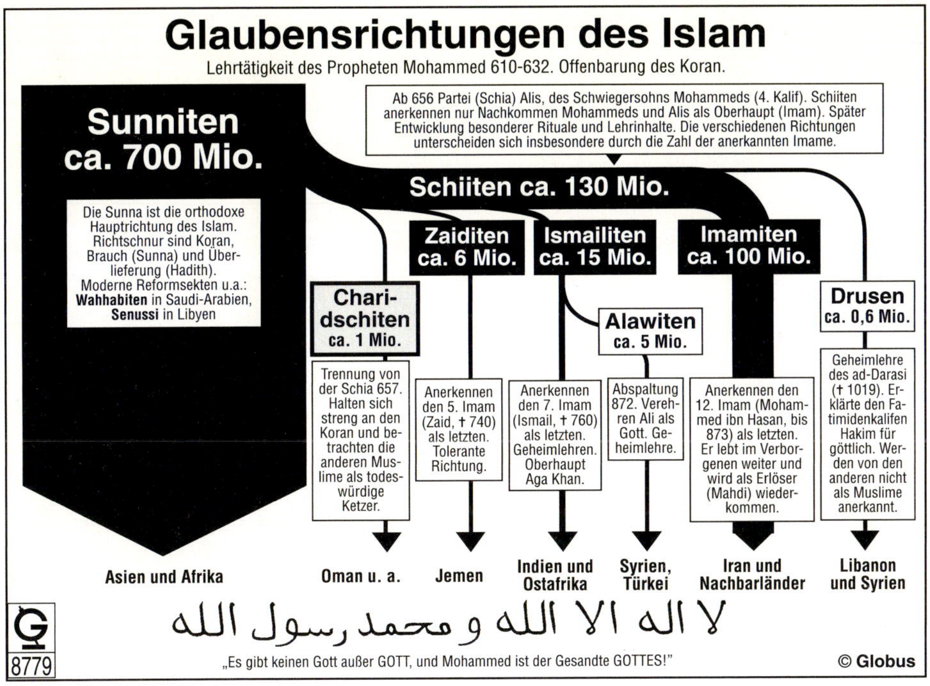

D2 Glaubensrichtungen des Islam

	1900	1970	1990	2000	2025
Christen	558,1	1236,4	1747,5	1999,6	2616,7
Moslems	199,9	553,5	962,4	1188,2	1784,9
Unreligiöse	3,0	532,1	707,1	768,2	875,1
Hindus	203,0	462,6	686,0	811,3	1049,2
Buddhisten	127,1	233,4	323,1	360,0	418,3
Atheisten	0,2	165,4	145,7	150,1	159,5
Neue Religionen	5,9	77,8	92,4	102,4	114,7
Ethnische Religionen	117,6	160,3	200,0	228,4	277,2
Sikhs	3,0	10,6	19,3	23,3	31,4
Juden	12,3	14,8	14,2	14,4	16,1

Q2 Weltreligionen und Nichtreligiöse (Angehörige in Mio.)

Q1 Die Zersplitterung der islamischen Welt

Khalid Duran, Orientalist, 1992:

Haupthindernis für panislamische Effizienz ist seit geraumer Zeit das weltweite Ringen zwischen Iran und Saudi-Arabien um die Führung der Muslime. Dieser Konflikt ist sozusagen dreischichtig: Erstens ist da die uralte Rivalität zwischen Arabern und Persern (arab wa adscham), zweitens das Schisma Sunniten/Schiiten, drittens der ideologische Streit zwischen wesensverwandten Fundamentalisten der iranischen und der saudischen Richtung, analog zur damaligen Spaltung des kommunistischen Lagers in eine prosowjetische und eine prochinesische Tendenz.
Hinzu kommt noch eine Teilung in zwei neue Lager: für und wider Saddam Hussein. Man könnte sagen, die Welt des Islam sei heute nicht nur vertikal, sondern auch horizontal gespalten beziehungsweise multidimensional zersplittert.

K. Duran, Dschihad der Bosnier gegen Kreuzzug der Serben. In: FAZ, Nr. 215 vom 15. 9. 1992, S. 10.

Q3 Moslems beim Freitagsgebet im Zentrum von Kairo

Q4 Der Islam und die Demokratie

In einem Interview in der Wochenzeitung „Die Zeit" äußerte sich der syrische Dichter Esber Ali Adonis zum Verhältnis des Islams zur Demokratie, 2002:

ZEIT: Sie haben glühende Verehrer, werden aber von manchen in der arabischen Welt auch als Teufel gesehen. Sie kritisieren nicht einzelne Regime, sondern die Fundamente des islamischen Denkens, bringen sie mit einem Mangel an Demokratie und Freiheit in Verbindung.

ADONIS: Das Judentum und der Islam betonen, Gott habe den Propheten sein letztes Wort anvertraut. Der Mensch hat folglich nichts mehr zu sagen. Er kann das Wort Gottes nur noch interpretieren und wiederholen. Selbst Gott hat in dieser Situation nichts mehr zu sagen, weil er sich sonst verleugnen würde. Deshalb behaupten die Muslime, Mohammed sei das Siegel des Propheten, der letzte Prophet. Wenn man in diesem Geist aufgewachsen ist, bedeutet das: Man selbst ist im Besitz der absoluten Offenbarung, jeder Nichtgläubige aber hat keinerlei Zugang zur Wahrheit. Er wird sie erst dann erkennen, wenn er wird wie ich selbst. Bis dahin bleibt er ein Fremder, es gibt keinen Dialog mit ihm. In dieser Sichtweise kann man weder Demokratie noch Menschenrechte noch Freiheit haben: Der Westen hat die Demokratie geschaffen, und er hat noch viel damit zu tun, sie umzusetzen. Der Islam kann sich jedoch nicht demokratisieren, das ist völlig unmöglich, weil das Leben für ihn mit der religiösen Offenbarung verknüpft ist. Heute in der arabischen Welt von Demokratie zu sprechen, ist für mich Blabla. Die Demokratisierung kann es auch in Syrien oder Jordanien nicht geben, wo jetzt junge Machthaber regieren.

W. Bloch, Die Poesie der Freiheit. Ein Gespräch mit dem syrischen Lyriker Adonis über den Islam und Europa. In: Die Zeit v. 2. 10. 2002.

Q5 Zakaria, der Gläubige

In der pakistanischen Koranschule (Medresse) Haqqania wurden viele afghanische Taliban (= Studenten) ausgebildet. Sie galt nach dem 11. September 2001 als ein Symbol für antiwestliche Propaganda der Islamisten. Der folgende Auszug berichtet über einen Studenten dieser Schule namens Zakaria:

Mag auch die ganze westliche Welt denken, dass hier in der Medresse Fanatiker oder gar Terroristen herangezogen werden, Zakaria käme nie auf den Gedanken, dass er etwas verbergen müsste.
Was könnte es auch sein? Die Tatsache etwa, dass nach sieben Jahren Unterricht in der Haqqania Musik bei ihm fast schon körperliches Unbehagen erzeugt? Das erzählt er bereitwillig, auch die Schwierigkeiten, die er damit im Alltag hat. Wenn er heute in einen Bus steigt und Musik ertönt, fragt er den Fahrer, ob er sie ausschalten könne. Musik hören sei unislamisch, argumentiert er. Meistens hat er mit seinem Ansinnen keinen Erfolg. Die Fahrer glotzen Zakaria nur verständnislos an, manche schimpfen auch leise auf diesen Fanatiker.
Es mag sein, dass Pakistan qua Verfassung ein islamischer Staat ist, aber jeder Bus ist nach guter alter Tradition eine fahrende Diskothek, ein Sündenpfuhl auf

vier Rädern. Zakaria fügt sich schweigend. „Ich kann nur um Verständnis bitten", sagt er. „Denn alle haben eine Fahrkarte gekauft. Alle haben die gleichen Rechte." Und so setzt er sich wieder, darum bemüht, nicht hinzuhören. Manchmal muss er auch darauf achten, nicht hinzuschauen. In den Überlandbussen laufen mehr und mehr Filme aus Indien, Bollywood-Streifen, in denen halb entblößte Frauen die Hüften schwingen. Darauf reagiert Zakari in seiner Not, indem er „mehr betet".

Zwischen der Innenwelt der Medresse und der Welt „draußen" klafft ein Abgrund. Die Taliban in Afghanistan haben diesen Abgrund überbrückt, indem sie ihn mit ihren Grausamkeiten füllten. Ihre Vorstellung von der Welt, wie sie sein sollte, hat Tausenden das Leben gekostet. Es wäre ein Leichtes, über Zakaria den Stab zu brechen, denn immerhin, sagt er, waren „die Taliban gut, weil sie Sicherheit gebracht und die islamischen Gesetze beachtet haben". Das kommt ihm mit einem Lächeln über die Lippen, ohne dass er sich darüber bewusst zu sein scheint, welchen Schrecken er damit auch gutheißt. Tatsächlich weiß er von Afghanistan wenig bis gar nichts. Einmal nur ist er dort gewesen.

U. Ladurner, Zakaria, der Gläubige. In: Die Zeit v. 5. 01. 2006.

Q6 Die Psychologie des Dschihad

Der in Indien geborene Psychoanalytiker Sudhir Kakar lehrte viele Jahre an US-amerikanischen Hochschulen und lebt heute im indischen Goa. Der folgende Auszug stammt aus einer Psychologie islamistischer Terroristen:

Das 20. Jahrhundert mit seinen dominierenden westlichen Werten ist eine neue Dschahilija. Dagegen verfolgt das große Projekt einer islamischen Erneuerungsbewegung das Ziel, auf der ganzen Welt die Herrschaft Allahs wiederherzustellen, nötigenfalls auch durch Waffengewalt. „Es gibt nur einen Ort auf der Welt, der als Haus des Friedens bezeichnet werden kann, dort existiert ein islamischer Staat, in dem die Scharia gilt und die Gesetze Gottes beachtet werden. [...] Der Rest der Welt ist das Haus des Krieges."

Natürlich sind nicht alle Fundamentalisten Terroristen. Viele mögen mit dem bewaffneten, äußeren Dschihad der Terroristen sympathisieren, aber die eigenen Energien konzentrieren sich auf den inneren Dschihad, auf die Anstrengung, ein frommes Leben im Glauben zu führen. Auch der Fundamentalist spürt die Erniedrigung der islamischen Nation. Doch anders als der Terrorist lenkt er seinen Zorn nach innen. Seine Empfindungen sind die eines Opfers, es sind Gefühle von Hilflosigkeit und, bei Angehörigen der Elite, von Trauer über den verloschenen Glanz der islamischen Kultur.

Der Terrorist hingegen, der sich selbst Mudschahed (arabisch: der den Dschihad führt) oder Dschihadi nennt, reagiert ganz anders auf Erniedrigung. Sein Streben nach Rache, sein Wunsch, Unrecht zu vergelten, Verletzungen ungeschehen zu machen, ist eine tief sitzende, gnadenlose Obsession. Seine Unnachsichtigkeit lässt ihm keine Ruhe. Er tötet alle Gefühle für jene ab, die in seiner Wahrnehmung Feinde und damit des Teufels sind, auch Frauen und Kinder. Der Dschihadi wird von kaltem Zorn gesteuert, Rache ist sein Daseinszweck.

Das ist ebenso erschreckend wie tragisch. Tragisch, weil er im Terrorismus eine Chance sieht, Heldentum und Idealismus auszudrücken. Noch schrecklicher wird es, wenn man bedenkt, dass er weder verrückt noch drogenumnebelt ist, wie viele vielleicht glauben. Sein Denkvermögen, das sich völlig seinem Hass unterordnet und von diesem einen Gefühl gesteuert wird, ist nicht nur intakt, sondern sogar ausgesprochen geschärft und fokussiert.

S. Kakar, Blutige Taten, heilende Rache. In: Die Zeit v. 18. 8. 2005.

Fragen und Anregungen

1. Beschreibe die Entwicklung des Islams im Vergleich zu den anderen Weltreligionen (Q1).
2. Erläutere anhand der Materialien den Satz „Der Islam hat viele Gesichter" (VT, D2, Q2–Q5).
3. Arbeite heraus, worin sich Islamisten von den anderen Moslems unterscheiden (VT, Q5, Q6).
4. Erläutere die Probleme von Bewohnern islamischer Länder in ihrem alltäglichen Leben, ausgehend von ihrer religiös geprägten islamischen Denkweise (Q3, Q5).
5. Nenne und erläutere die Strukturprobleme heutiger islamischer Staaten (VT, Q4).
6. Erörtere die Theorie, ein neuer „Kampf der Kulturen" könne neue Kriege provozieren. Nimm selbst Stellung.

6. Die arme Welt

1992	Die UN-Konferenz für Umwelt und Entwicklung in Rio de Janeiro entwickelt die Agenda 21, ein Umwelt-Aktionsprogramm.
1997	Verabschiedung des Klimaschutzprotokolls auf der UN-Konferenz von Kyoto; Industrieländer verpflichten sich, ihre Treibhausgase bis 2012 zu reduzieren.
2002	UN-Gipfel für Nachhaltige Entwicklung in Johannesburg.

Was ist die „Dritte Welt"?

Viele Staaten der sogenannte Dritten Welt hatten schon vor der Kolonialzeit blühende kulturelle Traditionen und funktionierende soziale Systeme. Politische Entscheidungen spielten sich in überschaubaren Dorf- oder Stammesgemeinschaften ab. Erst im Zuge der Dekolonisierung wurden durch die den Interessen der Kolonialmächte folgenden Grenzziehungen Staatengebilde geschaffen, mit denen viele nicht zurecht kamen. Daher wurde die Bezeichnung „Dritte Welt" für alle Länder verwendet, die als wirtschaftlich rückständig, politisch instabil und daher arm galten und nicht in die „Erste Welt" – die Industrieländer Westeuropas und Nordamerikas – oder die „Zweite Welt" – die Staaten des kommunistisch regierten Ostblocks – gehörten, sich also noch entwickeln müssten.

Schwellenländer auf dem Sprung?

Heute sprechen wir von „Schwellenländern", „take-off-countries" und „newly industrialized countries", wenn die Rede etwa auf Malaysia, Südkorea, Taiwan, Singapur oder auf Indien und China kommt. Gerade viele asiatische Länder haben in den letzten zwanzig Jahren wirtschaftlich kräftig aufgeholt. Heute kaufen indische und chinesische Stahlkonzerne europäische und nordamerikanische Stahlfirmen auf; beide Länder mit jeweils über einer Milliarde Menschen benötigen bei ihrer Aufholjagd gegenüber dem altindustrialisierten Westen Unmengen an Rohstoffen und Energie.

Tragfähigkeit der Erde ist erschöpft

Aber die Tragfähigkeit der Erde ist schon heute weitgehend erschöpft. Sollten die Schwellenländer eine ähnliche Ausstattung ihrer Bevölkerung z. B. mit Autos anstreben wie z. B. Deutschland, werden sich die ökologischen Probleme verschärfen. Der Raubbau am tropischen Regenwald sowie an Rohstoffen wird zunehmen, ihr Preis im Zuge weltweiter Verknappung rapide steigen. Die klimatischen Folgen werden durch das Ansteigen des Meeresspiegels und Veränderungen in der Erdatmosphäre für küstennahe Regionen katastrophal sein. Arme Länder können sich keinen Küstenschutz leisten, sodass landeinwärts ziehende Flüchtlingsströme sie politisch destabilisieren können.

Q1 In einem Viertel der indischen Millionenmetropole Poona

Daher ist globales Denken unter Berücksichtigung der Interessen aller Staaten unabdingbar. Gewohnte Lebensformen müssen überdacht werden, wofür UN-Konferenzen in Rio, Kyoto, Johannesburg und Bonn schon theoretische Vorschläge gemacht haben. Zur praktischen Umsetzung sei aber angemerkt, dass die USA z.B. das Klimaschutzprotokoll von Kyoto bisher nicht unterzeichnet haben. Viele Staaten kaufen sich durch Ausgleichszahlungen an Dritte-Welt-Länder frei.

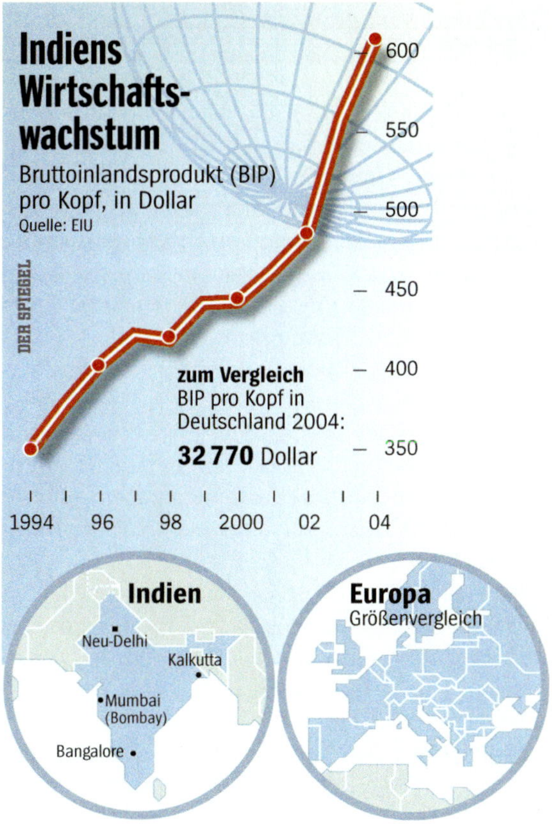

D1 Das Wirtschaftswachstum Indiens

Q2 Reichtum und Armut

Aus dem Bericht des Generalsekretärs der Vereinten Nationen, Kofi Annan, vorgelegt am 3. April 2000 in New York:

Stellen wir uns einen Augenblick lang vor, die Welt sei tatsächlich ein „Dorf". Nehmen wir an, dieses Dorf hätte 1000 Einwohner, und alle Eigenschaften der heutigen Menschheit seien darin in genau demselben Verhältnis vertreten wie in der wirklichen Welt. Wie sähe dieses Dorf aus? (…) Rund 150 Einwohner leben in einer wohlhabenden Wohngegend des Dorfes und etwa 780 in ärmeren Vierteln. Weitere 70 Personen wohnen in einer Gegend, die sich im Übergang befindet. Das Durchschnittseinkommen pro Kopf beträgt 6000 Dollar jährlich, und es gibt mehr Familien mit mittlerer Einkommenshöhe als dies in der Vergangenheit der Fall war. Aber nur 200 Personen verfügen über 86 Prozent des gesamten Reichtums, während fast die Hälfte der Dorfbewohner sich mit weniger als 2 Dollar pro Tag mühsam am Leben erhalten muss. (…)

Die Zahl der Erwachsenen, die lesen und schreiben können, ist zwar gestiegen, aber noch immer sind etwa 220 Dorfbewohner, zwei Drittel davon Frauen, Analphabeten. Von den 390 Einwohnern unter 20 Jahren leben drei Viertel in den ärmeren Gegenden, und viele von ihnen suchen verzweifelt nach Arbeit, die es aber nicht gibt. Weniger als 60 Personen besitzen einen Computer, und nur 24 haben Zugang zum Internet. Mehr als die Hälfte hat noch nie einen Telefonruf getätigt oder erhalten.

K. Annan, Wir, die Völker – Die Rolle der Vereinten Nationen im 21. Jahrhundert. Hg. vom Informationszentrum der Vereinten Nationen. Bonn 2000, S. 12 f.

Q3 Wasser – eine krisenträchtige Ressource

Die meisten Industrieländer liegen in „wasserreichen" Regionen, während in wasserarmen Gebieten wie dem Nahen Osten die durchschnittliche Verfügbarkeit pro Kopf und Jahr meist weit unter der kritischen Grenze von 1000 Kubikmetern liegt. (…) Nahezu ein Drittel der Weltbevölkerung (…), könnte in 25 Jahren in Regionen mit Wasserknappheit leben (…). Umso konfliktträchtiger wird der Kampf um das Gemeinschaftsgut zwischen verschiedenen Nutzern. Länder am Unterlauf von Flüssen streiten mit Anrainerstaaten am Oberlauf, Städte und Industrien graben ländlichen Regionen das Wasser ab. Die Landwirtschaft wiederum (…) kann ihre Ansprüche vernehmlicher artikulieren als Flüsse, Seen und Sümpfe.

Mit der Zuspitzung der Wasserkrise drohen Hunger- und Umweltkrisen, wirtschaftlicher Niedergang, Kriege und Konflikte. (…) Für Millionen ist die Krise längst Gegenwart und Alltag – und in den meisten Fällen hat sie nicht mit natürlichem Mangel, sondern mit politischen und wirtschaftlichen Mängeln zu tun. Über eine Milliarde Menschen, vor allem in den Entwicklungsländern, haben keine ausreichende Trinkwasserversorgung, 2,4 Milliarden keine oder unzureichende sanitäre Einrichtungen. Als Folge sterben jährlich schätzungsweise fünf Millionen Menschen an Krankheiten, die durch verschmutztes Trinkwasser mitverursacht sind. Und das, obwohl in den vergangenen Jahrzehnten Regierungen, Städte, Gemeinden und Entwicklungsorganisationen wie die Weltbank Milliarden in den Wassersektor steckten. Doch zwei Drittel wurden für den Bau von Staudämmen und Bewässerungsprojekten ausgegeben, nur ein Drittel für Trinkwasser und sanitäre Einrichtungen. (…) Verfügbarkeit und gerechten Zugang sichern – das sind die beiden zentralen Herausforderungen.

U. Hoering, Verschwendet, verschmutzt, versickert. In: Frankfurter Rundschau v. 4.12.2001. Zit. nach: Informationen zur politischen Bildung, Internationale Beziehungen II. Bonn 2002, S. 42.

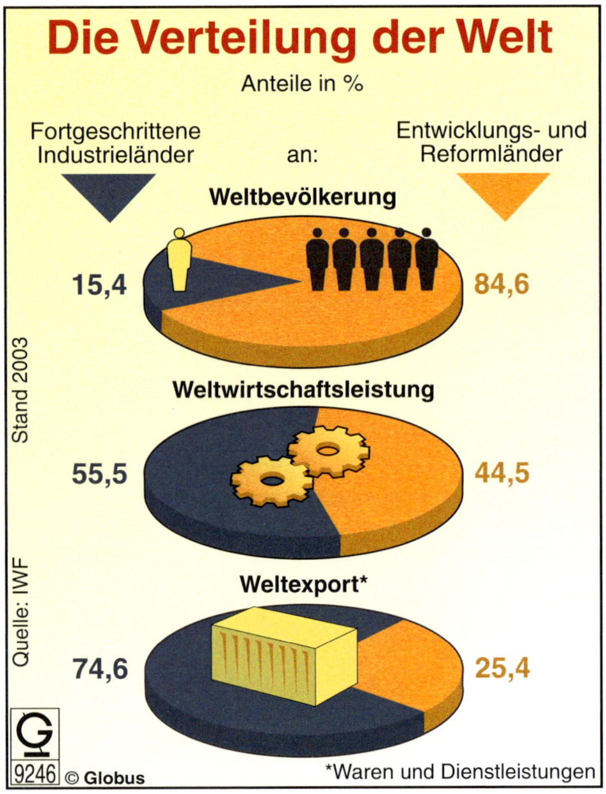

D2 Die Verteilung der Welt

Q4 **Der Zerfall der postkolonialen Staaten**

Eine mögliche Erklärung gibt der folgende Text:

Gab es diesen [postkolonialen] Staat mit allen seinen Leistungen jemals? Nur bei einer positiven Antwort kann überhaupt von Staatszerfall gesprochen werden. Oder gab es nur die Karikatur des westlichen Staates in der Hülle dessen, was die Kolonialverwaltung zurückgelassen hatte? Allerdings – manche Teile der nichtwestlichen Welt, so etwa Japan, China, Siam (Thailand), Persien oder das Osmanische Reich, konnten der Kolonisierung entgehen bzw. mussten allenfalls einen halbkolonialen Status erdulden. Es handelte sich dabei um Gesellschaften mit einer langen staatlichen Tradition, die in der Regel älter war als jene im Westen und sich bis heute erhalten hat. Andere Hochkulturen wurden zwar kolonisiert (z. B. Korea oder Vietnam), konnten ihre Tradition aber trotz Kolonialismus bewahren und besaßen insofern nach der Unabhängigkeit Anknüpfungspunkte für einen Neuanfang. Wieder andere Hochkulturen wie z. B. die altamerikanischen sind im Zuge der Kolonisierung zerstört worden. Hier gab es später auch keine Anknüpfungspunkte. (...) Deshalb lässt sich argumentieren, dass die erfolgreichen Entwicklungsstaaten, insbesondere die asiatischen Schwellenländer, eher solche sind, die auf eine lange eigene bürokratische Tradition zurückblicken, während die Räume des postkolonialen Staatszerfalls eher diejenigen sind, in denen die alten Hochkulturen ausgerottet wurden bzw. eine staatliche Tradition kaum oder gar nicht vorhanden ist.

Das koloniale Erbe, der Ost-West-Konflikt und die Propaganda des Tiers Mondisme [Dritte-Welt-Theorie] haben aber 30 bis 40 Jahre lang diese Unterschiede verdeckt. Die Hinterlassenschaften der Kolonialherren, ob Eisenbahnen, Hafenanlagen, Missionsschulen oder Missionsspitäler, konnten eine Weile von der Substanz weiterleben, bis alles verbraucht, ausgeschlachtet, verfallen war. (...) Der Westen wie der Osten wirkten in ihren jeweiligen Klientelstaaten stabilisierend durch Finanz-, Entwicklungs- und Militärhilfe, durch die Entsendung von Entwicklungsexperten, Beratern und im Zweifelsfalle kubanische Söldner. So wurde eine Zeitlang das staatliche Gewaltmonopol garantiert, ein Minimum an öffentlichen Gütern bereitgestellt und für die Grundfinanzierung des postkolonialen Staates gesorgt.

Dies hat sich seit den frühen neunziger Jahren grundlegend geändert. Das koloniale Erbe ist verbraucht, die Rente aus den ehemals sozialistischen Ländern eingestellt, die Rente aus dem Westen drastisch reduziert.

U. Menzel, Der Zerfall der postkolonialen Staaten. In: Aus Politik und Zeitgeschichte v. 27. 4. 2001, S. 3f.

Fragen und Anregungen

1. Beschreibe das Foto Q1. Welche Elemente und Traditionen sind auf ihm zu erkennen, die Aussagen über den derzeitigen Zustand Indiens zulassen? Formuliere eine aussagekräftigere Bildunterschrift als die vorhandene. Stelle dann den Bezug zu D1 her.
2. Nenne die Kritik Kofi Annans an der gegenwärtigen Situation der Welt (Q2). Ziehe D 2 hinzu. Überlege, welche Aspekte Folgen der Kolonialzeit sein können.
3. Suche und benenne die in Q3 gemeinten Staaten und ihre Nachbarn, die durch die gemeinsame Nutzung von Flüssen im Mittleren und Nahen Osten sowie in Afrika miteinander verbunden sind, mit Hilfe einer Atlaskarte.
4. Fasse Q4 in wenigen Sätzen zusammen. Wie stellt der Autor die heutige Situation in vielen Ländern der Dritten Welt dar?

7. Afrika – selbstständig oder internationaler Sozialfall?

1957	Ghana wird als erste ehemalige Kolonie ein unabhängiger Staat.
1990	Namibia wird als letzte ehemalige Kolonie unabhängig.
1994	Völkermord am Volk der Tutsis in Ruanda und Zaire
2002	Die Afrikanische Union (AU) wird durch alle afrikanischen Staaten (mit Ausnahme Marokkos) gegründet.

Stolze Vergangenheit

Afrika gilt als „Katastrophenkontinent“ mit Dürren, Hungersnöten, Aids, permanenter Selbstzerfleischung durch Bürgerkriege und unberechenbaren und raffgierigen Diktatoren. Dabei war das einmal anders. Neben den begeisterten Beschreibungen Afrikareisender des 19. und 20. Jahrhunderts, die u. a. die Schönheit des mit dichtem Regenwald bestandenen Hochlands von Ruanda loben, gehen die Eindrücke noch viel weiter zurück: 52 afrikanische Königreiche entfalteten zu Zeiten des europäischen Mittelalters und der frühen Neuzeit ihren Glanz, so beispielsweise in den heutigen westafrikanischen Staaten Ghana und Mali. Schriftkundige arabische Kaufleute hinterließen uns Beschreibungen reicher Wüstenrandstädte wie Gao oder Timbuktu in Mali, deren Bedeutung durch den Handel mit europäischen Mächten wuchs. Prachtvolle Städte und für damalige Verhältnisse mächtige und stabile Reiche längs der ostafrikanischen Küste des Indischen Ozeans wurden von portugiesischen und spanischen Seefahrern überliefert. Sie kamen durch den Indienhandel zu Reichtum, weil Afrika während der ersten Globalisierungswelle vom aufkommenden Fernhandel profitierte.

Von der Kolonie zum Nationalstaat

Umso erstaunlicher ist es, dass die meisten heutigen afrikanischen Staaten nicht den Sprung in die sogenannte Erste Welt geschafft haben. Die lateinamerikanischen Staaten hatten sich nach den napoleonischen Kriegen des beginnenden 19. Jahrhunderts aus der Herrschaft der Portugiesen und Spanier befreien und selbstständige Nationalstaaten nach europäischem Vorbild bilden können. Die Dekolonialisierung, d. h. das Selbstständigwerden der ehemaligen afrikanischen und asiatischen Kolonien und die Abnabelung von ihren europäischen Kolonialmächten, setzte erst nach Beendigung des Zweiten Weltkriegs ein. In Indien und Indonesien gab es durchaus schon früh Widerstand gegen die Kolonialherrschaft, doch erst nach Schwächung der Kolonialmächte durch die Kriegsfolgen ergab sich der Weg in die Selbstständigkeit. Als letzte erkämpften sich die afrikanischen Staaten ihre Unabhängigkeit: Die bis dahin britisch besetzte Goldküste machte als Ghana 1957 den Anfang und knüpfte damit an ein fünf Jahrhunderte zuvor existierendes reiches Königreich an. Deutsch-Südwestafrika sollte 1990 als Namibia den Reigen der Entlassung in die Unabhängigkeit beschließen. Mit einer Namensänderung war es allerdings meistens nicht getan.

Der französische General Servière verlangt von südalgerischen Berbern ihre Unterwerfung. Holzschnitt im „Petit Journal“, 1901. Q1

Gutes Regieren ist schwer

Die Unterschiede zwischen den Regierenden Afrikas waren sehr groß: Es gab auf der einen Seite größenwahnsinnige Despoten wie den ehemaligen selbsternannten Kaiser Bokassa I. der Zentralafrikanischen Republik, der als Napoleon Afrikas in die Geschichte eingehen wollte und dessen Krönung 1977 20 Mio. US-Dollar kostete – und das in einem der ärmsten afrikanischen Länder. Hier ist auch Idi Amin zu nennen, der „Schlächter von Uganda", dem man große Grausamkeiten und selbst Kannibalismus nachsagte. Auf der anderen Seite gaben gebildete afrikanische Staatsmänner wie Leopold Senghor im Senegal oder Julius Nyerere in Tanzania, die beide in ihren Staatsämtern um Gerechtigkeit für die neuen Staaten gerungen hatten, den Ton an. Manche Herrscher, wie die in den ehemaligen portugiesischen Kolonien Angola und Mozambique, verschrieben zur Zeit des Kalten Krieges ihre Länder der kommunistischen Ideologie und wurden dafür von der früheren Sowjetunion wirtschaftlich und militärisch unterstützt.

In vielen afrikanischen Staaten herrschen Stammesfehden oder bürgerkriegsähnliche Zustände, die von sogenannten Warlords im jeweils eigenen Interesse angefacht werden. Kinder werden teilweise an der Waffe ausgebildet, um als Kindersoldaten im Dienst eines zwielichtigen Stammeschefs Gegner zu töten. Die Folge ist, dass schwerbewaffnete und meist alkoholisierte oder unter Drogen stehende Jugendbanden marodierend durch die Gegend ziehen und dabei rauben, plündern und morden. In Ruanda kam es 1994 infolge ethnischer Spannungen zwischen den Volksgruppen der Hutus und der Tutsis zum Genozid an über 500 000 Tutsis. Der Konflikt griff auch auf das Nachbarland Zaire über. Sowohl die USA als auch Frankreich hatten die Kriegsparteien zuvor mit Geld und Waffen versorgt, da sie die strategische Lage der beiden Länder erkannt hatten.

Afrika den Afrikanern – aber wie?

Eine besondere Situation zeigt sich in Südafrika: Nach der Überwindung der Apartheid, einer jahrzehntelangen Rassentrennung zwischen Weißen und Schwarzen, wandelte sich das Land unter Nelson Mandela zu einer Demokratie, in der allerdings die schwarze Bevölkerung weiterhin zunehmend verarmt. Strenge und teilweise überzogene Quotenregelungen wollen ohne Rücksicht auf Befähigung und Konsequenzen die schwarze Bevölkerung an der Macht beteiligen. Kriminalität greift in diesem Staat zunehmend um sich – Raub, Vergewaltigungen, Morde sind in den großen Zentren des Landes an der Tagesordnung, Johannesburg gilt als „Mordhauptstadt".

Im Nachbarstaat Simbabwe kommt es zu gewalttätigen Übergriffen verarmter besitzloser schwarzer Bauern auf weiße Farmerfamilien. Diese werden von ihren Devisen bringenden Farmen vertrieben bzw. in Simbabwe sogar durch sogenannte Veteranen des Diktators Mugabe ermordet, wenn sie sich nicht fügen. Das dann frei gewordene Land wird aber nicht etwa – wie versprochen – den afrikanischen Kleinbauern zur Verfügung gestellt, sondern liegt brach oder fällt, falls dort Rohstoffe zu finden sind, in die Hände des Regierungs-Clans. Zunehmend greift diese Praxis auch auf Südafrika und Namibia über. „Afrika den Afrikanern!" ist die Losung, und das leider um jeden Preis.

Q2 Kindersoldaten in Monrovia/Liberia

Eine andere Region, das sogenannte Horn von Afrika an der Ostküste, gilt als eine der gefährlichsten Stellen, die die internationale Schifffahrt zu passieren hat. Ein Problem der dort ausufernden Piraterie ist die Tatsache, dass es in Somalia keinen funktionierenden Staat mehr gibt. Die staatlichen Organe haben sich aufgelöst, das heißt, es gibt keine Regierung, keine Polizei, keine sonstigen hoheitlichen Aufgabenträger, sondern Anarchie. Internationale Blauhelm-UN-Truppen versuchen mit vereinten Kräften, etwas Ordnung aufrechtzuhalten.
Probleme bereitet Frankreich nach wie vor Algerien, eine ihrer ehemaligen Kolonien. Algerische Terroristen begingen in den letzten Jahrzehnten mehrere Attentate in Frankreich. Beide Staaten blieben, auch nach der offiziellen Unabhängigkeit Algeriens, weiterhin eng miteinander verbunden, wie auch die ehemaligen Commonwealth-Staaten weiterhin von Großbritannien unterstützt werden. Beide europäischen Länder haben aufgrund ihrer kolonialen Vergangenheit multikulturelle Gesellschaften, die in Großbritannien von Immigranten aus afrikanischen, asiatischen und karibischen Staaten, in Frankreich eher von Immigranten aus dem Maghreb, den Staaten Nordafrikas, geprägt ist. Durch seine Nähe zu Europa konzentriert sich der Strom afrikanischer Flüchtlinge auf die europäischen Staaten. Diese brauchen notwendige Integrationskonzepte, damit Ereignisse wie die Krawalle junger afrikastämmiger Franzosen in den französischen Vorstädten 2005 oder die schon Jahrzehnte währenden ethnischen Spannungen in britischen Städten nicht eskalieren.

Q3 Viele Veteranen der sogenannte Befreiungsarmee belagern die Farmen weißer Gutsbesitzer hier 2000 in Simbabwe

Was wird aus dem „Katastrophenkontinent"?

Staaten wie Nigeria allerdings haben in ihrer Erde unermessliche Reichtümer in Form des „flüssigen Goldes", des Erdöls. Im Zuge der voranschreitenden Abhängigkeit aller Industriestaaten von Energierohstoffen könnte das Land damit einen guten Lebensstandard erhalten, wenn nicht der erzielte Gewinn in den Taschen weniger Profiteure versickern würde. Verständlich, dass auch Staaten wie die USA sowie die großen internationalen Ölfirmen die erdölreiche Atlantikküste Afrikas in ihre „Interessenzone" einbeziehen möchten.
Vor einigen Jahren schlossen sich die meisten afrikanischen Staaten zur Afrikanischen Union zusammen, die ihr Vorbild in der EU hat. Allerdings unterscheiden sie sich untereinander wesentlich mehr als die europäischen Staaten. Sie sind historisch geprägt durch unterschiedliche ehemalige Kolonialsysteme, die keinerlei Rücksicht auf ethnische Grenzen und Belange genommen und ihre Kolonien wirtschaftlich meist ausgebeutet hatten. Hinzu kommen noch Nord-Süd-Konflikte zwischen den eher christlich dominierten Staaten des Südens und den islamisch geprägten Mahgreb-Staaten in Nordafrika. Außerdem sind die Staaten in ihrer jeweiligen wirtschaftlichen Entwicklung sehr unterschiedlich – abhängig von der Lage zu den Weltmeeren, von der geografischen Lage und von den teils stark schwankenden Klimabedingungen, die häufig keine verlässlich planbare Landwirtschaft zulassen und bei nicht angepasster Landwirtschaft schnell Hungerkatastrophen auslösen können.

Q4 Illegale Einwanderer – überwiegend syrische Kurden – auf einem Frachter im Mittelmeer, vor der sizilianischen Küste, 2002

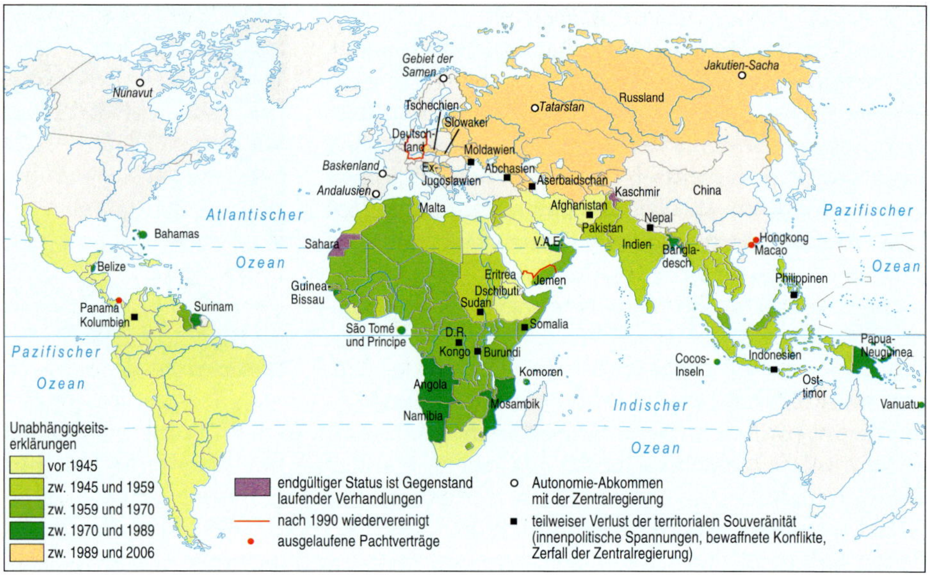

Die Auflösung der ehemaligen Kolonialreiche und Imperien D1

Q5 Angola nach dem Bürgerkrieg

Die Tageszeitung „Die Welt" über die Lage in Angola im Jahr 2002 (kurz zuvor war UNITA-Führer Jonas Savimbi von der angolanischen Armee erschossen worden):

Waffenstillstand in Angola – 27 Jahre Bürgerkrieg sind beendet. Die Korruption ist der neue Feind!

Nichts sehnt die bitterarme Bevölkerung von Angola mehr herbei als Frieden. (...) Das Resultat (...): eine Million Tote, ein völlig zerstörtes Land. (...) Armeechef General Neto und der Rebellenkommandeur Ukwachitembo [reichten sich] die Hand, nachdem sie einen Waffenstillstand unterzeichnet hatten.

Aber ob aus Angola wieder ein blühendes Land werden kann, hängt nicht nur vom Ende des Bürgerkrieges ab oder ob die 50 000 Unita-Rebellen erfolgreich in die Sicherheitskräfte integriert werden können. Das wirtschaftliche Grundübel des mit Rohöl, Diamanten und viel fruchtbarem Boden reich gesegneten Landes heißt Korruption.

Die Nomenklatura [herrschende Schicht] der Regierung und der Armee bedient sich so reichlich aus den jährlichen Öleinnahmen von drei Milliarden Dollar, dass nur die Hälfte davon im Haushalt verbucht wird (...). Keineswegs handelt es sich nur um einige korrupte Beamte und Generäle, die besonders an Waffengeschäften gut mitverdienen. Allein Präsident Jose Eduardo dos Santos (59), der aus Gesundheitsgründen im kommenden Jahr sein Amt abgeben will, soll Abermillionen US-Dollars auf sein Privatkonto in Brasilien abgezweigt haben.

Die Welt v. 5. 4. 2002. Zit. nach: Praxis Geschichte 2/2004, S. 38.

Q6 Ghana: Internationales Ansehen wächst

Ghana im Jahr 2001 nach jahrzehntelanger Militärdiktatur:

Innenpolitisch setzt [die neue Regierung] auf Dezentralisierung: „Schon bald werden die einzelnen Regionen Ghanas mehr kommunale Selbstverwaltung ausüben". (...) Demokratie wird unter [Präsident] Kufour großgeschrieben. So erhalten alle 19 Millionen Ghanaer ungeachtet ihrer religiösen und ethnischen Zugehörigkeit die Möglichkeit zur aktiven Teilnahme am demokratischen Prozess. (...) Außenpolitisch bleibt Ghana seiner respektierten Mittlerrolle im Hinblick auf die regionalen Konflikte (...) treu und gehört zu den wichtigsten Mitgliedern der 260 Millionen Menschen zählenden Wirtschaftsgemeinschaft westafrikanischer Staaten (ECO-WAS).

Diese politische Ausgewogenheit wirkt sich positiv auf das wirtschaftliche Reformprogramm der Regierung aus. Die Ziele sind hoch gesteckt: Stabilisierung der nationalen Währung, Senkung der Inflations- und Zinsrate, Wiederherstellung der Finanzdisziplin, schnelle Strukturreformen bei der Privatisierung bzw. Liberalisierung (...) sowie die Schaffung eines günstigen Klimas für Privatinvestitionen aus dem In- und Ausland. (...)

Auf Verwaltungsebene wurde der Korruption und der Verschwendung der Kampf angesagt. So wurde die Einführung eines Verhaltenskodex für Beamte angekündigt und eine intensive Rechnungsprüfung mit Hilfe der Weltbank eingeleitet. Keine Frage, Ghana ist auf dem besten Wege, erneut zum Musterschüler Afrikas zu werden.

www.pressemedia.com vom 26.7.2001. Zit. nach: Praxis Geschichte 2/2004, S. 38.

Q7 Afrika lernt, sich selbst zu helfen

Abuja, Nigeria, Oktober 2001: Die Staatschefs verabschieden Nepad, die New Partnership for Africa's Development, ein gewaltiges Wiederaufbauprogramm für ihren maroden Erdteil – Durban, Südafrika, Juli 2002: Die African Union (AU) wird gegründet; sie ist nach dem Vorbild der EU gestaltet und ersetzt die antiquierte und ziemlich nutzlose Organisation für afrikanische Einheit (OAE) – Sirte, Libyen, März 2004: Der Peace and Security Council und die Schnelle Eingreiftruppe werden beschlossen. – Johannesburg, Südafrika, September 2004: Das panafrikanische Parlament tagt zum ersten Mal. All diese historischen Reformprojekte gehen von Afrika und den Afrikanern aus, ein Novum in der postkolonialen Geschichte. (...)

Die Gründer der AU wünschen sich mehr Weitsicht, (...) mehr Mut von ihren Paten in der EU. Sie erwarten, dass ihnen die Europäer im Kampf gegen Aids unter die Arme greifen, denn keinen anderen Kontinent sucht die Pandemie so verheerend heim. Sie hoffen, dass Brüssel die absurden Agrarsubventionen streicht und die heimischen Märkte öffnet; es wäre der schnellste Weg, um Arbeit und Stabilität in Afrika zu schaffen.

B. Grill, Afrika lernt, sich selbst zu helfen. In: Die Zeit v 1. 10. 2004. Zit. nach: Informationen zur politischen Bildung Nr. 286, S. 43

Q8 „Matigari"

Der kenianische Autor Ngugi wa Thiong'o beschreibt in seinem Roman, wie sein Titelheld die Vergangenheit zu bewältigen versucht, 1991:

Einst lebte ich auf einer Farm, die mir von Siedler Williams gestohlen worden war. Ich rodete den Busch, bearbeitete das Land, säte den Samen und pflegte die junge Saat. Aber was geschah mit der Ernte? Alles wurde in die Scheunen von Siedler Williams eingefahren, und ich, der Bauer, musste nach den paar Körnern suchen, die sich in der Spreu noch finden ließen. Siedler Williams gähnte, weil er satt war, ich gähnte, weil ich hungrig war.

Und das war noch nicht alles. Ich baute die Kaffeefabrik und die Anlagen zur Teeverarbeitung. Kennt ihr die Fabriken, in denen Obst in Dosen gefüllt wird? Die hab ich auch gebaut und noch viele andere mehr. Und alles mit meinen eigenen Händen, ja mit diesen zehn Fingern hier. Aber wer strich den Gewinn ein? Siedler Williams. Und was wurde aus mir? Einen Pfennig warf man mir vor die Füße. (...)

Ich habe mich gegen diese Ordnung der Dinge aufgelehnt. Ich habe den Eid derer geschworen, die ihr Land lieben, und eines schönen Morgens ging ich zu Siedler Williams und sagte: „Pack deine Kisten. Geh und bau dir dein eigenes Haus. Du hast auch zwei Hände, genau so, wie ich." Er weigerte sich zu gehen. Er rannte ans Telefon und ich an den Waffenschrank. Und wer wohl, denkt ihr, sprang mir auf den Rücken und schrie Siedler Williams eine Warnung zu? Kein anderer als John Boy! Ich entkam durchs Fenster, und meine Flucht führte mich viele Hügel hinauf und wieder hinab, ich hetzte durch manches Tal und verschwand in den Bergen. Siedler Williams und John Boy setzten mir nach. Und so vergingen viele Jahre, in denen wir überall, in jedem letzten Winkel dieses Landes aufeinander Jagd machten. Zuerst tötete ich John Boy. Und erst gestern erwischte ich endlich Williams, stellte den Fuß auf seine Brust und hielt die Waffen des Sieges in der erhobenen Faust. Nach gewonnenem Kampf beschloss ich, in die Heimat zurückzukehren und mein Haus für mich in Anspruch zu nehmen. Freunde! Das Unglaubliche geschah! Wer, glaubt ihr, stand am Tor vor meinem Haus? Der Sohn von John Boy und der Sohn von Williams! Boy also ist es, der Sohn von Boy, der die Schlüssel von meinem Haus erbte! Die beiden bliesen in die Trillerpfeife, und dann kam die Polizei und nahm mich mit. Wo, Freunde, bleibt da die Gerechtigkeit?

N. wa Thiong'o, Matigari. Wuppertal 1991, S. 70 f. Zit. nach: Geschichte lernen 3/2004, S. 6.

Fragen und Anregungen

1. Beschreibe die Vergangenheit Afrikas und die Haltung der Kolonialherren (VT, Q1).
2. Beschreibe den Verlauf der Dekolonisierung der ehemaligen Kolonialgebiete. Welche Probleme, Regelmäßigkeiten und Zusammenhänge sind zu erkennen (VT, Q2–Q5)
3. Ermittle im Internet die 20 ärmsten Länder der Welt. Ordne sie anhand D1 geografischen Regionen zu. Welche Auffälligkeiten sind erkennbar? Erkläre mögliche Gründe (z. B. www.weltalmanach.de).
4. Nenne die Folgen, mit denen Angola nach dem Waffenstillstand zu kämpfen hat (Q5). Vergleiche sie mit der wirtschaftlichen Entwicklung Ghanas (Q6). Erkläre mögliche Zusammenhänge zwischen der politischen und wirtschaftlichen Lage beider Staaten.
5. Nenne die afrikanischen Initiativen zur Selbsthilfe in Q7. Erläutere die Rolle, die der Autor den europäischen Staaten gibt.

8. Großmacht China – das China Maos

1911	Sun Yatsen stürzt den letzten chinesischen Kaiser.
1945	Ausrufung der Volksrepublik China durch Mao Zedong und der Republik China, heute Taiwan, durch Chiang Kaishek
1966	Große Kulturrevolution Maos
1976	Tod Maos
1978	Sein Nachfolger Deng Xiaoping beginnt Wirtschaftsreformen
1989	Massaker an Demonstranten auf dem Platz des himmlischen Friedens
1997	Tod Dengs
seit 2002	Staatspräsident und KP-Generalsekretär Hu Jintao

Öffnung des Landes – aber ohne Rechte

1989, im Jahr der weltpolitisch bedeutsamen Umbrüche, endete eine Demonstration von Studenten auf dem Platz des Himmlischen Friedens in der chinesischen Hauptstadt Peking in einem Blutbad. Überlebende Demonstranten wurden teilweise zum Tode verurteilt. Was war geschehen? Das damalige chinesische Staatsoberhaupt Deng Xiaoping hatte 1978 Wirtschaftsreformen nach westlichem Vorbild zugelassen, um den Lebensstandard der Bevölkerung zu verbessern. Gleichzeitig blieb er aber politisch in dem kommunistischen Staatssystem verhaftet, das sein Vorgänger Mao Zedong nach dem Zweiten Weltkrieg installiert hatte und das seinen Bürgern keine individuellen Rechte gewährte. Vieles davon ist auch heute noch existent.

Wer war dieser Mao, dessen Konterfei auch linke deutsche Studenten während der 1968er-Revolte als ideologisches Vorbild auf Plakaten durch die Straßen führten? Er sammelte in den 1920er-Jahren eine Armee von verarmten Bauern um sich, um sie als „Rote Armee“ für den Partisanenkampf gegen die Herrschaft der nationalrepublikanischen Partei Guomindang auszubilden. Diese hatte unter Führung des Arztes Sun Yatsen 1911 den letzten chinesischen Kaiser gestürzt. In der zweiten Hälfte des 19. Jahrhunderts hatten die Chinesen die westliche und japanische Überlegenheit in wirtschaftlicher und militärischer Hinsicht hinnehmen, „ungleiche Verträge“ schließen und ausländische Schutzgebiete in ihrem „Reich der Mitte“ tolerieren müssen. Das große Reich zu einen war nur mit Hilfe der Kommunistischen Partei möglich gewesen. Als

Q1 **China als Beute auswärtiger Mächte.** Karikatur aus „Der wahre Jakob“ von 1900.

sich Chiang Kaishek, Suns Nachfolger, ihrer entledigen wollte, wehrte sich Mao und konnte auf seiner Flucht, dem „Langen Marsch“ über 12 000 km, viele verarmte Bauern zur Unterstützung gewinnen. Im Jahr 1949 zog sich Chiang Kaishek auf die Insel Formosa zurück, wo er die Republik China, das heutige Taiwan, gründete. Mao rief im selben Jahr in Peking die Volksrepublik China aus.

Der Umbau des Staates

In den folgenden Jahren erfolgte der Umbau Chinas zu einem kommunistischen Staat nach sowjetischem Vorbild: Enteignungen und Verstaatlichungen, Einführung von Produktionsgenossenschaften und Verurteilung bürgerlicher Intellektueller und Kapitalbesitzer, teils mit langen Aufenthalten in ideologischen Umerziehungslagern. Maos Ziel war die „klassenlose Gesellschaft“, die er durch die „Mobilisierung der Kraft der Massen“ in einer „permanenten Revolution“ erreichen wollte. Die „Volkskommunen“, eine Gemeinschaft jeweils einiger tausend Haushalte ohne Privatleben und -eigentum, sollten zu autarken Keimzellen werden. Der seit 1958 propagierte „Große Sprung nach vorn“ von Industrie und Landwirtschaft endete allerdings in einer großen Hungersnot, die viele Millionen Tote forderte. Gleichzeitig kam es zum Bruch mit der Sowjetunion, deren Kurs der „friedlichen Koexistenz“ mit dem Westen Mao nicht mittragen und die wiederum Maos forcierte atomare Aufrüstung nicht mehr unterstützen wollte.

Die „Große proletarische Kulturrevolution“

Gegen aufkommende oppositionelle Strömungen mobilisierte Mao ab 1966 die chinesischen Jugendlichen, die als „Rote Garden“ mit dem „Roten Buch“, einer als „Maobibel“ bezeichneten Sammlung von Maos Sprüchen, über Land zogen und alle Oppositionellen aus ihren Ämtern vertrieben und teils umbrachten. Vor seinem Tod 1976 hatte Mao diesem brutalen Treiben mit Hilfe der Armee ein Ende gesetzt.
Im Westen wurde Maos Politik sehr argwöhnisch verfolgt. Erst Deng Xiaoping verhalf der chinesischen Wirtschaft zu diversen westlichen Handelspartnern und weckte bei diesen durchaus Begehrlichkeiten mit Blick auf den riesigen chinesischen Absatzmarkt. Die auf das Massaker auf dem Tianamnen-Platz folgenden Handelsbeschränkungen der westlichen Demokratien waren daher nur von kurzer Dauer, zumal einerseits die Liberalisierung des chinesischen Marktes nach Dengs Tod 1997 noch stärker wurde, andererseits die wirtschaftliche Entwicklung des Landes ungeahnt zügig und kraftvoll voranging.

Q2 „Aus den Massen schöpfen – in die Massen hineintragen“
Menschenmassen bilden auf einer Tribüne mit Fähnchen das Porträt Maos.

Q3 Karikatur über Deng Xiaoping

Q4 Die „Große proletarische Kulturrevolution"

Aus dem Programm der Pekinger Roten Garden vom 23. 8. 1966:

3. Überall müssen Zitate Mao Zedongs an Stelle der bisherigen Neonreklamen angebracht werden.
6. Eine eventuelle Opposition muss rücksichtslos beseitigt werden.
7. Luxusrestaurants und Taxis haben zu verschwinden.
12. In allen Straßen sollen Lautsprecher aufgestellt werden, um der Bevölkerung Verhaltensmaßregeln zu vermitteln.
13. Die Lehre Mao Zedongs muss schon im Kindergarten verbreitet werden.
14. Die Intellektuellen sollen in Dörfern arbeiten.
17. Auf Parfüms, Schmuckstücke, Kosmetik und nichtproletarische Kleidungsstücke und Schuhe muss verzichtet werden.
19. Die Verbreitung von Fotografien von so genannten hübschen Mädchen soll eingestellt werden.
23. Bücher, die nicht das Denken Mao Zedongs wiedergeben, müssen verbrannt werden.

Zit. nach: Informationen zur politischen Bildung Nr. 198. Hrsg. v. d. Bundeszentrale für politische Bildung, Bonn 1983, S. 15.

Q5 Chinas Zukunft – weitere Reformen oder erneute Revolution?

Eine Ostasienexpertin zieht historische Parallelen zur gegenwärtigen Modernisierung Chinas:

Seit dem Ende der siebziger Jahre (...) propagiert die Staats- und Parteiführung wieder eine Modernisierung, die in ihrer Begründung und Durchführung auffällige Parallelen zur Geschichte der zweiten Hälfte des 19. Jahrhunderts zu zeigen scheint: Wieder ist davon die Rede, dass China von der technischen und ökonomischen Überlegenheit des Westens lernen soll; wieder werden westliche Experten ins Land geholt und wird westliches Kapital zugelassen; wieder studieren Zehntausende junger Chinesen im Ausland. Und wieder ist die Rede von einem unabhängigen, starken und reichen China. Die rein äußerlichen Veränderungen, die diese Politik allein schon bewirkt hat – vergleicht man Mao Zedongs „blaue Ameisen" während der Kulturrevolution mit den buntgekleideten Menschen auf Chinas Straßen heute, Menschen, die Werbung, Coca-Cola etc. erleben dürfen – lassen darauf schließen, dass auch diese Modernisierung über den unmittelbaren technischen und wirtschaftlichen Aspekt hinaus wieder weiter reichende geistige und politische Auswirkungen hat.

Wodurch unterscheidet sich aber Zhang Zhidongs (wichtiger Reformpolitiker des 19. Jh.) Satz „Chinesische Lehre als innere Substanz – westliche Lehren für praktische Zwecke" von der Verlautbarung der Kommunistischen Partei Chinas: „Die Modernisierung wird fortgeführt, aber am System des chinesischen Marxismus wird es keine Veränderung geben!"? Das Auf und Ab der Reformen seit 1976, vor allem die Reaktion auf die demokratische Bewegung im Frühsommer 1989 zeigen, dass die politische Führung versucht Tempo und Ausmaß einer Modernisierung so zu steuern, dass die ideologische Basis, d. h. der Marxismus chinesischer Prägung, nicht in wirkliche Gefahr gerät.

V. Schmidt, Auf der Suche nach Reichtum und Macht, Modernisierung nach westlichem Vorbild in China. In: Geschichte in Wissenschaft und Unterricht, Jg. 44, Heft 4, April 1993, S. 224f.

Q6 Mythos Mao

Millionen sind unter dem harschen Regime Mao Zedongs verhungert. Millionen wurden gedemütigt, gefoltert oder gar umgebracht – und dennoch ist für viele Chinesen (...) der Diktator Mao ein genialer Feldherr und weiser Staatsgründer, der dem abgestiegenen Großreich China zu neuer Würde verholfen hat.

(...) Maos Gedanken sind weiterhin Staatsdoktrin, sein politisches Erbe ist in der Verfassung festgeschrieben (...). Um ihre unangefochtene Herrschaft auch heute noch zu rechtfertigen, hält die KP (...) mit allen Kräften am geschönten Bild der Vaterfigur des modernen China fest. (...) Von der Blutspur Maos will die KP nichts wissen. Eine Diskussion über die Sünden der Vergangenheit könnte ihren Führungsanspruch in Frage stellen. Seit Maos Tod verhindert die Partei daher eine

öffentliche Abrechnung mit ihrem Idol. Wirtschaftsreformer Deng Xiaoping prägte stattdessen Anfang der achtziger Jahre eine ebenso schlichte wie groteske Formel: „Mao war zu 70 Prozent gut und zu 30 Prozent schlecht." Der 70/30-Trick erlaubt es den Erben, sich von den größten Verbrechen Maos abzusetzen, sich aber weiterhin in seinem Licht zu sonnen. Deng damals: „Jede Beurteilung bewertet nicht nur die Einzelperson und ihre Taten. Sie ist untrennbar von unserer Geschichte. Wer den Gründer des neuen China anschwärzt, schwärzt auch unsere Partei und unseren Staat an."

Vor allem versucht die KP, Maos Verantwortung für die Entfesselung der Kulturrevolution (1966 bis 1976) herunterzuspielen. Für die gröbsten Auswüchse machen die Führer die so genannte Viererbande um Maos radikale Frau Jiang Qing [führende KP-Funktionäre] verantwortlich. Die Gruppe wurde 1981 in einem Schauprozess verurteilt.

Die Schrecken der Kulturrevolution haben sich älteren Chinesen tief in die Seele gebrannt. Damals folterten und demütigten junge Rotgardisten Eltern und Lehrer, Wissenschaftler und Parteikader. Arbeitskollegen und Nachbarn denunzierten einander und erschlugen sich im Namen Maos. (…) Die Partei hat die meisten Opfer inzwischen rehabilitiert, doch außer der Viererbande wurde kaum einer der Mörder verurteilt. Noch immer leben Opfer und Täter zuweilen auf einem Flur oder hocken im selben Büro. (…)

Mit Argusaugen wacht die KP darüber, dass der Mao-Mythos nicht gefährdet wird. Nur selten lässt sie neue wissenschaftliche Erkenntnisse veröffentlichen.

A. Lorenz, Nimmer in meinem Herzen. In: Der Spiegel Nr.40 vom 1. 10. 2005.

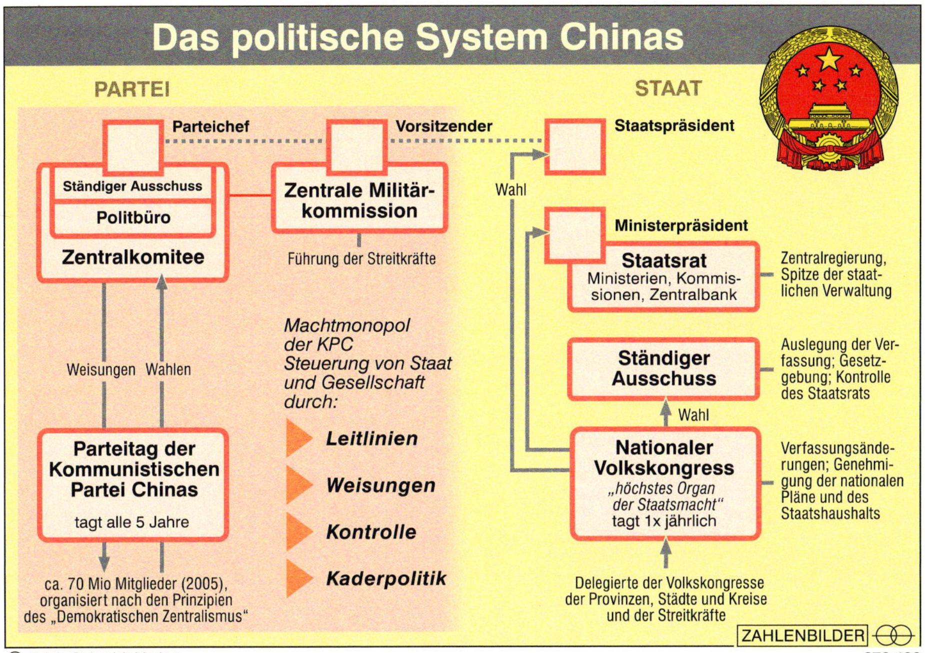

 878 430

D1 Das politische System Chinas

Fragen und Anregungen

1. Erläutere den „Mythos Mao" vor dem Hintergrund der chinesischen Geschichte (VT, Q2, Q4, Q6).
2. Erkläre die Rolle der kommunistischen Partei im Rahmen des chinesischen Staatssystems (VT, D1).
3. Nenne die Probleme, die China nach Zulassung marktwirtschaftlicher Prinzipien hat (VT, Q3, Q5).
4. Analysiere die Karikatur Q1. Vergleiche die dargestellte Situation Chinas mit der heutigen.

9. China zwischen Weltwirtschaftsmacht und Menschenrechten

Wirtschaftsboom in China

Wenn China in den Schlagzeilen der Welt ist, dann meist wegen seines mittlerweile fast ungezügelten Kapitalismus. In Sonderwirtschaftszonen errichteten alle Weltfirmen Exportfabriken für Textilien, Elektrogeräte, Weihnachtsdekoration oder Autozubehör und vieles andere; der Staat lieferte Autobahnen, Schnellzugstrecken und die Infrastruktur für gut erschlossene Industriegebiete. Ohne Rücksicht auf Gewerkschaften, Streikrecht, sichere Arbeitsbedingungen und andere Errungenschaften unserer westlichen sozial abgesicherten Marktwirtschaft finden die ausländischen Konzerne dort ein schier unerschöpfliches Reservoir an billigen Arbeitskräften. Über 120 Mio. Arbeitssuchende sind im letzten Jahrzehnt aus den armen Provinzen wie Sichuan und Hunan in die boomenden Industriestädte des Ostens und Südens, wie Shanghai oder Shenzhen, gezogen. Viele mittelständische Unternehmen aus Europa haben ihre komplette Produktion mittlerweile nach China verlegt. Von den 800 Mio. Chinesen, die auf dem Lande leben, ist etwa ein Sechstel ohne Job.

Das Individuum zählt nichts

Der im Bau befindliche Drei-Schluchten-Staudamm am Yangtse dient der weiteren Sicherung des rasant steigenden Energiebedarfs – dass dabei eine Million Menschen zwangsumgesiedelt werden musste, spielte kaum eine Rolle. Sowohl das Wohl des Einzelnen als auch der Schutz der Umwelt zählen kaum. Die Verschmutzung von Gewässern und der Luft nimmt immer schlimmere Formen an. Andererseits stieg das Pro-Kopf-Einkommen der Chinesen seit 1990 um das Vierfache. In den Großstädten spekulieren neureiche Chinesen erfolgreich mit dem Kauf und Wiederverkauf von Luxusappartements. Auf der anderen Seite wächst die Zahl der Rentner. Die Ein-Kind-Politik der letzten Jahrzehnte bewirkte, dass nicht mehr genügend junge Leute Beiträge für die Rente zahlen können. Ein funktionierendes Sozialversicherungssystem wie in vielen westlichen Industrieländern gibt es in

Q1 Die Skyline des Shanghaier Geschäftsviertels Pudong am Huangpu-Fluss, 2004

China noch nicht. Jenseits der glitzernden Fassaden der Wirtschaftsmetropolen ist China ein Entwicklungsland geblieben, in dem die Landbevölkerung in teils großer Armut lebt. Außerdem hat die Kommunistische Partei in weiten Teilen des Landes noch das Sagen. Zu den Suchbegriffen, die im Auftrag der Regierung aus dem chinesischen Internet entfernt wurden, zählen „Demokratie“ und „Menschenrechte“. Die Suchmaschine Google musste sich beim Einstieg in den chinesischen Markt zu dieser Selbstzensur verpflichten.

Folgen für den Welthandel

Auch die Auswirkungen des ungezügelten Wachstums für die ganze Welt sind mittlerweile unübersehbar: China kaufte 2005 ein Viertel der Zementproduktion der Welt auf, benötigte ein Drittel der Weltkohleförderung und ein Viertel der Welt-Stahlproduktion. Es ist mittlerweile zweitgrößter Erdölverbraucher der Welt. Folge, allerdings auch wegen des steigenden Verbrauchs im Nachbarland Indien und in anderen Entwicklungsländern, sind steigende Rohstoffpreise. Die USA fürchten mittlerweile die „rote Gefahr“, da chinesische Konzerne mehrere US-amerikanische Firmen aufgekauft haben und die USA 2004 sechsmal so viel aus China importiert haben wie sie dorthin exportieren konnten. Allein 80 Prozent der 5000 Lieferanten der US-amerikanischen Wal-Mart-Supermarktkette kommen aus China. Die weltgrößte Shopping-Mall steht mittlerweile nicht mehr im kanadischen Edmonton, sondern in Peking.

China auf dem Weg zur führenden Weltmacht

Aber es geht um mehr – es geht um die künftige Vorherrschaft in der Welt. Nicht nur will China bis 2010 mit den Asean-Staaten eine riesige asiatische Freihandelszone mit zwei Milliarden Menschen errichten. Das Land ist auch zur politischen Großmacht herangewachsen und somit ernst zu nehmen, wenn die Welt nach dem Ende des Kalten Krieges neu geordnet wird. So drohten 2005 chinesische Generäle den USA mit dem Einsatz von Atomraketen, falls diese im Konflikt um Taiwan China angreifen sollten. Auch der USA-Verbündete Japan fürchtet um seine Stellung in Ostasien. Die chinesische Regierung baut dabei auch engere Kontakte zu Staaten wie dem Iran oder dem Sudan auf, die aus politischen Gründen oder weil in ihnen Menschenrechte verletzt werden, von westlichen Staaten als Partner gemieden werden. Als Vetomacht im Sicherheitsrat der Vereinten Nationen hat China schon länger ein Mitspracherecht in internationalen Fragen.

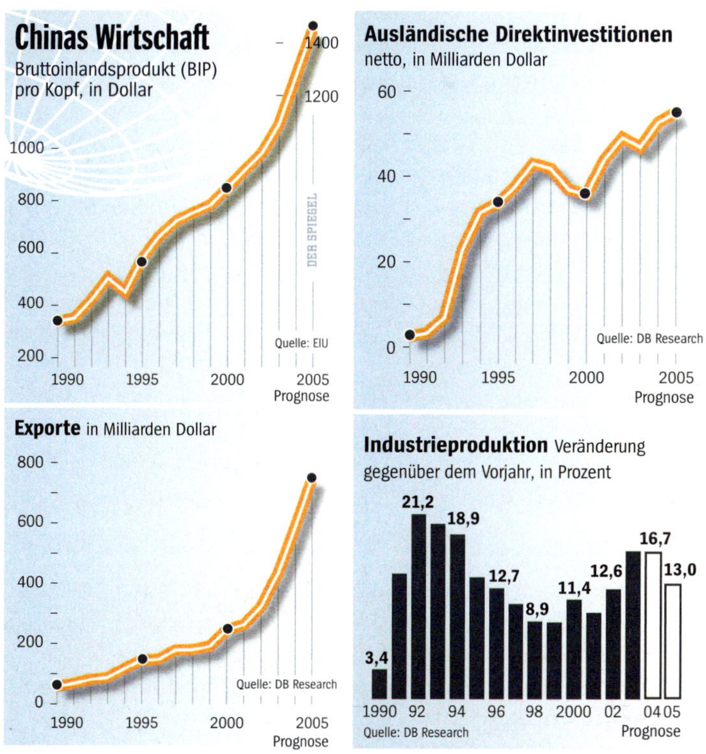

Wirtschaftliche Entwicklung Chinas D1

Morgenappell beim chinesischen Klimaanlagenhersteller Yuanda Q2

Q3 Die Folgen des chinesischen Wirtschaftsbooms

China erhält für sein einmaliges Wirtschaftswachstum viel internationales Lob. In den vergangenen 15 Jahren stieg das Bruttosozialeinkommen im Reich der Mitte um jährlich neun Prozent – in einzelnen Regionen sogar um bis zu 30 Prozent. Hunderte Millionen Menschen schafften den Sprung aus der Armut. (…)

Die Kehrseite der Medaille ist, dass die Energieversorgung Chinas an ihre Grenzen stößt und die Umweltschäden katastrophale Ausmaße angenommen haben. Laut einer Studie der Weltbank befinden sich 16 der 20 am stärksten verschmutzten Städte der Welt in China. Ein Viertel des Landes wird regelmäßig von saurem Regen verunreinigt, hervorgerufen durch das beim Verheizen von 1,6 Millionen Tonnen Kohle pro Jahr entstehende Schwefeldioxid.

Die Abholzung der – ohnehin nur 16 Prozent der Fläche Chinas bedeckenden – Wälder fördert den Vormarsch der Wüsten. Der jährliche Wasserbedarf wird bis 2030 von 120 auf 400 Milliarden Tonnen steigen. Dabei haben es 60 Millionen Chinesen schon heute schwer, genügend Wasser für ihr tägliches Leben aufzutreiben. Experten schätzen, dass in den kommenden 20 Jahren zwischen 20 und 30 Millionen „Umweltflüchtlinge" untergebracht werden müssen. Eines der größten Probleme schafft die rasche Motorisierung. Laut dem Staatsminister für Umweltschutz Vue Pan fahren derzeit auf Chinas Straßen 24 Millionen Personenautos, Lastwagen und Busse, 20 Millionen Landwirtschaftsfahrzeuge und 50 Millionen Motorräder. Nach vorsichtigen Schätzungen wird die Zahl der Autos in 15 Jahren 110 Millionen erreichen. Das Netz von Autobahnen wird großzügig ausgebaut. Der jetzige Erdölverbrauch des Landes beträgt laut Statistik 250 Millionen Tonnen jährlich, wovon 150 Millionen Tonnen importiert werden müssen. Das macht nur acht Prozent des weltweiten Konsums aus und ist im Vergleich zum Anteil der USA (über 25 Prozent) gering, wenn man die Einwohnerzahlen vergleicht: In China lebt mehr als ein Fünftel der Weltbevölkerung. in den USA weniger als ein Zwanzigstel. Dennoch müssen sich die chinesischen Wirtschaftsplaner die Frage stellen, woher sie in Zukunft den Kraftstoff nehmen wollen. Schon jetzt ist China zu 70 Prozent von Energieimporten abhängig.

P. Simonitsch, Der Preis für Chinas Fortschritt. In: Frankfurter Rundschau v. 26. 1. 2005.

Q4 Chinas Jagd nach Rohstoffen

Kaum etwas braucht China dringender als Rohöl. Peking benötigt ein Wachstum des Bruttoinlandsproduktes von etwa acht Prozent jährlich, um neue Arbeitsplätze zu schaffen, den Kollaps der Immobilienpreise und Banken zu verhindern, soziale Unruhen zu vermeiden und den Machterhalt der Partei zu sichern. Das

schwarze Gold ist dafür die Voraussetzung. So hat sich das Land in nur einer Dekade vom Ölexporteur zum -importeur gewandelt. Heute ist das Reich der Mitte – nach den Vereinigten Staaten – der zweitgrößte Verbraucher von Erdöl auf der Welt. (...)
Das benötigte Wachstum aber hat China in eine Falle geführt. Denn die eigenen Ölquellen zu erschließen ist extrem teuer, da sie weit entfernt von den Industriezentren der Küste in unwirtlichen Gebieten liegen. Kohle, die derzeit rund 70 Prozent von Chinas Energieverbrauch deckt, hat eine schlechte Qualität. Der angekündigte Bau von 32 Atomkraftwerken bis zum Jahr 2020 dauert viel zu lange, um die Energielücke zu schließen. So bleibt nur der Import von Öl. In diesem Jahr wird China 3,3 Millionen Barrel (159 Liter) Öl täglich einführen, fast die Hälfte seines Verbrauchs. Dieser Importwert liegt höher als der tägliche Ausstoß Norwegens, des drittgrößten Ölexporteurs der Welt. Dies führt zu einer aggressiven Öl-Einkaufspolitik Chinas (...): Seit Jahresbeginn haben die drei staatlichen Ölkonzerne schätzungsweise 2,5 Milliarden Dollar für Ölförderung und Pipelines investiert, weitere 20 Milliarden Dollar stehen zur Verhandlung. Knapp eine Milliarde Dollar investierten sie in den vergangenen zwölf Monaten in Russland, etwa 1,5 Milliarden Dollar in Gas- und Ölfelder in Asien. Hinzu kommen (...) Verhandlungen über Zukäufe bis hin nach Afrika.
Die chinesische Außenpolitik ist mehr und mehr davon bestimmt, die Nähe zu Ländern mit großen Rohstoffvorkommen zu suchen. „China hat die Konkurrenz um Rohstoffe bis in unseren Hinterhof vorangetrieben", warnt Lisa Murkowski, Senatorin für Amerikas Bundesstaat Alaska. Dabei stören die chinesischen Staatskonzerne nicht nur das geopolitische Gleichgewicht, indem sie ungeniert auch aus vom Westen boykottierten Ländern wie Burma ihre Vorteile ziehen. Sie treiben auch einen Keil in das bislang austarierte Gleichgewicht zwischen Erdöl produzierenden Ländern und den großen, global tätigen Ölkonzernen. „Die chinesischen Staatskonzerne können Bedingungen anbieten, die die anderen Wettbewerber aus wirtschaftlichen Gründen nicht rechtfertigen können", sagt Kang Wu, Wissenschaftler beim East-West-Zentrum auf Hawaii. „Je mehr China seine Grenzen bei der Ölgewinnung überschreitet, um so unvermeidbarer wird es in Konflikt mit den Energiestrategien anderer Länder geraten", warnt Standard&Poor's.

che, China sucht immer aggressiver nach Öl und Gas. In Frankfurter Allgemeine Zeitung v. 24. 6. 2005.

Q5 **Umweltverschmutzung in China**

D2 **Länderdaten**

	Fläche in qkm	Einwohner in Mio. (2004)	Städtische Bevölkerung in % (2004)	Analphabeten in % (2004)	BSP pro Kopf in US-$ (2002)	Importe in Mrd. US-$ (2002/2003)	Exporte in Mrd. US-$ (2002/2003)
Indien	3 287 590	1086,6	28	39	470	61,27	52,23
China	9 560 961	1300,1	41	9	960	412,80	438,40
USA	9 363 520	293,6	79	1	35 400	1263,00	714,00
Deutschland	356 974	82,6	88	1	22 740	648,78	806,83

Aus: Fischer-Weltalmanach 2005 (BSP = Bruttosozialprodukt)

Q6 Die IT-Branche verändert Indiens Wirtschaft

Der Journalist Willi Germund kommentiert den „Brain Drain", 2001:

Der „Brain Drain", die Abwanderung qualifizierter Arbeitskräfte, macht sich bei der jungen indischen Softwareindustrie längst schmerzhaft bemerkbar. 30 000 bis 40 000 Arbeitskräfte fehlen den Konzernen laut Branchenangaben. Zwar träumen auch indische Unternehmer noch von zweistelligen Zuwachsraten. Aber der größte Teil des indischen IT [Informationstechnologie-]-Geldes wird mit Dienstleistungen verdient. An Produkten hat das Land dagegen kaum etwas zu bieten: Indien, das mit einer Milliarde Einwohner nur von China übertroffen wird, weist bei der Software nur einen Weltmarktanteil von 0,5 Prozent auf. Spitzenreiter ist die Nation allenfalls bei der „Ware Mensch", dem Export von qualifizierten Arbeitskräften. Rund 30 Prozent aller Softwareentwickler weltweit, schätzte die ehemalige US-Außenministerin Madeleine Albright, stammen aus Indien.

Bonner Generalanzeiger v. 20. 2. 2001

Der Journalist Nils Minkmar beschreibt die Situation in der Stadt Bangalore, 1999:

Von zweieinhalb auf fünf Millionen Einwohner in 15 Jahren. 80 Prozent Wachstum bei den Softwareexporten in den letzten Jahren. 70 Fachhochschulen, 11 Universitäten und die wichtigsten Spitzenforschungseinrichtungen Indiens warten auf Kandidaten. Fast wöchentlich verlagern große Unternehmen weitere Abteilungen nach Bangalore, zuletzt General Electric, das eine gigantische Forschungs- und Entwicklungsabteilung im neuen Technologiepark ansiedeln wird.

Die Zeit v. 22. 12. 1999

Q7 Indien – ein Land im Übergang

Das Problem – Indien ist alles in einem, ein Land im Übergang, in dem die Wirtschaft um acht Prozent wächst, kaum langsamer als in China, aber ein Drittel des 1,1-Milliarden-Volks von nur einem Dollar pro Tag lebt. Ein Land, in dem sich internationale Personalagenturen um den IT-Nachwuchs aus den Elite-Unis reißen und in dem die Analphabetenrate mit mehr als 40 Prozent noch über der von Nigeria liegt. Ein Land, das Pharmafirmen von Weltklasse hervorbringt, aber nur einem Bruchteil seiner Menschen ausreichende medizinische Versorgung ermöglicht. Indien boomt – nur ganz anders als der Konkurrent China, nicht kühl und langfristig von oben geplant, sondern chaotisch, organisch, von unten. (...) Getrieben wird das Wachstum von dynamischen Privatunternehmern wie dem Stahlbaron Lakshmi Mittal, 55, der seit Öffnung des indischen Marktes 1991 Mittal Steel zur Nummer eins auf dem internationalen Stahlmarkt machte (...). Mit Indiens Boom wächst auch der Absatzmarkt: Die konsumfreudige Mittelschicht schätzen Experten auf 300 Millionen Menschen. Die Zahl der Handy-Benutzer steigt monatlich um zwei Millionen, die der Flugpassagiere um 20 Prozent im Jahr (2005: 41 Mio.).

Focus v. 13. 3. 2006, S. 98ff.

Q8 Die neue Weltordnung nach 1989

Die Journalisten Jan Ross und Bernd Ulrich äußern sich zur Rolle Chinas und Indiens:

Freund und Feind sind nicht mehr so leicht zu unterscheiden. Was ist Russland in diesem Augenblick? Ein Verbündeter, vielleicht die letzte Hoffnung, Iran von der Atombombe abzubringen? Eine unheimliche Halbdiktatur und ein Risiko für unsere Energieversorgung, wie Putins Drohung gezeigt hat, der Ukraine den Gashahn abzudrehen? Was sind China und Indien – Stützen der Weltordnung von morgen oder unzuverlässige Zweckalliierte, die bei nächster Gelegenheit wieder Sonderdeals mit den Mullahs von Teheran abschließen werden, um sich das Öl für ihren Wirtschaftsboom zu sichern?

Die Zeit v. 9. 2. 2006

Fragen und Anregungen

1. Beschreibe die wirtschaftliche Entwicklung Chinas (VT, Q1, D1).
2. Nenne Folgen von Chinas Wirtschaftsboom für die Menschen und die Umwelt (VT, Q2–Q5).
3. Welche politischen Folgen ergeben sich für Chinas innenpolitischen Kurs, aber auch für die chinesische Außenpolitik?
4. Informiere dich über die politisch brisanten Themen Indiens, den Kaschmirkonflikt und den Status als Atommacht.
5. Erarbeite aus den Materialien der Seite 312 ein Dossier, das Grundlage für ein Referat zum Thema „Indien – eine aufstrebende Wirtschaftsmacht" sein kann.
6. Vergleiche wirtschaftliche Entwicklung und aktuelle Situation Chinas mit der Indiens (D2, Q6–Q8).

Aus Zeitungs- und Zeitschriftenartikeln lernen

Dir ist sicherlich aufgefallen, dass in diesem Kapitel ein großer Teil des Quellenmaterials aus Zeitungs- und Magazinartikeln besteht. Um uns über ein so aktuelles Thema wie die moderne, uns umgebende Welt informieren zu können, benötigen wir die Printmedien (Tages- und Wochenzeitungen, Wochenmagazine), die Berichterstattung in Radio und Fernsehen und die sich permanent aktualisierenden Internetdienste.
Auch wenn in diesem Geschichtsbuch aktuelles Quellenmaterial aus dem Jahr der Drucklegung verarbeitet wurde, wird es dennoch schnell veralten. Die Nachrichten von gestern sind heute schon Geschichte. Umso wichtiger ist es für dich, dass du dir selbst eine Sammlung von Informationen anlegst, die das Kapitel des Geschichtsbuchs sozusagen fortschreiben und dir einen immer aktuellen Wissensstand bieten.

So könntest du bei der Auswahl von Zeitungs- und Magazinartikeln vorgehen:

- Reißerische Titelblätter oder Überschriften können zwar täuschen, doch findest du in ihnen manchmal Statistiken oder Diagramme, die dich mit aktuellem wirtschaftlich oder gesellschaftlich relevantem Zahlenmaterial versorgen.
- In Magazinen findest du häufig Reportagen. Sie schildern oftmals Einzelschicksale von Menschen, die unter bestimmten politischen oder wirtschaftlichen Bedingungen leiden oder von ihnen profitieren. Nutze sie, um dein Wissen über das jeweilige Land oder die bestimmte Situation mit lebendigen Beispielen zu füllen. Sie prägen sich besser ein als auswendig gelernte Merksätze.
- Die Verfassertexte des Geschichtsbuches können Aspekte häufig nur kurz anreißen. Die Zeitungsartikel können dir nicht nur Details vermitteln, sondern auch andere Sichtweisen. Auch Journalisten sind ideologisch oder parteipolitisch gebunden und geben manchmal das Weltgeschehen durch die rote, schwarze oder braune Brille wieder; ein Muslim wird über den Irakkrieg oder den Nahostkonflikt anders berichten als ein in Westeuropa oder den USA aufgewachsener Christ; eine Frau mit Migrationshintergrund wird in Bezug auf die neue Rolle Chinas und Indiens in der Weltwirtschaft und -politik eine andere Haltung einnehmen als ihr männlicher, in Deutschland geborener Kollege.
- Wichtig ist zu beachten, ob es sich um einen weitgehend objektiv gehaltenen Bericht oder um einen subjektiv gefärbten Kommentar handelt. Einen Bericht brauchst du, um deinen Wissensstand verlässlich fortzuschreiben; mit einem Kommentar kannst du deine eigene Meinung zum Sachgebiet vergleichen und ihr vielleicht neue Facetten hinzufügen sowie Vor- oder Fehlurteile erkennen.

Deine Fundstücke solltest du möglichst systematisch archivieren, um sie bei Bedarf auch zeitsparend nutzen zu können. Am besten sortierst du sie in Klarsichthüllen oder Schnellheftern unter den im Unterricht besprochenen Themenüberschriften, wie beispielsweise „Indien", „China", „Nahostkonflikt", „Flüchtlingsproblematik" etc. Vergiss aber nicht, von Zeit zu Zeit Artikel auszusortieren, die du durch bessere ersetzen kannst. Sonst verlierst du schnell die Übersicht.

Irans neue Superwaffe. Bei einer Parade im September 2005 führt das Militär in Teheran die Mittelstreckenrakete Shahab-3 vor. Sie könnte einen Atomsprengkopf bis nach Israel tragen.

mit dem „Terrorregime" Iran, wie es in Washington heißt.
Wir wollen ja noch nicht mal mit ihnen reden. Man darf sich aber nicht allein auf militärische Macht verlassen. Wir brauchen ein ernsthaftes Engagement.
Präsident Bush verweist darauf, er habe die Verhandlungsbemühungen der EU-3 unterstützt. Der Iran habe ein Katz-und-Maus-

Jedenfalls erinnert die Demagogie stark an die Kampagne gegen den Irak.
Um das amerikanische Volk auf eine mögliche Militäraktion vorzubereiten?
Vielleicht auch das. Sicher aber auch, um den Druck auf den Iran zu erhöhen. Doch verantwortliche Führer einer großen Demokratie wie die Vereinigten Staaten sollten sich nicht solch dummer und aufrüh-

sen wir, ob sich alle Länder daran halten würden?
Sie zweifeln an Russland, das mit dem Iran Geschäfte macht, und an China, das Erdgas und Öl haben will?
Ich befürchte, dass Sanktionen vor allem einen Effekt haben: Sie führen zu einer Verschmelzung von iranischem Nationalismus und iranischem Fundamentalis-

Ausschnitt aus dem „Stern" Nr. 18 v. 27. 4. 2006, S. 78

24.10.1929 – „Schwarzer Freitag"
Mit dem Sturz der Aktienkurse an der New Yorker Börse beginnt die Weltwirtschaftskrise.

9.11.1918 – Novemberrevolution in Deutschland. Der Kaiser dankt ab, die Republik wird ausgerufen.

1919 – Die Weimarer Verfassung tritt in Kraft.
- Frauen erhalten das Wahlrecht
- Die deutsche Regierung nimmt den Versailler Vertrag an.

1936 – Die Olympischen Spiele finden in Berlin und Garmisch-Partenkirchen statt.

1920 ● ● ● ● ● ● ● ● ● ● **1930**

1923 – Die Weimarer Republik übersteht das Krisenjahr:
- Besetzung des Ruhrgebiets
- Inflation
- Hitlerputsch

1929–1932 – Vor dem Hintergrund der Wirtschaftskrise spitzen sich die gesellschaftlichen Konflikte zu. Die NSDAP wird zur Massenbewegung.

1933 – Hitler wird am 30.1. zum Reichskanzler ernannt.
- Mit der „Reichstagsbrandverordnung" und dem „Ermächtigungsgesetz" beginnt die Errichtung der nationalsozialistischen Diktatur.
- Gewerkschaften werden aufgelöst, Parteien verboten, politische Gegner verfolgt.
- Jüdische Geschäfte werden boykottiert.

1935 – Mit den „Nürnberger Rassegesetzen" werden Juden systematisch ausgegrenzt.

9.11.1938 – In der Reichspogromnacht geht die SA gewaltsam gegen Juden vor.

März 1938 – Deutschland annektiert Österreich.

September 1938 – Nach der Münchener Konferenz wird das Sudetenland annektiert.

1939 Deutsche Truppen marschieren in der Tschechoslowakei ein.

Antisemitismus – Appeasement-Politik – Containment – Diktatur – Domino-Theorie – Entspannungspolitik – Faschismus – Gleichgewicht des Schreckens – Globalisierung – Hallstein-Doktrin – Holocaust/Shoa – Islamismus – Kalter Krieg – Kollektive Friedenssicherung – Lebensraumtheorie – Nationalsozialismus – NATO-Doppelbeschluss – New Deal

1939 – Hitler und Stalin schließen einen Nichtangriffspakt.

1.9.1939 – Mit dem deutschen Überfall auf Polen beginnt der Zweite Weltkrieg. Er endet 1945.

1945 – Die UNO wird gegründet.

1947 – Der Kalte Krieg zwischen Ost und West beginnt. Er endet mit dem Zusammenbruch des Ostblocks Ende der 1980er Jahre.

6. August 1945 – Über Hiroshima wird die erste Atombombe gezündet.

25. März 1957, Römische Verträge, Gründung der EWG

1975 – Unterzeichnung der KSZE-Schlussakte in Helsinki

1962 – Kuba-Krise

1975 – Ende des Vietnamkrieges

1975 – Unterzeichnung der KSZE-Schlussakte in Helsinki

● **1940** ● ● ● ● ● ● **1950** ● ● ● ● ● ● ● ● ● ● **2000** ●

1939–1945 – In Vernichtungslagern werden fast 6 Millionen Juden sowie mindestens 90 000 Sinti und Roma ermordet.

7.–9. Mai 1945 – Deutschland kapituliert bedingungslos.

11. September 2001 – Islamische Terroranschläge in New York und Washington

3. Oktober 1990 – Wiedervereinigung der beiden deutschen Staaten

Herbst 1989 – Friedliche Revolution in der DDR

1972 – Der Grundlagenvertrag zwischen der Bundesrepublik und der DDR wird unterzeichnet.

Ende der 1960er Jahre – Mit der 68er-Bewegung entwickelt sich in der Bundesrepublik ein neue politische und gesellschaftliche Kultur.

13. August 1961 – Die Berliner Mauer wird gebaut.

17. Juni 1953 – In der DDR wird ein Volksaufstand niedergeschlagen.

1950er-Jahre – Wirtschaftsaufschwung in der Bundesrepublik

1949 – Die beiden deutschen Staaten werden gegründet.

Gründung der Volksrepublik China

– Ost-West-Konflikt – Parlamentarisches System – Pazifismus – Populismus – Propaganda – Rassismus – Räterepublik – Reparationen – Staatssicherheit/Stasi – Stalinismus

– Terrorismus – Totaler Krieg – Vereinte Nationen – Vietnam-Trauma

In den einzelnen Kapiteln dieses Buches werden wie z. T. schon im Band 1/2 von „Geschichte und Geschehen" Methoden vorgestellt, die dir helfen, in Geschichte selbstständig und erfolgreich zu arbeiten. Die Arbeitsschritte für alle diese Methoden sind hier noch einmal zusammengestellt, z. T. auch zusammengefasst, damit du jederzeit nachschlagen und dir Rat holen kannst.
Zum besseren Überblick findest du im ersten Teil dieses Glossars Methoden zur Untersuchung von Text-, Bild und Sachquellen. Im zweiten Teil sind Methoden aufgeführt, mit denen du verschiedene Darstellungen von Geschichte auswerten kannst.

Textquellen auswerten

Texte, die die Menschen im Lauf der Geschichte hinterlassen haben, sind wichtige Quellen, aus denen du viel über die Vergangenheit erfahren kannst. Es gibt viele verschiedene Arten von Textquellen und jede hat ihre Besonderheiten, z. B. Erinnerungen, Reden, Briefe, Tagebücher, Urkunden usw. Neben den methodischen Arbeitsschritten, die bei jedem Schriftstück angewandt werden müssen, gibt es auch solche, die nur für bestimmte Textquellen von Bedeutung sind. Deswegen solltest du zuerst immer feststellen, um welche Art von Textquelle es sich handelt, bevor du an die Auswertung gehst.

Inhalt und Aussage einer Textquelle auswerten

(Band 1/2, S. 78/79)

Ganz gleich um welche Textart es sich handelt, die folgenden Arbeitsschritte musst du bei jeder Auswertung anwenden.
Lies den Text genau und stelle fest, zu welchen Sachverhalten er Aussagen macht.

1. Kläre alle dir unbekannten und unverständlichen Wörter und Wendungen. Benutze dafür ein Wörterbuch oder frage deine Lehrerin/deinen Lehrer.
2. Unterteile den Text in Sinnabschnitte, die jeweils einen einzelnen Gedanken ausdrücken. Gib jedem Abschnitt eine kurze Überschrift.
3. Fasse mit eigenen Worten zusammen, was im Text mitgeteilt wird.
4. Stelle fest, wer den Text verfasst hat, an wen der Autor oder die Autorin sich damit wandte und mit welchem Ziel der Text geschrieben wurde.
5. Kläre, mit welchem zeitlichen Abstand vom historischen Ereignis das Schriftstück entstand und woher der Verfasser oder die Verfasserin die Kenntnisse darüber hatte. Schätze ein, wie glaubwürdig die Aussagen sind.
6. Suche im Text nach Hinweisen darüber, welche Stellung der Autor oder die Autorin zu dem dargestellten Sachverhalt bezogen hat bzw. ob einseitige persönliche Wertungen sichtbar werden.
7. Ordne die Aussagen der Textquelle in dein bisheriges Wissen ein und stelle fest, welche Fragen der Text aufwirft. Informiere dich in anderen Darstellungen über diese offenen Fragen.

Textquellen interpretieren

(Band 1/2, S. 230/231)

In manchen Texten vertreten die Verfasser sehr einseitige Ansichten, z. B. in öffentlichen Aufrufen. Solche Textquellen musst du besonders kritisch hinterfragen:

1. Welche Absichten verfolgt der Verfasser/die Verfasserin mit dem Aufruf? Will er/sie etwas rechtfertigen, zu Taten aufrufen, jemanden tadeln oder loben, Ängste schüren, Hoffnungen wecken usw.?
2. Welche Gedanken und Gefühle könnten die Aussagen bei einem Anhänger ausgelöst haben?
3. Wogegen würde ein Gegner wohl protestiert haben?
4. Welche Stellung beziehst du zu dem Aufruf? Was erscheint dir als zweifelhaft oder übertrieben? Womit kannst du dich einverstanden erklären, was lehnst du ab?

Amtliche Dokumente auswerten

(Band 4, S. 124/125)

Eine wichtige Gruppe der schriftlichen Quellen bilden alle Formen amtlicher Dokumente. Sie enthalten offizielle Positionen eines Staates bzw. von dessen Regierung. Damit unterscheiden sie sich von Äußerungen einer Privatperson, privater Unternehmen oder auch Gruppierungen und Parteien. Sie sind von großer Bedeutung, da aus ihnen zuverlässige Aussagen über die Politik eines Staates zu entnehmen sind – im Unterschied zu persönlichen Urteilen von Beteiligten. Zu den amtlichen Dokumenten gehören beispielsweise Regierungserklärungen, offizielle Pressemitteilungen, Gesetzblätter oder Konferenzprotokolle. Um sie zu interpretieren musst du zunächst wie bei anderen Textquellen feststellen, wann und in welchem historischen Zusammenhang das Dokument entstanden ist. Welche Absichten verfolgt der Verfasser/die Verfasserin mit dem Aufruf? Will er/sie etwas rechtfertigen, zu Taten aufrufen, jemanden Tadeln oder loben, Ängste schüren, Hoffnungen wecken usw.? Anschließend empfiehlt es sich, folgende Schritte zu anzuwenden:

1. Nenne Urheber und Adressat des Dokuments und kläre, welchen rechtlichen Status es hatte.
2. Arbeite die zentralen Aussagen heraus.
3. Interpretiere die Aussagen des Dokuments (z. B.: Welche Inhalte wurden ausgeklammert? Für wen war das Dokument vorteilhaft?) und notiere auch, zu welchen Fragen du zusätzliche Informationen benötigst, welche nicht aus dem Dokument hervorgehen.
4. Fasse die Gesamtaussage des Dokuments zusammen und äußere deine Meinung dazu.

Tagebücher als Quelle nutzen

(Band 3, S. 256/257)

Tagebücher ermöglichen besondere Einblicke in die Geschichte. Da sie in den meisten Fällen etwas sehr Persönliches und nicht für die Öffentlichkeit bestimmt sind, geben sie Gefühle, Stimmungen, subjektive Meinungen des Verfassers oder der Verfasserin wieder.

Auch bei dieser Art von Textquellen müssen zuerst Inhalt und Aussage ausgewertet werden (Arbeitsschritte 1–5). Für Tagebuchtexte sind zusätzlich die folgenden Arbeitsschritte von Bedeutung:

1. Kläre, ob das Tagebuch echt ist und wann die Eintragungen verfasst wurden.
2. Finde heraus, welche gesellschaftliche und politische Stellung der Verfasser oder die Verfasserin hatte.
3. Welche weiteren Zeugnisse für das Geschilderte gibt es?
4. Wie beurteilen andere Zeitgenossen die beschriebenen Ereignisse?
5. Wie beurteilen Historiker die Eintragungen? Stimmen sie überein oder wo und warum weichen ihre Urteile voneinander ab?
6. Ordne – wie bei anderen Textquellen – die Aussagen des Tagebuchs in dein bisheriges Wissen ein und stelle fest, welche Fragen der Text aufwirft. Informiere dich in anderen Darstellungen über diese offenen Fragen.

Textquellen vergleichen

(Band 1/2, S. 142/143)

Beim Vergleich verschiedener Textquellen zum gleichen Thema lernst du verschiedene Sichtweisen (Perspektiven) auf einen historisches Sachverhalt kennen und kannst dir am Ende eine eigene Meinung bilden. Bevor du Texte miteinander vergleichen kannst, musst du jeden einzelnen für sich untersuchen. Gehe dabei so vor, wie in den vorangegangenen Abschnitten beschrieben. Für den eigentlichen Vergleich gehe folgendermaßen vor:

1. Arbeite heraus, was das gemeinsame Thema ist bzw. die gemeinsamen Themen sind.
2. Stelle die wichtigsten Informationen, die du den verschiedenen Texten entnommen hast, einander gegenüber.
3. Halte fest, welche Gemeinsamkeiten, aber auch welche Unterschiede du zwischen den Aussagen erkennst.
4. Ordne die verschiedenen Aussagen in dein bisheriges Wissen ein und suche bei Bedarf nach zusätzlichen Informationen.
5. Formuliere deine Meinung zum jeweiligen Thema.

Texte ideologiekritisch untersuchen

(Band 4, S. 58/59)

Unter den Textquellen gibt es solche, die sich von anderen durch ihren ausgeprägten ideologischen Gehalt unterscheiden. Sie werden so stark von bestimmten Vorstellungen, Denkweisen und Interessen geprägt, dass sie die Wirklichkeit durch bewusste Vereinfachungen, Verschweigen oder Verdrehungen der

Tatsachen verfälscht darstellen. Dies zu erkennen und die verfälschende Sichtweise der Wirklichkeit offen zu legen, dient die ideologiekritische Auswertung von Texten. Dabei helfen die folgenden Arbeitsschritte:
1. Stelle fest, welche Textaussagen ausschließlich Wertungen darstellen und überlege, was damit beim Leser erreicht werden soll.
2. Untersuche, welche Aussagen als Tatsachen bewertet werden können, die jeder Adressat anerkennen kann.
3. Stelle fest, welche Textstellen reine Behauptungen sind.
4. Lege dar, welche Schlussfolgerungen der Autor aus den jeweiligen Behauptungen zieht.
5. Erläutere, inwieweit die Schlussfolgerungen vom Leser nachvollzogen werden können oder nicht.
6. Erkläre, welche Interessen und Absichten der Autor mit seinen Schlussfolgerungen verfolgt.
7. Überlege, welche Wirkung er beim Leser mit seinen Aussagen erreichen will.
8. Formuliere in einigen wenigen Sätzen die ideologische Kernaussage des Textes.
9. Setze dich mit diesen Kernaussagen kritisch auseinander.

Lieder als historische Quelle auswerten
(Band 3, S. 188/189)

Lieder sind eine besondere Form historischer Quellen. Zum einen sind sie eine Textquelle, denn der Liedtext spricht genau so zu uns wie andere Texte. Zum anderen bringt auch die Melodie viel über die Zeit oder das Ereignis, in der sie entstand, zum Ausdruck.
1. Fasse die zentrale Aussage jeder Strophe zusammen.
2. Ordne die Informationen in den historischen Zusammenhang ein.
3. Stelle fest, wer das Lied getextet und komponiert hat.
4. Überlege, welchen Standpunkt der Textdichter zu den besungenen Ereignissen hatte.
5. Charakterisiere die Sprache des Liedtextes.
6. Überlege, wer das Lied gesungen haben mag und welche politische Einstellung man mit dem Singen des Liedes zeigen wollte.
7. Hör dir das Lied an und ermittle die Wirkung des Liedes. Benenne die Merkmale, die die Stimmung des Liedes beschreiben. Beantworte dabei solche Fragen wie: Ist das Lied eher traurig, schwungvoll, vergnügt, düster usw.?
8. Achte darauf, ob die Stimmung des Liedes von der ersten bis zur letzten Strophe gleich bleibt oder sich ändert.
9. Lege dar, wie Text und Melodie zusammenpassen. Charakterisiere die musikalischen Mittel, die dazu dienen sollen, die Aussage des Textes zu unterstreichen.

Bilder zum Sprechen bringen
(Band 1/2, S. 64/65)

Bilder liefern wertvolle Informationen über historische Ereignisse, Sachverhalte oder Personen. Du kannst auch Hinweise darüber erhalten, wie die Schöpfer der Bilder gedacht und was sie mit ihren Werken beabsichtigt haben. Wie bei den Textquellen gibt es auch bei Bildquellen ganz unterschiedliche Arten (zeitgenössische Darstellungen, Historienmalerei, Porträts usw.), die auch durch spezielle Arbeitsschritte erschlossen werden können. Einige Arbeitsschritte gelten allerdings für jede Bildinterpretation.
1. Erfasse das Bild als Ganzes: Welches Thema, welches Ereignis, welcher Gegenstand usw. ist dargestellt? Welche Wirkung hat das Bild auf dich?
2. Beschreibe die Einzelheiten des Bildes, z. B.: Welche Personen, Tiere, Gegenstände usw. sind zu sehen? Was machen die dargestellten Figuren gerade? Wie sind die Personen dargestellt (Kleidung, Körperhaltung, Gesichtsausdruck, Gesten usw.)?
3. Untersuche den Bildaufbau: Was steht im Mittelpunkt? Gibt es besonders wichtige Szenen? Welche Verbindungen gibt es zwischen den dargestellten Personen?
4. Finde heraus, welche Gestaltungsmittel der Künstler oder die Künstlerin eingesetzt hat: Welche Perspektive wurde gewählt? Welche Originalgröße hat das Bild? Wie sind Größenverhältnisse auf dem Bild genutzt? Welche Farben wurden verwendet? Welche Bildelemente sind symbolisch gemeint?
5. Untersuche die Entstehungsgeschichte des Bildes: Wer hat das Bild gemalt? Wann und zu welcher Gelegenheit ist es entstanden? Für wen wurde das Bild gemalt? Wer hat es in Auftrag gegeben? Wo wurde bzw. wird es ausgestellt? Bei der Beant-

wortung dieser Fragen können dir in vielen Fällen die Bildunterschrift oder ein Ausstellungskatalog weiterhelfen.

6. Deute die Aussage des Bildes: Was sollte damit erreicht werden? Was erzählt es dir über die dargestellten historischen Sachverhalte?

Herrscherbilder interpretieren

(Band 3, S. 14/15)

Eine besondere Form der Bildquellen stellen Herrscherbilder dar. In der Regel entstanden sie im Auftrag des Herrschers selbst und geben so einen Einblick in dessen Vorstellung von Herrschaftsausübung. Du kannst die Arbeitsschritte 1–4 verwenden, die auf S. 15 aufgelistet sind. Achte zusätzlich auf folgende Besonderheiten:

1. Achte vor allem auf Körperhaltung und Blickrichtung der dargestellten Person sowie auf die Blickrichtung des Betrachters.
2. Arbeite die im Bild verwendeten Symbole und Zeichen der Herrschaft heraus.
3. Stelle Informationen über den dargestellten Herrscher zusammen.
4. Formuliere zusammenfassend die Wirkung, die das Bild auf die Mitmenschen des Herrschers (Zeitgenossen) erzielen sollte, und mit welchen Mitteln dies erreicht werden sollte.
5. Vergleiche mit deinen eigenen Eindrücken und erkläre Übereinstimmungen sowie Unterschiede.

Karikaturen verstehen und deuten

(Band 3, S. 166/167)

Karikaturen sind für uns wichtige Quellen, weil sie sich immer mit bestimmten Ereignissen oder Erscheinungen in der jeweiligen Entstehungszeit kritisch auseinander setzen. So erfahren wir einerseits etwas über diese Ereignisse oder Erscheinungen, andererseits können wir ablesen, wie man damals darüber dachte. (Karikaturen werden ganz ähnlich ausgewertet wie Spottbilder, die in Band 1/2, S. 338/339 beschrieben wurden.)

1. Beschreibe die gezeichneten Personen, Tiere und Gegenstände sorgfältig. Achte dabei auch auf die Größendarstellungen und verbindende Elemente.
2. Wenn eine Beschreibung oder Beschriftung vorhanden ist, stelle eine Beziehung zwischen dem Abgebildeten und dem Text her.
3. Oft ist es schwierig, die Dinge zu verstehen, die für die Menschen zur Entstehungszeit der Karikatur selbstverständlich waren. Finde daher so viel wie möglich über den geschichtlichen Hintergrund, über die abgebildeten Personen oder wichtige Gegenstände, über das Entstehungsjahr, den Ort der Veröffentlichung (bei einer Zeitung oder Zeitschrift auch, wer diese gelesen hat) heraus.
4. Entschlüssele die dargestellten Personen und Gegenstände und versuche zu klären, auf welche Ereignisse oder Zustände sich der Karikaturist bezogen hat. Welche persönliche Meinung wollte der Zeichner mit der Karikatur verbreiten?
5. Fasse zusammen, was die Karikatur aussagt. Beziehe Stellung zu dieser Aussage.

Historienbilder untersuchen

(Band 3, S. 204/205)

Historienbilder sind eine besondere Art von Bildern. Sie stellen Ereignisse und Situationen aus der Geschichte dar. Der Künstler oder die Künstlerin wussten oft gar nicht, wie sich die dargestellten Ereignisse genau abgespielt hatten. Sie wollten auch gar nicht wirklichkeitsgetreu malen, sondern ihre Sicht auf die Vergangenheit darstellen. So erfährt man meist wenig über die dargestellte Vergangenheit, sondern viel mehr über die Zeit, in der das Bild entstand, welches Bild von der Geschichte und der eigenen Zeit, welche Ideen und Wunschvorstellungen Künstler und Auftraggeber hatten.
Zunächst solltest du dir das Bild genau anschauen und die Arbeitsschritte 1–3 (Ein Bild zum Sprechen bringen) erledigen. Danach musst du den folgenden Arbeitsschritten nachgehen:

1. Der Künstler/die Künstlerin und das Thema: Aus welchem Grund hat der Künstler/die Künstlerin gerade dieses Thema gewählt? Hat er/sie einen Auftrag für das Werk erhalten und wie lautet dieser? Wie groß ist der zeitliche Abstand zwischen dem dargestellten Ereignis und der Entstehungszeit des Werkes? Was konnte der Künstler/die Künstlerin über das historische Ereignis tatsächlich wissen? Was wurde hinzuerfunden, was bewusst beiseite gelassen oder verändert?

2. Die Art der Darstellung: Welche Personen stehen als historisch Handelnde im Mittelpunkt? Wie sind diese Personen dargestellt? Wie wird das historische Ereignis insgesamt gewertet und gedeutet?
3. Vergangenheit und Gegenwart: Welche Verknüpfung des historischen Ereignisses und der Gegenwart legt das Bild nahe? Welche Botschaft oder Lehre für die Gegenwart und Zukunft soll der Betrachter dem Bild entnehmen?

Fotografien als historische Quelle auswerten

(Band 3, S. 302/303)

Fotos gelten im Allgemeinen als objektive historische Bildquelle, geben sie doch scheinbar die Wirklichkeit zum Zeitpunkt des Auslösens der Kamera wieder. Doch Fotografien sind genauso kritisch auszuwerten wie jede andere historische Quelle. Bereits die Wahl des Motivs, des Bildausschnitts und die Perspektive beeinflussen den Betrachter. Vor allem aber die Möglichkeiten der Bildbearbeitung können ein Foto als objektive Quelle entwerten. Vieles, was du bereits aus der Bildinterpretation kennst, ist auch auf die Interpretation von Fotos übertragbar:

1. Wer hat das Foto gemacht? Wer hat den Auftrag gegeben?
2. Ist es ein Pressefoto, eine Amateuraufnahme oder ein bestelltes Foto?
3. Wer und was ist abgebildet?
4. Wo und wann wurde es aufgenommen?
5. Was kam absichtlich und was unabsichtlich ins Bild? Gibt es Hinweise auf eine Bearbeitung des Bildes?
6. Welche Perspektive und welchen Ausschnitt hat der Fotograf gewählt?
7. Welchen Zweck soll das Foto erfüllen? Welche Aussage entnimmst du ihm?

Politische Plakate als Quelle nutzen

(Band 4, S. 26/27)

Politische Plakate stellen wichtige Informationsquellen dar, denn sie geben Einblicke in politische Zielsetzungen und Denkweisen von Personen, politischen Gruppierungen und Parteien. Um Plakate auszuwerten kannst du ähnliche Schritte gehen wie bei anderen Bildquellen:

1. Sammle erste Eindrücke: Wie wirkt das Plakat auf den ersten Blick? Was fällt spontan auf?
2. Analysiere das Plakat: Welche Details sind abgebildet? Welche Textaussagen enthält das Plakat, welche Bilder? Welche Rolle spielen die Farben, die Größenverhältnisse und die Anordnung von Text und Bild? Welche Symbole und bildhaften Elemente werden eingesetzt – mit welcher Absicht? Werden Feindbilder geweckt?
3. Ermittle die Adressaten: Wer wird angesprochen? Warum ist diese Zielgruppe von Bedeutung?
4. Kläre die Absichten des Auftraggebers: Wann ist das Plakat entstanden? Welche Interessen verfolgt der Auftraggeber? Worin besteht der Appell?
5. Stelle das Plakat in den historischen Zusammenhang: Welches aktuelle politische Thema greift das Plakat auf? Welche Rückschlüsse lassen sich ziehen auf das Programm der jeweiligen Gruppierung oder Partei, welche auf die Einstellung zur jeweiligen politischen Situation?

Sachquellen untersuchen

(Band 1/2, S. 20/21)

Sachquellen sind unmittelbare Überreste aus der Vergangenheit. Münzen, Werkzeuge, Kleidung u. a. verraten viel über den Alltag oder die Fertigkeiten von Menschen in der Vergangenheit.

1. Schau dir zuerst den Gegenstand genau an: Aus welchem Material besteht er? Sind Gebrauchsspuren oder Zerstörungen zu erkennen? Notiere alles, was dir auffällt, auch Fragen, die du zu dem Überrest hast.
2. Versuche herauszubekommen, wie alt der Gegenstand ist und wie er benutzt wurde. Befrage dazu Besitzer oder Experten. Informiere dich auch in Sachbüchern, Lexika oder im Internet.
3. Welche Bedeutung hatte der Überrest für das tägliche Leben? Welchen Wert besaß der Gegenstand? Kann man den Gegenstand mit einem konkreten historischen Ereignis in Verbindung bringen? Wenn ja, mit welchem?
4. Benutzen wir heute noch diesen Gegenstand oder wurde er durch einen anderen, moderneren, er-

setzt? Durch welche technischen Entwicklungen wurde er möglicherweise überflüssig gemacht?
5. Fasse zusammen, was der Gegenstand über Leben und Arbeit der Menschen zur Entstehungs- und Nutzungszeit der Sachquelle aussagt.

Ein Bauwerk untersuchen
(Band 1/2, S. 294/295)

Bauwerke gehören zu den Sachquellen. Aus der Anlage und dem Baustil von Gebäuden wie Kirchen, Burgen, Fabrikanlagen, Rat- oder Wohnhäusern kannst du viel über das Leben in früheren Zeiten erfahren.

Aussehen und Erscheinungsbild
1. Bestimme Länge, Breite und Höhe des Gebäudes. Stelle fest, aus welchen Materialien es erbaut wurde.
2. Untersuche die Lage des Bauwerkes im Ort sowie das Größenverhältnis zu anderen Gebäuden.
3. Beschreibe die Teile des Bauwerkes und stelle anhand einzelner Merkmale fest, in welchem Baustil es errichtet wurde.
4. Finde heraus, ob das Bauwerk in späteren Zeiten erweitert, umgebaut oder renoviert wurde.

Baugeschichte und Funktion
1. Stelle die Daten zur Bauzeit zusammen.
2. Informiere dich, wer das Bauwerk errichten ließ und ob es einen bestimmten Anlass dafür gab.
3. Erkundige dich, wer die Bauarbeiten bezahlte und wie sie organisiert waren.
4. Bestimme die Funktion (Verwendung, Nutzung) des Bauwerkes. Finde heraus, ob der Erbauer noch andere über die reine Nutzung hinausgehende Absichten mit dem Bau verfolgte und welche das waren.
5. Erkundige dich, ob sich die Verwendung des Bauwerkes im Laufe der Zeiten geändert hat.

Historische Karten untersuchen
(Band 1/2, S. 322/323)

Historische Karten gehören ebenfalls zu den Sachquellen. Sie geben Auskunft darüber, welche Vorstellungen von der Gestalt der Erde und welche geografischen Kenntnisse die Menschen in vergangenen Zeiten hatten.
1. Welches Thema behandelt die Karte?
2. Wann entstand die Karte?
3. Welcher Raum ist dargestellt?
4. Was wird hervorgehoben, was wird weggelassen?
5. Welche geografischen Kenntnisse weist die Karte aus? Vergleiche mit einem heutigen Atlas.
6. In welcher Absicht, zu welchem Zweck wurde die Karte angefertigt?
7. Welches Weltbild, welche religiösen, kulturellen oder politischen Vorstellungen lassen sich aus der Karte ablesen?

Zeitzeugen befragen (Oral history)
(Band 1/2, S. 14/15)

Um etwas über den Alltag in einem geschichtlichen Zeitraum zu erfahren, der noch nicht so lange zurückliegt, kann man Menschen befragen, die diese Zeit selbst erlebt haben. Die Zeitzeugenbefragung stellt eine wichtige Quelle dar, aber man sollte dabei auch bedenken, dass in der Erinnerung manches verblasst, dass Zeitzeugen mitunter über bestimmte Erlebnisse nicht sprechen möchten oder manchmal auch nicht die Wahrheit sagen.
1. Überlege, welche Person etwas über das ausgewählte Thema berichten kann.
2. Formuliere vorher Fragen und überlege, in welcher Reihenfolge du sie stellen willst. Fragen, auf die man nur mit „Ja" oder „Nein" antworten kann, sind nicht günstig. Formuliere lieber offene Fragen wie z. B. „Wie waren die Aufgaben in Ihrer Familie verteilt?"

Ihr könnt das Gespräch auch zu zweit oder zu dritt führen, aber größer sollte die Gruppe nicht sein.
3. Plane, wie du das Interview festhalten willst (Tonband, Kamera, Mitschrift).
4. Wenn Zeitzeugen von den Fragen abschweifen, versuche sie durch Fragen zum Thema zurückzuführen. Bleibe dabei immer freundlich und ruhig.
5. Wenn du die Reihenfolge deiner Fragen ändern musst oder nicht alle Fragen stellen kannst, dann konzentriere dich auf die wichtigsten.
6. Ordne nach dem Interview deine Aufzeichnungen und ergänze sie. Notiere, welche Fragen offen geblieben sind oder welche neuen sich ergeben. Vielleicht kannst du noch einmal nachfragen.

7. Vergleiche die Aussagen mit anderen Darstellungen, z. B. in Büchern oder auf Fotos.
8. Präsentiere in geeigneter Form die Ergebnisse der Befragung deinen Mitschülern.

Fachliteratur auswerten
(Band 3, S. 100/101)

Wenn man sich über Geschichte informieren will, kann man nicht immer alle Quellen aus der betreffenden Zeit studieren. In der Regel greift man zu Darstellungen, d.h. zu Büchern oder Aufsätzen, die von Historikern über eine zurückliegende Epoche geschrieben wurden. Dort findet man Fakten, Erläuterungen über Zusammenhänge und auch Beurteilungen. Vor allem diese Beurteilungen sind aber oft strittig, so dass man häufig mehrere Darstellungen lesen und miteinander vergleichen muss.

1. Gib mit deinen Worten wieder, welche Position der Autor oder die Autorin vertritt.
2. Erläutere, wie die Auffassungen begründet werden. Finde heraus, ob dabei Pro- und-Contra-Argumente abgewogen werden.
3. Beachte, wie die Wertung stilistisch dargelegt wird. Schreibt er/sie sachlich oder polemisch?
4. Überprüfe, welche Interessen, Standpunkte oder Überzeugungen des Autors/der Autorin in die Beurteilung mit einfließen.
5. Lege dar, ob der Autor/die Autorin dich überzeugen kann bzw. nenne Gründe, warum du seine/ihre Auffassung nicht teilst.
6. Formuliere nun, welche Position du selbst vertrittst.

Verfassungsschaubilder auswerten
(Band 3, S. 60/61)

Schaubilder sind eine besondere Form der Darstellung. Um z. B. einen schnellen Überblick über den Aufbau von Staaten zu vermitteln, wird deren Verfassung häufig in Schaubildern dargestellt. Auch wenn ein solches Schema die Verhältnisse nur ganz grob wiedergeben kann, so gibt es doch wichtige Anhaltspunkte dafür, wie die Verfassung funktioniert.

1. Stelle fest, wer wählen und wer gewählt werden darf und wie oft Wahlen erfolgen.
2. Finde heraus, wie die drei staatlichen Teilgewalten jeweils aufgebaut sind.
3. Beschreibe, welche Beziehungen zwischen dem Volk und den Teilgewalten sowie unter den Teilgewalten selber bestehen. Pfeile helfen dir dabei.
4. Erfasse, worüber das Schema keine Auskunft gibt und informiere dich darüber in weiterführender Literatur.

Statistiken analysieren
(Band 3, S. 126/127)

Historische Tatsachen und Zusammenhänge, die in Zahlen ausgedrückt werden können (z.B. Wirtschaftsdaten oder Wahlergebnisse usw.), werden oft als Statistik dargestellt. Auch wenn statistische Daten und die auf ihrer Grundlage angefertigten Tabellen und Diagramme oftmals den Eindruck strenger Sachlichkeit und Objektivität erwecken, so müssen sie auch wie jede andere Quelle oder Darstellung genau analysiert werden.

1. Versuche herauszufinden, wie und von wem die Daten erhoben wurden. Achte darauf, ob es sich um verhältnismäßig einfach zu erhebende Daten handelt oder ob sie aus anderen Daten errechnet worden sind.
2. Beachte die Zeitpunkte und Zeiträume, für die die Daten genannt werden. Zwischenräume können zu groß sein, so dass wichtige Entwicklungen übersehen werden. Durch eine zeitliche Begrenzung einer Tabelle können wichtige Tendenzen ausgeblendet werden.
3. Fasse die auffälligsten Entwicklungen in eigene Worte. Hierzu gebraucht man meistens vergleichende Formulierungen („... ist ungefähr doppelt so groß wie ...").
4. Beurteile, ob die Statistik einen Sachverhalt erfasst, der für die historische Fragestellung, die dich interessiert, wirklich wichtig und aussagekräftig ist. Finde heraus, mit welchen anderen Faktoren die Entwicklungen zusammenhängen könnten. Überlege, welche Informationen dazu noch eingeholt werden müssen.
5. Fasse die Aussage der Statistik zusammen.

Geschichtskarten verstehen
(Band 1/2, S. 90/91)

Eine besondere Form der Darstellung ist die Geschichtskarte. Aus ihr kannst du schnell Informationen darüber bekommen, wann und wo sich historische Ereignisse, Entwicklungen und Beziehungen abspielten.

1. Über welches Thema informiert die Karte? Beachte dabei die Unterschrift und die Kartenlegende.
2. Welcher Raum wird dargestellt? Welche Orte werden hervorgehoben? Vergleiche mit dem Geografie-Atlas, um welches heutige Gebiet es sich handelt.
3. Stelle fest, welchen Zeitraum die Karte umfasst. Bezieht sie sich auf einen bestimmten Zeitpunkt oder auf einen Zeitabschnitt?
4. Mache dich mit der Legende vertraut. Welche Bedeutung haben die Farben, Zeichen und Beschriftungen?
5. Suche die Zeichen oder farbig markierten Räume auf der Karte und stelle fest, welche Informationen zur Geschichte du damit erhältst.

Spielfilme auswerten
(Band 4, S. 158/159)

Spielfilme ermöglichen es, die Vergangenheit sehr anschaulich zu machen und das Lebensgefühl einer Zeit zu vermitteln. Der Zuschauer bekommt den Eindruck, in die Filmhandlung „einzutauchen" und den handelnden Personen sehr nahe zu kommen. Aber historische Spielfilme entstehen normalerweise nicht in der Zeit, in der sie spielen und die Handlung ist in den Einzelheiten oft völlig frei erfunden. So wird ein Bild erzeugt, das zum Beispiel vom Drehbuchschreiber, vom Regisseur und auch vom Kameramann bestimmt wird. So können Filme etwas Falsches vermitteln, emotional überwältigen, Zuneigung oder Abneigung zu Personen oder Ereignissen erzeugen. Deswegen muss ein Spielfilm mit historischem Inhalt sehr kritisch hinterfragt werden.

1. Wann ist der Film entstanden und welches Thema behandelt er? Versuche so viel wie möglich über die Zeit der Entstehung und über das Thema des Filmes in Erfahrung zu bringen.
2. Schau dir den Film an, notiere deinen Gesamteindruck sowie deine Eindrücke zum Bild, zum Ton und zum Inhalt: Wie bewegt sich die Kamera? Wo gibt es auffällige Kamerapositionen, Großeinstellungen, Übergänge und Schnitte? Wie werden Dialoge, Geräusche und Musik eingesetzt? Was wird damit beim Zuschauer ausgelöst?
3. Überlege, welche Aussagen, auch Besonderheiten, sich feststellen lassen. Suche nach konkreten Belegstellen, indem du dir den Film oder einzelne Szenen mehrfach anschaust.
4. Werte deine Beobachtungen aus. Welche historischen Erkenntnisse hast du gewonnen. Belege dies an einigen Szenen des Filmes.

Verzeichnis der Namen, Sachen und Begriffe

Wichtige verwendete Abkürzungen:
Abb. = Abbildung, afrik. = afrikanisch, ägypt. = ägyptisch, amerik. = amerikanisch, angol. = angolanisch, antisem. = antisemitisch, athen. = athenisch, boliv. = bolivianisch, brit. = britisch, ceylon. = ceylonesisch, chin. = chinesisch, christl. = christlich, dt. = deutsch, diplomat. = diplomatisch, engl. = englisch, europ. = europäisch, evang. = evangelisch, fränk. = fränkisch, frz. = französisch, got. = gotisch, griech. = griechisch, holl. = holländisch, ind. = indisch, irak. = irakisch, iran. = iranisch, islamist. = islamistisch, israel. = israelisch, ital. = italienisch, Jh. = Jahrhundert, jord. = jordanisch, jüd. = jüdisch, jugosl. = jugoslawisch, kanad. = kanadisch, karol. = karolingisch, kathol. = katholisch, kenian. = kenianisch, kommunist. = kommunistisch, kub. = kubanisch, milit. = militärisch, nationalist. = nationalistisch, österr. = österreichisch, paläst. = palästinensisch, polit. = politisch, poln. = polnisch, preuß. = preußisch, protest. = protestantisch, relig. = religiös, röm. = römisch, russ. = russisch, sowjet. = sowjetisch, sozialist. = sozialistisch, span. = spanisch, syr. = syrisch, tansan. = tansanisch, terrorist. = terroristisch, trojan. = trojanisch, tschech. = tschechisch, tunes. = tunesisch, ugand. = ugandisch, ungar. = ungarisch, venezol. = venezolanisch, vietnam. = vietnamesisch

▷ Verweis auf ein anderes Stichwort
~ ersetzt das Stichwort bei Wiederholung
Halbfett gesetzt sind historische Grundbegriffe, die im Buch in einem Kasten erläutert werden. Die halbfette Seitenzahl gibt den Fundort an. Bei Herrschern und kirchlichen Amtsträgern werden soweit möglich die Regierungs-/Amtsdaten, bei allen anderen Personen die Lebensdaten angegeben.

Bildnachweis

Umschlag: Getty Images (Chris Niedenthal), München;

S. 3.1: BPK Berlin / (c) VG Bild-Kunst, Bonn 2003; **3.3:** Getty Images (Time Life Pictures), München; **3.4:** Daily Mail, London 1962; **3.5:** AKG, Berlin; **3.6:** Interfoto (Archiv Friedrich), München; **3.7:** Communauté européenne, Bruxelles; **3.8:** Marc Charmet, Paris;
S. 4.1: AKG, Berlin; **4.2:** BPK Berlin / (c) VG Bild-Kunst, Bonn 2003;
S. 5.2: Landesbildstelle, Berlin; **5.3:** Getty Images (Time Life Pictures), München; **5.4:** Picture-Alliance (dpa/akg-imgages), Frankfurt;
S. 6.1: defd, Hamburg; **6.2:** Daily Mail, London 1962; **6.3:** AKG, Berlin; **6.4:** Interfoto (Archiv Friedrich), München; **6.5:** Picture-Alliance (dpa/ZB/Jens Büttner), Frankfurt;
S. 7.1: Communauté européenne, Bruxelles; **7.2:** Marc Charmet, Paris; **7.3:** Artothek (Joachim Blauel), Weilheim / (c) VG Bild-Kunst, Bonn 2006; **7.4:** laif (Hollandse Hoogte), Köln;
S. 10.1: BPK Berlin / (c) VG Bild-Kunst, Bonn 2003; **10.2:** AKG, Berlin; **10.4:** BPK, Berlin; **10.5:** Bundesarchiv, Koblenz;
S. 11.1: AKG, Berlin; **11.2:** AKG, Berlin; **11.3:** ullstein bild (Archiv Gerstenberg), Berlin; **11.4:** BPK, Berlin; **11.5:** AKG, Berlin;
S. 12.Q1: Landesbildstelle, Berlin; **Q3:** BPK, Berlin;
S. 13.Q4: AKG, Berlin;
S. 15.Q7: AKG, Berlin;
S. 17oben: AKG, Berlin; **Q1:** BPK, Berlin; **Q2:** BPK, Berlin;
S. 18.Q3: AKG, Berlin; **Q4:** Ernst Klett Verlag, Stuttgart;
S. 19.Q6: BPK, Berlin; **Q7:** ullstein bild, Berlin;
S. 21.Q3: BPK, Berlin; **Q4:** BPK Berlin / (c) VG Bild-Kunst, Bonn 2003;
S. 25.Q3: Langewiesche-Brandt Verlag, Ebenhausen;
S. 26.Q1: AKG, Berlin;
S. 27.Q2: Münchner Stadtmuseum (Wolfgang Pulver), München; **Q3:** Landesverband Lippe, Lemgo; **Q4:** DHM, Berlin; **Q5:** DHM, Berlin; **Q6:** AKG, Berlin; **Q7:** DHM, Berlin;
S. 28.Q1: Stadtarchiv, Mainz; **Q2:** BPK, Berlin;
S. 29.Q3: ullstein bild, Berlin; **Q4:** Interfoto, München;
S. 30.Q5: Landeshauptarchiv, Koblenz;
S. 31.Q9: BPK, Berlin / (c) VG Bild-Kunst, Bonn 2005;
S. 32.Q1: Ernst Klett Verlag, Stuttgart;
S. 33.Q2: Siemens AG (Siemens-Archiv), München; **Q3:** Süddeutscher Verlag (Scherl), München; **Q4:** Siemens AG, München;
S. 34.Q5: aus: Horst Richter: Geschichte der Malerei im 20. Jahrhundert. Neuausgabe Köln 1998 (Dumont)
S. 35.Q9: Ernst Klett Verlag, Stuttgart;
S. 36.Q1: AKG, Berlin / (c) VG Bild-Kunst, Bonn 2006;
S. 37.Q4: AKG, Berlin;
S. 38.Q1: BPK, Berlin; **Q2:** Süddeutscher Verlag (Scherl), München;
S. 39.Q3: Rolf Ballhause, Plauen;
S. 41.Q1: Getty Images (Hulton Archiv), München;
S. 42.Q2: ullstein bild (Archiv Gerstenberg), Berlin;
S. 43.Q7: BPK (Erich Salomon), Berlin;
S. 44.Q11: ullstein bild, Berlin;
S. 46.Q1: ullstein bild (Stary), Berlin; **Q1:** Langewiesche-Brandt Verlag, Ebenhausen; **Q1:** BPK, Berlin; **Q1:** Bundesarchiv, Koblenz; **Q2:** ullstein bild (SV-Bilderdienst), Berlin;
S. 47.Q4: Stiftung Archiv der Akademie der Künste, Berlin/Heartfield, John;
S. 48.Q6: BPK, Berlin;
S. 50.2: Bayerische Staatsbibliothek, München; **50.3:** Süddeutscher Verlag, München; **50.4:** DHM, Berlin; **50.5:** BPK, Berlin;
S. 51.1: BPK, Berlin; **51.2:** ullstein bild, Berlin; **51.4:** Landesbildstelle, Berlin; **51.5:** ullstein bild, Berlin;
S. 52.Q1: Süddeutscher Verlag, München;
S. 53.Q2: BPK, Berlin;
S. 55.Q1 und Q2: AKG, Berlin;
S. 57.Q4: BPK, Berlin; **Q5:** Bundesarchiv, Koblenz;
S. 58.Q2: BPK, Berlin;
S. 60.Q6: BPK, Berlin, VG Bild-Kunst, Bonn 2005; **Q9:** Archiv der Sozialen Demokratie der Friedrich-Ebert-Stiftung, Bonn;
S. 62.Q2: Süddeutscher Verlag, München;
S. 63.Q3: AKG, Berlin;
S. 66.Q3: BPK, Berlin;
S. 68.Q1: BPK, Berlin;
S. 69.Q2: AKG, Berlin;
S. 70.Q5: Langewiesche-Brandt Verlag, Ebenhausen;
S. 71.Q6: AKG, Berlin, (c) The Heartfield Community of Heirs/VG Bild-Kunst, Bonn 2004;
S. 72.Q1: AKG, Berlin;
S. 73.Q2 und Q5: Süddeutscher Verlag, München;
S. 74.Q1 und Q2: AKG, Berlin; **Q4:** Bundesarchiv, Koblenz; **Q5:** BPK, Berlin;
S. 75.Q7: BPK, Berlin; **Q9:** Bundesarchiv, Koblenz;
S. 76.D1: Klett-Archiv, Stuttgart;
S. 77.Q1: BPK, Berlin; **Q4:** Archiv Zentner, Grünwald; **Q6:** DHM, Berlin;
S. 79.Q1: BPK, Berlin; **Q2:** Archiv Zentner, Grünwald;
S. 80.Q3: AKG, Berlin;
S. 81.Q1: BPK, Berlin;
S. 82.Q2: Süddeutscher Verlag, München;
S. 83.Q3: BPK, Berlin; **Q4:** AKG, Berlin;
S. 85.Q13: Stadtarchiv, Worms; **Q14:** AKG, Berlin;
S. 86.Q17: AKG, Berlin;
S. 88.Q2 und Q3: ullstein bild, Berlin;
S. 89.Q5: AKG, Berlin;
S. 90.Q1: BPK, Berlin;
S. 91.Q2: aus: Zeman, Das Dritte Reich in der Karikatur, Heyne Verlag, München 1984, S. 167;
S. 93.Q5: AKG, Berlin; **Q7:** Süddeutscher Verlag, München;
S. 95.Q1: Bridgeman Art Library, London;
S. 96.Q2: AKG, Berlin;
S. 97.Q8: Archiv Zentner, Grünwald;
S. 103.Q11: AKG, Berlin;
S. 100.Q1: Corbis, Düsseldorf;
S. 101.Q2: AKG, Berlin;
S. 103.Q5: ullstein bild, Berlin; **Q7:** AKG, Berlin;
S. 104.Q10: BPK, Berlin; **Q8:** Archiv Zentner, Grünwald;
S. 105.Q1: AKG, Berlin;
S. 106.Q2: ullstein bild, Berlin; **Q3 oben links:** AKG, Berlin; **oben Mitte:** ullstein bild, Berlin; **oben rechts:** Gedenkstätte Deutscher Widerstand, Berlin; **unten alle:** ullstein bild, Berlin;
S. 108.Q9: Stefan Reichart, Meersburg;
S. 109.Q1: ullstein bild, Berlin; **Q2:** Stadtbildstelle, Essen;
S. 110.Q3: Süddeutscher Verlag, München;
S. 111.Q4: AKG, Berlin;
S. 112.Q10: Friedensmuseum Brücke von Remagen, Remagen am Rhein;
S. 113 oben: Archiv Zentner, Grünwald; **unten links:** AKG, Berlin; **unten Mitte:** Corbis, Düsseldorf; **unten rechts:** Stadtbildstelle, Essen;
S. 114.1: Getty Images (Time Life Pictures), München; **114.2:** Haus der Geschichte, Bonn; **114.3:** ullstein bild, Berlin; **114.5:** DHM, Berlin;
S. 115.1: Haus der Geschichte, Bonn; **115.2:** ullstein bild, Berlin; **115.3:** AKG, Berlin; **115.4:** Haus der Geschichte, Bonn;
S. 116.Q2: Getty Images (Time Life Pictures), München;
S. 117.Q6: AKG, Berlin;
S. 118. Q7: ullstein bild, Berlin; **Q9:** Süddeutscher Verlag, München; **Q10:** DHM, Berlin;
S. 119.Q11: Getty Images (Margaret Bourke-Whit), München;
S. 122.Q1: Corbis (Bettmann), Düsseldorf;
S. 123.Q2: Picture-Alliance (dpa/akg-imgages), Frankfurt;
S. 128.Q1: ullstein bild (Leone), Berlin;
S. 130.Q3: DHM, Berlin;
S. 131.Q5: Cinetext, Frankfurt; **Q6:** Haus der Geschichte der Bundesrepublik Deutschland (Stury), Bonn;
S. 134.Q1: ullstein bild, Berlin;
S. 135.Q2: BPK, Berlin; **Q4:** Landesarchiv Nordrhein-Westfalen, Detmold;
S. 136.Q5: AP (Schuetz), Frankfurt am Main; **Q7:** CARE Deutschland e.V., Bonn;
S. 137.Q8: AKG, Berlin;
S. 139.Q1: Haus der Geschichte, Bonn;
S. 140.Q2: AKG, Berlin;
S. 141.Q4: Interfoto, München; **Q4:** Friedrich-Naumann-Stiftung, Gummersbach; **Q4:** Friedrich Ebert-Stiftung, Bonn;
S. 142.Q7: AKG, Berlin;
S. 144.1: Daily Mail, London 1962; **144.3:** BPK, Berlin;
S. 145.1: Corbis (Reuters/Claro Cortes), Düsseldorf; **145.2:** Corbis (Bettmann), Düsseldorf; **145.3:** AP (Doug Mills), Frankfurt am Main;
S. 147.Q1: aus: Propyläen - Geschichte Europas, Band 6, S. 251;
S. 148.Q3: aus: Der Kalte Krieg : eine illustrierte Geschichte; 1945-1991, Jeremy Isaacs und Taylor Downing;
S. 151.Q3: defd, Hamburg;
S. 153.Q1: Daily Mail, London 1962;
S. 154.Q2: Corbis (Bettmann), Düsseldorf; **Q3:** AKG, Berlin;
S. 156.Q7: FOCUS (Magnum/Philip John G), Hamburg; **Q8:** Getty Images (Time Life Pictures/L), München;

S. 157.Q10: Corbis, Düsseldorf;
S. 158.Q1: defd, Hamburg;
S. 160.Q1: AKG (Nasa), Berlin; **Q2:** CCC/ Horst Haitzinger/www.c5.net;
S. 161.Q3: H. E. Köhler, Wilhelm-Busch-Gesellschaft e. V., Hannover;
S. 162.Q4: Corbis (Reza), Düsseldorf;
S. 163.Q5: Marie Marcks, Heidelberg;
S. 164.D1: GLOBUS Infografik, Hamburg; **Q10:** Picture-Alliance (dpa/Heinz Wieseler), Frankfurt;
S. 165.Q1: AKG, Berlin; **Q2:** ullstein bild, Berlin;
S. 166.Q3: Getty Images, München;
S. 167.Q5: Corbis, Düsseldorf;
S. 168.Q7: Picture-Alliance, Frankfurt;
S. 170.1: AKG, Berlin; **170.2:** Interfoto (Archiv Friedrich), München; **170.3:** Corbis, Düsseldorf; **170.4:** Hamburger Abendblatt, Hamburg; **170.5:** DHM, Berlin; **170.6:** AKG, Berlin;
S. 171.1: Haus der Geschichte, Bonn; **171.2:** Picture-Alliance (dpa), Frankfurt; **171.3:** Picture-Alliance (dpa/Frank Leonhardt), Frankfurt; **171.4:** Picture-Alliance (dpa/ ZB/Jens Büttner), Frankfurt; **171.5:** Matthias Hoch, Leipzig; **171.6:** AKG, Berlin;
S. 172.Q1: Süddeutscher Verlag, München; **Q2:** DHM, Berlin;
S. 173.Q3: AKG, Berlin;
S. 174: SPD - Der Parteivorstand, Berlin;
S. 175.Q4: Corbis (Bettmann), Düsseldorf;
S. 176.Q5: Zeitgeschichtliches Forum, Leipzig;
S. 177.Q10: Picture-Alliance, Frankfurt;
S. 178.Q12: Picture-Alliance, Frankfurt; **Q13:** Picture-Alliance (Günter Bratke), Frankfurt;
S. 179.Q16: Matthias-Domaschk-Archiv, Berlin;
S. 181.Q1: AKG, Berlin;
S. 182.Q2: AKG, Berlin; **Q3:** Corbis (Bettmann), Düsseldorf;
S. 184.Q7: Keystone, Hamburg;
S. 185.Q8: BPK, Berlin; **Q11:** H. E. Köhler, Wilhelm-Busch-Gesellschaft e. V., Hannover;
S. 186.Q12: Archiv Grünes Gedächtnis, Berlin;
S. 187.Q17: Mohr, CCC, www.c5.net;
S. 188.Q1: H. E. Köhler, Wilhelm-Busch-Gesellschaft e. V., Hannover; **Q2:** ullstein bild, Berlin;
S. 189.Q3 und Q4: ullstein bild, Berlin;
S. 190.Q5: ullstein bild (Klöppel), Berlin;
S. 191.Q9: CCC/Baumeister, www.c5.net;
S. 192.Q10: Behrendt, CCC, www.c5.net;
S. 194.Q3: Potsdamer Kabarett Obelisk, Potsdam;
S. 195.Q6: Ernst Klett Verlag, Stuttgart;
S. 196.Q1: Picture-Alliance (dpa/UPI), Frankfurt;
S. 197.Q2: AKG, Berlin;
S. 201.Q1: Haus der Geschichte der Bundesrepublik Deutschland, Bonn; **Q2:** BPK, Berlin;
S. 203.Q3: AKG (Hans-Martin Sewcz), Berlin; **Q4:** Picture-Alliance, Frankfurt;
S. 204.Q5: Presse- und Informationsamt der Bundesregierung, Berlin;
S. 205.Q7: SPIEGEL-Verlag, Hamburg;
S. 206.Q8: Süddeutscher Verlag, München; **Q10:** Langewiesche-Brandt Verlag, Ebenhausen;
S. 208.Q1: ullstein bild, Berlin;
S. 209.Q2: Keystone, Hamburg;
S. 210.Q3: Deutsches Historisches Museum, Berlin, VG Bild-Kunst, Bonn 2005;
S. 211.D2: GLOBUS Infografik, Hamburg;
S. 212.Q5: Jahreszeiten Verlag (W.L. Janda), Hamburg; **Q7:** Berliner Verlag, Berlin;
S. 213.Q8: Haus der Geschichte der Bundesrepublik Deutschland (Leger), Bonn;
S. 214.Q1: Klett-Archiv (Martin Thunich), Stuttgart;
S. 215.Q2 und Q3: Klett-Archiv (Martin Thunich), Stuttgart;
S. 216.Q1: BPK, Berlin; **Q2:** Picture-Alliance (dpa), Frankfurt;
S. 217.Q3: Jürgens Photo, Berlin; **Q4:** regiopress - Das Journalistenbüro, Magdeburg;
S. 218.Q5: Picture-Alliance, Frankfurt;
S. 219.Q6: aus: Rock in der DDR : 1964 bis 1989. Michael Rauhut. Bundeszentrale für Politische Bildung;
S. 220.Q9: aus: wochenschau Nr.3/4, Sek. II, Mai-August 1993;
S. 221.Q14: ullstein bild, Berlin; **Q15:** AKG (Gert Schuetz), Berlin;
S. 222.Q18: ullstein bild, Berlin; **Q19:** BPK (Günter Zint, 1968), Berlin; **Q22:** Detlef Schweiger, VG Bild-Kunst, Bonn 2005;
S. 223.Q23: Rauschenbach, CCC, www.c5.net;
S. 224.Q1: AKG (Dieter E. Hoppe), Berlin; **Q2:** Picture-Alliance (dpa/Ralf Hirschberge), Frankfurt;
S. 225.Q3: SPIEGEL-Verlag, Hamburg;
S. 226.Q5: DHM, Berlin;
S. 227.Q8: ullstein bild (ZEITORT), Berlin;
S. 228.Q1: Peter Homann, Berlin;
S. 229.Q2: ullstein bild (AP), Berlin; **Q3:** AKG, Berlin;
S. 230.Q4: Haitzinger, CCC, www.c5.net;
S. 231.Q5: Picture-Alliance, Frankfurt;
S. 232.D1: Erich Schmidt Verlag, Berlin;
S. 233.Q11: Bulls Press, Frankfurt;
S. 235: Picture-Alliance, Frankfurt;
S. 236.1: Communauté européenne, Bruxelles; **236.2:** Artothek (Joachim Blauel), Weilheim/(c) VG Bild-Kunst, Bonn 2006; **236.3:** Astrofoto, Sörth; **236.4 und 5:** Europäische Zentralbank, Frankfurt; **236.6:** Picture-Alliance (dpa/Blume), Frankfurt;
S. 237.1: BPK, Berlin; **237.2:** SPIEGEL-Verlag, Hamburg; **237.3:** GLOBUS Infografik, Hamburg;
S. 240.D1: aus: Großer Historischer Weltatlas, Erster Teil: Vorgeschichte und Altertum (c) 1978 by Bayerischer Schulbuch Verlag, München;
S. 241.Q2 und Q3: aus: Westermanns Historischer Weltatlas,bearb. v. Adolf Liebers u.a.,
Faksimile Druck, Braunschweig, Reprint der Originalausgabe von 1928, Lizenzausgabe für Kometverlag, Köln, S.1, Abb.I;
S. 243.Q1: aus: Das europäische Geschichtsbuch, Klett-Cotta, 1998, S. 95;
S. 244.Q2: Bridgeman Art Library, London;
S. 245.Q5: AKG, Berlin;
S. 247.Q8: Achim Bednorz, Köln;
S. 248.Q1: AKG, Berlin;
S. 249.Q2: RIJKSMUSEUM, Amsterdam; **Q3:** Picture-Alliance (dpa/UPI), Frankfurt;
S. 250.Q4: BPK, Berlin;
S. 252.D1: Erich Schmidt Verlag, Berlin;
S. 253.Q1: LMZ RP/Foto H.P. Merten; **Q2:** Heinz Leiwig, Mainz;
S. 257.Q1: Süddeutscher Verlag, München;
S. 258.Q3: Communauté européenne, Bruxelles; **Q4:** CCC/www.c5.net (Pfohlmann/ CCC, ww.c5.net), Pfaffenhofen a.d. Ilm; **Q5:** Haus der Geschichte der Bundesrepublik Deutschland (Klaus Pielert), Bonn;
S. 260.Q1: CCC/www.c5.net (Mohr/CCC, www.c5.net), Pfaffenhofen a.d. Ilm;
S. 262.Q3: CCC/www.c5.net (Mohr/CCC, www.c5.net), Pfaffenhofen a.d. Ilm;
S. 265.D1: GLOBUS Infografik, Hamburg;
S. 266.Q5: CCC/www.c5.net (Mester/ CCC, ww.c5.net), Pfaffenhofen a.d. Ilm;
S. 267: Europäische Zentralbank, Frankfurt;
S. 268.1: Marc Charmet, Paris; **268.2:** AP (Kamran Jebreili), Frankfurt am Main; **268.3:** CCC/www.c5.net (Mester/ CCC,www.c5.net), Pfaffenhofen a.d. Ilm; **268.4:** Erich Schmidt Verlag, Berlin;
S. 269.1: SAP AG, Walldorf; **269.2:** aus: The Economist, 19.Februar 2004; **269.3:** laif (Redux Pictures), Köln;
S. 270.Q1: AP (AP Photo/Aurora, Rob), Frankfurt;
S. 271.Q2: Haitzinger, CCC, www.c5.net;
S. 273.Q3: STUDIO X (Gamma), Limours; **Q4:** aus der ägyptischen Zeitung „Al-Ahram" vom 20.09.2001, Karikatur von Gom;
S. 274.Q6: AP (K.M. Chaudary), Frankfurt am Main; **Q8:** Picture-Alliance (dpa), Frankfurt;
S. 275.Q11: Picture-Alliance (epa/Shane), Frankfurt;
S. 276.Q1: SPIEGEL-Verlag, Hamburg;
S. 277.Q2: Picture-Alliance (ZB/Waltraud Grubitzsch), Frankfurt;
S. 278.Q3: CCC/www.c5.net (Tomaschoff), Pfaffenhofen a.d. Ilm;
S. 279.D1: GLOBUS Infografik, Hamburg;
S. 281.Q1: Corbis (Sygma/Robert Sorbo), Düsseldorf;
S. 287.Q1: Corbis, Düsseldorf; **Q2:** BPK, Berlin; **Q3:** Picture-Alliance (dpa/epa/Badarneh), Frankfurt; **Q4:** Picture-Alliance (UPI), Frankfurt;
S. 288.Q5: Picture-Alliance (epa/Hashlamoun), Frankfurt;
S. 289.Q10: Schönfeld, CCC, www.c5.net;
S. 290.Q14: Getty Images (AFP/Thomas Coex), München;
S. 293.D2: GLOBUS Infografik, Hamburg;
S. 294.Q3: Sipa Press (Hatch), Paris;
S. 296.Q1: laif (Hollandse Hoogte), Köln;
S. 297.D1: SPIEGEL-Verlag, Hamburg;
S. 298.D2: GLOBUS Infografik, Hamburg;
S. 299.Q1: Interfoto (Thomas Höfler), München;
S. 300.Q2: Corbis (Reuters), Düsseldorf;
S. 301.Q3: AP, Frankfurt am Main; **Q4:** ullstein bild (AP), Berlin;
S. 304.Q1: AKG, Berlin;
S. 306.Q3: CCC/www.c5.net (Behrendt/ CCC, ww.c5.net), Pfaffenhofen a.d. Ilm;
S. 307.D1: Erich Schmidt Verlag, Berlin;
S. 308.Q1: Picture-Alliance (dpa/Oliver Multhaup), Frankfurt;
S. 309.D1: SPIEGEL-Verlag, Hamburg;
S. 310.Q2: laif (Michael Wolf), Köln;
S. 311.Q5: Picture-Alliance (dpa/Imaginechina Feng lei), Frankfurt;
S. 313: aus Stern, Nr. 18/2006, S.78, Foto Raheb Homavandi/Reuters/Corbis, Düsseldorf;
S. 314.1: BPK, Berlin; **314.2:** ullstein bild, Berlin; **314.3:** Stadtbildstelle, Essen;
S. 315.1: Bridgeman Art Library, London; **315.2:** Stadtbildstelle, Essen; **315.3:** Picture-Alliance (dpa/ZB/Jens Büttner), Frankfurt;

Nicht in allen Fällen war es uns möglich, den Rechteinhaber der Abbildungen ausfindig zu machen.Berechtigte Ansprüche werden selbstverständlich im Rahmen der üblichen Vereinbarungen abgegolten.